100 QUESTIONS & 100 ANSWERS OF REVELATION

요한계시록 100문 100답

요한계시록 **백문 백답** · 요한계시록 **All Q&A**

염현경 지음

쿰란출판사

100 QUESTIONS & 100 ANSWERS OF REVELATION

요한계시록 100문 100답

요한계시록 **백문 백답** · 요한계시록 **All Q&A**

| 추천의 글

교회와 그리스도인은 예수 그리스도의 초림(初臨)과 재림(再臨) 사이의 시간을 걸어갑니다. 기독교 신앙은 이 세상의 시간이 언제까지나 계속된다고 보지 않습니다. 우리는 '중간 시간대'를 걷고 있습니다. 기독교의 절기 중에서 대림절은 2천 년 전에 사람 사는 세상에 사람의 몸을 입고 오신 구세주 예수 그리스도를 기억하며 세상의 심판자로 다시 오실 이분을 기다리는 절기입니다.

요한계시록은 기독교 역사에서 독특한 의미를 갖고 있습니다. 재림의 주님과 결정적으로 연관되는 이 책에 관해서 기독교 역사에서 수많은 해석이 있었고, 그만큼 논란도 많았습니다. 특히 이단 종파들이 이 책을 자의적으로 해석하면서 기독교 신앙을 혼란시키기도 했습니다. 그러나 다른 한편으로 각별한 연구와 특별한 체험으로써 이 책을 건전하게 설명한 사람도 적지 않았습니다.

염현경 목사님은 2017년 11월 24일에 폐암 말기 판정을 받고 나서 요한계시록을 묵상하고 연구하는 데 생명을 걸었습니다. 계시록 1만 번 읽기를 목표로 삼고 읽고 묵상하면서 만 4년을 넘기면서 2천 번을 읽기에 이르렀습니다. 저자는 계시록 읽기와 더불어 깊은 묵상과 신학적인 연구를 병행하고 있습니다. 이런 결과로 나온 책이 《요한계시록 100문 100답》입니다.

저자의 계시록 연구는 성결교회 목사로서 특별한 의미를 갖고 있습니다. 성결교단은 사중복음을 강조해 왔습니다. 중생, 성결, 신유,

재림입니다. 이 가운데 특히 재림신앙이 일본 제국주의의 눈에 거슬렸습니다. 왕이며 심판의 주님이신 예수 그리스도께서 재림하시며 세상의 모든 나라는 영원하지 않다고 외치며 신사참배를 거부했습니다. 이 때문에 성결교회는 일제 강점기 말에 교단 해산의 아픔을 겪었습니다.

현실적으로는 재림이라는 주제가 인기가 없는 시대입니다. 그러나 21세기의 오분의 일을 지나고 있는 인류에게 지구 행성의 시간이 언제까지나 계속되지 못한다는 현실적인 징후가 너무 분명합니다. 기후 위기가 심각합니다. 증가하는 군사 무기의 위험도 무섭습니다. 인간의 욕심은 갈수록 깊어만 갑니다. 기독교 신앙의 종점이요 완성인 예수 그리스도의 재림에 관하여 그리스도인과 교회가 주목할 때입니다.

이 책을 통해서 요한계시록의 말씀이 밝히 전해지기를 바랍니다. 종말의 시대와 재림신앙이 그리스도인을 통해서 세상에 선포되기를 바랍니다. 저자의 건강을 하나님께서 각별하게 지키시고 치유하시기를 기도합니다.

2022년 1월 30일
지형은 목사
(기독교대한성결교회 총회장, 성락성결교회 담임)

| 추천의 글

염 목사님의 본 저서는 아주 특별한 경험의 산물이다. 밧모 섬에 유배되어 하나님의 은혜가 간절했던 요한이 하늘의 계시에 압도되어 주님의 말씀을 받은 것같이 폐암 말기의 결정적 위기 가운데 하나님의 말씀에 온전히 매달리며 그 음성을 간절하게 사모하던 염 목사님에게 기적 같은 깨달음이 온 것이다. 염 목사님은 다음과 같이 자신의 처절한 투쟁을 통해 얻은 계시의 과정을 말하고 있다. "사도 요한의 밧모 섬이 저자에게는 폐암 말기와 같았고, 우상숭배 앞에서도 그들이 위로와 소망 중에 승리자가 되었듯이, 저자 역시 폐암 말기 투병 중에서도 인천 만수동에서 요한계시록으로 재림신앙의 회복과 이단과 신천지 격파를 위해 최후 승리의 확신을 가지며, 요한계시록 100문 100답을 집필하였다."

그렇지만 그의 100문 100답은 신비주의자의 중얼거림이 아니다. 저자의 말 그대로 한국교회의 성도들의 올바른 재림신앙의 회복과 그를 통한 교회의 건전한 성장을 위해 요한계시록 2000독을 통해 표현된 그의 노력은 참된 희망의 편지가 되고도 남음이 있다. 염 목사님은 철저하게 성경을 많이 읽고 그 구조를 세분하여 말씀 속에서 스스로 답을 찾기 위해 노력하였다. 우리에게 떠오를 수 있는 많은 물음이나 궁금중 그리고 이단적 유혹까지도 단계별로 철저한 본문이해 속에서 그 답을 주고 있다. 먼저 어떤 전체적인 구조를 짜놓고 그것을 증명하기 위해서 본문을 사용하는 것이 아니라 본문에서 떠 오르는 그 질문이 스스로 말씀속에서 이해되도록 함으로써 여러 이단적 상상력이나 공허한 논쟁을 없애고 하나님의 말씀으로서 요한계시록 이해에 충실하게 하였다. 이를테면 소위 '이긴 자'에 대한 해답을 풀어보라! 거기 이 요한계시록은 오로지 예수 그리스도의 복음을 증거하기 위한 또 다른 형태의 복음서라는 것을 분명하게 알게해 준다.

다른 해석의 틀을 사용하지 않고 성경을 읽으면서 스스로 생겨나는 질문을 스스로 성경에서 답하도록 함으로써 염 목사의 글은 아주 탁월한 성과를 거두었다고 말할 수 있다. 이제 우리 한국교회가 이 종말론을 이단의 먹이로 방치하지 않고 온전한 신앙의 성장을 위한 참된 희망의 보장으로 읽을 수 있는 좋은 자료를 확보하였다. 더욱이 우리 성결교회에서 이런 좋은 작품이 나오게 된 것을 기쁘게 생각하며 강력하게 일독을 추천한다.

2022년 1월 30일

(서울신학대학교 총장)

| 추천의 글

염현경 목사가 집필한 《요한계시록 100문 100답》은 코로나 시기를 살아가는 현대인들이 재앙을 어떻게 이해하고 해석해야 하는지에 대한 대안을 제시하고 있다.

이 책은 두 가지 관점에서 가치가 있다고 사료된다. 첫 번째는 초대교회의 사도와 교부들을 통해 논의되고 일치된 정경적 관점에서 요한계시록을 정경으로 해석하고 있다는 것이다. 정경은 역사적인 동시에 계시적이며 초월적이다. 즉 요한계시록을 그리스도의 역사와 계시의 책으로 해석한다.

두 번째는 '오직 성경'이라는 종교개혁적인 해석원리이다. 오늘날 한국 기독교는 다양한 교파와 신학적 토론을 넘어서서 종교개혁자들이 천명했던 '오직 성경'이라는 개혁적 구호를 다시금 되새겨야 할 것이다. 코로나 시기를 견뎌내고 있는 우리 모두에게 중요한 것은 무엇보다도 성경으로 돌아가는 것이다.

2022년 1월 30일

박두환 박사

(나사렛대학교)

| 추천의 글

저자는 목회현장에서 요한계시록에 담긴 이 시대의 성도들에 주시는 하나님의 계시의 비밀을 찾기 위해 기도와 말씀연구에 집중하였다. 특별히 저자는 성경본문을 귀납법적으로 분석하여 본문의 의미를 충실하게 살펴 적용하려고 시도하였다.

요한계시록을 바라보는 신학적인 여러 관점이 있지만, 저자가 제시한 귀납법적 성경연구를 통한 요한 계시록의 이해는 상황에서 출발하지 않고 본문의 의미를 분석하여 상황에 적용하고 있다는 점에서 계시의 말씀의 충실한 의미를 오늘 성도들에게 올바로 깨우쳐주고 있다. 또한 저자는 성경 원어가 담고 있는 심오한 의미를 찾기 위해 헬라어 원어 연구도 충실히 수행하고 있다. 아울러 본서는 주후 1세기 말 밧모 섬의 요한이 동굴에서 쏟아지는 하나님의 계시를 기록하며 초기 교회의 성도들과 교회의 미래를 위해 기도했던 역사적 사실도 충실하게 반영하고 있다. 이렇게 본서는 방법론과 신학적 관점의 충실한 견지 및 목회적 적용의 배려도 충분히 고려하고 있다.

저자 염현경 목사님은 현재 암투병 중이다. 그럼에도 하나님의 계시의 말씀에 담긴 그 능력을 날마다 체험하며 그 능력으로 성경을 2,000회 독파하며 말씀 연구와 목회사역에 흔들림 없이 임하고 있고, 간증집회도 인도하고 있다. 따라서 본서를 읽는 독자들은 종말의 시간에 성도들에게 계시하시는 하나님의 말씀의 은혜를 풍성하게 받게 될뿐만 아니라, 재림의 신앙의 깊은 의미를 발견하게 될 것이다.

하나님의 계시의 말씀에 목말라하는 성도라면 《요한계시록 100문 100답》은 가까이에 두고 즐겨 읽어야 할 책이라 믿으며, 기쁜 마음으로 강력히 추천한다.

2022년 1월 30일

문병구 박사

(서울신학대학교)

| 추천의 글

염현경 목사의 《요한계시록 100문 100답》은 우선 성경을 깊이 깨닫고자 하는 저자의 열망에 대한 하나님의 응답이라고 생각된다.

저자는 평소 성경을 귀납법적으로 공부하고 연구하는 집념의 구도자인데 요한계시록을 알고자 하여 적어도 2,000독을 했다고 한다. 그런 가운데 성경이 통째로 눈에 들어오는 경험을 하면서 요한계시록의 깊은 계시를 체험하는 경지에서 이 책을 서술하고 있다고 보겠다.

그러나 이는 단순한 연구의 결과물만은 아니다. 말씀 속에서 주님을 만나는 영적 경험적 산물이기도 하다. 성령께서 영감으로 임하신 것이다. 요한에게 요한계시록을 기록하도록 임하셨던 성령께서 염현경 목사님에게는 요한계시록을 깨닫도록 임하신 것이다.

따라서 이 책은 요한계시록에 대한 객관적인 지식을 제공할 뿐 아니라 영적 감동을 주는 책이다. 물론 이 책은 소설이나 수필을 읽듯이 읽을 수 있는 책은 아니다.

성경 요한계시록을 펴서 읽으며 이 책을 함께 읽어 나갈 때 가장 효과적인 학습이 될 것 같다.

목회자나 평신도 가릴 것 없이 성경을 깊이 알고자 하는 성도들에게, 특히 요한계시록을 깊이 알고 싶은 분들에게는 더없이 좋은 참고서가 될 것을 확신함으로 일독을 권하여 추천한다.

2022년 1월 30일
이강천 목사
(전 바나바훈련원 원장)

| 추천의 글

오늘날 믿는 자들에게서 나타나는 많은 문제의 발단들은 성경을 먼 곳에 두고 살아가는 것 때문에 발생한다고 할 수 있다. 그런 이유에서 우리는 "성경으로 돌아가자" 외치고 또 외쳐야 한다. 이 외침은 종교 개혁자인 마틴 루터가 외쳤던 솔라 스크립투라(Sola Scriptura), "오직 성경"의 외침에서부터 시작되었다.

이 외침은 《요한계시록 100문 100답》의 저자인 염현경 목사가 요한계시록을 통하여 우리에게 전하고자 하는 외침에도 충분히 녹아들어 있다.

많은 교회가 요한계시록에 문외한이다 보니, 요한계시록이 멀리 느껴지고 부담스럽게 느껴지는 하나님의 말씀이 되었다. 그 사이에 이단은 요한계시록을 통해 우리 주변에 암약하고 있다.

이런 상황에서 저자의 폐암 말기의 고통이 사도 요한의 밧모 섬이라 할 수 있다. 폐암 말기 투병 중에서도 요한계시록 2,000독을 이룬 저자 염현경 목사의 귀한 사명감이 느껴진다. 그리고 2,000독을 이루는 상황에서 집필된 《요한계시록 100문 100답》은 우리에게 요한계시록을 더욱 친근하게, 그리고 쉽게 이해할 수 있도록 하기 위해 출간된 책이라 믿는다. 많은 성도와 교회들이 가까이 두고 읽어야 할 책이라 믿기에 기쁜 마음으로 강력히 추천하는 바이다.

2022년 1월 30일
이기용 목사
(신길교회)

| 추천의 글

요한계시록은 하나님의 구속사 전개(The Divine Drama)의 대단원이다. 이 미래계시는 드라마틱하게 전개되며 매우 난해하다.

염현경 목사의 《요한계시록 100문 100답》은 문답식 요한계시록 강해서로 몇 갈래 특징이 돋보인다.

첫째, 텍스트의 통전적 접근이다.

성경을 부분적으로 접근할 경우 성경 본래의 뜻을 왜곡하여 성경의 권위를 훼손하는 오류에 빠진다. 성경을 점으로 보지 않고 선으로 보는 거시적 시각은 곧 그리스도의 시각이다. 그리스도는 엠마오 도상에서 모세의 글과 선지자들의 글, 시편을 비롯 모든 성경에 쓴 바 자기에 관한 내용을 자세히 설명했다. 사도 바울은 하나님의 구속사의 비밀스런 경륜을 그리스도 안에서 통일된 시각(ἀγακεφαλαιώσασθαι)으로 봤다. 저자 염현경 목사도 그리스도 중심의 시각으로 요한계시록을 해석하고 있다.

둘째, 성경으로 성경을 조명한다.

저자는 많은 문헌과 여러 학설을 섭렵했다. 그러나 메인 텍스트는 성경이다. 다양한 신학적 틀에 예속되지 않고 어느 견해가 더 성경적인가에 천착하고 있다. 천년왕국설의 경우 전천년설, 후천년설, 무천년설을 예시하고 저자는 전천년설에 방점을 찍고 있다. 본론 세대주의와의 차별성도 언급하고 있다. 다만 성경적 접근을 통해서 성경 묵시문학의 본질을 탐험하되 학설의 미로에 들지 않는다.

셋째, 이단의 폐해를 경계한다.

저자는 집필 동기와 목적 중 하나로 이단들의 해석을 경계하고 있다. “이단들은 목회자들이 요한계시록에 가장 허약하다는 것을 알고 있다. 그래서 그들은 요한계시록으로 성도와 교회의 허점과 빈틈을 노리고 농락하며 들어왔다. 앞으로도 집요하게 파고들어 올 것이다. 어떻게 대처하면 좋겠는가? 방법은 역시 요한계시록으로 무장하는 것이다.”

사도 바울은 마귀의 간계를 능히 대적하기 위하여 성령의 검 곧 하나님의 말씀을 가지라고 권면하였다.

염현경 목사의 《요한계시록 100문 100답》은 그 물음 하나하나가 현대를 살아가는 그리스도인들에게 어필한다. 또한 그 정답을 찾아가는 저자의 투명한 워딩이 설득력이 있다. 저자의 말씀 사랑의 치열함, 그리고 종말론적 실천영성이 마라나타!의 큰 울림을 준다.

2022년 1월 30일
박종구 대표
(월간목회 · 크로스웨이 대표)

| 머리말

필자는 2017년 11월 24일 폐암 말기 진단을 받았다. 폐암 말기 5년 생존율은 4%로 알려져 있다. 그 4%의 확률을 뚫고 하나님께서 지금까지 살려 주신 은혜로 살아가고 있다. 생애 요한계시록 1만 독 목표 중, 2022년 2월 현재 2천 독을 하였다. 요한계시록은 황제숭배(우상숭배)의 핍박 속에 있을 때, 사도 요한이 밧모 섬에서 환상 중에 받은 계시의 말씀으로, 초대교회 성도들은 이 말씀을 통해 위로와 소망을 얻었다. 그들은 요한계시록으로 재림 예수님을 고대하면서 최후 승리자가 될 것을 꿈꿨다. 사도 요한의 밧모 섬이 필자에게는 폐암 말기와 같았고, 우상숭배 앞에서도 그들이 위로와 소망 중에 승리자가 되었듯이, 필자 역시 폐암 말기 투병 중에서도 인천 만수동에서 요한계시록으로 재림신앙의 회복과 이단과 신천지 격파를 위해 최후 승리의 확신을 가지고, 《요한계시록 100문 100답》을 집필하였다.

필자는 폐암 말기 투병 중에도 요한계시록 부흥회와 세미나를 인도하며 재림신앙 회복 운동을 하던 중, ① 신앙 부흥과 재림신앙 회복, ② 한국교회와 성도들에게 요한계시록을 어떻게 하면 접근하기 쉽게 할 것인가? ③ 어떻게 하면 이해하기 쉽게 전할 수 있을까? 고민하던 차에 본서를 집필하게 되었다.

필자는 "이 책 한 권이면 충분합니다"라는 모토(motto)를 갖고 본서를 집필하였다. 본서를 통하여 한국의 교회와 성도들의 부흥과 재림신앙이 회복되기를 간절히 기도한다.

| 서문

필자는 개인적으로는 1983년부터 ① 관찰, ② 해석, ③ 적용 등 3가지 방법으로 귀납법적 성경연구를 해왔다. 데니스 레인의 강해설교 세미나를 찾아다니면서 연구하던 방식에 QT도 1983년부터 본문을 개인적으로 정하면서 귀납적 성경연구 방법으로 해왔으며, 새벽과 저녁 기도회도 귀납적 성경연구 방법으로 말씀을 전하고 있다.

교회에서는 1991년 2월 20일(수)부터 매주 수요일 저녁 예배 설교 시간에 창세기 1장부터 시작하여 그다음 주 창세기 2장 등 성경을 장별로 귀납법적 연구 분석한 내용을 프린트해서 매주 1장씩 배부하여 설교해 왔다. 훗날에는 주일 오후로 변경하여 같은 방법으로 배부하며 설교해 왔다. 그런 오랜 세월의 연구로 인한 열매가 오늘의 《요한계시록 100문 100답》(All Q&A)을 낳게 했다.

본서는 지금까지 교회에서 전통적으로 주장해 오던 교리의 통일성과 객관적 합리적 원칙에 따라, 그리고 성령의 조명하심에 의해 집필되었다.

1. 본서의 대상과 강점

① 목회자에게는 ㉠ 설교 주석용으로, ㉡ 교인들 대상으로 성경공부용으로 집필되었다. ② 성도들에게는 이해하기 쉽게 풀이형으로 집필되었다. 반 에세이식으로 풀었다고 할까? 처음부터 마지막까지 읽으면 뼈대가 손에 잡히도록 하였다. ③ 특정된 교리에 치우침 없

이, 오직 100% 성경 그 자체로 '성경 중심'으로만 풀었다. 성경으로 묻고 성경으로 답했다. ④ 신천지를 격퇴하는 데 큰 무기가 될 것이다.

2. 출판 목적

① 요한계시록 읽기 운동, ② 요한계시록 쉽게 연구하기 운동, ③ 재림신앙 회복 운동을 위해.

3. 본서를 집필하게 된 동기

① 폐암 말기 중 "내일 일은 난 몰라요"를 고백하며 삶의 긴박성을 갖고 집필하였다. 폐암 말기로 숨쉬고 걷는 것조차도 힘들던 2018년 3월 어느 날, 집을 나서기 위해 현관문을 열고 한두 걸음 후 문을 닫는 순간, '아~! 나는 살아 있는 자 같으나 죽은 자구나'라는 생각이 몰려왔다. 다시 한두 걸음 후 '그러면 다른 사람들은 뭐지? 그렇구나! 시간 차이만 있을 뿐 모두가 산 자 같으나 죽은 자구나'를 깨달았다. 본서를 집필하면서도 폐암의 심각성으로 내일 죽을 수도 있다는 삶의 긴박성을 느끼면서 집필하였다.

② 요한계시록은 종말을 알리는 성경이다. 우리가 삶의 긴박성과 마지막을 의식하며 살아간다면, 우리의 삶은 좀 더 진지해질 수 있을 것이다. 우리 예수님 다시 오신다고 약속하셨으니, 언젠가 오실 것이다. 공중강림하실 때 믿는 자들은 휴거로 사실상 모든 것이 끝

난다는 성경적 신앙을 알리고 싶다.

③ 영화를 보더라도 마지막을 모르고 영화를 봤다고 말할 수 없다. 기독교인이라고 한다면 성경의 마지막이요, 인간의 최후와 사탄(마귀)의 종말에 대해 알려 주며, 우리에게 위로와 소망을 주는 이 요한계시록을 알지 못한다는 것은 방향 없이 살아가는 것과 같다. 요한계시록을 알아야만 한다.

④ 몰라서 묻어 뒀던 요한계시록을 이제는 이단에 맞서기 위해서라도 알아야 한다. 아는 것만큼 보이게 된다. 요한계시록을 아는 것만큼 천국이 보이고, 천국 소망이 더 생긴다. 아는 것만큼 단장된 신부로서 살아가게 된다.

4. 본서의 의미와 특징

① 본서는 "성경으로 돌아가자"(오직 성경으로, sola scriptura)의 일환(一環)으로 집필되었다. ② 본서는 필자가 생애 요한계시록 1만 독 목표 중 2,000독을 하면서 이룬 결과물이다. ③ 오랜 세월 귀납적 성경 연구와 성령의 임재와 조명을 받으며 집필하였다. ④ 성경 분석한 내용을 '성경으로 묻고 성경으로 답'하는 형식으로 구성하였으며, 성경 공부에 적합하도록 꾸몄다. ⑤ 요한계시록 주석의 의미가 있다. ⑥ 요한계시록은 "이 책 한 권이면 충분합니다"의 자세로, 종합적으로 볼 수 있도록 하였다. ⑦ 요한계시록을 파노라마(종합적)로 볼 수 있

는 특징이 있다. ⑧ 이단과 신천지와 관련된 내용은 '이단 경계'라고 표시했다. ⑦ 함께 생각해 봐야 할 사항과 적용에는 '※ P.S.:'로 표시하였다. ⑨ 본서의 성경은 개역개정을 사용하였다. ⑩ 많이 부족하지만, 대안을 찾기 위해 온 힘을 기울이며 기도로 집필하였다.

5. 본서의 책명에 대하여

한국대학생선교회(CCC)를 설립하고 총재로 지냈던 김준곤 목사님께서 "백문 일답"을 말씀하셨다. 백 가지의 질문에, 답은 오직 하나 "예수 그리스도"뿐이라는 말이다.

필자는 김준곤 목사님의 말을 떠올리며, 인도네시아에서 사역하고 있는 필자의 제자(김정길 목사)가 명명(命名)해 준 그대로 《요한계시록 100문 100답》(요한계시록 백문 백답, All Q&A)이라 정하였다. 요한계시록에 관한 모든 질문에 세세한 모든 답을 담아보았다. 객관성, 합리성, 그리고 균형을 위해 다른 도서들도 참고했다. 특별히 밧모 섬과 같은 폐암 말기 속에서도 성령님께서 깨닫게 하시고, 조명해 주심에 넘치는 감사를 드린다.

6. 본서가 나오기까지의 감사를 남기고 싶다.

먼저 하나님께 모든 영광을~! 폐암에 걸린 형제를 살리기 위해 눈물 흘리며 기도하며 물심양면으로 돌봐준 우리 형제자매들과 모친, 폐암 말기로 힘들어하던 친구를 격려해 준 친구 목회자들과 동기들, 지형은 총회장님, 황덕형 총장님과 교수님들(조기연 부총장님, 특히 헬라어 구문과 발음 교정으로 성서신학자 박두환 교수님과 문병구 교수님, 그리고 조직신학자 김성원 교수님 등의 지문을 받음으로 책의 권위를 더욱 높였다), 바나바훈련원 전임 원장 이강천 목사님, 신길교회 이기용 목사님, 〈월간목회〉 박종구 목사님, 안산 상록교회 진용식 목사님, 인천남지방회, 오류동교회 출신 제자들(외 안덕원 목사, 방창인 목사), 본서가 나오기까지 물심양면으로 협력해 준 이석 목사님, 김광중 장로님, 박미선 권사님, 박미경 집사님과 쿰란출판사 대표 이형규 장로님과 오완 부장님과 그 외 관계자들에게 감사를 드립니다. 특별히 폐암 말기인 담임목사를 위해 눈물로 철야를 하며 부르짖으며 기도하였고, 교회 건물(성전)을 매수하기까지 한마음으로 힘써 기도했던 예전교회 성도들에게 감사를 드립니다. 그리고 마지막으로 곁에서 늘 동고동락하며 희생하고 헌신해 온 아내 윤혜신 사모, 아빠를 위해 필요한 모든 것의 후원자가 되어준 아들 염정해 집사에게 고마움을 표합니다.

그리고 본서를 읽는 분들을 포함한 모든 이들에게 감사드립니다. 그리고 다시 한 번 모든 영광을 하나님께 돌립니다.

2022년 1월 30일
염현경

| 목차

추천의 글 지형은 목사(기독교대한성결교회 총회장, 성락성결교회 담임) _ 4
황덕형 박사(서울신학대학교 총장) _ 6
박두환 박사(나사렛대학교 교수) _ 8
문병구 박사(서울신학대학교 교수) _ 9
이강천 목사(전 바나바훈련원 원장) _ 10
이기용 목사(신길교회) _ 11
박종구 대표(월간목회·크로스웨이 대표) _ 12

머리말 _ 14

서문 _ 15

총론 23

요한계시록의 구조 41

요한계시록에서의 프롤로그【계 1:1-8】 42

Ⅰ. 서론부【계 1:9-3:22】 51

Ⅱ. 본론부【계 4:1-19:21】 66

1. 일곱 인【계 6:1-8:6】 83

2. 일곱 나팔【계 8:7-15:8】 144

① 첫째 화. 5나팔. 5달 환난【계 9:1-12】 152

② 둘째 화. 전 3년 반. 6나팔. 1/3 죽는 전쟁【계 9:13-11:14】 159

③ 셋째 화. 후 3년 반. 7나팔 때 대접 준비와 7대접【계 11:15-19:21】 190

3. 일곱 대접【계 16:1-19:21】 332

셋째 화. 후 3년 반. 7나팔 때 대접 준비와 7대접【계 16:1-19:21】 332

Ⅲ. 결론부【계 20:1-22:5】 475

요한계시록에서의 에필로그【계 22:6-21】 564

부록 – 도표(구조)로 보는 요한계시록 583

요한계시록의 프롤로그는 계 1:1–8이며, 이것은 총론 Q_01부터 Q_011에 걸쳐 언급하였다.
요한계시록의 에필로그는 계 22:6–21까지이며, 이것은 총론 Q_53부터 Q_54에 걸쳐 언급하였다.

총론

Q _01. 요한계시록은 누가, 누구에게, 어떤 목적, 내용, 전달 경로, 그리고 수신자는 누구인가?

A 계 1장 Q_02

Q _02. 요한계시록의 가치는 무엇이고, 요한계시록이 성경의 결론인 이유와 주제장은 어디인가?

A **1. 요한계시록의 가치로 말한다면,** 창세기는 우주의 역사가 하나님에 의해 창조(계획, 섭리, 통치)되었다는 것을 기록된 책이라고 한다면, 요한계시록은 ① 그 역사가 왜, 어떻게 종말을 고하게 되는지, ② 예수 믿고 단장된 신부로 준비된 자의 모습과 불신하며 준비되지 못한 자의 모습, ③ 악한 마귀의 종말, 그리고 ④ 새 하늘과 새 땅에 대해 명확하고도 자세히 기록된 책은 요한계시록이 유일하기에 요한계시록은 대단한 가치가 있다.

2. 요한계시록이 성경의 결론인 이유는, 요한계시록이 성경 66권 중 맨 마지막에 있는 책이기 때문이기도 하지만, 인류에 대한 구원의 결론을 내려 주는 책이기 때문이다. 천하 만민을 향한 하나님의 사랑이, 이스라엘을 통한 구원의 시작(촛대)이 이스라엘의 완악함으로 인해 이방인에게로 넘어감으로, 구원받은 이방인의 총수가 채워지면서(행 13:46, 48; 롬 11:25), 아브라함에게 약속하셨던 하나님께서 이방인들이 구원받는 동안에도 완악했던 유대인을 향한 구원의 결론을 알려주시는, 인류 구속사에 대한 하나님 계시의 말씀이다.

3. 그런 의미에서 요한계시록의 주제장은 이방인을 향한 구원과 아브라함의 육신의 후손인 유대인을 향한 구원이 언급된 계 7장, 11장, 12장이라고 할 수 있으며, 핵심 구절은 계 1:19, 계 22:12이라 할 수 있다.

Q_03. 요한계시록의 구조는 어떻게 되어 있는가?

A 요한이 본 것(계 1장)과 지금 있는 일(계 2-3장) 그리고 장차 될 일(계 4-22:5)에 대한 예언에 대한 말씀이며, 세 화(7인, 7나팔, 7대접)의 사건은 시간순으로 되어 있다. 그 이유와 근거는 총론과 각 장의 내용 안에 자세히 기록하였다. 이해를 돕기 위해 기억해야 할 것은, 각각의 사건은 독립된 개별적인 사건이며, 각각 사건의 순서와 기간은 오직 하나님만이 아신다는 사실이다. 7인(계 6:1-8:1), 7나팔(계 8:7-15장), 다섯째 나팔이 첫째 화(계 9:1-12), 여섯째 나팔이 둘째 화(계 9:13-11:14. 전 3년 반), 일곱째 나팔부터 셋째 화(계 11:15-19장. 후 3년 반), 7대접(계 16:1-19장. 후 3년 반), 지상 천년 그리스도 왕국(계 20장), 영원한 천국(계 21-22장) 등으로 되어 있다.

Q_04. 요한계시록을 귀납적으로 봤을 때 발견할 수 있는 장점의 실례는 어떤 것들이 있는가?

A 실례는 많이 있다. 그러나 대표적으로 ① 계 10:1 ㉠ "내가 또 보니", ㉡ "또", ㉢ "그리고"라고 하는 용어는 등위접속사 카이(καί)로 표기되고 있는데, 그 모든 용어는 앞 사건과 연결될 때 사용되는 용어다. 이 용어가 계 11:1에서도 '또'라고 하는 용어로 사용되고 있다. 이 말의 의미는 계 9장에서 진행된 여섯째 나팔이 계 10장에 이어서 계 11장에까지 계속 진행되는 내용이라는 의미다(계 10장 Q_02과 계 11장 Q_01). 귀납적으로 볼 때만 발견할 수 있다. ② 짐승의 표(666)는 ㉠ 누구에 의해 계획되고 진행되며, ㉡ 누가 받도록 강요하는 것인지? ㉢ 그리고 짐승의 표를 받는 순서와 조건 등에 관해 언급되어 있다

(계 13장 Q_06).

이런 부분들은 귀납법적으로 성경을 보지 않으면 전혀 보이지 않는 구조다. 본서는 이런 구조를 직접 확인한 책이다. 또 성경으로 묻고 성경 자체로 대답하며 풀어간다는 큰 의의가 있는 책이다.

Q _05. 저자 사도 요한은 자신의 환경과 자신에 대한 소개를 어떻게 언급하고 있나?

A 사도 요한 본인 스스로 '사도 요한'이라고 밝히지 않으면서 자신을 몇 가지로 언급하고 있다. ① "나 요한"(계 1:4, 9, 22:8)이라고 소개한 것은, 당시의 수신자들은 이미 사도 요한의 배경을 잘 알고 있었다는 것을 전제로 하기 때문이다. ② 사도 요한은 "너희 형제"(세베대의 아들인 요한. 마 4:21; 계 1:9)이며, ③ 예수님의 환난과 나라와 참음에 동참한 자(롬 8:17; 살후 1:4-5)이며, ④ 하나님의 말씀과 예수 그리스도를 증언한 자로 자신을 소개하고 있다. 그런 배경과 이유로 밧모 섬에 유배되었던 사람[사도 요한은 도미티안 황제 때(A.D. 81-96) 이 섬으로 유배되어, 동굴에서 18개월 머무는 동안 계시를 받았다]으로 자신을 소개하고 있다.

Q _06. 황제 숭배를 거부한 결과 사도 요한은 어떤 처벌을 받았으며, 요한계시록은 그 받은 처벌과 어떤 관계가 있는가?

A 황제를 하나님으로 섬기라는 명령의 거부에 따른 핍박이 있을 때, 사도 요한은 우리가 섬겨야 할 대상자는 오직 하나님이라는 사실과 예수 그리스도만이 주(主)라는 것을 믿고 고백했으며, 하나님께서는 "장차 될 일"(계 1:19)에 대하여 사도 요한에게 자세히 계시해 주셨다(계 1:3, 22:10, 17-19).

도미티안 황제[짐승(적그리스도)으로 위장된 단어] 치하에서 순교의 불꽃이 타오르는 시기에, 황제 숭배를 거절하고 밧모 섬에 유배되는 처벌을 받았으며, 그런 역경 중에 있는 사랑하는 제자에게, 예수님이 나타나셔서(顯現) 위로하시며 장차 될 일을 보여주셨다(계 1:9-16).

요한계시록은 ① 장차 될 일(속히 될 일. 계 1:1)을 ② 핍박받고 있는 소아시아 7교회에게 ③ 편지형식으로 보낸 계시의 말씀이다. 요한이 처한 환경에서 함께 핍박받고 있는 하나님의 자녀들에게, 당시의 성도들이 알 수 있는 상징적이며 위장된 숨은 언어들을 사용하여, 장차 될 역사의 비밀들을 보여주면서 위로와 용기, 그리고 영원한 천국의 소망을 보여주고 있다.

Q_07. 요한계시록에 대한 오해와 진실과 몇 가지 알아야 할 것들은 무엇인가?

A **1. 요한계시록은 몰라도 된다?** "구원받는 데 지장 없다"는 말은 옳은 말인가? 그런 이들에게 성경은 왜 배우냐고 묻고 싶다. 좋아하는 성경만 배우려 하고 그렇지 않은 부분은 외면한다면, 하나님 말씀에 대한 올바른 태도일까? 요한계시록을 몰라서 부담스러워서 그랬었다고 한다면, 본서를 권해 드린다. 처음부터 끝까지 읽고 나면 손에 확 쥐어지는 것이 있으리라 확신한다.

2. 요한계시록은 무서운 책인가? 예수님께서 신부 영접을 위해 단장케 하는 방법을 알려 주시는 사랑의 메시지다. 구원받을 사람에게는 각성하고 깨어 있게 하는 책이나, 불신 불택자에게는 경종을 울려 주는 책이다.

3. 함부로 열어서는 안 되는 책인가? 아니다. 열려 있는 책이다(계 22:10). 두려워할 책이 결코 아니다. 뼈대를 알고 나면 정말 쉬운 책이다.

4. 교회가 요한계시록에 침묵한 결과 어떻게 되었는가? 열심 있는 많은

성도가 신천지에 빠지게 되었다. 이단의 100%가 요한계시록을 무기로 사용하고 있는데, 건전한 교단과 교회에서는 한계를 노출하며 교인 관리를 못하고 있음이 증명되었다.

신천지에 빠지는 이유? ① 신천지에 있는 사람들은 거의 열심 있는 사람들이다. 교회가 그들을 빼앗겼다. ② 교회에서 요한계시록을 제대로 가르치지 않은 원인도 있다. 배울 곳(들을 곳)을 찾다 보니 신천지에 빠지게 된 것이다. ③ 이런 부분에서는 목회자들이 울며 회개해야 한다. ④ 그런데 목회자들 역시 요한계시록을 가르치는 데 사용할 적절한 교재가 없는 어려움을 안고 있다.

본서는 이런 문제에 해답을 줄 것이다. 이단의 문제를 알게 되고, 신천지를 격파하며 무력화시킬 수 있다.

5. 말씀(요한계시록)으로 구심점을 이룬다. 요한계시록으로 성도들이 하나 되는 축복(재림신앙)을 받는다.

6. 잠자는 재림신앙을 다시 회복하게 된다. 시한부 종말론의 문제점을 발견하며 건전한 재림신앙을 회복하게 된다.

7. 요한계시록은 복음 중의 복음이다. 창세기는 천지 창조에 대해 알려 준 책이며, 요한계시록은 사탄(마귀)의 종말에 대해 알려 주는 책이다. 마귀가 제일 두려워하는 책이 요한계시록이다. 요한계시록은 성경의 결론이요, 구속사의 결론이다. 설악산을 가도 정상에 올라가 본 사람과 입구만 다녀온 사람의 이해가 같을 수 없다. 영화를 보더라도 마지막까지 봐야 전체를 말할 수 있듯이, 요한계시록을 알아야 성경 전체를 실감 나게 말할 수 있다.

8. 칼 사용(활용)법을 알려 줘야 한다. 목회자들은 신학은 물론이지만 본질적으로 성경을 알려 줘야 한다. 그러나 주로 칼이 어떻게 만들어졌는지, 칼의 성분에는 구리가 몇 %, 알루미늄이 몇 % 등의 합금으로 되었는지에 대해서 알려준다. 그런 것도 필요하겠지만, 영혼 구원을 위해 더 필요한 것은 칼 사용(활용)하는 방법이다. 우리는 성경 사용하는 방법을 잘 모른다. 그러나 신천지는 책을 이리저리 넘기며 사용하고 있다. 우리가 배워야 한다. 본서는 그 방법을 알려 주는 책이다.

Q _08. 요한계시록을 예언서라고 하는 이유가 무엇인가? (계 1:1)

A 반드시 속히 될 일(장차 될 일, 1:19), 장차 될 일이라는 등등의 표현 때문에 요한계시록을 예언서(계 1:1)라고 한다(계 1:3, 22:7, 10, 18, 19. 계 4장-22:5까지 장차 될 일). 장차 될 일에 대해 보여주고, 설명하며, 알려주고, 예비하도록 하신 우리 주 예수 그리스도 계시의 말씀이다.

이것이 요한계시록의 목적이다. 미래 역사를 보여주고 구원받는 자와 불신 불택자의 진로와 마지막을 예언하고, 불신자들을 향한 심판과 새 하늘과 새 땅을 통해 미래의 역사를 계획하시고 이끌어 가시는 역사의 주인이신 하나님의 경륜(장차 될 일)을 알려 주는(예언) 예수 그리스도의 계시다.

Q _09. 요한계시록은 누구에게 준 것이며, 받는 대상이 누구인가?

A 계 1장 Q_02.

Q _10. 요한계시록은 상황적 순서인가, 아니면 시간적 순서(사건)인가?

A 시간적 순서로 되어 있다. 결정적인 증거들은 다음과 같다.

1. "이 일 후에"라고 하는 용어가 6회 등장한다(계 4장 Q_02).

2. "세 화"가 예언된 순서대로 발생한다(계 9장 Q_02).

3. 7인, 7나팔, 7대접은 세 화의 구체적인 사건 전개다(계 8장 Q_01, 계 15장 Q_01). 그런데 7인, 7나팔, 7대접이라고 하는 사건이 각각 독립된 개별적인 사건으로써 각각의 순서 사이의 기간은 알 수 없으나, 개별 사건이 순서적으로 전개된다. 영적으로 해석한다는 명분으로 이러한 순서를 무시하면 안 된다.

4. 5인 사건 이전(계 4장)**에는 부활**(휴거)**이 없었다**(계 1장 Q_09).

Q_11. 상징으로 해석해야 하나, 혹은 문자(실제)로 해석해야 하나?

A 요한계시록에는 상징으로 봐야 할 것과 문자(실제)로 봐야 할 것들이 있다. 그러나 요한계시록은 90%가 문자적으로 해석해야 한다. 숫자를 대부분 비유나 상징으로 해석하는 이들이 있다. 그 결과 요한계시록은 백인 백색으로 해석하여 혼란의 원인이 되고 있다. 당시 우상숭배의 박해 속에 어쩔 수 없이 상징으로 밝힌 것 외에는 문자로 해석할 때 보다 명확하게 전달이 될 수 있다. 그래야 영해라는 명분으로 자의적(恣意的)으로 해석하는 것을 막을 수 있다.

1. 문자적(실제)으로 해석해야 할 것

일곱 교회(계 1:4, 11, 20), 일곱 인(계 5:1, 5, 6:1), 일곱 나팔(계 8:2), 일곱 대접(계 16:1, 17:1, 21:9), 대접 일곱(계 15:7), 다섯 달 동안(계 9:5, 10. 계 9장 Q_02), 두 증인(계 11:3), 천이백육십 일(계 11:3, 12:6), 마흔두 달(계 11:2, 13:5), 한 때와 두 때와 반 때(계 12:14), 일곱 영(계 1:4, 3:1, 4:5, 5:6, 계 4장

Q_07) 7이라는 숫자는 문자적 해석, 이십사 장로(계 4:4, 10, 5:8, 11:16, 19:4. 계 4장 Q_05) 24라는 숫자는 문자적 해석, 네 생물(계 4:6, 8, 5:6, 8, 14, 6:1, 6, 7:11, 14:3, 15:7, 19:4. 계 4장 Q_09) 4라고 하는 숫자, 일곱 머리 열 뿔(계 12:3, 17:3, 7, 계 17장 Q_04) 7과 10이라는 숫자, 열 왕(계 13:1, 17:12. 계 17장 Q_04)의 10이라는 숫자, 아마겟돈(계 16:16. 계 16장 Q_07), 천년 왕국(계 20:6, 천 년 동안 그리스도와 더불어) 등 대부분은 문자로 해석해야 영해라는 오류의 함정에 빠지지 않는다.

2. 상징으로 해석할 수 있는 것.

십사만 사천(계 7:4, 14:1, 3. 계 14장 Q_02), 육백육십육(계 13:18. 계 13장 Q_06), 천육백 스다디온(계 14:20. 계 14장 Q_11), 만 이천 스다디온(계 21:16. 계 21장 Q_03) 등이며, 요한계시록을 그대로(문자) 지켜야 할 이유가 계 22:18-19에 기록되어 있다.

Q_12. 아시아의 일곱 교회는 영적으로 어떤 의미가 있는가? (계 2장, 3장)

A 속히 될 일에 대한 요한계시록의 예언이 언급된 대상 교회(계 1:1)이며, 주님이 다시 오실 사건과 관계된 교회(계 1:7)다. 첫째 부활에 참여하는 성도와 교회가 아시아 일곱 교회(계 20:6)에게만 해당된 것이 아니며, 최후 심판은 인류 전체(계 20:10-15)를 대상으로 한 것이다. 아시아 7교회는 일차적 의미로 아시아에 있던 교회의 형편과 영적 상태를 직접적으로 말씀하신 예언이며, 더 나아가 종말론적 시대에 살아가고 있는 모든 성도와 교회를 향한 종말론적 신앙을 향한 촉구의 말씀이다.

Q_13. 요한계시록에 나오는 7복(마카리오스)은 무엇인가?

A 1복: (계 1:3) 이 예언의 말씀을 읽는 자와 듣는 자와 그 가운데에 기

록한 것을 지키는 자는 복이 있나니 때가 가까움이라(계 1장 Q_06).

2복: (계 14:13) 또 내가 들으니 하늘에서 음성이 나서 이르되 기록하라 지금 이후(예수님 부활 이후부터 휴거 전까지)로 주 안에서 죽는 자들은 복이 있도다 하시매 성령이 이르시되 그러하다 그들이 수고를 그치고 쉬리니 이는 그들의 행한 일이 따름이라 하시더라(계 1장 Q_06)

3복: (계 16:15) 보라 내가 도둑같이 오리니 누구든지 깨어 자기 옷을 지켜 벌거벗고 다니지 아니하며 자기의 부끄러움을 보이지 아니하는 자는 복이 있도다(계 16장 Q_08)

4복: (계 19:9) 천사가 내게 말하기를 기록하라 어린양의 혼인 잔치에 청함을 받은 자들은 복이 있도다 하고 또 내게 말하되 이것은 하나님의 참되신 말씀이라 하기로(계 19장 Q_07)

5복: (계 20:6) 이 첫째 부활에 참여하는 자들은 복이 있고 거룩하도다 둘째 사망이 그들을 다스리는 권세가 없고 도리어 그들이 하나님과 그리스도의 제사장이 되어 천 년 동안 그리스도와 더불어 왕 노릇 하리라(계 20장 Q_07)

6복: (계 22:7) 보라 내가 속히 오리니 이 두루마리의 예언의 말씀을 지키는 자는 복이 있으리라 하더라(계 22장 Q_04)

7복: (계 22:14) 자기 두루마기를 빠는 자들은 복이 있으니 이는 그들이 생명나무에 나아가며 문들을 통하여 성에 들어갈 권세를 받으려 함이로다(계 22장 Q_05)

Q_14. "수정과 같은 유리 바다"(계 4:6)와 "불이 섞인 유리 바다"(계 15:2) 등은 어떤 의미와 차이가 있는가?

A 계 15장 Q_03.

Q_15. 하나님의 인을 받는 144,000은 무엇이며, 상징인가 아니면 실제 수인가?

A 계 7장 Q_04, Q_05, 계 14장 Q_02.

Q_16. 계 7:5-8에서 열두 지파에 누락된 지파와 삽입된 지파? 그 특징은 무엇인가?

A 계 7장 Q_08.

Q_17. 휴거(携擧)란 무엇이며, 목적과 의미는 무엇인가?

A 계 7장 Q_08.

Q_18. 인봉 환난의 목적은 무엇인가?

A 계 7장 Q_08.

Q_19. 요한계시록 7장이 휴거장(대환난 전 휴거)인 이유는 무엇인가?

A 대환난을 중심으로 언제 휴거(재림)되는지에 관한 관점들에 대한 변증들을 다뤘다(계 4장 Q_03, 계 7장 Q_08).

1. **"이제도 계시고 전에도 계셨고 장차 오실 이"**에 대한 언급이 5회(계 1:4, 1:8, 4:8, 11:17, 16:5) 등장하는데, 계 8장 이후부터 "장차 오실 이"가 없이 "옛적에도 계셨고 지금도 계신 주"(계 11:17과 16:5)로만 사용하고 있는 것은, 7년 대환난 직전인 계 7장(계 7:9-10)에서 이미 오셨기 때문이다. 이것은 계 7장이 휴거장이라는 강력한 증거다(계 1장 Q_09).

2. **계 6장까지는 순교자의 수가 아직 차지 않았다(계 6:9-11)**고 성경은

기록하고 있다. 우리가 살고 있는 지금은 순교자의 수를 채우는 기간(롬 11:25-26)이기 때문이다.

3. 계 12:12의 "그러므로 하늘과 그 가운데에 거하는 자들은 즐거워하라" 이 주체자들이 누구냐고 할 때, 이들은 이미 휴거된 성도들을 말한다. 이 말씀은 계 7장이 휴거장이 아니라고 한다면 적절히 설명할 방법이 없다(계 12장 Q_09).

4. 계 14:3의 "속량"이라고 하는 에고라스메노이(ἠγορασμένοι)라는 단어가 증언하고 있다(계 14장 Q_03).

5. 교회(구원받는 자)는 어린양의 진노(7년 심판 대환난)를 당하지 않는다.
교회(성도)가 환난을 통과한다고 하는 주장은 성경적 근거가 지극히 약한 주관적인 견해다(계 6장 Q_07).

6. 계 8장 이후부터 지상에는 구원받은 "성도"라는 용어가 없다.
요한계시록에는 성도 용어가 대상에 따라 크게 3부류로 13회 등장한다(계 13장 Q_07). ① 지상 성도로 4회(환난 통과 유대인 성도. 계 13:7, 10, 14:12, 20:9), ② 천상 성도로 6회(휴거된 성도. 계 11:18. 16:6, 17:6, 18:20, 24, 19:8), ③ 휴거된 성도들이 휴거 전에 지상에 있을 때 올린 기도를 언급하며 성도라 부를 때 3회(계 5:8, 8:3, 4) 등으로 사용되었다. 성도라고 해서 대상을 분석해 보면 이 땅에 거하는 성도로 사용된 것이 아니라는 것을 발견하게 된다. 그런 의미에서 계 7장이 휴거장이라 말하는 것이다(계 7장 Q_08).

7. 계 8:4의 "향연이 하나님 앞으로 올라가는지라"는 것은 과거에 이미 올라갔던 것을 의미한다(계 8장 Q_03, 계 5장 Q_08, 총론 Q_14).

8. 계 20:4-5 첫째 부활에 참여한 자들이 심판의 권세를 받는다. 누가 심판하는 권세를 받았다는 말인가? 휴거된 성도들이 받았다는 것이며, 환난 통과 이전인 휴거 때 이미 심판의 권세를 받았다는 의미다(계 20장 Q_03).

9. 만약 계 6장부터 대환난이라고 할 때는 몇 가지의 문제가 제기될 수 있다.

1) 순교자들이 대환난에 들어가게 되는 모순이 생긴다. 하나님의 말씀과 예수 그리스도의 증거를 인하여 목베임을 받은 순교자들이 부활되지 않고, 대환난이 시작되는 것은 큰 모순이 아닐 수 없다. 그래서 교회가 환난을 통과하고 계 20:4-6에서 첫째 부활하는 것으로 합리화하기도 하고, 환난 중 부활이 몇 번씩 있게 되는 문제가 발생하게 된다.

2) 성경에는 성도의 부활인 첫째 부활[(계 20:6. 생명의 부활(단수. 요 5:29), 의인의 부활(단수. 행 24:15)]이 있으며, 악인들의 부활인 둘째(단수) 사망[(단수. 계 20:14. 심판의 부활(요 5:29), 악인(심판)의 부활(둘째 사망. 행 24:15), 악인들도 백보좌 심판을 위해 부활(한다)]이 있다. 그러므로 계 6장 대환난, 계 4장 휴거(부활)라고 할 때, 단수인 부활을 몇 차례 주장할 수 있어서, 성경 말씀에 모순이 되는 해석을 하게 된다(첫째 부활 시기에 대해서는 계 20:4-6, 7:9-14). 이 같은 이유에서 계 7장이 휴거장이라 할 수 있다.

Q_20. 요한계시록에서 "성도"라는 용어가 크게 어떻게 3부류로 사용되고 있는가?

A 계 7장 Q_08.

Q _21. 공중강림(임재)과 지상강림(재림)의 차이는 무엇인가?

A 성경에는 예수님의 공중강림(임재, 휴거)과 지상강림(재림)을 구별하여 기록하고 있다(계 1장 Q_13, 계 7장 Q_08, 계 19장 Q_08).

Q _22. 구원받은 성도들이 받을 면류관, 그리스도가 쓰는 (왕)관, 그리고 적그리스도의 (왕)관의 차이점은?

A 계 13장 Q_03.

Q _23. 요한계시록에는 "반드시 속히 일어날 일들을 그 종들에게"(계 1:1) 등에서 보듯, 이때 '종'은 누구를 가리키는 것인가?

A 계 1장 Q_03, 계 22장 Q_05.

Q _24. 계 6장의 네 말이 7년 대환난이 아니며, 계 7:14의 "큰 환난"이 7년 대환난이 아닌 이유는 무엇인가?

A 계 6장 Q_02, 계 7장 Q_10.

Q _25. 흰 말의 정체는 무엇인가?

A 계 6장 Q_02, 계 7장 Q_10.

Q _26. 7인 사건과 7나팔, 7대접은 어떤 차이점이 있으며, 그 의미와 성격은 무엇인가?

A 7나팔과 7대접에는 재앙의 의미가 있으며 심판의 성격이 있다. 계 6장 Q_01, 계 9장 Q_01.

Q _27. 독수리의 세 화의 예언이란 무엇인가?

A 계 8장 Q_06.

Q_28. 무저갱에 대한 것 중, 영계의 무저갱과 지상의 무저갱의 차이는 무엇인가?

A 계 9장 Q_02.

Q_29. 7년 대환난이라고 할 때, '7년'이라는 숫자의 근거는 무엇인가?

A 계 9장 Q_04.

Q_30. 해를 입은 여자와 붉은 용이란 무엇인가?

A 계 12장 Q_03, 04.

Q_31. "7머리 10뿔"에 대한 포괄적인 실제 의미는 무엇인가?

A 계 13장 Q_03, 계 12장 Q_04, 계 17장 Q_04.

Q_32. 베리칩(Verichip)은 적그리스도 짐승의 표인가?

A 계 13장 Q_07.

Q_33. 단장된 신부가 가져야 할 6가지 모습?

A 계 14장 Q_02.

Q_34. 요한계시록에 등장하는 6가지의 노래와 그 노래의 의미는 무엇인가?

A 계 14장 Q_05.

Q_35. 천주교회가 음녀이며 적그리스도인가?

A 계 14장 Q_07.

Q_36. 바벨론은 무엇이며, 그 죄 등 영적 의미(역사적 혹은 상징적)는 무엇인가?

A 계 14장 Q_07.

Q_37. 성경에서 "이긴 자"란 누구를 의미하는 것인가?

A 계 15장 Q_03.

Q_38. 신천지는 정통교회를 바벨론이라 비난하면서, "바벨론 선장의 배를 타고 있다가 지옥으로 가게 된다. 바벨론과 더불어 기독교 모든 목자들이 심판받는"(이만희, "천국 비밀 요한계시록 실상", 2017, p. 375)이라고 했다. 그렇다고 한다면 신천지는 바벨론의 대상이 아니라는 말인가? 성경에서 말하는 바벨론은 무엇을 가리키는가?

A 계 14장 Q_07, 계 17장 Q_03, 계 18장 Q_04. "바벨론"이라는 용어를 쉽게 구별하고자 한다면, 포괄적 의미에서 바벨론의 정의는 '짐승(적그리스도. 실존의 단수)이 다스리는 정치 경제적 의미의 세상'이라고 할 수 있다. 그러나 "음녀"라고 하는 '종교적 의미에서의 바벨론'으로 사용되기도 한다. 종교적 의미의 바벨론은 타락한 음녀이며, '거짓 선지자(실존의 단수)가 통치하는 왕국'이라고 할 수 있다. 때로는 '정치 경제적 의미의 바벨론'과 '종교적 의미의 바벨론' 이 둘을 통칭하여 '바벨론'이라고 부르기도 한다. 이렇게 개념을 정리한다면 100% 정확하지는 않아도, 이해에 도움이 되리라 생각된다(계 17장 Q_03).

Q_39. 인류 최후의 전쟁인 아마겟돈 전쟁을 신천지에서는 영적인 전쟁이라고 한다(210308. 천지일보). 신천지에서는 "여기에서 전쟁이란 각자의 교리로 싸우는 영적인 싸움을 말하는 것이니, 아마겟돈은 하나님 소속과 마귀 소속이 싸우는 영적 전쟁터"(이만희, 위의 책, p. 331)라고 했다. 정말 영적인 전쟁일까? 성경에서 말하는 아마겟돈 전쟁이란 무엇인가?

A 계 16장 Q_07.

Q_40. 아마겟돈의 세 주인공은 ㉠ 짐승, ㉡ 큰 음녀, ㉢ 10왕을 말한다. 그런데 신천지에서는 성경을 왜곡하여 "계시록에서는 세 존재가 출현하여 싸웁니다. 하나는 하나님 소속이고, 또 하나는 마귀 소속입니다. 나머지 하나는 하나님을 배도하고 마

귀를 따르는 배도자입니다. 이 세 존재가 누구인지, 성구와 함께 기록해 보세요"라고 가르친다(210818. 신천지 인쇄물, 인천 마태지파 발송 우편 도착물, 질문 5번 내용. 위의 책, p. 331). 이런 신천지의 왜곡이 성경적으로 타당한 것인가? (계 16:12-16).

A 아니다. 성경을 잘 모르고 왜곡하는 주장이다. 아마겟돈 전쟁의 큰 그림은 다음과 같다. ① 아마겟돈 전쟁 예고(계 16:14), ② 아마겟돈 전쟁의 주인공들(계 17:13-14), ③ 아마겟돈 전쟁(계 19:11-16) 등으로 진행된다(계 16장 Q_07, 계 17장 Q_04, Q_05, 계 19장 Q_08).

Q _41. "여자"라는 용어는 크게 몇 부류로 사용되었나?

A 계 17장 Q_04.

Q _42. 신천지에서는 2021년 현재를 1,000년 왕국 기간 중에 있다고 말한다(위의 책, p. 412). 이런 주장이 성경적인 주장인가?

A 아니다(계 18장 Q_03).

Q _43. 계 19:6-8을 환난 부분 휴거설(患難 部分 携擧說)이나 환난 통과설(患難通過說)을 주장하는 근거로 사용할 수 없는 이유는 무엇인가?

A 계 19장 Q_04.

Q _44. 어린양의 "혼인 잔치"(계 19:9)란 무엇이며, 언제 이루어지는 것인가?

A 계 19장 Q_06, 07.

Q _45. 계 19장을 재림장(再臨章)이라 주장하는 근거는 무엇인가?

A 계 19장 Q_08.

Q _46. "이는 첫째 부활이라"고 했다. 첫째 부활이란 무엇인가?

A 계 20장 Q_06, 계 7장 Q_08.

Q _47. 천년 그리스도 왕국은 상징일까, 실제일까?

A 계 20장 Q_08.

Q _48. 곡과 마곡의 전쟁이란 무엇인가?

A 계 20장 Q_09.

Q _49. 흰 보좌(백보좌) 심판이란 무엇인가?

A 계 20장 Q_10.

Q _50. 하나님 앞에는 크게 몇 종류의 책이 있는가?

A 계 20장 Q_11.

Q _51. 구원받은 자도 행위의 심판을 받는가? 혹은 흰 보좌 앞에 서는가?

A 계 20장 Q_11.

Q _52. 거룩한 성 새 예루살렘의 멋진 모습과 성도가 누릴 행복은 어떤 것인가?

A 계 21장 Q_03, 계 22장 Q_03.

Q _53. 성령님과 신부의 초청의 내용은 무엇인가?

A 계 22장 Q_06.

Q _54. 마라나타 그리고 마지막 축복의 내용은 무엇인가?

A 계 22장 Q_08.

Q _55. 요한계시록으로 볼 때, 현재는 어느 시기에 위치하고 있는가?

A 계 6장 Q_01.

Q _56. 휴거(공중강림)는 언제 이루어질까?

A "그러나 그날과 그때는 아무도 모르나니 하늘의 천사들도, 아들도 모르고 오직 아버지만 아시느니라"(마 24:36)고 했다. "그런즉 깨어 있으라 너희는 그날과 그때를 알지 못하느니라"(마 25:13)고 했다(계 6장 Q_01, Q_07, Q_08, 계 7장 Q_08).

요한계시록의 구조

요한계시록에서의 프롤로그 (계 1:1-8)

Ⅰ. 서론부【계 1:9-3:22】

Ⅱ. 본론부【계 4:1-19:21】

Ⅲ. 결론부【계 20:1-22:5】

요한계시록에서의 에필로그 (계 22:6-21)

요한계시록 1장

Q _01. 계 1장의 핵심 메시지는 무엇인가?

A 하나님께서는 우주를 창조하셨으며, 만유를 계획(작정)하셨으며, 만유에 대한 하나님의 계획이 이루어지도록 섭리(통치)하고 계시며, 천하만민을 구원하기 위해 예수 그리스도를 이 땅에 보내셨고, 장차 예수 그리스도를 통하여 신자와 불신자, 선과 악을 심판하실 것이다.

그 창조주 하나님께서 장차 될 일(계 1:19, 예언)을 예수 그리스도를 통하여 우리에게 요한계시록을 통해 구체적으로 알려 주셨다. 그런 의미에서 계 1장은 예수 그리스도 계시의 내용을 알리는 책이라 할 수 있다.

요한계시록 기록 당시에는 황제를 하나님으로 섬기라는 명령(총론 Q_05. 우상숭배)과 그 명령을 거부하면 혹독한 핍박이 정해져 있었음에도, ① 우리가 섬겨야 할 대상은 오직 하나님이라는 것, ② 예수님만이 우리의 주(主)라는 것, ③ 장차(미래) 될 일[계 1:19. ㉠ 어린양의 신부를 끌어올리는 일(휴거), ㉡ 세 화(7인, 7나팔, 7대접), ㉢ 1,000년 그리스도 왕국, ㉣ 새 하늘과 새 땅]을 사도 요한에게 계시해 주셨다(계 1:3, 22:10, 17-19). 이런 배경 속에 우상숭배를 강요하며 박해하는 로마 황제를 향한 황제숭배를 할 수 없어 초대교회 성도들은 그들만 알 수 있는 상징적인 은어로써 “짐승”(계 13장 Q_02)이라고 부르며 사용하였음을 기억해야 한다.

계 1장은 네 부분으로 나눌 수 있다(주제는 요한계시록에서의 프롤로그, 예수 그리스도의 계시, 그리고 속히 일어날 일들). 특히 계 1:1-8은 요한계시록의 서막에 해당하는 프롤로그라 할 수 있다. ① 예수 그리스도의 계시라는 요한계시록의 권위(계 1:1-3), ② 아시아의 7교회를 향한 문안(계 1:4-8), ③ 사도 요한의 환경과 예수님의 임재와 큰 음성(계 1:9-16), ④ 예수님의 위로와 사도 요한의 사명(계 1:17-20) 등이다.

Q _02. 요한계시록은 누가, 누구에게. 어떤 목적, 내용, 전달 경로, 그리고 수신자는 누구인가? (계 1:1)

A 요한계시록의 원저자는 하나님 자신이다. 하나님께서 우리 주 예수 그리스도를 통하여 천사에 의하여 요한에게 편지형식으로 전달하신 것이다. 요한은 두루마리에 기록하여 일곱 교회에 보낸 것이다. 이 말은 당대와 미래의 모든 교회에게 보냈다는 의미이다(계 1:1, 3, 22:16).

요한계시록은 “네가 본 것”(계 1장. 계 1:19), “지금 있는 일”(계 2-3장. 계 1:19), “장차 될 일”[계 4-계 22:5. “반드시 속히 일어날 일들”(계 1:1), “반드시 속히 되어질 일”(계 22:6. 계 1:19)] 등, 계시의 말씀에 대한 기록이다.

계시의 경로(방법)는 성부 → 성자 → 천사 → 사도 요한 → 종들(당시 초대교회 목회자, 성도들, 교회)에게 주신 것이며, 수신(받는)하는 최종 대상은 그 종들(구원받은 모든 성도)이며, 전달 목적은 단장된 신부로 다가올 미래를 준비하라는 말씀이다.

Q _03. “반드시 속히 일어날 일들을 그 종들에게”라 할 때, 이때의 ‘종’은 누구를 가리키는가? (계 1:1)

A 계 1:1 등에 나오는 “종”은 ‘둘로스’(δοῦλος)로 되어 있다. 요한계시록에서의 종의 개념은 ‘구원받은 모든 성도(택자)들’을 의미한다. “종”이라는 용어가 신약에서 총 11회(계 1:1, 2:20, 7:3, 19:5, 10, 22:3, 6, 9; 행 2:18, 롬 6:22; 벧전 2:16) 등장하며, 요한계시록에는 8회(계 1:1, 2:20, 7:3, 19:5, 10, 22:3, 6, 9) 등장한다(계 7장. Q_04).

성경에서 성도들을 하나님의 종으로 언급하고 있다(행 2:18; 롬 6:22; 벧전 2:16). 어떤 사람은 이때의 종은 사명을 가진 목회자라고 생각하는 사람도 있으나, 요한계시록에서는 하나님의 종(δοῦλος)을 사명 받은 목회자의 개념으로 해석하면 안 된다. 사명자로서의 목회자는 앙겔로스(ἄγγελος)로 되어 있다. 앙겔로스는 '사자'인데 천사(영계의 사자) 혹은 목회하는 사자(육계의 사자)로 번역(계 1:20, 2:1, 8 등)하고 있다.

하나님께서는 반드시 속히 될 일(장차 될 일, 1:19)을 그 '종'들인 구원받은 모든 성도(택자)에게 미리 알려 주심으로 다가올 미래를 준비하라고 요한계시록을 통해 계시하셨다.

Q _04. 요한이 전하는 계시의 내용? (계 1:1)

A 하나님의 말씀과 예수 그리스도의 증거(계 1:2)에 대한 것이다. 여기에서 말씀이란 성육신한 말씀(요 1:14)이 아니라 요한계시록 말씀(문서화된 말씀)을 의미하며, 예수 그리스도의 증거란 예수 그리스도에 관한(about) 증거가 아니라, 우리 주 예수 그리스도께서 계시해 주신 요한계시록 말씀을 의미한다. 계시의 내용은 "반드시 속히 일어날 일들"(계 1:1)이다.

Q _05. 증거자로서 요한의 자세? (계 1:2)

A 자기가 본 것을 다 증언하였다(계 1:2). 요한은 보고 들으며 계시받은 요한계시록 말씀의 내용을 가감 없이 다 증거하였다(계 22:18-19; 민 22:38; 렘 1:7; 겔 3:11, 17; 행 1:8, 4:19-20).

Q _06. 요한계시록에 나오는 7복(마카리오스 μακάριος)은? (계 1:3). (총론 Q_12). (이단 경계)

A 1복: (계 1:3) 이 예언의 말씀을 읽는 자와 듣는 자와 그 가운데에 기

록한 것을 지키는 자는 복이 있나니 때가 가까움이라

계 1:3에서 복 있는 자를 세 부류로 언급하고 있다. ① 읽는 자(단수)다. 성도 각자가 읽어야 하는 말씀(복. 딤전 4:13; 신 17:19; 사 34:16; 골 4:16; 히 11:6). 요한계시록 말씀은 예수님의 보혈의 공로로 구원받은 성도라면 누구나 읽어야 하는 말씀이다. ② 듣는 자(복수)다. 성도는 교회에 나와 회중과 함께 들어야 할 말씀이다(히 4:2; 요 8:47, 18:37; 전 5:1; 삼상 15:22; 롬 10:17). 교회에 나아와 배울 때 진리를 깨닫게 된다. ③ 지키는 자(보존하는 자, 주의하다, 굳게 붙잡다)다. 말씀을 읽고 듣고 깨달은 말씀을 지켜야 한다. 이것이 신부단장이다(계 19:8).

계 1:3은 개역한글성경과 개역개정성경의 번역에 약간의 차이가 있다. 개역개정에는 "읽는 자(단수), 듣는 자(단수), 지키는 자(단수)"로 되었지만, 개역한글에는 "읽는 자(단수), 듣는 자들(복수), 지키는 자들(복수)"로 되어 있다.

이것은 어떤 의미인가? 초대교회 당시에는 많은 이들이 글을 제대로 읽지 못했을 뿐 아니라, 제지와 인쇄술이 발달하지 못하여 극소수의 요한계시록밖에 없었기 때문에 회중이 예배로 모이면 한 사람(단수)이 읽게 되면(성경 봉독) 나머지 사람들(복수)은 들어야만 했다. 그리고 예배에 참석하여 요한계시록의 말씀을 들은 사람들은 그 들은 요한계시록의 말씀을 지켜야(보존)만 했다는 배경을 갖고 있다.

그런 면에서 보면 계 1:3의 말씀은 개역한글성경이 원문에 더 가깝게 번역된 것이라고 할 수 있다.

하지만 이단 신천지 교주 이만희는 본문의 말씀을 왜곡한다. "이만희는 건축노동자(미장, 목수)로서 장막성전의 신도"(진용식, 이만희 실상 교리의 허구, 2019, p. 11)였던 그가, 계 10:10 말씀을 언급하며 "요한계시록을 자신만(계 22:16)이 받아먹은 자"라고 주장한다. "자신이 요한계시록을 받아먹은 새 요한(이만희)은 이제 걸어다니는 성경이 되고, 움직이는 하나님의 인(印)이 된다"(이만희, 앞의 책, p. 190)고 스스로 심각한 교만의 발언으로 미혹한다.

그러면서 자신만이 "읽는 자"(단수)이며, 죄 가운데 있는 모든 기성 정통교회와 그 외의 무리(백성 나라 방언 임금들)는 "듣는 자들"(복수)이며, 흰 무리(계 7:9, 14:3)는 "모든 교회와 교단에서 나오는 자들"(이만희, 위의 책, p. 139)이라고 하며, 그들은 "지키는 자들"(복수)이라는, 전혀 성경적이지 않은 허무맹랑한 주장을 하고 있다.

그런 것을 보면 이단 집단들은 성경 원문도 모르고, 교회사도 모르고, 초대교회 예배의 전통도 전혀 모르는 무식한 집단이, 성경을 왜곡하여 오직 믿는 자들을 미혹하는 데만 혈안이 되어 있는 거짓 선지자임을 확실하게 알아야 한다. 그리고 미혹당하지 말아야 한다.

특히 '지킨다'고 할 때의 테륜테스(τηροῦντες. 행 5:29; 삼상 15:22; 롬 2:6-8; 사 8:20; 약 1:25, 22)는 테레오(τηρέω), 즉 지키다, 보존하다(preserve)는 등 의미가 있다. 실천한다는 의미보다 보존하기 위해 지킨다는 의미로 사용되었다.

Q_07. 아시아의 7교회를 향한 하나님의 공통적인 메시지의 핵심은 무엇인가? (계 1:4, 2:4)

A 핵심은 두 가지로 요약할 수 있다. 하나는 "책망받지 말라"(골 1:22; 딤전 6:14; 계 2:4)는 것이다. 그러나 책망을 받았을 때는 어떻게 해야 하

나? 완벽하지 못하기에 "책망받았다고 한다면, 돌이키라"(회개. 이긴 자. 잠 1:23; 행 3:19)는 것이 두 번째의 핵심 메시지다.

Q _08. 아시아의 7교회(현대 교회)가 회복해야 할 공통적인 과제를 다섯 가지로 요약한다면 무엇인가?

A ① 사랑이 식어짐, ② 세속화, ③ 복음의 변질(혼합주의), ④ 신앙의 변질, ⑤ 도덕적 타락 등이다.

Q _09. "이제도 계시고 전에도 계셨고 장차 오실 이"에는 어떤 의미가 있는가? (계 1:4)

A 과거, 현재, 그리고 미래를 통치하시기 위해 왕 중 왕으로 다시 오실 우리 주 예수 그리스도에 대한 말씀이다. 성자 하나님이신 예수님께서는 역사의 알파와 오메가로서 성도의 구원을 종결하시고, 악을 심판하시는 심판자로서 역사의 시작과 끝을 주관하시는 전능하신 역사의 왕으로 장차 오실 것이다(마 24:3, 14).

"이제도 계시고 전에도 계셨고 장차 오실 이"에 대한 언급이 5회(계 1:4, 8, 4:8, 11:17, 16:5. 계 11장 Q_06) 등장한다. 그런데 계 1:4, 8, 4:8에는 있으나, 단 두 곳(계 11:17, 16:5)에서만 "장차 오실 이"라는 용어가 없이 "옛적에도 계셨고 지금도 계신 주"로만 사용하고 있다.

계 4장까지 "장차 오실 이"라는 용어가 등장하는 것은 계 4장까지 예수님이 아직 안 오셨기 때문이며, 단 두 곳(계 11:17과 16:5)에는 "장차 오실 이"가 없는 것은 7년 대환난 직전인 계 7장(계 7:9-10)에서 이미 오셨기 때문이다. 그 결과로 택함 받은 자가 휴거된 것이다.

예수님께서 7년 대환난 전에 공중강림하신다는 사실은, 택함 받은 자녀들로 하여금 7년 대환난을 겪지 않게 하시는 하나님의 놀라운 뜻과 사랑의 섭리가 있는 말씀이다. 그러므로 7년 대환난 후인 계 11:17과 계 16:5에는 예수님께서 이미 오셨기 때문에(살전 4:16-17), "장차 오실 이"를 기록할 필요가 없어서 "장차 오실 이"라는 용어가 없다. 이런 등등의 말씀에 근거하여 예수님의 공중강림(휴거, 첫째 부활)은 요한계시록 7장(계 7:9-10. 계 7장 Q_08. 살전 4:16-17)에서 이루어졌다고 주장하는 것이다.

Q_10. 아시아의 일곱 교회는 영적으로 어떤 의미가 있는가? (계 1:4, 11, 20)

A 속히 될 일에 대한 요한계시록의 예언이 언급된 대상 교회(계 1:1)이며, 주님이 다시 오실 사건과 관계된 교회(계 1:7)다. 첫째 부활에 참여하는 성도와 교회가 아시아 일곱 교회(계 20:6)에게만 해당된 것이 아니며, 최후 심판이 인류 전체(계 20:10-15)를 대상으로 하는 것으로 판단된다. 일차적 의미로는 당시 아시아 7교회에 대한 형편과 영적 상태를 말씀하신 직접적인 예언이며, 이차적인 의미로는 말세에 살아가고 있는 모든 성도와 교회를 향한 종말론 신앙에 대한 촉구의 말씀이다.

Q_11. 보좌 앞에 있는 일곱 영(일곱 영들)은 어떤 의미가 있는가? (계 1:4) (계 3장 Q_03, 계 4장 Q_07, 계 5장 Q_06)

A 요한계시록에서 "보좌"라는 용어가 일곱 가지의 개념으로 총 36회 등장한다. ① 하나님의 보좌로 26회(1:4, 3:21, 4:2, 3, 4, 5, 6, 5:1, 6, 7, 11, 13, 6:16, 7:9, 10, 11, 15, 17, 8:3, 12:5, 14:3, 16:17, 19:4, 5, 21:3, 5), ② 24장로들의 보좌로 3회(계 4:4, 10, 11:16), ③ 생물들의 보좌로 1회(계 4:9), ④ 용의 보좌로 1회(계 13:2), ⑤ 휴거된 성도들이 앉는 심판보좌 1회(20:4)로 계 7:9-10에서 휴거되었다가 예수님 재림 시 예수님과 함께 지상으로 내려와 앉는 이방인 성도들의 보좌를 의미하며, ⑥ 하나님(혹은 예수님)

의 흰 보좌로 2회(계 20:11, 12), ⑦ 하나님과 및 어린양의 보좌로 2회(계 22:1, 3) 등장한다.

"일곱 영"이라는 용어는 요한계시록에 총 4회(계 1:4, 3:1, 4:5, 5:6) 등장한다. 계 1:4-5은 삼위일체 하나님이심을 계시하는 중에 언급된 말씀으로서, 성부와 성자 사이 보좌 앞에 일곱 영이 있다는 말씀이다. 일곱 영은 성령님을 나타내는 것이며, 성령님의 완전한 사역을 나타내는 상징적인 표현이다(계 3:1, 4:5). 이 일곱 영이 온 땅에 보내심을 받았다(계 5:6)는 의미에서 일곱 영은 사명과 관계가 있는 말씀이라 할 수 있다. 성령의 다른 이름으로는 ① 보혜사(요 14:26), ② 여호와의 영(사 11:2), ③ 아버지 하나님의 성령(마 10:20, 3:16; 고전 3:16), ④ 하늘로부터 보내신 성령(벧전 1:12; 고전 2:12), ⑤ 하나님의 영(요일 4:2; 벧전 4:14; 롬 8:14) 등이다.

Q _12. 우리를 나라와 제사장으로 삼았다는 말씀의 의미는? (계 1:6)

A 예수님의 보혈의 공로로 우리를 어두운 죄의 나라(권세)에서 구속하여 죄에서 해방된 빛의 성도(나라. 골 1:13)로 삼으신 목적은, 하나님 나라의 백성(나라)이 되도록 하기 위함이다. 또한 거룩한 제사를 드리는 제사장(벧전 2:5)으로 삼으시기 위함이다. 구약의 제사장은 짐승의 피를 드리는 일을 주관했다면, 신약의 제사장은 자기의 몸을 거룩한 산 제물로 드리는 영적 예배(롬 12:1)를 드림으로 하나님께 나아가는 신령한 제사를 드리는 제사장이다.

Q _13. 예수님이 정말 구름을 타고 오시는가? 어떤 의미가 있는가? (계 1:7)

A 구약에서부터 강림에 대한 모습은 여러 곳에서 등장한다. 출 19장은 '여호와 강림장'으로 불린다. 여호와가 시내 산 빽빽한 구름 가운데서 임하셨으며(출 19:9-10), 여호와께서 강림한 모습(출 19:18, 20)을 볼

수 있다. 일만 성도 가운데(수많은 천사가 둘러싼 하늘 보좌 가운데서) 강림하기도 하시며(신 33:2), 불로 심판하시기 위해 강림하시며(사 66:15), 여호와께서 그의 처소에서 나와 강림하사 땅의 높은 곳을 밟으실 것(미 1:3) 등으로 등장한다. 그러나 요한계시록에서는 공중강림(계 7장 Q_08)과 지상강림(계 19장 Q_08)을 통하여 더 구체적으로 보여준다.

예수님께서 다시 오실 때(임재, 공중강림), 구름을 타고 오신다고 예언하고 있다. 영으로 오시는 것이 아니라, 실제로 구름을 타고 오신다고 했다. 오시는 방법을 더 구체적으로 알기 위해 인간적으로 풀려고 할 필요가 없다. 구름을 타고 오신다고 했으면 그대로 믿는 것이 바른 자세이고, 바른 믿음이다.

성경에는 예수님께서 구름을 타고 오신다(행 1:9; 막 13:26, 14:62; 눅 21:27)고 예언한 선지자(단 7:13)가 있었으며, 예수께서도 친히 말씀(마 24:30, 26:64)하셨고, 사도 바울도 동일하게 증언(살전 4:17)하였다.

그러나 구름은 만왕의 왕이신 예수님의 은혜(잠 16:15)를 의미하며, 또 운행의 수단(욥 37:12; 시 104:3)이다. 구름 타고 오신다는 것은 실제로 공중으로 강림하신다는 말씀이다. 이것은 하늘로부터의 오심을 의미한다. 공중강림은 헬라어로 '카타바이노'(καταβαίνω), 혹은 엘코마이(ἔρχομαι)로 사용되었다.

강림이라는 용어는 크게 세 가지로 사용되었다. 하나는 공중강림(카타바이노. καταβαίνω. 살전 4:16, 계 21:2. 땅에까지 내려온 것 아님. 공중에까지 내려옴)이며, 두 번째로는 보편적인 임재, 오심(엘코마이. ἔρχομαι. 기원, 강림 혹은 지상, 마 6:10; 계 1:7, 8. 부활 후 도마 앞에 나타나셨을 때 요 20:19)이고, 마지막 세 번째로는 지상강림(파루시아. παρουσία. 살전 3:13; 정황상으로 계 19:14)을 표현할 때, 한글로는 강림이지만 헬라어로는 뚜렷하게 서로 다른 단어로 차이를 나타내고 있다.

예수님께서 단장된 신부를 영접하기 위해 신랑(마 25:10)으로 공개적으로(마 24:30; 막 13:26; 눅 21:27) 공중강림하시는데, 그때 택함 받은 성도(마 24:31)는 휴거(살전 4:16-17) 된다는 말씀이다. 반면에 예수님의 지상강림은 백마(계 19:11)를 타고, 만왕의 왕(계 19:16)으로 그의 모든 성도[하늘의 군대(계 19:14), 살전 3:13]와 함께 심판의 권세를 갖고, 이 땅 감람산(행 1:11; 슥 14:4)으로 강림하시는 것이 지상강림 때 이루어진다. 그 이후에 예수 그리스도가 다스리는 1,000년 그리스도 왕국이 이루어진다(계 20장 Q_08).

'강림'이라고 해도 이렇게 공중강림과 지상강림으로 구분된다는 것을 기억해야 한다.

Q_14. "이제도 계시고 전에도 계셨고 장차 오실 이"에는 어떤 의미가 있는가?

A 계 1:4, 계 1:8, 계 4:8, 계 11:17, 계 16:5. 5회. 계 1장 Q_09.

Q_15. 사도 요한이 계시를 받은 요일은? 계시받으면서 어떤 체험을 했는가? (계 1:10). (주일과 안식일)

A 요한이 계시받은 요일도 중요하다. "주의 날"(계 1:10)이라고 했다. 이때 "주의 날"은 안식 후 첫날을 의미하는 날로, 오늘날의 주일을 의미한다. 예수님께서 안식 후 첫날(요 20:1, 19; 고전 16:2; 행 20:7)에 부활하셨기 때문에, 초대교회는 안식일인 토요일보다 주일을 더 중요하게 여겼다. 요한이 체험한 날도 주일이고, 성령의 강림도 주일이었다. 거룩한 주일에 성령님의 감동으로 나팔 소리 같은 주님의 음성을 듣고 요한은 요한계시록을 기록한 후, 일곱 교회에 보낸 것이다.

주일을 언급할 때, 이단에서는 주일을 지키는 것은 태양신과 관계가 있다고 주장한다. 사도 요한 당시에도 주일은 성령께서 제자들에게 가르쳐 주신 "주의 날"이었다. 태양신교가 주의 날에 요한이 받았다는 계시의 신적 권위를 훼손할 수가 없다. 또한 하나님은 제4계명인 안식일을 포함한 절기, 안식일 등을 모두 폐하겠다 예언(호 2:11)했으며, 구약의 모든 절기나 월삭이나 안식일들은 모두가 그림자이며, 실상(몸)은 그리스도라 하였다(골 2:16-17). 그 결과 안식에 관하여 논쟁(비판, 판단)하지 말라 하셨다. 역사는 예수 중심으로 바뀌었다. 이런 성경의 본질적 흐름을 역행하는 것이 이단이다. 주일성수 문제는 토요일을 성일로 고수하고 있는 안식교단 등에서 개혁해야 할 말씀이다.

"주의 날"에 사도 요한이 "성령에 감동"된 가운데 "큰 음성"을 들었다고 했다. 본문에서 '감동'이란 '기노마이'(γίνομαι. ~이 되다, ~이 생기다)의 단순 과거형인 '에게노멘'(ἐγενόμην. ~이 되고, ~이 생겼다)으로 기록되었는데, 이것은 사도 요한이 성령에 사로잡힌(감동) 가운데 있었던 과거의 단순한 경험 사실을 증언하고 있다는 의미이다.

Q_16. 일곱 금촛대는 어떤 의미가 있는가? (계 1:12).

A 먼저 촛대는 교회를 상징(계 1:20)한다. 촛대가 교회와 관계된 것은 요한계시록에 5회(계 1:12, 13, 20, 2:1, 5) 나온다(계 2장 Q_02, 03). 촛대는 구약 모세오경 성막에서 등잔으로 31회, 등불로 7회, 신약에서 등잔(히 9:2), 등불로 18회 사용되었다(가슴의 금띠는 대제사장의 제복이다. 계 1:13. 계 15장 Q_05). 촛대(빛)는 어둠을 밝히는 교회의 사명을 상징한다.

자신의 피로 사신 교회를 예수님은 일곱 영(완전하신 성령님. 계 1:4, 3:1)과 일곱 별(일곱 교회의 사자. 계 3:1)을 통해 다스리신다.

금은 어떤 의미가 있는가? 귀함, 불변함, 순수함, 희생, 그리고 믿음을 상징한다. 구약의 성막 기구 중에 귀한 것은 보통 금으로 만들거나 입혔다. 금은 믿음과 희생을 상징하고 강조한다. 특히 하나님의 신성, 거룩성, 불변성, 가치성(출 25:31)을 강조할 때 사용한다. 요한계시록에서는 예수님을 맞이하게 될, 귀하고 아름답게 단장된 신부로서의 금과 같은 교회를 표현한다.

성막의 등잔대 1개의 줄기에 6가지 등 합하여 7개의 등잔은 이 세상 모든 교회의 모형이었듯이, 7촛대가 7교회의 모형으로 상징되었으며, 아시아의 7교회는 아시아 7교회를 포함한 전 세계 교회를 예표하는 것으로 해석된다.

Q_17. 요한이 두려움 속에서도 극복할 수 있는 믿음의 근원은 어디에 있었는가? (계 1:17-18)

A 예수님의 영광 앞에 죽은 자같이 되었을 때, 예수님께서 요한에게 오른손을 얹고 위로하신 세 가지가 있었다. ① 예수님은 처음이요 마지막이며 역사의 심판자(계 1:17), ② 죽었었으나 죽음을 이기고 다시 살아 계신 분(계 1:18), ③ 사망과 음부의 열쇠를 가지신 분(계 1:18)으로서, 우리 주 예수 그리스도는 인간의 생사화복과 사탄과 그 부하(타락한 천사)들까지 영원히 멸하는 권세를 가지신 분이라는 믿음에 있었다.

Q_18. 사도 요한의 사명은 무엇인가? (계 1:19)

A 사도 요한의 사명은 자신이 "본 것"(사도 요한이 본 것은 예수님 오른손의 일곱 별의 비밀과 일곱 금촛대에 관한 계시. 계 1장의 말씀), "지금 있는 일"(현재의 일곱 교회 상황. 계 2-3장), 그리고 "장차 될 일"[장차 다가올 미래에 대한 사건(7인, 7나팔, 7대접 사건). 계 4장-22:5]들을 기록하는 것이다(계 2장 Q_01, 3장 Q_01).

요한계시록 2장

Q _01. 계 2장의 핵심 메시지는 무엇인가?

A 계 2-3장에서는 일곱 교회에 전하시는 말씀에 대한 기록이다. 2장에서는 4교회(에베소, 서머나, 버가모, 두아디라)에 대한 말씀이 기록되어 있다. 그 일곱 교회는 지역적으로는 여러 교회를 대표하면서 동시에 각 시대의 교회를 예표한다고 할 수도 있다. 계 2-3장은 성령 하나님을 강조하고 있다.

계 2장은 네 부분으로 나눌 수 있다(주제는 4교회를 향한 말씀). ① 에베소(인내) 교회에 보내신 사랑의 편지(계 2:1-7), ② 서머나(몰약) 교회에 보내신 사랑의 편지(계 2:8-11), ③ 버가모(높여졌다) 교회에 보내신 사랑의 편지(계 2:12-17), ④ 두아디라(희생) 교회에 보내신 사랑의 편지(계 2:18-29) 등이다.

Q _02. 아시아의 일곱 교회를 향해 전하고자 하는 공통 핵심 메시지는 무엇인가?

A 계 1장 Q_07.

Q _03. 아시아의 일곱 교회(현대 교회)가 회복해야 할 공통적인 다섯 가지 과제는 무엇인가?

A 계 1장 Q_08.

Q _04. 에베소(인내) 교회를 향한 핵심 메시지는 무엇인가? (계 2:1-7)

A **1. 칭찬**(계 2:2-3): ① 에베소 교인들의 행위, 수고, 인내를 칭찬(계 2:2). ② 악한 자들을 용납지 않음(계 2:2). ③ 잘못된 것을 가르치는 거짓 사도(자칭 사도)를 분별하여 배격함(계 2:2). ④ 예수님을 위하여 참고

견딘 것(계 2:3. 인내). ⑤ 게으르지 않음(계 2:3. 근면성) 등을 아신다.

2. **책망**(계 2:4): 처음 사랑(사랑, 순수성, 뜨거움, 거짓 없음, 두려움 없음)을 버렸다.

3. **경고와 권면**(계 2:5-6): 책망의 원인을 찾아라. 그리고 회개하여 처음 사랑을 회복하라.

4. **약속**(계 2:7): 이기는 자에게 하나님의 낙원에 있는 생명나무의 열매를 먹게 하겠다.

Q_05. 이긴 자의 개념과 요한계시록에서의 이긴 자는 어떤 차이가 있는가? (계 2:7). (이단 경계)

A 요한계시록에서 이긴 자에 대한 개념을 이해하는 것은 매우 중요하다. 이긴 자만 천국을 유업으로 받고, 천국에 들어간다(계 21:7)는 말씀을 근거로, 이단의 교주들은 자신이 이긴 자요, 자신을 통해서만 구원받을 수 있다고 사람들을 미혹한다(계 21장 Q_02).

일곱 교회(계 2-3장)에서 사용된 "이긴 자"(7회 등장. 계 2:7, 11, 17, 26, 3:5, 12, 21)는 예수님으로부터 '책망을 듣고 회개하여 돌이킨 자를 이긴 자'로 묘사하고 있다. 이것은 최종적으로는 믿음으로 세상을 이겼다는 의미이다. 그러나 본질적으로 "이긴 자"는 오직 우리 주 예수 그리스도만 "이긴 자"이다. 이긴 자의 조건은 다섯 가지다(계 15장 Q_03).

그러나 이단의 교주들마다 자신을 "이긴 자"라고 신격화한다. 이단 교주들의 단골 메뉴가 "이긴 자"다. "이만희는 '이기는 자'를 '이긴 자'라고 하여 자신이 이긴 자라고 해석한다. 이만희 자신이 '니골라 당'인

청지기 교육원과 싸워서 이겼기 때문에 계시록에서 예언한 이긴 자가 바로 자신이라는 것이다. 그리고 이 이긴 자를 만나서 말씀을 받는 사람만이 구원을 받을 수 있다고 한다"(진용식, 앞의 책, 2019, p. 21).

"이긴 자 교리는 모든 이단 교주들이 자신을 신격화할 때 사용하는 교리다. 전도관 교주 박태선도 자신을 '이긴 자'라 하였고, 영생교 교주 조희성도 자신을 '이긴 자'라고 하였다. 에덴성회 교주 이영수도 자신을 '이긴 자'라고 했다. 이만희 역시 이들에게서 배워 자신을 '이긴 자'라고 한다. '이긴 자' 주장은 하나님 되기 위한 신격화 교리의 시작인 것이다. 이만희는 자신을 '이긴 자'라고 하면서 이긴 자를 만나야 구원을 받을 수 있다고 가르친다"(진용식, 위의 책, p. 22).

우리가 분명히 알아야 할 것은, 요한계시록에서의 "이긴 자"라는 용어는 개역이나 개역 개정에서는 단 1번도 등장하지 않는다. 모두 "이기는 자"로 표기되어 있다. "이긴 자"는 "두 증인"(계 11장)도 아니며, "144,000명"(계 7장, 14장)도 아니며, 더욱이 "사명 받은 목회자"도 아니다. 그 어떤 인간도 이긴 자가 될 수 없다. 오직 주 예수 그리스도만이 이긴 자다(계 15장 Q_03). 그러나 계 2-3장에 등장하는 "이기는 자"(계 2:11, 26, 3:5, 12, 21:7)란 예수를 믿고 죄 용서받은 자(책망에서 돌이킨 자)이며, 예수님의 공로로 죄를 용서받아 믿음으로 세상을 이긴 자(요일 5:4)를 말하며, 그리고 최종적으로 훗날 휴거된 자를 진정으로 이긴 자라 할 수 있다.

Q_06. 생명나무의 열매를 주어 먹게 한다는 말씀에는 어떤 의미가 있는가? (계 2:7). (이단 경계)

A 이단이나 사이비 종파에서는 선악과나무는 하와이며, 생명나무는 아담이라고 주장한다. 생명나무를 어떤 인간에게도 적용해서는 안 된

다. 성경에서 생명나무는 에덴동산 중앙에 있는 실존이었으며(창 2:9), 생명나무 열매는 영생케 하는 것(창 3:22)이라 기록하고 있다. 생명나무 잎사귀들은 만국을 치료(계 22:2; 히 8:5, 11:3)하기 위해 존재한다. 본문에서 생명나무의 열매는 상징적으로 표현하고 있으나, 실제로는 ① 지상(에덴동산)에도 생명나무가 있었으나(창 2:9), ② 범죄로 잃어버렸지만(창 3:22), ③ 영원한 천국에는 생명나무가 존재(회복. 계 2:7, 22:2)한다.

이 생명나무 열매는 신앙의 승리자에게 주어지는 상급이다. 성도들이 천국에 가서 실제 먹고 영생할 열매다(계 22:2; 창 3:22). 그러므로 하나님의 낙원에 있는 생명나무 과실을 주어 먹게 하신다는 약속은 영생을 얻게 하는 상징적인 표현으로, 영생을 보증해 주는 약속이다(요 3:16). 범죄로 상실한 생명나무 열매를 예수님의 공로로 죄에서 해방된 성도들이 천국에 가서 회복하게 될 하나님의 약속이다.

Q_07. 서머나(몰약) 교회를 향한 핵심 메시지는 무엇인가? (계 2:8-11)

A 1. **칭찬**(계 2:9): 책망이나 경고가 없이 오직 칭찬만 들었던 모범적인 교회를 말하라고 한다면 서머나와 빌라델비아 두 교회뿐이다. 경제적 빈곤 속에서 황제숭배를 강요받던 당시에, 서머나 교회는 사도 요한에 의해 감독에 임명되었고 사도 요한의 제자였던 초기 순교자 폴리캅이 감독으로 있었던 교회다. "네 환난과 궁핍을 알거니와 실상은 네가 부요한 자"라는 칭찬을 받았다.

2. **책망**: 없다.

3. **경고와 권면**: 없다.

4. **약속**(계 2:10): ① 죽도록 충성하라[문자적으로 10일 동안인지, 상징이든

지 확실한 것은 제한된 기간(문자적 이해가 자연스럽다)을 의미한다. 제한된 시간 동안 고난이 있을 것이나 인내와 충성으로 두려워하지 말라]. ② 생명의 관을 네게 주리라(천국에서 누리는 가장 영광스러운 상급).

Q _08. 구원받은 성도들이 받을 (생명의) 면류관, 그리스도가 쓰는 (왕)관, 그리고 적그리스도의 (왕)관 등의 차이점은 무엇인가? (계 2:10)

A 요한계시록에는 면류관에 관한 용어가 총 11회 나온다. 그중에서 "면류관" 3곳(계 3:11, 6:2, 14:14), "(왕)관"으로 8곳(계 2:10, 4:4, 10, 9:7, 12:1, 3, 13:1, 19:12)이 등장한다.

상급의 개념으로 사용된 면류관으로는 주로 '스테파노스'(στεφάνους)로 기록되었으나, 반면에 왕 혹은 왕 같은 권세를 가진 대상으로 등장할 때는, 11곳 중에서 단 3곳에서만 '디아데마타'(διαδήματα. 계 12:3, 13:1, 19:12)로 기록되었다. 이 디아데마타는 그리스도가 재림하실 때(계 19:12) 쓰는 왕관이다. 하지만 적그리스가 등장할 때도 디아데마타가 사용되었다.

이것은 무슨 의미일까? 적그리스도가 후 3년 반 때 등장한다는 것을 의미한다(계 13장 Q_03).

Q _09. 구원받은 성도들이 받을 면류관에는 어떤 것이 있는가? (계 2:10)

A **1. 긍정적 의미의 면류관**(충성된 성도)

1) 의의 면류관(딤후 4:8. 선한 싸움, 달려갈 길, 믿음을 지키는 자), 2) 생명의 면류관(약 1:12; 계 2:10. 죽도록 충성하는 자), 3) 영광의 면류관(벧전 5:3-4; 렘 13:18. 양무리의 본이 되는 목자), 4) 소망, 기쁨, 자랑의 면류관(살전 2:19), 5) 썩지 않는 면류관(고전 9:25. 이기는 자), 6) 열두 별의 면류관

(계 12:1), 7) 금 면류관(계 4:4, 14:14), 8) 화려한 면류관(겔 16:12), 9) 영화로운 면류관(잠 4:8-9. 예수님을 높이고 품을 때), 10) 영화로운 면류관(사 28:5. 남은 백성에게), 11) 바울의 면류관(빌 4:1. 주 안에 서 있는 성도가 바울에게는 면류관), 12) 시들지 않는 영광의 면류관(벧전 5:2-4. 양무리들의 본이 되는 자) 등이다.

2. 부정적 의미의 면류관(하나님께 충성하지 못하고 교만하여 주를 떠나 불순종한 자들에게 주어질 저주 표시)

1) 가시 면류관(마 27:29; 요 19:5), 2) 썩을 면류관(고전 9:25), 3) 교만한 면류관(사 28:1) 등이다.

Q _10. 버가모(높여졌다) 교회를 향한 핵심 메시지는 무엇인가? (계 2:12-17)

A 1. **칭찬**(계 2:13): 충성된 증인 안디바가 죽임을 당할 때에도 '나(예수님)를 믿는 믿음을 저버리지 아니하였다'고 칭찬하셨다. 안디바가 벌겋게 달군 놋가마 안에 처넣어지는[(팽형(烹刑). 삶아 죽이다] 죽음의 위협 속에서도 예수님을 믿는 믿음을 저버리지 아니한 믿음을 칭찬하셨다(마 16:8; 행 3:16; 고후 13:5; 계 14;2).

2. **책망**(계 2:14-15): ① 발람의 교훈(계 2:14. 우상숭배와 행음에 빠지도록 미혹한 거짓 진리)과 ② 니골라 당의 교훈을 지키는 자들이 있다(계 2:15. 니골라 당의 거짓 교훈과 도덕폐기론을 지키는 자들 방조, 발람의 교훈과 유사).

3. **경고와 권면**(계 2:16): ① 회개하라. ② 그리하지(회개) 아니하면 속히 가서 내 입의 검으로 그들과 싸우리라(심판).

4. **약속**(계 2:17): ① 이기는 그에게는 감추었던 만나를 주신다(영생).

② 흰 돌(예수님)을 주신다(영생을 약속).

Q _11. 두아디라(희생) 교회를 향한 핵심 메시지는 무엇인가? (계 2:18-29). (이단 경계)

A **1. 칭찬**(계 2:19): ① 사업, ② 사랑, ③ 믿음, ④ 섬김, ⑤ 인내, ⑥ 나중 행위가 처음 것보다 많은 것을 칭찬하심.

2. 책망(계 2:20): ① 자칭 여선지자 이세벨을 용납함[아데미 신전의 여사제, 이세벨은 아데미를 숭배하는 여사제. 자칭 여선지자가 교회에 침투하여 자기가 가르치는 것은 계시(영감)를 받은 것이라고 주장하며 거짓을 가르쳤다. 마치 신천지 이만희를 비롯한 온갖 이단 교주들이 직통계시를 주장하며(이만희, 진용식, "무료성경 신학원 논쟁", 2018, p. 26) ㉠ 예수님의 종들을 가르쳐 꾀어 행음하게 하고(혼합주의로 교회의 순수성 상실. 신앙의 변질)]. ㉡ 우상의 제물을 먹게 한다(혼합주의로 교회의 순결성을 상실).

3. 경고와 권면(계 2:21-25): ① 회개할 기회를 주었으되 음행(매춘행위, 우상숭배. 계 17:2)을 회개하지 아니한다(계 2:21). ② 이세벨을 침상(병상을 가리킴)에 던진다(계 2:22. 질병으로 징계함). ③ 큰 환난 가운데 던진다(계 2:22). ④ 사망으로 그의 자녀(이세벨의 영적 자녀)를 죽이겠다(계 2:23. 이세벨이 음행으로 낳은 자녀 또는 이세벨의 교훈을 받은 영적 자녀들). ⑤ 이세벨의 교훈을 받지 아니한 성도에게 다른 짐을 지울 것이 없다(계 2:24). ⑥ 너희에게(교회) 있는 것(칭찬 들은 것)을 내가 올 때까지 굳게 잡으라(계 2:25).

4. 약속(계 2:26-27): ① 만국을 다스리는 권세를 준다(계 2:26. 천년왕국에서 왕 노릇 하는 권세). ② 그가(성도) 철장으로 질그릇 깨뜨리는 것과 같이 그들(만국)을 다스리게 한다(계 2:27). ③ 새벽 별을 준다(계 2:28. 계 22:16. 예수님은 광명한 새벽 별이다. 휴거 때 예수님과의 만남을 보증. 살전 4:16-17).

요한계시록 3장

Q _01. 계 3장의 핵심 메시지는 무엇인가?

A 계 2-3장에서는 일곱 교회에 전하시는 말씀에 대한 기록이다. 3장에서는 세 교회(사데, 빌라델비아, 라오디게아)에 대한 말씀이 기록되어 있다. 그 일곱 교회는 지역적으로는 여러 교회를 대표하면서 동시에 각 시대의 교회를 예표한다고 할 수도 있다. 계 2-3장은 성령 하나님을 강조하고 있다.

계 3장은 3부분으로 나눌 수 있다(주제는 세 교회를 향한 말씀). ① 사데(붉다) 교회에 보내신 사랑의 편지(계 3:1-6), ② 빌라델비아(형제 사랑) 교회에 보내신 사랑의 편지(계 3:7-13), ③ 라오디게아(주권, 정의가 백성에게 있다. 미지근한, 미온적) 교회에 보내신 사랑의 편지(계 3:14-22) 등이다.

Q _02. 사데(붉다) 교회를 향한 핵심 메시지는 무엇인가? (계 3:1-6)

A 1. **칭찬**(계 3:4): 옷을 더럽히지 아니한 소수의 몇 명이 있으며, 흰옷을 입고 예수님과 함께 다닐 자가 있다(흰옷은 영적인 옷이며, 휴거될 때 입는 상징적 의미에서의 예복이다. 이런 의미 때문에 이단이나 시한부 종말론자들은, 겉으로 보이는 흰옷을 착용하는 것이 휴거를 준비하는 것으로 이해하는 등, 사회적으로도 큰 물의를 일으키고 있다). 옷을 더럽히지 않았다는 것은, 타락한 세상 풍조 속에서도 성적으로나 영적으로 물들지 않고, 단장된 신부로 준비하며 깨어 있는 자를 의미한다.

2. **책망**(계 3:1): ① 살았다 하는 이름은 가졌으나 죽은 자로다(사데 교회는 외부의 박해나 유대인의 훼방이 없었으며, 이단의 침투도 없었던 교회였다. 그러나 이런 환경 속에서 안일과 타성에 젖어 세속화되기 쉬운 것이다. 활동적

이며 유명한 것으로 신앙의 자랑이나 표준으로 삼지 말라는 것. 누구를 위한 열심이며, 활동의 내용이 무엇인지 생각해야 한다). ② 하나님 앞에서 행위의 온전한 것을 찾지 못했다(주를 위한 수고와 주의 일에 대한 행위의 정당성을 찾지 못했다).

3. 경고와 권면(계 3:2-3): ① 일깨어라(계 3:2. Wake Up. 사망의 잠에서 깨어나 정신 차리게 하라). ② 그 남은 바 죽게 된 것을 굳건하게 하라(죽어가는 자들을 굳게 세워라). ③ 어떻게 받았으며 어떻게 들었는지 생각하라(처음 복음을 듣고 받아들인 때를 생각하라). ④ 지켜 회개하라(말씀을 지키고 회개하라). ⑤ 만일 일깨지 아니하면 주님이 도둑같이 이르리라(최후의 날에 구원의 자리에서 벗어남).

4. 약속(계 3:5): ① 흰옷을 입을 것이요(휴거 때에 입는 예복), ② 그 이름을 생명책에서 결코 지우지 아니한다(구원의 보증). ③ 그 이름을 하나님 앞과 천사들 앞에서 시인하리라(천국 입성을 보증).

Q_03. 하나님의 일곱 영(일곱 영들)은 어떤 의미가 있는가? (계 3:1)

A 계 1장 Q_11.

Q_04. 빌라델비아(형제 사랑) 교회를 향한 핵심 메시지는 무엇인가? (계 3:7-13)

A **1. 칭찬**(계 3:8): ① 네 앞에 열린 문이 있다(천국에 들어가는 구원의 문). ② 네 행위를 안다(서머나 교회와 함께 책망이 없이, 오직 칭찬만 받은 모범적인 교회). ③ 작은 능력을 가지고도 예수님 말씀을 지켰다(신분, 지위, 재산 등 외적 능력이 작은데도 예수님의 말씀을 인내하며 지켰다). ④ 예수님의 이름을 배반(거절, 반대, 포기)하지 않았다.

2. 책망: 없다.

3. **격려**(계 3:9-11): ① 거짓말하는 자들이 와서 네게 절하게 하겠다[계 3:9. 사탄의 회당(모임, 장소)에는 자칭 유대인이라고 하면서 거짓말하는 자들이 있는데, 그들 중에서 몇이 돌아와 네게 절하며 굴복하게 해 주겠다고 격려해 주신다]. ② 내가 너를 사랑하는 줄 알게 하리라(계 3:9). ③ 나의 인내의 말씀을 지켰은즉 내가 너를 지켜 시험의 때를 면하게 하리라(계 3:10). ④ 온 세상에 임하여 땅에 거하는 자들을 시험의 때를 면하게 하리라(계 3:10). "시험의 때"란 역사적으로 로마제국 아래서 당하는 환난을 의미하지만, 종말론적으로는 온 세상에 임하는 시험의 때를 말하며, 장차 다가올 7년 대환난을 의미하는데, 이 시험의 때를 면하게 해주겠다는 약속의 말씀이다. 그런 의미에서 교회는 환난 전에 휴거(계 7장)하게 된다. ⑤ 네가 가진 것(칭찬의 내용들)을 굳게 잡으라(계 3:11). ⑥ 내가 속히 오겠다(계 3:11. "속히 오리라"는 용어로 계 3:11, 22:7, 12, 20 등 4회와 "도둑같이 오리니"로 1회 등, 속히 오겠다는 의미로 총 5회 사용). ⑦ 네가 가진 것을 굳게 잡아 아무도 네 면류관을 빼앗지 못하게 하라(계 3:11. 절제, 법대로 경기, 시험 참음, 고난 두려워 않으며, 죽도록 충성).

3. **약속**(계 3:12): ① 내 하나님 성전(계 15장 Q_05)에 기둥이 되게 하리라(영생구원과 천국에서 영광을 누리는 약속). ② 하나님의 이름과 새 예루살렘의 이름과 나(예수님)의 새 이름을 이긴 자(기둥 같은 성도) 위(기둥 같은 성도의 마음)에 기록하리라(하나님의 소유 된 백성이며 어린양의 소속으로, 받는 자밖에는 알 수 없는 영적인 기록)는 약속을 하셨다.

Q_05. 라오디게아(주권, 정의가 백성에게 있다. 미지근한) 교회를 향한 핵심 메시지는 무엇인가? (계 3:14-22)

A 1. **칭찬**(계 3:14): 없다.

2. **책망**(계 3:15-17): ① 차지도 아니하고 뜨겁지도 아니하다(계 3:15-16.

차다는 것은 죄를 무시하며 회개를 하지 않는다, 뜨겁지 않다는 것은 열심이 없다), ② 나는 부자라 부요하여 부족한 것이 없다 하나 세상적 부요만 자랑(계 3:17. 세상적 가치와 부요만 추구하며, 영적으로는 가난한 상태를 깨닫지 못하는 목회자), ③ 곤고한 것(계 3:17. 영적으로 어려운 상태), ④ 가련한 것(계 3:17. 영적으로 불쌍), ⑤ 가난한 것(계 3:17. 믿음이 가난), ⑥ 눈먼 것(계 3:17. 영적인 소경), ⑦ 벌거벗은 것(계 3:17. 흰옷을 입지 못한 영적인 벌거벗은 수치의 상태로, 스스로 인식하지 못하며 깨닫지도 못함).

3. 경고와 권면(계 3:16-20): ① 내 입에서 너를 토하여 버리리라(계 3:16. 미지근한 영적 상태는 내침을 받을 것이라 경고). ② 내게서 불로 연단한 금을 사서 부요하게 하라(계 3:18. 시련과 고난의 연단을 통해 믿음을 부요케 하라). ③ 흰옷을 사서 입어라(계 3:18. 구속의 옷, 어린양의 피에 옷을 씻어 희게 한 옷). ④ 벌거벗은 수치를 보이지 않게 하라(계 3:18). ⑤ 안약을 사서 눈에 발라 보게 하라(계 3:18. 영적인 안약. 마지막 때는 요한계시록 말씀). ⑥ 열심을 내라(계 3:19). ⑦ 회개하라(계 3:19. 미지근한 상태에서 회개하고 돌아서라). ⑧ 내 음성을 들으라(계 3:20. 신랑 되신 예수님의 음성). ⑨ 문을 열라(계 3:20. 마음의 문).

4. 약속(계 3:21): ① 이기는 자에게는 예수님의 보좌에 함께 앉게 하여 주겠다(천년왕국 때 예수 그리스도와 더불어 왕 노릇 할 것에 대한 약속).

5. 참고로 요한계시록에서 "보좌"라는 용어가 6가지의 개념으로 총 35회 등장한다(계 1장 Q_11).

Q_06. 라오디게아 교회를 말씀하실 때, 예수님의 모습을 어떻게 말씀하고 있는가? (계 3:14). (이단 경계)

A ① 아멘이시요(진실한. 고후 1:20), ② 충성되고(믿을 만한 대상), ③ 참된

증인이시요(하나님 약속에 대한 참된 증인의 모습), ④ 하나님의 창조의 근본이신 이(창조주가 되심). 특히 "하나님의 창조의 근본이신 이"라는 표현에 대하여 이단자 중에는 "예수님은 하나님의 최초의 피조물[먼저 태어나신 분. 프로토토코스(πρωτότοκος)]"로 해석한다. 예수님은 최초로 피조(被造)된 하나님이라는 표현을 사용함으로, 삼위일체 되신 성자 하나님 되심을 부인하는 위험한 생각을 하는 무리가 있다.

그러나 "하나님의 창조의 근본"이라는 것은, 하나님의 "창조의 근본(처음 태어났다)"이 아니라, "하나님의 창조의" 근본이신 예수님(요 1:1)께서 모든 창조의 시작인 창조주라는 의미이다. 잘못된 이단에 현혹되어서는 안 된다.

요한계시록 4장

Q_01. 계 4장의 핵심 메시지는 무엇인가?

A 계 4장의 핵심은 보좌에 앉아 계신 성부 하나님을 강조하고 있다. 요한은 계 4장에서 성령님의 감동으로 1) 보좌에 앉으신 성부 하나님과 2) 네 생물(계 4:6, 8, 5:6, 8, 14, 6:1, 6, 7:11, 14:3, 15:7, 19:4)과 3) 24장로들(계 4:4, 4:10-11, 5:8, 11:16, 19:4)이 하나님을 섬기며 하나님께 경배(예배)하는 영계의 모습을 보고 있다. 계 1장에서는 이전에 네가 본 것, 계 2-3장에서는 지금 있는 일, 그리고 계 4-22:5에서는 반드시 속히 될 일[계 22:6, 장차 될 일(계 1:19), 일어날 일(계 1:1, 4:1)]들에 대한 말씀이 기록되어 있는데, 계 4장은 그 "마땅히 일어날 일"(계 4:2-22:5까지 전체)에 대한 예언의 시작을 기록하고 있다.

계 4장은 세 부분으로 나눌 수 있다(주제는 보좌에 앉으신 성부 하나님과 천상 영계의 모습). ① 보좌에 앉으신 성부 하나님(계 4:1-5), ② 보좌 앞에 수정 같은 유리 바다가 있고 네 생물이 있음(계 4:6-9), ③ 24장로들의 경배(계 4:10-11) 등이다.

Q_02. 요한이 바라본 "이 일 후에"(총론 Q_10)라는 것에는 어떤 의미들이 있는가? (계 4:1)

A 요한계시록은 사도 요한이 성령님의 감동에 의한 영적 상태에서 보고 들은 계시의 말씀이다. "이 일 후에 내가 보니"라고 언급하고 있는 것은 사도 요한이 성령님의 감동에 의한 영적 상태에서 보고 들은 말씀인데, 보고 들었다는 용어를 잠시 확인해 보고자 한다.

요한계시록에서 '봤다'라는 종류의 의미로 사용된 것은 총 41회 등장하는데, "보니"라는 용어로 25회(계 4:1, 5:6, 6:2, 5, 9, 12, 7:1, 9, 9:1, 11, 17, 10:1, 13:1, 14:1, 6, 14, 15:2, 5, 17:3, 18:1, 19:11, 20:4, 11, 12, 21:1), "보매"는 13회(계 5:1, 2, 6:1, 8, 7:2, 8:2, 13:11, 15:1, 16:13, 17:6, 19:19, 20:1, 21:2), "본 바"는 3회(계 10:5, 17:15, 16), 그리고 "보라"는 총 13회(계 3:9, 4:2, 9:12, 11:14, 12:3, 13:18, 14:1, 16:15, 19:11, 21:3, 5, 22:7, 12) 등장한다. 특히 예수님 재림하면서(계 19-22장)부터 "보니"는 6회(계 19:11, 17, 20:4, 11, 12, 21:1), "보매"는 3회(계 19:19, 20:1, 21:2), 그리고 하나님께서 놀라운 광경을 보여주시면서 "보라"로 총 5회(계 19:11, 21:3, 5, 22:7, 12) 등장한다. '들었다' 의미의 용어는 총 21회 등장한다. 그중 "들으니"로 20회[계 1:10, 4:1(들은 바), 5:11(들으매), 13, 6:1, 6, 7, 8:13, 9:13, 10:4, 8, 12:10, 14:13, 16:1, 5, 7, 18:4, 19:1, 6, 21:3] 등장하며, "듣고"로 1회(계 22:8) 등장한다.

"이 일 후에"라는 것은 넓게는 계 1-3장에 걸친 "예수 그리스도의 계시"(계 1:1)에 대한 말씀을 들은 후라는 의미이며, 가깝게는 계 2장부터 3장까지의 일곱 교회(일곱 별의 비밀과 일곱 금촛대)에 대한 계시의 말씀을 들은 후이며, 폭을 넓힌다면 "그러므로 네가 본 것과 지금 있는 일과 장차 될 일을 기록하라"(계 1:19)는 말씀을 들은 후라는 의미이다.

"이 일 후에"라는 표현은 요한계시록에서 6회(계 4:1, 7:1, 9, 15:5, 18:1, 19:1) 등장한다. 계 1:5에서부터 등장하여 계 4:3에도 등장하는 "또"라는 표현도 반복적으로 자주 사용(102회 등장)되었다. 이것은 "장차 될 일"(계 1:19)이 순차적으로 시간 순서대로 이루어진다는 것을 의미하는 용어다. 특히 세 화(계 9:12, 11:14)에 대한 말씀을 보면, 요한계시록은 시간 순서대로 진행되는 하나님의 말씀이라는 것을 더욱 확실하게 확인하게 된다.

Q_03. 그 음성이 "이리로 올라오라"고 했는데, 이것은 휴거를 의미하는가? (계 4:1).

(계 7장 Q_08)

A "이리로"라고 한 장소는 하나님이 계시는 곳이다. 하나님이 계시는 곳으로 "올라오라"(아나바. 'Ανα'βα. 부정과거 능동태 2인칭 단수 동사)는 것이다.

요한계시록에서 "오라"는 표현은 총 9회(계 4:1, 6:1, 3, 5, 7, 11:12, 17:1, 21:9, 22:7) 등장한다. 그중에 "이리로 올라오라"는 표현은 2회(계 4:1, 11:12) 등장하며, "이리(로) 오라"는 표현은 2회(계 17:1, 21:9), "오라"는 표현은 5회(계 6:1, 3, 5, 7, 22:17) 등장한다.

"오라"는 초청(움직이는 대상자)받은 대상자는 9회 중 8회는 사도 요한이다. 그러나 단 한 곳만 사도 요한이 아니라 "하늘로부터 큰 음성이 있어 이리로 올라오라 함"을 들은 대상자는 두 증인이다(계 11:12). 우리는 이때의 두 증인은 승천(몸이 올라감. 계 11장 Q_04)했다고 말한다.

이렇게 두 증인 이외의 모든 곳에서 초청받은(움직이는 대상자) 대상자는 사도 요한이다. 이때의 사도 요한은 육체를 가진 몸이 초청받은 것이 아니다. 사도 요한의 영혼만 초청받았다는 것을 기억해야 한다.

"오라"고 초청하는 대상자도 조금씩 다르다. 총 9회 중 ① 2회는 "오라"고 명령한 대상자가 하나님인 경우이고(계 4:1, 11:12. 계 4:1에서 "나팔 소리 같은 그 음성", 계 11:12에서 "하늘로부터 큰 음성"), ② 4회는 네 생물 중의 하나가 오라고 했으며(계 6:1, 3, 5, 7), ③ 2회(계 17:1, 21:9)는 천사가 오라고 했으며, ④ 1회는 "성령과 신부"(계 22:17)가 오라고 초청하고 있다는 특징이 있다.

그러므로 하나님께서 일곱 별의 비밀과 일곱 금촛대에 관한 계시의 광경(계 1:1-3:22)을 보여주신 후에, 영적으로 감동된 상태에 있는 사도 요한에게 "이리로 올라오라" 말씀하시면서 "마땅히 일어날 일들을 내가 네게 보이리라"(계 4:1) 말씀하실 때 "그 보좌 위에 앉으신 이"(계 4:2)를 보았던 것은 사도 요한의 몸이 올라가서 눈으로 직접 본 것이 아니라, 사도 요한의 영(혼)이 올라가서 본 것이다.

계 4장을 휴거장으로 주장하는 견해가 있다(계 7장 Q_08). 그러나 휴거라고 하는 것은 몸(육체. "몸의 부활." 계 7장 Q_08)이 올라가는 것을 말한다. 휴거란 첫째 부활을 의미하는 것이며, 휴거되기 위해 예수님과 같이 부활체(신령, 변화체)로 들림(휴거)받아야 하는데, 계 4:1이 그렇게 되어 있는가? 정황상으로도 그렇게 보이는가? 아니다. 절대 그렇게 보이는 곳은 한 군데도 없다. "이리로 올라오라"는 단순한 음성에 치중해서 계 4장을 휴거장으로 보면 안 된다.

계 4:1의 전후 문맥을 보라. 정황상 그 어디에도 한 개인 요한이 휴거되었다거나 더 나아가 교회가 휴거(성도)되었다고 주장할 만한 곳이 있는가? 전혀 없다. 그런 주장은 심각한 난센스다. 그런 주장은 성경적인 근거가 전혀 없는 매우 잘못된 주장이다.

그 결정적인 이유는 사도 요한 개인의 감동받은 육체는 현재 밧모 섬에 있다. 올라갔다면(영안이 열려 천상의 영계를 보고 있는 것) 영이 올라간 것뿐이다. 사도 요한의 육체도 당시의 밧모 섬에 있는데, 휴거가 있었다고 한다면, 우리는 무엇인가? 휴거는 단 1회만 있을 뿐이다. 현재의 우리는 구원받지 못한 불쌍한 존재들이란 말인가?

계 4장을 휴거장으로 주장하는 것은 성경적 근거가 없는 인간의 상상 속 이야기일 뿐이다. 그런 주장은 휴거(부활, 변화)의 개념을 왜곡시키는 매우 위험한 주장이다. 계 4:1을 요한의 휴거라고 해서도 안 되고, 교회(성도)의 휴거라고 주장해서는 더더욱 안 된다. 그러므로 계 4:1을 근거로 계 4장을 교회 휴거의 근거로 삼거나 주장해서는 절대 안 된다.

Q_04. 보좌에 "앉으신 이의 모양"(계 4:3)이 주는 메시지는 무엇인가? (계 4:2-3)

A 요한계시록에서 "보좌"라는 용어가 여섯 가지의 개념으로 총 35회 등장한다(계 3장 Q_05). 사도 요한은 성령에 감동된 상태에서 하늘 영계의 보좌(계 4:2)에 앉아 계신 성부 하나님을 보았다. 그런데 성부 하나님의 모양을 우리가 아는 형상이 아닌 보석의 이미지를 통해 상징적인 모습으로 표현하고 있다.

영광 속에 앉으신 이의 모습을 바라보니, 벽옥(영광, 거룩함, 영원불변, 순결성)과 홍보석(공의) 같고 또 무지개(하나님 말씀의 영원불변성, 신실성, 장차 반드시 속히 될 일에 대한 하나님 말씀의 영원불변성)가 있어 보좌에 둘렸는데 그 모양이 녹보석(자비, 은혜) 같더라.

절망적인 밧모 섬에서도 예수님만 바라본 요한의 모습은, 오늘날 타성에 젖어 무미건조한 신앙에 빠져 살아가는 우리에게 성령의 감동적인 삶의 필요성을 갖게 한다. 감동적인 신앙만이 우리를 단장된 신부로 살아갈 수 있게 할 것이다.

Q_05. 24장로들이 흰옷을 입고 머리에 금관을 쓰고 앉았다는 말씀의 의미는? (계 4:4-5)

A 하나님의 보좌에 둘려 앉은 "이십사 장로"(24장로)에 대한 말씀은 요한계시록에 5회 등장한다(계 4:4, 10, 5:8, 11:16, 19:4). 24는 이스라엘의 열두 지파(계 21:12)와 신약의 12사도(계 21:14)를 의미한다. 24장로는

천상의 존재라고 하는 천사가 아니다. 그 이유는 24장로들이 흰옷(계 4:4)을 입었기 때문이다. 천사들에게는 흰옷이 없다. 예수님의 보혈의 피로 죄 씻음 받은 사람만 입는 옷이 흰옷이다(계 7장 Q_07, 계 15장 Q_05). 이 24장로는 구원받은 성도들을 대표한다. 이들이 언제 천국에 올라간 것인가? 예수님이 십자가에 달리실 때 성소 휘장이 찢어지고 무덤들이 열리며 잠자던 성도들이 일어났다는 말씀(마 27:52. 구약의 성도의 부활)이 있다. 그때 천국으로 올라간 것으로 판단된다.

그런 의미에서 24장로가 금관을 쓰고 앉았다는 것은, 금(불로 연단된 믿음)관(면류관)을 쓴 24장로가 왕 같은 제사장의 권세(벧전 2:9)를 갖고 24보좌에 앉았다는 의미이다(면류관. 계 13장 Q_03).

Q_06. 보좌로부터 번개, 음성, 우렛소리, 보좌 앞 7등불을 봤다는 것의 의미? (계 4:4-5)

A 하나님의 위엄과 능력을 상징하는 용어들이다. 이런 용어는 하나님의 심판 도구이며, 징벌의 도구를 표현하는 용어로 사용되었다.

번개(번개로 깨뜨리심. 시 18:14), 음성(교훈하시는 위엄 있는 소리. 신 4:36), 우렛소리(하나님께서 뇌성과 우박으로 애굽에 내리셨던 재앙. 출 9:23)를 들었으며, 또한 요한은 보좌 앞에 켠 등불 일곱인 하나님의 일곱 영을 보았다. 일곱 영은 성막 지성소에 있는 등대의 등불을 말하는데, 한 줄기에서 여섯 가지가 뻗어 나와 모두 일곱 개 등잔의 등불을 말하는 것이며, 이 일곱 등불은 성령님의 속성을 상징하는 것으로, 하나님의 전능하시고 완전하신 사역을 의미한다.

Q_07. 하나님의 일곱 영(일곱 영들)은 어떤 의미가 있는가? (계 4:5)

A 계 1장 Q_11.

Q _08. '바다'에 대한 설명으로 "수정과 같은 유리 바다" 혹은 "불이 섞인 유리 바다 같은" 등은 어떤 차이가 있는가? (계 4:6)

A "유리 바다"는 요한계시록에 4회(계 4:6, 15:2, 21:18, 21:21) 등장한다(계 15장 Q_03). 요한이 하나님의 보좌 앞에 수정 같은 유리 바다를 보았다는 것은, 보좌 앞에 펼쳐진 천국의 모습이 장엄하고 눈부실 정도로 찬란하고 아름다웠다(겔 1:22)는 의미로 사용된 것이다.

Q _09. 네 생물은 무엇을 의미하며, 영적으로는 어떤 의미가 있는가? (계 4:6)

A "네 생물"은 요한계시록에 11회(계 4:6, 8, 5:6, 8, 14, 6:1, 6, 7:11, 14:3, 15:7, 19:4) 등장한다. 네 생물은 하나님 보좌 주위에 있으며, 하나님을 섬기며 호위하는 그룹(시 99:1; 사 37:16; 겔 10:20)이며, 앞뒤(안과 주위. 계 4:8)에 눈들이 가득하며, 각각 여섯 날개를 가진 천상에서의 실존(계 4:8)하는 영물이다.

1) 네 생물에 대한 것은 어떤 특정한 해석은 어려울 수 있음에도, 영적인 의미가 있다. ① 첫째 생물은 사자 같고[계 4:7. 용맹성. 마태복음에 나타난 다윗(사자)의 왕통으로 초림하신 예수님], ② 둘째 생물은 송아지 같고(헌신, 충성심. 마가복음에 나타난 십자가에 달리신 예수님), ③ 셋째 생물은 얼굴이 사람 같고(지성, 통찰력. 누가복음에 나타난 인자이신 예수님), ④ 넷째 생물은 날아가는 독수리 같아서(순종의 신속성. 요한복음에 나타난 선지자 되신 예수님) 각각 예수님의 사역을 상징한다.

2) 이 네 생물이 각각 여섯 개의 날개(계 4:8)를 가졌다는 것은 제한 없이 온 세상(영계와 육계) 어디든 다닐 수 있다(보호와 편재성)는 것을 상징한다.

3) 앞뒤(안과 주위. 계 4:8)에 눈들이 가득하다는 것은 깊은 통찰력이

있다는 의미로서, 장차 심판의 주로 오실 예수님의 전능하신 사역을 상징한다(계 4:8).

이 네 생물이 밤낮 쉬지 않고(성실) 거룩하신 주 하나님을 찬양(장차 오실 거룩하신 성자 주 하나님)하며 섬기는 자세(계 4:9, 5:14, 19:4)는 우리에게 많은 도전을 준다.

Q _10. "이제도 계시고 전에도 계셨고 장차 오실 이"에는 어떤 의미가 있는가? (계 4:8)

A 과거, 현재, 그리고 미래를 통치하시기 위해 왕 중 왕으로 다시 오실 우리 주 예수 그리스도에 대한 말씀이다. 성자 하나님이신 예수님께서는 역사의 알파와 오메가로서 성도의 구원을 종결하시고, 악을 심판하시는 심판자로서 역사의 시작과 끝을 주관하시는 전능하신 역사의 왕으로 장차 오실 것이다(마 24:3, 14. 계 1장 Q_09, 계 7장 Q_08).

Q _11. 24장로들의 경배(예배)의 자세와 내용은 무엇이었나? (계 4:10-11). (이단 경계)

A 24장로들이 하나님께 경배(예배)하는 자세와 경배(예배)의 내용을 알 수 있다.

1) 경배의 자세는 ① 보좌에 앉으신 하나님 앞에 엎드려 경배했다. 엎드려 경배하는 행위는 하나님의 형상을 닮은 인간만이 할 수 있는 경외의 표현이다. 그러므로 24장로는 피조된 인간의 모습을 가진 실존이라 할 수 있다. 오늘날 교만하여 거짓 선지자 노릇 하는 타락한 교주들은 스스로를 경배의 대상으로 만들고 있다. 이런 행위가 타락한 교주나 미혹당한 자 모두 영적 음행이요, 배도하는 짓이다(롬 1:21, 23; 살후 2:3-4). ② 보좌 앞에 자기의 관을 드렸다. 믿는 자들의 궁극적 목적은 하나님께 영광 돌리는 것에 있는 것처럼, 영계의 모든 피조물

과 24장로도 하나님께 경배하며 자기의 관(스테파노스)을 드리고(영광 돌림) 있다(계 13장 Q_03).

2) 경배의 내용은 ① 주 하나님은 영광과 존귀와 권능을 받으시기 합당하신 분(경배의 대상자), ② 주 하나님은 만물을 지으신 분(창조주), ③ 만물이 주의 뜻대로 있었다(섭리자)는 것이다.

요한계시록 5장

Q _01. 계 5장의 핵심 메시지는 무엇인가?

A 천상 보좌에 앉으신 하나님의 오른손에 일곱 인봉된 두루마리가 있는데, 인을 떼어 펼치기에 합당한 분이 없어 요한이 울고 있을 때, 유다 지파의 사자 다윗의 뿌리시며, 이긴 자(계 15장 Q_03)이신 어린양(요 1:29, 36)이 인을 뗄 것이라는 한 장로의 음성을 들었고, 보좌와 네 생물과 장로들 사이에 선 그 어린양을 보는, 영화로운 광경을 보는 내용으로 되었다.

이 인봉이 떼어지고 이 두루마리가 열려야 장차 반드시 이루어질 7인, 7나팔, 7대접의 사건들이 펼쳐지게 되는데, 그 두루마리를 펼치기에 합당하신 분은 알파와 오메가이시며 인류 구속의 종결자이신 어린양 외에는 아무도 없다는 것이 계 5장의 핵심이다. 계 5장에서는 성자 예수님을 강조하고 있다.

계 5장은 세 부분으로 나눌 수 있다(주제는 성부 하나님의 오른손에 있는 일곱 인봉된 두루마리). ① 성부 하나님의 오른손에 일곱 인봉된 두루마리(계 5:1-4), ② 어린양께서 성부 하나님으로부터 두루마리를 인수함(계 5:5-7), ③ 4생물과 24장로들 그리고 모든 피조물의 영광스런 찬양과 경배(계 5:8-14) 등이다.

Q _02. 성부 하나님의 오른손에 일곱 인으로 봉해진 두루마리의 의미는 무엇인가? (계 5:1)

A 요한계시록에서 두루마리(비브리온. βιβλίον 두루마리 책. 단수)는 요한계시록을 의미한다. 요한계시록에서 "두루마리"는 총 18회(계 1:11, 5:1, 2,

3, 4, 5, 7, 8, 9, 10:2, 8, 9, 10, 22:7, 9, 10, 18, 19) 등장한다. 예수님께서 그의 사자들에게 증거하라고 하신 것이 요한계시록 두루마리(계 22:16) 말씀이다. 요한계시록은 반드시 전해지고 밝혀져야 할 마지막 때 영혼을 살리는 복음이다.

하나님의 오른손에 있다는 것은 하나님의 주권에 달려 있다는 의미이며, 두루마리에 안팎으로 쓰였다는 것은 변개(變改. 고칠 수 없음)할 수 없는 완전한 내용으로 쓰였다는 의미이다. 이 두루마리에 기록된 대로 장차 될 미래의 사건이 그대로 전개될 것임을 뜻하는데, 하늘과 땅 어디에도 봉해진 두루마리를 공개할 수 있는 적임자를 찾기까지 비공개로 되었다는 것이다.

Q_03. 힘 있는 천사의 정체는 무엇인가? (계 5:2)

A 요한계시록에는 "천사"(앙겔로스. ἄγγελος. 사자, 천사, 목사)가 62회 나온다. "사자"(앙겔로스. ἄγγελος)는 12회 나온다. 천사나 사자나 원어에서는 앙겔로스로 같은 단어로 쓰였다. 영계의 사자를 천사로, 육계의 사자를 사자(목사)로 번역하였을 뿐이다.

요한계시록에 "힘 있는 천사"의 개념으로 3회(계 5:2, 10:1, 18:21) 등장한다. "힘 있는 천사"(계 5:2)가 누가 인을 떼기에 합당하냐 힘있게 외치면서, "힘센 천사"가 구름을 입고 하늘에서 내려오는 것(계 10:1)으로, 계 18:21에서는 맷돌 같은 돌을 들어 바다에 던질 때 "힘센 천사"가 등장한다. 모두 결정적으로 중요한 때마다 하나님으로부터 특명을 받고 나타나 하나님의 일을 수행하기 위해 등장한다. 힘 있는 천사는 이 두루마리(요한계시록)를 펴며 "그 인 떼기에 합당한 자가 누구냐(어디 있겠느냐)?"고 큰소리로 외친다(계 5:2).

Q_04. 일곱 인을 떼시는 자의 자격은 무엇인가? (계 5:5-7). (이단 경계)

A 일곱 인을 뗄 수 있는 자(적임자)가 없는 것으로 알았던 요한은 크게 울었다. 이 두루마리를 열어야 장차 될 일이 펼쳐지면서, 구원받은 성도들의 몸의 구속이 완성(휴거)되고, 악인들의 심판이 종결되기 때문이다. 그러나 그때 계 5:5-7이 언급되고 있다. 장로 중 한 사람이 두루마리를 인수하며 일곱 인을 떼시기에 적합한 자를 소개하며 요한을 위로한다. 일곱 인을 떼시는 자(어린양 되신 예수 그리스도)의 자격(적임자)으로 여섯 가지 조건이 열거되었다. ① 유다 지파, ② 다윗의 뿌리, ③ 이긴 자(계 15장 Q_03), ④ 죽임을 당한 자, ⑤ 일곱 뿔 가진 자(어린양의 완전한 능력과 권세), ⑥ 일곱 눈을 가진 자(이 눈들은 온 땅에 보내심을 받은 하나님의 일곱 영. 성령님의 전능하며 완전한 사역)이시다.

Q_05. 네 생물은 무엇을 의미하며, 영적으로는 어떤 의미가 있는가? (계 5:6)

A "네 생물"은 요한계시록에 11회(계 4:6, 8, 5:6, 8, 14, 6:1, 6, 7:11, 14:3, 15:7, 19:4) 등장한다(계 4장 Q_09). 네 생물은 하나님 보좌 주위에 있으며, 하나님을 섬기며 호위하는 그룹(시 99:1; 사 37:16; 겔 10:20)으로, 앞뒤(안과 주위. 계 4:8)에 눈들이 가득하며, 각각 여섯 날개를 가진 천상에서의 실존(계 4:8)하는 영물이다.

Q_06. 하나님의 일곱 영(일곱 영들)은 어떤 의미가 있는가? (계 5:6)

A 계 1장 Q_11.

Q_07. 보좌에 앉으신 이의 오른손에서 두루마리를 취했다는 것은 무엇을 의미하는가? (계 5:7)

A 보좌(계 3장 Q_05)에 앉으신 성부 하나님의 오른손에 있던 미래 역사의 계획(심판)을 성자 하나님이요, 어린양 되신 예수 그리스도께서 받으셨다는 말씀이다. 이것은 ① 심판권이 어린양에게 옮겨졌으며, ②

세상 심판에 대한 준비가 완료되었다는 것을 의미한다.

이제 어린양은 만민의 심판자(히 12:23)로서, 계 4장 이후부터 펼쳐지는 교회의 진로를 종결하고, 죄악 세상을 심판으로 종결하실 주체로서 장차 될 일을 주관하신다.

두루마리를 취하셨다(심판권)는 것에는 세 가지 의미가 함축되어 있다. ① 아버지께서는 아무도 심판하지 않으신다(요 5:22), ② 예수님께 심판 권세를 주셨다(요 5:27), ③ 어린양은 계 5장부터 심판권을 받아 핍박자, 불신자를 심판하신다.

Q _08. 24장로들의 손에는 거문고와 향이 가득한 금 대접이 있었는데, 이 향은 성도들의 기도들이라 했는데, 이 향의 의미는 무엇인가? (계 5:8). (계 8장 Q_03, 총론 Q_14)

A 하나님의 보좌에 둘려 24보좌에 앉은 "이십사 장로들"(계 4장 Q_05, 11)에 대한 말씀은 요한계시록에 5회(계 4:4, 10, 5:8, 11:16, 19:4) 등장한다. 24장로의 손에 거문고와 향이 가득한 금 대접을 가졌는데, 이 향은 성도들의 기도들이라고 했다.

향이란 기도를 의미한다(계 8장 Q_03). "성도들의 기도"는 천상 영계의 상황을 보여주고 있다. 이 기도는 언제 올린 기도인가? 이 기도는 성도들이 휴거 전 지상에서 살아 있을 때 올린(올리는) 기도를 말한다(계 8:3-4). 그런 의미에서 살아생전 우리가 올리는 기도는 헛된 메아리나 외침이 되지 않는다. 하나님의 보좌에 올려진다는 믿음으로 기도한다면, 기도에 확신을 갖고 더 열심히 기도할 수 있을 것이다.

Q _09. 어린양이 두루마리를 취하실 때, 천상에서 4생물과 24장로들과 모든 피조물

이 어린양에게 찬송과 경배를 드린다. 그 찬송과 경배의 내용과 이유는 무엇인가? (계 5:9-13). (계 14장 Q_05)

A 요한계시록에는 "찬송"이라는 용어가 4회(계 5:12, 13, 7:12, 19:5), "노래"가 3회(계 5:9, 14:3, 15:3), 그리고 찬송의 의미로 "즐거워하라"가 3회(계 12:12, 18:20, 19:7) 등장한다. 그러나 '찬양'이라는 용어는 전혀 안 나온다.

계 5:9-14에서는 "새 노래"(계 5:9, 14:3. 계 14장 Q_05), "찬송"(계 5:12)과 또 다른 '찬송(계 5:13)하는 모습'이 등장한다. 계 5:9-14에는 어린양을 찬송하는 주체자들 세 부류가 나온다. 찬송하는 주체자로 첫째 부류는 4생물과 24장로들(계 5:9-10), 두 번째 부류는 천사들(계 5:11-12) 그리고 마지막 세 번째 부류로 모든 피조물이 등장한다. 그들 모두가 어린양을 찬송한다. 그리고 마지막에는 화답의 의미로 4생물의 아멘이 나오고, 24장로가 경배함으로 마무리되는 형식으로 진행이 된다(계 5:14).

1. 4생물과 24장로들의 찬송(계 5:9-10)

① 4생물과 24장로들이 불렀던 찬송의 동기는 무엇이었나? "어린양이 보좌에 앉으신 이(하나님)의 오른손에서 두루마리를 취하심"(계 5:7)에 대한 감사와 축하가 찬송의 동기였다.
② 찬송의 제목은 무엇인가? "새 노래"였다(계 14:3. 계 14장 Q_05).
③ 그들이 부른 찬송 받으시는 대상은? 죽임을 당하신 어린양이시다(계 5:6, 9).
④ 내용은 무엇인가? ㉠ 두루마리를 가지시고 그 인봉을 떼기에 합당하시도다. ㉡ 일찍이 죽임을 당하시고 대속하심. ㉢ 속량(구속) 받은 그들로 우리 하나님 앞에서 나라와 제사장들을 삼으심. ㉣ 속량받은 그들이 땅에서 왕 노릇 하게 하심에 대해 찬송한다(계 5:9-10).

2. 천사들의 찬송(계 5:11–12)

이때 보좌와 생물들과 장로들을 둘러선 많은 천사(만만이요, 천천인 천사)가 큰 음성으로 찬송한다. ① 천사들이 부른 찬송을 받으시는 대상은? 죽임을 당하신 어린양이시다(계 5:12). ② 찬송의 내용은? 어린양은 능력과 부와 지혜와 힘과 존귀와 영광과 찬송(7중주로 찬송)을 받기에 합당하신 분이다.

3. 모든 피조물들의 찬송(계 5:13)

① 그들이 부른 찬송 받으시는 대상은? 보좌에 앉으신 이(하나님)와 어린양이시다(계 5:13). ② 찬송의 내용은? 보좌에 앉으신 이와 어린양에게 찬송과 존귀와 영광과 권능을 세세토록 돌릴지어다 하였다.

4. 이후에 4생물의 아멘과 장로들의 경배가 있었다.

어린양이신 예수님은 4생물과 24장로들뿐 아니라, 만만이요 천천인 천사, 그리고 모든 피조물들을 통해서도 찬송을 받으시기에 합당하신 분이다.

위의 모든 것을 종합해 볼 때, ① 3부류의 대상자들의 찬송의 공통된 이유는 ㉠ 어린양이 죽임을 당하심(대속)에 대한 찬송 받으실 성자 하나님(시 69:34)이시기 때문이며, ㉡ 만주의 주로서 심판권을 행사하시는 절대 권세자 되시기 때문이다.

② 찬양과 경배의 내용(주제)은 ㉠ 두루마리를 가지시고 인봉을 떼시기에 합당하심, ㉡ 일찍이 죽임을 당하심, ㉢ 온 세상(각 족속, 방언, 백

성, 나라) 사람들을 피로 사서 하나님께 드리신 어린양의 구속사역을 찬양하며 경배한다. 이런 흐름을 갖고 일관성과 균형성을 갖고 요한계시록을 해석해야 한다.

③ 찬송과 경배를 하는 직접적인 이유는, 온 땅에서 구속한 성도들을 하나님 앞에서 나라와 제사장으로 삼으셨기 때문이다. 이 하나님의 제사장들은 땅에서 왕 노릇 하게 될 것이며(계 20장 Q_08), 또 그들은 첫째 부활(휴거)에 참여한 성도들이며, 그들이 1,000년 왕국에서 누리게 되는 복을 받게 될 것이기 때문에 찬송과 경배를 드리는 것이다(계 20:6, 5:10, 1:6; 눅 22:29-30).

어린양이 7인으로 봉해진 두루마리를 취하심에 천상에서는 4생물과 24장로들, 천사들, 그리고 모든 피조물이 어린양에게 찬송과 경배를 드린다. 요한계시록에 자주 언급되고 있는 천상에서의 찬송은 어린양이 중심이며, 어린양의 십자가와 구속사역이 찬송의 핵심을 이룬다(계 7:9-10, 5:12). 이것은 어린양이 찬송 받으실 하나님이기 때문이다(롬 9:5).

이렇게 계 5장은 찬송으로 끝나면서 계 6장부터는 7인 환난(7인 환난은 대환난이 아니다)이 시작된다.

Q_10. 계 5:9-13에서 4생물, 24장로들, 천사들, 그리고 모든 피조물 등의 장엄한 오케스트라 같은 찬송 이후, 어떤 일(반응)이 발생했는가? (계 5:14)

A 요한계시록에서 총 6회에 걸쳐 찬송이 울려 퍼진다(계 14장 Q_05). 그 중에 첫 번째 찬송으로 천상에서 어린양을 찬송하는 주체자들 세 부류가 나온다(계 5장 Q_09).

이때 4생물이 아멘으로 화답하자 24장로들은 엎드려 경배하면서 화답하는 일이 발생한다(계 5:14). 이 화답이 의미하는 것은 무엇일까? 계 5장까지 천상에서는 장엄한 찬송의 오케스트라가 울려 퍼진다. 어린양을 찬송하는 ① 4생물과 24장로들, ② 만만이요 천천인 많은 천사들, ③ 모든 피조물의 찬송이 울려 퍼짐으로 첫 번째 찬송이 끝난다. 여기까지를 1막이라고 한다면, 이 1막에 대한 마무리의 인사라 할 수 있다.

또한 두 번째 찬송(계 7장 Q_09)이 있기 이전에 새로운 분위기의 제2막이 시작된다는 것을 의미하기도 하는 인사라 할 수 있다. 이 제2막은 계 6장에서 시작(계 6:1)되는데, 그 2막은 심판을 의미한다. 그 심판은 성부 하나님 오른손에 있는 두루마리를 인수하신 어린양이 6인봉을 떼심(개봉)으로 '반드시 장차 이루어질 미래의 일들'이 계속 진행된다는 것을 의미한다.

그리고 다시 두 번째 찬송이 계 7:9-12에서는 두 부류의 찬송 주체자가 나오면서 "아무도 능히 셀 수 없는 큰 무리"인 "흰옷"을 입은 자들과 "모든 천사"가 찬송의 주체자가 되어, 하나님께 경배하며 화답하는 웅장한 듀엣 형식의 찬송이 이어진다(계 7장 Q_09).

요한계시록 6장

Q _01. 계 6장의 핵심 메시지는 무엇인가?

A **1. 요한계시록은 사탄의 종말뿐 아니라, 인류 구속사의 결론을 알려주는 책인 만큼, 요한계시록을 잘 풀어야 한다.** 문제는 요한계시록에서 가장 중요한 고비가 어느 장인지 묻는다면, 계 6장과 11장이라고 할 수 있다. 이유는 간단하다. 의견이 분분하기 때문이다. 그럼에도 불구하고 계 6장의 핵심은 순교자의 총수를 포함한 구원받을 성도의 총수를 채우는 기간(계 6:11, 7:9; 롬 11:25)이라는 것을 아는 것이 계 6장의 핵심이다. 어떤 이들은 계 6장을 대환난 기간으로 보면서 계 4장을 휴거의 장으로 보지만, 그런 주장은 성경적 근거가 전혀 없기에 필자는 그런 견해에 동의하지 않는다(계 6장 Q_02, 계 7장 Q_10).

하나님께서는 성경(요한계시록)을 복잡하고 혼란스럽게 기록하지 않으셨다. 질서의 하나님께서 계 6:1에서 "어린양이 일곱 인 중의 하나를 떼시는데"(계 6:1)라는 표현은 매우 의미가 있다. 계 4장에서 천국 보좌에 앉아 계신 성부 하나님을 보여주시고, 계 5장에서 그 성부 하나님의 오른손에서 인봉된 두루마리를 떼(펴)시기에 합당하신 분이 어린양이라는 사실을 알려 주신 하나님께서, 계 6장을 통하여 어린양이 인을 떼심으로 계 7:17까지 그 인봉 떼시는 사역이 계속되고 있다는 흐름을 보여주신다. 특히 6(7)인봉 사건은 예수님께서 마 24장, 막 13장, 눅 21장 등에서 예언하신 말씀이 성취되는 사건이다. 6(7)인봉 사건은 7년 대환난과는 사건의 내용, 소요 기간, 그리고 의미적으로 전혀 다른 사건이다[그 이유는 이후에 자세히 설명하겠지만, 계 6장이 진행되는 6인봉(네 말 사건)에는 7년이라는 특정(特定)하며 정해진 기간이 없다].

2. 계 6장에 대한 이해는 요한계시록 해석의 핵심 중 하나라 할 수 있다. 특히 네 말 사건은 대환난의 사건이 아니라는 전제를 갖고 계 6장을 이해해야 한다. 특히 '7인'은 '일반적인 환난'이지만, '7나팔과 7대접'은 '형벌'이며 '심판(보응)'의 의미가 있어서 '재앙'이라는 표현을 사용한다는 면에서 '인봉' 환난과 대단히 큰 차이가 있다. 또 7인 사건은 어린양이 직접 인을 떼는 '어린양의 사역'이지만, 7나팔과 7대접은 형벌의 수단이 천사에게 이양된 '천사의 사역'이라는 것도 중요한 차이이며 큰 핵심이라 할 수 있다. 이런 큰 흐름을 이해한다면, 요한계시록이 자연스럽게 풀어지며 이해될 수 있으리라 생각된다.

3. 계 6장은 크게 6부분으로 나눌 수 있다(주제는 어린양이 일곱 인 중의 하나를 떼시기 시작). ① 첫째 인 흰 말(계 6:1-2), ② 둘째 인 붉은 말(계 6:3-4), ③ 셋째 인 검은 말(계 6:5-6), ④ 넷째 인 청황색 말(계 6:7-8), ⑤ 다섯째 인과 순교자들의 호소와 위로(계 6:9-11), ⑥ 여섯째 인을 떼실 때, 천지가 진동하며 천체 이변과 모든 족속이 통곡함(계 6:12-17) 등이다.

Q_02. 첫째 인 흰 말의 정체는 무엇인가? (계 6:1-2). (이단 경계)

A 어린양이 일곱 인 중 하나를 떼신다(계 6:1)는 그때, 네 생물(계 4장 Q_09) 중 하나가 우렛소리 같은 음성으로 오라 하기에 요한이 보았는데, 그때 몇 가지의 특징적인 모습을 보았다. 흰 말을 탄 자가 ① 활을 가졌으며, ② 면류관을 받고, ③ 나아가서 이기고 또 이기려고 하더라는 것이다.

여기에 나오는 흰 말의 정체는 무엇인가? 흰 말은 '영적 전쟁에서 승리하는 복음'을 의미하며, 예수님께서 마 24:13-14, 막 13:10에서 예언하신 말씀이 첫째 흰 말 사건에서 성취된다는 의미가 있다.

계 6장을 잘 풀어야 한다. 잘 풀 수 있는 핵심은 흰 말을 어떻게 보느냐에 달려 있다. 보통 흰 말에 대한 견해는 세 가지로 나뉜다. 1) 흰 말은 예수님인가? 2) 적그리스도인가? 3) 영적 전쟁에서 승리한 복음인가? 이 세 가지를 기준으로 흰 말의 정체를 설명하고자 한다.

1. 흰 말은 예수님이 될 수가 없다. 일반적으로 한국교회에서는 계 19장을 재림장으로 보기 때문에, 흰 말은 예수님이 될 수가 없다. 예수님이 두 번씩 지상강림(재림)을 할 수는 없기 때문이다.

2. 흰 말은 적그리스도가 될 수 없다. 그러나 흰 말을 적그리스도로 보는 이들은 무슨 근거로 그렇게 보는 것인가? 그들은 계 6장을 대환난 장으로 보기 때문이다. 대환난 때 적그리스도가 등장한다는 선입견으로 성경을 꿰어맞추려 하기 때문이다.

재림 예수님께서 오실 때는 백마(흰 말. 계 19:11, 14)를 타고 오신다(그래서 이단 교주들은 너도나도 모두가 흰 말 탄 사진을 크게 찍어 홍보한다. 심지어 북한 지도자들도 백마를 타는 사진을 찍어 홍보하고 있다). 그런데 재림 예수가 등장할 수 없는 계 6장에서 흰 말로 등장한다면, 이 흰 말은 거짓된 흰 말일 수밖에 없다. 그래서 어떤 이들은 흰 말을 적그리스도라 판단하는 것이다. 그러나 이런 방식의 판단과 해석은 지극히 인간적인 생각일 뿐이다.

계 6장부터 대환난이 시작하는 것이라 본다면, 최소한 두 가지의 심각한 문제가 발생하게 된다.

하나는 순교자들이 대환난에 들어가게 되는 모순이 생긴다. 하나님의 말씀과 예수 그리스도를 증거하는 일로 목베임을 받은 순교자들이 부활하지 않은 채 대환난이 시작된다면, 이것은 성경의 흐름상 정말 큰 모순이 아닐 수 없다. 그래서 계 6장은 대환난 시작이 될 수 없다.

두 번째는 부활이 여러 번 발생하는 오류가 발생한다. 성경은 성도의 부활인 ① "첫째 부활"[계 20:6. ㉠ 생명의 부활(단수. 요 5:29), ㉡ 의인의 부활(단수. 행 24:15)]이 있으며, 악인들의 부활이라고 하는 ② "둘째 사망"[(단수. 계 20:14. ㉠ 심판의 부활(요 5:29), ㉡ 악인(심판)의 부활(둘째 사망. 행 24:15), ㉢ 악인들도 백보좌 심판을 위해 부활(한다)]이 있다고 증언한다. 첫째 부활은 예수님의 공중강림(임재)과 관계된 것이며, 첫째 부활은 이방인 성도들의 몸(육체)의 부활(살전 4:16-17; 고전 15:51-52)을 의미한다.

계 6장을 대환난이라 주장하는 이들은 계 4장에서 휴거를 주장하기 때문에, 순교자가 환난을 통과한 뒤에 계 20:4-6에서 첫째 부활(휴거)한다는 것으로 합리화한다. 또 어떤 이들은 실제의 대환난 중간에 부활을 주장함으로, 부활이 몇 번씩 있게 되는 오류조차 불사하는 심각한 문제가 있음에도 외면한다. 계 6장부터 대환난으로 보게 되면 요한계시록은 너무 혼란스러워 맥을 놓치게 된다. 더 나아가 부활은 단 한 번(단수)뿐이라고 하는 성경 말씀에 절대 모순을 일으키는, 큰 오류를 범하게 된다("계 7장이 휴거장" 총론 Q_14, 계 7장 Q_08. 계 20:4-6).

이렇듯 성경을 자연스럽게 보려고 하지 않고, 신학적인 선입견으로 꿰어맞추려고 하기에 앞뒤가 안 맞는 해석을 하게 된다. 그러나 성경을 어떤 전제된 선입견으로 풀어서는 결코 안 된다.

3. 흰 말은 '영적 전쟁에서 승리한 복음'을 상징한다. 그런 의미에서 흰 말이 적그리스도가 아닌 이유 네 가지가 있다.

1) 계 6장은 적그리스도가 나타날 시기가 아니다. 적그리스도는 후 3년 반(계 13장)에 나타날 실존이기 때문에 흰 말은 적그리스도가 될 수 없다.

2) 성경에 나타난 말의 사명으로 볼 때, 말은 언제나 전쟁으로 표현되기 때문에 적그리스도가 아니다. 요한계시록에는 흰 말이 3회 등장한다. 흰 말로 1회(계 6:2), 백마로 2회(계 19:11, 14) 등장한다. 말은 평화와 관계된 상징이 아니다. 언제나 전쟁과 관련된 짐승이다(나 3:2; 합 1:8). 적그리스도의 등장은 전쟁을 의미한다. 그러나 계 6:2의 흰 말은 피 흘리는 물리적 전쟁과는 무관하다. 활(전쟁)은 있으나 화살이 없다. 그것은 전쟁은 전쟁이나 물리적 전쟁이 아닌 영적 전쟁을 의미하기에 흰 말은 적그리스도라 할 수 없다.

3) 동사의 시상을 볼 때 적그리스도가 승리하는 것이라고 볼 수 없기 때문이다. 이기고 또 이기려 한다는 것은 계속된 승리를 하고 있다는 의미이다. 앞에 나오는 "이기고"(니콘. νικῶν)는 니카오(νικάω)의 현재 능동태 분사이며, 뒤에 나오는 "이기고"(니케세. νικήσῃ)는 니카오(νικάω)의 부정과거다. 이것은 초림 예수부터 시작된 과거부터 현재까지 복음이 이기고 있으며, 미래까지 궁극적으로 완전한 승리를 할 것이라는 말씀이다.

4) (면류)관의 종류가 다르기 때문에 흰 말은 적그리스도가 될 수 없다. 면류관을 받았다는 것은 승리를 의미한다. 계 6:2에서의 면류관은 스테파노스로 되어 있다. 스테파노스(στεφάνους) '화관'은 영광과 영예의 상징으로, 우리 예수님이 최후 승리자에게 주시는 면류관이다(벧전 1:7).

요한계시록에는 "면류관" 혹은 "왕관"이라는 용어가 총 11회 등장한다. "면류관" 3곳(계 3:11, 6:2, 14:14), "(왕)관"으로 8곳(계 2:10, 4:4, 10, 9:7, 12:1, 3, 13:1, 19:12) 등이다. 그중에서 상급의 개념으로 사용된 면류관은 주로 '스테파노스'(στεφάνους)로 기록하였고, 왕 혹은 왕 같은 권세를 가진 대상으로 등장할 때는, 11곳의 면류관 중에서도 단 3곳만 '디아데마타'(διαδήματα. 계 12:3, 13:1, 19:12)로 기록되었다.

계 12장과 연결되는 13장부터는 7년 대환난 중에서도 후 3년 반이 시작되는 시기인데, 이때 적그리스도가 디아데마타를 쓰고 등장한다는 것은, 적그리스도가 계 13장에서 등장한다는 것을 보여주는 명확한 증거다(계 13장 Q_03, 계 19장 Q_08).

다른 인봉 사건에 없는 우렛소리인 뇌성(하나님의 임재하심과 형벌이 내려질 때 나타나는 소리. 출 9:28-29)은 하나님의 형벌에 대한 예고와 복음과 관계가 있다. 그러므로 흰 말은 예수님도 아니고, 적그리스도도 아닌 '영적 전쟁에서 승리한 복음'(마 24:14 복음이 세상에 전파될 것이라고 하신 예수님의 예언 성취)을 의미한다.

Q_03. 둘째 인 붉은 말에는 어떤 의미가 있는 것인가? (계 6:3-4)

A 붉은 말은 둘째 인을 떼실 때 나타난다는 것이며, 붉은 말은 전쟁을 상징한다. 흰 말에 이어 붉은 말 사건이 연속되고 있으며, 앞으로도 그렇게 진행될 것이다. 이것은 사건 하나하나가 순서대로 이루어지고 있다는 것을 의미한다. 7인봉 사건에서든 7나팔 사건에서든, 그리고 7대접 사건 등에서도, 한 사건의 기간이나 혹은 한 사건과 다른 사건 사이의 기간이 얼마나 되는지에 대해서 성경은 침묵하고 있다. 그러나 이 모든 것은 질서의 하나님께서 장차 반드시 될 일을, 시간 순서대로 사건을 계시하신 일이며, 모든 사건이 계시하신 그대로 진

행되고 있다는 것을 보여주고 있다(계 4장 Q_01).

그 탄 자가 허락을 받았다는 것은 세상의 전쟁조차도 하나님으로부터 허락하에 이루어지는 사건이라는 의미가 있다. 세 가지가 언급되고 있다. ① 화평을 제하여 버리고, ② 서로 죽이게 하고, ③ 또 큰 칼을 받았다는 것이다.

붉은색의 상징은 '화평을 제하여 버린다'는 데 있다. 화평이 제거(갈등, 불화, 반목, 분쟁, 전쟁)되고 서로 죽이는(계 6:4) 전쟁을 상징(슥 6:2-3)한다. 붉은 말 사건은 예수님이 예언하신 세상 끝의 징조인 전쟁에 관한 예언이 성취(마 24:6-7)되는 사건이다. 큰 칼은 살육 무기를 의미하며, 결국에는 분쟁을 의미한다.

Q_04. 셋째 인 검은 말에는 어떤 의미가 있는 것인가? (계 6:5-6). (이단 경계)

A 검은색(애 5:10)은 죄, 죽음, 기근, 슬픔, 실족, 불법 성행의 상징이며, 저울은 흉년(겔 4:10. 양식을 한 끼의 1/3을 하루에 한 번)의 상징이다. 계 6:6에서 한 달란트(하루 품삯. 10만 원 예상)에 밀 한 되요, 하루 품삯에 보리 석 되라는 표현은 극심한 기근을 상징한다. 기근 때문에 모든 식량을 엄격하게 계량하며 관리하게 될 때가 올 것이다. 이것은 예수님이 예언하신 마지막 때의 징조가 성취(마 24:7)되는 사건이다.

그러나 그럴 정도의 극심한 기근(경제공황) 속에서도 믿는 자들에겐 희망이 있다. 감람유와 포도주는 해치지 말라고 했다. 감람유와 포도주는 상류 계급인들이 사용하는 것이니 그것들을 건드리지 말라는 의미가 아니다. 여기에서의 감람유는 기름 부음 받은 사명자를, 포도주는 예수님의 피로 구원받은 자를 상징하는데, 감람유와 포도주는 이 세상 권세자들에 의해 보호를 받게 될 것이라는 말씀이다.

마치 3년 6개월의 가뭄 속에서도 사렙다 동네(눅 4:26)에 많은 사람 중에, 주의 종을 선대한 사르밧의 한 과부(왕상 17:9-10)와 선지자 엘리야(왕상 17:15)의 관계와 같이, 극심한 기근 속에서도 하나님께서는 구원받은 자들을 어떤 모양으로든지 끝까지 보호하고 인도해 주실 것이라는 희망의 말씀이다.

영적인 의미로는 기근 재앙은 불신자에게는 형벌이며 심판이지만, 구원받은 자들에게는 테스트의 기간이다. 육체의 양식만이 아니라 영혼을 살리는 하나님 말씀(요한계시록)을 듣지 못하는 영적 기근 시대이기도 하다. 이때 말씀의 불법이 성행하여 말씀(요한계시록)을 왜곡시키며 거짓 진리를 전하는 이단(신천지)들에게 미혹되어, 영혼이 패망할 수 있는 때가 영적 기근의 때임을 잊어서는 안 된다(호 4:6).

Q_05. 넷째 인 청황색 말에는 어떤 의미가 있는 것인가? (계 6:7-8). (이단 경계)

A 청황색 말의 대표적인 상징은 사망(계 6:8)이다. **"청황색**(클로로스. χλωρός) **말이 나오는데(미완료. 사망이 계속되고 있다는 의미)** 그 탄 자의 이름은 사망(타나토스. θάνατος)이니"에는 두 가지의 의미가 있다.

하나는 사망이라고 하는 하나님의 형벌이 다양하게 종합적으로 진행되고 있다는 말이다. 그만큼 말세가 더욱 심화(1/4의 사망 권세)됐다는 의미다. 또 다른 하나는 그 사망(청황색 말)은 다음과 같이 네 종류의 원인(방법)에 의해 사망 재난이 일어난다는 말이다. 청황색 말을 탄 자는 단수(段數)로 하나의 존재이지만, 청황색 말의 명령에 협력하는 자는 복수(複數. 계 6:8. "그들이 땅 사분의 일의 권세")의 협력자들이다. **복수(複數)의 협력자들이란, 사람들을 사망케 하는 네 종류의 원인을 말한다.** ① 검(전쟁 무기), ② 흉년, ③ 사망(전염병, 온역. 겔 14:21; 눅 21:11), ④ 땅의 짐승[요한계시록에는 "짐승"이라는 용어가 33회 사용되었다

(계 13장 Q_02). 후 3년 반 때는 두 종류의 짐승이 등장한다. 하나는 적그리스도 짐승이고, 다른 하나는 거짓 선지자로서의 짐승이다. 그러나 계 6:8의 짐승은 그런 종류의 짐승이 아니라, 현재와 같은 교회시대 때 사람들을 미혹하는 거짓 선지자로서의 짐승을 의미한다] 등 네 가지에 의해 사망한다.

특히 땅에서 올라온 양 같은 짐승인 거짓 선지자(계 13:11; 마 24:11; 계 13장 Q_02) 등은 사회적 혼란을 이용하여 복음을 변질시킴으로 영혼이 죽어가게 하고(전통이라는 미명으로 하나님 말씀을 폐함. 마 15:6), 사람의 계명으로 교훈을 삼으며(마 15:9), 혼합주의[계 8:11의 물의 1/3이 쓴 쑥(오염)이 되는 사건은 휴거 이후인 셋째 나팔 때 현상] 등으로 사람들을 죽게 한다. 이런 현상이 나타나는 기간이 청황색 말 사건이다. 이것 역시 예수님의 예언(마 24:9-12)이 성취되는 사건이다.

말은 전쟁을 상징한다. 붉은 말에서도 전쟁이 있었는데, 붉은 말의 전쟁에서 검은 말의 기근과 혼란(사상의 급변동)과 불법, 그리고 청황색 말에 이르러 더 극심해지는 사망 사건으로 진행되는 것을 의미한다.

※ P.S.: 그러므로 늘 깨어 있어야 한다. 지금도 마지막 종말을 향하여 달려가고 있다. 건전한 분별력을 갖고 거짓 사도(이단)를 드러내었던 에베소 교회처럼, 이단의 거짓과 죄악이 드러나게 해야 한다. 늘 깨어 있으며 늘 깨달아야 한다. 늘 하늘에 소망을 두며 휴거를 준비해야 한다. 단장된 신부로서 말이다.

Q_06. 다섯째 인을 떼실 때, 하나님의 말씀과 복음 증거로 죽임을 당한 영혼들이 제단 아래 있다는 말의 의미는 무엇인가? (계 6:9-11)

A 요한은 죽임을 당한 영혼이 제단(천상의 제단) 아래에서 하나님께 호

소(신원의 기도)하며 드리는 기도의 모습을 보았다.

여기에서 우리가 살펴봐야 할 중요한 몇 가지가 있다. ① 그 죽임을 당한 영혼들이란 어떤 존재들인지? ② 제단이란 어느 제단을 말하는 것인지? ③ 죽임을 당한 영혼(순교자)들이 호소하며 드린 신원의 기도 내용은 무엇이며, 어떤 의미가 있는 것인지? ④ 그들의 기도의 결과는 무엇이며, 흰 두루마기는 무엇인지? 그리고 흰 두루마기를 주시면서 하신 말씀의 의미가 무엇인지 살펴보고자 한다.

1. 죽임을 당한 영혼들이란 천상에 있는 영혼들로서 땅에 살아 있던 순교자들의 영혼을 의미한다. 제단이란 이 땅 지상의 제단이 아니라 이 순교자들의 영혼이 지상에서 살아 있을 때, 하나님 말씀과 저희 가진 증거로 인하여 순교하여 죽은 뒤, 현재 순교자들이 가(머물러 있는. arrive) 있는 천상의 제단(하나님이 거하시는 천국)을 의미한다.

2. 요한이 본 것은 지상에서의 기도 모습이 아니라 천상(영계)에서의 기도 모습이다. 계 6장 현재까지는 휴거(부활. 살전 4:16-17)가 아직 이루어지지 않았기 때문에 순교자가 천상에 존재할 수 없다. 그러면 죽은 자들의 영혼이 제단 아래에 있다는 것은 무엇을 의미하는가?

땅에 살다가 예수님을 위해 죽임을 당하고 천상(영계)에 올라간 순교자의 영혼들이, 천상의 제단에서 하나님께 호소(기도)하고 있는 모습이다. 그 모습이란 마치 순교자들이 땅에 살아 있을 당시에, 지상에서 기도하던 모습을 표현하고 있는 것이며, 그 순교자들이 지상에서 기도했던 것처럼, 그 영혼들이 천상 제단에서도 하나님께 호소(기도)하고 있는 그 모습을 요한이 보았다는 말이다.

그러면 이 순교자들의 영혼들은 언제 천상에 올라간 것인가? 순교할 때 그 영혼이 천상으로 올라간 것이다. 사람이 죽으면 그 영혼은 죽는 즉시 천국(낙원)이나 지옥(음부)으로 가게 되는데, 계 6:9에 언급된 영혼은 프쉬케(ψυχη)로 기록되었다. 육체와 함께하던 때의 영혼을 '영혼'이라고 한다면, 육체와 분리(죽은 사람)된 영혼은 의미상에 있어서 '영'이라고 표현해야 좀 더 적절한 번역이 되지 않을까 생각한다. 그런 의미에서 계 6:9에 언급된 그 '프쉬케'인 "영"(요 3:6)은, 죽을 때(순교당할 때) 육체와 분리된 인간의 영이다(눅 16:19-31). 특히 세상 불신자들이 주장하듯 "죽은 원혼은 구천을 떠돈다"는 그런 낭설을 성경은 절대 부인한다. 구원받은 모든 사람의 영혼은 이 땅에서 죽는 즉시 천국으로 간다. 반면에 불신자의 영혼은 죽는 즉시 지옥으로 가게 되어 있다(그래서 살아 있을 때 예수를 믿어야 한다).

3. 그러면 죽임을 당한 영혼(순교자)들이 호소하며 드린 신원의 기도 내용은 무엇이며, 어떤 의미가 있는 것인가? 계 6:10에서는 기도의 내용을 두 가지로 언급하고 있다.

① 땅에 거하는 자들을 심판해 달라는 것이다. 심판해 달라는 이 "심판(우리 아픔 해결해 주십시오)"이란 7년 대환난을 의미한다. 그런 의미에서 7년 대환난에는 분명히 심판의 의미가 있다. 그래서 심판의 의미가 있음을 강조하기 위해 우리는 '7년 심판 대환난'이라고 불러야 옳다고 생각한다. 휴거되지 못하고 땅에 거하는 자들은 모두 7년 대환난을 통하여 심판받게 된다. 이때의 심판이란 지옥 심판을 의미한다(계 20장 Q_03, 11).

② "우리 피 갚는 일을 언제까지 미루시겠습니까?" 하는 것이다. 이 두 가지 기도가 얼마나 간절했으면, 죽은 자들의 영혼이 하나님을

큰 소리로 부르며 호소하고 있다고 성경에 밝히겠는가? 이 두 가지의 호소는 7년 대환난을 통해 심판을 재촉하는 간절한 호소(기도)이기도 하며, 반대로 이 두 기도는 아벨의 피의 호소가 가인을 정죄함으로 위로가 된 것처럼, 이 신원의 기도는 구원받은 성도들에게 많은 위로와 격려가 되기도 한다.

그러면 죽임을 당한 자들이 드리는 기도는 어떤 의미가 있는가? 그들의 기도의 결과가 7년 대환난이라고 성경은 알려 주고 있다. 7년 대환난 중의 마지막 재앙인 7대접 재앙으로 막을 내리는 7년 대환난의 성격은 죽임을 당한(순교자. 계 6:9) 자들의 간절한 신원의 호소(계 18:20, 24, 16:6)로 이루어진 심판(계 6:10)이며, 하나님께서는 기도에 응답으로 심판(7년 심판 대환난)하신 후에, 신원의 기도(호소)를 드린 영혼들을 위로(계 18:20)하신 말씀이라는 것을 기억해야 한다.

4. 그들의 기도의 결과는 무엇이며, 흰 두루마기는 무엇인지? 그리고 흰 두루마기를 주시면서 하신 말씀의 의미는 무엇인지를 보고자 한다.

죽은 자들의 영혼이 기도하고 있는데 하나님께서는 그들에게 흰 두루마기를 주시면서 동무 순교자들의 수가 차기까지 잠시 동안 기다리라고 하셨다. 이 말씀도 그들의 신원의 기도에 대한 결과이며, 기도의 응답이다.

"잠시 동안"(계 6:11)이란 어느 정도의 기간인가? 6인봉 기간까지 순교자의 수가 차게 되는데(롬 11:25), 성경은 이때까지의 기간을 "잠시 동안"이라고 했다. 그렇다고 해서 이 기간을 7년 심판 대환난이라고 해서는 안 된다.

"잠시 동안"이란 6인봉까지는 아직 순교자들의 부활(휴거)이 없다는 것을 의미하며, 이 말은 믿는 자들(교회. 살전 4:16-17)의 휴거가 현재까지 없었다는 것을 의미한다. 휴거되기 전까지 땅에서 죽임을 당하고 천상 제단에서 하나님께 호소하고 있는 순교자들의 영혼들에게 하나님께서는 잠시 동안 쉬라(잠시 동안 기다리라)고 하셨다.

요한계시록에는 두루마기가 2회 등장(계 6:11, 22:14)한다. 흰 두루마기의 의미는 무엇인가? 흰 두루마기는 보상이며, 상급의 의미가 있다. 천사들에게는 결코 두루마기를 주신 적이 없다. 두루마기는 오직 구원받은 성도들에게만 주시는 옷으로, 우리 주 예수 그리스도의 보혈로 죄 씻음을 받았다는 것을 의미하며, 더없이 깨끗하다는 의미로 흰 두루마기를 주신 것이다.

죽임을 당한(순교자. 계 6:9) 자들의 간절한 신원의 호소로 이 땅에 거하는 자들을 심판하신 하나님께서 그들이 쉬지 않고 드린 간절한 기도에 위로(계 18:20)하신 이후에 흰 두루마기를 주셨다는 내용은, 현재 믿고 있는 우리에게도 위로와 격려가 되는 말씀이라 믿는다.

어린양이 친히 다섯째 인을 떼시며 보여주고자 하시는 것은, 아직까지 순교자들(교회)의 부활이 없었다는 것을 의미하며, 여섯째 인을 떼면서 어린양의 사역이 계속 진행되고 있다는 것을 알 수 있다(계 8:1에 의하면 7:17까지 여섯째 인봉이 계속 진행 중에 있다는 것을 알 수 있다).

Q _07. 여섯째 인을 떼실 때, 천체 이변과 모든 족속의 통곡하는 사건에는 어떤 의미가 있는가? (계 6:12-17)

A 계 6장의 여섯째 인은 예수님께서 마 24:29-31(일반 환난. 막 13:24-26)에서 말씀하신 예언이 성취되는 인 떼는 사건이다. 계 6장에의 여섯째 인에

서는 세 가지 사건이 복합적으로 발생한다. ① 천체에 이변(계 6:12-14; 마 24:29)이 발생한다. ② 모든 족속이 통곡(계 6:15-17; 마 24:30)한다. ③ 성도들 이마에 인을 쳐서 끌어 올리기 직전까지의 사건[휴거=부활, 살전 4:16-17; 계 7:1-3, 9(4-17), 마 24:31] 등이 발생(계 7장에서도 여섯째 인이 계속됨을 잊지 말자)한다. 이 세 가지를 구체적으로 언급한다면 다음과 같다.

1. 천체 이변이 발생한다(여섯째 인 중 첫 번째 사건(계 6:12-14, 마 24:29).

여섯째 인 환난(앞으로 7년 대환난과 차별을 두어 '일반 환난'이라 부르고자 한다)은 7년 대환난과 비슷하지만, 7년 대환난은 아니다. 그 이유가 무엇인가?

계 6장은 우주의 종말장이 아니며 7년 대환난 장도 아니기 때문이다. 계 6:12-17에 기록된 천체 이변(일반 환난)을 보고 7년 대환난이라고 보는 견해(계 4장을 휴거장으로 보는 이들은 계 6장을 7년 대환난이라 해석한다)가 있는데, 이것은 매우 잘못된 견해다. 계 6:12-17을 문자대로 말한다면 계 6장에서 지구와 이 우주는 끝나야(벧후 3:12) 한다. 그러나 계 6장 이후에도 지상에는 성도들은 물론 불신자들도 여전히 살아 있고, 해와 달과 별이 여전히 빛나고 하늘도 그대로 존재(㉠ 해: 계 8:12, 16:18, 19:17, ㉡ 달: 계 8:12, ㉢ 별: 계 9:1, ㉣ 하늘: 계 10:4, 12:1, 7, 8, ㉤ 산: 계 16:20)하기 때문이다(실제 해, 달, 별의 이변은 넷째 나팔 사건 때 일어난다. 계 8:12).

그런 의미에서 예수님께서 세상 종말의 징조로 '지진'을 예언하셨는데, 지금까지 등장하지 않았던 지진이 6인을 뗄 때 등장한다. 그 지진은 계 6:12의 "큰 지진"을 의미한다(지구는 12개 판으로 구성. 계 16:18). 큰 지진에서 "큰"(메가스. μέγας)이란 '넓다', '점점 크다'는 뜻이다. 그러나 본문에서는 크다는 의미보다 '점점 넓어진다'는 의미가 더 적합하다. 그러므로 천체 이변의 현상이란 태양 자체가 파괴되거나 손상을 입어 검어졌다는 의미가 아니라, 큰 지진과 관련된 사건들이 더 넓게(큰) 확산하게 된다는 것을 의미한다.

하늘, 해, 달, 별들까지 이변이 발생한다는 의미로 표현하고 있지만, 해와 달과 별들 자체는 그대로 있다(실제 떨어진 것이 아니고, 큰 지진의 영향으로 별들이 안 보이는 현상)는 것을 전제로 이해해야 요한계시록 전체 맥락을 바르게 해석할 수 있다. 이 말(큰 지진의 결과로 나타나는 현상들)은 빛을 내는 태양은 그대로 떠 있으나, 말털로 두껍게 짠 담요(총담)로 가린 것같이 태양이 가려져 빛이 보이지 않으니, 달과 별 그리고 하늘도 어두워 보이지 않게(사 13:10; 겔 32:7) 된다는 말이다.

해가 돋아도 어둡게 되는데 그것은 하늘이 가려서 달과 별이 빛을 내지 못한다는 말이며, 이것은 근본적으로 "큰 지진"의 영향으로 갑자기 대기가 오염되어 보이지 않게 된 결과다.

큰 지진으로 지각 변동이 일어나 산과 섬이 제자리에서 옮겨지는 현상(실제 각 섬과 산은 계 16:20의 7대접 사건 때 없어진다)이 나타난 것이다. 이런 현상이 지구 여기저기에서 동시다발 연쇄적으로 일어난다고 가정을 해보라. 순식간에 바다[일월성신의 진노와 바다와 파도의 성난 소리(쓰나미). 눅 21:25; 마 24:29]와 지구 대기와 수질과 환경의 오염 등으로 태양이 가려지는 등, 하늘 천체의 이변(일반 환난)이 나타나게 될 것이다.

여기에서 생각해야 할 것이 있다. 그러면 이런 현상이 실제 일어난다는 말인가, 아니면 상징인가? 어떤 이들은 해, 달, 별을 사명자로 보며, 이것을 상징으로만 보아, 영적으로만 해석하려 하는데, 이것도 잘못된 견해다. 영적으로만 보면 천체 이변이 생길 수 없기 때문이다.

그러므로 계 6:12-17의 천체 이변은 상징이 아니라 실제다. 세상 끝(휴거 전)에 실제 나타날 마지막 현상이다. 실제 나타나는 현상임을 전제한 뒤, 영적 교훈을 찾아볼 수는 있다. 해는 부모이며, 달은 교회를 상징하며, 해가 검어진다는 것은 변질과 타락을 의미하며, 달이 피같이 되는 것은 교회의 부패와 변질을 상징하며, 별은 사회 지도자들의 타락(창 3:7-9; 신 28:62; 왕하 23:5; 유 1:13) 등 영적으로 볼 수도 있으나, 분명한 사실은 계 6:12-17의 말씀은 실제 예수님의 예언대로 천체에 실제 일어날 사건으로 이해하는 것이 정확한 해석이라 생각한다.

그러나 7대접 재앙인 계 16:18의 "큰 지진"은, 일반 환난인 여섯째 인을 뗄 때의 "큰 지진"과는 비교할 수 없을 정도의 "마지막 재앙"(계 15:1)의 의미가 담긴 지상에서의 마지막 심판(멸망) 지진이 발생한다.

2. 모든 족속들이 통곡한다(여섯째 인 중 두 번째 사건(계 6:15-17; 마 24:30)

문제는 겁날 정도로 무서운 천체 이변(일반 환난. 계 6:12-14; 마 24:29)을 보면서, 땅의 모든 족속이 하나님과 진노하실 어린양을 바라보고(눅 21:27) 통곡하게 된다(마 24:30). 통곡하는 이유는 무엇인가?

① 굴과 산들의 바위틈에 숨어, ② 산과 바위가 자신들 위에 떨어져 어린양의 진노(심판하실 얼굴)에서 자기들을 가려달라 통곡한다. ③ 진노의 이유는 성부 하나님과 어린양(성자 하나님)의 진노(심판 형벌)를 깨닫게 되었기 때문이다. 실제로 천체 이변이 일어나고, 공중에서는 예수님이 구름 타고 오시는 징조를 보면서(눅 21:27) 깨닫게 된 모든 족속이, 곧 닥치게 될 어린양의 진노를 두려워하여 탄식하는 것이다.

휴거 후에 죄악 세상은 하나님의 진노(다가올 7년 대환난은 심판의 의미가 있다)가 시작되기에 두려워한다. 이 진노는 누구도 능히 피할 수 없기에 "누가 능히 서겠는가?" 외치며 탄식하게 된다.

3. 계 6:12-17은 구원받은 자(택자) 이마에 인을 쳐서 끌어 올리기 직전까지의 사건[휴거=부활. 살전 4:16-17; 계 7:1-3. 9(4-17); 마 24:31]이다(여섯째 인 중 세 번째 사건. 이 여섯째 인봉 사건이 7장까지 이어진다).

그러면 예수님이 구름 타고 오시는 사건(계 1:7. 공중강림=임재)과 계 6:16의 성부 하나님과 어린양의 진노는 어떤 연관성이 있는가?

예수님이 구름 타고 오시는 목적은 무엇인가? ① 약속한 대로(요 14:1-3) 신부(성도)를 영접(데리러 오심. 휴거. 부활)하기 위해, ② 7년 심판 대환난이라는 장래의 진노를 당하지 않고 건져 주시기 위해(살전 1:10), ③ 상 주시기 위해(계 11:18), ④ 지상강림 때 동행하는 영광을 얻기 위함(살전 3:13; 계 19:14) 등이다.

특히 계 6:12-17을 보면 죄악 세상에 대한 하나님의 진노이며, 어린양의 진노(7년 대환난)가 시작될 것을 알고, 모든 족속들이 이 어린양의 진노가 임하게 됨을 뒤늦게서야 깨달으며 두려워하게 되고 통곡하며 탄식하게 된다(계 6:16).

그러나 6인봉 사건 이후에 발생하는 7년 대환난은 하나님의 진노와 어린양의 진노로 세상과 악인들을 심판한다는 의미가 있다. 그래서 이 어린양 진노에 신부 된 교회(구원받은 성도)가 7년 대환난의 심판에서 진노를 당하지 않도록 휴거케 하시는 것이다. 때로는 교회(성도)가 환난을 통과한다고 말하는 견해도 있지만, 그것은 성경적 근거가 없는 주관적인 견해다(계 7장 Q_08).

4. 결론적으로 인봉 환난에는 두 가지 목적이 있다(계 7:9). 하나는 순교자의 수를 채우는 것(계 6:11)이며, 다른 하나는 구원받은 총수를 채우고자 하는 목적(롬 11:25)이 있다. 여섯째 인(3종류의 사건이 복합적으로 발생)은 예수님이 예언하신 "일반 환난"(마 24:29-31; 막 13:24-26)의 예언의 성취이며, 예수님이 구름 타고 오시는 공중 임재(휴거) 직전에 일어날 여섯째 인봉 환난이다(결코 7년 대환난이 아니다).

Q_08. 계 6장의 네 말 사건 등의 6인봉 환난이 7년 대환난이 아닌 이유? (계 6:1-17). (계 7장 Q_08, Q_11)

A 마 24장 전체는 예수님께서 말씀하신 재난의 시작(마 24; 막 13; 눅 21)이, 어린양이 인을 떼면서 성취되고 있음을 보여준다. 어린양이 인을 떼는 사건에도 대환난으로 착각할 수 있는 사건과 사고 등등의 환난(마 24:15-28 제외)이 발생하지만, 그럼에도 불구하고 계 6장의 6인봉 환난(7년 대환난과 혼동을 방지하기 위하여 6인봉 환난을 '일반 환난'이라 부르겠다)은 7년 심판 대환난과는 전혀 다르다. 어떻게 다른가?

1. 목적에서부터 다르다.

6(7)인봉 사건의 목적은 ① 순교자 수를 채우는 기간(계 6:9-11), ② 교회시대 동안 구원받는 이방인 성도의 구원의 총수(롬 11:25)를 채우는 기간, ③ 교회시대 동안 구원받은 유대인을 포함한, 온 땅에서 구원받은 셀 수 없는 큰 무리들(계 7:9)을 공중으로 끌어 올리(휴거)는데 목적이 있다.

2. 기간도 다르다.

네 말 사건의 기간은 성경에 나와 있지 않다. 인봉 환난의 명확한 기간에 대해서 성경은 침묵하고 있다. 다만 "잠시 동안"(계 6:11)이라고만 언급하고 있다. 그러나 7년 심판 대환난의 시작은 둘째 화 기간(9:13-11:14)인 9장 여섯째 나팔부터 1,260일인 3년 반이 시작되고 있다고 밝히고 있다. 이 말은 계 9:13의 여섯째 천사가 나팔을 불면서 시작된 사건이 계 11:14까지가 1,260일 중 전 3년 반 기간이다. 이 기간을 계 11:3에서 1,260일로, 계 11:2에서는 42달로 언급하고 있다.

그러므로 6장의 네 말 사건은 7년 대환난 사건이 아니며, 그 기간도 아니다. 계 6장은 어린양의 인 떼시는 인봉 사역일 뿐, 7년 대환난과 아무런 관계가 없다(계 7장 Q_08).

요한계시록 7장

Q_01. 계 7장의 핵심 메시지는 무엇인가?

A **1. 계 7장의 핵심은 계 7장이 요한계시록에서 어느 위치에 있으며, 어떤 의미가 있는지를 아는 것이다.** 왜냐하면 어떤 이들은 계 7장을 삽입장이라 주장하며 가볍게 생각하는 이들이 있다. 그런 주장은 요한계시록 전체를 모르는 전혀 허무맹랑한 주장이다. 계 7장은 계 6장과 한 몸으로 연속된 내용으로 되어 있다. 계 7장은 계 6장의 여섯째 인이 계 7장에서도 계속 진행되고 있는 내용이며, 연속하여 계 8장으로 연결되는 위치에 있다. **그 이유와 근거를 세 가지로 설명할 수 있다.**

하나는 계 7:1에서 "이 일 후에"라는 용어는 계 6장에 이어진 내용이라는 의미다. "이 일 후에"는 요한계시록에 6회(계 4:1, 7:1, 9, 15:5, 18:1, 19:1) 나온다. 이것은 요한계시록이 상황적 전개가 아니라 시간적 순서라는 증거 중에 하나로 쓰이는데, 계 7장은 계 6장 사건이 계속 이어진 연속된 장이라는 의미다.

두 번째는 내용으로 볼 때도 어린양 되신 예수님께서 여섯째 인을 떼신 사건(계 6:12-17)이 계속 진행되어 계 7:17까지 끊김이 없이 이어지는 내용으로 되어 있다. 그뿐만 아니라 계 8:1에서 "일곱째 인을 떼실 때"라고 하는 것은 계 6장의 여섯째 인이 계 7장에서도 계속 진행된 뒤에, 일곱째 인이 계 8장에서 시작된다는 것을 보여주는 증거다.

세 번째, 그러면 왜 계 7장은 삽입장이라는 오해를 받아 왔을까? 그것은 여섯째 인이 계 6장에서 끝나고 계 8장에서 일곱째 인을 뗀다는 표현이 있다 보니, 계 7장을 건너뛰어 바로 계 8장으로 연결되는 것으로 생각하게 된 것이다. 그 결과 계 7장은 중간에 삽인된 장이라는 선입견을 갖게 된 것이다. 그러나 그런 잘못된 오해는 쉽게 해결될 수 있다. 성경은 처음부터 장과 절이 명확하게 구별되어 사용되지 않았었다. 후대[왕실 인쇄가였던 스테파누스에 의해 1551년에 최초로 신약의 절 구분 성경 인쇄, 1553년에는 장과 절 구분 인쇄된 이후, 신·구약 성경 모두에 장절을 붙인 최초 인쇄는 1555년 스테파누스의 라틴역 불가타(Vulgata) 성경이며, 오늘날의 성경은 1560년 장절 구분한 제네바 성경]에 장과 절을 구별하면서 계 6장 안에 있던 부분을 떼어내어 계 7장이라고 구분했기 때문이라고 생각한다면 큰 무리가 없이 쉽게 이해되고 해결될 수 있으리라 생각된다.

2. 그러면 계 7장은 요한계시록에서 어떤 의미와 의의가 있는가? 계 7장은 크게 세 가지 내용으로 되어 있다. ① 때가 될 때까지 천사들이 땅의 사방의 바람을 붙잡아 바람이 불지 못하게 하는 사이에 구원받을 택자들의 이미에 인치는 사건(계 7:1-8), ② 셀 수 없는 흰옷 입은 천상 성도의 탄생(계 7:9-10), ③ 천사들의 경배와 찬양(계 7:11-17) 등으로 구성되어 있다. 특히 계 7장은 하나님 종들(구원받은 자, 택자)의 이마에 인치는 사건과 휴거(携擧) 등의 내용이 기록된 장이라는 큰 의의가 있다.

1) 계 7장에는 세 가지 핵심적인 의미가 있다.

① 세상 종말 추수 때에 추수꾼 천사를 사방에 보내어, 구원받은 택자(행 13:48)를 모으시는 예수님의 사역(계 7:1)이 어린양의 인봉 사역(계 6:1)이라는 의미이다.

② 계 7장은 세계 인구 3분의 1이 죽는 대전쟁(계 9:14-15. 한시적으로 붙

들렸던 대환난의 바람)이 일어나기 직전까지 택자들의 이마에 인치는 사건이 진행되는 내용이 기록되어 있다. 인 치는 사건은 예수님께서 천사들을 통해 택하신 자들을 모으리라(마 24:31) 예언하신 말씀이 성취되는 사건이다. 그런 의미에서 계 7장은 어린양 되신 예수님께서 일곱째 인을 떼기 직전인, 여섯째 인을 떼시고 있는 사건의 연속된 사역이다(계 6:1).

③ 계 7장은 요한계시록 첫 번째 클라이맥스(계 7:9-10. 여섯째 인봉 사역, 택자 인침 사건, 휴거 사건. 살전 4:16-17)가 기록된 장[두 번째 클라이맥스는 예수 그리스도의 지상강림(재림)이 기록된 계 19장. 계 19:11-14]이라는 데 의미가 있다.

믿는 성도들의 최고의 희망은 구원받는 것이다(벧전 1:9). 그 구원의 완성은 휴거(携擧)를 통하여 이루어진다. 그 휴거가 이루어지는 장이 계 7장이다. 이 말의 의미는 예수님의 구속사의 결론이 계 7장이라는 말이다. 그런 의미에서 계 7장은 대단히 큰 의미와 가치가 있다. 더 나아가 계 7장은 계 11장, 계 12장과 함께 요한계시록의 주제장이라 할 수 있다. 왜냐하면 계 7장은 이방인 구속사의 종결이며, 계 11장과 계 12장은 유대인 구원의 초점을 이루는 곳이기 때문이다.

2) 이렇게 계 7장은 어린양 인봉 사역의 목적(택자 모음)이 이루어지는 내용으로서 의미가 매우 크고 중요하다(마 13:33-43, 마 13:37, 마 24:31). 구체적인 내용은 계속된 아래의 질문과 답을 통해 설명하고자 한다.

3. 계 7장은 5부분으로 나눌 수 있다(주제는 아무도 능히 셀 수 없는 큰 무리 등장). ① 네 바람과 천사들이 하나님의 인치는 사역(계 7:1-3), ② 이스라엘 열두 지파에게 인치심(계 7:4-8), ③ 아무도 능히 셀 수 없는 흰옷

입은 큰 무리 천상 성도들(계 7:9-10), ④ 모든 천사의 경배와 찬양(계 7:11-12), ⑤ 천상에서 흰옷 입은 자를 향한 보상(계 7:13-17) 등이다.

Q_02. 계 7:1의 "이 일 후"(총론 Q_10)는 무엇을 가리키며, 어떤 의미가 있는가? (계 7:1)

A **1. "이 일"(계 7:1. 계 4장 Q_02)이란 무엇을 말하는 것인가?** 계 7장은 계 6장의 연속된 장이라고 했다. "이 일"이란 여섯째 인을 가리키며, 구체적으로는 여섯째 인에 언급된 세 가지 사건(계 6:12-17)을 의미한다. ① 천체 이변(여섯째 인 중 첫 번째 사건. 계 6:12-14; 마 24:29), ② 모든 족속의 통곡(여섯째 인 중 두 번째 사건. 계 6:15-17; 마 24:30), ③ 구원받은 자(택자)의 이마에 인을 쳐서 끌어 올리기 직전까지의 사건[여섯째 인 중 세 번째 사건. 휴거=부활, 살전 4:16-17; 계 7:1-3, 9(4-17); 마 24:31; 계 6:12-17] 등 세 가지 사건을 말한다.

2. 인을 치는 시기는 언제인가? 위에서 언급한 "이 일 후"인 '세 가지 사건' 후에 인을 친다.

3. "이 일"(세 가지 사건) 후에 인 치는 사건이 발생하는데, 인 치는 사건 이후에는 큰일이 발생한다. 그동안 한시적으로 땅의 바람이 불지 못하도록 붙들고 있던 바람(계 7:1)인 '대전쟁'이 발생한다.

그 대전쟁이란 무엇을 말하는가? ① 사람(세계 인구) 1/3이 죽는 전쟁(계 9:15)을 말한다. ② 이 대전쟁이란 두 번째 화의 기간(계 9:12)이며, ③ 시기적으로는 7년 심판 대환난 중 전 3년 반의 기간(여섯째 나팔. 계 9:13-11:14)에 일어나는 사건이다.

그러나 '대전쟁'과 '6인의 환난'(일반 환난)은 동일한 개념의 전쟁이 결코 아니다. 6인은 '대환난'이 아니라고 했다(계 6장 Q_01). 6인은 우리가 현재 경험하고 있는 정도의 '재난 수준의 전쟁 환난'을 말하지만, 7년 심판 대환난 중 전 3년 반 초입에 해당하는 '대전쟁의 환난'만 해도, 6인과는 비교할 수 없는, 죽고 싶어도 죽을 수 없을 정도로 "죽음이 그들을 피"(계 9:6)해 가는 대단히 심각한 대전쟁의 재앙이다.

이럴 정도로 심각한 전쟁이라면 우리는 당연히 이런 질문을 하게 된다. 사랑의 하나님께서 구원받은 택자들을 그런 대전쟁에 속에 그대로 방치한 채 7년 심판 대환난을 당하게(통과) 하실까? 물론 아니다. 절대 그냥 두지 않으신다.

7인봉 사역의 주체자이신 어린양 예수님이 구원받은 택자들(하나님의 종들)이 환난의 대전쟁 바람(7년 심판 대환난. 계 9:15, 18)을 당하지 않도록, 땅 사방의 네 천사들에게 "환난의 바람"이 불지 못하도록 "한시적(잠시 동안)"(하나님 종들의 이마에 인치기까지. 계 7:1-3) 바람(대전쟁)으로 불지 못하게 하신다.

4. 그러면 "땅 사방의 바람을 붙잡"(계 7:1, 9:14)는 동안 어린양 되신 예수님께서 하시는 일은 무엇인가?

① 예수님께서는 세상 종말 추수 때('바람을 붙잡는 동안')에 추수꾼 천사를 사방에 보내어, 구원받은 택자(행 13:48)를 모으시는 사역(계 7:1; 마 24:31)을 해오셨듯이, 지금도(6인봉 기간) 계속된 사역을 하고 계신다.

② 세상 종말의 추수를 다 마치게 되면, 세계 인구 3분의 1이 죽는 대전쟁(계 9:14-15, 18. 네 천사가 붙잡았던 땅 사방의 바람을 놓아 주는 때)이 발생하게 된다. 어린양이 천사들을 통하여 환난의 바람(대전쟁. 계 9:14)을 잠시 중단해 놓으시고, 천사를 사방에 보내 택자들을 모으는

사역을 하나님 종들의 이마에 인을 친다고 표현한 것이다.

대전쟁이 발생하기 직전에 신랑 되신 예수님께서 신부를 데리러 오겠다(요 14:2-3) 약속하신 그대로, 공중강림하시면서 구원받은 택자(인 맞는 자)를 공중으로 끌어 올리(휴거)는 사건이 발생하는데, 이것을 휴거(携擧. 살전 4:16-17)라고 부르며, 부활(첫째 부활, 몸의 부활)이라고 말하는 역사적인 사건이 이때 발생한다.

종합적으로 말해서 구원받은 택자들이 대전쟁(7년 심판 대환난)의 고통을 당하지 않게 하기 위해, 예수 그리스도께서 공중강림(임재)하셔서 이마에 인침을 받은 구원받은 택자들을 끌어 올리(휴거=부활)는 이 모든 것이, 예수님의 여섯째 인봉 사역 때 발생한다.

Q_03. 바람은 무엇이고, 천사들은 왜 바람이 불지 못하게 하고 있는가? (계 7:1)

A 성경에서 바람은 무기력하거나 덧없다(시 1:4, 35:5; 전 1:14). 방향 없이 부는 자연의 바람(전 1:6, 1:14; 요 3:8), 그리고 전쟁, 심판, 형벌의 개념(출 15:10; 욥 1:19; 잠 10:25) 등으로 사용되곤 한다. 바람은 하나님께서 형벌을 내릴 때 사용하시는 무기 중 하나다.

요한계시록에서 "바람"은 단 1회(계 7:1) 등장한다. 본문에서의 바람은 전쟁과 형벌을 상징하는 것으로 사용되었다. 이 바람은 ① 죄악을 심판하는 의미의 형벌이며, ② 계 9:13부터 시작되는 여섯째 나팔이며, ③ 두 번째 "화"인 7년 대환난(전 3년 반)의 바람이다. 더 정확하게 말한다면 7년 심판 대환난 초기에 발생하는 대전쟁을 의미한다. 네 천사는 땅 사방의 바람을 붙잡아 이 바람이 불지 못하게 하고 있다(계 7:1). 대전쟁을 한시적으로 억제하고 있다는 의미다.

1. 바람(전쟁)이 불지 못하는 이유는 무엇인가? 네 천사가 결박당하고 있기 때문이다(계 9:14).

2. 이 네 천사의 정체는 무엇일까? 결박당한 네 천사가 놓임을 받자 세계 인구 1/3이 죽는 대전쟁이 일어나는데(계 9:14-15), 천사들이 전쟁을 일으키는 것이 아니기에, 네 천사는 상징적인 표현이다. 네 천사는 전쟁을 위하여 준비된 멸망의 지도자들로서 유브라데 강 주변 국가 지도자들로 예상된다.

3. 그러면 현재 그 바람이 불지 않는 이유는 무엇인가? ① 순교자 수(계 6:11)가 채워지지 않았기 때문이며, ② 이방인의 구원받은 총수가 채워지지 않았기 때문(행 13:48; 롬 11:25)이다. 결국 하나님의 인을 아직 다 치지 않았기 때문(계 7:3)이다. 사방에서 택자를 모아(마 24:31) 하나님의 인을 치기까지 하나님께서는 바람이 불지 못하게 하신다. 결론적으로 이런 이유에서 7년 대환난의 심판이 잠시 유보되고 있다는 의미다.

Q_04. 하나님의 인이란 무엇이며, 하나님의 인을 받는 하나님의 종들이란 누구인가? (계 7:2). (이단 경계)

A 성경에는 두 종류의 인에 대해 언급하고 있다. 하나는 성령의 인(엡 1:13, 4:30; 고후 1:22)으로, 다른 하나는 하나님의 인(계 7:2. 스프라기스. σφραγίς. 표식. 도장) 등으로 표현하고 있다. 하나님의 인은 천사가 치지만, 구원을 보증하는 성령님의 인은 단수로 성령께서 한번 치신다. 성령의 인(엡 4:30)은 몸이 구속(휴거. 구원의 경륜. 롬 8:30)받는 그날까지 한번 인침(계 7:3. 찍다. 스프라기조. σφραγίζω) 받음으로써 영원히 보증받는다.

구원을 위해 성령의 인을 한 번 받으면 충분하다. 그렇다면 또 다른 인이라고 하는 하나님의 인은 무엇이며, 어떤 의미가 있는가? 계 7:2의 하나님의 인은 구원(위한)의 인이 결코 아니다. 그러면 하나님의 인은 어떤 인(印)인가? ① 하나님 소유권 확인표(계 14:1, 4. 보증)이며, ② 하나님의 소유물 보호의 표로서 도장(印)을 의미(계 14:1, 9:4-5; 벧전 1:5)한다. 그 인은 하나님과 인을 받은 자밖에는 알 사람이 없다(계 2:17, 14:1).

다만 "어린양이 시온 산에 섰고 그와 함께 십사만 사천이 서"(계 14:1) 있는 구원받은 144,000인의 이마에 "어린양의 이름과 그 아버지의 이름을 쓴 것이 있다"(계 14:1. 계 14장 Q_02, 계 13장 Q_07)는 모습을 사도 요한이 본 것을 보면, 천상에서는 인침 받은 자의 이마에 찍힌 도장의 내용이 보인다는 것으로 추측할 수는 있다.

구원의 보증으로(내주함) 성령의 인을(엡 1:13; 고후 1:22, 5:5) 받은 사람은, 계 7:1-3과 같이 천사들을 통해 하나님의 인을 받게 될 것이다. 하나님의 인을 받은 그들은 첫째 화인 황충(계 9:4)의 재앙과 둘째 화인 대전쟁의 바람(7년 심판 대환난)을 받기 전에 휴거될 것이다.

1. 하나님의 인을 받는 대상자들은 누구인가? "하나님의 종"(계 7:3)들이다. 하나님의 인을 받는 자들이 구원(휴거)되는 것인데, **구원받은 자라는 개념 속에 생각해야 할 두 가지 문제가 있다.**

1) 하나는 하나님의 인을 받는 144,000이 상징인가, 아니면 실제 수인가? 하는 것이다(계 7:9). 하나님의 종이란 예수를 나의 주 나의 하나님으로 믿고 고백하여 "구원받은 모든 자(택자)"를 말한다. 요한계시록에는 "종"이라는 용어가 총 8회(계 1:1, 2:20, 7:3, 19:5, 10, 22:3, 6, 9. 계

1장 Q_03) 등장한다. 그 외 성경에서도 성도들을 하나님의 종으로 언급하고 있다(행 2:18; 롬 6:22; 벧전 2:16).

그런데 이단 신천지에서는 구원받는 자를 문자적인 실제 수로 제한하고 있다(이만희, 앞의 책, p. 136). 순교자의 영들(혹은 특별한)이 실제 수 144,000명에게 임한 자(인 침)만 구원을 받는다고 주장하며(이스라엘 제사장 직책을 맡을 새 목자), 그들이 이 땅 1,000년 왕국 신천 신지(신천지)에서 왕 같은 생활을 한다고 주장하지만(이만희, 위와 같음), 그런 주장은 전체 성경 흐름에서 볼 때 전혀 가당치 않다. 더 가당치 않은 것은 신천지는 "종말에 구원받는 순서는 새 요한(이만희), 조금 남은 씨인 밀 한 되와 보리 석 되(계 6:6), 인 맞은 144,000이며, 흰옷을 입은 큰 무리"이며, "흰옷 입은 큰 무리는 144,000명에게 다스림을 받게 된다"(이만희, 위의 책, pp. 140-142)라고 한다.

가당치 않는 이유는 전혀 비성경적이다. 성경 전체의 흐름과도 맞지 않고, 요한계시록 맥락으로 볼 때도 전혀 맞지 않는 자의적 해석이다. 또 하나님의 종들은 지상의 천국이 아닌 미래 이루어질 천상의 천국(계 21:2. 카타바이노 개념의 새 하늘과 새 땅)에서 하나님을 섬기게 되는데(계 22:3) 그때 "종"은 실제 수인 144,000명(名)만 천국에 있다고 할 수가 없다. 구원받은 모든 성도(택자)가 하나님의 종들이다(계 22:9, 19:5). 그런 의미에서 계 7:3에서 "종"인 '둘로스'(δοῦλος)는 문자적 실수 144,000명이 아닌 상징수로서 구원받은 모든 성도(택자)다.

2) 두 번째로는 하나님의 종들이란 특별 계층인 사명자를 의미하는 목회자를 말하는 것인가? 묻는다면 No다. 요한계시록에서의 '종'(둘로스)을 사명 받은 목회자라고 해석하면 안 된다. 왜 안 되는가? 인 침을 받은 자가 휴거되는 것인데, 목회자만 인 침을 받아 휴거된다는 것은

구속의 원리에 전혀 맞지 않기 때문에, 하나님의 종이라는 의미는 구원받은 모든 성도(택자)를 의미한다.

반면에 요한계시록에서 '앙겔로스'(ἄγγελος)를 "천사"(영계의 사자. 계 1:1 등의 모든 '천사') 혹은 "사자"(육계의 사자인 목회자)로 번역(계 1:20, 2:1, 8, 22:16 등을 비롯한 목회자의 개념인 '사자')했다(계 22장 Q_05).

2. 하나님의 인을 어디에 받는가? "하나님의 종들의 이마"에 받는다.

이마는 우리의 모든 것이 하나님에게 속해 있다는 것을 신체를 통해 보여주는 하나의 공간이다. 요한계시록에 "이마"라는 용어가 8회(계 7:3, 9:4, 13:16, 14:1, 9, 17:5, 20:4, 22:4) 등장한다. 그중 단 3회(계 7:3, 14:1, 22:4)만 하나님의 인 혹은 구원받은 자와 관계가 있으며, 나머지 5회는 짐승의 표와 관련 있다(계 13장 Q_06, 계 14장 Q_02).

하나님의 인을 받는 자들은 "하나님의 종"(계 7:3)들이며, 그들은 교회시대 당시 살아 있을 때 예수님을 나의 주 나의 하나님으로 영접한 모든 성도를 의미한다.

결론적으로 '인'은 표식이며 도장이다. 구원을 위해서는 성령의 인 한 번으로 충분하다. 계 7:2의 하나님의 인은 구원(위한)의 인이 아니다. 하나님의 인이란 ① 하나님의 소유권 확인표(계 14:1, 4. 보증)이며, ② 하나님의 소유물 보호의 표로서의 도장(印)을 의미(계 14:1, 9:4-5; 벧전 1:5)한다. 그 인을 휴거될 "하나님의 종"들의 "이마"에 천사들이 인을 치며, 그 인은 하나님과 인을 받은 자밖에는 알 사람이 없다(계 2:17, 14:1).

Q_05. 이스라엘 자손의 각 지파 중에서 인침을 받은 자들이 십사만 사천이라는 말씀의 의미는? (계 7:4). (이단 경계)

A 계 7장 Q_04에서도 십사만 사천에 대해 언급했다. 십사만 사천이라는 개념 정리가 중요하다.

1. 신흥종교 신천지에서는 개역개정을 쓰지 않고, 개역성경을 고집하며 사용하는 이유가 있다. 개역개정에는 "땅에서 속량함을 받은 십사만 사천밖에는"(계 14:3)으로 되어 있으나, 개역성경(쉬운성경, 우리말성경 등 등)에는 "땅에서 속량함을 받은 십사만 사천 인밖에는"(계 14:3)으로 되어 있다.

숫자를 표기하는 접미어로 명(名)의 의미인 "인"(人)이 붙어 있다. 이 의미는 문자적 의미 실(제)수인 144,000명이라는 오해를 불러일으킬 수 있다. 그래서 개역개정에서는 이런 오해를 없애기 위해 "십사만 사천이니"라고 명시했다. 이 말은 144,000이라는 표기는 실수가 아니라 상징수라는 것을 의미한다.

2. 어떻게 해서 144,000이 나왔는가? 먼저 이 144,000에는 구약의 육적 이스라엘 지파의 구원받은 수와 신약의 이방인 구원받은 총수의 합을 상징적인 수로 144,000으로 표기한 것이다. 그러나 휴거 후 환난 통과 유대인 성도는 이 144,000에는 포함되지 않았다(계 7:4-9, 14:1, 3, 4; 약 1:18; 계 7:14). 그렇다고 해서 그들이 구원받지 못한다는 것은 아니다(계 20장 Q_09).

12지파(구약 성도 대표)×12사도(이방인 성도 대표)×1000[10의 3승수(세제곱) 계 21:16. 하나님의 성, 하나님의 내정수] = 144,000으로 완전함을 의미하는 수이며, 구원받은 성도의 상징적인 총수를 의미한다(10은 충만수다. 이

수를 세제곱한 것이 1,000이다. 그런데 히브리인의 개념에 의하면 세 번 반복하거나 곱한 것은 그것이 최상의 수, 더 이상 올라갈 수 없는 수를 의미한다. 그러므로 10을 세제곱한 수 1,000은 많다는 의미의 최고의 수다(12×12×1,000).

다른 의미로 만수[3(하나님의 수. 삼위일체 하나님)에 4(동서남북 4방위에 근거한 땅과 우주의 수)를 곱한 12를 만수로 본다. 3과 4를 곱한 12는 완전수 또는 만수(滿數)와 만수를 곱한 144에, 1,000을 곱해서 얻어진 144,000은 더 이상 많을 수 없는 큰 수를 의미한다. 이렇게 해서 144,000(십사만 사천)은 하나님의 택함 받은 무수히 많은 모든 백성을 뜻하는 상징적 숫자가 되는 것이다.

그러므로 이마에 인침을 받은 하나님의 종(계 7:3)들이 144,000이다. 그들은 사명자라고 하는 목회자가 아니라, 예수를 나의 주 나의 하나님으로 믿고 구원받은 모든 성도인 택자들이다. 그들은 교회시대 "땅에서 속량함을 받은"(계 14:3-4) 자들이며, "성령의 처음 익은 열매"(롬 8:23)이며, "양자"(롬 8:23)이며, "몸의 속량"(롬 8:23)을 기다렸던 자들이며(계 14장 Q_02, Q_03), "아무도 능히 셀 수 없는 큰 무리"들이다(계 7장 Q_08). 이들은 휴거되어 천국의 하나님 보좌 앞과 어린양 앞에서 구원받음에 감사하는 찬양을 하며(계 7:9-10), 세세토록 하나님을 섬기며 찬양하는 자들이다(계 22:3, 9).

Q_06. 계 7:5-8에서 열두 지파에 누락된 지파와 삽입된 지파의 특징은 무엇인가? (계 7:5-8). (이단 경계)

A 본문에 언급된 이스라엘 열두 지파에는 세 가지 특징이 있다. ① 순서, ② 누락된 지파(단, 에브라임)와 삽입된 지파(레위, 요셉), ③ 지파별 인구수가 같다는 등의 문제를 봐야 한다. 결론적으로 왜 이런 특징 속에 열두 지파를 열거했느냐고 묻는다면, 요한계시록에서는 육적(혈통적) 이스라

엘보다 영적 이스라엘을 강조하려는 의도가 있는 것으로 보인다.

1. 순서가 다르다. 열두 지파 중에서 유다 지파가 먼저 언급되었다. 혈통적(육적) 지파 순서로 말한다면 야곱의 장자인 르우벤이 먼저 등장(창 35:22-26; 신 33:5-25)해야 한다. 보통 육적 이스라엘을 순서대로 표기하는 곳(창 49:10; 대상 5:2)이 있는 반면에, 계 7:5-8과 같이 유다 지파가 먼저 언급되는 곳(히 7:13-14)도 있다.

유다 지파가 가장 먼저 등장하는 것은, 유다 지파에서 메시아가 태어나신 것에 큰 의미를 두거나, 영적 이스라엘(히 7:13-14)을 강조할 목적이 있을 때로 생각된다.

2. 누락된 지파와 삽입된 지파가 있다. 혈통적(육적) 열두 지파에서 누락 된 지파는 단 지파와 에브라임 지파 2지파이며, 삽입된 지파는 레위 지파와 요셉 지파다. 그러나 열두 지파의 균형은 그대로 유지하고 있다.

1) 단 지파와 에브라임 지파가 누락됐고, 에브라임 대신 요셉 지파가 삽입된 이유는 무엇일까? 어떤 이들은 적그리스도가 단 지파에서 나온다고 주장한다. 그것이 맞는 소리 같지만 비성경적이다. 열두 지파 중에 단 지파만 누락된 것이 아니다. 에브라임 지파도 누락됐기 때문이다. 신천지에서는 단 지파 대신 므낫세 지파가 들어가 있다고 주장하면서, "단을 대신한 므낫세 지파"(이만희, 위의 책, p. 137)라고 하지만 이것 역시 한 지파만 누락이 아니라 두 지파가 누락되었다. 신천지가 성경을 잘못 본 결과이다. 신천지의 오류로, 요한계시록을 받아먹었다며 완전한 체하는 자의 오류다.

그러면 왜 단 지파와 에브라임 지파가 생략되었을까? 그것은 역시 우상숭배 때문에 생략했다고 생각하는 것이 정설이다(창 49:16; 삿18:18, 19, 30; 왕상 12:29-30; 호 4:17). 그러나 만약 144,000이 육적 이스라엘의 구원받은 실제 수(人)라는 전제하에, 구원받은 사람이 단 지파나 에브라임 지파에서 하나도 없다면, 그런 주장은 구속사의 흐름으로 볼 때 큰 모순이 아닐 수 없으며, 복음적으로도 맞지 않는 주장이다. 조상은 우상숭배했어도 후손이 회개하면 구원받는 것이 복음이다. 그러므로 이것 역시 영적 의미를 강조했기 때문으로 보인다[12,000은 10은 기본수의 종결인 만수(滿數)로 완전수(하나님 수)인 3을 곱하여 충만수].

2) 레위 지파가 삽입됐다. 레위 지파는 제사장 지파로 구별 받음으로 근본적으로 열두 지파에서 제외됐었다. 그러나 레위 지파가 삽입됐다는 것은, 혈통적(육적) 이스라엘보다 영적 이스라엘을 강조하고 있다고 볼 수 있다.

3. 지파별 인구수가 모두 같다. 유다 지파는 인구가 제일 많고 상대적으로 베냐민 지파는 작은데도 모두 같은 수로 144,000명씩으로 표현된 것은 부자연스러운 것이다. 이것은 육적 이스라엘보다 영적 이스라엘을 강조하기 위함으로 볼 수 있다.

이러한 근거에 의하여 요한계시록에서는 혈통적 혹은 육적 이스라엘 자손보다 영적 이스라엘 자손을 강조하기 위한 것으로 이해된다.

1) 계 7:5-8의 144,000은 계 14:3에서 또 언급되는데, 땅에서 속량(구속)받은 사람이 144,000이라고 밝히고 있다. 그렇다면 땅에서 예수님의 대속의 공로로 구속받은 사람이 문자 그대로 144,000명밖에 안 된다는 말인가? 그런 해석은 절대 복음적이지 않다. 이런 주장은 예

수님의 구속사역을 극히 제한시키는 엄청난 모순이 될 수밖에 없다. 이렇게 예수님의 구속사의 은혜를 제한하는 잘못된 주장을 이단 신천지에서 하고 있다. 신천지를 비롯한 이단들은 계 7:5-8을 근거로 자신들만이 구원받는 144,000명(名)이라고 주장하는데, 계 7장과 14장을 종합적으로 보게 되면 신천지의 이런 주장이 잘못된 것임을 분명히 알 수 있다.

2) 144,000을 계 14:4에서 "사람 가운데에서 속량함을 받아 처음 익은 열매"라고 부르고 있다. 이 처음 익은 열매가 누구인가? 롬 8:23에서는 "성령의 처음 익은 열매"는 "우리"라고 기록하고 있다. 그 우리란 '로마 교인'이다. '로마 교인으로 상징'된 '예수님의 보혈의 공로로 구원받은 모든 성도'가 계 14:3의 처음 익은 열매이며, 계 14:3, 7:4에서의 144,000으로 구원받은 총수를 상징(象徵)하며, 이들은 계 7:9에 "셀 수 없는 큰 무리"라고 표현한 구원받은 모든 성도를 나타낸다.

그러므로 이 모든 것은 육적(혈통적) 이스라엘보다 영적 이스라엘을 강조하려는 목적으로 언급된 것으로 보는 것이 바른 해석이라 생각된다.

Q_07. "이 일"과 "이 일 후"란 무엇이며, "내가 보니"에서 요한이 본 것은 무엇인가? (계 7:9).

A 1. "이 일"(계 4장 Q_02)이란 천사들을 통하여 인을 친 사건(마 24:31)을 말한다.

천사들로부터 인침을 받은 사람들이 휴거되어 천국에 있는 광경을 사도 요한이 환상으로 보았다는 말이다. 요한이 본 광경은 각 나라와 족속과 백성과 방언에서(교회시대 기간 전 세계에서) 구원받은 성도들이 휴거되어 천국에 있는데, 얼마나 많은지 "아무도 능히 셀 수 없는 큰 무리"(택자들)를 보았다. 그런데 휴거된 성도(택자)들이 ① 흰옷을 입고(계 14:3. 신랑이 입혀 준 옷), ② 손에 종려가지(구원의 표, 즐거움과 승리를 상징)를 들고 보좌 앞과 어린양 앞에 서서 큰 소리(찬양 자세)로 "구원하심이 보좌에 앉으신 우리 하나님과 어린양에게 있도다" 찬양(계 7:9-10)하며, 하나님을 섬기(계 7:15. 예배)는 모습을 사도 요한이 본 것이다.

2. 이 흰옷은 천사가 입는 옷이 아니다.

흰옷은 오직 예수님의 보혈의 피로 죄 씻음 받은 성도들이 입는 옷이다. 그러므로 이들은 구원받아 휴거된 성도들이다. 이 흰옷은 신부가 휴거될 때 신랑을 맞이할 때 입는 예복이다(계 15장 Q_05). 또 이 흰옷은 세마포 옷이라고도 하며, 천상에서 입고 있는 옷으로 "빛나고 깨끗한 세마포 옷"(계 19:8)이라고도 불린다.

3. 이 흰옷을 언제 입었을까?

"입고"(계 7:9)의 페리베블레메노이(περιβεβλημένοι)는 페리발로(περιβάλλω)의 완료 분사이다. 완료 분사는 부정과거와 큰 차이는 없으나, 다만 과거 동작(발화 시점)이 완료 상태로 계속 진행되고 있다고 할 때 사용한다(계 14장 Q_03). 과거 주 예수 그리스도께서 공중강림 하실 때 신부 예복인 그 흰옷(세마포)을 입었던 완료 상태로 계속 있다는 의미다(계 15장 Q_05).

1) 여기에서 우리가 생각해야 할 것이 있다. 이 흰옷을 언제 입은 것이냐 하는 것이다(계 7:9-10). 휴거 때 이미 흰옷 입은 것이 완료 상태로 계속 진행되고 있다고 한다면, 흰옷 자체를 최초로 입는 시점은 언제일까?

㉠ 예수님 영접할 때일까? 아니면 ㉡ 휴거되는 순간일까? ㉢ 휴거되는 순간이라면 예수님 영접할 때는 흰옷을 입지 못하는가?

2) 이런 실제적인 문제는 어려운 문제일 수 있지만, 흰옷을 칭의와 성화의 개념으로 생각한다면 쉽게 이해할 수 있다(계 19장 Q_05).

결론적으로 말해서 이 흰옷 자체는 주 예수 그리스도를 영접할 때 입혀진다(계 7:14). 그러나 한 번 입혀진 흰옷은 휴거될 때까지 저절로 깨끗한 채로 있는 것이 아니다. 더러워질 수밖에 없다. 그래서 날마다 성령님을 의지하면서 내가 입은 흰옷인 세마포 옷을 한 올 한 올 짜듯 한 올 한 올 예수님의 보혈(말씀, 예배)로 깨끗하게 씻듯, 성결한 삶이 필요하다.

칭의 후 성화의 삶을 살면서 휴거될 때, 우리는 "빛나고 깨끗한 세마포 옷"(계 19:8. 계 19장 Q_05)을 입고 휴거된다. 그 "빛나고 깨끗한 세마포 옷"을 계 7:9에서는 "흰옷을 입고"라고 하면서, "입고"(계 7:9)에서 완료 분사를 사용한 것이다.

계 7:14의 "어린양의 피에 그 옷을 씻어 희게 한 자" 역시 '희게 하였다'의 동사인 에뤼카니아오(ἐλεύκανίαω)은 에뤼카난(ἐλεύκαναν)의 부정과거다(계 14장 Q_03, 계 19장 Q_04). 부정과거 역시 휴거 때가 아닌 과거 어느 때, 희게 된 옷을 입었다는 것이다.

보좌와 어린양 앞에 설 때(휴거) 순간적으로 (흰)옷을 입은 것이 아니다. 희게 된 것이 아니라, 보좌에 나타나기 이전 과거 교회시대 때 보혈로 구원될 때(계 3:4, 계 3:17-18), 그래서 "어린양의 피에 옷을 씻어 희게 한 자"라고 명시한 것으로 봐도, 흰옷을 입은 결과의 상태가 현재까지 계속 진행된 모습으로 지금 보였다는 것을 의미한다.

4. 그러므로 우리는 여기에서 성결(거룩)에 대해 유념해야 할 것이 있다. 천국 올라가는 순간에 순간적으로 (흰)옷을 입는 것이 아니라, 예수 영접할 때 흰옷을 입게 되는 것이다(계 7:14). 한 번 흰옷을 입게 되면 영원히 희게 되는가? 아니다. 흰옷이 더러워질 수 있기에 우리는 날마다 더러워진 옷을 빨 듯이 순간순간 자범죄를 회개하며, 늘 성령님을 의지하는 여주동행(與主同行)의 삶이 필요하다. 그것이 성결(성화)한 삶의 비결이다.

하나님 앞에 설 수 있는 자의 자격은 "흰옷을 입은 자" 혹은 "빛나고 깨끗한 세마포 옷"(계 19:8)을 입은 자다. 우리가 흰옷을 입을 수 있다는 것은 어린양의 대속의 결과(계 7:14)다. 그렇게 흰옷 입은 택자들이 휴거되어 천국에서 찬송(양)하는 광경을 요한이 본 것이다.

Q _08. 아무도 능히 셀 수 없는 큰 무리는 누구인가? (계 7:9). (이단 경계)

A "이 일" 후와 관계된 "아무도 능히 셀 수 없는 큰 무리"는 누구이며, 어떤 의미가 있는 것인지 등등에 관하여 정리하고자 한다.

1. "이 일 후"에 전 세계에서 구원받아 휴거되어 천국에 온 사람들이 얼마나 되는가? "아무도 능히 셀 수 없는 큰 무리"(택자들)다. 요한계시록 용어로 말한다면, "하나님의 종"(계 7:3)들이며, 144,000이다.

이때 144,000은 문자적 실(제)수 144,000명이 아닌 상징수다. 144,000은 전 세계에서 예수를 믿어 구원받은 모든 성도(택자)다. 이들은 미래 이루어질 천상의 천국(계 21:2)에서 하나님을 섬기는 자들(계 22:3)이다.

144,000을 이단들과 신흥종교인 신천지와 같이 "영적 이스라엘 12지파 144,000명(名), 새로 창조하는 이스라엘의 제사장 직책을 맡을 새 목자(이만희, 위의 책, p. 136)라고 하는" 실(제)수로 생각해서는 절대 안 된다. 때로는 이들을 사명자라는 의미에서 목회자라고 생각해서도 안 된다. "아무도 능히 셀 수 없는 큰 무리" 혹은 "흰옷"(계 7:13-14) 입은 무리는 하나님의 인을 받은 "하나님의 종"(계 7:3)이며, 144,000은 '상징수'로 이해를 해야 한다. 그들은 휴거되기 전, 땅에서 살아 있을 때 예수님을 나의 주 나의 하나님으로 믿고 영접한 모든 성도를 의미한다.

144,000은 "땅에서 (몸의) 속량(구속)함"(계 14:3)을 받은 "성령의 처음 익은 열매"(롬 8:23)로, 하나님과 어린양에게 속한 '구원받은 택자들의 총수'를 의미한다(계 14장 Q_02, 03, 계 20장 Q_09). 144,000을 실제 숫자 144,000명으로 해석하는 것은 예수님의 구속을 제한하는 큰 오류를 범하는 것이다. (이단 경계)

2. 이 144,000은 "땅에서 속량함(구속)을 받은"(계 14:3) "처음 익은 열매"(롬 8:23)들이며, "첫째 부활(휴거)에 참여하는 자들"(계 20:6)이다.

이 144,000에는 3부류의 대상자들이 존재한다. 교회시대 당시에 ㉠ 순교자(계 6:11), ㉡ 구원받은 유대인, ㉢ 이방인 등을 포함한 '전 세계 모든 구원받은 자의 총수'(롬 11:25; 계 14:4) 등이다. 이들이 144,000이다(계 14:3). 이들이 "하늘에 사는 자들"(계 13:6)이며, 보통 천상의 성도라고 말한다. 이 144,000이 "아무도 능히 셀 수 없는 큰 무리"(계 7:9)들이며, 그들은 6인봉 환난을 겪은 자들이고, 큰 환난에서 나온 자(계 7:14. 여기에서의 "큰 환난"이란 7년 대환난이 아니라 6인봉을 의미함)들이다.

참고로 "큰 환난"이라는 용어가 신약성경에서 5회(마 24:21; 눅 21:23; 행

7:11; 계 2:22, 7:14) 등장한다. 그중에 2회(마 24:21; 눅 21:23)는 7년 대환난 중 후 3년 반 기간의 실제 "큰 환난"을 가리키며, 1회(행 7:11)는 예수 그리스도 이전에 있었던 보편적 환난을, 2회(계 2:22, 7:14)는 '일반 환난'으로 6인봉 환난을 의미한다.

이들 144,000에게는 "둘째 사망이 그들을 다스리는 권세가 없고 도리어 그들이 하나님과 그리스도의 제사장이 되어 천 년 동안 그리스도와 더불어 왕 노릇"(계 20:6) 할 것이며, "다시 저주가 없으며"(계 22:3), 영원한 하나님 나라 천상의 천국에서 "하나님의 얼굴을 볼 것"(계 22:4)이며, "다시 밤이 없겠고 등불과 햇빛이 쓸데없는"(계 22:5) 영원한 천국에서 찬양하며 영원히 지내게 될 것이다.

3. 인봉 환난의 목적은 무엇인가? ① 순교자의 수를 채우는 것(계 6:11)이며, ② 교회시대 동안 전 세계에서 구원받은 총수를 채우는 데(롬 11:25) 목적이 있다. 그런데 이 인봉 환난의 기간은 얼마나 되는지 성경은 침묵하고 있다. 이 말은 우리가 언제 휴거(부활)되는지, 우리 예수님이 언제 공중강림하시는지 그 누구도 알지 못한다는 말이다. 성경적으로 말한다면, "잠시 동안"(계 6:11)이다.

1) "잠시 동안"은 하나님 구속의 역사 속에서 어느 정도의 시간일까? 다니엘의 70이레 중 69이레가 지나가고(단 9:25) 마지막 1이레(단 9:27, 7년 대환난의 기간)와의 사이의 공백 기간(마 24:1-14, 29-31, 계 6인까지)이라 할 수 있다. 우리는 이 공백기를 '교회시대', '신약시대' 혹은 '이방인의 시대'라고 부른다. 이 기간은 몇 년의 시간인지 측정할 수가 없다. 예수님께서 공중강림하시는 때가, 공백기(교회시대)가 끝나는 시간이다.

2) 이 공백기에는 어떤 의미가 있으며, 하나님께서는 왜 이 공백기를

두셨을까? 이 공백기는 "이 신비를 너희가 모르기를 내가 원하지 아니하노니 이 신비는 ① "이방인의 충만한 수"(롬 11:25)가 채워지는 기간이며 ② "순교자의 수"(계 6:9-11)가 채워지는 기간이다. 그런 의미에서 이 공백기는 매우 중요한 의미가 있는 기간으로, "하나님은 모든 사람이 구원을 받으며 진리를 아는 데에 이르기를 원하시느니라"(딤전 2:4)는 말씀대로, 우리는 예수님의 공중강림(휴거) 직전까지 한 영혼이라도 더 예수 믿고 죄 용서받아 구원받도록 온 힘을 기울여야 한다.

3) 그러면 하나님께서 요한계시록을 통해 보여주신 장차 이루어질 미래의 시간표(타임 테이블)는 어떻게 진행될까? ① 교회시대(공백기. 계 6:9-11; 롬 11:25), ② 예수님의 공중강림[휴거(携擧), "공중에서 주를 영접." 살전 4:16-17], ③ 7년 대환난(계 8-19장), ④ 예수님 지상강림(재림. 계 19:11-16), ⑤ 인류 역사 최후 멸망 그리고 짐승(적그리스도)과 거짓 선지자는 불못에 던져짐(계 19:20), ⑥ 용(사탄, 마귀) 1,000년 결박(계 20:2), ⑦ 지상에서 1,000년 그리스도 왕국(계 20:6), ⑧ 용이 그 옥에서 잠깐 놓임(곡과 마곡 전쟁. 계 20:7), ⑨ 용(사탄, 마귀) 불못에 던져짐(계 20:10), ⑩ 흰 보좌 심판(죽은 자가 자기의 행위로 심판받음. 계 20:12), ⑪ 사망과 음부도 불못에 던져짐(둘째 사망 곧 불못. 계 20:14), ⑫ 새 예루살렘인 영원한 천국(계 21:1-2, 10. 계 21장 Q_02) 등으로 이루어질 것이다(계 1:19).

4. 천국의 "보좌와 어린양 앞에 서서"(계 7:9) 큰 소리로 외치는 자들은 누구인가? 계 7:9과 같이 천사를 통해 사방에서 택자를 불러 인 침(마 24:31과 계 7:1-8)을 받은 자가 휴거된다. 천국의 보좌와 어린양 앞에 서는 자들이란, 바로 이때 휴거되어 천국 보좌 앞에 선 자들을 말하며, 그들이 "아무도 능히 셀 수 없는 큰 무리"이며, 이들이 "144,000"이다. 그들이 천국 보좌 앞에 서서 큰 소리로 "구원하심이 보좌에 앉으신 우리 하나님과 어린양에게 있도다"(계 7:10)라며 찬양하고 있다

(계 7장 Q_09).

5. 휴거(携擧)란 무엇이며, 목적과 의미는 무엇인가?

1) 휴거란 무엇인가? 휴거에 대한 개념을 정리한다면, 휴거(携擧. 하르파조. ἁρπάζω. 살전 4:17. Catch Up)란 "끌어 올려"(살전 4:17)를 한자어로 '휴거'(携擧)라고 표현한 것이다(공중강림 혹은 임재. 살전 4:16-18; 행 1:11; 계 1:7).

요한계시록에 두 개의 클라이맥스가 있다. 하나는 예수님의 공중강림[임재(臨在). 계 1:7; 행 1:11; 살전 4:16-18]으로, 휴거(택자 인 침, 여섯째 인봉사역, 계 7:9-10) 사건이 기록된 계 7장이며, 다른 하나는 예수 그리스도의 지상강림[재림(再臨). 계 19:14; 살전 3:13; 계 19장 Q_08]이 기록된 계 19장이다.

휴거는 예수님의 '공중강림'(어린양의 혼인 잔치. 계 19장 Q_06)의 또 다른 이름이며, '첫째 부활'이라고도 말한다. 이 첫째 부활은 사도신경에서의 고백대로 '몸의 부활'을 의미한다. 몸의 부활이 이루어지므로 영혼과 육체의 온전한 구원(완전한 구원)이라 할 수 있으며, 구속사 종결의 의미가 있다. 예수님의 공중강림 때 부활한 성도들(교회시대, 이방인)을 "첫째 부활에 참여하는 자들"(계 20:6)이라 부른다.

예수님 공중강림 때 "그리스도 안에서 죽은 자들이 먼저 일어나고"(부활체. 살전 4:16), "그 후에 우리 살아남은 자들도 그들과 함께"(변화체. 살전 4:17) "구름 속으로 끌어 올려 공중에서 주를 영접하게 하시리니"(살전 4:17)라고 기록하고 있다.

살전 4:16-17의 약속대로 주님께서 구름 타고 공중에 강림(카타바이노.

καταβαίνω, 살전 4:16; 계 21:2. 공중에까지만 내려옴. 임재)하실 때, 공중에서 예수님을 만나 천국으로 인도되어 천국 하나님 보좌 앞과 어린양 앞에 서게 될 것이다.

여기에서 잠시 '강림'에 대한 세 가지 용법에 대해 언급하고자 한다. 헬라어에서는 강림(재림)이라는 용어는 크게 세 가지로 사용되고 있다. 하나는 카타바이노(공중강림, 임재. καταβαίνω. 살전 4:16; 계 21:2. 땅에까지 내려온 것 아님. 공중에까지 내려옴)이며, 두 번째로는 엘코마이(보편적인 임재, 오심. ἔρχομαι. 기원, 강림 혹은 지상, 마 6:10; 계 1:7, 8. 부활 후 도마 앞에 나타나셨을 때. 요 20:19)로, 마지막 세 번째로는 파루시아[지상강림(재림, 계 19:14). παρουσία. 살전 3:13] 등으로, 분명히 서로 다르게 사용되고 있다. 한글로는 '강림'이지만 헬라어로는 공중강림(임재)과 지상강림(재림)을 표현할 때, 분명히 서로 다르게 사용되고 있다. 그래서 공중강림(임재)과 지상강림(재림)이 있다고 확신하며 우리는 이것을 증언해야 한다. 필자는 재림이 두 번 있다는 이중 재림이라는 용어를 거부한다. 휴거와 재림의 차이를 분명히 구분하고 있다는 것을 주장할 뿐이다. 요한계시록을 통해서도 알 수 있을 뿐 아니라, 헬라어 원어 살전 4:16-17(휴거)과 살전 3:13(재림)에도 분명히 두 용어가 구별되어 사용되고 있음을 성경은 증언하고 있다.

예수님의 공중강림 시 변화되는 부활체나 변화체는 용어만 다를 뿐이지, 신령한 몸(신령체. 고전 15:44)으로 같은 의미이며, 논리적으로는 시차를 구분할 뿐 순간적으로 일어나는 일이라 실제 논리적으로는 구분할 수 없다.

휴거(부활)는 오직 한 번밖에 없다. 단수의 첫째 부활로 끝난다. 성도의 궁극적 최후 승리가 휴거로 마무리된다. 이런 휴거(첫째 부활) 개념을 분명하게 알고 있어야 요한계시록이 제대로 잘 풀린다.

2) 언제 휴거되는가? 교회시대 끝(종말)에 휴거된다. 언제 교회시대가 끝나는가? 그것은 아무도 모른다. 그래서 예수님께서 "그날과 그때는 아무도 모르나니 하늘의 천사들도, 아들도 모르고 오직 아버지만 아시느니라"(마 24:36)고 하신 말씀이 이때를 의미하는 것이다.

요한계시록을 연구한다고 하는 분들이나 이단에 빠진 자들은 그 시간과 때를 놀랍게 측정하며 계산한다. 성경에서 침묵하는 것에는 다 이유가 있음을 알고, 그런 것은 우리의 영역이 아님을 알고, 우리는 각자 자신의 역할과 사명을 현재 있는 곳에서(마 24:40-41), 오직 하나님의 영광(고전 10:31)을 위해 충성스럽게 사명을 감당하면 된다.

3) 휴거의 목적이 무엇인가? ① 신부를 영접하기 위함이다(요 14:2-3). 신부를 데리러 오겠다는 예수님의 약속(요 14:2-3)의 성취다(단 7:13). 그래서 예수님의 공중강림(휴거)을 '어린양의 혼인 잔치'라고 부른다. ② 7년 대환난이라고 하는 장래의 노하심에서 건지시기 위함이다(살전 1:10). ③ 상 주시기 위함이다(계 11:18, 22:12. 상급 잔치 참여). ④ 예수님 지상강림 때 동행하는 영광을 얻도록 하기 위함이다(살전 3:13; 계 19:14).

4) 공중강림의 장소는 어디인가? 공중이다(살전 4:17).

5) 어떤 모습(방법)으로 오시는가? 예수님의 공중강림은 심판의 주로 오시는 것이 아니다. 신부를 맞이하는 신랑의 모습(자격)으로 오신다. 성경은 예수님께서 다시 오실 때(공중강림), 구름을 타고 오신다고 예언하고 있다(단 7:13; 살전 4:16-18; 행 1:11; 계 1:7). 이것은 영으로 오신다는 의미가 아니다. 실제로 구름을 타고 오신다고 했다. 우리는 인간

적으로 설득하기 위해 연구할 필요가 없다. 구름을 타고 오신다고 했으면 그대로 믿는 것이 바른 믿음이다. 구름은 만왕의 왕이신 예수님의 운행의 수단(욥 37:12; 시 104:3)일 수 있다.

구름 타고 오신다는 것은 실제로 공중강림하신다는 말이다. 이것은 하늘로부터의 오심을 의미한다. 손오공처럼 구름 타고 오신다는 것일까? 어떻게 구름을 타고 오실까? 신흥종교 신천지에서는 "어떻게 구름 타고 오시느냐?" 할 때, 이것은 "영"으로 오시는 것이라고 하면서 예수님의 영이 교주에게 임하는 것이라고 엉뚱한 주장을 한다(이만희, 위의 책, p. 35).

예수님께서 공중강림하실 때 구름을 타고 오신다(행 1:11; 막 13:26; 14:62; 눅 21:27)고 했고, 구약시대 다니엘 선지자(단 7:13)도 예언하였다. 예수님께서도 친히 말씀(마 24:30, 26:64)하셨고, 사도 바울도 동일하게 증거(살전 4:16-17) 하였다.

6) 어떤 정체성을 갖고 공중강림하시는가? 예수님은 공중에서 혼인 잔치(마 25:10) 신랑으로, 신부인 교회(성도)를 영접하게 된다(살전 4:16-17).

7) 동행하는 무리는 누구인가? "우리가 우리 하나님의 종들의 이마에 인치기까지"(계 7:3)라고 했다. '우리가'의 주체는 구원받을 성도(택자, 擇者)들에게 하나님의 인을 치는 천사들을 말한다. "그가 큰 나팔소리와 함께 천사들을 보내리니 그들이 그의 택하신 자들을 하늘 이 끝에서 저 끝까지 사방에서 모으리라"(마 24:31) 하신 대로 신랑이신 어린 양 예수 그리스도께서 홀로 신부인 교회(성도)를 맞이하지만, 천사들이 인을 친다는 상징적인 의미에서 천사가 동행한다고 할 수 있다.

8) 휴거의 과정과 휴거의 대상자는 누구인가? ① 구원받는 자의 총수가 다 채워지면(순교자의 총수. 계 6:11), ② 택자를 불러 모아(마 24:31), ③ 불러 모은 택자를 천사가 인치고(계 7:3; 살전 4:16-17), ④ 하나님께서 공중으로 끌어 올리게 되며(계 7:9-10; 살전 4:17. 어린양의 인봉 사건이 첫 클라이맥스), ⑤ 공중에서 신랑 되신 어린양 예수님을 맞이한다(살전 4:17)는 것이 하나님께서 휴거의 역사를 이루시는 계획이다.

이같이 예수님의 공중강림은 목적, 장소, 모습(방법), 정체성 등등에서 지상강림(재림)의 그런 모습들과는 전혀 다르다(계 19장 Q_08). 이렇게 명확하게 서로 다르게 언급되고 있으며, 분명히 서로 다르게 구별하여 언급되고 있건만, 어떤 이는 예수님의 공중강림(휴거)은 없다고 주장하는 이도 있고, 어떤 이는 휴거와 지상강림(재림)을 같은 것으로 이해하는 사람들도 있다. 필자의 설명을 통하여 휴거가 분명히 존재하며, 휴거와 재림은 분명하게 다른 사건이라는 것으로 인식하는 계기가 되면 좋겠다.

한국교회는 대부분 계 19장을 재림장(再臨章)으로 인정하고 있다. 그러나 계 19장에는 어디를 봐도 강림 혹은 재림이라는 단어는 하나도 없다. 그럼에도 예수님께서 "지상에 강림"한다는 성경의 약속을 믿고, 계 19장을 재림장이라 말하는 것은 정황상 그렇게 판단하는 것이다. 그와 같은 원리로 계 7:9-10과 살전 4:16-17의 정황(情況)을 종합해서 볼 때, 계 7장(계 7:9-10, 11-17)이 교회(성도)의 휴거장이라고 말하는 것이 타당하다는 결론을 갖게 되는 것이다.

요한계시록 어디에도, 계 7장 어디에도 휴거라는 용어는 없다. 그러나 "아무도 능히 셀 수 없는 큰 무리"들이 천국에 올라갔다는 정황(계 7:9-10)에 근거하여, 계 7장을 휴거장(携擧章)이라 판단하는 데 이의

가 없는 것이다.

6. 계 7장이 휴거장인 여러 이유 중 하나가 바로 이 "성도"라는 용어에서 그 근거를 찾을 수 있다. 요한계시록에는 "성도"라는 용어가 대상에 따라 총 13회(계 5:8, 8:3, 4, 11:18, 13:7, 10, 14:12, 16:6, 17:6, 18:20, 24, 19:8, 20:9) 등장한다. 총 13회 중에서 성도는 크게 세 가지 부류로 나눠 사용되었다. ① '지상 성도'로 4회(환난 통과 유대인 성도. 계 13:7, 10, 14:12, 20:9), ② '천상 성도'로 6회(휴거된 성도. 계 11:18, 16:6, 17:6, 18:20, 24, 19:8), ③ 휴거된 성도들이 휴거 전 지상에 있을 때 올린 기도를 언급하며, "성도"라 부를 때 3회(계 5:8, 8:3, 4) 등 13회가 사용되었다.

1) 한글로 '성도'라고 표기는 되어 있어도 그 성도가 어떤 의미로 사용된 성도인지 확인하지 않으면 혼동하게 된다. 그러므로 '성도'라는 용어가 위 세 가지 중에서 어떤 의미로 사용된 성도인지 확인해야만 한다. 계 7장 휴거 이후 계 8장부터는 "땅에 사는 자들"(계 8:13. 계 8장 Q_06, 계 12장 Q_07)만 존재한다.

2) 마지막 시대에 살아가는 자들이 가져야 할 '종말의 자세'를 예수님께서는 세 가지로 말씀하셨다. ① 깨달아라(마 24:39), ② 깨어 있으라(마 24:42), ③ 준비하라(마 24:44) 등이다. 이 세 가지를 기억하며 단장된 신부로 휴거 소망을 갖고 살아야 한다.

계 7:9-14의 내용에 근거하여, 교회(성도)가 이미 휴거(계 7:9; 살전 4:16-17)된 이후로 "아무도 능히 셀 수 없는 큰 무리"가 "하늘에 사는 자들"(계 13:6)인 천상의 성도가 된 후, 계 8장 이후로는 지상에는 '구원받은 택자'인 '지상의 성도'는 등장하지 않기 때문이다(전 3년 반까지 등장하지 않음). 그 후 계 13:7에서 처음 성도가 나오는데, 이때의 "성도"는 계 11장에서 두 증인의 전도로 변화된 '환난 통과 유대인 성도'들이다. 이렇게 '성도'라고 해서 대상을 구체적으로 분석해 보면, '성도'라 표기된 것이라고 해도 그 성도는 이 땅에 거하는 성도로 사용된 것이 아니라는 것을 알게 된다. 그런 의미에서 계 7장이 휴거장이라 말하는 것이다.

요한계시록은 성경의 결론이요, 구속사의 결론이기에, 성도의 부활과 변화, 주님의 구름 타고 오겠다 약속하심과 불신자들의 심판과 형벌이 해석되지 않고서는 바른 해석이 될 수 없다. 그러므로 요한계시록을 해석할 때 휴거의 문제를 반드시 해석해야만 한다. 휴거가 없는 요한계시록은 있을 수 없다. **그런 의미에서 휴거에는 "구속사의 종결"의 의미가 있다.** 그러나 대부분의 이단에는 휴거가 없다. 그럼에도 건전한 교단 중에서도 휴거를 부인하는 교단이 있다. 때로는 시대와 철학의 사조에 따라 무천년을 주장하기도 한다. 이런 주장들 속에 이단은 기생하고 있음을 알아야 한다. 이단이 기생할 수 있는 환경을 막아야 한다. 그리고 성경적인 재림론 확립을 위해서라도 우리는 성경적인 예수님의 공중강림(휴거)과 지상강림(재림)을 외쳐야 한다. 이런 문제를 생각할 때, 본서의 사명감이 얼마나 중대한지 필자는 더 깊은 책임감을 갖게 된다.

건전한 정통 기독교에서는 대부분 휴거(携擧, 하르파조. ἁρπάζω. 살전 4:17. Catch Up)를 인정하고 주장한다. 본문에 하르파게소메다(ἁρπαγησόμεθα. 하르파조의 부정과거 수동태 직설법 1인칭 복수)로 사용된 것은 "끌어 올려"(살전 4:17)를 한자어 휴거(携擧)로 사용한 것이다. 휴거는 복수의 많은 사람이 끌어 올림을 받는 것을 의미한다. 휴거는 단 1회 발생하게 되며, 끌어 올리는 주체자는 하나님이시다.

그러나 휴거의 시점에 대한 견해가 엇갈린다. 환난 전 휴거냐, 환난 중간 휴거냐, 환난 후 휴거냐의 차이가 있으며, 전체 휴거냐, 제한 휴거냐에 대한 견해 차이가 있는 것은 사실이다. 그럼에도 건전한 교단이라면 반드시 휴거를 주장한다.

7. 환난을 중심으로 언제 휴거하느냐에 따라 8부류의 주장이 있다.
① 계 6장 대환난 전 계 4장 휴거(계 4장 Q_03), ② 계 9장 대환난 전 계 7장 휴거(제한 휴거 아닌 전체 휴거. 필자는 ②가 성경적이라 믿고 주장한다), ③ 계 7장 부분 휴거 후 계 19장 대환난 통과 후 나머지 휴거(계 19장 Q_04), ④ 계 11장(두 증인을 교회의 휴거로 본 환난 중간 휴거) 휴거(계 11장 Q_04), ⑤ 계 14장(144,000을 휴거로 본 환난 중간 휴거) 휴거(계 14장 Q_04, 09), ⑥ 계 15장 휴거(노래하는 이들을 휴거로 본 환난 중간 휴거. 계 15장 Q_04), ⑦ 계 19장 환난 통과 후 휴거(계 19:6-8. 계 19장 Q_04), ⑧ 계 19장 재림장(대환난 통과설. 계 19장 Q_08) 등으로 나눈다(계 14장 Q_04).

그러나 박태선의 영향을 받은 신천지를 비롯한 이단 대부분에는 휴거가 없다. 신천지에서는 비유 풀이나 상징으로, 그리고 그 외 이단과 사이비에서는 영적 해석이라는 미명하에 성경을 왜곡 해석하며, 성도의 휴거(부활)를 부인한다. 교주들이 재림주가 되어 지상 천국론을 주장한다. 신천지 이만희는 신천지 사람들에게 대한민국이 신천지(천국)이고 중심(도시)은 과천이 될 것이라는 왜곡된 환상을 집어넣으며, 이 땅에서 신천지에 목적을 두라고 주장한다(진용식, 위의 책, p. 15). 이런 소리가 먹히는 이유는 그들의 교리에는 휴거가 없기 때문이다. 그들이 주장하는 이 땅이 신천지이고, 신천지가 최종 목적지이기에 그런 잘못된 교리 주장이 가능하다.

휴거가 일어날 때 인간이 할 수 있는 일은 아무것도 없다. 그 순간에는 하나님의 능력으로 끌어 올리기 때문이다. 휴거될 때까지 건전한 신앙 자세가 필요하다. ① 각자의 자리(마 24:40-42)에서 ② 하나님의 영광을 위해 ③ **단장된 신부**로 살아가는 자세가 건전한 신앙의 자세라 할 수 있다.

"아무도 능히 셀 수 없는 큰 무리"는 휴거된 자들이며, 구원받은 증거로 옷을 씻어 흰옷을 입은 자들이고, 현재 진행되고 있는 여섯째 인봉 환난을 겪는 자들이며, 휴거되어 천국 보좌와 어린양 앞에서 구원하심을 찬송하는 무리다(계 7:9, 5:9-10, 22:3; 14:3(하나님의 보좌 앞과 네 생물과 장로들 앞에서), 벧전 2:9). 계 8장에서부터는 휴거된 그들은 "하늘에 사는 자들"(계 13:6) 혹은 천상 성도라 불릴 것이다. 휴거(살전 4:16-17) 이후의 이 땅에는 "땅에 사는 자들"(계 8:13, 계 8장 Q_06, 계 12장 Q_07)만 존재한다.

그러므로 우리들의 신앙생활의 최대 초점은 휴거에 맞춰야 한다. 온전한 구원(영혼과 육체가 부활하는 '몸의 부활')을 위하여 단장된 신부(계 21:2. 이신득의)의 삶을 살도록 늘 깨어 있어야 한다.

Q_09. 구원받은 택자들이 천국의 보좌 앞과 어린양 앞에서 행한 것이 무엇인가? 또 천사들의 반응은 무엇이었나? (계 7:9-12).

A 요한계시록에는 "찬송"이라는 용어가 4회(계 5:12, 13, 7:12, 19:5), "노래"가 3회(계 5:9, 14:3, 15:3), 그리고 찬송의 의미로 "즐거워하라"가 3회(계 12:12, 18:20, 19:7) 등장한다. 그러나 '찬양'이라는 용어는 전혀 나오지 않는다(계 14장 Q_05).

본문에서는 "아무도 능히 셀 수 없는 큰 무리"가 "흰옷"을 입고 나아와 찬송(양)했더니, 이어서 "모든 천사"가 하나님께 경배하며 화답하는 듀엣 형식으로 이루어진다.

1. 언제 찬송을 했는가? "이 일 후에" 했다. "이 일 후에"(계 7:9)라는 것은 교회시대 동안 "땅에서 속량(贖良)함"(계 14:3-4)을 받은 무리를 말하는데, 그들이 '몸의 속량(구속)' 받은 것에 대한 찬송이다. 시점으로는 '휴거된 후'를 의미한다.

2. 누가 찬송을 했는가? "땅에서 속량(贖良)함"(계 14:3-4)을 받은 무리가 찬송했다. 그들을 "아무도 능히 셀 수 없는 큰 무리"(계 7:9-10), "흰옷"(계 7:13-14) 입은 무리(계 7장 Q_08), 혹은 "144,000"(계 14장 Q_02, Q_03, Q_04)이라고 한다. 그들이 찬송의 주체자들이다. 이어서 또 다른 한 무리는 "모든 천사"(계 7:11)였다. 이 두 부류의 대상자들이 듀엣으로 서로 찬송하고 다른 한쪽은 화답하는 식으로 찬송이 이루어진다.

3. "아무도 능히 셀 수 없는 큰 무리"(계 7:9–10), "흰옷"(계 7:13–14) 입은 무리가 천상의 천국에서 행한 최초의 일이 무엇인가? (계 7:9–10)

"아무도 능히 셀 수 없는 큰 무리"(계 7:9-10)는 "땅에서 속량(贖良)함"(계 14:3-4)을 받은 무리인데, 그들이 휴거된 무리다. 그들이 했던 최초의 일은, 그들이 휴거되면서 천상의 천국에서 구원의 기쁨, 휴거된 그 감격에 겨워 "손에 종려가지를 들고 보좌 앞과 어린양 앞에 서서 큰 소리로 외쳐 이르되 구원하심이 보좌에 앉으신 우리 하나님과 어린양에게 있도다"(계 7:9-10)라는 찬송(찬양)을 드렸다.

① 그들의 찬송을 받을 대상은 보좌에 앉으신 우리 하나님과 어린양이었으며, ② 찬송의 내용은 '구원하심'이었다. 구원해 주심에 대한 감격과 감사가 얼마나 컸으면 "큰 소리로 외쳐"라고 했겠는가? 그들에게는 이렇게 구원의 감격이 살아 있고, 그 구원의 감사와 감격을 큰 소리로 하나님께 감사의 찬송을 드렸다.

4. "아무도 능히 셀 수 없는 큰 무리"가 보좌에 앉으신 우리 하나님과 어린양에게 찬송을 드릴 때, 누가 화답했는가?

"모든 천사"가 화답하며 하나님께 경배하며 찬송한다. ① 찬송의 주체자는 "모든 천사"이며, ② 찬송의 내용은 "아멘 찬송과 영광과 지혜와 감사와 존귀와 권능과 힘이 우리(천사들) 하나님께 세세토록 있을지어다 아멘"이었다("아멘." 계 22장 Q_08).

모든 천사는 장로들과 네 생물의 주위에 서 있다가 보좌 앞에 엎드려 얼굴을 대고 하나님께 경배한다. 흰옷 입은 무리의 찬양 이후 모든 천사가 성도들의 찬양에 화답(계 5:14, 19:4)하며 자신들을 구원해 주신 하나님께 찬송하며 경배한다(계 5:12-13).

Q _10. "큰 환난"(계 7:14)에서 나온 흰옷 입은 자들에 대한 한 장로의 질문과 답변에는 어떤 의미가 있는가? (계 7:13-14). (cf. 계 6장 Q_7)

A 천상에서 사도 요한에게 "장로 중 하나가 응답"(계 7:13)으로, 이 흰옷 입은 자는 누구이며, 어디에서 왔느냐고 질문한다(계 7:13). 흰옷 입은 자들의 찬송과 천사들의 화답 찬송에 대한 질문이었다. 한 장로는 무엇 때문에 스스로 질문한 것일까? 한 장로는 사도 요한에게 흰옷 입은 자에 관해 확인시켜 주기 위해 스스로 질문하고 응답한다.

1. 흰옷을 입은 자들이 누구이며 어디에서 왔느냐? 이에 대해서는 계 7장 Q_08에서 언급했기에, 생략하기로 한다. 문제는 그들은 "큰 환난에서 나오는 자들"이라고 했다. '나오는'이라는 의미의 엘코메노이(ἐρχόμενοι)는 엘코마이(ἐρχόμαι)의 현재분사다. 현재 진행되고 있는 상태에서 나오는 자들이라는 의미로, 현재의 상태란 "큰 환난"을 의미한다. 여기에서의 큰 환난은 7년 대환난(계 9:13부터 시작) 전에 성도

들이 겪게 되는 인봉(일반) 환난을 의미한다(계 7장 Q_08).

계 7:14은 현재 진행되고 있는 여섯째 인봉 환난(계 6:12-7:13)의 연속된 상황에서 벌어지고 있다. 앞에서도 언급했지만 여섯째 인봉은 계 8:1부터 시작되는 일곱째 인봉 사건 전 상황을 의미하는데, 현재분사인 엘코메노이로 쓰인 것으로 보아, "아무도 능히 셀 수 없는 큰 무리"인 흰옷 입은 자들의 행위는 현재 진행되고 있는 여섯째 인봉(일반) 환난 중에서 나온 상태에서 현재 상태까지 진행되고 있다는 것이다.

2. 성경 전체적으로 볼 때, '환난'은 크게 네 종류로 구분할 수 있다.

① 유대인들의 환난(징계의 환난. 야곱의 환난. 신 4:30), ② 불신 불택자들의 환난(살후 1:6-7), ③ 이방인 성도들의 환난(마 24:29; 요 16:33; 계 7:14), ④ 인류 역사의 7년 대환난(종말론적 환난. 막 13:19) 등이다.

그러나 요한계시록에서의 환난은 편의상 크게 두 종류로 구분할 수 있다. ① 일반 환난(마 24:29. 여섯째 인봉 환난)과 ② 큰 환난(마 24:21. ㉠ 당시에 역사적으로 이루어질 사건 예언. A.D. 70년 로마 정복. ㉡ 종말론적으로 이루어질 사건. 7년 심판 대환난).

3. 계 7:14의 큰 환난이 7년 대환난이 아닌 이유는 무엇인가?

이것은 인봉 환난(일반 환난)과 7년 대환난의 차이가 무엇이냐는 질문과 같은 것이다. 다음과 같이 그 이유를 말할 수 있다.

1) 계 7:14에 "나오는"의 엘코메노이(ἐρχόμενοι)가 엘코마이(ἐρχόμαι)의 현재분사로 쓰였다. 계 6:12-7:13까지 진행 중인 여섯째 인봉 환난 중에서 나왔다는 의미에서 계 7:14은 계 8:1부터 시작되는 일곱째 인봉 전의 사건이며, 이 환난은 7년 심판 대환난이 아니라, 현재 진행되고

있는 여섯째 인봉 환난을 의미하는 것이다.

2) 계 7:14의 "큰 환난"이라는 용어가 언급된 이후, 실제로 7년 대환난 기간 때는 "큰 환난"이라는 용어가 오히려 나오지 않는다. 이것은 7년 심판 대환난의 성격이 인봉 환난과 전혀 다르기 때문이다. 7년 심판 대환난 기간에는 심판과 형벌적 개념인 ① 화(계 8:13, 9:12, 11:14, 12:12, 18:10, 16, 19. 계 8장부터 18장까지 13회), ② 진노(계 6:16, 17, 11:18, 14:8, 10, 19, 15:1, 7, 16:1, 19, 18:3, 19:15. 12회), ③ 재앙(계 9:18, 20, 11:6, 15:1, 6, 8, 16:9, 21, 18:4, 8, 21:9, 22:18. 12회), ④ 심판(계 6:10, 11:18, 14:7, 16:5, 7, 17:1, 18:3, 10, 20, 19:2, 11, 20:4, 12, 13. 14회), ⑤ 죽음(계 8:9, 11, 9:6, 20, 11:10, 13, 12:11, 13:10, 14:13, 16:3, 19:21. 11회), 그리고 ⑥ 사망(계 1:18, 2:11, 23, 6:8, 18:8, 20:6, 13, 14, 21:4, 8. 10회)이라는 것만 언급될 정도로 심각한 재앙적 환난이기 때문이다.

성경에서는 7년 대환난을 둘째 화(계 9:13-11:14. 전 3년 반)와 셋째 화(계 11:15-19:21. 후 3년 반)로 구분하여 죄악 세상을 심판하는 내용으로 기록되어 있다. "아무도 능히 셀 수 없는 큰 무리"인 흰옷 입은 성도들은 여섯째 인봉은 누구나 경험하지만, 첫째 화부터 죽고 싶어도 죽을 수 없을 정도(계 9:6)의 심각한 구체적인 재앙 환난인 7년 심판 대환난은 겪지 않도록 피할 길을 주시는 깊은 하나님의 섭리가 담겨 있다.

그런데도 이런 7년 심판 대환난과 6인봉(마 24:29-31) 기간을 의미하는 "큰 환난"을 같은 것으로 봐서 되겠는가? 그러므로 용어만 보고 막연한 선입견으로, 계 7:14의 "큰 환난"을 7년 심판 대환난이라고 봐서는 결코 안 된다. 이런 사실을 천상에서의 한 장로가 사도 요한에게 흰옷 입은 무리들의 상황과 성격을 다시 한 번 확인시켜 주고 있다.

Q_11. 휴거되어 천상으로 올라간 "아무도 능히 셀 수 없는 큰 무리"인 흰옷 입은 자들이 천국에서 누리는 보상(축복)은 무엇인가? (계 7:15-17)

A 많은 이들이 천년왕국을 계 20장으로, 천국의 모습을 계 21과 22장으로 한정하여 바라본다. 그래서 계 21장(계 22:4-6)이 되어야 천국의 모습(계 21장 Q_02)을 볼 수 있을 것으로 예상한다. 그러나 그들은 계 7:15-17에도 천국의 모습이 나와 있다는 것을 간과한다. 우리는 계 7:15-17에 나타난 구원받은 천국의 백성들이 천국에서 어떤 축복을 누리는지 이해하며, 더 큰 위로와 소망으로 다가올 미래의 천국을 꿈꾸며 신앙에 활력이 더해지기를 기대한다.

먼저 이런 보상을 주시는 분은 보좌에 앉으신 분인 하나님이시다(계 7:15). 보상을 받을 대상자는 흰옷 입은 무리다. 어떤 보상을 받을까? 여덟 가지의 보상(축복)을 받는다. ① 하나님의 보좌 앞에 있게 하신다(계 7:15). ② 성전(요한계시록에서 총 12회 사용. 계 7:15, 11:1, 2, 19, 14:15, 17, 15:5, 6, 8, 16:1, 17, 21:22)에서 밤낮 하나님을 섬기는 특권을 주신다(평생 하나님께 예배하는 축복). ③ 장막(계 15장 Q_05)을 치신다(영원한 안식을 보증. 하나님의 보호와 교제의 장소다. 인간의 피난처 개념이 절대 아니다). ④ 다시 주리지도 아니하며 목마르지 아니하고(계 7:16. 영육간의 모든 갈증을 해결). ⑤ 해나 아무 뜨거운 기운에 상하지도 아니하리니(모든 고통에서 해방과 안전). ⑥ 어린양이 목자가 되신다(계 7:17; 요 10:11). ⑦ 생명수 샘으로 인도하심(계 21:6, 22:17). ⑧ 그들의 눈에서 모든 눈물을 씻어 주시는(계 7:17, 21:4, 6, 22:17. 절대 위로, 만족, 행복을 누리는 축복) 축복을 받는다.

이제 계 6장과 계 7장을 정리해 본다면, 7인봉 사건은 어린양의 사역이다. 계 6장의 네 말 사건은 마 24장의 예언적 징조가 네 말 사건으로 성취되는 사건이며, 계 6장의 인봉사건은 악인들을 심판하시면서 또 한편으로는 순교자의 수 혹은 이방인 성도의 수를 채우는 사건이다.

계 7장은 어린양의 인봉 떼는 사역의 클라이맥스가 기록된 장이다. 교회시대 전 세계에서 구속받은 성도들을 휴거(부활)시키는 것으로 요한계시록에서 첫 번째 클라이맥스 장이다(요한계시록에는 두 개의 큰 클라이맥스가 있다. ① 계 7:9, ② 계 19:11-14). 이 사건이 계 7장에서 끝나게 되면 계 8장부터 일곱째 인봉이 시작되는데, 7인봉은 특별한 사건이 일어나는 것이 아니라, 일곱 나팔이 예비되는 사건이며, 이어서 바로 첫째 나팔 사건이 진행된다. 7인봉 떼는 사건들은 어린양의 사역이기에 어린양이 직접 떼시고, 나팔재앙 사건부터는 형벌 수단을 천사들에게 넘겨 집행케 하신다(계 8:2, 6).

계 7:14의 큰 환난은 6인봉 환난이다. 단순히 "큰 환난"(계 7:14; 마 24:29-31)이란 표현 때문에 막연한 선입견으로 7년 대환난으로 보면 안 된다. "아무도 능히 셀 수 없는 큰 무리"인 흰옷 입는 자들은 큰 환난을 경험한 자들이며, 7년 심판 대환난의 재앙을 당하기 직전에 휴거된 자들이다. 그들은 천상의 하나님 앞에서 세세토록 찬양하며 하나님을 섬기고 예배하는 축복을 받게 된다.

※ P.S.: 휴거되면 기록된 천국의 모습(계 7:13-17)이 이루어지리라 믿고, 내가 있는 현장(마 24:40-41)에서 기록된 천국을 소망하며, 단장된 신부로서 건전하게 하루하루를 살아가는 은혜와 축복이 있기를 기도합니다.

요한계시록 8장

Q_01. 계 8장의 핵심 메시지는 무엇인가?

A **1. 계 6장부터 시작된 인봉 환난에는 크게 두 가지의 의미가 있다.** 하나는 어린양이 여섯째 인봉을 떼시고 일곱째 인봉 직전에 신부인 성도들을 휴거케 하심으로 택자들의 구원 문제를 종결하는 일이며, 두 번째는 죄악 세상에 대한 형벌을 집행한다는 두 가지 양면성을 가진 어린양의 직접적인 사역이다. 7인은 어린양이 성부로부터 심판의 권한을 받아(요 5:22) 직접 인봉을 떼지만, 7나팔과 7대접은 천사들에게 형벌 수단을 넘김(계 8:2, 6)으로, 각각의 7천사가 심판하게 된다.

2. 어린양의 인봉 사역에는 특별한 목적이 있다. ① 순교자의 수를 채우는 기간(계 6:11)이며, ② 교회시대 동안 전 세계에서 구원받은 총수를 채우는 데(롬 11:26) 목적이 있다. 구원받은 총수에 대한 다른 표현으로는 어린양의 신부(교회. 성도)이며, 하나님의 종들이며, "아무도 능히 셀 수 없는 큰 무리"이며, 흰옷 입은 자들이며, 이들이 144,000이다. 어린양이 신부를 천국으로 끌어 올리는 사건(어린양의 혼인 잔치)이 어린양의 6인봉까지의 사역 중에서 최고의 클라이맥스(계 7:9-10) 사건이다(계 7장 Q_08).

7인봉 사역의 최고 클라이맥스인 성도를 천상으로 끌어 올리신(휴거) 후, 계 8:1-2에서 일곱째 인을 떼시면서 7나팔 심판을 준비(계 8:6)하게 되는데, 7천사가 형벌 수단을 넘겨받게(계 8:2, 6) 된다. 계 8:7-13은 천사가 형벌 수단을 넘겨받아(계 8:2, 6), 천사가 첫째 나팔을 붊으로써(계 8:7) 나팔재앙이 시작된다. 이런 사건의 흐름이 이해될 때 요한계시록이 자연스럽게 이해되며 풀리게 된다.

3. 7인 환난과는 달리 7나팔과 7대접의 주된 성격은 형벌 재앙 심판 사역이다. 나팔 사건부터는 글자 그대로 재앙 심판이다. 7인봉 환난 이후 지상에는 택자들은 휴거되어 존재하지 않기 때문에 이 세상은 재앙으로 심한 고통을 받게 된다.

4. 지상에는 단 두 종류의 인간만 있을 뿐이다. 하나는 "생명책에 창세 이후로 이름이 기록되지 못"한 자(계 13:8)인 "땅에 사는 자들"(계 8:13)과 다른 하나는 교회시대 기간 이방인의 구원받은 수가 채워지는 동안 완악했던 유대인들(롬 11:25), 그 유대인들 중 두 증인의 사랑과 눈물의 전도에 변화된 '환난 통과 유대인 성도들'만 존재할 뿐이다. 그런 의미에서 '7인봉 사건'은 '일반적인 환난'이지만, '7나팔과 7대접'은 '형벌'이며 '심판(보응)'의 의미가 있어서 '재앙'이라는 표현을 사용한다는 면에서, 7인봉 사건과 7나팔 7대접은 서로 전혀 다른 사건이며, 결코 서로 섞일 수 없는 사건들이다.

더 나아가 7나팔과 7대접 두 사건 역시 서로 다른 목적을 가진 사건으로 서로 섞일 수 없는 사건들이다. 그러나 이 두 사건도 천사들을 통하여 어린양이 주관하는 일이기에 서로 연결되어 있을 뿐 아니라, 각각 고유한 사건이며, 서로 다른 사건이고 서로 섞일 수 없는 사건이기에, 7인 7나팔 7대접도 시간적 순서에 의해 진행된다는 특징이 있다.

5. 7인봉 사건은 환난의 성격이 있는 반면에 7나팔과 7대접은 재앙의 의미가 있으며 심판의 성격이 있다(계 9장 Q_01). 이 땅의 재앙을 통해 심판하시는 하나님께서 7나팔과 7대접을 천사들에게 실행권을 맡기시면서 실행하신다. 재미있는 표현으로 요한계시록에는 인수인계식이 두 번 나온다. 첫 번째 인수인계식은 계 8장에서 일곱 천사들이 '7나

팔을 받으며(계 8:2) 7나팔을 준비(계 8:6)하는 인수인계식(계 8:1-6)'이 나오며, 두 번째 인수인계식은 계 15장에서 '7대접을 준비하는 인수인계식(계 15:1-8)'이 나온다(계 15장 Q_01).

요한계시록에는 계 7장의 "아무도 능히 셀 수 없는 큰 무리"(택자들)가 거주하는 '천국'과 천국의 반대 개념으로 "땅에 사는 자"의 의미인 "땅에"라는 용어가 많이 사용되었다. "땅에"라는 용어가 총 29회 사용되었는데, 평범한 개념으로의 "땅에"는 9회(계 3:10, 5:6, 10, 6:4, 13, 7:1, 11:6, 14:3, 16), 그러나 재앙 받을 대상자의 개념으로의 "땅에"는 20회(계 1:7, 6:10, 8:5, 13, 9:1, 3, 11:10, 12:4, 13:8, 12, 13, 14, 14:6, 19, 16:1, 2, 18, 17:2, 8) 사용되었다. 그중에서도 계 8장부터는 18회 사용되었다.

이 재앙 심판은 순교자들이 교회시대 당시에 신원의 기도를 드렸던 그 기도가 언젠가는 때가 될 때, 하나님께서 반드시 심판하신다는 깊은 원칙이 담겨 있다.

계 8장의 첫째 나팔(계 8:7)부터 넷째 나팔까지(계 8:13)는 천사가 나팔을 불 때마다 죄의 결과로 자연계(생태계)가 1/3씩 파괴되며 오염되는 심각한 문제가 발생하는 형벌(심판)의 의미의 재앙이지만, 다섯째부터 일곱째 나팔은 사람들의 생명에 위협되는 "화"(禍) 재앙으로 되어 있다.

6. 계 8장부터 시작되는 7나팔(계 8–15장)은 크게 세 부분으로 되어 있다.
① 첫째 나팔부터 넷째 나팔은 자연계(생태계)에 대한 4가지 재앙(계 8:7-8:13), ② 다섯째 나팔[첫째 화(禍). 계 9:1-12]부터 여섯째 나팔[둘째 화(禍). 7년 심판 대환난, 전 3년 반. 계 9:13-11:14]은 인간에게 향한 직접적인 2가지 재앙, ③ 일곱째 나팔(7년 심판 대환난 중 후 3년 반. 계 11:15-15:8)은

7대접 화(禍) 재앙(후 3년 반. 계 16:1-19:21)을 준비하는 것으로 되어 있다.

요한계시록을 읽지 않고 개인적인 선입견으로 해석하는 사람들과 신학의 사조에 따른 선입견으로 성경을 해석하려는 사람들, 그리고 사이비 집단들과 이단들은 이런 구조가 결코 눈에 들어올 수가 없다. 이런 것을 볼 수 있는 눈은 오직 귀납적 성경연구를 통해서만 가능하다. 그래서 성경 다독 그리고 귀납적 성경 연구하기 등의 운동 일으키기를 요청한다. 본서의 장점은 성령께서 깊이 조명해 주심과 더불어 성경을 다독하면서 귀납적 성경연구를 한 결과 얻어진 결과물이다.

하나님께서는 계 7장에서 택자들을 휴거시킨 후, 계 8:13에서 세 화(7년` 심판 대환난)의 재앙을 예고하시면서 최종적인 형벌을 내리시는데, 그 재앙들은 시간의 순서대로 일어나며, 순서가 더해갈수록 심판의 강도가 더 강해진다는 특징이 있다.

7. 계 8장은 2부분으로 나눌 수 있다(주제는 일곱 나팔 준비, 7나팔 시작 그리고 세 화 예고). ① 일곱째 인 떼심과 일곱 천사 일곱 나팔 준비(계 8:1-6), ② 7나팔과 세 화 예고(계 8:7-13, 8:7-14:20) 등이다.

Q _02. 어린양의 일곱째 인 떼심과 일곱 천사가 일곱 나팔을 인수했다는 말씀의 의미는 무엇인가? (계 8:1-2)

A 어린양이 신부인 성도들을 끌어 올리신(휴거, 부활) 후 일곱째 인을 떼실 때, 일곱 천사가 일곱 나팔을 받는, 일명 일곱 나팔 인수식이 있게 된다.

일곱 인은 하나님께서 심판의 권한(요 5:22)을 어린양에게 주셨으나(계 5:6), 일곱 나팔은 어린양이 천사들에게 그 권한을 넘김으로, 하나님께서 형벌 수단을 하나님 앞에 서 있는 일곱 천사에게 주심(계 8:2)으로 나팔재앙이 시작(계 8:6)된다.

어떤 이는 나팔재앙의 '나팔'을 예수님 공중강림하실 때의 "하나님의 나팔"(살전 4:16)과 혼동하는 사람이 있다. '나팔'이라는 단어가 같다고 해서 동일시해서는 안 된다.

성경 전체적으로 볼 때 나팔은 세 종류의 개념으로 쓰였다고 보인다. ① 백성들을 모이게 하여 경고하며 죄와 허물(출 19:13; 민 10:3; 사 58:1; 습 1:16)을 알게 하는 도구로서의 나팔, ② 예수님께서 공중강림하실 때의 하나님의 나팔(살전 4:16), ③ 택자들의 휴거 후, 이 땅(불신자)에 하나님의 심판을 알리는 천사가 부는 재앙의 나팔이다. 본문에서의 나팔은 이 땅에 재앙 심판이 일어날 것을 천사들이 알리는 나팔이다. 전혀 다른 개념의 나팔임을 알고 착각해서는 안 된다.

일곱째 인을 떼실 때 천상의 하늘이 반 시간쯤 고요(폭풍 전야와 같은 침묵)한 가운데 7인봉 사건 이후에 일어날 7나팔 재앙을 준비하는 침묵의 시간이다. 반 시간이 실(제)수냐, 상징수냐의 질문은 큰 의미가 없다. 그 반 시간이라는 것에 어떤 상징적인 의미가 없기 때문이다. 그러나 굳이 따진다고 한다면 7인 7나팔 7대접 각각의 사건은 독립된 사건이기에, 지금 7인의 기간이 7년 대환난 안에 진입된 시간이 아니기에 실제의 시간이라고 단정할 수는 없다. 그러나 어떤 의미가 있는 상징수라고 말할 수도 없기에, 실(제)수라고 해도 큰 무리가 없다고 생각된다.

Q_03. 성도들의 기도를 담당한 또 다른 천사가 받은 향(기도)은 언제 올려진 것이며, 의미는 무엇인가? (계 8:3-4). (계 5장 Q_08, 총론 Q_14)

A 성도들의 기도를 담당한 또 다른 천사가 천상의 제단 옆에 서서 금향로에 많은 향을 받았다. 계 8:3-4에 나오는 "성도"는 '휴거 전 지상에서 살아 있던 성도'이며, "기도"란 그 성도들이 휴거 전 지상에서 살아 있을 때 올린(올리는) 기도를 말한다(계 5장 Q_08).

향이란 기도를 의미한다. "받았으니"의 도세(δώση)는 디도미(διδωμι)의 부정과거수동태로 되어 있다. 과거 휴거 이전(계 7:9)에 기도했던 기도가 천사의 손에 의해 올려진 그 기도를 말한다. "올라간다"(계 8:4)의 아네베(ἀνέβη)는 아나바이노(ἀνάβαίνω)의 부정과거로 되어 있다. 계 8:3에서 올라간 것이 아니라, 이미 올라가 있다는 의미다.

천사는 성도의 기도를 천사의 제단으로 운반하는 봉사의 역할을 한다. 그러므로 천사가 받은 기도는 성도들이 휴거되기 전, 지상에서 살아 있을 때 올렸던 기도를 말한다. 향연이 올라가는 것같이 성도의 기도가 하나님 앞으로 올라간다. 분향단은 기도의 상징(시 141:2)이다.

땅에 거저 떨어지지 않는다. 천사의 손에 의해 향연과 함께 금향로에 담아 하나님 앞에 올려진다(열납. 계 8:4; 시 19:14, 141:2; 단 9:21-23)는 것을 볼 때, 기도는 공허한 것이 아니다. 기도를 소홀히 해서는 안 된다. 기도할 때 이런 말씀에 근거하여 더욱 믿음을 갖고 기도해야 한다. 언젠가는 우리의 기도가 응답되기 때문이다. 기도는 하나님께 바쳐지는 최선의 향연이다(계 5:8).

Q _04. 천사가 갑자기 제단의 불을 향로에 담아다가 땅에 쏟았다는 것은 무엇을 의미하는가? (계 8:5)

A 향로는 기도를 담아 옮기는 도구다. 불은 진노의 불을 의미한다. 하나님 앞으로 향기로운 향연의 기도를 올렸던 향로가 이제는 하나님

진노의 그릇이 되어, 기도가 아닌 진노의 불을 향로에 담아 땅 위에 쏟는다. 우레와 음성과 번개와 지진은 하나님의 진노와 위엄성을 나타낸다. 이것은 앞으로 시작될 7나팔을 통한 하나님 진노의 심판을 예고하는 신호다.

7인봉은 환난의 성격이 있는 반면에 7나팔과 7대접은 재앙의 의미가 있으며 심판의 성격이 있는데, 그것을 증명하는 명확한 또 하나의 증거로 **"재앙"이라는 용어가 12회 중 7년 심판 대환난 중에 10회 등장하는데**(계 9:18, 20, 11:6, 15:1, 6, 8, 16:9, 21, 18:4, 8. 2회는 계 21:9, 22:18), "재앙"이라는 용어의 최초 등장이 바로 계 9:18부터다(계 9장 Q_03).

인류 1/3이 죽는 대전쟁이 계 9:13부터 시작하는데, 계 9:13부터 7년 심판 대환난(계 9:13-11:14)의 시작이며, 7년 심판 대환난 중 전 3년 반의 시작이다. 계 9:18은 이 대전쟁의 심각성을 보여준다. 다시 한번 강조하는 것은 7나팔 사건부터는 그 이전의 어떤 사건과 다르게 재앙의 의미가 있으며, 심판의 성격이 있음을 기억해야 한다.

그런데 왜 갑자기 날씨가 변하듯 이렇게 변할 수 있는가? 과거 교회시대 때 택자들은 하나님 앞에 신원의 기도를 올렸었다. 여섯째 인을 떼시고 일곱째 인을 떼시기 직전에 어린양의 신부도 휴거되면서 이제 순교자들의 신원의 기도(계 6:9-10)가 응답된다는 것을 상징적으로 보여주는 사건이다. 그 응답은 이제 7나팔의 재앙 진노의 심판을 통하여 택자들의 원한을 갚아주신다(눅 18:7-8)는 것에 의미가 있다. 하나님은 피해자들의 피의 호소를 결코 외면하지 아니하신다.

Q_05. 첫째 나팔부터 넷째 나팔재앙까지의 핵심과 각각의 특징은 무엇인가? (계 8:7-12).

A 계 7장에서 어린양이 신부인 택자들을 천상으로 휴거시킨 뒤, 계 8장의 첫째 천사가 나팔을 불면서부터 넷째 나팔재앙에 걸친 공통적인 핵심은 ① 지상에 남아 있는 사람들이 자신의 죄악을 돌이키지 않기 때문에(계 9:20-21. 죄의 결과) 내리는 심판이며, ② 이 땅의 문명과 생태계가 1/3씩 파괴되며 오염되는 재앙이 임한다는 것이 핵심이다. 사실상 이 같은 성격의 재앙은 7나팔 재앙까지 계속된다(계 8:7-14:20).

첫째 나팔을 불 때(계 8:7), ① 피 섞인 우박(계 8:7, 11:19, 16:21. 계 16장 Q_09)과 불(번개와 지진)이 나와서 땅에 쏟아지매 ② 땅의 1/3이 타 버리고 ③ 수목의 1/3도 타 버리고 각종 푸른 풀도 타 버렸다고 했다. 생태계가 불에 탄다는 의미는 먹고 사는 문제만이 아니다. 온 땅의 하늘이 연기로 덮인다고 생각해 보라. 호흡할 수 없고 살 수 없을 정도의 심각한 문제가 발생한다는 것을 의미한다.

중국에서는 10년 만에 최악의 황사가 지난 2021년 3월에 발생해서 수십 명 실종하고 사망자까지 나오는 일이 발생했다. 이 황사나 미세먼지로 괴로운 건 우리 인간만이 아니다. 동물들도 마찬가지다. 대기오염이 심각하면 어떤 문제가 발생할까? 꿀벌들이 꽃을 못 찾아간다. 장기적으로 인간의 식량 위기로까지 이어질 수 있다. 꿀벌이 길을 찾는 데 가장 중요한 정보가 바로 태양의 위치다. 꿀벌은 태양 주위로 나타나는 편광을 보고 길을 찾아간다. 공기 중 미세먼지 농도가 높아지면, 쉽게 말해 깨끗한 대기 상태에서는 100%에 가까웠을 편광의 세기가 미세먼지가 높은 공기에서는 최대한 15% 정도까지 약해진다. 그 결과 꿀벌이 편광을 식별하기 어렵게 되면서 태양의 위치를 못 찾으니까 집으로 돌아가기 힘들어진다.

태양의 위치를 먼저 찾고 그 태양의 위치와 자기 집, 그다음에 태양의 위치와 꽃 사이의 거리, 각도를 기억해 놨다가 한 시간이 지났을 때 태양의 각도가 이만큼 변했을 것으로 기억하고 있다가 다시 돌아가야 하는데, 그 편광이 미세먼지, 황사 때문에 흐트러지면서 꽃을 찾으며, 집을 찾는 데 어려워진다.

미세먼지로 벌이 영향을 받으면 식물로부터 여러 생태계 서비스를 얻는 생태계 구성원 모두가 영향을 받게 되고 결국 먹이사슬의 파괴를 넘어 생태계의 혼란과 파괴까지 이뤄지게 된다(서울대학교 환경대학원 정수종 교수, "집 못 찾겠어요" 미세먼지에 길 잃은 꿀벌…식량위기 온다?, 〈CBS 김현정의 뉴스쇼 〉, 2021. 04. 09.).

아인슈타인은 "지구에서 벌이 사라진다면 인류는 4년을 버틸 수 없을 것이다. 벌이 없다면 꽃가루받이도 없고 더 이상 인류도 없다"고 경고했다.

생태계 1/3이 파괴되는 이 재앙은 첫째 재앙에 불과할 뿐이다. 휴거의 신앙을 갖지 못해 이 땅에 머무름을 당한 성도 중에는, 믿음생활을 제대로 하지 못한 것에 대한 막심한 후회와 두려움(계 6:16-17)을 느낄 수도 있는 사건이다. 그러나 첫째 나팔은 이제 시작에 불과한 재앙이다.

둘째 천사가 나팔을 불 때(계 8:8-9), ① 불붙는 큰 산과 같은 것이 바다에 던져지매 ② 바다의 1/3이 피가 되고, ③ 바다 가운데 생명 가진 피조물들의 1/3이 죽고, ④ 배들의 1/3이 깨지는 사건이 발생한다.

불붙은 큰 산과 같은 것은 무엇을 의미하는가? 지금 상황에서 우리는 정확하게 알 수는 없다. 다만 하늘에서 떨어지는 어떤 운석이나 용암이 바다로 흘러가는 그런 것이 아닐까 하고 추측할 뿐이다. 그런 큰 운석이 바다에 떨어지니 바다의 생태계가 파괴되고, 수많은 배 1/3이 부서지는 사건이 발생한다는 것이다.

셋째 천사가 나팔을 불 때(계 8:10-11), ① 횃불같이 타는 큰 별이 하늘에서 떨어져 강들의 1/3과 여러 물 샘에 떨어지고, ② 물의 1/3이 쓴 물이 되며, ③ 그 결과로 많은 사람이 죽더라

횃불같이 타는 큰 별은 역시 운석일 수도 있고, 인간이 만든 전쟁 화학무기나 오염을 시킬 수 있는 방사능 물질 등등일 수 있다. 이 별의 이름이 '쓴 쑥'이라는 것은 그 별이 하나의 매개체라는 것이다. 그 매개체 때문에 물의 근원들이 오염이 됐다는 것이며, 오염된 쓴 물을 먹을 수 없어서 질병과 물 부족 등등으로 많은 사람이 죽는 재앙이다.

영적으로 본다면, 별은 지도자를 의미하기에 큰 별이란 큰 지도자를 의미할 수도 있다. 지상 지도자들의 부패와 타락, 사상의 변질을 의미할 수 있다. 이런 상황 속에서도 타락한 지도자들의 변질된 혼합주의에 사람들의 사상이 갈리고 죽어간다고 볼 수 있다. 그러나 이때 구원받은 택자들은 이미 휴거된 이후라는 것을 잊어서는 안 된다(계 7장 Q_08).

넷째 천사가 나팔을 불 때(계 8:12), ① 해, 달, 별들의 1/3이 타격을 받아, ② 1/3이 어두워지니 1/3의 낮과 밤이 그러하다.

이런 현상은 잠시 일시적인 현상이 아니라, 일월성신이 어두워지는 타격은 지구 모든 생태계의 타격이라 할 수 있다. 일정량의 햇빛을 받아야 생존하는 식물과 동물들에게 이상이 생길 수 있는 재앙이며

심판이다. 성경에는 7인 7나팔 7대접의 사건 모두 기간을 언급하지 않았다. 다만 다섯째 나팔재앙만 다섯 달이라고 하는 기간이 설정됐을 뿐, 그 외의 사건에는 정해진 기간이 없다. 얼마 동안 일월성신의 1/3의 어둠이 얼마나 지속되는지에 대해서는 그 누구도 알 수 없다.

영적으로는 지상에 있는 각계 각층 지도자들의 1/3이 타격을 받아 지상에 존재하는 사람들의 삶이 더욱 힘들어지는 재앙이라 할 수 있다.

계 8장의 결론을 말한다면, 계 7장에서 택자들이 천상으로 휴거된 이후, ① 계 8장부터는 지상에 남아 있는 사람들이 자신의 죄악을 돌이키지 않은 결과에 대한 심판(계 9:20-21. 죄의 결과)이며, ② 이 땅의 문명과 생태계가 1/3씩 파괴되며 오염되는 재앙이 임한다는 것이 핵심이다. 이 땅에 남아 있는 자들에게는 이 같은 성격의 나팔재앙과 대접재앙이 계속된다(계 8:7-19:21).

Q_06. 독수리의 세 화의 예언이란 무엇인가? (계 8:13)

A 성경에 짐승이 말을 했다는 기록은 두 군데 정도 나오는 것으로 보인다. 하나는 발람의 나귀가 말을 했다(민 22:28)는 것과 또 다른 하나는 독수리가 세 화(三禍. 계 8:13)를 외치는 것 등으로 말할 수 있을 것 같다.

계 8:13을 분석해 보면, ① 공중에 날아가는 독수리, ② 큰 소리로 이르되, ③ 땅에 사는 자들에게 화, 화, 화가 있으리니 ④ 이는 세 천사들이 불어야 할 나팔 소리가 남아 있다는 것이다.

계 8:13의 내용을 보면 상황의 신속함과 다급성을 볼 수 있다. 날아가는 독수리, 그 독수리가 큰소리로 외치면서, 화, 화, 화를 세 번 다급하게 외치고 있다. 이것은 마지막 3나팔 재앙이 신속하게 그리고 확실하게 임할 것이라는 사실을 긴급하게 알려 주는 메시지다.

'화(禍)'라고 하는 우아이(οὐαί)는 슬픔의 탄성, 혹은 당연성의 의미로 사용된다. 첫 번째 '화'는 화로 슬프다, 두 번째 '화'는 화로 인하여 슬프다, 세 번째 '화'는 정말 화로 인하여 슬프다의 의미다. 그러나 이것은 심판의 당연성을 알리는 독수리의 큰 외침이다.

1. 공중에 날아가는 독수리가 큰 소리로 전한 세 화(三禍)의 내용은 무엇인가?

첫째 '화'는 다섯째 나팔인 황충의 재앙이다. 다섯 달 동안 죽고 싶어도 죽을 수 없는 화(계 9:6)가 대기 중이며, 두 번째 '화'는 여섯째 나팔인 7년 심판 대환난(계 9:13-11:14. 전 3년 반)이 대기 중이며, 세 번째 '화'는 일곱째 나팔이다. 7나팔은 7대접 재앙을 의미한다. 7대접 재앙은 계 16장에서 전개되는 7년 심판 대환난 중 후 3년 반(계 11:15-19:21) 사건을 의미한다.

2. 세 화를 받는 대상은 누구인가?

"땅에 사는 자들"이다(계 8:13). 요한계시록에서 "땅에 사는 자들"이라는 용어는 6회(계 8:13, 11:10, 13:8, 12, 17:2, 8), "땅에 거하는 자들"은 3회(계 3:10, 6:10, 13:14), "땅에 거주하는 자들"은 1회(계 14:6), "땅에 있는"으로 2회(계 1:7, 9:3), "땅에서" 의미로는 4회(계 5:10, 6:4, 13:11, 14:3) 등, "땅에 있는" 등등과 관련된 용어는 총 16회 사용되었다.

특히 "땅에 사는 자들"(땅에 거하는 자들)이라는 표현은 계 7장에서 휴거되어 "하늘에 사는 자들"(천상에 거하는 자들, 계 13:6) 혹은 "땅에서 속량함을 받은"(계 14:3) 자에 대한 상대적 개념으로 사용된 용어다. "땅에 있는" 등등과 관련된 총 16회 중 그와 같이 상대적인 의미로 사용된 용어는 총 8회다(계 8:13, 11:10, 13:8, 12, 14, 14:6, 17:2, 8).

"하늘에 사는 자들"이란 "땅에서 속량함"을 받아(계 14:3), 계 7장에서 휴거되어 천상의 천국으로 올라간 자들로서, "아무도 셀 수 없는 큰 무리"(144,000)를 의미한다(계 7장 Q_08). 반면에 "땅에 사는 자들"(계 8:13)은 "어린양의 생명책"(계 13:8, 21:27)에 기록되지 못한 불신자들을 의미한다.

다만 실제로 이 땅에는 "어린양의 생명책"(계 13:8, 21:27)에 기록되지 못한 "땅에 사는 자들"(계 8:13)과 예비처에서 하나님의 보호와 양육을 받는 '환난 통과 유대인 성도들'(계 12장 Q_07)이 있을 뿐이다.

"땅에 사는 자들"과 "하늘에 사는 자들"이란 개념의 구분이 어느 때부터 시작되고 있는가? 휴거된 이후인 계 8장에서부터 시작되고 있다. 이것은 휴거가 계 7장에서 이루어졌다는 결정적인 증거 중 하나다.

결국 독수리의 세 화 예언대로 '화를 받을 대상자들'이란, 휴거되지 못하고 7년 대환난 기간 이 땅에 남아 있는 자들에게 임하는 화를 말한다. 세 화는 일반적인 환난과 질적으로 전혀 다른 화다. 화 재앙은 '일반 환난'과 구분하기 위해 '재앙'이라고 부르고자 한다. 땅에 사는(있는) 자는 질적으로 전혀 다른 재앙을 경험하며 고통을 받게 되는데, 그래서 세 화 재앙 그 자체가 심판이다. 휴거되지 못한 자가 불못(지옥) 가기 이전, 이 땅에서부터 심판을 받는다는 의미다.

첫째 나팔부터 넷째 나팔재앙까지는 자연계에 내리는 형벌이었지만, 다섯재부터 일곱째 나팔재앙은 사람들의 생명에 위협이 되는 형벌 개념의 재앙이기에, '화'(禍) 재앙이라고 부른다.

이런 세 화 재앙들은 시간의 순서대로 일어날 것이며, 순서가 더해 갈수록 심판의 강도가 더 강해질 것이다. 그러니 어찌 무섭지 않고, 그 누가 두렵지 않겠는가? "땅에 사는 자" 그 누가 세 화 재앙을 피할 수 있겠으며, 죽음을 두려워하지 않을 수 있겠는가?

그러나 세 화를 피할수 있는 방법과 길이 분명히 있다. 현재 살아 있는 동안에 진실하고 정직한 마음으로 예수님을 나의 주, 나의 하나님으로 영접하면 된다. 그들은 "하늘에 계신 내 아버지의 뜻대로 행하는 자"(마 7:21)이며, 종말론적인 방법으로 말한다면, "이마"(계 7:3)에 "하나님의 인"(계 7:2)을 받은 자들을 의미한다. 그들은 결코 세 화를 당하지 않는다. 하나님께서는 구원받은 택자들을 휴거시킨 후, "땅에 사는(있는) 자"들에게는 세 화를 통해 최종적인 형벌을 내리신다. 그러므로 이 땅에서 예수님 영접한 그 믿음을 잃지 말고 휴거에 신앙의 초점을 두며, 단장된 신부로 살아가야 한다.

요한계시록 9장

Q_01. 계 9장의 핵심 메시지는 무엇인가?

A **계 9장은 계 8장의 나팔재앙에 이어진 재앙이다.** 계 8장의 첫째 나팔(계 8:7)부터 넷째 나팔까지(계 8:13)는 천사가 나팔을 불 때마다, 죄의 결과로 자연계(생태계)가 1/3씩 파괴되며 오염되는 심각한 문제가 발생하는 형벌(심판)의 의미의 재앙이지만, 다섯째 나팔재앙부터는 이 땅의 사람들에게는 생명에 위협이 되는 "화"(禍) 재앙이 임한다.

1. 7나팔(계 8-15장)은 크게 세 부분으로 되어 있다. ① 첫째 나팔부터 넷째 나팔이 기록된 계 8장은 자연계(생태계)에 대한 네 가지 심판(계 8:7-13)이며, ② 계 9장의 다섯째 나팔(첫째 화. 계 9:1-12. 황충 재앙)과 여섯째 나팔(둘째 화. 전 3년 반. 계 9:13-11:14. 인구 1/3 살인 대전쟁. 두 증인의 활동 기간)은 인간을 향한 직접적인 두 가지 재앙이라고 할 수 있다. 특히 여섯째 나팔 재앙(계 9:13-11:14)부터 7대접 재앙(계 16:1-19:21)까지를 7년 대환난이라고 부른다(재앙이라는 용어가 계 9:18부터 등장). 이 7년 대환난에는 심판의 의미가 있으며, 심판의 의미로는 크게 두 가지가 있다. ㉠ 바벨론 심판(계 18:20)이며, ㉡ 순교자들의 신원의 호소에 대한 응답(계 6:10)이다. ③ 일곱째 나팔 재앙[후 3년 반. 계 11:15-15:8. 7머리 10뿔 짐승(적그리스도)이 42개월(계 13:1-2, 5) 동안 일하는 권세를 받은 기간]은 7대접 재앙(계 16:1-19:21)을 준비하는 기간이다. 준비한다는 것은 7나팔 사건은 7대접을 동시적으로 동반(계 16:1-19:21)하게 됨으로써, 일곱째 나팔의 기간은 후 3년 반 전체(계 11:15-19:21)의 기간 동안(7대접. 계 16:1-19:21) 진행된다는 구조를 갖는다.

2. 7나팔과 7대접은 '보통의 환난'인 7인봉과는 달리 '재앙'의 의미가 있

으며 '심판'의 성격이 있다. 7인봉 환난 이후 지상에는, 택자들은 휴거되어 존재하지 않기 때문에 이 세상은 재앙으로 심한 고통을 받게 된다. 지상에는 단 두 부류의 대상자들만 존재하게 된다. 하나는 일명 "땅에 사는 자들"(계 8:13)이라고 부르는 "생명책"에 기록되지 못한 자들(계 13:8)과 다른 한 부류는 비록 교회시대 기간 예수를 부인하며 완악했었으나, 두 증인의 사랑과 눈물의 전도로 변화될 '환난 통과 유대인 성도'들(계 11장 Q_04), 이렇게 두 부류만 존재할 뿐이다(롬 11:25). 이 두 부류의 인간은 하나님의 인을 받지 않은 공통점이 있다(계 8장 Q_01).

3. 7나팔과 7대접에는 재앙의 의미가 있으며 심판의 성격이 있다. 그 이유는 무엇인가? 많은 이유 중 하나의 증거로 **"재앙"이라는 용어가 계 9:18부터 등장**하기 때문이다. "재앙"은 총 12회 중 7년 심판 대환난 중에 10회(계 9:18, 20, 11:6, 15:1, 6, 15:8, 16:9, 21, 18:4, 8) 등장한다. 그러나 2회(계 21:9, 22:18)는 7년 심판 대환난과 무관한 내용으로 사용되었다.

계 9:18은 인류 1/3이 죽는 살인 대전쟁을 의미하는데, 인류 1/3이 죽는 대전쟁부터 7년 대환난의 시기이며, 계 9:18은 7년 심판 대환난 중에서도 전 3년 반의 기간을 말한다. 다시 한 번 강조하는 것은 7나팔 사건부터는 그 이전의 어떤 사건과 다르게 재앙의 의미가 있으며 심판의 성격이 있음을 기억해야 한다.

다섯째 나팔재앙(계 9:1-12)으로 세 화 중 첫째 화가 시작된다. '황충 재앙'이라고도 부른다. 무저갱으로부터 황충이 올라와서 하나님의 인을 받지 않은 자들을 5개월 동안 괴롭히고, 여섯째 나팔재앙(둘째 화. 전 3년 반. 계 9:13-11:14)은 계 7장과 밀접한 관련이 있는데, 계 7:1-3에서 사방의 바람이 불지 못하도록 바람을 붙잡고 있던 네 천사가 바람을 놓으니(계 9:14), 마병대 이만만이 놓이면서 세계 인구의 1/3이 죽는 대 전쟁이 발생하게 되는데, 이때부터 7년 심판 대환난이 시작된다. 이후 일곱째 천사가 나팔을 불 때(계 11:15-15:8), 7대접 재앙이 준비된다.

4. 계 9장은 두 부분으로 나눌 수 있다(주제는 다섯째 나팔 5개월 황충 재앙과 여섯째 나팔 세계 인구 1/3 죽는 대전쟁). ① 다섯째 나팔(첫째 화)인 죽지 못하는 5개월의 황충 심판(계 9:1-12), ② 여섯째 나팔(둘째 화, 7년 심판 대환난 중 전 3년 반의 시작. 재앙 시작)인 1/3 살인 전쟁 재앙(계 9:13-21) 등이다.

Q_02. 다섯째 나팔인 5개월간(다섯 달 동안)의 황충의 재앙이란 무엇인가? (계 9:1-12)

A 7나팔이 계 8장에서 시작(계 8:7)되어 넷째 나팔까지 이루어지고, 계 9장에서부터 다섯째 나팔이 시작된다. 첫째 나팔부터 넷째 나팔까지는 자연계(생태계 파괴)와 영계에 미치는 한정된 재앙이었다면, 다섯째 나팔인 첫째 화부터는 지상에 남아 있는 사람들을 대상으로 한 재앙이다. 다섯째 나팔은 무저갱으로부터 황충이 올라와서, 하나님의 인을 받지 않은 자들을 5개월 동안 괴롭히는 재앙이다.

다섯째 나팔에서 몇 가지 생각할 것이 있다. ① 하늘에서 땅에 떨어진 별(계 9:1), ② 무저갱(계 9:1, 2, 11, 11:7, 17:8, 20:1, 3, 그리고 계 20:7-8, 10), ③ 황충과 전갈, ④ 다섯 달은 실(제)수인가, 상징수인가? ⑤ 그들에게 있는 왕인 무저갱의 사자는 무엇인지? 이에 대해 살펴보고자 한다.

1. 하늘에서 땅에 떨어진 별(계 9:1)은 무엇을 의미하는가? 이 별은 눈에 보이는 밤하늘에 떠 있는 별이 아니다(삿 5:20). 계명성이 하늘에서 떨어지듯(사 14:12; 눅 10:18) 떨어진 별은 사탄을 상징적으로 표현한 것이다.

한 천사가 하나님을 대적(사 14:12-14)하는 사건에 대한 말씀을 보면, '계명성'은 원어 '헬렐'(הֵילֵל)을 번역한 말이다(계 12장 Q_08). 스스로 하나님과 비교하려는 교만의 상징인 '루시퍼'(Luciffer)를 의미한다. '루시퍼'는 타락한 천사인 사탄의 또 다른 명칭이다.

사탄이 무저갱의 열쇠를 받았다. 사람을 무저갱으로 끌어넣을 수 있는 권세를 말한다. 그러나 계 9:1의 무저갱과 계 9:2의 무저갱은 다른 개념의 무저갱이다.

떨어진 별은 사탄(계 12장 Q_04, Q_08)을 상징하지만, 본문에서 별은 지도자를 상징하며, 지도자라고 하는 이 별은 사탄의 배후 조종[조종자는 그들의 왕 무저갱의 사자인 히브리어로는 아바돈(אֲבַדּוֹן) 파괴자. 멸망자, 헬라어로는 아볼루온(Απολλύων). 살인자]을 받는 상징적인 실존(實存) 인물이다. 이 인물이 주동이 되어 5개월간의 전쟁을 일으키게 될 교만하고 타락한 지도자다. 이 전쟁 역시 하나님의 허락하에 진행된다.

2. 무저갱에 대한 이해

무저갱이라는 개념은 신학적으로 다양한 해석을 할 수 있겠지만, 성경에서 "무저갱"이라는 용어가 9회(계 9:1, 2, 11, 11:7, 17:8, 20:1, 3, 눅 8:31, 롬 10:7) 등장한다. 그 외에 '무저갱'이라는 용어로는 사용하지 않았지만, 옥 혹은 불못에 대한 개념으로의 무저갱으로 2회(계 20:7, 10) 등 총 11회 등장한다.

1) 성경에서 무저갱은 보편적으로 ① 열쇠로 통제받는 장소(계 9:1, 20:1), ② 사탄(마귀)이 천 년 동안 감금되는 장소(계 20:3)로, 통제받는 장소로서의 옥(계 20:7), ③ 영원 형벌 직전까지의 대기 장소 혹은 영원한

지옥(계 20:10; 롬 10:7), ④ 군대 귀신을 몰아넣은 장소(마 8:31; 눅 8:31), ⑤ 전쟁을 일으켜 멸망할 자들의 임금인 무저갱의 사자(계 9:11), 그리고 ⑥ 짐승의 대기소(계 9:2, 11:7, 17:8) 등으로 사용되었다.

2) 그러나 무저갱은 크게 두 종류로 구분할 수 있다. 하나는 '영계의 무저갱'(계 9:1, 11, 20:1, 3; 마 8:31; 눅 8:30-31; 롬 10:7, 그리고 20:7, 10)이 있으며(악령인 사탄 즉 마귀와 악령 귀신들과 관계가 있다. 이런 무저갱은 지상이 아닌 영계의 장소로서의 무저갱), **다른 하나는 "지상의 무저갱"**(계 9:2, 11:7, 17:8. 지상에서의 '사건이나 인물'과 관련이 있다)으로 구분할 수 있다. 그러나 이 두 종류 각각 무저갱의 개념은 전혀 다르다.

그러므로 계 9:1의 무저갱과 계 9:2의 무저갱은 용어는 같으나 서로 다른 개념의 무저갱이다. 계 9:1에서 하늘에서 떨어진 별 하나가 무저갱의 열쇠를 받았다는 것은, 그가 사람을 무저갱(죄짓게 해서 지옥)으로 끌어넣을 수 있는 권한을 받았다는 의미이며, 5개월간의 황충 재앙이 그 별(사탄, 타락한 지도자)로부터 비롯되었다는 상징적인 표현으로 사용되었다.

계 9:2의 "무저갱을 여니"에서의 무저갱은 영계의 무저갱이 아니라 '무저갱의 사자 곧 마귀(사탄)의 지배를 받는' 지상의 어떤 사건을 의미하는데, 그 사건이란 전쟁을 의미한다. 마귀의 조종을 받은 타락한 지도자에 의해 전쟁이 일어난다는 의미다.

3. 황충과 전갈

무저갱의 사자 마귀(사탄)의 조종을 받은 타락한 지도자에 의해 시작된 전쟁(계 9:2)으로 "큰 화덕의 연기 같은 연기"가 구멍에서 올라오듯 올라오고, 해와 공기가 그 연기로 어두워졌다는 것은 심각한 대기오염을 의미하며, 대기오염은 자연 발생으로 일어나는 것이 아니라 인간에 의한 지상의 어느 지역에서 생화학전의 결과로 발생한 것이다.

1) 그러면 황충과 전갈은 무엇을 상징하는 것인가?

다섯째 나팔(첫째 화. 계 9:1-12)은 5개월 황충 재앙이며, 5개월간의 전쟁 재앙을 의미한다. 황충은 메뚜기과에 속한 곤충의 한 종류다(몸빛은 누른 갈색, 녹색). 하나님은 형벌 수단으로 황충 재앙(왕상 8:37; 대하 6:28; 욜 1:4, 2:25)을 내리시는데 상징적으로 전쟁을 통한 심판(시 78:46)을 상징한다.

전갈은 가재와 같이 생겼는데, 꼬리에는 쏘는 독침(계 9:10)이 있어 쏘이면 고통스럽다. 전갈이 쏘는 독침처럼 고통스럽다는 것을 상징한다. 그 고통은 차라리 죽고 싶을 정도의 고통이다. 황충들은 죄악으로 심판받을 인간들을 심판하듯, 인간을 고통스럽게 하는 권세를 가진 자들이며 전쟁의 고통을 상징한다.

2) 그런데 고통을 받는 대상이 특별하다. 자연계에는 큰 악영향이 없다(계 9:4. 땅의 풀과 푸른 것이나 각종 수목에는 해가 없다). 오직 하나님의 인침을 받지 아니한 사람들만 받는 고통이다. 이 의미(계 9:4)는 하나님의 인 맞은 구원받은 성도들에 대한 정반대 의미의 표현이며, 예언의 성취다(계 7:3).

다섯째 나팔인 황충의 재앙은 지상에 생존한 사람들(불신 이방인들과 교회시대 동안에 완악했던 유대인들)에게 내리는 재앙이다. 전쟁의 고통으로 죽고 싶으나 죽을 수도 없도록 죽음까지 막으시는 실제 5개월간의 하나님의 심판(전쟁)이다.

황충들의 모양(계 9:7)은 현대 군인들의 모습을 연상시키는 복장들이며, 무기는 핀셋 고통을 목적으로 폭탄 종류보다 인간에게 고통을 줄 수 있는 생화학무기이며, 사람의 얼굴 같다는 것은 당시의 생각으로는 표현하기 어려운 방독면을 쓴 현대 군인을 연상시킨다. 전쟁의 파괴력이 사자의 이빨같이 강력(계 9:8)하고 호심경(방탄 장비)을 갖췄으며, 신속하고 막강한 공격력(계 9:9-10)을 갖춘 치명적인 전쟁(전갈의 독침)이다.

이 모든 전쟁은 파괴자요, 멸망자요, 살인자인 무저갱의 사자 마귀(사탄)의 배후 조종을 받은 타락한 지도자에 의해 진행되는 실제 5개월 동안 진행되는 황충 재앙인 전쟁이다.

첫째 나팔부터 넷째 나팔까지는 자연계(생태계 파괴)와 영계에 미치는 한정된 재앙이었다면, 다섯째 나팔부터는 인간에게 직접적이고 치명적인 '화'가 미치는 재앙이 시작되는데, 그런 의미로 성경에서는 다섯째 나팔을 "첫째 화"(우아이. οὐαί. 슬픔의 탄성)라 부른다.

3) 요한계시록에서는 "세 화"가 예언이 되어 있다. "첫째 화"는 계 9:1-11의 다섯째 나팔(5개월 동안의 황충 재앙)이며(계 9:12), "둘째 화"는 여섯째 나팔인 사람 1/3이 죽는 대전쟁(계 9:13-11:14. 7년 심판 대환난 중 전 3년 반)이며, "셋째 화"는 일곱째 나팔부터 시작된 7대접인 7년 심판 대환난 중 후 3년 반(계 11:15-19:21)의 사건이다.

4. "첫째 화는 지나갔으나 보라 아직도 이후에 화 둘이 이르리로다"(계 9:12)는 예고는, 앞으로 닥칠 둘째와 셋째 화의 심각성과 긴급성을 강조하는 것이다. 첫째 화는 지나가고(계 9:1-12) 둘째 화와 셋째 화가 온다는 의미는, 요한계시록은 장차 이루어질 사건의 예언이며, 이 예언의

사건들은 시간 혹은 순서적으로 일어난다는 것을 의미하는 강한 반증이다.

요한계시록의 장차 될 사건이란 이렇게 시간 혹은 사건들이 순서적으로 일어난다는 것을 의미한다. 하나님은 앞으로 일어날 사건들을 복잡하고 어렵게 꼬아 계시하신 것이 아니라, 물 흘러가듯 우리가 이해하기 쉽게 계시하셨다.

Q_03. 거룩한 곳인 하나님 앞 금 제단 네 뿔에서 전쟁을 허락하는 음성의 의미는 무엇인가? (계 9:13-14)

A 성막 당시부터 제단 네 모퉁이에는 네 뿔이 있는데, 하나님 앞 금 제단에 있는 네 뿔에서 음성이 났다. 하나님의 음성이다. 넷이란 동서남북 전 세계를 상징하며, 뿔은 하나님의 권세와 승리를 상징한다. 그런데 제단 네 뿔에서 한 음성이 나기를 "나팔 가진 여섯째 천사에게 말하기를 큰 강 유브라데에 결박한 네 천사를 놓아주라"(계 9:14) 한 것은 네 천사가 지금까지 붙들고 있던 바람(전쟁. 계 7:1)이 이제 때가 되었으니, 바람(전쟁)이 일어나도 좋다는 허락의 음성이다. 한시적으로 억제하고 있던 대전쟁의 시작을 의미한다.

1. 지금까지 대전쟁의 바람이 불지 못하도록 네 천사가 결박당하고 있었다(계 9:14). 천사들이 전쟁을 일으키는 것이 아니기에, 네 천사는 상징적인 표현이다. 그들은 전쟁을 위하여 준비된 멸망의 지도자들이며, 유브라데 강 주변 국가 지도자들로 예상된다.

2. 그런데 왜 거룩한 금 제단에서 대전쟁을 허락하는 음성이 나오게 되었을까?

가장 중요한 것은 바람이 불지 못하게 했던 이유가 해소되었기 때문이다. 그러나 이제 순교자 수(계 6:11)가 채워졌기 때문(행 13:48; 롬 11:25)에 붙들려 있던 바람이 놓이게 된 것이다. 택자들은 이미 휴거된 이후이기에 그동안 잠시 유보되었던, 불신 불택자들을 향한 하나님의 본격적인 이 땅을 향한 심판을 시작하라는 허락의 음성이다.

교회시대 당시 순교자들과 믿는 성도들은 지상에 있을 때 신원의 기도(계 6:9-10)를 올렸다(계 8:4; 시 19:14). 천사는 금향로에 그들의 기도를 담아 하나님의 제단에 옮겼다. 하나님 앞에 올렸던 향연의 기도가 이제는 강력한 진노가 담긴 심판의 뿔이 되었고, 심판의 음성이 되었다. "이제 심판을 허락한다"는 것 같은 불호령과도 같은 음성이 떨어진 것이다.

이 음성은 종말론적으로 볼 때, 순교자들과 믿는 성도들이 지상에 있을 때 올렸던 신원의 호소에 대한 응답이며, 하나님의 진노와 위엄이 담긴 응답의 음성이다.

3. 7인봉은 환난의 성격이 있는 반면에 7나팔과 7대접은 재앙의 의미가 있으며 심판의 성격이 있다. 그 이유는 "재앙"이라는 용어가 12회(계 9:18, 20, 계 11:6, 15:1, 6, 15:8, 16:9, 21, 18:4, 8. 2회는 계 21:9, 22:18) 중 7년 심판 대환난 기간 초반인 계 9장부터 계 18장까지 10회에 걸쳐 집중적으로 등장한다. 나머지 2회인 계 21:9, 22:18은 7년 심판 대환난과 무관한 내용이다(계 9장 Q_01).

인류 1/3이 죽는 대전쟁이 계 9:13부터 시작하는데, 계 9:13부터 7년 심판 대환난(계 9:13-11:14)의 시작이며, 7년 심판 대환난 중 전 3년 반의 시작이다. 계 9:18은 이 대전쟁의 심각성을 보여준다(cf. 계 8장 Q_04).

4. 이 음성은 이 땅을 향한 하나님의 본격적인 심판의 시작이며, 훗날에는 이들이 최후의 심판을 받게 된다. 최후의 심판이란 지옥 심판을 의미한다(심판에 대한 구체적인 내용은 계 20장 Q_10, Q_11. 하나님 앞에 있는 세 종류의 책 계 20장 Q_11).

Q_04. 여섯째 나팔(둘째 화)은 무엇인가? (계 9:13-21)

A 요한계시록에는 '세 화'가 있는데, 첫 번째 화는 황충(전쟁) 재앙이며(계 9:1-12), '두 번째 화'는 여섯째 나팔로써 인구 1/3이 죽는 대전쟁을 의미하며(계 9:13-11:14), '세 번째 화'는 일곱째 나팔이며(계 11:15-15:8), 7대접(계 16:1-19:21)이기도 하다. 두 번째 화와 세 번째 화 모두의 기간이 7년간 진행되기 때문에, 이 둘을 합한 기간을 7년 대환난이라고 부른다.

1. 7년 대환난이라 할 때, '7년'이라는 숫자는 어디에서 나왔는가?

요한계시록에서 7년 대환난이라고 할 때, '7년'이라는 기간을 명시한 곳은 단 한 군데도 없다. 성경에서 동일 사건의 기간을 다른 형태의 기간(1,260일 혹은 42달)으로 반복해서 언급(전 3년 반)하였을 뿐 아니라, 다른 사건을 앞에서 언급한 것과 같은 기간(1,260일 혹은 42달)으로 재차 반복하여 기록(후 3년 반)된 내용은, 오직 7년 대환난에 대한 기록밖에 없다. 그럴 정도로 7년 대환난에는 큰 의미가 있다(계 9장 Q_05).

2. 그런데 '7년'이라는 기간은 무엇에 근거를 두고 말하는 것인가?

7년 대환난 중 전 3년 반(계 9:13-11:14. 여섯째 나팔. 둘째 화)을 1,260일(계 11:3)과 42개월(계 11:2)이라 하였는데, 이것은 3년 반을 의미한다. 후 3년 반의 기간(계 11:15-19:21. 일곱째 나팔인 동시에 7대접. 셋째 화)도

1,260일(계 12:6)과 42개월(계 13:5)이라고 반복하여 기록하고 있다. 이것 역시 3년 반을 의미하기에 후 3년 반이라 말한다.

이렇게 기간은 같으나(각각 3년 반씩) 사건은 서로 다른 사건(전 3년 반과 후 3년 반)의 기간을 합하니, 7년(1이레)이 되는 것이다. 그런데 이 7년이라는 것에는 하나님의 분명한 뜻(인류 역사의 말세인 1이레)과 섭리(아브라함과의 약속)가 있다. 전 3년 반 기간은 두 증인(계 11장)의 예언 활동 기간과도 일치하는데, 여기에도 하나님의 깊은 뜻이 담겨 있다. 결국 여섯째 나팔의 시작점인 계 9:13은 이 3년 반의 시작점인 동시에, 7년 환난 기간 중 전 3년 반의 시작점이기도 하다.

계 6장을 대환난으로 보고 계 4장을 휴거로 주장하는 이들도 있으나, 이런 주장에는 성경적인 근거가 없다. 그러므로 7년 대환난은 세계 인구의 1/3이 죽는 사건인 여섯째 나팔(둘째 화)인 계 9장부터라는 것을 기억해야 한다.

Q_05. 7년 대환난을 통한 핵심 메시지는 무엇이며, 어떤 의미와 목적이 있는가? (계 9:13-11:14)

A 요한계시록은 22장으로 되어 있는데, 9장부터 19장까지 총 11장, 요한계시록의 1/2 분량이 7년 대환난에 대한 내용으로 구성되어 있다.

1. 7년 대환난의 핵심 메시지가 무엇인가? 이 땅에 사는 자(불신자)들을 향한 하나님의 무서운 진노의 재앙 심판(계 15:1)이다.

2. 7년 대환난에는 어떤 의미가 있는가?

1) 일차적으로 7년 대환난은 심판(살후 2:12; 계 18:20)의 의미가 있다. 그

래서 이후로는 '7년 심판 대환난'이라 부르고자 한다. 이 땅에 살면서 예수 그리스도를 불신한 것에 대한 심판(살후 1:8-9)과 불신에 대한 보응(살전 2:16)이다.

2) 심판의 대상은 바벨론에 대한 심판이다. 바벨론(계 17:5. ㉠ 하나님 대적, ㉡ 사람들을 미혹, ㉢ 예수 신앙을 버리게 하는 큰 조직체)에는 크게 세 부류가 포함되어 있다. ① 짐승과 짐승을 경배한 자(우상숭배. 계 13:8, 15), ② 음녀[계 19:2. 지자니온(ζιζάνιον, 알곡 교회 속에 은닉하는. 가라지) 타락한 교회, 큰 음녀는 단일종교 수반], ③ 왕들이라고 불리는 사치 세력(계 18:3) 등이다.

3) 심판의 배후 원인으로는 순교자들의 신원의 호소(계 6:10)에 대한 보응의 심판(계 19:2)이다.

3. 7년 대환난의 목적이 무엇인가? 무섭게 하고 겁주게 하려는 데 있는 것인가? 아니다. 결코 그렇지 않다.

1) 경각심 가지라는 것이다. 7년 대환난의 실상을 알고, 7년 대환난 전에 휴거되어야 하며, 다가올 미래를 준비하라는 것이다.

2) 7년 대환난 기간에는 구원이 없음을 알고 다가올 미래를 준비하라는 것이다. 때때로 어떤 이들은 7년 대환난 기간 중에 구원받을 굳건한 믿음을 갖고, 환난을 통과하라고 가르치고 있다. 환난 통과를 기정사실화하는 지도자들도 있다. 그러나 그런 주장은 전혀 비성경적이다. 성경을 읽지 않고, 요한계시록 전체를 분석하며 연구하지 않고, 단순히 어떤 선입견이나 신학적인 견해만으로 요한계시록을 보면 이해가 안 될 것이다. 그러나 우리는 성경으로 돌아가서 한번 보자.

4. 7년 대환난 때는 왜 구원이 없을까? 아래의 세 가지가 없기에 구원이 없다고 믿는다.

1) 회개가 없다(계 9:20, 21, 16:9, 11). 7년 대환난 때는 회개를 하지 않는다고 성경은 분명하게 말씀하고 있다. 생각해 보자. 6·25 당시 전쟁 중에 인권을 찾아볼 수 있을까? 세계 인구 1/3이 죽는 전쟁이 치러지고 있는데 인권을 찾아볼 수 있을까? 내가 살기 위해서는 양심을 버리고 살아야만 한다. 양심이 어디 있겠는가? 회개도 성령께서 허락하실 때 가능한 것이다. 회개도 양심의 악을 내가 깨달을 때 할 수 있다. 성경에서는 7년 대환난 기간에 회개가 없다고 분명하게 밝히고 있다.

2) 땅의 모든 사람이 다 우상숭배를 하기 때문(계 13:8)이다. 우상숭배를 거부하면 몇이든 다 죽인다(계 13:15).

3) 짐승과 우상에게 경배하는 조건으로 짐승의 표를 받는다(계 14:9). 짐승의 표는 경제활동을 할 수 있는 표다. 그 경제수단을 받는 조건이 "짐승과 그 우상에게 경배"(우상숭배)하는 것이다.

이런 성경 말씀을 무시하고 인간적인 단순한 생각이나 신학적인 관점으로 접근하여 '7년 심판 대환난'을 단순히 극복할 수 있다는 막연한 믿음을 심어주거나 가져서야 되겠는가? 성경을 떠난 이런 믿음이나 주장이 예수님을 안 믿어도 구원받을 수 있다고 주장하는 사람들과 무엇이 다른가? 우리는 깨어 있어야 한다. 단장한 신부가 되어야 한다.

그러므로 7년 심판 대환난을 제대로 인식하기 위해 앞으로 우리는

'7년 심판 대환난'이라고 불러야 한다고 생각한다. 이제 7년 심판 대환난을 겪지 않기 위해서 우리는 예수님의 공중강림을 사모하며, 이 땅에서 휴거를 준비하는 깨어 있는 성도의 삶을 살아야 한다고 믿는다.

Q_06. 네 천사가 놓임으로 시작된 전쟁은 어느 정도 규모의 전쟁인가? (계 9:16-19)

A 네 천사가 놓임으로 갑자기 이만 만(20,000×10,000)이라는 2억의 마병대가 등장한다. 2억의 전투병들을 통하여 세계 인구 1/3이 죽게 되는 대전쟁이 벌어진다. 이 전쟁은 확실하게 예언된 전쟁이다. 모년 모월 모일 모시에 발생한다는 사실이다. 하나님께서 반드시 "장차 될 일"(계 1:19)에 대한 예언의 한 부분이다.

그런데 말 탄 자(현대 무기인 자동차, 장갑차 등등)를 보았는데, 그들이 사용하는 무기에는 불빛과 자줏빛(붉은빛 계통의 색이란 전쟁의 불빛)과 유황빛 호심경(방패 방어막)이 있고, 또 말들의 머리는 사자 머리(사자처럼 포악하게 파괴하고 살상하는 능력) 같고 그 입에서는 불과 연기와 유황이 나오는 모습(현대의 고도화된 무기와 강한 폭발력 그리고 화학전에서 나오는 화력)을 환상을 통하여 본 것이다.

문제는 이 말들(현대 무기를 사용하는 부대)의 힘은 입(무기의 앞부분에 해당하는 포신 미사일)과 꼬리(미사일 혹은 핵)에 있으니, 꼬리는 뱀 같고(지형지물을 이용한 위장술) 또 꼬리에 머리(버튼만 누르면 어디든 찾아가서 파괴하는 미사일과 핵 등 중화학무기)로 무장하여 싸우는 대규모 전쟁이 발생할 것이다.

성경은 **이 전쟁은 세 재앙**(불, 연기, 유황)에 의하여 **세계 인구 1/3이 죽게**(계 9:18) **될 대전쟁**이라고 예언하고 있다.

Q_07. 대전쟁(재앙) 중 "땅에 사는 자들"(계 8:13)의 모습을 통해 깨닫는 교훈은 무엇인가? (계 9:20-21)

A 대전쟁으로 세계 인구 1/3이 죽은 뒤 인류의 모습을 볼 수 있다. 전쟁으로 폐허가 된 환경 속에서 건전한 윤리와 선한 비전을 세우고 이뤄가는 것이 아니다. 그렇다고 "손으로 행한 일을 회개(메타노에오. μετανοέω)하지 아니하고, 오히려 우상에게 절하고…회개하지 아니하더라"이다.

1. 대전쟁 시대에 지상에 살아 있는 자들은 어떤 자들인가? 계 7:9에서 휴거되지 못한 불신 불택자들이다. 근본적으로 그들은 예수님의 보혈을 불신하고 외면한 사람들로서 강퍅한 인성의 소유자들이다. 대전쟁을 겪으며 살아남은 2/3의 사람들("땅에 사는 자들")은 더욱 완악한 성품(계 22:11) 속에 살아가게 될 것을 예언하고 있다.

2019년 12월 중국 후베이성 우한에서 시작된 신종 코로나바이러스 감염증(코로나19) 팬데믹(Pandemic, 세계적 대유행)으로 전 세계 인구 78억 명의 1% 이상이 코로나19 바이러스에 감염됐고, 이들 중 2%가 목숨을 잃었다. 코로나19에 대응하는 각 국가마다 자국민 접종을 우선시하는 '백신 이기주의'를 우리는 경험했다. 미국을 비롯한 선진국들은 기존 패권을 내세우며 백신을 선점해 나가는 모습을 보면서, 인류가 위기를 접하게 되면 언제나 윤리, 질서, 인권도 무시되고 힘의 논리에 움직이게 된다는 것을 경험하였다(신정원, 이재우 기자, ③ "주도권 잡자"…美·中, 백신 패권 노골화, 〈뉴시스〉, 2021. 01. 11.).

6·25 전쟁 당시에 인권을 주장할 수 있었을까? 당연히 무시될 수밖에 없다. 코로나 팬데믹 시대에도 인권보다 방역과 생존을 앞세웠던 시기에 인권은 무시될 수밖에 없다. 그런 것들보다 더 심한 인류

1/3이 죽은 대전쟁 이후의 시대에 어찌 인권이 존재할 수 있겠는가? 어찌 양심의 악을 깨닫는 회개가 있을 수 있단 말인가?

그들의 특징을 성경은 ① 손으로 행한 일을 회개하지 아니하고, ② 오히려 여러 귀신과 또는 보거나 듣거나 다니거나 하지 못하는 금, 은, 동과 목석의 우상에게 절하고, ③ 그 살인과 복술과 음행과 도둑질을 회개하지 않는다고 단언하고 있다(계 9:20, 21, 16:9, 11).

2. 요한계시록에는 "회개"라는 용어가 10회 등장한다(계 2:5, 16, 21(21), 22, 3:3, 19, 9:20, 21, 16:9, 11). "회개하라"는 의미로 '회개'를 촉구하는 말씀이 4회(계 2:5, 16, 3:3, 19), "회개하지 아니하더라"는 의미의 말씀이 6회(계 2:21, 22, 9:20, 21, 16:9, 11) 등장한다. 그런데 계 2, 3장에 나오는 "회개"는 교회시대인 현재의 교회와 성도들을 향해 "회개하라"는 촉구의 말씀이라고 한다면, 계 9장부터 나오는 "회개"는 휴거되지 못하고 "땅에 사는 자들"(계 8:13)이 어떤 상황에서도 '회개하지 않았다'는 의미에서의 완악(강퍅)하고 악한 그들의 심성을 대변하는 용어로 사용되었다.

휴거되지 못하여 "땅에 사는 자들"(계 8:13)의 가장 큰 특징과 문제는 그들은 '회개'하지 않는다는 것이다. 7년 심판 대환난 기간 중에는 "회개하지 않았다"는 의미의 말씀이 4회 등장한다(계 9:20, 21, 16:9, 11). 그러나 계 21장부터는 '회개'한 이후 휴거되어 "하늘에 사는 자들"(계 13:6)의 역사이기에 '회개'가 필요 없는 세상이라서 '회개'라는 용어가 전혀 등장하지 않는다.

결국 "땅에 사는 자들"(계 8:13)은 마지막까지 회개하지 않아서 심판받는 것이고, 회개하지 않아서 흰 보좌 최후의 심판을 받아(계 20:11-12) 지옥 가는 것이다.

회개하지 않는데 어찌 성령의 역사가 있을 수 있겠는가? 양심의 악을 깨닫지 못하는 강퍅한 심령에 어찌 하나님의 긍휼하심을 기대할 수 있겠는가? 이들은 교회시대 때도 완악하여 예수님을 거부했던 사람들이었다. 우리는 인류 1/3이 죽는 전쟁을 겪으면서 더 완악해지는 사람들이 어느 정도로 완악해져 가는지를 요한계시록을 통해서 미리 보는 것이다. 그리고 깨달아야 한다. 예수님 없는 시대인 "땅에 사는 자들"(계 8:13)의 마지막 모습과 심판과 최종적인 결말을….

※ P.S.: 우리는 알아야 한다. 우리가 어떻게 함으로 구원받는가? '회개'가 조건이다. 그리고 예수님을 나의 주 나의 하나님으로 믿고 영접하는 것이 조건이다. 회개하고 믿고 영접하는 이 두 가지가 없으면 그 누구도 구원받을 수 없다. 회개라는 것도 성령의 역사가 아니면 그 누구에게도 회개의 영이 임하지 않는다. 그래서 그 누구도 회개할 수 없으며, 그 누구도 회개를 안 하는 것이다. 그러나 내가 현재 순간순간 회개하며 살아가고 있다면, 그것은 정말 하나님의 큰 은혜를 입고 있다는 증거다. 이런 것에 늘 감사하십시오.

회개가 없으며 회개하지 않는다는 말은, "땅에 사는 자들"(계 8:13)이 있는 7년 심판 대환난 중에는 성령의 역사가 나타나지 않는다는 의미다. 그래서 7년 심판 대환난 때는 회개가 없는 것이다. 그런 환경인데 어찌 그 완악한 세상에서 구원받을 수 있단 말인가? 회개가 없는 세상에서 환난을 통과하며 구원받는다는 그와 같은 말을 누가 성경적이라 말할 수 있단 말인가? 단순한 신학적인 견해로, 그리고 남 얘기하듯 성경을 논해서는 안 된다. 그런 것은 사람을 미혹하는 것이며, 영혼을 죽이는 말이다.

요한계시록 10장

Q _01. 계 10장의 핵심 메시지는 무엇인가?

A **7나팔(계 8-15장)은 크게 세 부분으로 되어 있다.** ① 첫째 나팔부터 넷째 나팔이 기록된 계 8장은 자연계(생태계)에 대한 네 가지 재앙(계 8:7-13)으로, ② 계 9장의 다섯째 나팔(첫째 화. 계 9:1-12. 황충 재앙)과 여섯째 나팔(둘째 화. 전 3년 반. 계 9:13-11:14. 두 증인의 활동 기간)은 인간에게 향한 직접적인 두 가지 재앙으로, ③ 일곱째 나팔[후 3년 반. 계 11:15-15:8. 7머리 10뿔 짐승(적그리스도)이 42개월(계 13:1-2, 5) 동안 일하는 권세를 받은 기간]은 7대접(계 16:1-19:21)을 준비하는 기간이다. 준비한다는 것은, 7나팔 사건은 7대접을 동시적으로 동반(계 16:1-19:21)하게 됨으로써, 일곱째 나팔의 기간은 후 3년 반 전체(계 11:15-19:21)의 기간 동안 진행된다는 구조를 이해하고 있다면, 계 10장은 계 9장의 여섯째 나팔의 연속된 사건 속에서 진행되고 있다는 것을 알 수 있다. 놓쳐서는 안 될 것이 하늘에서 들린 소리와 힘센 천사의 말을 구별하는 것도 꼭 필요한 포인트다.

계 10장은 세 부분으로 나눌 수 있다(주제는 여섯째 나팔, 일곱째 나팔 예고, 그리고 사도 요한이 작은 두루마리를 갖다 먹어 버림). ① 연속되는 여섯째 나팔(7우레 사건을 인봉하고 기록하지 말라 함. 계 10:1-4), ② 일곱째 나팔을 예고하며 예언된 말씀대로 그대로 성취될 것을 예고함(계 10:5-7), ③ 사도 요한이 사명 수행을 위해 작은 두루마리를 갖다 먹어 버림(계 10:8-11) 등이다.

Q _02. 계 10장이 여섯째 나팔에 대한 연속된 사건이라는 증거는 무엇인가? (계 10:1). (이단 경계)

A 계 10:1 "내가 또 보니"에서 '또'라고 하는 것은 '그리고'라고 하는 등

위접속사 카이(Καὶ)로 되어 있다. 앞 사건과 연결될 때 사용되는 용어다. 이 용어가 계 11:1에서도 "또"라고 하는 용어로 동일하게 사용되고 있다. 이 말의 의미는 계 9장에서 진행된 여섯째 나팔이 계 10장(일곱째 나팔의 예고. 계 10:7)에 이어서 계 11장에까지 여섯째 나팔이 계속 진행되다가 계 11:15에서 일곱째 나팔재앙이 시작되는 구조로 되어 있다.

또 하늘에서 요한에게 들리던 그 음성이 세 가지를 명령한다. ① 7우레의 말을 인봉하고 기록하지 말라(계 10:4). ② 힘센 천사의 손에 펴 놓인 두루마리를 가지라(계 10:9-10). ③ 하나님의 성전과 제단과 그 안에서 경배하는 자들을 측량하되 성전 바깥 마당은 측량하지 말라(계 11:1-2)는 것이다. 이것은 계 10장과 계 11장이 이어져 있다는 증거다.

요한계시록의 이런 구조는 귀납법적으로 성경을 보지 않으면 보이지 않는 구조다. 본서는 성경의 이런 구체적인 구조를 보여주는 좋은 장점이 있다. 이런 구조를 명확하게 알아야 하는 중요한 이유가 있다.

어떤 이들은 계 10장은 삽입된 내용이라고 주장하는 사람이 있다. 어떤 이는 계 10:9-11의 말씀은 사도 요한이 7년 심판 대환난 기간에 증거할 말씀이라 주장한다. 그러나 성경을 있는 그대로 분석해 보라. 확인해 봤듯이, 그런 주장은 성경을 읽지 않고 구조도 모른 채 단순한 신학적 편견에 의한 잘못된 인간적 해석일 뿐이다. 그러나 성경을 읽고 귀납적으로 성경을 분석하며 구조를 이해한다면, 이런 오류에 빠지지 않게 될 것이다.

그러나 더욱 유의해야 할 것이 있다. 본문을 이단을 넘어선 신흥종교 신천지의 이만희는 자신이 '힘센 천사'라고 주장한다. 어이가 없다. 더 나아가 계 10장을 자신의 "다른 보혜사" 교리의 근거(계 10:1, 9-10)로 사용하고 있다(진용식, 앞의 책, p. 20). 심각한 문제다.

정통 교단(회)에서는 예수님께서 약속하신 "다른 보혜사"="성령님"으로 믿고 있다. 그러나 "이만희는 자신을 신격화하기 위하여 보혜사 교리를 가르친다. 예수님께서 보내주시겠다고 약속한 보혜사가 바로 이만희 자신이라는 것이다. 그래서 이만희가 쓴 책에는 저자의 이름을 쓸 때, '보혜사·이만희'라고 표시한다. 이만희는 자신의 책에서 자신이 보혜사 성령임을 주장"(진용식, 위의 책, p. 23)하며, "새 요한(이만희)도 보혜사라 부를 수 있을 것이다"(이만희, 앞의 책, p. 186)라고 주장하고 있다.

"교주 이만희가 처음에는 자신이 보혜사 성령이라고 계속 주장하다가 어떻게 인간이 보혜사 성령이 되고 삼위일체가 되느냐는 공격을 받게 되자 교리를 살짝 수정하게 된다. 최근에 발행한 이만희의 책에는 이만희에게 임한 영, 천사가 보혜사라고 한다"(진용식, 앞의 책, p. 23).

이만희 자신도 "성령을 받아 말씀을 전하는 대언자이기 때문에 보혜사"(진용식, 위의 책, p. 200)라 주장하며, "이만희 대언자 교리를 요약하면 초림 때는 예수님에게 성령이 임하여 예수님이 대언자 보혜사가 되었듯이, 재림 때는 이만희에게 성령이 임하여 말씀을 전하는 대언자가 되었으니, 이만희가 보혜사라는 것"(위의 책, p. 200)이다. 이 모든 주장은 절대 틀린 주장이다.

신천지와 이만희가 성경을 정확히 모르고 있다는 하나의 증거가 여기에 또 있다(계 10장 Q_05).

※ P.S.: 이제 목회자들은 요한계시록을 더욱 열심히 건전하게 성경적으로 전해야 한다. 성도들이여, 이런 헛소리에 절대 미혹 당해서는 안 된다. 신천지에 빼앗긴 성도들을 다시 돌아오게 해야 한다.

Q_03. 힘센 다른 천사의 정체는 무엇이며, 7우레의 소리는 무엇인가? (계 10:1-4)

A 천사(계 5장 Q_03)는 천사인데, "힘센 천사"(cf. 계 5장 Q_03)라 했다. 힘센 천사는 하나님의 신적 권능을 부여받은 하나님의 사자다. 그 힘센 천사를 다음과 같이 몇 가지 상징적으로 표현하고 있다.

힘센 천사가 ① 구름을 입고(하나님의 영광. 출 19:9, 24:16, 34:5) 하늘에서 내려오는데, ② 그 머리 위에 무지개(약속, 언약을 상기시킴. 창 9:13)가 있고, ③ 그 얼굴은 해(거룩한 영광. 마 17:2) 같고, ④ 그 발은 불기둥(하나님의 권능. 출 13:21) 같으며, ⑤ 그 손에는 펴 놓인 작은 두루마리(계 5장 Q_02)를 들고 그 오른발은 바다를 밟고 왼발은 땅을 밟았으며(요한계시록이 종말의 때 온 세상에 전파되어야 할 복음 중의 열려 있는 복음의 말씀. 계 22:10), ⑥ 사자가 부르짖는 것같이 큰 소리로 외칠 때(공개적으로 전 세계 사람들이 다 들어야 할 마지막 때의 복음이기 때문에), 일곱 우레가 그 소리를 내어 말을 했다.

7우레가 소리(하나님의 위엄을 나타내는 음성. 시 29:3)를 내어 말할 때, 사도 요한이 7우레의 소리를 기록하려 하자 하늘에서 소리가 나기를 "7우레가 말한 것을 인봉하고 기록하지 말라"(계 10:4)는 것이었다.

우리는 7우레가 무슨 말을 했는지 알 수는 없다. 하나님의 또 다른 섭리가 있는 말씀이기에, 7우레가 전했던 말의 내용은 하나님께 맡겨야 한다. 계 9장에서 이어진 여섯째 나팔(둘째 화) 재앙이 계 11:14(전

3년 반. 계 9:13-11:14)까지 계속 진행될 것이다.

Q _04. 바다와 땅을 밟고 서 있는 힘센 천사가 했던 맹세란 무엇인가? (계 10:5-7)

A 그 힘센 천사는 바다와 땅을 밟고(온 세상) 서서(지배) 하늘을 향하여 오른손을 들고(맹세의 자세. 창 14:22; 단 12:7) 하나님이 계신 하늘을 향하여 경배하며 외쳤다. 힘센 천사가 경배하며 외쳤던 대상자는 ① 세세토록 살아 계신 하나님이며, ② 그 하나님은 하늘과 땅과 바다와 그 가운데 있는 모든 피조물을 창조하신 하나님이다. 힘센 천사는 그 하나님을 가리켜 맹세한다.

힘센 천사가 맹세한 내용은 두 가지로 되어 있다.

① 현재 이 땅을 향한 하나님의 공의로운 심판이, 예정하신 하나님의 계획대로 지체하지 아니하고(계 10:6) 신속하게 진행될 것이다[여섯째 나팔(둘째 화)이 지나고 나면 곧이어 일곱째 나팔(셋째 화)로 진행].

② 일곱째 천사가 나팔을 불어 소리 내는 날(때)에, 하나님의 비밀(인간과 세상을 향한 하나님의 뜻과 섭리)이 하나님의 종들인 선지자(예언자)들이 선포한 그 말씀(복음, 비밀. 벧후 3:2)대로 반드시 이루어질 것(계 10:7)이다. 힘센 천사는 하나님의 심판 의지를 강조하듯 맹세하며 강하게 확인시켜 주었다.

Q _05. 사도 요한이 힘센 천사의 손에서 갖다 먹어 버렸다는 말씀의 의미는 무엇인가? (계 10:8-11). (이단 경계)

A 계 10:8-11에서 사도 요한은 자신을 언급하는 지시 대명사로, "내가"(7회) 혹은 "네가"(4회)의 표현으로 총 11번 사용하였다. 이것은 계 10:8-11의 말씀이 요한 자신과 특별히 밀접한 관계가 있는 말씀이라는 뜻이

다. 힘센 천사에게서 받은 작은 두루마리를 먹어 버리라는 것인데, 그 두루마리는 "네 배에는 쓰나 네 입에는 꿀같이 달 것"이라 하였다.

이 예언은 요한이 당시 밧모 섬에 유배되어 있다가 일시적으로 해방(놓여)되어, 요한계시록(작은 두루마리)을 다시 전파하게 될 것을 예언한 것이다. 문제는 현재 진행되고 있는 본문의 내용은 시기적으로 여섯째 나팔이 진행되는 상황 속의 말씀(시간적으로 7년 심판 대환난 중)이다.

하지만 그렇다고 해서 요한이 7년 심판 대환난 기간 중에 예언하게 될 것이라는 말씀이 결코 아니다. 요한이 환상을 보며 계시를 받았을 때는 도미티안 황제 때(A.D. 81-96) 밧모 섬으로 유배되어 18개월 머무는 동안 계시를 받았다. 계시의 내용은 장차 이루어질 미래의 일이지만, 요한의 현실은 도미티안 황제 통치 기간이라는 사실이다. 시간의 큰 간격이 있음을 이해해야 한다.

또 하늘에서 들렸던 소리와 힘센 천사가 한 말을 구별해야 한다. 하늘에서 요한에게 들렸던 그 음성은 요한에게 세 가지를 명령한다. ① 7우레가 했던 말을 인봉하고 기록하지 말라(계 10:4), ② 네가 가서 바다와 땅을 밟고 서 있는 힘센 천사의 손에 펴 놓인 두루마리를 가지라(계 10:9-10), ③ 일어나서 하나님의 성전과 제단과 그 안에서 경배하는 자들을 측량하되 성전 바깥마당은 측량하지 말고 그냥 두라(계 11:1-2)는 것이었다.

반면에 힘센 천사는 요한에게 **"이 두루마리를 갖다 먹어 버리라 네 배에는 쓰나 네 입에는 꿀같이 달 것"**(시 19:10; 렘 15:16)이라 하였다.

그 말을 들은 사도 요한은 힘센 천사의 손에서 작은 두루마리(요한계시록)를 갖다 먹어 버렸는데[카테파곤. κατέφαγον. 카테스디오(κατεσθίω)의 부정과거 능동태. 요한이 과거에 먹었던 상태가 지금까지 지속], 요한의 입에는 꿀같이 다나 먹은 후에 자신의 배에서는 쓰게 되었다는 것을 체험하였다. 이것은 요한계시록 말씀은 재림의 소망을 주는 힘이 되는 꿀 같은 말씀이지만, 그것을 전하는 과정은 쓰고 어려워 사명 없이는 전할 수 없다(겔 2:5-10)는 것을 의미한다.

말세시대에 요한계시록을 알고 전하는 것은 쓴 약을 먹는 것처럼 어렵고 힘든 일이다. 장차 이루어질 예언의 말씀을, 많은 백성과 나라와 방언과 임금에게 다시 예언하며 전해야 하는 사명의 길이 너무 힘들고 험난할 것이라는 예언의 말씀이다.

※ P.S.: 신천지 교주 이만희 자신은 "하나님의 책을 받아 먹은 새 요한"(이만희, 위의 책, p. 190), 요한계시록의 말씀을 "갖다 먹은 자"(계 10:9-11)라고 주장한다. 엘리야 시대 사악한 왕 아합의 아내(왕상 16:31)를 빗대어 초대교회 당시에도 "자칭 선지자라 하는 여자 이세벨"(계 2:20)은 두아디라 도시에 있는 아데미 신전에서 아데미를 숭배하는 여사제였다. 자칭 여선지자가 교회에 침투하여 악한 행위로 거짓을 가르치며, 자기가 가르치는 것은 계시를 받은 것이라고 하면서 사람들을 미혹하며 온갖 죄에 빠지게 했다. 오늘날에도 이단의 교주들은 이런 종교 사기꾼의 전형을 보여준다.

성경의 순수성과 교회의 순결성을 상실했기 때문에 책망하시며, 그 눈이 불꽃 같고 그 발은 단련한 빛난 주석 같은 전지전능하신 심판자 되신 주님께서 책망하며 심판을 벼르고 있다.

이단과 신흥종교들이 2021년대를 살아가고 있는 현재도 한국을 넘어 전 세계를 다니며 온갖 말로 성도들을 미혹하고 있다.

1) 이만희는 스스로 성경을 통달한 자요, 요한계시록을 받아먹은 자가 새 요한인 "자신이 대언자가 되고 보혜사가 된다"(진용식, 앞의 책, p. 61)고 주장한다. 2) 청도(과천)에서 계시를 받았다고 주장하면서 그곳을 성지로 지정했다. 청도와 과천이 신천지 사람들에게는 '신 성지 순례' 코스다. 예수님이 계셨던 성지보다 이 교주의 고향이 더 성지라 주장한다. 3) 자신을 신격화하며, 믿는 자들을 미혹시키고 있다. "신천지 교리는 이만희를 신격화할 목적으로 만들어졌다. '요한계시록 실상은' 이만희 교주를 믿게 하기 위하여 35가지로 가르친다"(진용식, 위의 책, p. 21). 4) 이만희는 자신을 재림주로 믿게 하는 교리를 만들었다. 초림 때 예수님의 육체에 하나님의 영이 임하여 초림이 된 것처럼 재림이란 예수님이 영으로 재림하셔서 이만희에게 임함으로 재림주가 된 것(진용식, 위의 책, pp. 25-26)이라 주장한다. 5) 신천지의 생명책 제도는 ① 입교 ② 교회 등록, ③ 총회 등록해야 하며 "열두 지파에 소속이 되어야 천국에 들어간다"(이만희, "천지 창조", 2007, p. 6). 6) 신천지가 알려지지 않았을 때는 내부적으로 취약한 교회에 간첩처럼, 신천지는 자신들의 신분을 속이고 산 옮기는 작전으로 "일반교회 성도들을 미혹하기 위해 교회로 침투하여 거짓 모략과 연기 등 온갖 방법을 다하여 추수꾼 노릇을 하였다"(진용식, 앞의 책, p. 20). 7) 지금은 복음방 강사 수준이 되어야 왕 같은 제사장 정도가 된다는 것으로 교리를 바꾸고 있다. 8) 신천지의 더 큰 문제는 정치의 세력화까지 시도하고 있다는 것이다(김나경 기자, 「與, 尹 '신천지·진진법사' 의혹 맹폭. "사이비 종교 정치개입 우려"」《파이낸셜》, 2022. 02. 17).

9) 2006년 진용식 목사(안산 상록교회 담임)와의 소송 중 고소장에서 이만희는 신천지 교리를 스스로 부인하는 말을 했다고 한다(이만희, 고소장, 2006. 02. 21). 이만희는 자신의 보혜사 성령은 사실이 아니며, 신천지에서 단 한 번도 보혜사라고 가르친 적이 없다고 했다고 한다. 자기는 구원자가 아니라는 말이다. 신천지 사람들에게는 내적으로는 자신이 구원자라고 가르치고, 외적인 고소장에는 아니라고 하는 것이다. 안과 밖이 다른 이중적 태도이다. 둘 중 하나는 거짓말이다. 그들은 모략 전도(진용식, 위의 책, p. 20)라는 이름으로 모든 문제를 상황에 따라 거짓말을 해도 된다고 가르침을 받는다. 그러나 건전한 교회들은 목적이 선하면 방법도 선해야 한다고 가르친다. 그들은 양심의 가책도 못 느끼며 신앙의 목적을 위해 수단을 합리화한다. 이만희는 진용식 목사와의 소를 2007년 1월 취하했다.

한국교회는 이런 상황에서 성도들에게 답을 줘야 한다. 현재는 요한계시록에 있어서는 이단이 더 정교한 답을 주는 듯 인식되어 있다는 것이 문제로 지적된다. 상황이 이렇게 심각한데 오늘을 살아가고 있는 현재도 요한계시록은 두려운 책, 가까이 접해서는 안 될 책으로만 아는 주의 종들과 성도들이 얼마나 많은가? 본서는 이런 분들에게 조금이라도 도전을 주며 요한계시록을 알기 쉽게 전달하는 데 목적과 의미를 두고 있다.

요한계시록을 알면 아는 만큼 재림신앙이 회복될 것이다. 아는 것만큼 보이고, 믿는 것만큼 충성하게 된다. 요한계시록을 알게 되면 천국이 더 명확하게 보이고, 상급에 대한 소망으로 더 신나게 될 것이다. 재림신앙으로 늘 단장된 신부로 더 활기차게 살아가는 축복이 있기를 기원한다.

요한계시록 11장

Q _01. 계 11장의 핵심 메시지는 무엇인가?

A 계 11장은 계 10장의 연속된 장이다. 그 이유는 계 10장에서 ① 힘센 천사가 요한에게 두루마리를 먹으라(계 10:9) 명령했던 것처럼 계 11장에서도 명령이 이어지고 있다. 그 힘센 천사는 ② 하나님의 성전과 제단과 그 안에서 경배하는 자들을 측량하되 성전 바깥마당은 측량하지 말고 그냥 두라 했으며(계 11:1-2), ③ 두 증인에게 1,260일 동안의 큰 권세를 준 대상자도 힘센 천사(계 11:3, 6)다. 이것 역시 요한계시록이 시간적(상황적 아님) 흐름에 따라 기록되었고, 진행된다는 증거이기도 하다.

그런 의미에서 계 11장은 계 8장에서부터 시작된 7나팔(계 8-15장)의 연속된 사건(계 10장 Q_01) 중에서, 계 9장의 다섯째 나팔(첫째 화. 계 9:1-12. 황충 재앙)에 이어 여섯째 나팔(둘째 화. 전 3년 반. 계 9:13-11:14. 두 증인의 활동 기간) 사건 중에 있는 내용이다.

계 11장은 요한계시록에서 가장 난해한 장 중 하나라고 했다. 관찰을 성실하게 하지 않으면 흐르는 맥을 찾기가 어렵기 때문이다. 서문에서도 언급했듯이 성경을 보는 방법에는 ① 관찰, ② 해석, ③ 적용 등 세 가지 방법이 있는데, 세 가지 중 관찰이 가장 기본이고 제일 중요하다 할 수 있다. 관찰만 잘해도 성경은 어렵지 않게 해석할 수가 있다. 그런데 관찰을 제대로 하지 않고 상징적으로 혹은 영해라는 이름으로 제각기 다른 자의적 해석을 할 수가 있다. 이런 잘못된 해석들이 이단에게 빌미를 준 결과, 계 11장은 이단이 가장 좋아하는 단골 메뉴 중 하나가 되었다. 이단의 교주들은 한결같이 계 11장을 자신들

의 권위를 세우기 위해 사용하는 장으로 유명하다(이단 경계)

계 11장이 의미가 있는 것은 두 증인의 사역이다. 두 증인이 굵은 베옷을 입고(계 11:3), 큰 권능(계 11:5, 6)을 행하는 것을 목격한 사람들이, 큰 지진으로 7,000이 죽는 사건을 경험함으로 두려움 속에서 하늘의 하나님께 영광을 돌리면서(계 11:13), 유대인 중심의 지상 성도(교회)가 출현하게 된다는 매우 특별한 의미가 있다. 그런 의미에서 마지막 1이레의 시간과 깊은 관계가 있는 계 11장은 계 7장, 12장과 함께 요한계시록의 주제장(계 7장 Q_01, Q_08)이라 할 수 있다.

계 11장에서 주의해서 봐야 할 핵심 포인트는 ① 계 11장의 성전이 천상 성전인지, 지상 성전인지? ② 두 증인은 누구를 말하는 것인지? ③ 두 증인의 승천이 교회(성도)의 승천을 말하는 것인지, 아닌지? 이에 대한 깊은 관찰이 필요하다.

계 11장은 네 부분으로 나눌 수 있다(주제는 두 증인의 천이백육십 일 예언과 지상 성도의 출현). ① 성전 측량과 성전 바깥마당을 이방인이 42개월간 짓밟는 사건(계 11:1-2), ② 두 증인의 1,260일간 예언 사역(계 11:3-6), ③ 두 증인의 죽음, 부활, 승천(계 11:7-14), ④ 일곱째 나팔과 천상예배(계 11:15-19) 등이다.

Q_02. 성전을 측량하라고 했던 성전은 천상 성전인가, 지상 성전인가? (계 11:1-2)

A 요한에게 지팡이 같은 갈대(reed. 표준이 되는 "재는 자")를 주며 명령한 대상자는 누구인가? 계 10장에 출현했던 힘센 천사(계 10:1, 5)다. 명령의 내용(측량의 대상)은 '하나님의 성전과 제단을 자로 재고, 그 안에서 예배드리는 사람들의 수를 세어라. 그러나 성전 바깥마당은 측량하지 말고 그냥 두라'(계 11:1-2)는 것이다.

1. 계 11:1–2의 성전은 천상에 있는 성전일까, 아니면 이 땅에 있는 지상 성전일까? 이것을 확인하기 위해 몇 가지를 살펴본다면, 그 성전은 ① 성전과 연결된 성전 바깥마당은 이방인에게 준 곳이며, 그 성은 거룩한 성이며, 마흔두 달(전 3년 반) 동안 이방인이 짓밟을 성전(계 11:2)이며, ② 성전과 제단에서 섬기는 자들이 흰옷 입은 천상의 성도(계 7:9, 13, 14, 11:1. 계 7장 Q_08)들이 아니며, ③ 두 증인이 사역하다 죽은 장소가 주께서 십자가에 못 박히신 곳(예루살렘. 계 11:8)이며, ④ 큰 지진이 나서 성 1/10이 무너지고 지진에 사람 칠천이 죽는 사건이 벌어질 때, 살아 있는 자들이 두려움 속에 하늘의 하나님께 영광을 돌리게 되는 곳(계 11:13)이라고 한다면, 이것은 천상의 성전이 아니라 지상의 성전이라고 보는 것이 타당할 것이다(계 12장 Q_07, 계 21장 Q_03).

하지만 사도 요한이 계시를 받고(도미티안 황제 때. A.D. 81-96), 요한계시록을 기록(A.D. 81-96)할 당시에는, 이미 예루살렘 성전은 무너져 황폐(A.D. 70)한 채 있었음에도, 요한이 보았던 성전은 천상의 성전이 아닌 지상의 상징적인 성전을 보았다는 말이다.

구약을 근거로 하여 성전을 측량하는 이유나 그 의미로는, 성전 측량은 모든 재난으로부터 보호받고 안전한 삶을 유지하기 위함이며, 세속으로부터 분리한다는 상징적 의미를 가지고 있다(겔 40:5, 42:20).

2. 성전은 측량하면서도 "성전 바깥마당은 측량하지 말고"라는 이유는 무엇일까? 구약 성전에서 이방인들은 성전 안으로는 들어갈 수가 없다. 이방인들에게는 이방인들에게 허용된 공간이 있는데, 그것이 '이방인의 뜰' 혹은 '성전 바깥마당'이다. 성전 바깥마당은 "그들이 거룩한 성을 마흔두 달 동안 짓밟으리라"는 말씀대로 이루어질 것이기 때문에 측량하지 말라는 것이다.

3. 그러면 이방인들에게 거룩한 "성전 바깥마당"을 42달 동안 짓밟아도 좋다(계 11:2)고 허락한 이유는 무엇일까? 구약적인 개념으로 본다면, 성전 내에서 경배하는 자들은 참 이스라엘 사람들이라는 것에 반하여, 성전 바깥마당에 있는 자들은 이방인이기 때문이지만, 요한계시록 관점에서 볼 때는, "땅에 사는 자들"이 성전 바깥마당(세상)을 짓밟는 행위에 대한 하나님 심판의 근거가 되기 때문에 죄를 짓도록 허락하시는 것이다.

42달이라는 기간은 7년 심판 대환난 중 전 3년 반 기간(여섯째 나팔. 둘째 화. 42÷12개월(1년)=3년 반, 계 11:2, 3)이며, 두 증인의 활동 기간(계 11:3. 1,260일)이다. 구속받아 택함 받은 자들은 이미 휴거된 이후의 기간이다. 이 기간은 마음이 완악한 불신자들이라고 하는, "땅에 사는 자들"(계 8:13)이 앞으로 자신들에게 정해진 제한된 시간 동안 때가 찰 때까지 그들은 죄악을 저지르게 될 것이다. 그 죄악이 그들에겐 "마지막 재앙"(계 15:1)이라는 이 땅에서의 다른 심판의 근거가 될 것이다.

이 말씀은 단 9:27의 말씀과 깊은 관련이 있는 말씀이다. 예수님의 예언대로 예루살렘 성전이 폐허(마 24:2)가 될 것이며, 폐허 이후로 예루살렘 성전 터에는 오르마 회교 사원(반석의 돔)이 있기에, 현재까지 유대인의 **'성전 제사'**가 회복되지 않고 있다. 그러나 미래 언젠가 한 왕에 의해 "한 이레의 언약"이 체결될 때 성전 제사가 회복(단 9:27)될 것이며, "한 이레의 언약"이 체결되는 때가 7년 대환난의 시작점이기도 하다. "한 이레의 언약"을 체결한 그 왕이 "한 이레의 절반에 제사와 예물을 금지"(표면적 명분으로는 동물 애호가들의 반대)하게 될 때(단 9:27)가 오게 되는데, 이때가 후 3년 반의 시작점이 될 것이다(계 13장 Q_03).

두 증인의 메시지를 들은 유대인들은 후 3년 반이 시작될 때, 그들은 하나님께서 예비하신 광야 피난처로 도피(계 12:6)하게 되는데, 이들에 의해 유대인 중심의 지상교회(성도)가 출현(계 7장 Q_08)하게 된다. 아브라함에게 약속하신 대로, 그 후손인 유대인의 구원을 위한 하나님의 놀라운 섭리와 뜻이 두 증인을 통하여 성취되어 갈 것(창 22:18; 롬 11:25-27)이다.

Q_03. 두 증인의 정체와 사역은 무엇이었는가? (계 11:3-6). (이단 경계)

A 두 증인에 대한 이해가 중요하다. 정확한 관찰이 정확한 해석을 낳는다. 이 두 증인에 대한 관찰을 잘못하면 자의적 해석을 하게 되고, 우월 특별의식에 빠져 이단의 괴수가 된다. 이단의 대부분이 이렇게 왜곡된 해석을 하면서, 자기가 그 감람나무라고 주장한다. 그래서 계 11장에 대한 관찰과 해석이 중요하다.

1. 먼저 두 증인은 누구인가? 유대인 구원을 위한 기름 부음 받은 실존의 두 사명자(계 11:10; 슥 4:3, 11, 14)라 할 수 있다. 계 11:3의 "나의 두 증인"에서 '두 증인' 앞에 남성 복수 정관사 '토이스'(토이스 뒤신 마르튀진. τοῖς δυσίν μάρτυσίν)가 사용되었다. 그것은 특정된 실존의 남성 두 사람(복수)을 지칭하는 것이며, 그 두 증인은 또 다른 이름으로 두 감람나무와 두 촛대라고 성경은 기록하고 있다. 두 증인과 동일한 사람(계 11:4)이다.

두 증인이 사역하다 죽은 장소가 예수님이 못 박혔던 예루살렘(계 11:8)이라는 것은, 두 증인의 활동 무대가 예루살렘 성이라는 말이며, 예루살렘을 중심으로 자기 동족인 유대인들에게 복음을 전하는 두 사명자라고 할 수 있다.

2. 두 증인에게 큰 권세를 준 대상자는 누구인가? ① 계 10장의 힘센 천사(성전 측량 때와 마찬가지로 천사가 하나님의 명령을 전달하는 묵시문학적 표현)다. 성전을 측량하라고 했던 대상자도 힘센 천사이고, ② 두 증인에게 큰 권세를 준 대상자도 힘센 천사다. 이것은 요한계시록이 시간적(상황적 아님) 흐름에 따라 기록되었고, 진행된다는 것을 의미한다.

3. 두 증인의 사역 모습을 보라. ① 굵은 베옷(죄인, 회개)을 입고(계 11:3), ② 힘센 천사로부터(물론 하나님으로부터) 큰 권능을 받아, ③ 예루살렘 성에서 1,260일 동안 유대인들을 대상으로 사명을 갖고 예언한다(계 11:3).

왜 죄인 복장인 '굵은 베옷'을 입고 1,260일[1260일÷360일 = (전) 3년 반. 42개월. 계 11:3, 2] 동안 말씀을 전하는 것일까? 이들의 역할은 사명을 갖고 예언(복음 전도. 계 11:3)하는 것이다. 다가올 미래(더 악하고 피폐해지는 완악해져 가는 모습)가 너무 비극적이기에 울며 전하지 않으면 안 될 정도로 긴급하며 진지한 상황이기 때문이다. 한 마디로 두 증인은 사람 1/3이 죽는 대전쟁(7년 심판 대환난 중, 전 3년 반 동안)으로 사람들의 마음이 완악해 있는 상황에서, 유대인의 구원을 위해 사랑의 영성을 갖고 교회시대 동안 예수님을 배척(죄인)했던 유대인들의 철저한 회개(굵은 베옷)를 촉구하며, 유대인들의 영혼 구원(복음 전도자)을 위해 1,260일간 사명을 다하고 있다(계 11:3).

4. 그들의 권능이 어느 정도였는가? ① 누가 그들을 해하고자 하면 그들의 입에서 불(렘 5:14; 계 2:16)이 나와서 그들의 원수를 삼켜 버리기도 하며(계 11:5), ② 누가 그들을 해하고자 하면 반드시 죽임을 당하기도 하며(계 11:5), ③ 예언하는 날 동안 비가 오지 못하게 하기도 하며(계 11:6; 왕상 17:1; 약 5:17), ④ 물을 피로 변하게(출 7:14) 하고 아무 때

든지 원하는 대로 여러 가지 재앙으로 땅을 치는 권능(계 11:6)을 행하기도 한다.

5. 두 증인은 어떤 인물들을 상징하는가? ① 불로 해하는 권능을 보면서 모세를, 3년 6개월 동안 비를 그치게 했던 엘리야를 연상(계 11:3) 시키며, ② 두 감람나무와 두 촛대[두 촛대는 하나님 앞에 서 있는 두 교회(두 인물. 계 11:4)이며, 7촛대와 관련된 7교회가 아니다(계 1:20). 계 11:4, 10]는 기름 부음 받은 두 사명자로서 총독 스룹바벨과 대제사장 여호수아를 상징(슥 4:3, 11, 14)한다.

결론적으로 두 증인은 여섯째 나팔, 둘째 화(7년 대환난 중 전 3년 반 기간) 때, 예루살렘을 중심으로 유대인들을 대상으로 하여, 1,260일간 복음을 전하며 회개시킬 하나님의 특정된 두 명의 메신저다. 성경이 이렇게 가르쳐 주고 있건만, 이단의 교주들은 요한계시록을 정확하게 관찰을 하지 않고, 시대와 상황도 분별하지 못하면서, 자의적으로 왜곡된 해석을 한다. 이단의 100이면 100 모두가 자신을 신격화하면서 자신이 그 두 증인 두 감람나무라고 주장한다. 어리석은 자들은 그런 미혹에 쉽게 넘어간다. 이단의 교주들은 자신을 '예수님과 동등한 개념의 이긴 자'(계 22:16), '두 증인이며 감람나무'(계 11:3-4), '새벽별 혹은 자신만이 요한계시록을 받은 자'(계 22:16)로 신격화하며 미혹한다.

그래서 요한계시록을 제대로 알아야 이런 것이 보이고, 믿음이 생기며, 미혹당하지 않게 된다[두 증인 두 감람나무의 시체가 예루살렘 성 큰 길가에 버려지는데(계 11:8), 교주들은 자신들이 두 감람나무라면 예루살렘에서 죽어야 한다].

Q_04. 두 증인의 죽음(순교)과 부활 그리고 승천, 특히 승천은 성도(교회)의 휴거인

가? (계 11:7-14)

A 계 11장이 난해한 장이기도 하며, 요한계시록을 푸는 중요한 열쇠이기도 하다. 계 11장을 어떻게 보느냐에 따라 요한계시록의 흐름이 달라질 수 있다. 환난 중간에 휴거한다고 주장하는 '환난 중간 휴거론자'들은 ① 계 11장(대환난 중간 휴거. 두 증인을 교회의 휴거) 휴거(계 11장 Q_04), ② 계 14장(대환난 중간 휴거. 144,000) 휴거(계 14장 Q_03, Q_09), ③ 계 15장 휴거(대환난 중간 휴거. 계 15장 Q_04)를 주장한다. 계 11장을 휴거장으로 주장하는 이들은 '두 증인의 승천'(계 11:7-12)에 그 근거를 두고 있다(계 7장 Q_08).

그렇다고 한다면 정말 두 증인의 죽음과 승천이 모든 교회(성도)의 휴거라 할 수 있는가? 그들이 모든 교회를 대표할 만한가? 그럴 정도로 의미가 있는가? 결론적으로, 아니다. 절대 아니다. 그 반론을 몇 가지로 언급하고자 한다.

1. 두 증인의 순교 사건에 대한 두 종류의 반응이 발생한다.

두 증인의 사역이 마쳐질 때 무저갱(계 9장. Q_02. 지상의 무저갱)으로부터 올라오는 짐승(계 13장 Q_02. 계 11:7의 짐승은 적그리스도 짐승이 아니다)과 두 증인 간에 전쟁이 벌어진다. 이 전쟁에서 두 증인이 죽는다. 큰 권능을 행하는 두 증인이라 할지라도, 이 땅에서의 육적 싸움에서는 약할 수밖에 없어 순교(계 11:8)하게 된다. 그 두 증인의 시체가 큰 성 길에 있는데, 그 성은 영적으로 하면 소돔(윤리, 도덕적 타락) 혹은 애굽(정치적 타락)이라 하는데, 곧 그들의 주께서 십자가에 못 박히신 곳(종교적 타락)인 예루살렘이다.

2. 두 증인의 순교 사건으로 두 종류의 반응이 나타나게 된다. 하나는 부

정적인 반응과 다른 하나는 긍정적인 반응이 있다.

1) 먼저 부정적인 반응으로, ① 백성과 족속과 방언과 나라 중(정보 매체의 발달로 전 세계 보도)에서 사람들이 두 증인의 시체를 3일 반 동안 보게(계 11:9. 시체 의도적 방치) 하며, ② 무덤에 장사하지 못하게 하며(잔인성. 계 11:9), ③ 땅에 사는 자들이 그들의 죽음을 즐거워하고 기뻐하여 서로 예물을 왕래(계 11:10)한다. 그들의 조롱과 경멸의 정도가 얼마나 크고 강한가를 보여주는 것이다(요 16:20).

"땅에 사는 자들"(계 8:13. 계 8장 Q_06)이 이렇게까지 완악하게 된 이유는 무엇일까? ① 전쟁으로 사람 1/3 죽는 사건은 사람들의 마음을 황폐하게 했고, ② 두 증인이 자기들을 괴롭게 하였기 때문이다(계 11:3. 윤리와 도덕의 타락과 예수 그리스도에 대한 복음을 들으면서, 양심의 악을 깨닫게 되면서 갈등함).

이것은 앞으로 진행될 후 3년 반 시기에는 얼마나 더 완악한 현상이 나타날 것인지에 대한 예고(계 22:11)이기도 하다.

2) 긍정적인 반응으로는, ① 두 증인이 스스로 부활할 때(예수님이 연상됨), 구경하는 자들이 크게 두려워하였고(계 11:11), ② 그들의 원수들도 구경하였다(계 11:12). ③ 그때 큰 지진이 나서 성 1/10이 무너지고 지진에 죽은 사람이 칠천(계 11:13)이며, 그 남은 자들이 두려워하여 영광을 하늘의 하나님께 돌리는(계 11:13) 사건이 발생한다.

계 11:13의 하나님께 영광을 "돌리더라"는 에도칸(ἔδωκαν. 공급하다, 발언하다)은 디도미(δίδωμι)의 부정과거 능동태 직설법 3인칭 복수 동사로 사용되었다. '이미 회개하며 영광 돌리는 신앙'이 있었다는 의미인데, 직역하면 ‘남은 자들은 두려워하게 되었고 또한 그들은 하늘의 하나님께 영광을 돌렸다’가 된다. 즉 남은 자들이 하나님께 영광을 돌린 것은 어떤 일의 결과로 행해진 것임을 나타낸다. 두 증인의 사랑과 눈물의 전도에 대한 일이 있었고, 변화된 남은 사람들은 하나님의 공의로운 심판에 대해 하나님께 영광을 돌리고 있다.

3. 문제는 두 증인의 증언과 순교의 결과 하나님께 영광 돌린 무리를 중심으로 ‘유대인 중심의 성도’(교회)들이 출현한다(계 11:13).

이들이 하나님께서 예비하신 예비처(계 12:6)에서 하나님의 보호와 양육을 받으며, 후 3년 반의 환난을 통과하는 성도요, 교회가 될 것이다.

요한계시록에는 “성도”라는 용어가 대상에 따라 크게 세 부류로 총 13회 사용되었는데(계 5:8, 8:3, 4, 11:18, 13:7, 10, 14:12, 16:6, 17:6, 18:20, 24, 19:8, 20:9. 계 7장 Q_08), 계 7:9-10(천상 성도의 출현. 계 7장 이후. 계 7장 Q_08) 이후(계 8장)부터 전 3년 반(계 12장)까지 ‘지상 성도’로서의 ‘성도’라는 용어가 전혀 등장하지 않다가, 후 3년 반 시작하는 시점 부분인 계 13:7에서 “성도”라는 용어가 처음 나온다.

그러나 이때의 성도 역시 구원받는 택자가 아니라, 바로 두 증인의 전도로 변화된 ‘유대인 성도’들을 의미한다. 우리는 이들을 ‘환난 통과 유대인 성도’ 혹은 ‘환난 통과 유대인 교회’라 부른다. 그런데 이때 출현한 성도 모두가 하늘로 휴거된다고 주장하는 이들이 있다. 그런 주장이 성경적인가? 아니다. 계 11:7-14에 등장하는 이들은 대부분 유대인이다. 이들이 교회시대 당시 구원받을 택자인 이방인 성도 모두를 대표하는 것이 아니며, 두 증인이 구원받을 택자 모두를 대표하는 것도 아니다. 그래서 그들이 환난 통과 중에 휴거된다는 주장은 전혀 비논리적, 비합리적, 비성경적이다. 본문에서의 승천은 두 증인에 한정된 승천이다.

4. 죽었던 두 증인이 자신들의 발로 일어서며 승천하는 사건이 발생한다(계 11:11–12).

장례를 하지 못하게 하여 큰 성 길에 사흘 반 동안 그대로 방치되었던 두 증인의 시체에, 하나님께로부터 생기가 그들 속에 들어간 후, 그들 스스로 일어나더니(계 11:11), 하늘로부터 큰 음성이 있어 이리로 올라오라 함을 그들이 듣고 구름을 타고 하늘로 올라가는 사건(계 11:12)이 발생한다.

이 부분에 대해 관찰을 제대로 하지 아니하는 이들은, 계 11:12을 상징적이나 영해라는 명분으로 풀려고 한다. 그러나 성경적이지 못한 그런 인간적인 해석 방식에는 그들이 주장하고자 하는 그들만의 속셈이 있기 때문이다. 두 증인 두 감람나무를 교주 자신이라 주장하는 이단들은 교주의 권위를 세우기 위한 목적으로 사용한다. 때로는 환난 중간 휴거설을 주장하는 이들은 하나님의 말씀을 깊이 관찰하지 않고 주장한다. 그 결과 이단들이 기생하도록 빌미를 주는 해석을 해서는 절대 안 된다.

계 11:12을 그대로 보라. 두 증인의 승천을 어떻게 교회(성도)의 휴거로 둔갑해서 설명할 수 있단 말인가? 어떻게 두 증인의 승천이 교회의 휴거라고 할 수 있단 말인가? 억지로 맞추려 해서는 안 된다.

5. 결정적으로 두 증인의 승천이 교회(성도)의 휴거라고 말할 수 없는 이유 몇 가지가 있다.

① 두 증인은 특정된 두 인물이라고 했다. 특정된 두 인물이 어떻게 전 교회, 모든 성도를 대표할 수 있는가? ② 두 증인이 승천한 뒤에도 이 땅에는 여전히 남은 자들인 성도가 존재(계 11:13. 환난 통과 유대인 성도)하고 있으며, ③ 전 세계 성도가 동시에 죽었다가 동시에 휴거된다는 내용의 성경적 근거가 없으며, ④ 두 증인의 죽은 장소가 예루살렘인데, 전 세계 성도들이 예루살렘에 가서 사역하다가 예루살렘에서 죽는다는 성경적 근거가 없다는 것 등이다.

위와 같은 근거에 의해 두 증인, 두 감람나무, 두 촛대는 특정된 두 사람을 의미하는 것일 뿐, 그들이 교회일 수는 없으며, 그들의 죽음이 모든 성도의 죽음이 아닐 뿐 아니라, 그들의 승천이 전 교회(성도)들의 휴거라고 절대 말할 수 없다. 이렇게 하여 교회시대 동안 예수님을 배척했던 유대인들이 ① 두 증인의 전도와 ② 예루살렘 성이 무너져 7,000명이 죽는 재앙을 목격한 유대인들이 회개하고 영광을 하나님께 돌리며 돌아오게 된 것이다.

이런 사실은 계 7:9-10(천상 성도의 출현) 이후부터 전 3년 반까지 "성도"라는 용어가 전혀 등장하지 않다가, 비로소 계 13:7에서 성도가 나오는데 이때의 성도가 바로, 두 증인의 전도로 변화된 유대인 성도들이다. 그런 의미에서 두 증인의 죽음(순교)과 부활 그리고 승천은 환난 중간 휴거와 전혀 관계가 없다는 것을 알아야 한다.

Q _05. 둘째 화는 지나갔으나 셋째 화가 속히 이른다는 말의 의미는 무엇인가? (계 11:14)

A **1. 요한계시록에는 세 화가 있다.** 첫째 화(계 9:1-12)는 사람들이 죽기를 구하여도 죽지 못하고 죽고 싶으나 죽음이 그들을 피하는(계 9:6) 다섯 달 동안(계 9:5)의 황충 재앙이며, 둘째 화(계 9:13-11:14. 여섯째 나팔. 전 3년 반)는 인구 1/3이 죽는 전쟁의 재앙이다. 전쟁으로 사람들의

마음이 완악해져 있을 때, 예루살렘을 중심으로 굵은 베옷을 입고 사역하는 두 증인이 등장한다. 그들은 굳어진 사람들의 마음을 기경하듯, 그들에게 예수 복음(성육신, 십자가, 부활 그리고 재림)을 전한다. 완악해진 유대인들이 양심의 악을 깨달으며 가책을 느끼게 할 정도의 울부짖는 간절한 사랑의 전도를 한다. 그들의 사역이 다할 때 예루살렘에 큰 지진이 발생하면서 성 1/10이 무너지고 지진에 사람이 칠천(계 11:13)이 죽는 사건이 발생하는데, 두 증인의 전도와 사람 칠천이 죽는 사건을 목격한 사람들이 하나님을 두려워하며 영광을 하늘의 하나님께 돌리는데(계 11:13), 계 12장에 의하면 이들이 하나님께서 예비하신 예비처(계 12:6)로 들어가, 하나님의 보호와 양육을 받는다. 이들이 환난 통과 유대인 성도(교회)들이 된다.

2. 이제 둘째 화는 지나가고(여섯째 나팔이 지나감) 셋째 화(일곱째 나팔 사건인 후 3년 반)가 바로 속히 이어지게 된다는 예언의 말씀이다. 세 화(계 11:14)의 예언은 요한계시록이 시간적 순서대로 되어 있다는 강한 근거가 되는 말씀이다. 휴거 후 7년 심판 대환난의 시작인 전 3년 반(계 9:13-11:14. 여섯째 나팔. 둘째 화)에 이어 후 3년 반(계 11:15-19:21. 일곱 나팔. 셋째 화. 혹은 계 12:6-19:21 실제로 계 11:15-12:5는 일곱 나팔 진행 내용) 사건이 발생하게 된다.

이제 일곱째 나팔사건이 진행이 된다(계 11:15-19:21. 후 3년 반). 휴거 후 7년 심판 대환난이 시작되기는 하지만, 칼로 무를 자르듯 정확하게 언제부터 7년 심판 대환난이 시작되는 것인가에 대해서는 명확하게 말할 수 없다. 성경에서 명시하지 않고 있으며, 모든 주권은 하나님께 있기 때문이다.

Q_06. 일곱째 나팔의 시작과 하늘에서의 큰 음성, 그리고 24장로의 천상예배란 무

엇인가? (계 11:15-19)

A 계 11:15-19에서는 세 가지의 장면이 연속해서 나타난다.

1. 첫째는 일곱째 나팔을 불 때, 하늘에서 큰 음성이 들리는 장면이다. 일곱째 천사의 나팔은 전 3년 반이 끝나고 후 3년 반이 시작되는 시점을 알리는 서곡(셋째 화, 7대접의 서곡)이기도 하며, 예수 그리스도의 왕 되심을 미리 알리며 선포하는 서곡이기도 하다. 일곱째 천사가 나팔을 불 때 하늘에서 큰 음성들이 들린다. 그 큰 음성들의 내용은 ① 세상 나라가 우리 주(하나님)와 그의 그리스도의 나라가 된다는 것이며, ② 예수 그리스도가 세세토록 왕 노릇 하신다는 것이다.

1) 현재의 '세상 나라'는 어떤 나라인가? 구원받은 택자들은 이미 휴거된 상태의 나라이며, 현재 이 세상은 공중의 권세 잡은 자 사탄이 다스리는 세상으로, 하나님의 심판을 받는 중이며, 인구 1/3이 죽는 전쟁으로 환경은 황폐하고, 인심은 완악한 가운데 있는 세상이다. 그런 완악한 세상이 때가 되어 예수 그리스도께서 재림하시면 왕이 되어, 1,000년 동안 그리스도가 다스리시는 나라(계 5:10, 1:6, 20:6; 벧전 2:9)로 반드시 바뀌게 될 것이라는 희망의 음성이었다.

2) 미래의 세상은 어떤 나라일까? 미래의 세상 나라는 두 가지의 개념의 나라로 나눌 수 있다. 하나는 '1,000년 그리스도의 나라(왕국)'이며, 둘째는 궁극적으로 이루어질 새 하늘과 새 땅인 '영원한 천국'의 나라다. 계 11:15에서의 '그리스도의 나라'는 '1,000년 그리스도 왕국'이라 할 수 있다. 이 그리스도 왕국은 지금의 교회시대와 같이 영적으로 왕 노릇 한다는 개념이 아닌, 그리스도께서 실제로 왕이 되어 통치(계 19:16; 사 9:6; 고전 15:25)하시는 나라를 의미한다.

이렇게 하늘에서의 큰 음성들은 일곱째 나팔인 셋째 화의 심판이 지체하지 않고 계속된 이후에 장차 그리스도의 나라가 임박했음을 알리는 서곡의 음성이었다.

2. 둘째는 24장로(계 4장 Q_05, Q_11)**가 천상에서 하나님께 예배**(경배)**하는 장면이다.** "하나님 앞에서"라는 것은 천상을 의미하며, "자기 보좌(계 3장 Q_05)에 앉은 24장로"라는 것은 각자의 자리, 위치(역할)가 있다는 의미 있는 말이다.

1) 24장로의 천상예배(경배)**의 핵심은 오직 감사뿐이다.** 24장로는 얼굴을 땅에 대고 하나님께 경배하며 감사한다.

2) 24장로의 천상예배(경배) **중,** ① 감사의 대상은 "옛적에도 계셨고 지금도 계신 주 하나님 곧 전능하신 이"(계 11:17)다. "이제도 계시고 전에도 계셨고 장차 오실 이"에 대한 기록은 계 1:4, 8, 4:8, 11:17, 16:5 등 5회 등장한다. 그런데 계 1:4, 8, 4:8에는 있으나, 단 두 곳(계 11:17, 16:5)에서만 '장차 오실' 이라는 용어가 없이 "옛적에도 계셨고 지금도 계신 주"로만 사용하고 있다. 단 두 곳(계 11:17, 16:5)에서만 '장차 오실 이'라는 용어가 없는 것은 7년 심판 대환난 전(계 7:9-10. 계 7장 Q_08. 살전 4:16-17)에 이미 오셨기 때문이다. 예수님이 공중강림하실 때 "땅에서 속량함"(계 14:3)을 받은 자들이 휴거된 것이다(7년 대환난 전 휴거의 근거).

예수님의 공중강림 이전과 이후의 용어가 다르다는 사실에는 정말 큰 의미가 있다. 계 4장까지 "장차 오실 이"라는 용어가 등장하는 것은 계 4장까지 예수님이 아직 안 오셨기 때문이며, 7년 대환난 후인 계 11:17과 계 16:5에는 예수님께서 이미 오셨기 때문에(살전 4:16-

17), '장차 오실 이'라는 용어가 없는 것이다. 이것은 예수님의 공중강림(휴거, 첫째 부활)은 요한계시록 7장(계 7:9-10. 계 7장 Q_08. 살전 4:16-17)에서 이루어졌다는 매우 중요한 근거가 된다(계 1:4, 8, 4:8, 11:17, 16:5. 계 1장 Q_09).

24장로의 ② 감사의 내용은 "친히 큰 권능을 잡으시고 왕 노릇 하시도다"(계 11:17)이다. 이 세상의 주권이 더 이상 사탄이나 세상 군왕들에게 있는 것이 아니라, 왕이신 우리 예수 그리스도께 있으며, 미래에는 예수 그리스도께서 왕 노릇 하시며 통치하실 것에 대한 감사 찬양이다.

3) 예수 그리스도의 통치는 크게 두 가지로 나눌 수 있다(계 11:18; 사 40:10; 마 25:29-30; 계 22:12).

① 불신자들은 보응(사 3:11. 심판)을 통한 통치를 받는다. 현재 둘째 화 재앙을 당하고 있는 이방인들(불신자)을 향한 주의 진노로 심판하신다. 그들은 땅을 망하게 하는 자들이라고 했다. 불신자들은 궁극적으로 "죽은 자를 심판"(계 11:18; 요 5:24, 16:9)하는 흰 보좌 심판(계 20:11-12)을 받게 될 자들이다.

② 구원받은 택자들은 상급(계 11:18, 22:12. 상급은 보상. 보응은 심판)을 통한 통치를 받는다(계 20장 Q_11). 계 7장에서 천상으로 휴거된 선지자들과 성도들과 또 작은 자든지 큰 자든지 주의 이름을 경외하는 자들에게 상을 주심으로 보상을 하신다. 언제 상급잔치가 있는가? 계 11:18의 위치로 보아 전 3년 반 끝나고 후 3년 반 시작하는 시점이다. 어디에서? 천상 하나님의 나라에서 있게 된다.

이같이 일곱째 나팔을 통해 후 3년 반이 시작되면서, 천상에서는 휴거된 성도들이 지상에서 살아 있는 동안에 하나님께 영광 돌릴 상급을 준비한 대로, 상을 받아 즐거워하는 천상의 영화로운 광경(계 11:18, 22:12. 계 22장 Q_05)이 벌어지는 반면에, 지상에서는 대조적으로 셋째 화 재앙으로 심판당하는 모습이 비교된다.

3. 셋째는 천상 성전이 열리는 광경이 보이는 장면이다(계 11:19).

천상 성전이 열리면서 두 가지의 사건이 보였다. ① 성전 안 하나님의 언약궤가 보인 것이다. 하늘에 있는 성전(계 7장 Q_11. 히 9:23, 10:1, 계 15장 Q_05)은 땅에 있는 "성막"(출 26:30), 혹은 "성전"(왕상 8:13)의 본체인 천상의 성전이다. 그 천상의 성전이 열리면서 하나님의 언약궤가 보였다. 언약궤는 하나님의 말씀이며, 하나님의 언약(약속)이다. 무엇에 대한 약속인가? 예수 그리스도를 믿지 아니함이 죄(요 16:9)라고 했다. 언약궤를 보여주심으로써 하나님께서 택한 백성에게 약속하신 말씀대로 이제 그 죄에 대한 심판(불신앙)의 약속을 실현하시겠다고 암시하신 것이다. 이 언약궤는 악인(불신앙)에게는 재앙과 하나님의 진노를 의미한다.

② "번개와 음성들과 우레와 지진과 큰 우박(계 8:7, 11:19, 16:21. 계 16장 Q_09)이 있더라"(계 11:19) 하는 것이다. 이런 현상은 자연을 통한 하나님의 임재와 권능 그리고 위엄을 보여주시는 것으로써, 이것도 심판을 예고하는 것이다(사 29:6; 계 4:5, 8:5, 16:18).

계 11장은 계 8장에서부터 시작된 7나팔(계 8-15장)의 연속된 사건으로, 계 9장의 다섯째 나팔(첫째 화. 계 9:1-12. 황충 재앙)에 이어 여섯째 나팔(둘째 화. 전 3년 반. 계 9:13-11:14. 두 증인의 활동 기간), 그리고 일곱째 나팔이 지나가고, 셋째 화가 속히 이른다고 예고한 대로(계 11:14), 일곱째 나팔이 시작(계 11:15)되고 있다.

※ P.S.: 계 11장은 난해한 장 중 하나이지만 관찰을 깊이 성실하게 하면, 얼마든지 하나님께서 말씀하고자 하시는 것을 성경을 통해서 볼 수 있으며, 성령께서 깨닫게 해주시는 은혜를 경험케 된다. 상징이나 영해라는 이름으로 자의적 해석만 하지 않는다면, 얼마든지 하나님의 깊은 뜻과 섭리를 느낄 수 있으리라 확신한다.

요한계시록 12장

Q_01. 계 12장의 핵심 메시지는 무엇인가?

A 계 12장은 계 11장과 더불어 요한계시록을 풀어가는 핵심 중에서도 중요한 핵심이다. 그래서 계 7장을 구속사의 결론이라고 한다면, 마지막 1이레의 시간과 깊은 관계가 있는 계 12장은 계 7장, 11장과 함께 요한계시록의 주제장(총론 Q_02, 계 7장 Q_01, Q_08)이라 할 수 있다.

계 12장을 정확하게 보기 위해서는 핵심 주제 몇 가지를 기억하는 것이 중요하다. ① 계 12장의 시대(시간)가 어느 때인지? ② 해를 옷 입은 여자는 누구인지? ③ 천상에서 어린양을 찬송하는 무리는 어떤 무리이며, 그들이 언제 출현한 무리인지를 아는 것이 핵심이다.

계 12장은 시기적으로는 둘째 화(계 11:14. 여섯째 나팔. 전 3년 반. 계 9:13-11:14)가 지나간 뒤, 계 11:15부터 셋째 화(일곱째 나팔)가 시작되는 후 3년 반 기간(계 11:15-19:21. 1,260일, 42달, 한 때 두 때 반 때)에 일어나는 사건이다.

흐름으로는 계 11장에서의 연속된 사건으로 ① 두 증인의 헌신적인 사랑의 복음 증거와 순교, ② 예루살렘 성이 무너져 7,000명이 죽는 재앙을 목격한 유대인들이 회개하고 영광을 하나님께 돌리며 변화되는 사건을 통하여 '환난 통과 유대인 교회'가 탄생하게 되는데, 이때 탄생하는 '교회'를 상징적으로 "해를 옷 입은 여자"라 부른다는 것을 기억해야 할 필요가 있다. 이런 성경 자체의 흐름을 외면하고 하나님 말씀을 왜곡된 신학적인 관점으로 풀려고 한다든지, 자신들의 주장을 짜맞추기식 방식으로 풀어서는 안 된다.

계 12장에서 해석이 난해한 부분은 계 12:5이다. 그러나 이 구절을 부분적으로 해석하려 할 때는 구속사의 전체 흐름과 맞지 않는 결과를 낳게 된다. 그래서 전체 맥락 속에서 풀어야 그나마 적절한 해석을 할 수 있다고 생각된다. 계 12장은 환난 통과 지상교회 성도들이 예비처에서 1,260일간 하나님의 보호와 양육을 받는다는 것을 알려주는 데 큰 의미가 있다.

계 12장은 다섯 부분으로 나눌 수 있다(주제는 여자가 천이백육십 일 동안 아이를 예비처에서 양육). ① 해를 옷 입은 여자와 큰 붉은 용(계 12:1-4), ② 여자의 아들 출산과 1,260일 동안 양육(계 12:5-6), ③ 미가엘과 용의 전쟁(계 12:7-9), ④ 천상에서 어린양에 대한 찬송과 천상 성도를 향한 위로(계 12:10-12), ⑤ 용이 여자를 박해하고 여자의 후손과 싸우려 함(계 12:13-17) 등이다.

Q_02. 계 12장에 등장하는 "큰 이적"(계 12:1)과 "또 다른 이적"(계 12:3)은 어떤 차이가 있는가? (계 12:1-3)

A 요한계시록에는 "이적"이라는 용어가 6회(계 12:1, 3, 13:13, 14, 15:1, 16:14) 등장한다. 그중에 계 12장에서 2회 등장하는데, 처음에 등장하는 "큰 이적"(계 12:1)과 두 번째 등장하는 "또 다른 이적"은 서로 다른 내용의 이적이다(**계 13장 Q_05**).

첫 번째의 이적인 "하늘에서 큰 이적"이 보였다고 했다. 여기에서의 하늘은 천국에 있는 하늘이 아니며 가상의 하늘도 아닌, 현재 이 땅에서 바라볼 수 있는 그 하늘이다. 땅에서 바라보는데 "큰 이적"이 보였는데, 해(태양)를 옷 입은(배경으로 하는) 한 여자가 보였다. 그런데 그 여자 발아래에는 달이 있고, 그 머리에는 열두 별의 관을 썼다는 크고 놀라운 이적이 보인 것이다.

두 번째의 이적인 "또 다른 이적"은 크고 붉은 한 용이 있는데, 그 용의 머리가 일곱이요 뿔이 열(계 12장 Q_04, 계 13장 Q_03)이고, 그 여러 머리에 일곱 왕관이 있는 용이 보였다.

처음의 "큰 이적"에 비하여 두 번째의 "또 다른 이적"은 대단한 것 같았는데, 실상은 해를 옷 입은 여자에 비해 놀라움이 퇴색되었다. 그 이유가 무엇인가에 대해서는 아래의 계속된 질문과 답을 통해 설명하고자 한다.

Q_03. 해를 옷 입은 한 여자는 누구이며, 어떤 의미가 있는가? (계 12:1-2)

A 성경에서 "여자"라는 용어는 세는 것이 무의미할 정도로 많이 사용되었다. 요한계시록에서만 보더라도 19회(계 2:20, 9:8, 12:1, 2, 4, 5, 6, 13, 14, 15, 16, 17, 14:4, 17:3, 4, 6, 7, 9, 18) 등장한다.

1. "여자"라는 용어는 크게 네 부류로 사용된 것으로 추정된다. ① 단순히 남자의 상대적 의미에서의 여자(딤전 2:9. 아내로 사 50:1, 54:5; 렘 3:1-3; 호 2:2, 20. 처녀 혹은 신부로 고후 11:2; 요 3:29), ② 두 언약(갈 4:24), ③ 교회(엡 5:25. 성도로 계 12:5-6), ④ 심판받을 "큰 음녀"(계 17:1), 혹은 "바벨론"의 의미로서의 "큰 성"(계 17:18), 이런 것들을 종합해 볼 때 계 12:1의 "여자"란 교회를 상징한다고 할 수 있다. 이 교회는 후 3년 반에 존재하는 지상교회다. 이 지상교회는 "한 여자"라고 했던 것처럼, 두 증인의 사랑과 눈물의 복음 전도로, 전 3년 반 후반기에 회개하고 변화된 유일한 "한 여자"인 유대인 중심의 환난 통과 교회(성도. 롬 9:4-5)를 의미한다(계 11장 Q_04).

2. 그 여자의 모습으로 네 가지 특징(계 12:1-2)이 있다. ① 해를 옷 입었으며, ② 그 발 아래에는 달이 있고, ③ 그 머리에는 열두 별의 관을

썼으며, ④ 아이를 배어 해산하게 되매 아파서 애를 쓰며 부르짖더라.

1) 해(눈에 보이는 태양. 시 84:11)를 옷 입었다는 것은 두 증인의 전도로 전 3년 반 후반기에 변화되어 출현한 유대인 중심의 환난 통과 유대인 교회(계 11장 Q_04)를 의미하며, 이 교회가 빛에 속한 신령한 교회가 되었으며, 예수 그리스도로 옷 입었다는 의미다.

2) 발 아래 달이 있다고 할 때, 달은 세상을 상징하면서도 태양 빛을 받아 어두운 세상을 밝히는 교회를 상징한다. 달이 "발 아래" 있다는 것은 교회가 타락했다는 의미가 아니다. 현재의 시기적으로는 성도들은 휴거된 상태다. 교회는 존재하지 않는다. 그러면 어떤 의미인가? 이것은 세상을 향한 유대인 지상교회(계 12:17)를 의미한다.

이것을 종합한다면, '발 아래 있는 달'은 유대인 지상교회를 의미하며, '해를 옷 입은 여자가 하늘을 향하여 서 있다'는 것은, 예수 그리스도로 옷 입은 유대인 교회가 종말의 때에 어두운 세상(유대인)을 비추는 사명이 있다는 것을 상징적으로 보여주는 말씀이다.

3) 그 머리에는 열두 별의 관을 썼다고 했는데, 관(스테파노스. στέφανος)에 대해서는 계 6장(계 6장 Q_02)을 참고하기 바라면서, 관은 승리와 영광의 면류관을 의미한다. 7년 심판 대환난을 통과하는 유대인 교회의 궁극적인 승리를 상징한다. 열둘이라는 의미는 완전함(온전)을 의미(계 21:12. 3은 신성, 하나님의 수, 4는 인성, 피조물 혹은 인간)하며, 신성과 인성(피조물)의 곱은 완전(온전)수로서 상징적 의미를 지닌다. 결론적으로 이 말씀은 7년 심판 대환난 속에서 지상을 통과하는 유대인 교회(성도)의 궁극적 온전한 승리를 의미한다(계 20장 Q_08).

4) 아이를 배어 해산하게 되매 아파서 애를 쓰며 부르짖을 때의 아이는 유대인 교회를 통하여 해산하게 되는 '유대인 성도'를 의미한다. '해산'이라는 티크토(τίκτω)는 테케인(τεκεῖν)의 부정과거 능동태로 사용되었다. 이 의미는 이미 오래전부터 해산의 고통이 있었다는 의미로써, 두 증인이 사랑과 눈물과 헌신의 전도를 할 때부터 성도가 잉태(갈 4:19; 미 5:3)되어 왔고, 해산의 고통이 있어왔다는 것을 의미한다. 때가 되어 '해산'하게 되었다는 것은 환난 통과 유대인 교회 성도의 수가 찼다는 의미다. 이방인에게 구원의 총수가 있듯이(롬 11:25), 유대인에게도 구원의 총수가 있다(슥 13:8-9)고 성경은 증언한다. 계 12:17에 의하면 이들이 "그 여자의 남은 자손"이며, "하나님의 계명을 지키며 예수의 증거를 가진 자들"이다.

하나님의 뜻을 이루어가는 하나의 교회, 구별된 성도들이 탄생하기까지는 이런 해산의 고통 속에 아파서 애를 쓰며 울부짖음이 있게 되며, 그런 울부짖음이 있는 교회가 거룩한 생명력을 가진 교회라 할 수 있다.

Q_04. "또 다른 이적"인 머리가 일곱이요 뿔이 열이라는 큰 붉은 용의 정체는 무엇인가? (계 12:3, 계 12장 Q_08).

A 요한이 또 다른 이적을 보았는데 그 이적의 내용은 세상에서 볼 수 없는 괴이한 하나의 큰 붉은 용의 모습이었다.

큰 붉은 용의 모습은 고대 그리스 전설에 나오는 사자 머리에 염소 몸통, 뱀 꼬리를 가진 괴물 '키메라'를 연상시킬 수도 있지만, 사도 요한이 환상 중에 보았던 큰 붉은 용은 그런 키메라와 같이 단순한 동물의 의미와는 전혀 다른, 장차 될 일에 대한 역사적 의미가 담긴 하나님의 이적을 환상 중에 본 것이다(계 13장 Q_01, Q_03).

1. 용의 정체를 보면, "용"(큰 용, 옛 뱀, 마귀, 사탄)이라는 용어는 요한계시록에서 12회(계 12:3, 4, 7, 9, 13, 16, 17, 13:2, 4, 11, 16:13, 20:2), "큰 용"은 2회(계 9:2, 12:9), "옛 뱀"도 2회(계 12:9, 20:2), "마귀"라는 용어는 5회(계 2:10, 12:9, 12, 20:2, 10), "사탄"이라는 용어는 7회(계 2:9, 13, 24, 3:9, 12:9, 20:2, 7) 등장하며, 특히 "마귀"라는 용어는 구약에서 전혀 등장하지 않는다. 마 4:1에서부터 처음 등장한다.

"용"은 계 12:3에 처음 등장하면서 계 12장과 계 13장에 집중적으로 언급되어 있다. 이 시기는 후 3년 반의 기간인데, 후 3년 반의 기간은 용이 배후에서 조종하며 용이 하수인으로 언급되는, 바다에서 올라온 짐승인 적그리스도의 사역 기간(계 13:4-5)이다. 적그리스도는 용으로부터 마흔두 달 동안 일할 권세를 받고(계 13:5), 휴거되지 못한 사람들을 대상으로 악을 행하게 된다. 계 16장에서는 용이 구체적인 활동을 할 때이고, 계 20에서는 결박당할 때 용이 언급된다.

용의 정체는 사탄이다. 사탄은 구약에서부터 등장하지만, 마귀라는 용어는 구약에서는 전혀 등장하지 않고 오직 마 4:1에 처음 등장한다는 특징이 있다. 사탄 혹은 마귀는 고유명사가 아니다. '사탄'이 본래 이름이 아니라, 사역(직임) 명칭이 이름으로 굳어져 불린 것이다. 주로 구약에서는 '사탄'(사타나스. Σατανᾶς. 훼방자, 대적자. 구약에서부터 등장하여 구약과 신약에 복합적으로 등장)이라는 이름으로, 신약에서는 '마귀'(디아볼로스. διάβολος. 미혹자, 중상자, 비방자. 구약에는 전혀 등장하지 않고, 오직 신약에서만 32회 등장)로 불리는데, 훼방을 강조할 때는 사탄으로, 미혹을 강조할 때는 마귀로 사용된다. 그러나 사탄이나 마귀는 모두 같은 이름이다. 귀신은 사탄의 졸개들이다.

2. 용은 머리가 일곱이요 뿔이 열인 상징적인 모습을 가진 실존하는 존

재다. 그 여러 머리에 일곱 왕관이 있다. 그런데 그 용(사탄)의 색깔은 붉다고 했다. 붉은색은 잔인성, 난폭성을 의미한다(사탄의 속성). 큰 용이 붉다는 것은 온 천하를 꾀며 살인할 정도(계 12:9; 요 8:44)로 강력한 사탄의 잔인한 성격을 표현하는 것이다. 머리가 7이라 할 때, 7은 완전성을 상징한다. 머리가 7이라는 것은 사탄의 힘과 권세(계 13:1)와 완전성을 상징한다. 뿔(왕, 권세)이 10(단 7:24)이라 했을 때, 10은 기본수의 종결수요, 만수(滿數)로, 이것은 사탄이 지배하는 10왕을 상징한다(계 17:9-12). 7머리에 왕관(계 6장 Q_02)이 있다는 것은 이 세상을 지배하는 왕들의 권력을 사탄이 갖고 있다는 것을 의미한다(계 13:1, 17:12). 이것을 종합하면 7머리 10뿔 달린 용이 후 3년 반 동안 이 땅에서 완전한 권세를 갖고 지배할 세상을 상징적으로 보여준다(계 13장 Q_03, 계 17장 Q_04).

3. "자기 지위를 지키지 않고 자기 처소를 떠난 자"(유 1:6)인 용(사탄, 마귀)이 하는 일은 무엇인가?

성경에서는 사탄이 하는 일과 마귀가 하는 일에 대해 언급하고 있기에, 논리적으로 구분해서 언급한다면 다음과 같다.

1) 사탄과 마귀에 대한 포괄적 관계와 의미

① 용을 옛 뱀, 사탄, 마귀(계 12:9, 20:2; 창 3:1; 고후 11:3), ② 사탄의 기원(사 14:12-13; 요 1:3; 골 1:16; 유 1:6), ③ 사탄(마귀)의 실존(계 12:9; 사 14:12-14; 슥 3:1; 마 4:1; 막 1:13; 유1:6), ④ 사탄의 조직(계 2:13; 눅 11:18), ⑤ 사탄의 사역의 범위(엡 2:2; 고후 4:4), ⑥ 사탄, 마귀의 종말(계 12:9, 20:10; 요 12:31, 16:11).

2) 사탄이 하는 일은 ① 국가를 대적(대상 21:1), ② 사명자 대적(슥 3:1), ③ 말씀을 빼앗으며(막 4:15), ④ 하나님의 일보다 사람의 일 우선하며(막 8:33), 죄짓는 사람 속에 들어가며(눅 22:3; 요 13:27), 성도들을 밀 까부르듯 하며(눅 22:31), ⑤ 거짓 것을 믿게 하며(살후 2:9), ⑥ 거짓말하는 이단 단체를 구성하며(계 3:9), ⑦ 온 천하를 꾀며(계 12:9), ⑧ 밤낮 참소하는 일(계 12:10; 욥 1:9, 2:5) 등을 한다.

3) 마귀가 하는 일은 ① 이방인에게 제사를 받는 일(신 32:17), ② 시험하는 일(마 4:1; 눅 4:2, 13), ③ 가라지를 심는 일(마 13:39), ④ 구원받지 못하게 말씀을 빼앗는 일(눅 8:12), ⑤ 살인하며 거짓말하는 일(요 8:44; 행 13:10), ⑥ 범죄 할 생각을 넣는 일(요 13:2; 요일 3:8), 틈을 이용하며(엡 4:27), ⑦ 분을 내는 일(계 12:12)을 한다.

이런 용(사탄, 마귀)이 가장 싫어하는 성경은 창세기와 요한계시록이다. 자기의 정체가 드러나 있는 곳이 창세기이며, 용의 결말이 적나라하게 기록된 곳이 요한계시록이기 때문이다. 이렇게 중요한 요한계시록을 알아야 한다. 이단에 대한 변증도 변증이지만, 아는 것만큼 보이며, 보이는 것만큼 충성하게 되기 때문이다.

Q_05. 땅에 던져지는 하늘의 별 1/3의 정체와 여자가 해산하려는 아이를 삼키려 한다는 의미는? (계 12:4)

A 계 12:3에 이어 계 12:4에서 용이 하는 일(사역)은 두 가지다. ① 그 꼬리로 하늘의 별 1/3을 끌어다가 땅에 던지는 일, ② 해산하려는 여자 앞에서 그가 해산하면 그 아이를 삼키려 하는 일이다.

"하늘의 별"이란 지도자들이며, 사명자들을 의미한다. 계 12장의 시기는 후 3년 반의 시기이며, 구원받은 자들 모두는 이미 휴거된 이후의 사건이기에, 하늘의 별(계 9:1; 삿 5:20)은 환난 통과 유대인 교회의 사명자들이다.

전갈의 꼬리(cf. 계 9장 Q_02, 계 9:10, 19. 사 9:15)에 독침 같은 치명적인 것이 있듯이, 그 사명자들 중에서 거짓 선지자들에 의해 미혹되어 독침에 쏘이듯 치명타(타격)를 당하여 타락한 자들이 1/3이나 된다.

해산하려는 여자의 정체는 환난 통과 유대인 교회다. 유대인 교회가 해산하려는 대상은 환난을 통과하게 될 유대인 성도다. 우리는 그들을 '환난 통과 유대인 성도'라고 부른다. 용은 여자(교회)가 아이(성도)를 해산하지 못하도록 삼키고자(훼방, 박해) 한다. "삼키고자"[카다파게(καταφάγη)는 카테스디오(καττεσθίω)의 가정법 과거 수동태 단수] 한다는 것은 가정법으로 사용되었다. 미래적으로 삼킬(훼방할) 수도 있고, 못 삼킬 수도 있다는 의미다.

용은 하나님을 대항하고자 하는 적그리스도적 속성(살후 2:3-4)을 갖고 있다. 용은 짐승을 적극적으로 조종(계 13:5)하며 일하는 시기인 셋째 화의 기간[계 11:15-19:21. 1,260일(계 12:6), 마흔두 달(계 13:5), 후 3년 반] 동안 세상을 다스릴 것이다.

어떤 이들은 계 12:5(계 12장 Q_06)에서도 언급한 바와 같이, "용이 해산하려는 여자 앞에서 그가 해산하면 그 아이를 삼키고자 하더니"의 말씀을 예수님이 지상에 탄생하는 것으로 해석한다. 그러나 그렇게 해석해서는 결코 안 된다. 그 이유는 예수님의 성육신 사건은 과거에 일어났던 단 1회적인 사건이다(히 9:28; 롬 6:10). 그런데 여기에서 예수님의 성육신 사건이 또 일어난다는 것은 구속사의 전체 맥락에 절대 모순을 가져오는 해석이다.

그러므로 이 말씀은 환난 통과 유대인 성도들의 출현(탄생)을 박해(훼방)하는 사탄의 전략이라는 영적인 해석을 해야 타당하다.

하나님께서는 계획하신 것(계 12:6)은 반드시 성취하시는 분이시다. 그래서 하나님에게는 언제나 궁극적인 승리(계 19:20, 20:10)만 있을 뿐이다. 용이 훼방할지라도 여자가 아이를 해산(계 12:5)하게 된다.

처음의 "큰 이적"에 비하여 두 번째의 "또 다른 이적"이 퇴색될 수밖에 없는 이유는, 용이 훼방할지라도 여자가 아이를 해산하도록 하시는 하나님의 궁극적인 승리와 비교되기 때문이다.

Q_06. "여자가 낳은 아들"의 정체와 "이는 장차 철장으로 만국을 다스릴 남자"의 의미는 무엇인가? (계 12:5)

A 계 12:5에서 해석해야 할 것이 세 가지다. ① "여자가 낳은 아들"은 누구인가? ② "장차 철장으로 만국을 다스릴 남자"는 누구인가? ③ "그 아이를 하나님 앞과 그 보좌 앞으로 올려가더라"는 의미에 대한 것 등이다.

먼저 첫째로, "여자가 낳은 아들"에 대한 것이다. "해를 옷 입은 한 여자"(계 12:1)는 '환난 통과 유대인 교회'(cf. 계 11장 Q_04, 계 12장 Q_03)다. 그러므로 그 여자(교회)가 낳은 아들은 '환난 통과 유대인 성도'(계 11장 Q_04, 계 12장 Q_03)들을 의미한다. 여자가 아이를 낳게 되었다는 것은 순교자의 수(계 6:11. 롬 11:25. 구원받을 이방인)가 있듯이, 해산의 고통(수고)으로 유대인 성도의 수가 확보되었다는 것을 상징하는 것이다.

그러나 "여자가 낳은 아들"에 대한 또 다른 견해(해석)도 있다. 어떤 이들은 이 여자는 예수님의 모친인 마리아이고, 아들은 성육신하실 예수님이라고 주장한다. 그들은 "하늘에 큰 이적"이라는 표현부터 시작하여, "장차 철장으로 만국을 다스릴 남자"에 관한 내용 등, 계 12:1-5을 예수 그리스도의 탄생, 부활, 승천으로 해석(계 12:5)하기도 한다.

그러나 이런 견해는 근본적으로 타당치 않은 몇 가지 이유가 있다.

① 요한계시록은 철저하게 장차 될 일(계 1:19)에 대한 예언이 기록된 말씀이라고 하는 근거로 볼 때 타당하지 않다. 미래에 이루어질 예언을 하는 성경 맥락에 전혀 어울리지 않게, 예수님의 성육신에 대한 과거 사건을 미래에 일어날 사건처럼 언급한다는 것은 문맥상 전혀 어울리지 않는다.

② 예수님의 성육신에 관한 기록은 사복음서에 충분히 밝히고 있기 때문이다. '아들을 낳다'라는 용어는 신약에서 5회 등장(마 1:21, 23, 25; 눅 1:31, 2:7)한다. 모두 예수님의 성육신에 대한 말씀이다. 5회 등장하는 배경적 장면과 계 12:5의 표현은 적합하지 않다. 이미 2,000여 년 전에 이루어진 역사적 사실을 장차 될 예언의 일을 밝히고 있는 요한계시록에서 재차 언급할 이유가 전혀 없기 때문이다.

③ 시기적으로도 적합하지 않다. 계 12장은 일곱째 나팔이 불려진(계 11:15) 이후 계속 진행 중인 때다. 이 시기는 셋째 화(계 11:14)의 기간이며, 후 3년 반(계 12:6) 초에 해당하는 기간이다. 이런 시기에 예수님의 성육신 사건이 다시 재연된다면, 이것은 과거 예수님의 성육신과 대속의 모든 사건을 부인하는 결정적 모순을 가져온다. 이런 모순은 성경의 전체적인 구속사의 맥락(히 9:26, 10:10; 롬 6:10)에 전혀 맞지 않는 큰 오류를 범하게 되는 것이기 때문에 이런 주장을 용납할 수가 없다.

둘째로 "장차 철장으로 만국을 다스릴 남자"에 대한 문제다. 이 말씀은 시 2:7-9을 인용한 것이다. "여자가 낳은 아들"과 "장차 철장으로 만국을 다스릴 남자"의 관계는 이해하기 어려운 구조다. 단편적으로 말한다면 '남자'는 '예수님'을 상징한다(계 12장 Q_10). 그러나 계 12:4(계 12장 Q_05)에서와 같이 계 12:5의 말씀들을 한 단어 한 단어에 국한하여 의미를 해석하고자 한다면, 이해하기도 어렵다. 억지로 풀려다 보면 성경 전체의 맥락에서 탈선하게 되고, 풀리지도 않게 된다. 그러므로 계 12:4-5은 계 12:1-5 전체 맥락에서 봐야 올바르게 해석할 수 있다.

특히 "만국"이라는 용어가 요한계시록에 12회 등장한다(계 2:26, 12:5, 15:3, 4, 16:19, 18:3, 23, 19:15, 20:3, 21:24, 26, 22:2). ① 구원받은 성도의 의미로(계 2:26, 21:24, 26, 22:2), ② 주님 공중강림하실 때까지 지상에 사는 모든 자(계 12:5), ③ 구원받은 유대인 성도(계 15:3, 4, 20:3), ④ 적그리스도의 통치를 받는 "땅에 거하는 자들"(계 13:14)의 의미(계 16:19, 18:3, 23, 19:15) 등으로 사용되었다.

셋째로 "그 아이를 하나님 앞과 그 보좌 앞으로 올려가더라"는 것이다. '올려가더라'의 헤르파스테(ἡρπάσθη)는 헤르파조(ἡρπάζω. 휴거, 승천)의 직설법 과거 수동태 단수 3인칭으로 사용되었다. 이것은 이미 실제적으로 있었던 것을 얘기하며, 과거 시제를 쓰고 있다는 것은 과거에 이미 일어났던 '단순한 과거' 사건임을 의미한다. 그 아이가 '미래에 올려갈 것'이라는 미래적 의미가 아니다. 만약에 이것을 미래적인 것으로 해석한다면, 예수님의 성육신과 부활, 승천 사건이 또 일어나는 것이 되고 만다. 이런 '2차 성육신' 주장은 구속사의 맥락에 전혀 부합하지 않는 모순된 주장이다(cf. 계 12장 Q_05). 계 12:5을 미래적으로 주장하는 이들은 본 구절을 근거로 이때 휴거된다고 주장하기도 하는데, 이런 주장은 잘못된 주장이다.

“여자”는 성모 마리아이며, “여자가 낳은 아들”은 예수님이라고 주장하는 자들은 “올려가더라”는 말씀을 예수님의 승천(부활)이라고 주장하는데, 계 12:4-5의 말씀에서 확인했던 것처럼, 한 단어 한 단어로만 해석하려고 한다면 이 부분 역시 문맥상 서로 전혀 어울리지 않는다는 것을 확인하게 된다. 그러므로 이 말씀은 영적으로 해석해야 한다.

그러면 난해한 이 부분을 어떻게 이해하면 되겠는가? “장차 철장으로 만국을 다스릴 남자”는 시 2:7-9의 ‘철장으로 만국을 다시릴 메시아’이신 예수 그리스도를 의미하며, “여자가 낳은 아들”은 회심하고 돌아온 유대인 성도들을 의미한다. 그 성도들이란 두 증인의 사랑과 눈물의 복음 전도로 전 3년 반 후반기에 회개하고 변화된 “한 여자”인 유대인 중심의 환난 통과 교회(성도. 롬 9:4-5)를 통하여 탄생한 ‘환난 통과 유대인 성도들’이다(계 11장 Q_04, 계 12장 Q_03).

그러므로 이 모든 관계를 종합해 볼 때, 계 12:4-5은 예수님의 성육신 이후 부활, 승천하신 예수님과 셋째 화 기간에 출현한 환난 통과 유대인 지상교회의 탄생(출현)에 대한 **‘예수님과의 관계 설명과 유대인 교회의 출현’**으로 해석해야 한다. 이 말은 환난 통과 유대인 교회가 용(사탄)의 박해(훼방) 속에서도 환난 통과 유대인 성도를 낳았다는 ‘영적 관계’를 설명해 주는 것으로 이해하는 것이 적절하다고 생각된다.

좀 더 부연한다면, ‘과거’에 죄인의 구속을 위해 성육신하시고 십자가에서 대속적 죽음 이후 부활 승천하신 우리 주 예수 그리스도께서, ‘훗날’(미래) 지상에 강림하셔서 철장으로 만국을 다스리실 것이며, 환난 통과 유대인 성도들도 예수 그리스도를 구주로 고백하고 믿음으로 말미암아 하나님의 자녀로서 신부의 관계가 회복됨을 의미하는 것이다.

Q _07. "여자가 광야로 도망"(계 12:6)했다는 예비처의 의미와 목적과 방법은 무엇인가? (계 12:6). (이단 경계)

A 전 3년 반 후반기에 회개하고 변화된 "한 여자"인 유대인 중심의 환난 통과 교회를 통해 출현(출산)(계 12:5)하여 예수님과의 관계 회복이 이뤄진 환난 통과 유대인 교회가, 예수님의 예언(마 24:15-28)대로 광야 예비처(피난처)로 도피(계 12:6, 14)하게 된다. 이 사건은 예수님께서 예언하신 말씀대로 유대인에 대한 예언이 성취될 사건이다. 이렇게 해석할 때 계 12:5과 12:6의 문맥이 자연스럽게 연결되며 해석이 자연스럽다.

계 12:5-6, 14, 13:5, 17:7 등은 일곱째 천사가 나팔을 분 계 11:15 이후 7대접에 이르기까지의 사건에 대한 내용이다. 이 모든 것은 셋째 화, 후 3년 반 동안에 일어나는 사건들이다. 여자는 환난 통과 유대인 교회를 상징하며, 후 3년 반 동안 광야에서 하나님으로부터 보호와 양육을 받게 된다. 그리고 1이레의 예언 성취(단 9:24)로 유대인의 구원이 한 이레(7년 심판 대환난) 절반 끝(단 9:24, 70이레 끝)인 후 3년 반 때 끝에 이루어지게 된다(롬 11:25, 26-27).

하나님께서 예비처(계 12:6)로 도피하도록 하신 목적(피신의 목적, 이유)과 방법은 무엇인가? 예비처로 도피하도록 하신 목적(이유)은 두 가지다. ① 용이 아이를 삼키고자 하는 위협과 뱀의 낯을 피하여(계 12:14) '보호'(계 12:4)하시기 위함이며, ② 그 아들을 "양육"(계 12:6; 슥 13:8-9)하기 위함이다(계 12장 Q_03).

어떤 방법으로 피신하게 할까? "큰 독수리의 두 날개를 받아"(계 12:14)서 예비처로 도피하게 된다. 그 기간은 1,260일(1260일÷360일 = 3년 반. 42개월) 동안이며, 한 때와 두 때와 반 때[1(1년) + 2(2년) + 1/2(반년) = 3년 6개월. 계 12:6, 14, 13:5, 단 12:7-9. 유대인과 관계된 사건]의 기간이다.

이스라엘 백성들이 애굽 바로의 통치 속에서도 광야 40년 동안 전능하신 하나님의 주권적인 보호와 양육 속에 인도되었던 것과 같이, 적그리스도의 통치 속에서도 후 3년 반 동안 예비처에서 하나님의 주권적 권능 속에 인도를 받는다는 것에 의미와 의의가 있다. 이들이 하나님께서 예비하신 예비처(계 12:6)에서 하나님의 보호와 양육을 받으며, 후 3년 반의 환난을 통과하는 성도요 교회가 될 것이다.

요한계시록에는 "성도"라는 용어가 대상에 따라 총 13회 등장(cf. 계 7장 Q_08)하는데, 계 7:9-10(천상성도의 출현)부터 계 11:12(전 3년 반 끝)까지는 "성도"가 전혀 등장하지 않다가, 계 13:7에서 "성도"가 나오는데 이때의 성도가 바로, 두 증인의 전도로 변화된 유대인 성도들이다. 이들을 '환난 통과 유대인 성도' 혹은 '환난 통과 유대인 교회'라 부른다.

그러면 예비처는 영적인 곳일까, 아니면 실제적인 지상의 땅일까? 실제적인 땅이다. 예비처로 사용된 헤토이마스메논(ἡτοιμασμένον)은 헤토이마조(ἡτοιμάζω)의 분사 완료 수동태 남성 단수로 되었다. 완료 시제로 사용되었다는 것은 하나님께서 이미 오래전에 예비처(예루살렘)를 준비하신 단 한 곳(단수 예루살렘)이라는 의미다. 수동태로 되었다는 것은 그 어떤 인간적인 의지로 만들어진 곳이 아니라, 전적인 하나님의 주권에 의해 예비된 곳이라는 의미다.

예비처는 두 증인의 활동 무대인 지상의 단수 예루살렘이다. 그 이유를 계 11장에서 네 가지 근거로 언급하였다(cf. 계 11장 Q_02). 지금은 유대인들의 성전 제사가 회복되지 않고 있지만, 언젠가는 성경이 예언(단 9:27)한 대로 이루어지게 될 것이다(cf. 계 11장 Q_02). 그때부터가 7년 심판 대환난의 시작점이라고도 할 수 있다(cf. 계 11장 Q_02).

문제는 이단 특히 한국의 이단들은 계 12:6의 예비처를 자신들의 성지(聖地)로 악이용한다. 그래서 은혜로교회 신 아무개 목사는 5년간 약 400여 명의 신도들을 피지 섬으로 이주(2019-07-30. JTBC 뉴스)시키기도 하였고, 신천지의 이 아무개는 성지로 세 곳(고향 청도, 본부 과천, 계시 장소 계룡산 국사봉)를 지명했는데, 특히 과천 본부를 피난처로 두어서 미래 천년왕국 때, 세계 사람들이 과천으로 몰려들 것이라고 젊은이들을 미혹하고 있다.

우리가 분명히 알아야 할 것이 있다. 성경의 예비처는 오직 지상의 예루살렘뿐이다. 신천지 등등의 이단 사설에 미혹당해서는 안 된다. 예루살렘에 있는 사람들이 아니라고 한다면, 이 땅에 남아 있는 것 자체가 7년 심판 대환난 중에 있는 것이기에, 불신앙에 대한 심판을 받는 과정에 있는 것이다. 예비처(피난처)에 있는 대상자들은 휴거되지 못한 자 중에서, 유대인 중심의 환난 통과 성도들뿐이다(cf. 계 7장 Q_08).

Q_08. 미가엘과 큰 용(옛 뱀, 마귀, 사탄)의 전쟁의 의미는 무엇인가? (계 12:7-9). (계 12장 Q_04). (이단 경계)

A "용"(큰 용, 옛 뱀, 마귀, 사탄)에 대해서는 이미 언급하였다(계 12장 Q_04). 천사장 미가엘과 용이 전쟁한 장소는 천상의 하늘이다. 아니 우리가 바라보는 공중의 하늘이다.

미가엘의 뜻은 '누가 하나님과 같으랴'라는 의미다. 성경에 나타난 미가엘은 ① 군장 중의 하나(단 10:13)다. ② 이스라엘 민족의 수호천사(단 12:1)이며, ③ 영계의 전쟁을 관장하는 군장(단 10:21)이고, ④ 천사장 중 하나(유 1:9)로서 사탄과 싸우며 영계의 전쟁을 관장하고, 심판을 알리는 천사다(계 12:7).

미가엘의 전쟁 상대자인 용은 악한 영 중 최고 우두머리로 하나님을 대적(계 13:6)하고, 온 천하를 미혹하는 자(계 12:9)이며, 전쟁을 일으키는 자(계 12:7)요, 적그리스도에게 능력과 보좌요 큰 권세를 주는 실존(계 13:2)이다.

미가엘과 그의 사자들은 대상자인 용과 그의 사자(귀신)들과 전쟁을 하게 된다. 이 전쟁에서 용과 그의 사자들은 미가엘을 이기지 못하여 하늘에서 있을 곳을 얻지 못하고 땅으로 쫓겨났다.

이사야(사 14:1-23)는 바벨론을 '사탄의 세력'에 비유하였고, '하나님을 대적하는 악한 영의 세력'의 상징(계 14:8, 16:19, 17:5, 18:2, 10, 14, 15, 21)으로 사용하였다. 한 천사가 하나님을 대적(사 14:12-14)하는 사건의 말씀을 보면, '계명성'은 원어 '헬렐'(□)을 번역한 말이다. 원래는 '빛을 내는 가장 밝은 별'을 의미하는 '할랄'(□)에서 유래했다. 이것을 벌게이트 역에서는 '루시퍼'(Luciffer)라고 번역하였다. '루시퍼'는 타락한 천사인 사탄의 또 다른 명칭이다. 하나님을 상징하는 "지극히 높은 이(엘리욘)와 같아지리라"(사 14:14)는 마음을 품었다는 것은 '교만'의 상징이다. 이 루시퍼의 사건과 미가엘과의 전쟁에서 패한 용의 관계에 대해서는 명확하게 밝히 말할 수 없으나, 공통된 뜻은 교만이 동기가 되었다는 것에서 의미를 찾을 수 있다(계 9장 Q_02).

용이 쫓겨났을 때가 언제인가에 대해서는 다양한 해석이 가능하겠지만, 확실하게 밝힐 수 있는 성경 근거는 ① "이제…쫓겨났고"(계 12:10)라는 용어가 그때를 분별해 주고 있으며, ② 용(마귀)이 자기 때가 얼마 남지 않은 줄 알고 크게 분내어 내려갔던 때(계 12:12)가 이때며, ③ 용(사탄)이 쫓겨나면서 마지막 발악(계 13:4-5)을 하는 때가 이때인 것으로 보아, 이때는 전 3년 반이 끝나고 후 3년 반을 시작하는 현재의 시점(셋째 화 기간, 일곱째 나팔 때)이며, 이때 쫓겨난 것으로 보는 것이 성경적으로 타당할 것이다.

미가엘과 용의 전쟁의 결과는 무엇인가? ① 용이 이기지 못한다. 용이 머리에 일곱 왕관을 쓴 것으로 볼 때(계 12:3) 승리자같이 보였지만, 결과는 용의 패배였다. ② 용이 자신의 사자들과 함께 하늘에서 있을 곳이 없어 땅으로 내쫓기게 되었다.

용(사탄)은 1,260일(42달, 후 3년 반) 통치하는 동안 하수인 짐승(바다에서 올라온 짐승. 적그리스도)을 앞세워 3년 반 동안 자기의 악을 채우기 위해 최후 발악(계 13:2, 5)을 하며 온 세상을 지배하게 된다. 그 이후에는 천 년 동안 결박을 당하게 되고, 그 마지막에는 "불과 유황 못"(불못. 계 20:14, 15)에 영원히 던져지게 될 것이다. 용(사탄)은 궁극적으로는 패(멸망)하게 되어 있다(계 19:20, 20:10. 계 13장 Q_04). 이것이 사탄의 숙명이며, 사탄의 결론이다.

그러므로 믿는 성도들은 이 악한 사탄의 세력을 두려워할 것이 전혀 없다. 신천지나 이단의 세력도 두려워할 것이 전혀 없다. 그들의 마지막은 이미 정해져 있기 때문이다(계 19:20).

Q_09. "하늘에 큰 음성"의 정체는 무엇이며, 천상 성도가 받는 위로는 어떤 것인

가? (계 12:10-12)

A 요한계시록에 크게 6회 걸쳐 등장하는 찬송(노래)하는 장면(계 18장의 바벨론 파멸의 애가는 제외) 중(계 5:9-12, 7:9-12, 12:10-12, 14:1-3, 15:2-4, 19:1-8; 계 14장 Q_05), 세 번째 찬송 장면 내용이다.

1. 하늘에서 들리는 큰 음성의 정체(주체자)는 누구인가? "하늘에 큰 음성"(계 12:10).

2. 그 음성의 내용은 무엇인가? 즐거워하라는 위로의 말씀이다. 위로의 내용은 무엇인가? ① 이제 우리 하나님의 구원과 능력과 나라가 이루었으며, ② 그의 그리스도의 권세가 나타났고(사탄이 땅으로 내쫓겼다), ③ 성도들을 밤낮 참소하던 자가 쫓겨났으며(계 12:10; 욥 1:9, 2:5), ④ 우리 형제들이 어린양의 피와 자기들이 증언하는 말씀으로써 사탄을 이겼고(휴거되기 전에 생명을 아끼지 아니하고 복음을 위해 헌신), ⑤ 마귀가 자기의 때가 얼마 남지 않은 줄을 알므로 크게 분 내어 너희에게 내려갔다(마귀의 때가 얼마 안 남은 것으로 찬송)는 등, 천상 성도들은 기쁨에 넘쳐 하나님 구원의 역사를 즐거워(찬송)하고 있다.

3. 누구에게 즐거워하라(찬송)고 하는가? 휴거된 성도에게 외치고 있다.

그 근거(내용)는 무엇인가? ① "하늘과 그 가운데에 거하는 자들은 즐거워하라"(계 12:12)고 했기 때문이다. 하늘에 있는 것에 대한 감사의 찬송이다. 하늘과 그 가운데 거하는 자란 천사를 말하는 것인가, 24장로를 말하는 것인가? 아니다. 천상에 있는 휴거된 성도들을 말하는 것이다(계 14장 Q_05).

② 그들은 계 12:11과 같이 "우리 형제들"(휴거된 성도들)이며, "어린양

의 피(예수님의 보혈. 십자가)와 자기들이 증언하는 말씀을 전하던 사람들"이며, "그들은 죽기까지 자기들의 생명을 아끼지 아니한 사람"(순교의 신앙을 가진 자. 계 2:13; 롬 14:8)들이다.

그 "하늘"은 어떤 하늘인가? 천상 영계의 하늘이다. 그들은 언제 천상에 올라간 자들인가? 여섯째 인봉 사건 때인 계 7장에서 휴거된 성도들(cf. 계 7장 Q_08)이며, 첫째 부활에 참여한 성도들(살전 4:16-17; 계 6:9-11, 7:9-14)이고, 첫째 부활에 참여한 천상 성도들이 있는 곳이다.

계 12:11-12은 휴거되어 천상에 올라간 성도들이 아니라고 한다면, 이 구절은 적절히 설명할 방법이 없다. 이 말은 다른 말로 한다면, 휴거는 7년 심판 대환난 전에 이루어졌다는 말과 같은 말이다.

특별히 기억해야 할 것이 있다. 성도들이 마귀(세상)와의 전쟁에서 이길 수 있는 방법은 '어린양의 피(보혈)와 예수 믿는 믿음을 증언하는 것'(계 12:11; 벧전 1:18-19)으로 이겼다고 했으니, 이제 세상적인 방법을 포기하고 오직 예수의 보혈과 예수 믿는 믿음(부활과 재림신앙)을 증언하는 신앙(행 4:19-20; 엡 6:11-13)으로만 승리할 수 있다는 것에 목숨을 걸자.

4. 용(마귀)이 전쟁에서 패한 결과 어떻게 변하게 될까? 온 세상(땅과 바다)은 화를 당하게 된다(계 12:12). 영적 전쟁에서 패한 마귀는 분 내어 하늘에 있을 곳이 없어, "자기의 때가 얼마 남지 않은 줄을 알고"(계 12:12. 후 3년 반의 기간) 온 세상에 분풀이하듯 하게 된다. 이것이 셋째 화 재앙(계 11:14b)이며, 후 3년 반 동안 일어날 7대접 재앙(계 11:15-19:21)이다. 분 내어 쫓겨난 마귀의 추종자 적그리스도를 숭배한 휴거되지 못한 온 세계 사람들이 당하게 되는 재앙이다.

그래서 휴거가 중요하다. 7년 대환난 자체가 재앙이다. 재앙이기에 심판의 의미가 있다. 그래서 휴거되지 못한 자는 이 땅에서 7년 심판 대환난을 당하게 된다.

우리 모두 하나님께서 요한계시록을 통하여 알려 주신 마지막 때의 징조와 휴거의 신앙을 잘 알고, 완전한(온전한) 구원을 받도록 준비해야 한다(계 7장 Q_08). 믿는 자의 삶에 비본질적인 것은 멀리하고, 단장된 신부로 휴거의 소망을 갖고 늘 깨어 있어야 한다.

Q_10. 용이 여자를 박해하고 여자의 후손과 싸우려 한다는 의미는 무엇인가? (계 12:13-17)

A 용이 언제 땅으로 내쫓긴 것인지, 이에 대해서는 계 12장 Q_08을 참고 바라면서, "남자를 낳은 여자"에서 '남자'는 예수님을 상징하며(cf. 계 12장 Q_06), 박해받는 '여자'는 '교회'의 상징인 '환난 통과 유대인 교회'다.

땅으로 내쫓겨 분노한 용의 박해를 피하도록, 하나님께서는 여자인 아브라함의 후손 되는 '환난 통과 유대인 성도(교회)'들을 독수리 두 날개를 이용하여, 한 때와 두 때와 반 때 동안(셋째 화, 1,260일, 후 3년 반) 광야 자기 곳(예비처, 예루살렘. cf. 계 12장 Q_07)에서 보호와 양육(피신의 목적. 계 12장 Q_07)을 받게 하신다.

이 시기는 후 3년 반 초기의 때다. 뱀은 끊임없이 입으로 물을 강같이 토하여 여자를 물에 떠내려가게(수장, 익사, 박해) 하며, 온갖 수단(박해)을 다 동원하여 아이를 삼키려(cf. 계 12장 Q_07. 박해) 한다. 뱀의 입에서 나온 강물이란 복음의 변질, 거짓 진리와 예언, 혼합 사상, 세속화, 도덕적 타락, **종교 다원주의(포스트모더니즘)** 등등을 상징한다. 용

(뱀)이 환난 통과 유대인 교회를 파괴하고자 온갖 방법으로 박해(계 12:5, 17:15; 고후 11:3)하는 것을 상징한다.

이때 하나님께서 예비하신 일들은, ① 땅(지상)이 여자를 도와 그 입을 벌려 강물을 삼켰으며(계 12:16; 출 15:12; 민 16:30-33. 환난 통과 유대인 교회를 보호하시는 하나님), ② 예비처를 준비(cf. 계 12장 Q_07)하셨다.

용의 반응은 무엇이었나? 용이 여자를 수장(익사)시키지 못하자(실패) 화(분노)가 나서 돌아가, 여자의 남은 자손들과 싸우기 위해 바다 모래 위에 선다(계 12:17). 이런 상황이 계 13장에서 계속 이어진다.

남은 자들이란 어떤 자들인가? '환난 통과 유대인 성도'들이며, 그들은 ① 하나님의 계명을 지키며[휴거 이후의 상황이기 때문에 구원받기 위해 지키는 것이 아니라, 예수를 믿고(계 11장 Q_04) 선택받은 아브라함 후손이라는 자긍심 속에 하나님의 계명을 실천하는 것이다. 당시의 현재적으로는 황제숭배 강요 속에서 숭배를 거부하는 것이며, 미래 예언적으로는 적그리스도와 우상 경배(계 13장 Q_01)를 거부], ② 예수의 증거를 가진 자(계 11장 Q_04)들이다.

※ P.S.: 믿는 자는 언제나 남은 자의 신앙을 가져야 한다. 악한 마귀의 세력과 싸우고자 한다면, 하나님께서는 언제든지 승리의 확신(고전 10:13)과 인도의 확신(잠 3:5)을 주신다. 때로는 감당하지 못할 것 같으면 언제든지 피할 길(계 12:6; 고전 10:13)을 주시는 하나님이시다.

요한계시록 13장

Q_01. 계 13장의 핵심 메시지는 무엇인가?

A 계 13장은 계 11:15에서 시작된 일곱째 나팔 사건 중에 있는데, 이것은 셋째 화의 기간이며, 7년 심판 대환난 중 후 3년 반(계 11:15-19:21. 1,260일, 42달, 한 때 두 때 반 때) 초기에 해당하는 기간이다(계 12:6, 14, 13:5).

1. 계 7장에서 이방인들이 구원받아 '천상 성도'(휴거. 계 7:9-17)가 출현한다. 출현 이후, 둘째 화인 전 3년 반 동안(계 9:13-11:14) 지상에서는 두 증인의 눈물과 사랑의 전도를 통하여 '지상 성도'(계 11장 Q_04)가 출현한다. 이어 계 11:15에서 셋째 화(일곱째 나팔, 후 3년 반)가 계속 연속되면서 같은 기간에 속한 계 12장과 계 13장을 통하여 지상에서는 크게 두 가지 사건이 발생한다.

하나는 계 12장에서 용은 남자를 낳은 여자를 박해(계 12:13)하는 사건이다. 하나님께서는 그 여자의 남은 자손을 예비처에서 1,260일간 보호하시고 양육하신다. 이들을 '환난 통과 지상 유대인 성도(교회)'라고 부른다. 다른 하나는 계 13장에서 그 1,260일 초기에 용(계 12장 Q_04)의 권세를 받은 두 짐승이 등장하는 사건이다. 이 두 짐승의 활동은 정해진 시간 동안(계 13:5) 온 세상을 지배하며 '지상 성도'(단 7:25)를 박해하는, 용이 마지막으로 발악하는 사건이다. 바다에서 올라온 짐승(계 13:1)은 적그리스도이며, 땅에서 올라온 짐승(계 13:11)은 적그리스도에게 충성하는 하수인으로 타락한 음녀인 거짓 선지자다.

2. 용(사탄, 마귀)의 목적은 자신이 경배를 받고자 하는 것이다. 이 목적

을 위해 전략적으로 용의 하수인(앞잡이)을 앞세워 그 하수인에게 용 자신의 능력, 보좌, 큰 권세를 주고 세상을 지배하게 한다.

세상을 지배하기 위해 그들은 ① 막강한 권세를 갖고 용과 두 짐승은 지상에서 후 3년 반 동안 역할 분담, ② 사람들의 오른손이나 이마에 표를 받게 하며, ③ 두 짐승과 적그리스도와의 지속적 공조 관계, ④ 짐승의 표(666)와 베리칩의 관계 등을 아는 것이 계 13장의 핵심이라 할 수 있다.

3. 요한계시록에는 "7머리 10뿔"이라는 용어가 4회(계 12:3, 13:1, 17:3, 7) 사용되었다(계 12장 Q_04, 계 13장 Q_03, 계 17장 Q_04). 바다에서 올라온 짐승인 적그리스도는 용으로부터 마흔두 달 동안 일할 권세를 받으며(계 13:5), 휴거되지 못한 지상의 사람들을 대상으로 악을 행한다. 짐승(적그리스도)과 거짓 선지자의 멸망과 영원한 심판은 계 14:8에서 처음 예고하고 있다(계 14장 Q_07).

그러나 짐승(적그리스도)과 거짓 선지자에 대한 구체적인 심판 내용은 계 15장에서 7대접을 준비케 한 뒤, 계 16장과 계 17장, 그리고 계 18장에서 실행되고 있으며, 물리적인 실제 심판은 계 19장에서 이루어지면서, 짐승(적그리스도)과 거짓 선지자는 "산 채로 유황불 붙는 못"에 던져지면서(계 19:20), 짐승과 거짓 선지자는 사라지게 된다. 이어서 1,000년 그리스도의 왕국이 이루어진다.

그리고 용(사탄, 마귀)은 1,000년 왕국이 끝나고 흰 보좌 심판(계 20:12) 전에 종말을 고(지옥)하게 된다(계 20:10). 용(사탄, 마귀)이 결박당하고 짐승(적그리스도)과 거짓 선지자의 영원한 최종적인 심판이 계 20장(계 20:10, 14-15)에서 이루어진다(계 20:10. 계 16장 Q_01).

용(사탄, 마귀)이 결박당하고 짐승 그리고 거짓 선지자의 종말이 이렇게 결정되어 있다는 사실을 알려주는 성경이 요한계시록이다. 그래서 마귀는 자신들의 종말을 숨기기 위해 지금도 수많은 미혹과 작전을 펴고 있다(계 22:10). 아는 것만큼 보이고, 믿는 것만큼 충성하게 되어 있다. 요한계시록을 귀납법적으로 더욱 확실히 알고 믿게 되면 더욱 성령을 사모하게 되며, 단장된 신부로 휴거(재림)의 신앙을 갖고 늘 깨어 있는 성도의 삶을 살게 된다.

4. 계 13장은 크게 두 부분으로 나눌 수 있다(주제는 두 짐승의 출현).

① 바다에서 나온 7머리 10뿔 짐승과 용의 연합작전(계 13:1-10), ② 땅에서 올라온 짐승의 출현과 두 짐승 간의 연합작전 그리고 짐승의 표(계 13:11-18) 등이다.

Q_02. 계 13장에 나오는 두 짐승의 역할과 정체성은 무엇인가? (계 13:1, 11). (이단경계)

A 요한계시록에서 "짐승"이라는 용어는 33회(계 6:8, 11:7, 13:1, 2, 3, 4, 5, 6, 8, 11, 12, 14, 15, 17, 18, 14:9, 11, 15:2, 16:2, 10, 13, 17:3, 7, 8, 12, 13, 16, 17, 17:11, 19, 20, 20:4, 10) 사용되었다. 요한계시록에서 "짐승"은 상징적 용어이며, 크게 두 종류로 사용되었다. 하나는 첫 번째 짐승인 바다에서 나온 짐승(계 13:1)으로 '적그리스도'를 상징하고 있으며, 다른 하나는 두 번째 짐승인 땅에서 올라온 짐승(계 13:11)으로 '거짓 선지자'를 상징하고 있다.

요한계시록에서는 "짐승"이라는 용어가 33회 사용되었으며, 다음과 같은 특징이 있다.

1. "짐승"에는 각각의 역할(개념)과 등장하는 때에 큰 의미가 있다.

1) 적그리스도로서의 짐승과 거짓 선지자로서의 짐승의 역할(개념)에 차이가 있다. 총 33회 중에는 '적그리스도' 역할(개념)로 사용된 것은 29회(계 13:1, 2, 3, 4, 5, 6, 8, 12, 15, 17, 18, 14:9, 11, 15:2, 16:2, 10, 13, 17:3, 7, 8, 12, 13, 16, 17, 17:11, 19, 20, 20:4, 10)이며, '거짓 선지자' 역할(개념)로 사용된 것은 단 4회(계 6:8, 11:7, 13:11, 14)뿐이다.

2) 언제 등장하는가? 첫째 짐승(계 13:1-10. 적그리스도)과 둘째 짐승(계 13:11-18. 거짓 선지자)의 등장 시점에는 차이가 있다. **단수이며 실존적 존재인 적그리스도로서의 "짐승"은 계 13장에서 처음 출현한다.** 그리고 계 13장에서 유난히 폭발적으로 많이 사용되었는데, "짐승"은 총 33회 중 계 13장에서만 15회 사용되었다. 적그리스도로서의 "짐승"으로 13회 사용되었고, 거짓 선지자로서의 "짐승"은 2회 사용되었다(계 13:11, 14). 사람들을 미혹하는 짐승인 거짓 선지자는 넷째 인(계 6장 Q_05)과 여섯째 나팔(계 11장 Q_04) 때부터 등장한다.

이 말은 둘째 짐승인 거짓 선지자는 휴거되지 못한 채, 이 땅에서 지속해서 거짓말로 미혹하는 행위를 할 것이지만, 첫째 짐승인 적그리스도는 하나님께서 계획하신 바대로 7년 심판 대환난 중, 전 3년 반이 끝나고 후 3년 반 시작할 때(단 7:25, 9:27; 계 13:1) 등장한다는 것을 의미한다. 이때의 시기는 일곱째 나팔, 셋째 화 기간이다. 후 3년 반 시작 지점인 계 13장에서 적그리스도가 등장하면서, 둘째 짐승인 거짓 선지자가 짐승의 하수인 음녀로서 출현과 동시에 매우 왕성하게 활동할 것이라는 예언의 말씀이다(마 24:15; 살후 2:3-4).

사도 요한의 '짐승=적그리스도'라는 도식은 당시 유대를 핍박했던 황제를 그들(초대교회 성도들)만의 '상징적 은어'로 사용할 수밖에 없었던 배경(계 1장 Q_01, 총론 Q_06), 드러내 놓고 황제를 언급할 수 없었던 사도 요한 당시의 시대적 특수성 때문이었다. 하지만 당시에도 짐승이라고 하면 그 짐승이 누구인지를 모든 성도가 알 수 있을 정도로, 특정된 인물을 가리키고 있었다.

2. 각각 "짐승"의 하는 일(정체성)이 무엇인가?

1) 적그리스도로서 짐승은 정치적 일을 하며, '세계 단일정부 수반'으로서 단수의 실존적 인물이다.

초대교회로부터 현재까지 적그리스도는 존재해 왔고, 존재하고 있다. 그러나 초대교회 당시부터 거론되었던 영적인 의미의 적그리스도와 요한계시록에서 말하는 종말론적 적그리스도는 개념의 차이가 있다. 반드시 구별해야 하는데, 이 차이를 이해하지 못하면 요한계시록이 풀리지 않는다.

초대교회로부터 현재까지의 '영적인 적그리스도의 하는 일은 Anti-X'다. 하나님을 대적하며, 자기를 하나님이라 칭한다. 복음 훼방자(요일 2:18; 살후 2:7)들이라 말할 수 있다. 그러나 **'요한계시록에서의 종말론적 적그리스도'는 오직 '후 3년 반 기간에 등장'(본색을 드러냄)한다. 우상숭배를 강요하는 실존적 단수의 인물이다.**

적그리스도로서의 첫째 짐승을 이렇게 종합 정리할 수 있다.

① 상징적인 외적 모습은 ㉠ "붉은빛"을 띠었고(계 17:3), ㉡ "일곱 머리와 열 뿔"(계 17:3, 13:1)을 가지고, ㉢ "바다"(계 13:1)에서 나온다.

② 역할은 다양하다. ㉠ 온 세상을 통치하며(계 13:7), ㉡ 하나님을 비

방하며(계 13:6), ㉢ 환난 통과 유대인 지상교회를 핍박하며(계 13:7), ㉣ 경배를 받으며(계 13:4, 8, 12), ㉤ 우상으로 섬김 받으며(우상숭배. 계 13:14), ㉥ 짐승의 우상에게 절하게 하며, 절하지 않으면 죽이며(거짓 선지자. 계 13:15), ㉦ 표를 만들어 표를 받게(계 13:16) 한다.

③ 첫째 짐승의 정체성은 정치 경제적 바벨론인 '세계 단일정부 수반'(최고 지도자)의 역할을 하는 자라고 할 수 있다.

2) 거짓 선지자로서의 둘째 짐승은 종교적 바벨론(큰 음녀)으로 신앙을 왜곡하며 미혹하는 일을 한다(계 13장 Q_05).

① 영적으로는 일명 이단들을 말한다. 신흥종교 신천지를 비롯한 이단 대부분은 구원받지 못하고 휴거되지 못해, 이 땅에서 살아남기 위해 적그리스도의 적극적인 하수인으로 살아가게 될 것이다. 우리는 이런 사실을 알아야 한다. 그리고 전파해야 한다. 거짓 교사로 불렸던 거짓 선지자들은 말씀을 왜곡시키며 성도를 미혹하는 암적인 존재들이며, 영적으로 타락한 집단들이다.

② 이들이 종교적으로는 ㉠ 음녀이며, ㉡ 바벨론이다.

③ 둘째 짐승(거짓 선지자)의 정체성은 종교적 바벨론으로, '세계 단일종교 수반'으로서 역할을 한다.

"짐승"이라는 용어는 계 13장 이전에도 등장(계 6:8, 11:7)한다. 계 13장 이전에 등장하는 "짐승"들은 "땅에서 올라온 양 같은 짐승"인 '거짓 선지자'(계 13:11; 마 24:11. 계 13장 Q_05)를 의미한다.

초대교회로부터 지금까지 거짓 선지자는 언제나 사회적 혼란을 이용하여 복음을 변질시켜 왔다. 하나님 말씀을 전통이라는 미명으로 폐하며(마 15:6), 하나님의 말씀을 사람의 계명으로 교훈을 삼으며(마 15:9), 혼합주의 등으로 사람의 영혼을 죽게 만든다. 이런 현상은 초대교회로부터 계 6:8에서의 청황색 말 사건(계 6장 Q_05)에 이르기까지 나타난다. 이런 현상은 예수님의 예언(마 24:9-12)이 성취되는 사건들이다.

계 11:7에서는 두 증인이 그들의 증언을 마칠 때, 무저갱(계 9장. Q_02. 지상의 무저갱)으로부터 올라오는 짐승이 있는데, 이때의 "짐승" 역시 적그리스도 짐승이 아니다. 이들 역시 '거짓 선지자'를 상징한다.

이렇게 초대교회로부터 현재까지 거짓 선지자가 존재해 왔다. 초대교회로부터 존재해 왔던 거짓 선지자는 일명 거짓 교사, 거짓 선생(벧후 2:1), 자칭 사도(계 2:2)라고 불리는 사람들로서, 오늘날 양의 탈을 쓴 늑대와 같이, '기독교의 탈을 입은 신흥종교 집단 신천지'를 비롯한 이단의 괴수들을 가리킨다.

3. 그러나 '요한계시록에서의 종말론적 거짓 선지자'는 '세계 단일종교 수반'(종교통합, 그러나 어떤 이들의 주장들처럼 천주교 교황이라고 단정 지어서는 안 된다)을 의미한다(계 7장. Q_06).

첫째와 둘째 짐승은 계 12장에 나오는 용의 세상 권력을 대행한다는 독특한 특징이 있다. 용은 하수인 첫째 짐승(적그리스도)을 앞세워 땅에 있는 자들로 하여금 짐승(용)을 경배(하나님으로 경배. 계 13:4)케 한다.

첫째 짐승은 용의 하수인이 되어 세상 권력을 이용하여 정치 경제적으로 세상을 억압하며 교회(환난 통과 유대인 교회)를 핍박하는 세력이다. 둘째 짐승인 거짓 선지자는 신앙적(영적)으로는, 진리를 왜곡하며 부패시키고, 첫째 짐승(적그리스도)의 손과 발 역할을 하며, 첫째 짐승을 위하여 우상을 만들고(계 13:14), 그 짐승의 우상에게 경배(우상숭배. 계 13:15)하게 하는 등, 우상숭배를 하도록 강요하는 타락한 음녀를 상징한다.

그러나 일시적으로 아무리 대단한 것 같아도, 첫째와 둘째 짐승의 마지막 운명은 정해져 있다. 7년 심판 대환난 이후에 첫째와 둘째 짐승은 산 채로 유황불 붙는 못(지옥 불)에 던져지게 된다(계 19:20). 용(마귀)은 1,000년 왕국이 끝나고(계 20:3), 곡과 마곡의 전쟁 이후 흰보좌 심판 전에, 짐승과 거짓 선지자가 있는 유황불 붙는 못인 지옥으로 던져질 것이다(계 20:10). 이것이 적그리스도와 거짓 선지자, 그리고 용(마귀, 사탄)의 종말 스케줄이다. 이런 말씀을 알게 된다면 두려움이 사라지게 될 것이다. 승리의 확신이 생긴다. 이런 영적인 지식과 승리의 확신을 주는 것이 요한계시록이다. 더 구체적인 내용은 다음 구절 등에서 추가로 언급하기로 한다.

※ P.S.: "짐승"이라고 해도 이렇게 성경을 근거로 차이점을 성경적으로 찾아서 구별 분석해 보면, 요한계시록이 어려운 책이 결코 아님을 알 수 있다. 요한계시록이 어렵고 부담스럽게 보였던 이유는 이단의 교주들이 요한계시록에 '신비주의'의 옷을 입혀서, 교주 자신들의 영적인 권위를 하늘 끝에까지 올려놓는 도구로 사용했기 때문이다. 이단이 그렇게 날뛰는데 건전한 정통 교회에서는 목회자들이나 성도들이 잘못될까 봐 부담스럽고 불편하게 느낀 결과 요한계시록은 가까이할 수 없는 머나먼 하나님 말씀이 되어 버렸다. 그 결과 요한계시록은 이단의 전유물이 되었다.

그러나 이제 요한계시록을 우리의 것으로 회복하자. 요한계시록을 읽고 또 읽으며 귀납적 방법으로 연구하자. "이것이 그러한가 하여"(행 17:11) 요한계시록을 연구하여 휴거의 소망을 갖고, 단장된 신부의 삶을 살자. 본서가 요한계시록 연구하며 휴거의 신앙(재림)을 갖게 하며, 하나님의 능력을 힘입기 위해 성령 충만을 사모하게 하는 데 귀한 도움이 되기를 소망한다.

Q_03. 첫 번째 짐승인 "바다에서 나온 한 짐승"의 특징과 권세는 무엇인가? (계 13:1-10)

A 첫 번째 짐승의 출현 장소는 바다였다. 바다는 세상을 상징한다(계 17:15; 사 57:20; 단 7:3, 17). 세상은 용, 짐승, 음녀, 가증한 것들과 악인이 거처하는 장소다. 하나님을 대적하고 세상을 지배(통치)하는 실존이 거하는 곳이 바다다.

1. "바다에서 나온 짐승"(계 13:1-10. 첫 번째 짐승=적그리스도=황제로 상징)의 특징에는 두 가지가 있다. 하나는 신체적인 특징이 있고, 다른 하나는 외적 이미지로서의 특징이 있는데, 그 특징들이 독특하다.

1) 먼저 첫째로는 신체적 특징이 독특하다. ① "7머리 10뿔"을 가졌으며, ② 그 뿔에는 10 왕관이 있고, ③ 그 머리들에는 "신성 모독"하는 이름들이 있었다(계 13:1)고 했다.

"7머리 10뿔"의 포괄적 실제 의미는 무엇인가? 요한계시록에는 "7머리 10뿔"이라는 용어가 4회 등장한다(계 12:3, 13:1, 17:3, 7. 계 12장 Q_04, 계 17장 Q_04).

그러나 총 4회 중 단 1회만 용의 특징(계 12:3)을 언급할 때 사용되었고, 나머지 3회는 짐승의 특징을 말할 때 사용되었다. 그 3회 중에서도 계 13:1만 짐승의 신체적 특징이 언급될 때 사용되었고(계 13:1-2, 5), 나머지 2회(계 17:3, 7)로 사용된 "7머리 10뿔"은 짐승의 신체적 특징이 아닌 "7머리 10뿔"의 현실적 실체를 나타내는 상징적 의미로 사용되었다. 단적으로 답한다면 42개월 동안 짐승(적그리스도)으로부터 권세를 받은 왕들이라는 의미로 사용되었다. 그들은 짐승의 추종세력들이다. 계 17장에서는 큰 음녀가 짐승의 추종세력인 "7머리 10뿔"을 타고 있다고 언급되기도 한다.

"7머리 10뿔"의 현실적 실체에 대해서는 계 17장 Q_04에서 참고 바라며, "7머리"는 7산으로 7왕을 상징하며, "뿔이 열"(계 13:1)이라는 것은 후 3년 반에 적그리스도를 추종할 10나라 왕(10왕. 계 17:12)을 상징한다. 계 17장에는 10나라 왕으로 볼 수 있다(계 17:12). 10뿔에는 10왕관이 있고, 머리에는 신성모독하는 이름들이 있다.

요한계시록에는 "면류관" 혹은 "왕관"이라는 용어가 총 11회 등장한다. "면류관" 3곳(계 3:11, 6:2, 14:14), "(왕)관"으로 8곳(계 2:10, 4:4, 10, 9:7, 12:1, 12:3, 13:1, 19:12)이다. 그중에서 상(급)의 개념으로 사용된 면류관은 주로 '스테파누스'(στεφάνους)로 기록하였고, 왕 혹은 왕 같은 권세를 가진 대상으로 등장할 때는, 총 11곳의 면류관 중에서도 단 3곳만 '디아데마타'(διαδήματα. 계 12:3, 13:1, 19:12)로 기록되었다.

이것은 무엇을 의미하는 것일까? (왕)관은 단 세 곳에서만 '디아데마타'로 기록하였다. 계 12장 한 번, 계 13장 한 번, 그리고 계 19장에서 한 번 사용되었다. 계 19장은 예수님 재림의 장이기 때문에 당연한 것이지만, 왜 계 12장과 계 13장에서도 (왕)관을 디아데마타로 기록하였을까? 성경의 신비가 여기에 또 있다.

계 13장부터는 7년 대환난이 시작되는 장이다. 계 12장은 후 3년 반의 그 초입 부분이다. 바로 후 3년 반이 시작되는 이때 적그리스도 짐승이 디아데마타를 쓰고 등장한다는 것은, 적그리스도가 후 3년 반 때 등장한다는 것을 의미하는 명백한 증거가 된다(계 6장 Q_02, 계 19장 Q_08).

적그리스도는 용(마귀)으로부터 전권을 위임받은 자로, 인류의 종말(7년 대환난 중간)에 실제적인 왕권을 갖고 인류를 지배할 실존(계 13:5)이다. 이때 적그리스도가 등장하면서 자신을 최고의 권위를 가진 예수 그리스도와 같은 권위자로 드러내기 위해 왕관을 쓰고 등장하는데, 이때 쓰는 왕관이 디아데마타인 것이다.

"머리가 일곱"이라는 것은 음녀가 앉은 산(계 17:9)으로 지형적으로 로마 제국이 7산에 둘러싸고 있다. 그래서 7산이다. 그러나 7나라를 상징하기도 한다[애굽, 앗수르, 바벨론, 메대 파사, 헬라, 로마, 그리고 이후의 10왕의 나라(계 17:10, 12; 단 2:31-46)]. 7나라들은 유대를 멸망시켰던 특징이 있다(계 17장 Q_04).

적그리스도는 7왕의 권세로 ① 하나님의 성도(환난 통과 유대인 성도)들을 박해하고, ② 하나님을 모독하는 일을 자행하며, ③ 스스로에게 신적 영광(재림 예수님이 쓰는 같은 종류의 왕관을 쓰고, 자기를 그리스도라, 하나님이라 함)을 돌리며 통치하는 실존으로서, 성도들을 박해하고 하나님을 모독하는 일을 자행하는 적그리스도의 특성을 나타내고 있다.

하나의 사건인 살후 2:3-4의 내용을 볼 때, 후 3년 반에 ① 단 한 번의 배교(배도), ② 불법의 사람(멸망의 아들 모두 단수), ③ 그를 대적하는 자, ④ 우상숭배를 받는 자, ⑤ 하나님 성전에 앉아 자기를 하나님이라(단수) 부르는 일이 발생한다.

2) 두 번째는 외적 이미지로서의 특징이 독특하다. ① 표범(헬라)과 비슷하고, ② 그 발은 곰(메대 파사. 단 7:5)의 발 같고, ③ 그 입은 사자(바벨론)의 입 같았다.

외적 이미지의 특징은 다니엘에게 보여주신 4짐승의 환상과 비슷하다(단 7:3-7, 17, 사자, 곰, 표범, 10뿔 짐승). 그러나 계 13:1-2의 짐승은 구약의 어떤 짐승보다 최소한 두 가지 면에서 다르며 더 강하고 탁월하다. ① 더 강력한 야수성과 폭력적(포학성)이며, ② 세상의 지배자로 등장한다. 그 이유는 용이 자기의 능력과 보좌와 권세를 짐승에게 주었기 때문이다.

용은 하늘 전쟁에서 패하여 땅으로 내쫓김을 당했으나(계 12:7-9), 이런 독특한 특징을 지닌 짐승은 용의 절대적인 권세를 등에 업고, 우주적 카리스마로 후 3년 반 세상을 통치할 적그리스도를 상징한다. 용이 자기의 능력과 보좌와 큰 권세를 '짐승'에게 주었다는 말은, 용이 정치적 경제적 권세를 짐승(적그리스도)에게 주었음을 의미한다(살후 2:3-4).

적그리스도가 천주교회라고 주장하는 이들이 있다. 그런 주장이 틀린 이유는 다니엘의 네 짐승 환상 속의 첫째부터 넷째 짐승(왕)을 합한 것보다 더 강한 우주적 통치자(독재)가 적그리스도다. 이 적그리스도는 후 3년 반 시작할 때 등장한다. 그런데 적그리스도는 종교적인 영역이 아니라 정치적 경제적 수반의 역할을 하기에 천주교회라고 단정해서는 안 된다.

어떤 이들이 주장하는 것처럼, '제3성전 회복'(성전 제사 회복. 단 9:27. 계 11장 Q_02)이 이때 일어날 것이다. "제사와 예물을 금지할 것이며 또 포악하여 가증한 것이 날개를 의지하여 설"(단 9:27) 때가 오는데, 이때가 바로 적그리스도가 등장하는 때이며, 이때가 후 3년 반이 시작하는 시점이라 할 수 있다. 이 짐승이 일곱 번째 속한 여덟째 왕으로, 후 3년 반을 통치할 적그리스도로서 멸망이 예정된 자이다(계 17:11).

※ P.S.: 여기에서 우리가 깨닫는 것 하나가 있다. '적그리스도의 등장' 이나 '제3성전 회복'은 구원받은 우리(택자)가 휴거된 후에 일어날 일이라는 것이 성경적이다. 그런 이유에서 택자들은 이런 문제에 큰 혼란을 겪거나 염려 혹은 동요할 필요가 전혀 없다.

Q_04. 제한 시간(42개월) 동안 용으로부터 권세를 받은 첫째 짐승의 능력과 역할은 무엇인가? (계 13:3-10)

A 42개월[셋째 화인 일곱째 천사가 나팔을 분(계 11:15) 이후부터 42개월]이라는 시간은 하나님께서 한시적으로 용(마귀)에게 허락해 주신 시간이다. 하나님께서 42개월을 허락해 주신 목적은 무엇일까? 이 시간 동안 용과 짐승 그리고 거짓 선지자는 자기의 죄를 채우는 기간이다.

1. 첫째 짐승의 대단한 능력을 보라. ① 7머리 중 하나가 상하여 죽게 된 것 같더니, ② 상처가 치료되자 온 땅이 놀랍게 여기며 짐승을 따르게 된다. 짐승이 불사조와 같이 살아나며 비상한 인물로 환호를 받고 숭배를 받게 된다. 마치 예수 그리스도의 죽음과 부활의 사건을 모방하고 있다. 세상 사람들은 이 광경을 보고 하나님이 능력을 주시는 것으로 착각하게 된다.

2. 이 사건으로 나타난 결과가 무엇인가? ① 온 땅이 짐승을 따르고(계 13:3), ② 용이 짐승에게 권세를 주었더니 온 세상이 용과 짐승을 경배하며, ③ 누가 이 짐승과 같겠고, 누가 이 짐승과 싸워 승리할 수 있겠느냐 환호하게 되며, ④ 짐승은 의기양양하여 자신을 과장하며 "신성 모독"(블라스페미아. βλασφημία. 중상, 악담, 비방, 조롱)한다. 짐승이 하나님을 향하여 비방하며 하나님의 이름과 천상 성도들을 비방한다(계 13:6). 이것은 하나님의 신성과 권능을 모독하는 행위이다(단 7:25, 11:36).

3. 짐승의 권세가 어느 정도인가? ① 성도(환난 통과 유대인 성도)들과 싸워 이기며(계 13:7), ② 온 세상(각 족속과 백성과 방언과 나라)을 다스리는 권세에 탄력을 받으며(계 13:7), ③ 이 땅에 사는 자들(계 8장 Q_06)은 "다" 짐승에게 경배(우상숭배)하게 된다(계 13:8). 여기에 한술 더 떠서 둘째 짐승인 거짓 선지자는 우상숭배하지 않는 자를 색출하여 "몇이든지 다 죽이게 하더라"(계 13:15). 사람들은 살기 위해 용과 짐승에게 경배하며 숭배한다. 환난 통과 지상 성도들이 전쟁에서 패배하는 이유는, 이 전쟁은 마치 해산의 고통(슥 13:8-9)을 통해 성장하는 연단의 기간이다. 이것 역시 하나님의 깊으신 사랑과 은혜라 할 수 있다.

"죽임을 당한 어린양의 생명책에 창세 이후로 이름이 기록되지 못하고 이 땅에 사는 자들(계 8장 Q_06)은 다 그 짐승에게 경배하리라"(계 13:8)고 했다. 성경은 이 땅에 있는 사람들을 세 부류로 분류(유대인, 헬라인, 하나님의 교회)한다(고전 10:32). 계 13:8의 말씀의 의미는, 생명책에 기록된 자들인 이방인 성도(행 13:48)들은 휴거되어 이미 천상에 올라갔고, 유대인 성도들은 예비처로 보내져서(계 12:6) 적그리스도의 우상숭배를 피하게 된다.

그러나 생명책에 기록되지 못하고 이 땅에(42개월, 후 3년 반 초기의 이 땅) 사는 자들은(영적으로는 헬라인이며, 불신 불택자들) 정해진 시간 동안 적그리스도를 경배하며 자기들의 죄를 채우며, 백보좌 심판을 향해 살아간다(계 17:8; 살전 2:16; 살후 2:12). 하나님 앞에는 세 종류의 책이 있다(계 20장 Q_11).

그렇다. 휴거되지 못하고 이 땅에 존재하는 모든 사람이 우상숭배(짐승의 표)하지 않으면 살 수 없는 시대가 적그리스도가 다스리는 세상이다.

※ P.S.: 코로나19의 시대가 그런 가능성을 더 확실하게 보여주었다. 모든 교회가 코로나 시대에 방역당국에 의해 집합금지(주일 성수, 예배 금지)를 당하였다. 초기에는 그런 조치는 헌법에 위배되는 것이라고 항변도 해보았지만, 방역당국에서는 그런 문제조차 법적으로 이상 없는 조항을 마련해 뒀기에, 교회에서 아무리 뭐라 해도 꿈쩍도 하지 않는다. 오히려 세상 사람들은 그런 교회를 향하여 이기적이라며 손가락질한다. 믿는 자들이라 해도 이 땅에 사는 동안, 어쩔 수 없이 당하는 이런 현상이 지구 전 지역에서 벌어졌다. 코로나 시대에도 그랬건만 적그리스도가 다스리는 시대가 코로나 시대보다 못할 것 같은가? 절대 그렇지 않다. 성경은 말한다. 땅에 있는 자들은 "다"(계 13:8) 짐승에게 경배한다. 우상숭배를 거부하는 자들은 "몇이든 다 죽인다"(계 13:15).

이런 끔찍한 일을 당하지 않으려면 휴거되어야 한다. 그래서 휴거가 중요한 것이다(계 7장 Q_08). 지금도 깨어 있지 않는 자들은 ① 깨달아야 한다(마 24:39), ② 깨어 있어야 한다(마 24:42), ③ 준비하고 있어야 한다(마 24:44).

4. 요한계시록에는 "성도"라는 용어가 대상에 따라 크게 세 부류로 13회 (계 5:8, 8:3, 4, 11:18, 13:7, 10, 14:12, 16:6, 17:6, 18:20, 24, 19:8, 20:9) 등장한다. ① 지상 성도로 4회(환난 통과 유대인 성도. 계 13:7, 10, 14:12, 20:9), ② 천상 성도로 6회(휴거된 성도. 계 11:18. 16:6, 17:6, 18:20, 24, 19:8), ③ 휴거 전에 휴거된 성도들이 지상에 있을 때 올린 기도를 언급하며 성도라 부를 때 3회(계 5:8, 8:3, 4) 등으로 사용되었다.

그러나 계 8-12장까지는 '성도'라는 용어가 전혀 나오지는 않는다. 계 7장에서 휴거되었기 때문이다(계 7장 Q_08). 계 7:9-10(천상 성도의 출현)부터 계 11:12(전 3년 반 끝)까지에서는 '성도'가 전혀 등장하지 않다가, 계 8장에서 2회 등장하는 것은 휴거된 성도들이 휴거 전 지상에 있을 때 올린 기도를 언급하며 성도라 부를 때 2회(계 8:3, 4, 계 5장 Q_08, 계 8장 Q_03) 사용되었다. 계 13장에서도 2회 등장한다(계 13:7, 10). 이때 2회 모두 '환난 통과 유대인 성도'를 가리킨다. 계 13장에 나오는 '성도'는 '땅에서 속량함'(계 14:3) 받아 구원받을 '성도'로서의 '성도'가 아니라, 두 증인의 전도로 변화된 환난 통과 유대인 교회(성도)들을 의미한다(계 11장 Q_04).

어떤 이들은 시기적으로 후 3년 반에 등장할 "짐승의 표"(베리칩이 아니다. 계 13장은 후 3년 반 기간이다. 계 13장 Q_06, Q_07)를, 지금 현재의 시대에 적용하면서 "베리칩은 666이니 베리칩을 거부해야 한다"는 잘못된 견해와 주장을 하는 이들이 있다. 때로는 144,000을 문자적으로 해석하여 144,000명 범위 밖의 성도들은, 짐승의 표를 받으며 박해를 받게 될 것이라는 주장을 하면서, 성도들에게 불안과 두려움을 조성하는 등, 잘못된 해석과 주장을 하고 있다. 이런 잘못된 주장에 미혹되어서는 안 된다.

5. 휴거되지 못하고 "땅에 사는 자들"(계 8장 Q_06)은 "다"(계 13:8) 짐승에게 우상숭배하며, 안 하는 자들은 "몇이든 다 죽인다"(계 13:15)고 성경은 가르치고 있다.

그럼에도 성경의 가르침과 어긋나게 "7년 심판 대환난 중에도, 믿음으로 살면 구원받을 수 있다"라는 막연하고도 지극히 인간적인 사탕발림 소리로 성경을 호도하고 있다. 이런 가르침 역시 베리칩으로 두려움을 조성하는 것 못지않게 지극히 비성경적이며, 극히 인간적이고 잘못된 주장이라는 사실을 깨달아야 한다(베리칩. 계 13장 Q_07).

그런 이유에서 귀가 있는 자는 들어야 한다(계 13:9). 들을 귀가 있는 자는 복된 자다(마 13:16; 막 4:9, 23, 8:18; 눅 8:8, 14:35). 요한계시록은 들을 귀가 열리도록 눈을 열어주고, 도전을 주는 영혼을 살리는 책이다.

"사로잡힐 자는 사로잡혀 갈 것이요 칼에 죽을 자는 마땅히 칼에 죽을 것"(계 13:10)이라는 말씀은 성도들을 사로잡는 박해자도 잡혀갈 것이며, 성도들을 칼로 죽이는 박해자도 칼에 죽는다는 말씀이다. 여기에서 우리가 시기를 생각해야 할 것이 있다. 본문의 말씀은 당시의 환난 통과 유대인 성도들과 후 3년 반 시대의 사람들에게 하시는 말씀이라는 사실을 전제로 하고 말씀을 파악해야 한다.

반면에 현대 시대를 살아가고 있는 우리 모두에게도 해당되는 말씀인가? 그렇다. 오늘에 살아가고 있는 우리에게도 향하신 말씀이다. 그 말씀의 핵심은 하나님은 반드시 악을 심판(보응)하신다는 말씀이다. 그런 의미에서 믿는 자들은 '불변의 믿음으로 인내'(눅 21:19; 약 1:4)하며, '약속의 말씀을 믿는 믿음'(잠 15:3, 21:12, 12:21, 2:22)으로 악을 이기며, 선한 싸움을 하며(딤전 6:12; 빌 1:20; 히 10:32), 구원을 지키라고 하신다(빌 2:12; 히 10:37; 계 3:10, 20:12).

이렇게 용(사탄, 마귀)이 하수인 첫째 짐승을 앞세워 하나님께서 허락하신 정한 시간까지(42개월. 후 3년 반) 아무리 대단한 권세를 갖고, 정치적, 경제적, 종교적(둘째 짐승, 거짓 선지자)으로 세상을 지배하며 통치할지라도 그 기간은 자신들의 죄를 채우는 기간일 뿐이라는 사실이다. 그들은 심판의 대상이다. 그 정한 시간 후에는 심판이 있음을 기억해야 한다.

Q_05. 땅에서 올라오는 두 번째 짐승의 정체와 하는 일은 무엇인가? (계 13:11-18). (이단 경계)

A "땅에서 올라온 짐승"(계 13:11-18. 두 번째 짐승=거짓 선지자로 상징)의 정체는 거짓 선지자이며, 둘째 짐승의 모습과 하는 일은 무엇인가? "땅"이란 바다와 같은 의미로, '세상'을 상징한다(계 13장 Q_03).

1. 땅에서 올라온 짐승(거짓 선지자)의 모습과 하는 일은 ① "어린양 같이"(계 13:11) 흉내 낸다. 어린양 같은 두 뿔(권세 있는 두 조직체계)이 있다(계 13:11). "어린양 같이"란 어린양 되신 예수 그리스도를 흉내 내고 있다는 의미다. 그래서 '거짓 선지자'라고 부른다. 뿔은 권세를 의미한다. 거짓 선지자는 짐승의 하수인으로서 "짐승의 모든 권세"(계 13:12)를 갖고 종교적으로 강력한 권세 있는 통치력을 행사한다. **두 뿔**을 가졌다는 것은 "큰 이적"(계 13:13)으로 많은 사람을 미혹하는 일(계 13:14)을 통해, 권세 있는 두 조직체계를 가졌다는 의미다. **두 조직체계를 통하여** ㉠ 짐승 우상화 작업(황제숭배=우상숭배)이며, ㉡ 짐승의 표를 받게 하는 작업을 하는 것으로 추정된다.

② 용처럼 말을 한다(계 13:11). 용의 조종을 받는다는 말이다. 용이

그 권세를 첫째 짐승에게 준 것처럼, 둘째 짐승도 첫째 짐승의 모든 권세를 받아 큰 이적을 행사한다. 첫째 짐승과 둘째 짐승은 같은 목적으로 협력하며, 후 3년 반을 다스릴 실존들이다.

③ 첫째 짐승의 모든 권세를 행하며, 땅과 "땅에 사는 자들"("하늘에 거하는 자"들에 대한 상대적 표현)을 짐승에게 경배하게 한다(계 13:12).

④ "땅에 사는 자들"(계 8장 Q_06)이 짐승(7머리 10뿔을 가진 적그리스도)에게 경배하게 한다(계 13:12; 살후 2:3-4). 7머리 10뿔 가진 짐승은 죽게 되었던(계 13:3) 상처가 나은 자(계 13:3, 12)다. 죽게 된 것 같은 짐승(적그리스도)이 치료되고 회복되자 거짓 선지자는 짐승이 불사조와 같이 살아났다고 하면서, 부활하신 예수 그리스도를 모방하며, 짐승을 비상한 인물로 환호를 하게 하고 숭배하게 한다. 짐승에게 충성을 다하기 위하여 그를 위해 우상을 만들라고 선동한다.

⑤ 불이 하늘로부터 땅에 내려오게 하는 등, 큰 이적을 행사한다(계 13:13). 이적을 행사하면서 땅에 거하는 자들을 미혹(출 7:11-12; 신 13:1-3; 마 24:24; 나 3:4)하며 말하길 칼에 상했다가 살아난 짐승을 위해 우상을 만들라고 한다(계 13:14. 적그리스도를 가짜 하나님으로 둔갑시킨다). 죽었다가 살아난 짐승에게 받은 이적이다(계 13:14). 이 큰 이적은 사람들을 미혹하는 거짓 이적이다(살후 2:9). 거짓 이적은 초대교회 때, ㉠ 거짓 사도(고후 11:13), ㉡ 거짓 선지자(행 13:6; 마 24:24; 막 13:22; 벧후 2:1), ㉢ 거짓 그리스도(막 13:22) 등으로도 나타났다. 참 이적의 목적은 믿음을 갖게 하고 믿음을 세워 주며 성화케 하지만, 거짓 이적의 목적은 사람을 미혹하는 데 있다.

요한계시록에는 "이적"이라는 용어가 6회(계 12:1, 3, 13:13, 14, 15:1, 16:14),

'기적'은 전무, "표적"은 1회(계 19:20) 등장한다. 각각 어떻게 다른가? '기적'(기사)은 보통 말하는 특별한 현상을 의미하며, "이적"(Miracle)은 하나님의 능력을 세상에 나타내는 특별한 현상 전반을 말한다. '표적'(Sign)은 표적을 행하는 자(예수 그리스도)의 신분과 그 이적의 의미를 밝히면서, 표적을 보는 자에게 믿음이 생기게 할 구체적인 의도나 목적을 갖고 나타내는 특별한 사건 혹은 현상(세메이온. σημεῖον)을 말한다. 요한복음에서는 이적이란 용어는 전혀 없고, 표적(요한복음에 나오는 일곱 가지 표적)이란 용어를 주로 사용한다. 그러나 계 19:20에 나오는 "표적"도 요한복음의 "표적"의 의미보다, 요한계시록에 나오는 "이적"과 같은 개념으로 사용되었다.

그러므로 말세 때는 표면적으로 나타나는 기적이나 이적이 진리의 표준이 아님을 알아야 한다. 오늘날에도 성령의 역사 속에 기적이 얼마든지 일어날 수 있다. 그러나 기적이나 이적에 지나친 관심을 갖는 것은 적절하지 않다. 이단에 미혹될 수 있다. 예수님은 표적을 구하는 세대를 향하여 "믿음이 없고 패역한 세대"(마 17:17; 눅 9:41)라고 책망하셨다. 성도가 지나친 이적을 좇는 현상은 믿음이 없고 패역한 영적 상태에 빠져 있기 때문이다.

그러면 왜 "이적"이 계 12장에서부터 등장할까? 이것은 적그리스도가 후 3년 반 때에 등장한다는 것을 증거하는 강한 반증이다. 적그리스도가 이적을 보여주고, 적그리스도의 권세를 받은 둘째 짐승인 거짓 선지자가 이적을 행한다. 심지어 귀신의 영을 덧입은 세 더러운 영이 용, 짐승, 거짓 선지자의 입에서 나오면서 아마겟돈 전쟁을 위해 이적을 행하고 온 천하의 왕을 미혹하며 그들을 모은다(계 16:13-14). 이 세 집단이 행하는 이적의 목적이 온 세상을 미혹하여 아마겟돈 전쟁을 일으키는 데 있다. 그러나 그들의 이런 연합 공조는 한 시간(만)에 망하게 된다(계 18:10, 17, 19. 계 18장 Q_03). 지상 재림하시는 예수 그리스도에 의해 맹렬한 진노의 심판을 받는다(계 19:13-15). 아마겟돈 전쟁 후 짐승과 거짓 선지자는 산 채로 유황불 붙는 못에 던져지게 된다(계 19:20).

⑥ 둘째 짐승이 권세를 받아 짐승의 우상에게 생기를 주어 그 짐승 우상이 말하게 한다. 마치 복화술을 하듯, 여러 거짓 기적을 행함으로 적그리스도 짐승이 신적 존재임을 부각하며, 숭배케 한다. 또 짐승의 우상에게 경배하지 아니하는 자는 몇이든지 다 죽이게 한다(계 13:15). 마치 바벨론 시대에 느부갓네살 왕이 금 신상을 세우고 그 우상에게 절하지 않는 자는 남녀노소 지위고하를 가리지 않고 죽이게 했던 과거의 일이, 후 3년 반 시대에 거짓 선지자에 의해 자행된다(단 3:1-6).

⑦ 거짓 선지자(음녀)가 짐승의 표를 받게 하고 이 표로 매매(경제활동 수단)케 한다.

2. 위에서 언급한 이 모든 것의 핵심을 간단히 종합한다면, 땅에서 올라온 둘째 짐승(거짓 선지자)의 하는 일(계 13장 Q_02)은 ① 모든 종교를 통합하여 단일종교로 만들어 '세계 단일종교 수반'의 역할을 하며, ② 첫째 짐승(적그리스도)의 우상화 작업을 한다. 이것을 위해 ㉠ 거짓 기적 일으키며(계 13:11-14), ㉡ 거짓 기적으로 사람들을 미혹하며(계 13:14), ㉢ 짐승을 경배케 하며(계 13:12), ㉣ 짐승의 우상(황제숭배=우상숭배)을 만들게 하며(계 13:14), ③ 우상을 숭배하지 않는 자는 몇이든 다 죽이게 한다(우상숭배하도록 박해. 계 13:8, 15). ④ 짐승의 표를 받게 하고 이 표로 매매케 한다.

이런 환경에서 우상숭배를 거부하며 짐승의 표를 받지 않고 살 수 있을까? 정말 그럴 정도의 믿음이 있으며 강인함이 있다면, 차리리 그런 믿음으로 휴거에 중심을 두고 단장된 신부로 사는 것이 마땅하다.

하지만 적그리스도의 권세를 받아 살기 위해 무소불위의 악을 적극적으로 행하던 둘째 짐승인 거짓 선지자 역시 적그리스도와 함께 제한된 시간(42개월. 계 13:5)이 지나고 나면, 첫째 짐승인 적그리스도와 함께 산 채로 지옥 불에 던져진다(계 19:20).

어린양 같은 둘째 짐승은 거짓 선지자이며, 거짓 종교지도자다. 세계종교 통합 수반이다. 타락한 음녀다(계 14장 Q_07, 계 17장 Q_02). 스스로 하나님의 자리에 오르며 망발을 일삼으며 거짓 교리로 미혹하는 구원받지 못할 신흥종교 ○○○ 혹은 이단들의 괴수들이 거짓 선지자임을 분명히 알아야 한다. 그리고 이런 사실을 속히 전파하자. 이 실존이 인류를 세속 권력(적그리스도)에게 경배하도록 조종하며 부추기는 역할을 하는 악한 자다. 거짓 선지자는 타락한 (큰)음녀이며, 종교 통합 수장 역할을 한다.

Q_06. "짐승의 표"(계 16:2, 19:20)와 666[육백육십육, χξς(키 크시 스티그마) 짐승의 이름이나 그 이름의 수]이란 무엇인가? (계 13:16-18)

A "짐승의 표"(계 16:2, 19:20)인 666은 적그리스도의 통치 아래 인간이 통제되고 조직화되는 미래의 모습을 보여준다. 통제의 방법으로 지상에 있는 모든 사람에게 그 오른손이나 이마에 표를 받게 하는 것이다. 이 표를 받은 사람은 용(사탄)과 적그리스도의 소유가 되며, 그들의 일거수일투족이 투명하게 통제되며 조직적으로 관리된다.

1. 짐승의 표인 666이란 무엇인가? (짐승의 표 = 짐승의 이름 = 짐승의 이름의

수=666-사람의 수)

요한계시록에서 "짐승의 표"는 같은 의미지만, 다양한 몇 가지의 용어로 사용되고 있다. ① "표"(계 13:16, 17, 14:9), ② "그의 이름 표"(계 14:11), ③ "그의 표"(계 20:4), ④ "짐승의 표"(계 16:2, 19:20), ⑤ "짐승의 이름"(계 13:17), ⑥ "그 이름의 수"(계 13:17), ⑦ "짐승의 수"(계 13:18), ⑧ "육백육십육"(계 13:18, 666) 등 모두 8가지의 이름으로 11회 사용되었다(계 13:16, 17, 17, 17, 18, 18, 14:9, 11, 16:2, 19:20, 20:4). 그중에서도 "짐승의 표"(666)를 대표적인 용어로 사용하고자 한다.

짐승과 함께 짐승의 표도 후 3년 반 초에 등장한다는 것을 기억한다면, 짐승의 표(666)는 단순한 상징(symbol)이 아니고 후 3년 반 초기에 등장할 실제(reality)이다.

1) 666에 대한 대표적인 두 해석이 있다.

① 문자적 해석: 각 숫자는 어떤 문자를 나타낸다는 것이다(게마트리아. Gematria). 즉 헬라어 알파벳은 각각 고유의 수를 지니고 있는데, 사도 요한은 짐승의 정체를 구체적으로 나타내지 않기 위해 그의 이름의 알파벳들에 해당하는 수치의 합인 666을 제시했다는 견해이다.

전통적으로 학자[스미스(Smith)가 첫 주장]들은 이 수를 어느 한 특정한 사람을 지칭하는 수로 이해해 왔다. 그 결과 숫자놀이에 의해 이름을 풀이하는 방법(게마트리아. Gematria)으로 해석하곤 했다.

그 이름들에는 수없이 많은 인물이 오르내렸는데, 그중 가장 유력하다고 지목되었던 인물이 네로였다. '네로 황제'를 로마자로 표기하면

'NRON KSR(네론 카스르)'이다. 이 문자를 숫자로 옮기면 '50 + 200 + 6 + 50 + 100 + 60 + 200'이며, 합한 수가 666이다. 이 주장은 가장 많은 학자의 지지를 받아왔지만, 666이 네로라는 설은 부적합하다. 이 짐승이 네로였다면 초기 그리스도인들 사이에 이 사실이 널리 알려졌어야 했고, 네로에 의해 세계의 종말이 왔어야 하기 때문이다.

더 나아가 요한이 계시록을 기록할 당시 이미 네로는 죽은 후였다. 더욱이 이 666이라는 숫자에 사람의 이름을 대입한다면 수많은 인물이 666 대상일 수 있다. 역사적으로 로마 황제 티투스, 칼리굴라, 베스파시아누스, 트라야누스, 이단자 쥴리안, 겐세릭, 로마 교황 베네딕트 9세, 바오로 5세, 이슬람교의 창시자 모하메드, 종교개혁자 루터, 칼빈, 신학자 베자, 녹스, 그리고 나폴레옹, 히틀러 등 수많은 인물들의 이름이 거론되었으나, 모두 숫자 놀이에 불과하다. 그러므로 666은 구체적인 인물을 나타내기보다 하나의 상징적인 숫자로 보는 것이 합당하다.

② 상징적 해석: 성경에서 '6'은 완전(성) 및 거룩을 상징하는 '7'에 가장 근접했으나 완전이 못 된 수이며(사탄의 수) 완전에 도전하는 사탄을 상징하는 수다. 더욱 이런 6이 세 번 반복된 것은 사탄이 하나님의 삼위일체를 모방하여 결국 자신을 하나님과 같은 존재로 나타낸 것을 암시한다고 이해한다. 따라서 "짐승의 표" 666은 그가 불완전한 자로서 완전자인 하나님의 지위를 노리고 도전하는 세력임을 상징적으로 나타낸 표현이라고 볼 수 있다. 이 상징적인 견해가 더 광범위하게 수용되고 있다.

2) 짐승의 표의 역사적 어원적 의미로 '표'(Mark)는 카라그마(χάραγμα. **긁힌 자국, 모양, 기호, 표, 인)라고 한다.**

노예에게 인(印. 노예 상징)을 찍음으로 내 노예임을 주장하거나, 내 소유물인 소에 불에 달군 낙인(烙印)을 찍는 도장의 개념이다. 문서나 칙령은 도장(카라그마)을 찍어야 진짜로 증명되고, 효력이 발생한다. '표'를 찍는 관습은 고대 세계에 흔히 있었던 것으로, 그것은 소유와 보호를 의미하였다.

역사적으로 짐승은 당시의 황제를 지칭하고 있었으며, 이 표는 로마 제국이 황제숭배를 강요하기 위한 통치 수단으로 사용했다. 후 3년 반 초에 나타날 적그리스도도 황제와 같이 표를 통치 수단으로 활용하기 위해 표를 받도록 하는데, 요한은 이런 적그리스도의 활동을 환상(예언)을 통해 보게 된 것이다.

초대교회 당시 도미티안 황제는 황제숭배하는 사람에게 도장을 찍어 주었다. 도장의 모양이 중요한 것이 아니라 의미가 중요하다. '황제로부터 인정을 받거나 숭배함으로 인정받았다는 표시'가 중요하다는 의미다. 당시 초대교회 성도들은 황제의 도장(카라그마)은 '황제 우상에 대한 숭배 충성 확인 후 = 황제의 인정 = 카라그마(도장)'이라는 공식을 이해하고 있었다.

짐승을 추종하고 짐승의 통제 아래 있는 사람들에게 굵은 자국(도장)을 내서 표시를 낸다는 것은 황제숭배를 하는 사람들에게 황제가 인정의 표시로 도장을 찍어 준다는 의미다. 목적은 짐승에게 경배하도록 하고자 함이다. 짐승 우상숭배 조건으로(계 14:9) 표를 주었다. 이 표를 받은 자만 매매, 교환이 가능하게 했던 시대가 도미티안 황제 때의 일이다.

에스겔 선지자가 예언할 당시, 예루살렘에서는 지도자들로부터 일

반 백성에 이르기까지, 우상숭배의 죄와 거룩하지 못한 악행이 만연했다(겔 8:1-18). 그러나 이런 문제 때문에 탄식하며 우는 자들이 있었는데, 하나님께서는 먹물 그릇을 찬 사람에게 탄식하며 우는 사람의 "이마에 표"를 하라(겔 9:4-6) 하셨다. 그 "표"는 '타브(타우)'(תָּו)인데, 타브(타우)(ת)는 히브리 알파벳의 맨 마지막 글자다. 초기 히브리 문서에서는 '╳' 혹은 '✝' 모양이었다. "이마에 표"를 받은 사람만 살았고(창 4:15), 나머지는 다 죽이도록 했다. 유대 전승에 의하면 이 타우는 '내가 너를 살게 하리라'는 뜻을 나타내는 '티히예'라는 단어의 첫 글자다. '✝' 표시가 십자가와 구속사건을 예표하고 있다.

짐승은 이것을 모방하여 표를 받은 자만 자신의 소유로 인정(노예 표시)하고 보호하며 그 대가로 자유롭게 매매 경제활동을 할 수 있게 하는 것이다. 이 표는 매매의 수단이다. 이 표가 없으면 경제활동을 전혀 할 수가 없다. 이 표가 없으면 죽은 것과 같다.

2. 짐승의 표와 666에 대한 실제적인 종합적 특징

1) 적그리스도 표가 나타나는 시기는 언제인가?

일곱째 나팔사건의 시기이며, 후 3년 반 동안의 기간이다(계 13:16-17). 계 13장은 계 11:15에서부터 시작되는 후 3년 반의 기간이다(계 12:6, 14; 단 9:27; 마 24:14)

2) 666이라는 숫자를 어떻게 이해를 해야 하는가? 지혜롭게 총명한 자는 "그 짐승의 수를 세어보라 그것은 사람의 수니 그의 수는 육백 육십육"(계 13:18)이라고 했다.

"짐승"인 테리온(θηρίον. 중성명사. 단수. 속격. 짐승의. 테리우. θηρίου)과

"수"를 의미하는 남성명사. 단수. 아리트몬(ἀριθμὸν: 수, 숫자)이 아리트모스(ἀριθμός)의 단수 목적격으로 사용되었다. 여기에서 단수라고 하는 것은 특정된 단수의 실존하는 존재라는 의미다. 하나님 앞에 지혜로우며 총명한 자는 그 짐승(게마트리아. Gematria. 666)이 누구인지를 알 수 있다는 말로, 당시 성도들 사이에서는 은어로 특정된 인물을 의미한다.

앞에서도 언급했듯이, 666이라는 '숫자'에 관한 해석은 일정하지 않다. 많은 주장이 있지만, 그중에 숫자로 해석하는 주장은 설득력이 없으며 신빙성도 없다(계 13:18, 11; 마 7:15). 그 이유는 ① 666은 짐승의 수(계 13:18)이며, 사람의 수(계 13:18)라는 것은 짐승으로 특정되고 은어화된 상징적인 당시의 인물(계 13:17)이기 때문이다. 666은 당시 로마 제국의 국어인 Lateinos(짐승)은 L=30, A=1, T=300, E=5, I=10, N=50, O=70, S=200 등으로 합하면 666이 된다[네로 666, 하나님(데오스) 37, 예수 888, 짐승 666, 짐승(마귀) 나라 276. 이 말은 앞에서도 언급했듯이 이름을 풀이하는 방법(게마트리아. Gematria)으로 했더니, **666이라고 해서 모든 666이 짐승의 표는 아니라는 의미다. 표는 짐승의 이름이며 그 이름의 수**]. ② 백의 자리 6과 십의 자리 6, 그리고 일의 자리 6 등, 세 문자를 숫자화한 계산법에 의해 상징적 당시의 인물을 추정할 정도일 뿐이며[666 ⇒ 6×3 → 6(사람의 수)×3(하나님의 수) → (2×2×2)×3으로 인간이 하나님이 되는 수. 사탄의 수인 6이 3중첩으로 사탄이 하나님이 되는 사탄의 상징 수로 이해], ③ 이 수는 지혜와 총명을 전제한 수(계 13:8)이므로, 판단이 불가능한 수라 할 수 있고, 더 차원 높은 영적인 의미가 있음이 분명하기 때문이다. 때가 되어야 더 확실하게 인식할 수 있다. 훗날 이루어질 그 짐승의 표의 표식에 대해서 현재로서는 그 누구도 알 수 없다(고전 13:12).

분명한 사실은 예수님을 나의 주 나의 하나님으로 믿고 영접한 택함 받은 사람들은 휴거되기에, 휴거된 사람들에게는 이런 것이 문제가 안 된다. 그래서 휴거되는 것이 중요하다.

결국 "짐승의 표"를 받은 자들도 짐승에게 속했기 때문에, 짐승의 표를 받는 사람들은 모두 불택자들의 총수(계 14:9-11)를 상징한다고 할 수 있다(계 14:11, 15:2. 계 15장 Q_02).

3) 짐승의 표를 받는 순서와 조건이 있다. 이것은 성경을 귀납적으로 분석하지 않으면 발견할 수 없다. 어떤 자에게 짐승의 표를 받게 하는가? 짐승과 우상에게 경배(우상숭배)했을 때(계 13:12, 15), 짐승의 표를 받게 한다(계 14:9). 우상숭배가 조건이다. 이 조건에 합격(충족)한 자에게 짐승의 표(이마나 손에)를 받게 한다(계 14:9). 이 말의 의미는 **우상숭배라고 하는 것은 '신앙 행위의 결과'로 이루어진다**는 것이며, **짐승의 표는 그 우상숭배 행위 결과로 받는 것이다. 그 우상숭배라고 하는 신앙의 행위 때문에 우리는 지옥에 가는 것**이다(계 14장 Q_08).

이것은 중요한 개념이다. 짐승의 표가 문제가 아니라, 짐승이나 우상에게 경배하는 신앙의 행위가 문제가 되는 것이다. 짐승이나 우상에게 경배하지 않고 베리칩을 받는다고 가정한다면, 그 행위는 짐승 경배와는 아무 관계가 없는 것이다.

짐승의 표(카라그마)는 짐승의 권세(우상숭배)에 대한 비굴한 추종을 의미한다. 우상숭배의 결과로 얻어지는 징표가 카라그마다(계 14:9, 11, 19:20, 20:4). 그 의미는 우상숭배라는 행위의 결과라는 의미다.

우리가 하나님을 경배한다는 것은 내가 하나님을 나의 구원의 하나님으로 믿는 신앙의 행위가 된다는 말이다. 불신 불택자들이 짐승이나 우상에게 경배한다는 것은, 그들이 짐승이나 우상을 구원의 하나님과 같이 숭배(신앙)하는 것이기 때문이며, 이 행위(믿음)에 따라 지옥 가는 것이다. 반대로 단순히 경배와 관계없이 표를 받는다면, 그것은 신앙의 행위와 무관한 것이기에, 표를 받는 것 때문에 지옥 가는 것이 아니다.

4) 어디에 받는가? 대상자의 "그 오른손에나 이마(사상과 행동이 적그리스도에게 예속되었다는 의미)에 표를 받게 한다"(계 13:16). 왜 오른손이며, 이마일까? 손 없이는 아무것도 할 수 없기에 눈에 보이는 손이 필요했으며, 오른손은 권능을 의미하기도 하지만, 오른손은 보편적으로 많이 사용하는 손이기 때문이다. 오른손에 짐승의 표를 받게 하되, 그렇지 못할 때는 이마에 한다는 의미로 이해할 수 있다.

왜 이마일까? ① "하나님의 인"(계 7:2)을 모방하는 것에서 근거를 찾을 수도 있을 것이다. 하나님께서는 구원받을 택자들의 "이마에 인"을 친다(계 7:3)고 했다. 이 짐승의 표는 하나님께서 구원받을 택자들을 끌어 올리실 때(휴거) 천사들을 통해 인 치는 것을 모방(계 7장 Q_04, Q_08)해서 둘째 짐승인 거짓 선지자가 모방한 것이다. 손이나 이마에 표를 받으면 어디에서든지 투명하게 관리, 통제가 가능할 것이다(계 13장 Q_07, 계 7장 Q_04, 계 14장 Q_02). ② 당시 로마의 창기들은 이마에 자기 이름을 새긴 머리띠로 장식했다고 하며, ③ 하나님의 교회에 충성된 성도들이 그들의 이마에 어린양의 이름과 하나님의 이름을 가졌다(계 14:1)는 것에서 그 배경을 찾을 수도 있을 것이다.

노예에게 인을 찍어 내 소유권을 주장하듯, 짐승의 표의 낙인(烙印)을 찍어 짐승의 소유물이 될 때 짐승의 보호를 받게 된다. 그렇게 짐승의 표를 받은 사람만 자유롭게 매매 경제활동을 할 수 있다.

그러나 짐승의 표를 받는 자는 하나님의 진노의 심판(계 14:10-11)을 받게 된다. 이런 심판이 예언되어 있는데도 '짐승의 표'를 받아야만 하는가? 그렇다. 짐승의 통치 시대에서 견디며 살기 위해서는 '짐승의 표'를 받지 않을 수가 없다. 그래서 이런 고통과 수치를 당하지 않기 위해서는 휴거되어야 한다. 휴거를 부인하거나 환난 통과를 주장하는 자는 요한계시록을 자세히 읽어 보라. 읽고 또 읽어 보라. 그리고 성령의 음성에 귀를 기울여 보라. 환난 통과를 주장하는 것은 영혼을 죽이는 주장이다.

5) 짐승의 표를 받는 대상은 누구인가?

① 죽임 당한 어린양의 생명책에 기록되지 못한 자이다(계 13:8). 이 생명책은 단수의 책인데, 영적인 호적으로서 창세 이후 구원받은 모든 성도의 이름이 기록되어 있다. 이 책에 기록된 자들이 구원을 받는다(단 12:1).

② 짐승에게 경배하는 자이다(계 13:8).

③ 이 땅에 사는 모든 자이다(계 13:8, 16). 이 땅에 사는 자들은 후 3년 반 동안 지상에 살고 있는 사람들을 말한다. 생명책에 기록된 영생 주기로 작정된 이방인 구원받은 총수(행 13:48)는 계 7장에서 휴거되어 올라가고, 생명책에 기록된 선민 유대인(환난 통과 유대인 성도)들은 계 12장에서 예비처로 도피한다.

그러면 이때 예비처에 있는 사람들은 짐승의 표를 안 받는가? 그들은 예비처에서 하나님의 보호와 양육 속에 있기에, 짐승의 표를 받지 않고 지내게 된다.

적용의 문제로 짐승의 표(666)와 코로나19의 관계성에 대해 생각할 것이 있다.

① 코로나19로 교회는 정부의 통제를 받는 계기가 되었다. 과거에는 전혀 상상할 수 없는 일을 경험하기 시작했다. 과거에 정부에서 교회를 통제할 수단으로 노무현 정부 때부터 재정을 들여다보기 시작했다. 그러나 모든 교회를 공식적으로 통제할 명분이 없었다. 그런데 코로나19가 그런 명분을 제공해 주었다.

② 코로나19로 정부 당국자들이 언제든지 모든 교회 목회자들에게 휴대폰으로 어떤 연락이라도 즉시 자신들의 주장을 전달할 수 있다는 것은 그들의 손에 목회자들의 정보가 관리되고 있다는 의미다. 그러면 코로나19가 짐승의 표(666)인가? 아래에서 답을 하고자 한다.

코로나19와 백신의 관계에 대한 잘못된 정보를 적용 차원에서 생각해 보고자 한다. 2020년 1월부터 2021년 현재까지도 세계는 코로나19와의 전쟁 중에 있다. 코로나를 종식시키기 위해 백신을 보급하며 접종을 해야 하는 당면 과제를 갖고 있다. 그러나 백신에 대한 오해와 가짜 뉴스가 많아서 국민이 조심스러워하며 꺼리는 문제를 해결하며 백신 보급 차원에서, 각 국가에서는 각종 인센티브를 아이디어 차원에서 제안하며 좋은 것은 실행하고 있다.

① 백신이 666인가? 이 문제는 본서를 읽은 사람이라면 얼마든지 분별할 수 있을 것이다. 짐승의 표를 받는 조건이 무엇인가? 유일한 조

것은 "짐승에게 경배"(우상숭배)하는 자다(계 13:8). 그런데 백신 접종은 우상숭배해야만 받을 수 있는 것인가? 아니다. 그러므로 백신 접종은 절대 짐승의 표(666)가 아니다. 짐승의 표(666)와 관계가 없다.

다음의 글은 백신은 "짐승의 표식"이라고 주장하던 美 극우 방송인 두 사람에 대한 2021년 8월 20일자 〈중앙일보〉 뉴스 일부분을 그대로 발췌했다.

> 백신 음모론을 펼쳐온 미국 테네시 주 방송인들이 신종 코로나바이러스 감염증(코로나19)으로 사망하거나 중태에 빠졌다. 현지언론 샬럿 옵서버는 미국 테네시주에 사는 방송인 지미 드영(81)이 지난 2021년 8월 15일 코로나19 치료 도중 사망했다고 전했다. 지미 드영은 보수 성향 기독교 라디오 방송 진행자로, 그가 진행하는 〈오늘의 예언〉이란 라디오 프로그램은 전 세계 1,500개 라디오에서 방송되고 있다. 드영은 이 방송에서 코로나19 백신에 대한 불신을 반복해서 드러내 왔다. 지난해 12월 방송에서는 출연자에게 "백신이 요한계시록 13장의 짐승의 표와 관련이 있는가"라고 묻기도 했다.
>
> 음모론자들은 이를 짜깁기해 '666'이라는 숫자가 '짐승의 표식'이며 '그리스도의 적'이라는 식으로 주장해 왔다. 나아가 제품 뒷면에 붙은 바코드가 '666'을 형상화한 것이고, 요한계시록에 나오는 짐승의 코드라는 '베리칩' 주장을 내세웠다.
>
> 한풀 인기가 꺾이던 이 주장은 코로나 백신 음모론으로 부활했다. 최근 음모론자들은 "그리스도의 적이 사람들을 노예화하기 위해 생체 칩을 맞히는데, 코로나 백신 속에 그 화학물질이 포함돼 있다"는 식의 소문을 퍼뜨리고 있다. 지미드 영은 지난 2월 방송 출연자인

> 샘 로러에게도 "백신이 국가가 사람들을 통제하는 또 다른 형태가 될 수 있는가"라고 물었다. 이어 로러가 "정부 관계자들은 백신에 대한 진실을 감추고 있다"고 말하자, 드영은 "대단히 중요한 정보"라며 동조했다.
>
> 한편 백신 무용론을 주장하던 테네시 주의 다른 라디오 방송인도 코로나19 감염으로 중태에 빠졌다. 20일 같은 매체에 따르면 테네시 주 내슈빌의 인기 라디오 방송인 필 발렌타인(61)의 가족들은 16일 "발렌타인이 중태에 빠졌으며 기적이 일어나길 기도할 뿐"이라고 밝혔다. 발렌타인은 평소 자신의 방송에서 마스크와 백신의 효능을 무시하는 발언을 지속해서 해왔다. 그는 지난해 12월 자신의 블로그에 "내가 코로나19로 죽을 확률은 1%도 안 될 것"이라며 "일반인은 백신을 맞지 않는 것이 안전하다"고 말했다. 그러나 그가 중태에 빠지자 지난달 발렌타인의 가족들은 그의 입원을 발표하면서 "부디 모두가 백신을 접종해 달라"고 당부했다(신혜연 기자, "백신은 짐승의 표식" 주장하던 美 극우 방송인 코로나 사망, 〈중앙일보〉, 2021. 08. 21).

② 짐승의 표(666)는 어느 때 발생하는가? 구원받은 자들이 휴거되고 난 뒤부터 7년 심판 대환난이 시작이 되는데, 그 7년 심판 대환난 중 전 3년 반 끝나고 후 3년 반 시작하는 시점에 짐승(적그리스도)이 등장한다. 여기에서 짐승이 후 3년 반 때 등장한다는 의미는, 7년 심판 대환난 때부터 등장했다가 후 3년 반 때 자기의 본색(단 9:27)을 드러낸다는 의미다. 짐승의 표는 후 3년 반 시작하는 시점에 발생한다. 그러면 짐승이 등장하기 전에 예수님의 공중강림(구원받을 자는 휴거)이 발생해야 하는데, 그리고 믿는 우리가 휴거됐어야 하는데, 우리가 휴거된 것인가? 아니다. 우리 주변에 휴거됐어야 할 많은 신실한 믿음의 성도들이 존재하는 것을 보면, 휴거는 아직 이루어지지 않았다.

그것은 지금은 짐승의 표(666)를 받는 시기가 아니라는 증거다.

그러므로 베리칩에 대해서도 언급했듯이, 베리칩이나 백신 접종도 666과는 전혀 관계가 없다. 우리는 성경을 분명히 알고 분별하여, 거짓 뉴스와 가짜 뉴스에 미혹되어서는 안 된다.

안타까운 것은 전 세계 사람들과 모든 교회 목회자들이 과거에는 상상치 못했던 정부(방역 당국)로부터의 간섭과 통제를 받고 있다. 코로나19로 모든 사람은 그 통제가 오히려 정보를 받는 채널(휴대폰)이 되었다. 정부는 그 채널을 통해 모든 교회 목회자들은 통제하고 있는데, 초기에 가졌던 거부감들이 이제는 익숙해 가고 있다. 그러나 우리는 정부로부터의 간섭과 통제의 타성에 젖을 수 있다는 경각심만큼은 늘 가져야 한다고 믿는다.

6) 표를 받은 결과는 무엇인가?

① 하나님 진노의 포도주를 마시게 된다(계 14:10). 아무것도 섞이지 않은 원액의 쓴 포도주처럼, 하나님의 자비가 없이 진노하신다는 하나님의 강력한 의지의 표현이다. 그만큼 심판이 가혹할 것이다.

② 불과 유황으로 던져져 고난을 받는다(계 14:10). 불과 유황은 지옥을 의미한다(계 19:20, 20:15). 짐승의 표는 밤낮 쉼을 얻지 못하는 지옥으로 가는 길이다(계 14:11).

3. 그런데 놀랍게도 짐승의 표를 받게 하는 이 작업은 누구에 의해 계획되고 진행이 되는가? 거짓 선지자다(계 13:16). 거짓 선지자가 적그리스도에게 충성하는 하나의 방법으로 온 세상 사람들에게 "짐승의 표"

(계 16:2, 19:20)를 받도록 강요한다(살후 2:7-8).

우리는 타락하고 거짓된 선지자의 이런 행태를 역사를 통해서 목도해 왔다. 어느 나라에서든지 독재자에게 빌붙거나 결탁해서 충성심을 보이고 대가를 받았던 모습들은 훗날 적그리스도와 결탁한 거짓 선지자의 미래의 모습을 연상케 한다.

성경은 "짐승의 표"의 모양이나 그 형태에 대해서는 침묵하고 있다. 이 표가 무엇이고 어떻게 생겼느냐보다 더 중요한 것은, "짐승의 표"를 받은 자마다 짐승인 적그리스도에게 예속되어, 행동과 사상이 짐승의 조종을 받는다는 것을 아는 것이 더욱 중요하다.

성경은 이런 "불법의 비밀"(살후 2:7-8)이 장차 일어날 역사적 사실이라는 것만을 가르쳐 주고 있다. 확실한 것은 후 3년 반 때 발생한다는 사실이다.

그러나 하나님의 생명책에 기록된 자(휴거)들은 이 "짐승의 표"에 대해 전혀 염려하지 않아도 된다. 휴거 이후에 일어날 일이기 때문이다. 영생 주기로 작정된(행 13:48) 주의 백성들은 이 표와 관계가 없다. 구원받은 우리는 ① 성령의 인침(엡 1:13, 4:30)을 받았고, ② 우리 이름이 생명책에 기록되었고(계 13:8, 20:12), ③ 하나님의 인을 받아(계 7:3) 주 예수 그리스도 공중강림 때 끌어올림을 받기 때문이다(계 7장 Q_08).

※ P.S.: 짐승의 표는 7년 심판 대환난 중 후 3년 반 때에 이런 일이 있는데, 이런 환경에서 어느 누가 짐승의 표를 받지 않고 견디며 살아갈 수 있단 말인가? 살고자 한다면 매매 등 경제활동을 해야 한다. 그 경제활동을 할 수 있는 조건이 짐승의 표인 666이다. 당신은 이 짐승의 표

를 받지 않고 견딜 수 있겠는가?

믿는 자들은 정확히 알아야 한다. 우리 목사님들께서도 본문의 말씀을 분명히 알아야 한다. 환난 통과설을 주장하는 자들도 이 부분을 정확히 봐야 한다. 후 3년 반 시대에 짐승의 표를 받지 않고 견딜 수 있는 사람은 아무도 없다. 또 짐승의 표는 반드시 받는 조건이 있다는 (계 14:9) 사실과 그 결과(계 14:10-11)를 안다면, 무책임한 소리를 할 수 없을 것이다. 무책임한 소리를 해서는 결코 안 된다. 우리는 짐승의 표(666)와 관련된 비성경적이거나 가짜 뉴스에 미혹되거나 미혹하지 말고, 현재의 자리에서 늘 깨어 있으며, 단장된 신부로 건전하게 살아가야 한다. 그리고 신앙생활의 가장 으뜸 되는 초점인 7년 심판 대환난 전에 반드시 휴거되는 신앙인이 되어야 한다고 믿는다.

Q _07. 베리칩(Verichip)은 적그리스도 짐승의 표인가? (계 13:16-18)

A 고래부터 지금까지, 아니 앞으로도 요한계시록을 읽지 않고 분석하지 않고 대충 듣거나 혹은 사장될 신학적 관점에 집착한 이들 중에서 어떤 이들은 베리칩이 짐승의 표라고 주장하곤 한다. 한 걸음 더 나아가 그들 중에는 환난 통과설을 주장하는 이들이 있다. 필자는 그런 사람들에게 성경을 제대로 읽고 그런 소리를 하라고 강하게 말하고 싶다. 잘못된 주장은 영혼을 죽이는 소리이기 때문이다.

1. 계 13장은 시기적으로 셋째 화 기간이요, 일곱째 나팔 기간이며, 후 3년 반 기간이라고 했다. 이 기간에는 짐승의 표를 받게 되어 있다.

이 표를 안 받고도 살 수 있다고 말하는 사람들은 정말 뭘 모르는 사람들이다. 본서를 집필하고 있는 현재는 코로나19 시대 속에 있다.

이 시대를 살아가려면 반드시 마스크를 써야만 활동할 수 있다. 나 혼자 집 안에 있겠다면 마스크를 안 써도 괜찮겠지만, 외출하고자 한다면, 활동하고자 한다면 반드시 필요한 것이 마스크다. 그런데 이 마스크는 돈을 통해 매매 활동을 하지 않고서는 구매할 수가 없다. 살기 위해 식사하기 위해서도 돈을 주고 양식을 구매해야 한다. 짐승의 표는 바로 이런 사소한 것에 이르기까지 매매할 수 있도록 하는 돈이라 할 수 있으며, 카드라 할 수 있는 등, 매매 활동케 하는 수단으로서의 "표"다. 숨을 쉬고 있는 이 땅의 사람이면 반드시 받아야만 하는 것이다. 하지만 짐승의 표를 받기 위해서는 짐승의 우상을 향하여 우상숭배한 자에게만(합격) 제공하는 것이 짐승의 표다.

우상숭배는 죄이며, 우상숭배로 구원받을 수 없다(엡 5:5; 고전 6:9; 출 20:3-5). **우상숭배라고 하는 것은 "신앙 행위의 결과'로 이루어진다.** 짐승의 표는 그 우상숭배 행위 결과로 받는 것이다. 그 우상숭배라고 하는 신앙의 행위 때문에 우리는 지옥에 가는 것이다.

짐승의 표가 문제가 아니라, 짐승이나 우상에게 경배하는 신앙의 행위가 문제가 되는 것이다. 짐승이나 우상에게 경배하지 않고 베리칩을 받는다고 가정한다면, 그 행위는 짐승 경배와는 아무 관계가 없는 것이다. 우상숭배(신앙)라는 행위(믿음)에 따라 지옥 가는 것이다. 우상숭배라는 행위와 관계없이 표를 받는다면, 그것은 신앙의 행위와 무관한 것이기에, 표를 받는 것 때문에 지옥 가지 않는다.

그런데 어떤 이들은 베리칩을 받으면 절대 안 된다고 호들갑을 떤다. 우리가 살아가고 있는 현재도 베리칩이 있는가? 있다. 지금도 베리칩은 얼마든지 사용하고 있다. 성경을 통전적으로 알지 못하는 사람들은 지금의 시대가 요한계시록의 어느 정도에 와 있는지는 관심이 없이, 다만 베리칩은 666이라는 소리를 들은 것이 있어서, 그들은 베리칩은 666이니 베리칩을 절대 받으면 안 된다고 주장한다. 이것은 절대 옳은 주장이 아니다.

2. 왜 그런 주장이 옳지 않은가? 그 이유가 무엇인가?

어느 과학자는 "과학의 최고의 경지는 칩을 사람의 몸속에 이식하여 몸의 일부가 되게 하는 것이다"라고 했는데, 현재도 베리칩은 사람의 몸에 날카로운 주사기 바늘로 살을 파고 넣어지고 있다.

베리칩(verichip)은 '확인용 칩'(verification chip)의 약어로 미국의 한 바이오칩 제조 회사가 개발한 상품명이다. 생체 검증을 위하여 사람의 피하에 삽입하는 체내 이식용 마이크로 칩으로 쌀알 정도 크기로 126개 정보 문자와 데이터 전송용 전자 코일, 동조 콘덴서 등이 실리콘 유리 튜브 속에 들어 있다. 무선 송수신 식별장치(RFID: radio frequency indentification. 전자태그) 기술을 사용하며, 약 4피트 거리에서 해당 스캐너로 칩 데이터를 읽는다. 처음에는 의료 경고용 팔찌와 같은 방법으로 의료 인명 구조용으로 사용되었으나, 의료는 물론 보안 목적으로도 사용된다. 작은 마이크로 칩을 생명체의 몸속에 넣어 신원이나 정보를 확인하는 데 사용한다[지금은 여러 가지 논란이 일자 이름을 사람들이 좋아하는 단어를 써서 포지티브 아이디(Positive ID), 즉 '긍정의 아이디'로 바꿨다고 한다].

한국기독교 종말론사를 보면 적그리스도 짐승의 표(666)라고 했던 것들이 있었다. 신용카드, 컴퓨터, 바코드, 베리칩(생체칩), QR코드 등을 짐승의 표로 주장하는 다양한 견해들이 있었다.

3. 그러면 베리칩이 짐승의 표인가? 아닌가? 이것에 대해 논하기 전에 확인해야 할 것이 있다.

1) 요한계시록의 전체 흐름을 바르게 이해하지 아니하고는 짐승의 표를 바르게 이해할 수 없다.

2) 환난 전 휴거인가? 중간 휴거인가? 환난 후 휴거인가?
교회(성도)가 '환난 전 휴거'를 믿는다면 짐승의 표는 걱정될 것이 없다. 우리는 적그리스도가 나타나기 전에 교회는 휴거될 것이기 때문이다.

그러나 '중간 휴거' 혹은 '환난 후 휴거'를 믿는다면 문제가 다르다. '짐승의 표'는 환상이나 상징적 이미지가 절대 아니다. 지금까지 보아 왔듯이, 장차 이루어질 역사적 사실이다(계 1:19). 이것을 부인하는 자는 불신자들이 "천국이 어딨어? 죽어봐야 알지"라 하면서, 예수 불신하는 것과 똑같다. 우리는 환난 전 휴거설, 중간 휴거설, 환난 후 휴거설이라고 하는 어떤 '설'(設)에 놀아나서는 안 된다.

본서의 출판 목적 중 하나가 바로 이런 잘못된 요한계시록에 대한 이해를 성경적으로, 그것도 귀납적인 방법을 통하여 '요한계시록 바로 알기' 차원에서 출판하는 것이다. 바로 알자. 그리고 바로 믿자. 아는 것만큼 보이고, 믿는 것만큼 충성하게 된다. 지금 이단 특히 신흥종교 신천지가 정통 교회를 농락하고 있다. 그것도 다름이 아니라 요한계시록이라는 무기로 마음껏 칼질하며 농락하고 있는데, 목사님들이나 성도들은 피하기만 하고 있다.

정통교단에서 신앙생활하던 많은 사람들이 신천지에 빠지는 것을 우리는 보았다. 필자는 매일 전도를 하는 목사다. 전도하면서 신천지에 빠진 집사님들, 권사님들 등 많은 사람을 만났다. 그들이 어떻게 하다 신천지에 빠졌을까? 그들은 요한계시록에 대한 영적 궁금증이 있었는데, 자신들의 교회에서는 들을 수도 없고, 배울 수도 없었는데, 신천지에서 잘 가르친다는 소문을 들었다. 그들은 목회자 몰래 그곳에 가서 들었다. 몰래 가는 그들을 누가 알 수 있겠는가? 그곳에 참석하여 들은 그들의 소리는, "듣도 보도 못한 놀라운 말씀"이라는 탄성이다. 그들은 요한계시록에 대한 궁금증을 해소할 수가 없어서, 잠깐 들어보고 와야겠다는 단순한 호기심에 빠졌다가 현재까지 영영 신천지 사람이 되었다.

본서는 이런 안타까운 문제에 도전의식을 갖는 목회자와 성도들에게 큰 도움이 되고자 한다.

4. 그러면 베리칩이 짐승의 표가 아닌 이유가 무엇인가?

1) 요한계시록 성경에서는 짐승의 표의 모양이나 형태에 대해 전혀 언급이 없기 때문이다(계 13:16-17). 성경에 근거하지 않은 어떤 모양이나 형태의 것을, 현시대에 존재하는 물체로 추측해서 적용하는 것은 또 다른 큰 실수를 할 수 있다.

그러면 왜 모양이나 형태가 없을까? ① 모양이나 형태를 구체적으로 언급하지 않아도, 당시의 초대교회 성도들은 그 의미를 이해하고 있었기 때문이다(계 13장 Q_06).

② 휴거된 성도와는 관계가 없기 때문이다. 휴거 전에 일어날 일이라고 한다면, 전능하신 하나님께서 우리가 이해할 수 있는 구체적인 모

양이나 형태로 말씀하시면서 짐승의 표를 받지 말라 하셨을 것이다. 그러나 구원받을 택자들은 이미 휴거 이후의 일이기에 그 뒷일은 심판받을 불신 불택자들에게 맡겨 두신 것이다.

2) 시기적으로 안 맞다. 짐승의 표는 셋째 화, 일곱째 나팔, 7년 심판 대환난 중 후 3년 반 때 짐승의 등장과 함께 나타날 일이다. 그런데 지금이 7년 심판 대환난 기간인가? 아니다. 이 시기를 아는 것이 중요하다. 신천지는 이런 시기를 전혀 모르고 엉뚱한 주장을 한다. **신흥종교 신천지에서는 1980년 9월부터 1984년 3월까지 7나팔 7대접을 다 쏟고, 1984년 3월 14일부터 교주 이만희가 경기도 과천에 천국을 창조하였는데, 이 땅에 창조한 '천국'을 '신천지'라 부르며, 그때부터 천년왕국이 시작되었다고 주장한다(진용식, 위의 책, pp. 15-16).**

짐승의 표는 분명히 둘째 짐승인 거짓 선자자가 첫째 짐승인 적그리스도에게 잘 보이기 위해 추진하는 일이라는 것을 성경은 증언한다(계 13:16).

그러나 베리칩은 2021년을 살아가고 있는 현재도 시행하고 있다. 그렇다고 한다면 현재를 7년 심판 대환난 기간이라고 할 수 있는가? 절대 아니다. 그런 의미에서 베리칩은 짐승의 표라고 해서는 절대 안 된다.

3) 짐승의 "표"는 짐승의 "이름"이다. 혹은 이름의 "표"다(계 13:17, 14:11). 베리칩이 짐승을 표하는 표시가 아니기 때문이다. '짐승'이라고 부르고 있지만, '적그리스도'도 사람이기 때문에 그 이름이 있게 마련이다. 그 '이름'이 표라는 것이다. 또 그 사람(짐승)도 태어난 국가가 있을 것이다. 태어난 국가의 국민으로서의 이름을 갖게 된다. 미래에

태어날 사람의 이름이 표가 될 것이기 때문에, 모양이나 형태를 말하지 않은 것이다.

그런데 그 이름의 수가 666이다(게마트리아. Gematria). 이 숫자에는 암호와 같은 숨의 의미가 있다. 그러나 '666이 표'라는 의미는 아니다. 표는 이름인데 그 이름을 666이라는 암호와 같은 수로, 당시 황제숭배를 거부하고 핍박받고 있는 성도들에게 사도 요한이 비밀을 알려주고 있다. 베리칩에는 이런 비밀은 없기 때문이다.

4) 짐승의 표는 생명책에 기록되지 못한 자가 짐승에게 경배한 뒤에 받는다(계 14:9, 13:8). 베리칩은 우상숭배 후에 받는 것이 아니다. 그런 의미에서 베리칩은 짐승의 표가 아닐 뿐 아니라, 죽임 당한 어린양의 생명책에 기록된 성도들과 짐승의 표는 관계가 없다.

5) 짐승의 표는 장차 될 일(계 1:19), 후 3년 반에 일어날 일이고, 적그리스도가 온 세상을 통치하는 수단이기 때문이다. 현재는 적그리스도 나타날 때가 아니므로 베리칩은 짐승의 표가 아니다. 어떤 이들은 베리칩으로 정신 통제까지 가능하기에 성도들은 베리칩을 받은 이후에 정신 통제를 받아 짐승에게 경배하게 될 수 있다고 주장하지만, 그런 일은 있을 수가 없다.

결과적으로 죽임 당한 어린양의 생명책에 기록된 성도들은, 적그리스도가 나타나기 전에 휴거된다. 그래서 짐승의 표와 전혀 관계가 없기에, 하나님께서는 그 '짐승의 표'의 모양이나 형태를 구체적으로 기록하지 않으시고 적그리스도 짐승의 "불법의 비밀"(살후 2:7)에 대해서만 언급하신 것이다.

6) 짐승의 표는 강제적인 매매 수단이다(계 13:16-17). 그러나 현재의 베리칩은 강제하고 있는가? 매매 수단으로 활용하고 있는가? 아니다. 짐승의 표는 전 세계를 하나로 통제할 수 있는 강력한 집권자가 통치할 때 강제적으로 가능한 수단이다. 그리고 매매 수단이다. 그러나 현재는 각 나라마다 통용되는 화폐가 있다. 베리칩이 없어도 얼마든지 매매 경제활동이 가능하기에 베리칩은 짐승의 표가 될 수 없다. 그러나 짐승의 표는 후 3년 반 시대인 마지막 때 나타날 징조로 보는 것이 바른 해석일 것이다.

※ P.S.: 짐승의 표(666)와 베리칩에 대한 것을 정리하고자 한다. 예수님의 보혈의 공로로 구원받은 성도들이 가져야 할 최대의 핵심은 두 가지다. 상급을 위해 사는 것이다. 결코 베리칩도 아니며 짐승의 표에 대한 것도 아니다.

하나는 어떻게 하면 이 땅에서 우리에게 주어진 시간 동안 단장된 신부로서 '다시 오실 예수님을 만나 휴거될 것인가?' 하는 것이다. 두 번째는 휴거되어 천국 상급 잔치 때, 이 땅에서 하나님의 영광을 위해 선한 일을 했던 그 결과에 대한 상급(상)을 받을 일을 위해 주어진 환경에서 열심히 사는 것이다. 성도들이여! 우리 모두 늘 마라나타의 신앙을 회복하자.

이것을 위해 예수님께서 말씀하신 것을 기억합시다. ① 깨달아라(마 24:39), ② 깨어 있으라(마 24:42), ③ 준비하라(마 24:44)는 말씀을 기억하며, 늘 단장된 신부로 휴거 소망을 갖고 살아갑시다.

요한계시록 14장

Q_01. 계 14장의 핵심 메시지는 무엇인가?

A 1. **계 14장은 환난 중간 휴거론자들이 강력하게 자신들의 주장을 성경적 근거로 삼는 곳 중의 하나다.** 계 14장을 알기 위해서는 몇 가지 중요한 개념을 정리해야 한다. ① 계 14장은 시기적으로 어느 위치에 있는지, ② 144,000의 정체는 무엇인지? ③ 노래(찬송)하는 장면에 대한 이해, ④ 각각 등장하는 '천사'들에 대한 이해, ⑤ 큰 성 바벨론에 대하여, ⑥ 서로 다른 추수 장면 등에 대한 이해를 파악하는 것이 중요한 핵심이라 할 수 있다.

2. **그중에서도 가장 중요한 것은 계 14장의 위치 문제다.** 계 14장은 시기적으로 어느 위치에 있는 것일까? 계 14장은 시기적으로는 둘째 화(계 11:14. 여섯째 나팔. 전 3년 반. 계 9:13-11:14)가 지나간 뒤, 계 11:15부터 시작되는 셋째 화(일곱째 나팔, 후 3년 반. 계 11:15-19:21. 1,260일, 42달, 한 때 두 때 반 때)의 기간 안에 있다. 계 8장에서 시작된 첫째 나팔(계 8:7) 사건이 계 11:14에서 여섯째 나팔 사건으로 끝난 후, 일곱째 나팔은 계 11:15에서 시작되어 7대접을 준비하는 계 14장을 끝으로 일곱째 나팔 사건이 모두 끝나게 된다.

3. **셋째 화(후 3년 반) 기간 안에 있는 계 14장부터 "하나님의 진노"(계 14:10, 19. 계 16장 Q_02)라는 용어가 등장한다.** 이것은 후 3년 반 셋째 화 기간에 내려지는 재앙의 성격은 "하나님의 진노"이며, "땅에 사는 자들"(계 8:13)에게 내려지는 하나님의 "마지막 재앙"(계 15:1)이라는 재앙(화. 禍)의 성격을 분명하게 말씀하고 있다. 이런 흐름을 이해할 때, 계 14장의 위치를 이해할 수 있다.

계 7장에서 휴거된 성도가 천상에 올라간 뒤, 지상에서는 7나팔 재앙이 지상 1/3씩 자연에 내린 재앙, 인구 1/3이 죽는 대전쟁이 일어나는 등, 계 11:15부터 일곱째 나팔(셋째 화, 후 3년 반)이 불면서 이어지는 사건들이 계 14장까지 이어지고 있으며, 더 나아가 계 15장까지 연속되고 있다는 상황(시간)적 위치를 기억해야 한다(계 9장 Q_01).

4. 요한계시록에서 계 14장은 어떤 의미와 의의가 있는가? 두 가지 의미와 한 가지 의의가 있다고 요약할 수 있다.

1) 의미를 본다면, 하나는 천상의 시온 산에서 144,000이 새 노래를 불렀다는 것이다. 계 7장에서 성도들이 휴거된 이후 지상에서는 전 3년 반(42달) 동안 환난 통과 성도들은 광야에서 하나님의 보호와 양육을 받고 있었으며, 후 3년 반 시작하는 현시점(계 14:1)에서는 땅에서 구속받은 144,000(교회시대 때 구원, 구원받은 총수)이 휴거되면서 찬양 이후(계 7:9-17) 천상의 시온 산에 서 있는 아름다운 광경을 사도 요한이 보았다. 그리고 그들이 거문고 타는 것 같은 새 노래(찬송)하는 것을 들었다. 144,000의 "이마에는 어린양의 이름과 그 아버지의 이름을 쓴 것이 있더라"(계 14:1) 했다.

다른 하나는 계 14장에서 큰 성 바벨론에 대한 멸망을 최초로 예고(계 14:8)하고 있다. 바벨론의 멸망과 영원한 심판은 계 14:8에서 처음 예고된다. 바벨론의 멸망과 심판에 관한 진행 계획은 계 14장 Q_07을 참고 바란다.

2) 의의로는 바벨론에 대한 하나님의 심판 계획을 계 14장에서 확인할 수 있다는 것에 큰 의의가 있다. 하나님께서 바벨론에 대한 심판 예고와 실행 그리고 그 결과 등, 하나님의 섭리와 계획에 의해 진행하고

계시다는 것을 보여주고 있다.

이것은 하나님께서 요한계시록을 아주 쉽고 간결하게, 그리고 시간의 흐름에 따라 기록하셨다는 것을 보여주는 또 다른 증거다. 그러나 어떤 이들이 요한계시록이 어렵게 꼬여 있고 복잡해서 심히 어려운 책이라고 하는데, 본서의 설명대로 이해하면 전혀 그렇지 않음을 알게 될 것이다. 요한계시록은 특별한 어떤 공식이 필요가 없다. 물 흘러가듯 보면 된다. 매우 간단하고 쉽다. 핵심적인 뼈대만 이해한다면 아주 쉽고 재밌는 것이 요한계시록이다.

계 14장은 크게 7부분으로 나눌 수 있다(주제는 144,000 천상 성도의 새 노래와 큰 성 바벨론의 멸망 예고). ① 144,000 천상 성도들의 새 노래(계 14:1-5), ② 날아가는 천사가 전할 영원한 복음(계 14:6-7), ③ 둘째 천사가 말한 큰 성 바벨론의 멸망에 대한 예고(계 14:8), ④ 셋째 천사가 큰 음성으로 전달한 짐승과 그 우상에게 경배하거나 짐승 표를 받은 자가 받을 영원한 고난과 성도들의 인내(계 14:9-12), ⑤ 하늘에서 들린 음성 첫째 부활에 참여하는 자들에 대한 복(계 14:13), ⑥ 인자 같은 이가 땅의 곡식을 거둠(계 14:14-16), ⑦ 예리한 낫을 가진 천사가 땅의 포도송이를 거둠과 그 결과(계 14:17-20) 등이다.

Q _02. 144,000의 정체는 무엇이고, 그들이 서 있는 곳은 어디인가? (계 14:1-3, 4-5). (이단 경계)

A 본문에서 중요한 개념 몇 가지가 있다. ① 144,000은 누구인가(정체성)? ② 그들이 현재 서 있는 곳은 어디인가? ③ 그들이 행한 일이 무엇인가? ④ 그들의 이마와 이마에 쓴 것이란 무엇인가? 그러나 ④ 그들은 "땅에서 속량(贖良)함"(계 14:3, 4)을 받았다는 내용과 "땅에서 속량(贖良)함" 받은 그들이 행한 일(새 노래를 부름)에 대해서는 다음 순

서에서 다루고자 한다(계 14장 Q_03, Q_05).

1. 144,000은 누구인가? 그들의 정체성은 무엇인가?(계 14:4-5) 이들은 주 예수 그리스도의 공중강림 때, 휴거(속량)된 "아무도 능히 셀 수 없는 큰 무리" 혹은 "흰옷"(계 7:13-14) 입은 무리다(계 7장 Q_08). 144,000은 교회시대 동안 땅에서(전 세계) 예수를 믿어 구원받은 모든 성도(택자)다. 교회시대 당시 6인봉 환난 후 "땅에서 속량함을 받은" 택자들의 이마에, 천사가 하나님의 인을 칠 때 인 맞은 자들이며, "그들의 이마에는 어린양의 이름과 그 아버지의 이름을 쓴 것"(계 14:1)이 있는 성도들이다(계 7장 Q_04, 계 13장 Q_07). 한마디로 첫째 부활(휴거)에 참여한 자들이다(계 20:6). 그들이 어린양이 시온 산에 서 계시는 천상의 천국에 있으며, 그들이 "새 노래"를 부르고 있다(계 14:3).

이들에게는 다시 저주가 없으며(계 22:3), "다시는 주리지도 아니하며 목마르지도 아니하고 해나 아무 뜨거운 기운에 상하지도 아니하며, 하나님께서 그들의 눈에서 모든 눈물을 씻어 주실 것"(계 7:16-17)이다. 이들은 미래에 이루어질 천상의 천국(계 21:2)에서도 하나님을 섬길 자들(계 22:3)이다.

1) 본문(계 14:2-3)은 큰 의미가 있다. 이 "144,000"의 성도들이 휴거(속량)된 것에 그 기쁨을 이기지 못하여 "하나님 보좌 앞과 네 생물과 장로들 앞에서 새 노래"를 부르고 있다. 이 모습을 사도 요한이 본 것이다(계 14장 Q_05, 계 7장 Q_09).

144,000이라는 숫자는 상징 수(만족 수)다. 실제 수라고 한다면 예수님의 구원의 범위가 제한됐다는 의미가 될 수밖에 없어서, 그런 주장은 예수님의 구속사에 전혀 맞지 않는 주장이다. "144,000(십사만 사

천)밖에는"이라는 표현 때문에 144,000을 문자적인 실(제)수라고 생각하는가? 이것은 '많은 사람 중 땅에서 구원받은 사람밖에는'(많은 사람 중에서 이들만 구원받은 사람이라는 의미)의 의미다. 144,000은 숫자적인 면에서의 제한이 아니라, '대상과 범위에서의 제한'이라고 이해하면 좋을 것이다.

신흥종교 신천지와 이단들이 자신들의 엉터리 교리 합리화를 위해 144,000을 실(제)수라고 주장(이만희, 앞의 책, p. 136)하는데, 그것은 예수님의 구속사와 진리를 절대 무시하는 것이다. 이런 주장은 절대 구원받지 못할 큰 죄를 짓는 행위다. 신천지를 비롯한 이단에서는 '개역개정' 성경을 사용하지 않는다. 그 이유는 계 14:3이 개역개정에서는 "땅에서 속량함을 받은 십사만 사천밖에는"으로 번역되어 있기 때문이다. 실(제)수에 대한 언급이 없다. 그러나 개역에서는 "땅에서 구속(救贖)함을 얻은 十 四萬 四千 人밖에는"으로, 한글 킹제임스에서는 "땅에서 구속을 받은 십사만 사천 명 외에는", 쉬운성경에서는 "땅에서 구원함을 받은 십사만 사천 명 외에는", 우리말성경에서는 "땅에서 구속함을 받은 14만 4,000명밖에는" 등으로 번역되었다. 대부분 성경에서 '명' 혹은 '인'이라는 용어가 붙어 있으나, 개역개정에는 없다.

2) 144,000은 땅에서 구속받은 처음 익은 열매들(롬 8:23)이다. 여기에는 세 부류의 대상자들이 존재한다. 교회시대 당시에 ① 순교자(계 6:9-11), ② 구원받은 유대인, ③ 이방인 등을 포함한 '전 세계 모든 구원받은 자의 총수'(롬 11:25; 계 14:4)를 의미하며, ①+②+③을 합한 '모든 구원받은 자의 수'가 144,000이다(계 14:4. 계 7장 Q_08, 계 20장 Q_09). 이 144,000이 "아무도 능히 셀 수 없는 큰 무리"(택자들)들이며, 그들은 6인봉 환난을 겪은 자들이다.

3) 144,000은 땅에 있을 때, 여덟 가지 면에서 인정을 받은 자들이다(여덟 가지 정체성. 계 14:4-5). ① 여자와 더불어 더럽히지 아니하고, ② 순결한 자, ③ 어린양이 어디로 인도하든지 따라가는 자, ④ 사람 가운데에서 속량함을 받은 자, ⑤ 처음 익은 열매, ⑥ 하나님과 어린양에게 속한 자들, ⑦ 그 입에 거짓말이 없고, ⑧ 흠이 없는 자들이다.

4) 144,000의 여덟 가지 정체성(계 14:4-5) 중에서 생활과 관계된 여섯 가지를 '단장된 신부의 여섯 가지 모습'이라 할 수 있다. 그러나 아래의 여섯 가지는 구원의 조건, 휴거 혹은 사명자의 조건을 말하는 것이 결코 아니다. 다만 구원받은 성도들이 가져야 할 **'성결(성화)의 표준(목표)'** 정도로 이해할 수 있다.

① "여자와 더불어 더럽히지 아니하고"(계 14:4). 문자적으로는 윤리적 순결을 의미한다. 이스라엘을 "처녀 딸 시온"(왕하 19:21; 애 2:13), "처녀 이스라엘"(렘 18:13; 암 5:2)로 부르고 있는데, 이들이 우상숭배에 빠졌을 때 음부와 음행했다고 하였다(렘 3:6, 8). 우상숭배는 영적인 간음이라고 했다. 그러므로 하나님은 윤리적으로나 영적으로도 순결하라 하신다.

② 순결한 자는 영육 간에 "순결한 자"(계 14:4)이며 여자로 더럽히지 아니한 순결한 자를 의미한다. 순결은 신랑과 신부의 관계에서 신부의 바른 자세다. 신랑 한 분 예수님만으로 만족한 신앙을 의미한다.

③ "어린양이 어디로 인도하든지 따라가는 자"(계 14:4)는 목자와 양의 관계에서 양의 자세를 말한다(요 10:27; 계 3:4). 하나님과 어린양에게 소속된 자라는 말이다. 양의 생명은 목자를 따르는 것이다. 눈에 보이는 편안한 예루살렘을 지나 헌신과 희생의 십자가의 길까지 목자

가 어디로 인도하든지 목자의 인도를 따라가야 한다.

④ “사람 가운데에서 속량함”(계 14:4)을 받은 자이며 “처음 익은 열매”(계 14:4. 첫째 부활)라고 했다. 속량함을 받았다는 것은 다음 순서에 구체적으로 언급하겠지만, 예수를 믿어 구원받은 자(속량)만이 단장된 신부로 살아갈 수 있다.

⑤ “그 입에 거짓말”(계 14:5)이 없다는 것은 세상적으로는 진실하다고 하겠지만, 영적으로는 다음과 같이 몇 가지에 속한 자를 거짓말하는 자라고 할 수 있다.

요한계시록에서 “거짓” 용어가 9회(계 2:2, 3:9, 14:5, 16:13, 19:20, 20:10, 21:8, 21:27, 22:15), “거짓말”이 5회(계 3:9, 14:5, 21:8, 27, 22:15) 등장한다. 특히 “둘째 사망”(계 21:8)에 던져지는, 지옥 가는 여덟 종류의 인간과 “성 밖”(계 22:15)에 있을 지옥 가는 여섯 종류의 인간 중에는 거짓말하는 자가 공통으로 들어 있다.

하나님께서는 마귀를 “거짓의 아비”(요 8:44)라고 할 정도로 거짓을 싫어하신다. 예수님을 믿지 않는 자는 “하나님을 거짓말하는 자로 만드는 자”(요일 5:10)이며, 이단 등 적그리스도 역시 “아버지와 아들을 부인”하는 “거짓말하는 자”(요일 2:22)이며, 진리대로 하지 않고 “불법을 행하는 자”(마 7:23), “진리를 믿지 않고 불의를 좋아하는 자”(살후 2:12. 거짓 선지자)는 심판을 받으며, “거짓말하는 자는 결코 그리로 들어가지 못하되”(계 21:27)라고 하실 정도로 거짓에 대해 강하게 부정적으로 말씀하셨다.

※ P.S.: **신흥종교 신천지를 비롯한 이단들은 들어야 한다.** 이단들이 아무리 대단한 거짓과 호사를 꾸미는 것 같아도, 이단들은 언젠가는 반드시 심판을 받을 자들이며, 결코 천국으로 들어가지 못할 존재들임을 알아야 한다(계 21:27). 왜냐하면 그들의 근본은 거짓말하는 자들이며, 예수님의 자리에 교주가 앉아 있기 때문이다. 신천지는 모략 전도를 회개해야 한다(진용식, 앞의 책, p. 20). 목적이 선하면 방법도 선해야 한다. 하나님, 예수님 이름으로 하는 것 같으나 실상은 교주가 그 자리에 자리 잡고 있기 때문이다. 예수님이 아닌 교주가 예수님의 자리에 앉아 있기에 사회적으로도 문제가 발생한다. "신천지는 가정 해체, 무리한 재산 헌납, 탈퇴자 납치 및 폭행, 거짓말·단체 사칭과 성(性)을 이용한 포교, 탈세, 미행, 선거 개입 의혹 등으로 교계 언론뿐 아니라 〈PD 수첩〉(MBC), 〈궁금한 이야기 Y〉(SBS), 〈제보자들〉(KBS) 등 주요 방송 3사의 사회 고발 프로그램 등에서 여러 차례 문제를 제기한 바 있다." (박종찬 기자, "감추려던 신천지 '대집회' 장소, 결국 드러나", 『평화나무』, 2020. 10. 07)

일구이언(一口二言)하는 것도 거짓말이다. 교리가 고무줄 늘어나듯이 상황과 필요에 따라 달라진다면, 정직하지 못한 거짓된 교리다. 판단과 말은 신중하게 하되, 한 번 믿은 교리, 한 번 내 입으로 뱉은 말과 약속은 죽음을 각오하고 끝까지 지켜야 한다. 그것이 행동하는 양심이며, 행동하는 그리스도인이다. 그런 삶이 성결한 삶의 첫걸음이다. "신천지 집단에서 니골라 당이라고 하는 청지기 교육원과 첫 장막에서 싸워 이겼는가? 이는 이만희의 종교 사기다. 이만희는 청지기교육원과 싸운 적도 없고 이긴 적도 없다. 신천지 신도들은 이런 거짓말에 속아서 이만희를 '이긴 자'로 믿는다"(진용식, 위의 책, p. 22). 거짓말하면 안 된다. 종교로 사기쳐도 안 된다. 성결해야 한다.

⑥ 흠이 없는 자들이다. 흠이 없어야 한다는 것은 완벽해야 한다는

말이 아니다. 인간인 우리가 어찌 완벽할 수 있겠으며, 흠이 없을 수 있겠는가? 하지만 흠이 없는 자란 도덕적인 흠결이나 의도의 순수성에 흠이 없는 자라는 의미로 이해할 수 있을 것이다. 흠이 없는 자가 되는 방법은 예수님의 보혈의 공로를 고백하며 늘 사죄의 은총을 입는 길밖에 없다. 그러므로 늘 여주동행(如主同行)하며 순간순간 성령 충만을 사모(요일 1:7, 9)할 때, 도덕적이고 윤리적인 흠을 최소로 줄일 수 있을 것이다.

5) '단장된 신부의 여섯 가지 모습'에 대해 종합적인 정리를 한다면, 구원받아 휴거된 144,000이 단장된 신부로서의 이런 여러 가지 자격을 갖췄기 때문에 구원받았다거나 휴거된 것이냐고 할 때, 그것은 결코 아니다. 그렇게 주장하는 것은 성경의 기본 정신이 결코 아니다. 왜냐하면 성경에는 어떤 사람도 율법으로는 의롭다 함을 받을 사람이 아무도 없다(롬 3:10, 20; 갈 3:11)고 단정하고 있다. 그런데 요한계시록에서만 구원(휴거) 조건으로 여섯 가지를 갖춰야만 들림을 받는다고 한다면, 이것이 옳은 것인가? 아니다. 그렇게 말하는 것은 성경 말씀에 근본적으로 위배되는 것이다.

행함을 통한 지나친 성결 혹은 거룩을 주장하는 것도 주의해야 한다. 성경의 근본적인 정신은 이신득의(以信得義)다. 성경 어디에도 이행득구(以行得求)를 주장하는 곳은 없다(갈 2:16). 그래서 나와 우리의 부족을 인정하며 좀 더 겸손할 수 있고, 더욱 성령님을 의지하게 된다.

요한계시록은 정통 교단에서 주장하듯, 성경의 일관성과 통일성이 있는 교리에 모순되지 않게 해석하는 원칙을 반드시 지켜야 한다. 자의적 해석(벧후 1:20-21)은 안 된다. 신흥종교 신천지 혹은 이단에서는 자의적으로 사사로이 성경을 해석한다. 때로는 직통 계시를 주장하기도 한다. 그래서 심각한 문제가 되는 것이다. 우리는 언제나 건전하고 일관된 통일성을 기반으로 바른 해석을 해야만 한다.

2. 144,000이 서 있는 곳은 어디인가? 그들이 서 있는 곳은 "어린양(요 1:29)이 시온 산"(계 14:1)에 서 있다. 또 그곳은 "보좌 앞과 네 생물과 장로들 앞"(계 14:3)에 있는 곳이라고 했으니, 천상의 천국에 서 있는 것이 틀림없다. 그들은 "땅에서 속량함을 받은" 자들이다. 언제 속량함을 받았는가? 6인봉 환난이 끝난 뒤 예수님 공중강림하실 때, 휴거되면서 몸(육체)의 속량(贖良)을 받았다(휴거. 계 7:9-10; 살후 4:16-17. 계 7장 Q_08).

3. "땅에서 속량함을 받은"(휴거) 144,000이 행한 일이 무엇인가? 그들은 새 노래(찬송)를 불렀다. 구체적인 것은 다음에서 다루고자 한다(계 14장 Q_05).

위와 같이 예수님을 믿고 죄 용서를 받은 택자들은, 예수님 공중강림하실 때 들림 받아(휴거) 하나님이 계시는 천상의 천국에 가게 되는데, 그 천상의 천국에서 계 14:3에 있는 것과 같이 하나님을 찬송 찬양하는 노래를 부르게 될 것이다. 얼마나 좋겠는가? 예수님 믿으며 세상 사는 것이 힘들고 어려워도, 계 14:3을 꿈꾸며 이겨 나가시길 기도한다.

4. 그들의 '이마'는 무엇이며, 그 '이마'에 쓴 글은 무엇인가? (계 14:1)

요한계시록에서 "이마"라는 용어가 총 8회(계 7:3, 9:4, 13:16, 14:1, 9, 17:5, 20:4, 22:4) 등장하는데, 계 7장에서 최초로 등장한다. 교회시대 동안 이 땅에 살면서 예수님을 나의 주, 나의 하나님으로 믿고 영접한 구원받을 택자들에게 하나님께서 천사들을 통해 "하나님의 인"(계 7:2)을 "이마"(계 7:3)에 치도록 하시면서부터 "이마"라는 용어가 등장한다. "이마"가 최초로 사용되었다는 면에서도 휴거는 계 7장이라는 사실을 알게 된다.

하나님께서 "하나님의 인"을 "이마"(계 13장 Q_06, 계 7장 Q_04)에 쳤던 것을 흉내 내어, 거짓 선지자(짐승인 적그리스도의 승인하에)는 그 "이마"(계 9:4, 13:16, 14:9, 17:5, 20:4)나 "그 오른손"(계 13:16), 혹은 "손"(계 14:9, 20:4)에 "짐승의 표"(666)를 받게 한다.

짐승의 표는 매매 활동 수단(경제활동)으로 사용하기 위해 어떤 기호를 몸에 새기겠지만, 하나님께서는 택자들의 "이마"에 "하나님의 인"을 치게 되는데, ① "그들의 이마에는 어린양의 이름과 그 아버지의 이름을 쓴 것이 있더라"(계 14:1), ② "그의 이름(어린양)도 그들의 이마(성도들)에 있으리라"(계 22:4)는 것을 보면, 지금은 희미하나(고전 13:12) 분명한 사실은 성삼위 하나님과 인침을 "받는 자밖에는 그 이름을 알 사람이 없느니라"(계 2:17)고 했던 말씀대로 이루어지리라 생각한다.

Q_03. "땅에서 속량함"을 받았다고 하는 그 속량(贖良)의 의미가 무엇이며, 환난 중간 휴거론을 주장하는 자들이 계 14:1-3을 자신들의 주장 근거로 삼는 이유가 무엇인가? (계 14:3-4)

A 환난 중간 휴거론을 주장하는 이들의 주장을 언급하기 전에 몇 가지를 살펴보고자 한다.

1. 단어의 뜻을 살펴보고자 한다.

속량(贖良. Redemption)이란 '구속', 혹은 '구원'받았다는 말이다. 개역개정에서는 "속량"으로, 개역에서는 "구속"(救贖, Redemption)으로 사용되었다. '구속'이란 예수께서 대신 우리의 죄를 속하시고 구원하셨음을 뜻한다. 여기에는 유사한 용어들이 같은 의미로 사용되곤 하는데 무방하다고 생각한다. 속량(贖良, Redemption)=구속(救贖, Redemption)=대속(代贖, Atonement)=속죄(贖罪, Ransom).

그런데 '속량'(贖良)이란 종(노예)의 해방을 위해 몸값을 치러 종으로 양민이 되게 한다는 말이다. 이것은 예수님께서 십자가에 못 박힘으로 인류의 죄를 대속(代贖, 속죄)하여 인류의 죄를 다 해결하셨다는 의미다. 예수님께서 "다 이루었다"는 '테텔레스타이'(요 19:30. 속죄. Τετέλεσται. 지불하다. 끝마치다)라고 선언하심으로, 죄의 문제가 완전히 해결되어 천하 만민 온 인류가 예수님의 보혈 덕분에 구원받게 되었으며, 이것을 인격적으로 수용하고 믿으면 누구든지 구원받는 것을 의미한다.

2. 그런데 환난 중간 휴거론자들이 계 14:1-3을 자신들의 주장 근거로 삼는데, 그 이유가 무엇인가? 그들은 휴거는 환난 통과 중간(계 14:1-3)에 이루어진다고 주장한다. 본문 외에도 환난 중간 휴거론자들은 성경의 또 다른 곳에서 환난 중간 휴거를 주장하기도 한다(계 11장 Q_04).

환난 중간 휴거론자들은 "그들이 보좌 앞과 네 생물과 장로들 앞에서 새 노래를 부르니 땅에서 속량함을 받은 십사만 사천밖에는 능히 이 노래를 배울 자가 없더라"(계 14:3)는 것을 그들 주장의 근거로 들고 있다. "새 노래"를 부르는 자들이 이때(계 14:3) 휴거되어 노래하는 것이라고 주장한다. 노래하는 것을 근거로 구원받은 택자들이 이때(계 14:3) 휴거되었다는 것이다. 그러나 이 시기는 전 3년 반을 통과하고

난 뒤의 일이기에, 환난 중간 휴거론자들의 주장대로 속량함을 받은 자들이 계 14:3에서 휴거된 것인지, 아닌지를 분별하면 될 것이다.

다음과 같은 설명을 알게 된다면, 오해가 풀리고 옳고 그름을 쉽게 판단할 수 있을 것이다.

3. 누가 뭐라고 해도 계 14:3에서의 핵심은 '속량'이라는 단어에 있다. 계 14:3에서 '속량'은 헬라어로 에고라스메노이(ἠγορασμένοι. 속량하다. 구원하다)다. 원형 아고라조(ἀγοράζω)의 현재완료 수동태 분사 남성 복수 주격으로 되어 있다. 에고라스메노이는 아고라조의 '현재완료'로 되어 있다는 것이 중요하다. 아고라조에 '과거 시상 접두 모음'(η)이 붙어 있어서 에고라스메노이가 되므로 의미가 더 명확해졌다.

현재완료는 ① 과거에 구원사건이 있었으며, ② 구원받은 결과가 현재 지속되고 있으며, ③ 과거의 행동과 현재의 결과 사이에 공백이 존재할 때 사용된다. 특별히 ④ 사도가 이런 표현을 했을 때는 저자의 의도가 있다는 것을 의미한다.

이 말의 의미는 과거(계 7:9-10)에 휴거되어 완료된 동작(발화 시점)이 7년 심판 대환난이라는 공백을 거치면서 현재까지 완료되어 나타난 상태(계 14:3)라는 말이다. 그러므로 계 14:3 사건은 계 14장에서 휴거된 것이 아니라는 것이다.

4. 이해를 돕기 위해 여기에서 헬라어의 중요한 완료 용법(시제와 시상)을 잠시 알아보고자 한다.

첫 번째로 완료 용법이다(완료 용법에는 크게 세 가지가 있다).

헬라어에서는 총 6개의 시제(현재, 미완료, 미래, 완료, 과거완료, 미래완료)가 있다. 3개의 시제(Tense. 현재, 과거, 미래)와 2개의 시상(Aspect. 미완료, 완료)이 있어서 이 두 가지를 조합하여 총 6개의 시제가 나오는데, 필자도 이 부분은 깊이 설명할 자격이 못 된다. 또 이런 용법이 다 필요한 것도 아니다. 실제 요한계시록과 밀접한 연관성이 있는 완료 용법만 보고자 한다. 그래서 미완료 시제는 생략한다.

① 현재완료가 있다(과거에 일어났던 동작이 현재 완료된 상태를 의미). ㉠ 과거에 구원사건이 있었다. ㉡ 구원받은 결과가 현재 지속되고 있는 경우다. 여기에서 의미 있는 것은 '과거의 행동과 현재의 결과 사이에 공백이 존재'한다(영어에는 이런 형태가 없다). 사도가 이런 표현을 했을 때는 저자의 의도가 있다는 것을 의미한다. 계 14:3의 경우가 여기에 속한다. ② 과거완료(과거에서 시작해서 과거에 완료되어 있는 상태를 말한다)가 있으며, ③ 미래완료(이런 용례는 거의 없다. 성경에 2-3번 정도 있을까 말까 할 정도) 등이 있다.

두 번째로 과거 동작이 그대로 진행하는 형태로의 의미가 있는, ① 부정과거(과거의 동작 상태 확정. 역사적 사건)와 ② 완료 분사(과거 동작이 완료 상태로 계속 진행) 등을 이해한다면 많은 도움이 되리라 생각된다.

위의 내용을 구분해서 종합적으로 본다면, 현재완료로 사용된 에고라스메노이(ἠγορασμένοι)에는 ① 먼저 과거에 구원받은 사건(휴거)이 있었고, ② 그 뒤에 구원받은 결과가 현재까지 지속되고 있다는 말이다. 여기에서 의미 있는 것은 '과거의 행동'(계 7:9. 휴거의 사건)과 '현재의 결과'(계 14:3. 구원받은 기쁨의 새 노래) 사이에 시간적 간격이 있다는 말이다.

과거(계 7:9)에 144,000이 휴거 이후, 현재 시점은 7년 심판 대환난 중 후 3년 반 초반(셋째 화. 일곱째 나팔)에 있다. 현재의 시점(계 14:3)에서 본다면, 3년 반 정도(42개월. 한 때 두 때 반 때)가 지났다는 시간적 간격이 있다.

앞의 헬라어 용법에서도 언급했듯이, 저자 성령님께서 사도 요한을 통해 이런 표현(에고라스메노이. ἠγορασμένοι)를 사용하도록 했을 때는, 저자(성령님)의 의도가 있었다는 것을 의미하는데, 그 의도라는 것은 택자들을 휴거케 하시는 하나님의 목적이 '구원받을 택자("144,000" = "아무도 능히 셀 수 없는 큰 무리")들로 하여금 7년 심판 대환난(고통과 심판의 환난을 통과하지 않도록)을 겪지 않도록' 하시려는 데 있다(계 7장 Q_08. 휴거의 목적). 이런 휴거의 목적에는 택자들을 사랑하시는 하나님의 특별한 계획과 섭리 속에 하나님의 사랑과 배려의 결과라는 것을 증명하고 있다.

그러므로 환난 중간 휴거론자들이 근거로 삼는 계 14:3이 오히려 '에고라스메노이'(ἠγορασμένοι)라는 단어의 용법을 통하여 환난 중간 휴거론자들의 주장이 틀렸으며, 그런 주장은 전혀 성경적이지 않다는 것을 알 수 있다. 무천년설 주장자들 역시 학설로는 그런 주장을 할 수 있어도, 성경적으로 분석 비교해 볼 때 전혀 비성경적이라 판단된다.

이 144,000을 땅에서 구속(속량)받은 "처음 익은 열매"(롬 8:23)라고 부른다(계 7장 Q_08). 처음(이방인) 익은 열매라는 의미는 예수님의 부활 때 구약 성도들이 부활(마 27:51-53)한 것과 비교되는 개념으로, 교회 시대(이방인 시대)에 예수님을 믿고 구속(속량)받은 무리(이방인)가 예수님 공중강림할 때 부활(휴거)하는데, 그 무리를 '이방인 부활의 첫 열매'라는 의미에서 "처음 익은 열매"라고 부른다.

특히 롬 8:23에서는 "우리"라는 인칭대명사가 세 번 나온다. 그 "우리"에는 사도 바울 자신과 로마 교인들이 포함되는데, 로마 교인은 모든 시대 모든 믿는 성도(이방인)들을 대표한다. 이들이 "성령의 처음 익은 열매"이며, 예수님의 보혈로 속량 받은 "양자"들이며, 최종적으로는 "몸의 속량"을 기다리는 사람들이다.

또 "우리 몸의 속량을 기다리느니라"(롬 8:23)라는 의미는 영이 구원받지 못해 구원을 기다린다는 뜻이 아니다. 우리의 영은 구원을 받아 성도가 되어 변화되었지만, 우리 몸(육체)은 아직 죄의 본성 아래 있다(롬 8:10, 7:24). 그러므로 몸의 속량(구속)이란 사망의 몸에서 해방되는 것을 의미한다. 또 "몸의 속량(구속)"이란 다른 의미에서는 사망의 몸에서 해방되어 속량 받은 영화의 상태를 의미하기도 한다.

그러므로 몸의 속량(구속)은 주 안에서 죽은 자는 부활(부활체)을 기다리는 것이고, 살아 있는 자는 변화(변화체)를 기다리는 것을 의미한다. 어느 때 이런 일이 가능할까? 우리 주 예수 그리스도의 공중강림 때이다(살전 4:16-17. 계 7장 Q_08). 그런 의미에서 몸의 속량을 기다리는 자들은, 주 예수 그리스도의 공중강림을 기다린다는 의미이기도 하다. 그 이유는 예수님께서 공중강림하셔야 우리 몸에 변화(부활)가 일어나, 죄의 본성에서 몸이 완전히 해방되어 영화(속량. 죄와 무관한 영화로운 상태)롭게 되기 때문이다(살전 4:16-17; 고전 15:51-52).

그러므로 위와 같은 의미에서 계 14:3은 '환난 중간 휴거'의 근거가 될 수 없다. 휴거는 계 7:9-10과 같이 여섯째 인봉 사건 이후에 이루어졌으며(계 7장 Q_08), 그때 속량(구속) 받은 상태가 지금 계 14:1-3에서 나타난 것이기 때문에, 계 14장이 환난 중간 휴거의 근거가 될 수 없다.

Q_04. '환난 중간 휴거설'(患難 中間 携擧說)을 주장하는 이들은 무슨 근거로 그런 주장을 하는가? (계 14:1-3)

A **1. 환난 중간 휴거론자들이 주장하는 '환난 중간 휴거설'(患難 中間 携擧說)에는 네 부류가 있다.** ① 계 7장 부분 휴거 후 계 19장 대환난 통과 후 나머지 휴거(계 19장 Q_04), ② 계 11장 휴거(두 증인을 교회의 휴거로 본 환난 중간 휴거. 계 11장 Q_04), ③ 계 14장 휴거(144,000을 휴거론 본 환난 중간 휴거. 계 14장 Q_03, Q_09), ④ 계 15장 휴거(노래하는 이들을 휴거로 본 환난 중간 휴거. 계 15장 Q_04) 등이다. 그리고 결은 조금 다르지만, 환난 통과설을 주장하는 이들은 계 19장(대환난 통과설. 계 19장 Q_04) 재림장 등으로 나눈다(계 7장 Q_08).

그러나 한국의 교회들은 재림장을 계 19장으로 보는 데 큰 이견이 없다. 다만 휴거(예수님의 공중강림)가 있느냐, 없느냐? 있다고 한다면 7년 심판 대환난 전이냐, 중간이냐? 등등 차이가 있다.

요한계시록에는 크게 6회(계 5:9-12, 7:9-12, 12:10-12, 14:1-3, 15:2-4, 19:1-8)에 걸쳐 찬송(노래)하는 장면이 등장하는데, 그 장면마다 100% 공통적인 것들이 있다(계 14장 Q_05). 그런데 환난 중간 휴거설을 주장하는 사람들의 공통점은 찬송(노래)하는 장면이 나올 때마다 그들은 환난 중간 휴거설을 주장한다.

2. 그런 이유에서 '환난 중간 휴거설'을 주장하기 전에 유념해야 할 포인트가 있다.

① 헬라어의 용법을 조금만 봐도 많은 도움이 된다(계 14장 Q_03).

예를 들어 앞에서 언급한 바와 같이 계 14:3에서 "속량"은 헬라어로

에고라스메노이(ἠγορασμένοι. 속량하다. 구원하다)다. 에고라스메노이의 용법을 알게 된다면, 계 14장에서 휴거된 것이 아니라는 것을 알게 된다(계 14장 Q_03).

그러나 헬라어의 용법을 모르고 한글 성경으로만 보려고 하기에 요한계시록을 잘못 이해하는 우를 범하게 된다. 신흥종교 신천지와 이단에서는 개역성경을 사용할 뿐, 개역개정성경은 사용하지 않는다. 개역개정에는 '144,000'에 '인'(人)이나 '명'(名)이 붙어 있지 않기 때문이다(계 14장 Q_02).

② 성경 어디에도 휴거(携擧)의 휴(携) 자(字)가 나오는 곳은 어디에도 없다. 그러면 무엇을 근거로 휴거를 주장하는 것인가? 정황을 보고 파악할 뿐이다. 이것은 한국교회가 계 19장을 재림장(再臨章)으로 주장하는 것과 같은 원리다. 계 19장 어디에도 재림에 대한 용어는 없다. 정황(情況)을 보고 그렇게 판단하는 것이다. 휴거 역시 정황을 보고 판단하게 되는데, 그 결정적인 정황이라는 것이 '찬송'하는 장면인 것이다.

그러나 요한계시록에는 찬송(노래)하는 장면을 크게 본다면 총 6회 등장하는데, 이런 특정한 정황을 잘못 판단하거나 잘못 주장하게 되면 '환난 중간 휴거설자'가 되는 것이다.

그러므로 정황을 잘 살펴야 한다. 정황을 귀납법적으로 잘 살피게 되면 계 7장(계 7:9-10; 살전 4:16-17. 계 7장 Q_08)이 휴거장(携擧章)이라는 것을 알게 될 것이다.

Q_05. 144,000이 부르는 노래는 무엇이며 그 노래의 의미는 무엇인가? (계 14:1-3)

A 계 14:2-3에서 "하늘에서 나는 소리"(찬송)가 있었는데, 그 소리의 주체자는 "땅에서 속량함을 받은 십사만 사천"(계 14:3)이었다.

교회시대 동안 "땅에서 속량함을 받은" 혹은 구속받은 총수로 상징된 "144,000"이 휴거(속량. 계 7:9-10)된 후, 후 3년 반 초반에 천상 천국의 하나님 보좌 앞과 네 생물과 장로들 앞에서 새 노래로 하나님을 찬송(찬양)하며 영광을 돌리는 모습이 보인다. 하나님께 영광을 돌리는 모습은 144,000이 휴거된 이후 공식적으로는 두 번째 나타난 모습이다. 그들은 노래(찬송)를 불렀다. 그들이 부른 노래를 "새 노래"(계 14:3)라고 한다.

왜 새 노래인가? 그들이 "땅에서 사는 동안"에 이런 실제적인 감격을 느껴보지 못했고 불러보지 못한 노래이기 때문이라고 할 수 있다. 계 15:2-4에도 이런 비슷한 장면이 보이는데, 이때의 찬송은 휴거된 144,000의 찬양에 이은, '환난 통과 유대인 성도'들이 화답하며 부르는 찬송이다.

그러면 왜 144,000이 후 3년 반 초반에 새 노래를 부르고 있으며, 그 새 노래는 무엇인지? 그리고 요한계시록에 나오는 다른 노래(찬송)들과는 어떤 차이점이 있는지 알아보고자 한다.

1. 왜 144,000이 후 3년 반 초반에 새 노래를 부르는 것인가?

이 말은 휴거된 자들이 휴거된 즉시, 그때 노래를 불렀어야 옳은 것 아니냐는 질문과도 같다. 그렇다. 그렇다면 휴거된 자들은 휴거된 직후에 아무 일도 하지 않고 지금까지 머물며 지내고 있다가, 이제 새 노래를 불렀다는 말인가?

"아무도 능히 셀 수 없는 큰 무리", "흰옷"(계 7:13-14) 입은 무리(계 7장 Q_08), 혹은 144,000은 "몸의 속량"을 받으면서, 휴거된 직후에 최초로 한 것이 있다. 다름 아니라, "이 일 후에"(계 7:9)서와 같이, 휴거 이후 그들도 천상에서 영화로운 모습으로 구원의 기쁨과 감격에 겨워 찬송(계 7:9-10)했다. 계 7:9-10에서는 그런 첫 번째의 모습을 보여주었다(계 7장 Q_09). 그리고 난 뒤 공식적으로는 두 번째로 본문(계 14:1-3)에 "새 노래"로 찬송하는 모습이 등장하는 것이다.

2. 144,000이 부르는 "새 노래"는 어떤 것이었으며, 의미는 무엇인가?

앞에서도 언급했지만, 144,000은 휴거되어 천상에 올라간 이후(계 7:9-10) 자신들의 자취를 감추어 버린 것이 아니었다. 휴거 이후 천상에서는 천국 상급 잔치(계 11:18)가 이어지고 있었으며, 지상에서는 두 증인의 사랑과 눈물의 전도로 많은 유대인 성도들이 발생하는 일이 있었다. 그 '환난 통과 유대인 성도'들은 예비처에서 하나님의 보호와 양육을 받게 되는데(계 12:6), 그런 상황의 모든 때가 후 3년 반 초반까지의 일이다.

1) 하나는 사도 요한에게 들려진 "새 노래"가 있었다. 요한계시록에서 "새 노래"는 단 2회(계 5:9, 14:3) 사용되었다. 사도 요한에게 들려진 그 "새 노래"는 "하늘에서 나는 소리"(계 14:2. 144,000이 부르는 구원의 찬송)였다. 그 소리는 ① 물 소리와도 같고, ② 큰 우렛소리와도 같은데, ③ 사도 요한이 들을 때는 거문고 타는 자들이 그 거문고를 타는 것 같더라는 것이다(계 14:2).

2) 두 번째로 144,000이 부르는 "새 노래"에는 특별한 특징이라고 할 수 있고, 의미라고도 할 수 있는 것이 있다. "새 노래"는 요한계시록

에서 오직 2회 사용되었는데(계 5:9, 14:3), 모두 천상의 천국에서 부를 때만 사용되었다는 특징이 있다. 구속사적으로 보면 땅에서 속량 받아 휴거된 "144,000" 이외에는 배울 자(부를 자)가 없다는 것이다. 그 이유는 이 "새 노래"인 '구원의 노래(찬송)'는 예수님을 나의 주, 나의 하나님으로 믿고 영접한 감격이 있는 사람들의 노래이며, 그 은혜로 구원받아 휴거(속량)되어 천국에 올라간 자들만 감사 감격으로 부를 수 있기 때문이다(계 7:9-10. 계 7장 Q_08).

생각해 보라. 죄 용서받은 것도 감사하고, 그 결과로 구원받은 것도 감사한데, 휴거되어 "하늘에 사는 자들"(계 13:6)인 천상의 백성이 되었다고 생각해 보라. 정말 격한 감사 감격이 넘치지 않겠는가? 그래서 한 번도 그런 감격을 가져 보지 않았으나, 교회시대가 끝나는 그 언젠가에 그런 감격을 맛보면서 처음 나오는 찬송이 될 것이다. 그래서 '새 노래'인 것이다.

3. 요한계시록에는 어떤 찬송(노래)들이 등장하는가?

요한계시록에는 "찬송"이라는 용어가 4회(계 5:12, 13, 7:12, 19:5), "노래"가 3회(계 5:9, 14:3, 15:3), 그리고 찬송의 의미로 "즐거워하라"가 3회(계 12:12, 18:20, 19:7) 등장한다. 그러나 '찬양'이라는 용어는 전혀 안 나온다.

요한계시록에는 크게 6회(계 5:9-12, 7:9-12, 12:10-12, 14:1-3, 15:2-4, 19:1-8. 계 14장 Q_05) 걸쳐 찬송(노래)하는 장면(계 18장의 바벨론 파멸의 애가는 제외)이 등장하고 있다. 모든 장면마다 100% 공통적인 것은 ① 찬송의 모든 동기(이유)는 언제나 구원과 관계가 있으며, ② 찬송의 주체자가 구별되어 등장하며, ③ 찬송의 내용 혹은 주제는 구원, 어린양, 하나님이며, ④ 찬송 받으시는 대상은 하나님과 어린양 되신 그리스도이며, ⑤ 찬송하는 자들의 자세가 언급되어 있으며, ⑦ 자신들을 구원해 주신 하나님의 은혜에 감사 감격하며 찬송하고 있다.

첫 번째 계 5:9-13에서 찬송의 주체, 내용, 대상은 누구인가? (계 5장 Q_09).

계 5:9-13에는 어린양을 찬송하는 주체자들이 세 부류가 나온다. 첫째 부류는 4생물과 24장로들(계 5:8-9), 두 번째 부류는 천사들(계 5:11-12) 그리고 마지막 세 번째 부류로 모든 피조물이 등장(계 5:13)한다. 그들 모두가 어린양을 찬송한다.

찬양의 이유는 온 땅에서 구속한 성도들을 하나님 앞에서 나라와 제사장으로 삼으셨기 때문이다. 이 하나님의 제사장들은 땅에서 왕 노릇 하게 될 것이며, 또 그들은 첫째 부활(휴거)에 참여한 성도들이며, 그들이 1,000년 왕국에서 누리게 되는 복을 받게 될 것이기 때문에 찬송과 경배를 드리는 것이다(계 20:6, 5:10, 1:6; 눅 22:29-30).

두 번째 계 7:9-12에서 찬송의 주체와 내용은 무엇인가? (계 7장 Q_09).

계 7:9-12에서는 두 부류의 찬송 주체자가 나온다. "아무도 능히 셀 수 없는 큰 무리"(계 7:9-10. 계 7장 Q_08)가 "흰옷"(계 7:13-14)을 입고 나아와 찬송했더니, 이어서 "모든 천사"가 찬송의 주체자가 되어, 하나님께 경배하며 화답하는 듀엣 형식으로 찬송한다.

찬송의 이유는 무엇이었나? "이 일 후에" 했다. "이 일 후에"(계 7:9)라는 것은 교회시대 동안 "땅에서 속량(贖良)함"(계 14:3-4)을 받은 무리를 말하는데, 그들이 '몸의 속량(구속)'을 받으면서 찬송했다. 시점으로는 '휴거된 직후'에 찬송을 한다.

세 번째는 계 12:10-12에서 즐거워하라고 했던 자의 정체와 찬송해야 하는 자의 정체, 그리고 찬송의 내용은 무엇인가? (계 12장 Q_09)

계 12:10-12에서는 즐거워(찬송)하라고 하는 자와 찬송해야 하는 자가 각각 다르다. 찬송하라고 한 주체자는 "하늘에서의 큰 음성"(계 12:10)이었고, 그 큰 음성은 휴거된 성도들에게 찬송하라 하고 있다.

찬송의 이유와 내용으로는 ① 이제 우리 하나님의 구원과 능력과 나라가 이루었으며, ② 그의 그리스도의 권세가 나타났고(사탄이 땅으로 내쫓겼다), ③ 성도들을 밤낮 참소하던 자가 쫓겨났으며(계 12:10; 욥 1:9, 2:5), ④ 우리 형제들이 어린양의 피와 자기들이 증언하는 말씀으로써 사탄을 이겼고(휴거되기 전에 생명을 아끼지 아니하고 복음을 위해 헌신), ⑤ 마귀가 자기의 때가 얼마 남지 않은 줄을 알므로 크게 분 내어 너희에게 내려갔다(마귀의 때가 얼마 안 남은 것으로 찬송)는 것 등이다.

찬송을 받으시는 대상은 하나님과 어린양 되신 그리스도(계 12:10-11)였다. 이렇게 천상 성도들은 기쁨에 넘쳐 하나님 구원의 역사를 찬송하고 있다.

네 번째 계 14:1-3에서 노래(찬송)하고 있는 주체, 내용, 대상은 누구인가? (계 14장 Q_05)

계 14:2-3에서 "하늘에서 나는 소리"(찬송)의 주체자는 "땅에서 속량함을 받은 십사만 사천"(계 14:3)이다. 그들은 교회시대 동안 "땅에서 속량함을 받은"(계 14:3) 자들이다. 그들이 부른 노래를 "새 노래"

(계 14:3)라고 한다. 144,000이 부른 "새 노래"의 찬송 내용에 대해 계 14:1-3에서는 언급된 바가 없지만, 그 내면에 담겨 있는 의미는 특별하다.

계 14:1-3에서 "새 노래"로 찬송하는 이들은 "땅에서 속량함(구원)을 받은" 144,000이다. 그들은 계 7:9-10에서 휴거된 이후 처음으로 후 3년 반 초반에(셋째 화 기간, 일곱째 나팔 기간 중) 등장하면서, 감사 감격적인 찬송("새 노래")을 한다. 찬송 받으시는 대상은 천상에서 어린양과 성부 하나님이시다.

다섯 번째 계 15:2-4에서 노래(찬송)하고 있는 주체, 내용, 대상은 누구인가? (계 15장 Q_03)

계 15:2-4의 찬송은 계 14:1-3에 대한 '환난 통과 유대인 성도들'의 화답의 찬송이라는 의미가 있다. 노래를 부르는 주체자는 '환난 통과 유대인 성도들'이며, 노래를 부른 이유는 그들이 "짐승과 그의 우상과 그의 이름의 수를 이기고 벗어난"(계 15:2) 것에 대한 감사 감격 때문이다.

그들이 노래를 부른 배경(동기)에는 두 가지가 있었는데, 하나는 모세의 노래였다. 홍해를 건너게 하심으로 얻은 구원의 감격을 노래하고 있다. 다른 하나는 어린양의 노래였다. 어린양의 십자가의 보혈을 통하여 얻게 된 구원의 공로에 감사하고 있다.

교회시대 당시에는 미처 몰랐으나, 전 3년 반 후반 당시에 두 증인의 사랑과 눈물의 전도에 감동되어 하나님께 영광 돌리며, 예비처에서 "짐승과 그의 우상과 그의 이름의 수를 이기고 벗어난"(계 15:2) 것에 대한 감사와 감격, 그리고 구원의 공로를 감사하며 하나님께 찬송과 영광을 돌리는 노래였다.

여섯 번째 계 19:1-8에서 노래(찬송)하고 있는 주체, 내용, 대상은 누구인가? (계 19장 Q_03)

계 19:1-8의 찬송이 '환난을 통과한 성도들의 찬송'과 같은 느낌을 주다 보니, 계 19:6-8을 환난 통과설의 근거로 보는 오해가 있을 정도로 두 부류의 찬송 주체자들과 보좌에서 나온 음성 등이 4중 할렐루야를 부르며 찬송한다.

특이한 것은 "할렐루야"라는 용어가 등장한다. 구약에서는 오직 시편에만 23회 등장하나, 신약에서는 오직 요한계시록에만 무려 총 4회(계 19:1, 3, 4, 6)에 걸쳐 등장한다.

계 19:1-8의 내용(주제)은 '천상에 있는 성도들이 부르는 경배 찬송(노래)'이라고 할 수 있다. 찬송의 주체자는 두 부류의 주체자가 4중 할렐루야를 찬송한다. 그중에는 ① '천상의 성도들'(계 19:1-3), ② '이십사 장로와 네 생물'(계 19:4)의 화답과 '보좌에서 음성'의 화답(계 19:5)의 찬송 독려, 그리고 다시 ④ '천상 성도들'의 찬송(계 19:6-8)으로 이루어진다.

Q_06. 각각 등장하는 천사들에 대한 이해와 차이, 그리고 그 의미는 무엇인가? (계 14:6-19). (이단 경계)

A 1. 계 14장에는 "천사"라는 용어가 하나의 장에서 유난히 많이 나오는데, 총 8회(계 14:6, 8, 9, 10, 15, 17, 18, 19) 등장한다.

중복된 천사를 빼고, 각각 서로 다른 목적을 갖고 등장하는 천사의 등장은 6회다(계 14:6, 8, 9, 15, 17, 18). 서로 비슷한 상황 속에서 등장하기 때문에 같은 천사로 착각할 수도 있다. 같은 천사로 본다면, 계 14장은 바르게 해석을 할 수가 없다. 이 차이점을 구별할 수 있다면 계 14장 이해에 큰 도움이 될 것이다. 예를 들어 추수하는 서로 다른 두 개의 장면이 이해하기 까다롭게 하나의 장면처럼 등장한다(계 14:14-20). 그러나 하나는 땅의 곡식을 거두는 장면이고, 다른 하나는 땅의 포도송이를 거두는 장면으로 차이가 있다. 각각의 다른 천사가 등장하면서 발생하는 사건들이다.

계 14:1의 "내가 보니"에서와 같이 '내가 보았다' 의미로 33회(계 1:17, 4:1, 5:1, 11, 6:1, 2, 8, 9, 7:1, 9, 8:2, 13, 9:1, 10:1, 5, 13:1, 2, 11, 14:1, 14, 15:2, 5, 17:3, 16, 19:11, 17, 19, 20:1, 4, 11, 12, 21:1, 2) 사용되었으며, '내가 들었다' 의미로는 18회(5:11, 13, 6:3, 5, 7, 7:4, 8:13, 9:13, 16, 10:4, 12:10, 14:2, 13, 16:1, 5, 19:1, 6, 21:3) 사용되었고, '보고 들었다'는 의미로는 3회(계 5:11, 8:13, 22:8) 사용되는 특징이 있다.

그런데 천사가 공중(대기권의 하늘)에 날아가면서 전할 "영원한 복음"을 가졌다고 했는데, 영원한 복음을 받을 대상자는 "땅에 거주하는(사는) 자들"이라는 것이다.

요한계시록에서 "땅에 거주하는 자들"이라는 용어는 1회(계 14:6) 사용되었으며, "땅에 사는 자들"은 6회(계 8:13, 11:10, 13:8, 12, 17:2, 8), "땅에 거하는 자들"은 3회(계 3:10, 6:10, 13:14) 사용되었다(계 8장 Q_06). 특히 "땅에 사는 자들"(땅에 거하는 자들)이라는 표현은 계 7장에서 휴거되어 "하늘에 사는 자들"(천상에 거하는 자들)(계 13:6)에 대한 상대적 개념으로 총 8회 사용되었다(계 8:13, 11:10, 13:8, 12, 14, 14:6, 17:2, 8). "하늘에 사는 자들"이란 계 7장에서 휴거되어 천상의 천국으로 올라간 자들로서, "아무도 셀 수 없는 큰 무리(144,000)"를 의미한다(계 7장 Q_08).

"땅에 거(주)하는 자들"이란 전 세계를 상징하는 의미다. 휴거되지 못하고 지상에 남아 있는 사람들을 의미하며, "모든 민족과 종족과 방언과 백성"들을 의미한다. 이들 모두는 휴거되지 못하고 땅에 머물러 있는 모든 사람이며, 결국 "땅에 사는(거하는) 자들"은 "어린양의 생명책"(계 13:8, 21:27)에 기록되지 못한 불신자들을 의미한다.

2. 그러면 사도 요한이 보았던 대로 첫째 천사가 가진 복음, 그들에게 전할 "영원한 복음"이란 무엇인가?

이 "영원한 복음"은 우리가 알고 있는 구원받기 위한 그런 복음을 의미하는 것이 아니다. 왜 그런가? 구원받을 사람들은 이미 7년 심판 대환난 전인, 계 7장에서 휴거되어 천상의 천국에 있기 때문이다.

여기에서의 "영원한 복음"이란 앞으로 진행될 '심판의 복음'을 의미한다. 하나님의 말씀에는 축복과 저주 등 모두가 포함되어 있다. "그리심 산에서 축복을 선포하고 에발 산에서 저주를 선포하라"(신 11:29)는 말씀과 같이, 저주 역시 하나님의 말씀이다. '구원'을 위한 복음이 복음이듯이, '심판'에 대한 말씀 역시 복음이다. 그 복음을 "영원한 복음"이라고 했다(계 14:6).

이 심판이란 의미상으로 "땅에 거(주)하는 자들"인 너희는, 교회시대 때 예수님을 믿지 않았다. 그 결과 앞으로 7재앙 심판을 받게 될 것이라는 심판의 당위성(계 18:8)을 알리는 선포의 복음(소식)이다.

3. 그 천사가 큰 음성으로 전한 내용에는 네 가지가 있었다. ① 하나님을 두려워하라, ② 그에게 영광을 돌리라(구원의 개념이 아니다. 피조물의 존재 목적을 깨달아라. 회개하라). ③ 그의 심판[크리시스(κρίσις)의 단수 소유격 여성명사인 크리세오스(κρίσεως)가 사용되었다. 이것은 사법적이고 형법적인 심판을 의미하는 것으로, 불과 유황 못의 심판을 의미함]의 시간이 이르렀다(행 17:31; 롬 2:5, 16), ④ 하늘과 땅과 바다와 물들의 근원을 만드신 이를 경배하라(계 14:7)는 것이다. 종합해서 설명한다면, 현재 지상에 남아 있는 자들이 하나님을 두려워하며 영광을 돌려야 할 이유가 있는데, 하나님은 경배의 대상이시기 때문이며, 창조주 하나님께서 심판하실 시간이 이르렀기 때문에 회개하라는 것이다. 종말론적 심판을 선포하면서 회개를 촉구하고 있다.

그렇다고 현재 마음이 완악(강퍅)한 자들이 회개할까? 안 한다. 그들은 결코 회개하지 않는다(계 9:20, 21, 16:9, 11). 회개하지 않는 자들을 향해 심판에 대해 예고하시는 이유는 무엇인가? 이것을 통해 하나님께서는 그들이 왜 어떤 이유로 심판의 대상인지에 대해 설명하신다.

4. 우리는 여기에서 특별히 "영원한 복음"을 왜곡하는 이단들에 대해 주의해야 한다.

앞에서 언급한 바와 같이 '영원한 복음=심판의 복음'이라고 했다. 현재 정통 교회에서는 '구원받기 위해서는 오직 예수뿐'이라는 것을 복음으로 믿고 전하고 있다. 누구든지 예수님을 나의 주, 나의 하나님으로 믿고(롬 1:2, 17) 영접하면 하나님의 자녀(구원)가 된다(요 1:12)는 이 진리를 부정하는 것은 모두 이단이다(계 2:20. 그러나 이단에서는 이 정통복음 외에 변질된 복음을 전하고 있다(계 2:14).

본문에서의 "영원한 복음"에 대한 의미를 정리한다면, ① 영원한 복음은 셋째 화(후 3년 반) 기간 중에 발생할 복음(심판의 복음, 계 11:14, 19:21), ② 알곡(땅의 곡식=지상 성도)을 거두기 전(계 14:14-16)의 복음, ③ 일곱 대접 심판(계 15:1)에 관한 전(全) 복음 등을 의미한다.

우리는 알아야 한다. ① 성경 이외의 다른 복음(계시)은 없으며(벧전 1:25; 갈 1:7), ② 다른 복음을 전하면 저주를 받는다고 했다(갈 1:8-9). 그래서 짐승과 거짓 선지자는 용이 심판받기 이전에 먼저 불과 유황 못에 던져진다(계 19:20, 20:10). 그런 의미에서 천사가 저주받을 다른 복음을 전할 이유는 없다.

하지만 신흥종교 ○○○를 비롯한 이단의 교주들은 감언이설로 성도와 세상을 미혹하며 다른 복음을 전하고 있기에 그들의 마지막은 저주받을 대상자라는 사실을 알아야 하며, 결코 미혹당해서는 안 된다. 미혹당한 자도 결국에는 불과 유황 못에 던져지게 된다(계 14:9-10).

Q _07. 계 14장 내에서만 두 번째 등장하는 천사가 무너졌다고 했던 큰 성 바벨론이란 무엇이며, 어떤 의미가 있는가? (계 14:8). (이단 경계)

A 요한계시록에서 "큰 성"이라는 용어는 총 10회(계 11:8, 14:8, 16:19, 17:18, 18:2, 10, 16, 18, 19, 21) 등장한다. 그중에 단 1회(계 11:8)만 "그들의 주께서 십자가에 못 박히신 곳"(계 11:8)인 물리적 큰 성인 예루살렘 성을 의미하고, 나머지 9회는 "바벨론"을 상징적으로 표현하고 있다(계 16장 Q_01, Q_09, 계 17장 Q_02, Q_03, 계 18장 Q_02, Q_03, Q_04). 그런 바벨론이 "하나님의 진노"를 받아 최종적으로는 심판받아 멸망한다. "하나님의 진노"라는 용어가 총 5회(계 14:10, 19, 15:1, 7, 16:1) 등장한다. 그 "하나님의 진노"라는 용어가 처음 등장하는 곳이 계 14장이다(계 14:10).

1. 바벨론이라는 용어

“바벨론”이라는 용어는 총 8회(계 14:8, 16:19, 17:5, 18:2, 10, 14, 15, 21) 등장한다. 그런데 특이하고 놀라운 것은 “큰 성”이나 “바벨론” 등은 셋째 화, 후 3년 반 초기(계 14장)부터 등장한다. 후 3년 반이 끝나면서 바벨론이라는 용어도 사라진다는 놀라운 특징이 있다.

계 14:8-11에서 제시하는 앞으로 전개될 심판(멸망)에 대한 로드맵은 이렇다. ① 계 14:8에서 바벨론의 멸망과 영원한 심판 처음 예고, ② 계 15장에서 바벨론 심판 준비(대접 재앙을 준비), ③ 계 16-18장에서 심판(전쟁) 실행 언급[㉠ 계 16:19-20, ㉡ 계 17:4-5, 14-18, ㉢ 계 18장에서 아마겟돈 전쟁을 일으키는 세 주인공(ⓐ 짐승, ⓑ 큰 음녀, ⓒ 10왕(10뿔. 상인들)을 향한 심판 언급], 그러나 ④ 실제 물리적 전쟁(심판)은 계 19장에서, 그 후 ⑤ 짐승(적그리스도)과 거짓 선지자(음녀)에 대한 심판은 계 19장(계 19:20)에서, 그들을 하수인으로 이용했던 용의 영원한 최종적인 심판은 계 20장(계 20:10, 14-15)에서 이루어진다(계 16장 Q_01).

바벨의 이름은 빠벨(בָּבֶל) ‘혼합하다, 뒤섞다, 혼란시키다’라는 빨랄(בָּלַל)에서 유래하였다. ‘혼란, 혼잡, 뒤섞임’이라는 뜻을 가진 빠벨(בַּלְבֵּל)의 단축형으로, ‘바벨론’이라는 도시, ‘바벨론 왕국’ 혹은 ‘바벨로니아’로 사용하기도 한다.

역사적으로 하나님의 문이라는 바벨론(Babylon. 하나님의 문)은 기원전 586년에 이스라엘을 쳐부수고 백성들을 포로로 잡아간 최초의 이방국가다. 메소보다미아(현. 이라크)의 고대 도성이다. 아모리 족속의 왕조와 전성기 함무라비 왕조 때를 거쳤으나, 앗수르의 힛타이트 왕조에 의해 멸망 당했다. 기원전 608년 멸망 후 신바벨론 제국을 거쳐 메대와 바사 왕들의 지배를 받았으며, 알렉산더의 지배를 받았다.

위치적으로는 티그리스 강과 유브라데 두 강 사이에 위치하였다. 구약성경에서는 시날 땅, 또는 갈대아로 불렸는데, 이런 바벨론이 요한계시록에서는 세상을 더욱 죄악에 빠지게 만들어 최후 심판(멸망)받을 타락한 자의 상징으로 언급되고 있다.

1) 음녀(단수)는 무엇이며, 영적으로 어떤 의미가 있는가?

"음녀"의 어원적 의미로는 포르네스(πόρνης)라고 하는데, 여성 명사(교회, 종교 지도자) 포르네(πόρνη)의 단수(실존) 소유격으로 창녀, 매춘녀, 우상숭배자 등을 의미하는데, 단수라 하는 것은 단수의 실존 인물을 의미한다.

영적으로는 ① 주를 떠난 자(시 73:27), ② 입술로 꿀을 떨어뜨리며 입은 기름보다 미끄러운 자(잠 5:3, 종교 사기꾼), ③ 귀한 생명(네페쉬 נֶפֶשׁ, 영혼)을 사냥하는 자(잠 6:26), ④ "음녀의 입은 깊은 함정이라 여호와의 노를 당한 자는 거기 빠지리라"(잠 22:14)고 할 정도로 영혼을 미혹하는 자이다. 그리고 음녀는 큰 성이며, 큰 성은 바벨론(계 18:2, 15-16)이라고 했다. 그러므로 영적으로 음녀와 바벨론은 같은 개념으로 이해해도 무방하다.

2) "바벨론"이라는 용어를 쉽게 구별하고자 한다면, 포괄적 의미에서 바벨론의 정의는 '짐승(적그리스도. 실존의 단수)이 다스리는 정치 경제적 의미의 세상'이라고 할 수 있다. 그러나 '음녀'라고 하는 '종교적 의미에서의 바벨론'으로 사용되기도 한다. 종교적 의미의 바벨론은 타락한 음녀이며, '거짓 선지자(실존의 단수)가 통치하는 왕국'이라고 할

수 있다. 때로는 '정치 경제적 의미의 바벨론'과 '종교적 의미의 바벨론' 이 둘을 통칭하여 '바벨론'이라고 부르기도 한다. 이렇게 개념을 정리한다면 100% 정확하지는 않아도, 이해에 도움이 되리라 생각된다(계 17장 Q_03).

2. 그러면 천주교를 바벨론이며 음녀이며 적그리스도라 할 수 있는가?

천주교가 음녀이며 적그리스도라고 주장하는 이들이 있다. 그런 주장이 타당한가? 기독교의 역사를 볼 때, 천주교는 교리의 확장을 위해 해서는 안 될 죄를 많이 지었다. 기독교 2,000년 역사를 지내오면서 개신교인 5,000만 명의 목숨(순교자)을 앗아갔다. 성경적인 표현을 빌리자면 "이 여자가 성도들의 피와 예수의 증인들의 피에 취한지라"(계 17:6)와 같은 비난을 피할 길은 없다. 그러나 음녀가 짓는 죄를 천주교가 똑같이 지었다는 것은 역사적으로 수긍할 수 있지만, 천주교가 '음녀'라고 단정해서는 안 된다.

왜냐하면 성경에서 말하는 "음녀"(바벨론)는 7년 심판 대환난 기간 중, 후 3년 반에 나타날 실존(단수, '세계 단일종교 수반')이다. 그런데 시기적으로 천주교가 저질렀던 그 죄의 시기와 음녀(바벨론, 거짓 선지자)가 등장하는 시기는 전혀 맞지 않기 때문이다.

미래적으로 볼 때, "음녀"가 될 가능성은 모두에게 열려 있다. 이단의 100%는 물론이지만 타락한 목회자와 타락한 교회들 역시 이런 가능성에서 배제될 수 없다. 천주교를 "음녀"라고 단정하게 된다면, 이단과 타락한 교회와 목회자들은 그런 소리에 자신은 "음녀"와 전혀 무관하다고 착각할 수 있다.

확실한 것은 누구든지 휴거되지 못하는 대상자들은, 휴거되지 못한 상황에서 얼마든지 더 악한 "음녀"가 될 수 있으며, "짐승"과 결탁하여 짐승에게 아부하며 짐승의 앞잡이 노릇을 할 수도 있다는 경각심을 가져야 한다. 이와 같은 원리로 천주교를 적그리스도('세계 단일정부 수반')라고 할 수도 없으며, 거짓 선지자라고 할 수도 없고, 단정 지어선 안 된다(계 13장 Q_02, 03).

3. 바벨론에 대한 영적인 의미(역사적 혹은 상징적)는 무엇인가?

'바벨론' 하면 알 것도 같고 모를 것도 같이 사용되었다. 그러나 바벨론에 대한 대표적 정의를 내린다면, 짐승(적그리스도)이 짐승의 표인 666으로 통치하는 나라(계 14:9, 11)라고 할 수 있다. 그러나 상황에 따라 바벨론은 여러 이름으로 불린다. 상황에 따라 조금씩 다르지만, 큰 흐름에서는 다음과 같이 정리할 수 있다.

① 짐승(적그리스도)이 짐승의 표인 666으로 통치하는 나라(계 14:9, 11), ② 음녀는 큰 성이며, 여자로 표현된 큰 성은 바벨론(계 18:2, 15-16) 혹은 큰 바벨론(계 17:4-5), ④ 음녀(계 17:1, 5, 15, 16, 19:2)=큰 음녀(계 17:1, 19:2)=음녀들과 가증한 것들의 어미(계 17:5. 음녀는 단수)=바벨론, ⑤ 음녀들의 어미인 여자 음녀는 임금들(나라가 아님)을 다스리는 큰 성(계 17:18), ⑥ 신흥종교 신천지를 비롯한 이단과 타락한 교회가 주동이 되는 나라, ⑦ 바벨론이 전 세계 통치자들을 우상숭배하게 하고, 음행하게 하였으며(계 18:3), ⑧ 짐승의 통치하에 하수인 거짓 선지자(계 13:11. 어린양같이 두 뿔-권세 있는 두 조직체계. 계 13장 Q_05)로 대변되는 세계 단일종교 수반이 보조자로 통치하는 타락한 나라라고 정의할 수 있다.

이 모든 대상자들은 외형적으로는 짐승(적그리스도)이 다스리는 나라에 속한 한 일원이다. 바벨론은 짐승(적그리스도)의 표인 666으로 다스리는 통치체계이며, 새끼 양 같은 두 뿔(두 권세 조직) 가진 다른 짐승(계 13:11-18)이 조력자로 협력한다.

새끼 양 같은 다른 짐승인 거짓 선지자는 종교적이며 강력한 통치력을 행사한다. 종교적으로 우상숭배를 하도록 하며(요 16:2; 마 13:36-40), 짐승의 표(666)를 받게 하며, 짐승에게 잘 보이기 위해 임금들(왕)과 백성들을 죄악(성도덕의 범죄와 관련된 음행과 영적인 음행인 우상숭배의 죄 등)에 빠지게 만드는 자다(계 18:3). 그럼에도 그들의 날은 길지 못하며(계 13:5), 그들의 바벨론은 궁극적으로는 반드시 심판(멸망)받게 될 대상자다(계 16:19, 17:5, 18:2, 10, 21).

4. 바벨론의 죄는 무엇이며, 심판(멸망)받아야 할 이유(원인)는 무엇인가?

바벨론이 심판(멸망)받아야 할 죄와 이유는 많겠지만 성경에서 분명히 언급하고 있는 것은, ① "모든 나라에게 그의 음행으로 말미암아 진노의 포도주를 먹이던 자"(계 14:8), ② "귀신의 처소와 각종 더러운 영이 모이는 곳과 각종 더럽고 가증한 새들이 모이는 곳"(계 18:2), ③ "선지자들과 성도들과 및 땅 위에서 죽임을 당한 모든 자의 피가 그 성 중에서 발견되었느니라"(계 18:24) 등, "자기 종들의 피를"(계 19:2) 흘리게 했기 때문(순교자)에 "그 음녀의 손에 갚으셨도다"(계 19:2)는 말씀처럼, 공의의 하나님으로부터 심판(파멸)받게 된 것이다(계 16:6, 17:6, 18:24, 19:2).

바벨론은 모든 나라를 음행하게 했다. 바벨론은 타락하게 한 음행의 대명사다. 바벨론은 최후 심판(멸망)받을 상징적 대상이다.

① 도덕적 타락(㉠ 육체적 음행: 겔 16:15, ㉡ 사치로 치부: 계 18:3, ㉢ 육체적 음행: 렘 51:7), ② 영적 타락[㉠ 황제숭배(우상숭배), ㉡ 혼합주의, ㉢ 세속주의: 계 14:9, 11; 렘 51:7] 등으로 진노의 포도주를 먹였다(계 17:2, 19:2).

하나님께서는 귀족들이 즐겨 먹던 포도주를 하나님의 진노로 표현하고 있다. 책망받고 심판(멸망)받을 대상이라는 의미로 하나님의 "진노"를 받아 심판을 받게 된다(계 14:8, 19:20, 20:10, 14-15).

결국 죄의 도성인 바벨론이 받을 심판(재앙)은 무엇인가? 바벨론이 받을 심판(재앙)은 하나님의 진노를 대접에 담아 쏟아내는 무섭고 혹독한, 그리고 두려운 '일곱째 대접 재앙의 모든 것'이다(계 12장 Q_03, 계 16장 Q_09, 음녀가 받을 심판은 계 17장 Q_02). 그리고 최종적으로는 "불과 유황 못", "불못"에 던져지는 심판이다(계 14:8, 19:20, 20:10, 14-15).

※ P.S.: 교회시대의 말세인 현재도 세상은 도덕적 음행과 타락으로, 교회는 사랑이 식어가며 영적인 잠을 자고 있다. 음행(신흥종교 ○○○와 이단)에 미혹되어 혼합주의, 세속주의 등으로, 성도들은 포도주에 취해 간다. 그러므로 성도는 마라나타의 신앙으로 늘 깨어서 기도해야 한다(눅 21:34; 엡 5:14, 마 24:39).

Q_08. 계 14장 내에서만 세 번째 등장하는 천사가 큰 소리로, "짐승과 그의 우상에게 경배(우상숭배)하고 이마에나 손에 표를 받으면" 어떻게 된다고 했는가? (계 14:9-12)

A "짐승(계 13:1, 13. 적그리스도)과 그의 우상(황제숭배)에게 경배하고 이마에나 손에 표"를 받는다는 문구에서 우리는 몇 가지 구조를 분석하면서 이해를 해야만 한다.

1. 세 번째 천사가 누구에게 전한 말인가?

① 셋째 천사가 전한 대상자는 "만일 누구든지"다. 구체적으로 "만일 누구든지"란 누구인가? ㉠ 셋째 화, 일곱째 나팔, 후 3년 반 시대에 살아가고 있는 자이며, ㉡ 그 시대 "땅에 사는 자들"이다. 그들을 대상으로 셋째 천사는 큰 음성으로 말한 것이다. "땅에 사는 자들"이란 '천상 성도'에 대한 반대 개념을 의미한다(계 8장 Q_06). ② 짐승과 우상에게 경배하는 자(레 20:23; 신 7:25, 27:15. 하나님께서 가증스럽게 여기신다)들이며, ③ 이마에나 손에 표를 받은 자(행동과 사상이 적그리스도에게 예속)들이다. 그들에게 셋째 천사가 메시지를 전하고 있다.

여기에서 "우상에게 경배하고"와 "이마에나 손에 표를 받으면"이라고 하는 두 개념 중 어떤 것이 먼저일까? 두 개념에 대한 우선순위를 아는 것이 본문을 이해하는 데 핵심이라 할 수 있다.

짐승의 표(666)는 짐승과 우상에게 경배(우상숭배)했을 때(계 13:12, 15)만 짐승의 표를 받게 한다(계 14:9). 우상숭배가 먼저이며 짐승의 표를 받는 절대 조건이다. **우상숭배라고 하는 것은 '신앙 행위의 결과'로 이루어진다.** 짐승의 표는 그 우상숭배 행위의 결과로 받는 것이다. 그 우상숭배라고 하는 신앙의 행위 때문에 우리는 지옥에 가는 것이다(계 13장 Q_06).

2. 세 번째 천사가 전달하는 심판의 내용은 무엇인가?

① "하나님의 진노"(계 16장 Q_02, Q_09)의 포도주를 마시게 된다(사 5:11). ㉠ 그 "진노의 잔"은 원액 포도주처럼 100% 진노하시는 하나님, 악한 세대를 향한 사랑이 없는 하나님의 영원한 심판을 가혹하게 집

행할 것이라는 예고이며, ㉡ 천사들 앞과 어린양 앞에서 불과 유황으로 고난을 받을 것이며(계 14:10, 20:10, 21:8. 영원한 심판), ㉢ 그 고난의 연기가 세세토록 올라가게 된다(사 34:10; 마 25:41. 영원한 심판의 고통). ② 누구든지 밤낮 쉼을 얻지 못한다. 쉼을 얻지 못한다는 것은 지옥을 의미하며, 불과 유황도 지옥을 의미한다(계 19:20, 20:15). 결국 셋째 천사가 전달하는 심판이란 짐승의 표(666)를 받는 자는 지옥으로 가게 된다는 내용이다(계 14:11. 계 13장 Q_06).

3. 성도들의 인내가 여기에 있다는 말의 의미는 무엇인가? (계 14:12)

계 14:12에서의 "성도"란 현재 셋째 화, 후 3년 반 초기의 때를 맞이하고 있는 성도들이며, 일곱째 나팔을 거치고 있는 성도들이다. 42달(계 12:6, 13:5) 동안 예비처에서 하나님의 보호와 양육을 받게 될 성도들이다. 당시 지상에 존재하는 '환난 통과 유대인 성도'를 의미한다(계 7장 Q_08).

"짐승과 그의 우상에게 경배(우상숭배)하고 이마에나 손에 표를 받으면" 지옥 가기 때문에, 성도들은 인내하라는 말이다. 환난 통과 유대인 성도들은 '하나님의 계명'(십계명 중 우상에게 절하지 말라는 1-3계명)을 지켜 왔던 자들이었으며, 두 증인의 사랑과 눈물의 전도로 '예수에 대한 믿음을 지키는 자'들로 변화된 사람들이다.

계 8-17장에 걸쳐 "땅에 있는 자들"(땅에 거하는 자들)이 9회 동안 반복해서 나올 때마다(계 8장 Q_06), 당시의 땅에 있으나 예비처에 있는 환난 통과 유대인 성도들은 후 3년 반을 통과하기 위해 믿음으로 견디고 이기기 위한 인내가 필요하다(계 12:14).

과거 초대교회 당시 성도들은 로마로부터 환난과 핍박을 받을 때, 그 모든 것을 믿음으로 견디고 이기며 인내했다. 그들은 박해기에는 카타콤(Catacombs)이라는 지하(동굴) 무덤에서 예배하며 자신들의 믿음을 지켰다.

※ P.S.: 오늘날에는 어떤가? 시대 상황은 달라졌다 해도, 모양만 달라졌을 뿐, 내용상으로는 크게 다르지 않을 것이다. 초대교회 성도들은 온갖 핍박 속에서도(계 2:9) 목숨 걸고(계 2:13) 믿음을 지키기 위해 삶을 줄이며 포기했기에(계 3:8), 오직 예수님만 믿는 것이 수월했을 수도 있다. 그러나 현대인들은 포기하지 않기 때문에 오히려 더 힘든 세상을 살고 있다.

다만 하나님의 계명은 구원의 조건이 아니다. 구원받은 성도가 되었기에 지킨다는 스스로의 결단과 순종의 삶을 살게 된다. 예수님을 믿음으로 하나님의 자녀가 되는 권세를 받았으니, 그 은혜에 감사한 마음으로 인내하며 항상 복종하여 두렵고 떨림으로 자신의 구원을 이루어야 한다(빌 2:12).

Q_09. "지금 이후로 주 안에서 죽는 자들은 복이 있도다"라는 말의 의미는 무엇인가? (계 14:13)

A 계 14:13은 요한계시록에 나오는 7복 중 둘째 복에 대한 말씀이다(총론 Q_13). 계 14장에는 "천사"라는 용어가 총 8회 등장한다(계 14장 Q_06). 각각 서로 다른 목적을 갖고 등장하는 천사는 6회(계 14:6, 8, 9, 15, 17, 18) 등장하는 동안, 서로 비슷한 상황 속에서 각각 다른 사건이 발생했다. 그런 맥락에서 볼 때, 계 14:13의 말씀도 천사가 외치는 말씀으로 이해할 수 있으나, 본문은 천사가 전하는 말이 아니다. 천상의 하늘에서 직접 들리는 음성(복음의 소리)이다.

"지금 이후로 주 안에서 죽는 자들은 복이 있도다"라는 음성이었다. 본문에서 생각해야 할 것은, ① "지금 이후로 주 안에서 죽는 자들"에 대한 의미와 ② "지금 이후"라는 시간은 어느 때를 의미하는 것인지를 아는 것이 중요하다.

1. "지금 이후로 주 안에서 죽는 자들"이란 무엇을 의미하는가?

"주 안에서 죽는 자들은 복이 있도다"라고 했다. 이유는 무엇일까? 지옥을 면제받았기 때문이다. "첫째 부활에 참여하는 자들은 복이 있고 거룩하도다 둘째 사망이 그들을 다스리는 권세가 없고"(계 20:6)라고 했다. 첫째 부활이란 휴거를 의미하는데, 주 안에서 죽어 휴거된 사람들은 둘째 사망인 불못(계 20:14)에 던져지지 않기 때문에 복이 있다는 말이다. 이 복은 요한계시록의 7복 중 둘째 복이다.

2. "지금 이후"라는 것은 어느 때를 의미하는 것인가?

계 14장의 현재 위치는 셋째 화 초반(일곱째 나팔, 후 3년 반)에 있다. "지금 이후로 주 안에서 죽는 자들"(계 14:13)에서 "죽는 자들"을 계 14장이 위치한 현재인 후 3년 반 기간 중에 죽은 자로 생각해서 그들을 '환난 통과 성도들의 죽음'으로 해석하면 안 된다. 때로는 이들을 '환난 통과 유대인 성도'들로 생각해서 환난 중에 죽은 그들에게도 구원의 기회가 있는 것으로 해석해서도 안 된다. 부활은 이미 계 14장 이전(계 7:9-10)에 발생하였기 때문에 '환난 통과 유대인 성도'들은 1,000년 그리스도 왕국에 참여할 때 영생의 기회가 주어지기 때문이다.

다시 말해서 "지금 이후로 주 안에서 죽는 자들"의 "지금 이후"는 사도 요한이 계시를 받았던 그 당시부터라는 의미에서 "지금 이후"로 해석해야 한다. 계 14:13에서 사도 요한이 천상의 하늘에서 직접 들었던 그 계시의 음성은, 계시를 들었던 그 당시의 시간을 중심으로 하여서, 계시를 받은 이후 언젠가 이루어질 첫째 부활(휴거)이 있기까지, 그 휴거에 동참하는 자들("주 안에서 죽는 자들")은 복이 있다는 말씀으로 이해하는 것이 올바른 해석이라 할 수 있다.

만약 계 14:13을 교회시대부터 휴거 사건까지의 기간으로 생각하지 않고, 계 14:14-16의 "땅의 곡식"(계 14:16)을 거둔다는 내용을 또 부활 승천으로 해석하게 된다면, 부활을 두 번씩이나 하게 되는 오류를 범할 수 있으며, 또 계 12:11-12의 "…그러므로 하늘과 그 가운데에 거하는 자들은 즐거워하라"는 말씀에 모순된다. 계 7:9-10에서 이미 휴거되어 "하늘과 그 가운데 거하는 자들"이 되었기 때문이다. 그러므로 휴거는 7년 심판 대환난 전에 이루어졌다는 것을 의미한다(계 7장 Q_08).

그러므로 계 14:13에서 사도 요한에게 계시하여 예언하던 천사는, 계시를 받고 있는 현재의 요한을 중심으로 앞으로 첫째 부활에 동참하는 자들에 대한 예언으로 이해를 하는 것이 올바른 해석이라 할 수 있다. "지금 이후"라는 것은 예수님 부활 이후부터(교회시대=사도 요한 당시 포함해서 이후) 첫째 부활(예수님 공중강림=휴거) 전까지의 기간을 의미하며, 현재 살아 있을 때 예수님을 나의 주, 나의 하나님으로 영접하여 믿다가 주 안에서 죽는 자들은 복이 있다는 말씀이다.

성령께서 "그들이 수고를 그치고 쉬리니 이는 그들의 행한 일이 따름이라" 하신 것은, 첫째 부활(휴거)에 참여하는 자들(계 20:6)은 세상에서 선한 싸움을 다 싸우고 달려갈 길을 마친 후에 그들이 행한 일의 결과대로, 천국에서 고통, 죽음, 이별이 없는 영원한 안식을 누릴 것이라는 말씀이다(살후 1:7).

수고를 그치고 쉬게 되는 이유(근거)는 무엇인가? 그들이 행한 일에 대한 상급으로 갚아 주시는 안식이다. 세상에서 선한 싸움을 다 싸우고 달려갈 길을 마치고 주 안에서 죽은 자들의 수고가 헛되지 않다는 것을 말씀하고 있다.

※ P.S.: 그러므로 우리는 살아 있는 동안 언제일지 모르지만, 다시 오시겠다 약속하신 예수님의 그 약속을 기다리며, 단장된 신부의 자세를 갖고 선한 싸움을 다 싸우고 달려갈 길을 마치기까지, 상급의 소망을 갖고 살아가야 하리라 믿는다(마 5:12; 고전 3:8; 고후 9:6; 딤후 4:8).

Q_10. 계 14장 내에서만 네 번째 등장하는 천사가 큰 소리로 "땅의 곡식이 다 익어 거둘 때가 이르렀다"고 했는데, 그 말과 의미는 무엇인가? (계 14:14-16)

A 계 14장에 "천사"라는 용어가 총 8회 등장하는 중, 중복된 천사를 빼고, 각각 서로 다른 목적을 갖고 등장하는 천사의 등장은 6회다(계 14:6, 8, 9, 15, 17, 18). 계 14:14-16은 다른 목적을 가진 네 번째 천사가 등장하는 내용이다(계 14장 Q_06). 계 14:14-20에서는 추수하는 서로 다른 두 개의 장면이 하나의 장면처럼 등장한다. 하나는 "땅의 곡식"을 거두는 장면이고(계 14:14-16), 다른 하나는 "땅의 포도송이"를 거두는 장면(계 14:17-20)으로 차이가 있다. 각각의 다른 천사가 등장하면서 발생하는 사건들이다.

사도 요한이 보았던 환상에는 "흰 구름이 있고 구름 위에 인자와 같은 이가 앉으셨는데"(계 14:14)라고 했다. "흰 구름"은 변화산상에서 베드로와 야고보와 요한이 본 빛난 구름을 의미한다(마 17:5). '검은 구름'은 자비나 긍휼이 없는 무서운 힘을 상징한다면, '흰 구름'은 빛과 은총의 뜻을 상징한다. 은총과 빛 되신 예수 그리스도께서 추수(심판)하시는 장면을 묘사하고 있다. 그런 의미에서 "인자와 같은 이"는 예수님이다(단 7:13-14; 마 24:30; 계 1:7).

그런데 인자 같은 이의 모습에는 ① 머리에는 금 면류관이 있고, ② 그 손에는 예리한 낫을 가진 모습이 보였다. 머리에는 금으로 된 면류관이 있다고 했다. 여기에서의 면류관은 스테파노스(στεφάνους)로 사용되었다.

1. 어떤 이는 계 14:14의 "금 면류관"이라는 용어만 보고, 예수님께서 심판하시기 위해 재림하시는 것이라고 주장하기도 하지만, 전혀 그렇지 않다.

요한계시록에는 "면류관" 혹은 "왕관"이라는 용어가 총 11회 나온다. "면류관" 3곳(계 3:11, 6:2, 14:14), "(왕)관"으로 8곳(계 2:10, 4:4, 10, 9:7, 12:1, 3, 13:1, 19:12)이 등장한다(계 13장 Q_03). 그중에서 상급의 개념으로 사용된 면류관은 주로 '스테파노스'(στεφάνους)로 기록하였고, 왕 혹은 왕 같은 권세를 가진 대상으로 등장할 때는, 11곳의 면류관 중에서도 단 3곳만 '디아데마타'(διαδήματα. 계 12:3, 13:1, 19:12)로 기록되었다. 그런 의미에서 계 14:14은 예수님께서 심판하시기 위해 재림하시는 장면이 아님을 알 수 있다.

2. 인자와 같은 이의 "그 손에는 예리한 낫"을 가졌다고 할 때, "예리한 낫"은 추수(심판)의 의미가 있다. 말씀의 두루마리나 칼을 가진 것이 아니라 낫을 가졌다. '낫'은 추수를 위한 도구이며, 심판을 상징한다. '예리'하다는 것은 심판의 기준의 엄격함을 상징한다.

계 14장에서만 총 8회 등장하는 천사 중에서 다섯째 천사가 성전으로부터 나와 구름 위에 앉은 인자 같은 이에게 큰 음성으로 "당신의 낫(우리말성경 '주의 낫')을 휘둘러 거두소서"라고 외친다(계 14:15). 이 천사는 하나님의 명령을 직접 전달하는 임무를 맡고 등장한다. 그 메시지의 내용은 "땅의 곡식이 다 익어 거둘 때가 이르렀다"는 것이다. 낫을 휘둘러 거두는 이유는 "땅의 곡식이 다 익어 거둘 때가 이르렀다"는 것이다(계 14:15). 땅의 곡식이 익었다는 것은 성별(구원)을 의미한다. 익은 "땅의 곡식"을 구별(구원)한다는 것이다.

3. 그 추수의 대상은 누구인가?

예비처에서 하나님으로부터 보호와 양육을 받아(계 12:14) "땅의 곡식"이 된 '환난 통과 유대인 성도들'이다. 땅의 곡식을 추수하는 것에 대한 말씀이다. "땅의 곡식"은 이제 다 익어 거둘 때가 이르렀다고 했다. "땅의 곡식"은 교회시대를 거치면서 이미 휴거된 '이방인 성도'에 대한 비교 용어다.

인자이신 예수님께서는 피난처에서 양육 받아 땅의 곡식이 되어 알곡이 된 환난 통과 유대인 성도들을 거두어 보호(구원)하시고, 땅에 사는 사람들을 심판하기 위하여 구별하신다(마 3:12). 이것은 7년 심판 대환난 이후의 추수 광경을 묘사한 것으로 인자가 그날의 주인이시며 심판관으로 임하실 것이다(계 19:15).

"땅의 곡식"인 성도의 추수(계 14:14)는 인자이신 예수님이 직접 챙기신다. 그것은 성도를 사랑하시는 주님의 사랑 표현이다. 그러나 악인의 추수는 천사들이 실행한다(계 14:17-20).

Q_11. 계 14장 내에서만 여섯 번째 등장하는 천사가 제단으로부터 나와 예리한 낫 가

진 다섯 번째 천사를 향하여, 큰 음성으로 "땅의 포도송이를 거두라"고 한 말의 의미는 무엇인가? (계 14:17-20)

A 계 14장에 "천사"라는 용어가 총 8회 등장하는 중, 중복된 천사를 빼고, 각각 서로 다른 목적을 갖고 등장하는 천사의 등장은 6회다(계 14:6, 8, 9, 15, 17, 18. 계 14장 Q_06). 계 14:17-20은 다른 목적을 가진 다섯 번째 천사가 등장(계 14:17, 18)하는 내용이다. 계 14:14-20에서는 추수하는 서로 다른 두 개의 장면이 하나의 장면처럼 등장한다. 하나는 "땅의 곡식"을 거두는 장면이고(계 14:14-16), 다른 하나는 "땅의 포도송이"를 거두는 장면(계 14:17-20)으로 차이가 있다. 각각의 다른 천사가 등장하면서 발생하는 사건들이다.

다섯 번째 천사가 "하늘에 있는 성전에서 나오는데 역시 예리한 낫을 가졌더라"(계 14:17)고 했다. 다섯 번째 천사가 가진 이 예리한 낫은 인자 같은 이인 예수님의 예리한 낫과는 서로 다른 낫이다.

1. 다섯 번째 천사는 하나님의 심판(추수)을 수행하는 대리자다. '낫'은 심판을 상징한다. 추수를 위한 도구이기도 하다. '예리'하다는 것은 심판의 기준의 엄격함을 상징하며, 악은 반드시 심판하시는 하나님의 공의를 상징한다.

현재의 위치는 일곱째 나팔 심판 중이다. 악인의 심판은 대접 재앙 심판을 통하여 진행된다. "땅의 곡식"인 성도의 추수(계 14:14)는 인자이신 예수님이 직접 챙기시지만, 악인의 추수인 "땅의 포도송이"는 형벌심판의 의미가 있는 것으로, 천사들이 직접 실행한다(계 14:17-20).

여섯 번째 천사는 불을 다스리는 천사다. 불 다스리는 천사가 제단으로부터 나와 예리한 낫 가진 다섯 번째 천사를 향하여 큰 음성으로 부르며(계 14:18), ① 네 예리한 낫을 휘둘러 ② "땅의 포도송이"를 거두라고 했다.

2. "땅의 포도송이"를 거둬야 하는 이유가 무엇인가? "그 포도가 익었느니라"(계 14:18).

"땅의 포도송이"는 "땅의 곡식"과 반대의 개념이다. "땅의 곡식"은 교회시대를 거치면서 이미 휴거된 '이방인 성도'에 대한 비교 용어다. 차이가 있다면 시기적으로 볼 때, '이방인 성도'는 7년 심판 대환난 전인, 교회시대 때 휴거된 '이방인 성도'들이고, "땅의 곡식"은 휴거되지는 못하였으나, 두 증인의 사랑과 눈물의 전도로 변화되어, 예비처에서 하나님으로부터 보호와 양육을 받은(계 12:14) '환난 통과 유대인 성도들'이다(계 11장 Q_04). 그들 중 생명책에 기록된 자들은 훗날 천상 천국에서 만나게 될 천국 백성이라는 면에서는 공통점이 있다고 할 수 있다(계 20:15).

그러나 "땅의 곡식"과 "땅의 포도송이"는 질적으로 차이가 있다. "땅의 곡식"은 훗날 천국 백성의 반열에 들어갈 대상자라고 한다면(계 12:14), "땅의 포도송이"는 악인들을 상징한다. 그들은 불못에 던져질 존재들이다(계 20:15).

3. "땅의 포도송이"를 거둬야 할 이유는 그 포도가 익었기 때문이다(계 14:18). 포도가 익었다는 의미는 악인들의 죄악이 최절정에 다다랐다는 의미다(욜 3:13; 사 18:5).

"포도"(요 15:1-3)는 "성도"를 상징하기도 하지만, 계 14:18에서의 "포도"는 심판받아 멸망될 인간들을 나타내며, "포도"에는 '분노'라는 개념도 포함되어 있다. "포도송이"도 같은 개념으로 이해할 수 있다.

후 3년 반 때는 회개도 없고, 회개치도 않을 정도(계 9:20, 21, 16:9, 11)로 처절하게 양심에 무뎌지며, 악에 최악으로 다다랐기 때문이다. 마치 노아시대 때 "사람의 죄악이 세상에 가득함과 그의 마음으로 생각하는 모든 계획이 항상 악"(창 6:5)함을 보시고 물로 심판하셨듯이, 후 3년 반을 지나면서 그 심판의 때가 되었다는 의미다. 그 심판은 결국 7대접 재앙이며, 최종적으로는 불못에 던져지는 지옥심판이 될 것이다(계 20:15).

※ P.S.: 마지막이 될수록 구원받을 거룩한 성도들은 더욱 성결(성화, 거룩)해지고, 악한 자는 더욱 악해져서 하나님의 심판을 자초하게 될 것이다(계 22:11; 딤후 3:13). 악한 자는 연단 속에서도 깨닫는 지혜가 없으나, 의로운 자는 연단을 통하여 깨닫는 지혜를 얻을 것이며, 고난을 통하여 더욱 유익(성화)을 얻을 것이다(시 119:71). 연단과 고난은 구원의 조건은 아니지만, 우리의 영혼을 정결하게 해준다(단 12:10).

4. 심판(악인에 대한 추수)에 대한 과정

천사가 ① 낫을 땅에 휘둘러 땅의 포도를 거두어, ② "하나님의 진노"(계 16장 Q_02)의 큰 포도주 틀에 던졌다(계 14:19). 이것은 포도를 포도주 틀에 넣어 밟듯, 악인들을 형벌한다는 상징적인 의미이다(계 19:15).

5. 심판(형벌)의 결과는 어떻게 되었는가?

① 성 밖에서 그 틀이 밟히니(계 14:20, 22:15), ② 틀에서 피가 나서 말

굴레에까지 닿았고 천육백 스타디온에 퍼졌더라(계 14:20). 하나님의 심판이 앞으로 얼마나 혹독하고 맹렬한가를 보여준다. 그러나 시기적으로는 아직도 7대접 재앙 심판이 남아 있다.

포도를 거둔다는 것(추수, 심판)은 "하나님의 진노"(계 16장 Q_02)를 상징한다. 큰 포도주 틀은 그만큼 악이 가득(관영)했다는 의미이다. 포도를 거두어 틀에 넣고 밟아서 즙을 따는 포도 농사의 단면을 보여주는데, 악인들에게 닥칠 하나님의 심판을 암시한다는 의미에서 이중적인 의미를 포함하고 있다.

'스타디온'에 대한 용어가 계시록에 2회(계 14:20, 21:16) 등장한다. 스타디온(Stadion)은 길이를 나타내는 단위이며, '경기장'을 뜻하기도 한다. 1스타디온은 약 185m에 해당한다. 올림피아 경기장의 스타디온은 그리스의 가장 오래된 스타디온이다. 이곳의 1트랙은 정확히 1스타디온으로, 고대 그리스의 길이 단위로 600피트(182.88m)다. 이런 배경에 의해 경기장을 스타디온이라고 부른 것이다.

"틀에서 피가 나서 말 굴레에까지 닿았고 천육백 스타디온에 퍼졌더라"(계 14:20)는 말씀은, 심판받은 악인들이 흘린 피의 양을 나타내는 것으로서, 높이는 말의 배(높이 1.5m)까지 닿았고 그 넓이(길이)는 일천육백 스타디온이라는 것이다. 이런 비슷한 표현으로 외경 에녹서에서는 악인의 피가 말 가슴에 닿았다고 하며, 에스드라서에서는 바벨론 전쟁에서 흘린 피가 말의 배에 이른다는 기록도 있다.

1스타디온의 길이를 셈해 본다면, 1스타디온은 약 200m(185)다. 1마일은 1,600m다. 일천육백 스타디온은 약 340km(200m×1,600m)다. 높이 1.5m, 길이 320km 정도 된다는 것이다.

이것을 적용해 본다면, 서울역에서 밀양 시청까지의 거리(346.3km)에 하나님 진노의 큰 포도주 틀에서 나온 피가 퍼질 정도로 악인들을 심판(형벌)한다는 말씀이다. 현재의 위치는 셋째 화 기간(후 3년 반, 일곱째 나팔)이다. 앞으로 펼쳐질 7대접 심판 재앙이 기다리고 있다(계 15:1-19:21).

"땅의 곡식"과 "땅의 포도송이"에서 보았듯이, 예수님을 나의 주 나의 하나님으로 믿고 영접한 사람들은 예수님 공중강림하실 때 휴거된다(살전 4:16-17). 휴거되지 못한 자들이 "땅의 곡식"이 되거나 "땅의 포도송이"가 되는 것이다. 그 중 생명책에 기록된 "땅의 곡식"은 천국의 소망이 있으나, 그나마 "땅의 포도송이"에게는 그런 소망의 기회조차 없다. "땅의 포도송이"에게는 앞으로 이루어질 맹렬하며 가혹할 정도의 7대접 재앙 심판이 기다리고 있다.

※ P.S.: 믿는 성도들이여! 시간을 허투루 쓰지 말자. 어둠의 일을 벗고 빛의 갑옷을 입자. "시기를 알거니와 자다가 깰 때가 벌써 되었으니 이는 이제 우리의 구원이 처음 믿을 때보다 가까웠음이라"(롬 13:11)는 말씀과 "오직 주 예수 그리스도로 옷 입고 정욕을 위하여 육신의 일을 도모하지 말라"(롬 13:14)는 말씀을 되새기며. 오직 휴거의 소망을 갖고 단장된 신부로 살아가자.

요한계시록 15장

Q _01. 계 15장의 핵심 메시지는 무엇인가?

A 계 15장은 요한계시록 중에서 가장 짧은 절 수(8절)를 가진 장이라는 특징이 있다. 계 15장을 이해하기 위해 몇 가지 상황을 살펴보면서 풀어가고자 한다.

하나는 '환난 중간 휴거설'을 주장하는 사람들이 자신들의 주장 근거로 계 15장을 사용하고 있다(계 15:2–4). 이것에 대한 바른 이해와 변증이 필요하다(계 15장 Q_04).

두 번째는 계 15장은 요한계시록에서 어떤 의미와 의의가 있는가 하는 문제다. 여기에는 세 가지 의미가 있으며, 한 가지 의의가 있다고 할 수 있다.

1. 계 14장의 일곱째 나팔 사건을 끝으로, 7나팔의 모든 사건이 끝나게 된다.

계 8장에서 첫째 나팔(계 8:7)이 시작되면서 넷째 나팔까지(계 8:13)는 천사가 나팔을 불 때마다, 죄의 결과로 자연계(생태계)가 1/3씩 파괴되며 자연환경의 심각한 오염 사건이 발생한다. 그러나 다섯째 나팔(禍) 재앙부터는 대상이 자연이 아니라, 사람을 향한 생명의 위협이 되는 화(禍) 재앙이 내려지게 된다. 일곱째 나팔 사건은 계 11:15에서 시작되어 계 14장까지 이어지면서, 계 14장에서 일곱째 나팔 사건이 모두 끝나게 된다.

2. 일곱째 나팔의 끝은 7대접 재앙(禍)으로 이어지는데, 계 15장은 계 16장에서 시작되는 7대접 재앙(禍)을 준비하는 장이라는 독특한 특징이 있다.

계 15장에서 7대접을 받는 일곱 천사들이 등장한다. 그날(후 3년 반)을 감해 주시는 하나님의 은혜로(마 24:22) "짐승과 그의 우상과 그의 이름의 수를 이기고 벗어난 자들이 유리 바다 가에 서서 하나님의 거문고를 가지고"(계 15:2), "하나님의 종 모세의 노래, 어린양의 노래"(계 15:3)를 부르는 장면이 보인다.

이들은 누구인가? 그들은 예비처(마 24:15-20; 계 12:6, 14)에 도피하면서 하나님의 보호와 양육을 받는, 유대인 중심의 '환난 통과 유대인 지상교회 성도들'이다.

3. 천사들의 7대접 재앙 인수인계식이 있는 장이다.

요한계시록에는 인수인계식이 두 번 나온다. 첫 번째 인수인계식은 계 8장에서 일곱 천사들이 '7나팔을 받으며(계 8:2), 7나팔을 준비(계 8:6)하는 인수인계식'(계 8:1-6)이 있으며, 두 번째 인수인계식은 계 15장에서 '7대접 재앙을 준비하는 인수인계식(계 15:1, 7)'(계 15:1-8)이 나온다.

두 번째 인수인계식에서 특이한 것은 7재앙에 대한 성격을 분명하게 명시하고 있다. 이것은 요한계시록이 시간의 흐름(7인, 7나팔, 7대접) 속에서 진행된다는 것을 증명하는 말씀 중에 하나다.

7재앙에 대한 성격은 ① 일곱 재앙이 "마지막 재앙"이라는 것이며, ② "하나님의 진노가 이것으로 마치리로다"라는 것이다.

4. 마지막 재앙이라는 의미는 무엇인가?

7인봉 사건은 환난의 성격이 있는 반면에, 7나팔과 7대접은 재앙의 의미가 있으며, 그 재앙이란 심판의 성격이 있다. 재앙이 심판을 의미한다는 근거로 "재앙"이라는 용어가 계 9:18부터 등장하는데, 7나팔 사건부터는 그 이전의 어떤 사건과 다르게 재앙이라고 할 정도의 가혹한 고통과 환난의 의미가 있으며 심판의 성격이 있는데(계 9장 Q_03), 7대접은 그런 재앙의 의미 중에서도 더 가혹하며 혹독한 화(禍)의 성격이 강하다. 7대접은 그 자체가 심판 재앙을 의미한다.

7재앙을 끝으로 인류 역사는 막을 내리게 된다. 7재앙은 예수 그리스도의 지상강림(계 19:14; 살전 3:13)의 심판으로 끝을 내리게 되며, 그 이후에 주 예수 그리스도께서 다스리는 천년 그리스도 왕국이 이루어진다(계 20:4). **그런 의미에서** 계 15장은 7나팔 사건이 끝나고(계 14장) 7대접 재앙이 시작(계 16장)되는 샌드위치 장이며, 7나팔 사건 후 본격적인 7대접 재앙을 '준비하는 장'이라는 독특한 의의가 있다.

5. 계 15장은 크게 세 부분으로 나눌 수 있다. 이 구분은 사도 요한이 보았던 세 가지의 장면을 근거로 하고 있다(주제는 불이 섞인 유리 바다 가의 모습과 7대접 인수인계). ① 첫째 장면은 하늘에 크고 이상한 다른 이적을 보았으며(계 15:1), ② 둘째 장면은 불이 섞인 유리 바다 가에서 노래 부르는 모습을 보았고(계 15:2-4), ③ 세 번째 장면은 하늘에 증거 장막의 성전이 열리면서 7대접 인수인계 장면(계 15:5-8)을 보았다는 것 등이다.

Q_02. 사도 요한이 보았던 세 장면 중, 첫 번째 장면은 "하늘에 크고 이상한 다른 이적"을 보았다는 것이다. 그 이적이란 무엇인가? (계 15:1)

A 요한계시록에는 "이적"이라는 용어가 6회(계 12:1, 3, 13:13, 14, 15:1, 16:14), "기적"은 전무, "표적"은 1회(계 19:20) 등장한다. 각각 어떻게 다른가? 계 13장에서 참고 바란다(계 13장 Q_05).

사도 요한이 보았던 것의 특징은 "또 하늘에", "크고 이상한 다른 이적"을 보았다는 것이다.

계 15:1에서의 "하늘에"는 계 12:1의 "하늘에"(계 12장 Q_02)와는 달리, "하늘에 증거 장막의 성전"(계 15:5)이 있는 것으로 보아, 천상의 하늘이다.

"또 하늘에"의 "또"는 이전에 나타났던 하늘의 모습들과도 관련이 있겠지만, 이 "또"는 그다음에 등장하는 "크고 이상한 다른 이적"이라는 표현과 관련이 있어 보인다. "크고 이상한 다른 이적"은 계 12:3에 등장하는 "큰 붉은 용"과 관련된 표현이다.

계 12장이 후 3년 반 초부터 자신의 정체와 본색(계 12:3, 13:2, 6; 단 9:27)을 드러내면서 야심차게 활약을 시작한 용(사탄, 마귀)의 이적과 그의 하수인(짐승과 거짓 선지자)의 이적(계 12:3, 13:13, 14)을 기록하고 있다면, 계 15:1은 그런 용과 일당에게 일격을 가하는 이적에 대한 전체 계획을 알려 주는 서론적인 선언이다.

하나님께서는 사도 요한을 통하여 계 12장(계 12:3)에서부터 자신의 정체와 본색을 드러낸 용과 계 15:1을 연결시키신다. 계 15:1을 통하여 휴거되지 못하고 용과 짐승을 경배(우상숭배)하며 짐승의 표(666)를 받으며, 죄악이 차기까지 범죄 하는 "땅에 사는 사람"들에게 7대접 재앙을 내리시는 심판의 전체 흐름(7대접)을 보여주시는데, 사도 요한은 환상 중에 그것을 용(짐승과 거짓 선지자)에게 7대접으로 일격을 가하시는 하나님의 "이적"으로 바라보았다.

사도 요한이 보았던 이적을 나눈다면, 세 가지로 언급할 수 있다.

① 일곱 천사가 일곱 재앙을 가졌다는 것이며, ② 마지막 재앙이며, ③ 7대접 재앙은 하나님의 진노이며, 이 7대접 재앙으로 이 땅에 내리는 재앙을 마칠 것이라는 내용이다.

계 15장의 위치를 생각할 때, 계 11:15부터 시작된 셋째 화(후 3년 반)가 지금도 지속되고 있는 상황이다. 7대접 재앙을 끝으로 모든 재앙 심판이 마치게 되는데, 7천사가 7재앙을 가졌다는 것은 앞으로의 전체적인 일정을 밝히는 것으로, 천사의 실제적인 7대접 인수인계는 계 15:7에서 이루어진다.

7재앙은 하나님께서 "땅에 사는 사람들"에게 내리시는 최종적인 "하나님의 진노"(계 16장 Q_02)의 "마지막 재앙"(계 15:1)이다. 왜 마지막 재앙을 이때 내리게 되는가에 대해서는 아래에서 설명하고자 한다(계 15장 Q_05). "땅에 사는 사람들"이라고 한다면, 그 누구도 피할 수 없다. 하나님께서는 오랫동안 참아 오셨다. 하나님의 기준은 예수님을 나의 주, 나의 하나님으로 믿고 영접하라는 것이다(마 16:16; 요 1:12, 3:16, 13:20). 그들은 교회시대 동안에도 예수님을 불신했으며 회개치도 않았다. 회개는 예수님을 영접할 때만 가능하다. 회개는 예수님의 이름으로만 가능하다.

그러나 휴거되지 못하고 "땅에 사는 사람들"은 회개하지 않는(계 9:20, 21, 16:9, 11) 완악함 그대로 머물러 있으며, 그들의 죄악이 찼기에 하나님께서도 이제 7대접 재앙을 통하여 이 땅에서의 최종적인 심판을 내리시는 것이다. 7대접 재앙으로 하나님의 진노가 마치게 된다.

7대접 재앙이 마치게 된다는 것은 곧 예수님의 지상강림이 있다는 말이다. 예수님의 지상강림을 통하여 용(사탄)을 결박함으로, 일곱째 천사가 나팔을 불 때 "하늘에서 큰 음성"으로 "우리 주와 그의 그리스도의 나라"(계 11:15)가 임박했음을 서곡으로 알려 준 그대로(계 11장 Q_06), 이 땅에서는 '1,000년 그리스도 나라'가 이루어질 것이다(계 20:4).

Q_03. 사도 요한이 보았던 세 장면 중, 두 번째로 "불이 섞인 유리 바다" 가에서 노래 부르는 모습을 보았다는 것의 의미는 무엇인가? (계 15:2-4). (이단 경계)

A 사도 요한이 본 두 번째 장면은 "불이 섞인 유리 바다"가 보이는데, 그 유리 바다 가에 많은 이들이 서서 노래를 부르는 모습을 보았다.

1. 계 15:2의 "불"이라는 것은 무엇을 의미하는가? "심판"을 의미한다.

왜 심판이라고 단정할 수 있는가? 계 15장의 위치는 셋째 화(후 3년 반)의 기간이며, 7대접 재앙이라고 하는 심판이 준비되고 있는 때이기 때문이며, "불을 다스리는 다른 천사"(계 14:18)에 의하여, "땅의 포도송이" 추수와 관련이 있다는 근거에 의해 "심판"이라고 할 수 있다.

요한계시록에는 "수정과 같은 유리 바다"(계 4:6), "불이 섞인 유리 바다 같은 것"(계 15:2 ≠ 4:6), "맑은 유리 같은"(계 21:21, 18)이라는 비슷한 표현들로 모두 4회 등장한다. "수정"이라는 용어가 4회(계 4:6, 21:11, 20, 22:1) 등장하며, "유리 바다"도 4회(계 4:6, 15:2, 21:18, 21) 등장한다.

그러나 "유리 바다"라는 용어는 비슷하게 사용되었으나, ① 계 4:6에서는 하나님의 보좌 앞에 펼쳐진 천국의 모습이 장엄하고 눈부실 정도로 찬란하고 아름다웠다(계 21:11)는 좋은 의미에서의 "유리 바다"가 사용되었다.

② 계 21:18의 "맑은 유리 같더라"는 "하나님께로부터 하늘에서 내려오는 거룩한 성 예루살렘"(계 21:10)에 대한 말씀으로, "그 성은 정금인데 맑은 유리 같더라"(계 21:18) 했다.

③ 계 21:21에서의 "맑은 유리 같은"은 "성의 길은 맑은 유리 같은 정금"이라는 표현 속에 사용된 것 등으로 보아, 하나님의 영광(계 21:11)과 새 예루살렘의 영광스럽고 장엄하고 아름다운 장관을 인간이 표현할 수 있는 최대의 표현으로 묘사한 것이다.

그러나 앞의 세 가지 경우와는 다르게 ④ 계 15:2에서의 "유리 바다"는 "불이 섞인 유리 바다"로서, 심판의 의미 중에 사용된 것이다.

2. 사도 요한이 본 "불이 섞인 유리 바다" 가에 서서 노래(찬송)를 부르는 사람들은 누구(정체)인가?

1) 노래를 부르는 사람들은 누구인가(노래를 부른 주체자)를 알기 위해서는 그들이 노래를 부른 장소를 먼저 아는 것이 중요하다.

앞에서도 언급했듯이 "유리 바다"의 의미로 4회 사용되었는데, 세 곳은 하나님 보좌 앞에 펼쳐진 천국의 장엄하고 좋은 모습의 "유리 바다"이지만, 오직 계 15:2의 "유리 바다"는 불이 섞인 유리 바다로서 형벌적인 의미를 상징하는 곳이다. 그러므로 계 15:2의 "유리 바다"는 천상이 아니고 지상의 바다이며, 노래하는 무리가 서 있는 곳은 지상의 바닷가에 서 있는 것이다.

2) 노래를 부르는 사람들(주체자)은 누구인가? "짐승과 그의 우상과 그의 이름의 수를 이기고 벗어난 자들"(계 15:2)이다. 이것이 노래를 부른 이유이기도 하다.

한글 킹 제임스 버전에서는 "내가 보니, 불로 뒤섞인 유리 바다 같은 것이 있고, 그 짐승과 그의 형상과 그의 표와 그의 이름의 숫자에 대하여 이긴 자들이 하나님의 하프들을 가지고 유리 바다 위에 섰더라"(계 15:2)로 번역하였다. 이 번역은 "이긴 자"라는 용어를 사용하였다.

요한계시록에는 "이기는 자" 혹은 "이긴 자"라는 의미로 사용된 총 14회 중, 명사의 개념으로 9회(계 2:7, 11, 17, 26, 3:5, 12, 21, 15:2, 21:7), **'이기는'이라는 동사의 개념으로 5회**(계 6:2, 11:7, 12:8, 13:7, 17:14) **등장한다.**

신흥종교 신천지 교주 이만희는 자신을 "이긴 자"라고 주장한다(계 2장 Q_05). 한 육체에 불과한 인간이 그런 주장을 할 수 있는 것은 '교만'과 '욕심' 때문이다. 그가 이겼다면 무엇에서 이겼다는 것인가? "이만희가 정말 이긴 자일까? 신천지 집단에서 나골라당이라고 하는 청지기교육원과 첫 장막에서 싸워 이겼는가? 이는 이만희의 종교 사기다. 싸운 적도 없고 이긴 적도 없다. 그러나 신천지 신도들은 이러한 거짓말에 속아서 이만희를 '이긴 자'라고 믿고 있다"(진용식, 위의 책, p. 22).
성경에서 '이긴 자'란 다음과 같은 다섯 가지를 해결한 자에게 주어지는 용어다. ① 죄(롬 3:10; 고전 15:56-57), ② 죽음(사망, 히 9:27; 고전 15:55-57), ③ 세상(풍조, 정욕, 욕심. 엡 2:2; 요 16:33; 요일 2:16), ④ 마귀(사탄. 벧전 5:8; 요일 3:8; 골 2:14-15), ⑤ 음부(지옥)의 권세(계 20:15, 1:18; 마

16:18) 등에서 이긴 자만이 "이긴 자"가 된다. 신천지 교주 이만희가 과연 이 다섯 가지를 해결한 자인가? 아니다. 이만희는 작은 한 인간에 불과하다.

예수 그리스도께서는 이 문제를 이기시고 해결하신 분이다. 그래서 오직 예수 그리스도에게만 "이긴 자"라는 호칭을 붙일 수 있다. "이긴 자"라는 용어를 사용하는 자는 모두 이단이다. 다만 초대교회 성도들을 향해서 "이긴 자"를 사용한 것은 우상숭배에 대한 핍박에서 이기라는 격려 차원에서 하신 말씀일 뿐 최종적으로 "이긴 자"이신 예수 그리스도와 초대교회를 향한 "이긴 자"는 차원이 다르다. 그러나 신천지 이 아무개 자신이 이긴 자라고 하는 것은, 예수 그리스도에게만 주어진 "이긴 자"의 개념을 자신에게 적용하려는 불순한 의도가 담긴 주장이다.

신천지 교주 이만희는 연약한 한 인간에 불과한 평범한 사람이다. 신천지의 계보는 박태선으로부터 이어져 내려오면서 호생기도원의 김종규, 장막성전의 유재열, 천국 복음전도회 구인회, 실로 등대 중앙교회 강풍일 그리고 신천지 이만희로 내려오는 계보 속에 오랫동안 전달되고 변형되며 배워왔던 요한계시록을 마치 자신이 특별한 하나님의 계시를 받은 것처럼 허풍을 떤다.

영생한다더니…신천지 교주 이만희 씨, 병원 입원 중 잠적 "이만희, 신천지서 생로병사 해결사…수술시 무조건적 추앙 영향." [이데일리 e뉴스팀] 신천지예수교 증거장막성전 창설자 이만희 총회장이 수술 후 치료 도중 그동안 치료를 받아온 병원에서 벗어나 잠적한 것으로 확인됐다고 노컷뉴스가 28일 보도했다. 매체에 따르면 85세 고령인 이만희 총회장은 지난 18일 광주광역시의 한 병원에서 척추관

협착증으로 중증 수술을 받고 입원치료 중이었다. 이 총회장은 입원치료 9일째인 27일 완전히 회복되지 않은 상태에서 모처로 극비리에 은신했다. 이날 이 총회장이 머물렀던 광주 병원의 특실 병실은 굳게 잠겨 있었고, 그동안 병원에서 그를 경호하던 신천지 신도들도 자취를 감췄다. 28일까지도 이 총회장이 광주지역 대형 종합병원 등 의료기관에 입원한 흔적이 나타나지 않아 광주를 떠났거나, 아니면 비공식 의료기관에 입원해 있을 가능성이 제기되고 있다. 이 총회장은 85세 고령인 탓에 회복이 더딘 상태였는데도 주치의의 만류에도 불구하고 본인이 직접 병원을 옮기고 싶다는 의사를 표명한 것으로 전해졌다. 그동안 이 총회장의 부인으로 알려진 유 모 씨가 광주 병원 병실에서 간호를 해왔다. 이 총회장이 이 같은 결정을 한 것은 자신의 수술과 입원이 그를 보혜사로서 생로병사의 문제를 해결하고 영생한다고 믿고 있는 신천지 신도들에게 적잖은 충격을 줄 수 있을 것으로 판단했기 때문으로 보인다고 매체는 분석했다. 이단상담소 협회 광주상담소 임웅기 소장은 "신천지에서는 '이만희 총회장이 생로병사의 문제를 해결하는 분이다'고 주장해 왔지만, 잇따른 수술 사실이 밝혀지면 그에 대한 무조건적인 추앙과 사후문제에까지도 영향을 줄 수 있을 것이다"고 했다고 매체는 전했다(e뉴스팀 기자, 영생한다더니…신천지 교주 이만희 씨, 병원 입원 중 잠적, 〈이데일리〉, 2017. 07. 28).

"짐승과 그의 우상과 그의 이름의 수를 이기고 벗어난 자들"(계 15:2)이란, ① 그들은 두 증인의 사랑과 눈물의 전도로 변화되어(계 11:3, 13. 계 11장 Q_03, Q_04), 하나님께서 예비하신 곳에서 1,260일 동안 하나님의 보호와 양육을 받고 있는 자들이며, ② 그들은 적그리스도(짐승)와 그의 하수인 거짓 선지자 등등에 의해 온갖 박해를 받으면서도 끝까지 믿음을 저버리지 아니한 자들이며, ③ 후 3년 반 초반부터 등장하는 적그리스도 짐승과 그의 우상숭배로부터 승리한(할) 자들이다(계 15:2).

우리는 짐승(적그리스도)의 통제와 핍박에서 이기고 벗어나 환난을 통과하는 그들을 '환난 통과 유대인 성도들'이라 부르고 있다.

어떤 이들은 "불이 섞인 유리 바다"는 고난과 심판을 상징하는 것이기에, 그것은 순교자들이 지상에 서 있는 모습이라고 주장하기도 하지만 순교자들은 계 7장에서 이미 휴거(첫째 부활)되어 하나님과 어린 양 앞에 서 있다(계 6:9-11, 7:9-10). 하나님 앞에 있는 자들이 다시 심판과 관계된 현장에 모습을 드러낼 이유는 없을 것이다.

현재는 셋째 화(후 3년 반) 기간이다. 순교자들이 현재까지 남아 있을 수는 없다. 만약에 순교자들이 현재 지상에 남아 있다는 것("땅에 사는 자들")은 순교자들이 휴거되지 못했다는 말이다. 순교자들이 구원받지 못했다(휴거되지 못했다)는 것은 성경의 진리에도 어긋나는 비극과 같은 논리적 모순에 빠지는 것이다. 그러므로 노래하는 사람들이 있는 장소는 천상이 아닌 지상이며, 지상에("땅에 사는 자들") 존재하는 '환난 통과 유대인 성도들'이라고 보는 것이 자연스럽고 타당한 것이다.

찬송하는 이들이 '환난 통과 유대인 성도들'이라는 또 다른 증거로, 요한계시록에는 크게 6회에 걸쳐 찬송(노래)하는 장면이 등장한다(계 5:9-12, 7:9-12, 12:10-12, 14:1-3, 15:2-4, 19:1-8). 특이한 것은 대부분 찬송을 받는 대상이 하나님과 어린양(계 5:12, 7:10, 12:10-11, 14:1, 4, 19:7)이라는 같은 공통점을 갖고 있다. 그러나 계 15:1-3의 노래(찬송)에서는 노래하는 환경이 지상의 바닷가이면서, 노래하는 주체자들이 "하나님의 종 모세의 노래, 어린양의 노래"(계 15:3)라고 하는 구약의 '모세'를 언급하고 있다는 특징이 있다. 그래서 '모세'를 언급하고 있다는 것에 의해서도, 이들이 '환난 통과 유대인 성도들'이라는 증거의 근거이기도 하다.

3. "불이 섞인 유리 바다" 가에 서서 왜 노래를 부르게 되었으며, 노래를 부르게 된 동기는 무엇인가?

노래하는 이들은 "하나님의 거문고를 가지고"(계 15:2) 찬송했다. "하나님의 거문고"가 어떤 것인지는 알 수 없지만, 찬송하는 이들의 찬송 모습을 연상케 하는 표현으로 이해하면 좋을 듯하다.

1) 그들이 노래를 부른 이유는 무엇인가?

계 7장에서 휴거된 성도들도 천상에 도착했을 때 구원해 주신 하나님을 찬양했다(계 7:9-10). 비록 "땅에 사는 자들"(계 8:13)과 같은 시대 속의 땅에 살고 있으나, '환난 통과 유대인 성도들'은 이런 배경 속에서 모세와 어린양의 노래를 생각하며 "짐승과 그의 우상과 그의 이름의 수를 이기고 벗어난"(계 15:2) 그 기쁨과 감격이 동기가 되어 영광의 찬송을 노래하는 것이다.

계 15:2-4에 등장하여 노래하는 무리는 계 7:9, 14:1-3에 나오는 휴거된 무리인 "하늘에 사는 자들"(계 13:6), 혹은 천상 성도들과는 전혀 다른 무리다. 이들은 전 3년 반 후반에 등장하면서 후 3년 반의 7대접 재앙 심판에서 구원해 주심에 감사 찬송하고 있다. 그런 면에서도 계 15:2-4의 노래하는 무리는 예비처에서 보호와 양육을 받고 있는 유대인 중심의 '환난 통과 유대인 성도들'이다.

2) 노래를 부르게 된 동기는 무엇인가?

요한계시록에는 크게 6회에 걸쳐 찬송(노래)하는 장면이 등장한다(계 5:9-12, 7:9-12, 12:10-12, 14:1-3, 15:2-4, 19:1-8. 계 14장 Q_05). 그런데 찬송(노래)하는 동기와 내용의 100%가 구원과 관계가 있다는 특징이 있다.

① 계 15:2-4 노래(찬송)의 특징은 요한계시록에 등장하는 다른 찬송(노래)과 다르게, 다른 환경 다른 주체자들에 의해 노래(찬송)가 불리고 있다는 것이다.

계 15:2-4의 노래는 단독적으로 갑자기 등장한 것이 아니다. 계 14:1-3, 계 14:18-20의 내용과 밀접한 관계가 있다. 계 14:1-3의 144,000의 찬송은 그들이 "땅에서 속량함(구원)을 받은"(계 14:3) 것에 대한 감사와 감격이 동기가 되어, "어린양이 시온 산에 섰고 그와 함께 십사만 사천이 서 있는"(계 14:1) 가운데, 하나님 "보좌 앞과 네 생물과 장로들 앞에서 새 노래"(계 14:3)를 불렀다는 것이다. 그리고 "그 거문고를 타는 것"(계 14:2) 같았다는 것은 계 15:2에서 "하나님의 거문고를 가지고" 노래하는 모습과 관련이 있어 보인다.

② 계 14:18-20의 말씀은 "땅의 포도송이"에 대한 추수를 말씀하고 있다(계 14장 Q_10). "땅의 포도송이"는 악인들을 상징한다. 비록 '환난 통과 유대인 성도들'은 "땅의 포도송이"와 같이 "땅에 사는 자들"로 분류가 되지만, "땅의 포도송이"는 셋째 화(후 3년 반, 42달)가 끝나면 불못에 던져질 존재들이다(계 20:15).

그러나 '환난 통과 유대인 성도들'은 "짐승과 그의 우상과 그의 이름의 수를 이기고 벗어난 자들"이 된 것에 대한 감사 감격으로, 모세의 노래를 통하여 구원해 주심에 감사로 그리고 어린양의 보혈을 통한 구원의 공로에 감사 감격하고 있다.

결국 계 15:2-4의 노래가 계 14:1-3, 18-20의 내용과 밀접한 관련이 있다고 할 때, 계 15:2-4의 노래는 계 14:1-3의 찬송에 대한 '환난 통과 유대인 성도들'의 화답이라 할 수 있다.

4. '환난 통과 유대인 성도들'이 부른 노래의 내용은 무엇인가?

'환난 통과 유대인 성도들'이 부른 노래의 내용에는 두 가지 볼 것이 있다. 하나는 그들의 노래에는 두 가지 주제가 있다는 것이며, 다른 하나는 노래의 내용에 대한 것이다.

1) 노래하는 이들은 두 가지의 큰 주제(찬송의 동기)를 갖고 노래를 부른다.

하나는 모세의 노래였다. 홍해를 건너게 하심으로 얻은 구원에 대한 감격을 노래하고 있다. 모세의 노래는 출애굽을 감행한 이스라엘 백성들이 탈출할 때, 앞에는 홍해요 뒤에는 이스라엘 백성들을 추격해 오는 바로 군대 사이에서, 모세와 이스라엘이 최대의 위기에 직면했을 때, 하나님께서 보여주신 놀라운 역사(출 14:1-8)와 모세가 홍해를 무사히 건넌 후 애굽 바로의 병거와 그의 군대를 바다에 던지시고 이스라엘을 구원해 주신 감사와 감격을 노래하며, 하나님께 감사 찬송 영광 돌리는 모세의 노래(출 15:1-18; 신 32:1-43)를 연상케 하는 노래다.

다른 하나는 어린양의 노래였다. 어린양의 십자가의 보혈을 통하여 얻게 된 구원의 공로에 감사하고 있다. 교회시대 당시에는 미처 몰랐으나, 전 3년 반 후반 당시에 두 증인의 사랑과 눈물의 전도에 감동되어 하나님께 영광 돌리며, 예비처에서 "짐승과 그의 우상과 그의 이름의 수를 이기고 벗어난"(계 15:2) 것에 대한 감사와 감격, 그리고 구원의 공로에 감사하며 하나님께 찬송과 영광을 돌리는 노래였다.

2) 노래(찬송)의 내용은 무엇인가?

① 노래(찬송)를 받으시는 대상이 "주 하나님 곧 전능하신 이"(계 15:3), "만국의 왕"(계 15:3. "만국" 계 12장 Q_06)이다. ② 노래의 내용으로는 ㉠ "하시는 일이 크고 놀라우시도다"(계 15:3), ㉡ "주의 길이 의롭고 참되시도다"(계 15:3), ㉢ "누가 주의 이름을 두려워하지 아니하며"(하나님은 경외의 대상. 계 15:4), ㉣ "영화롭게 하지 아니하오리이까"(피조물의 존재 목적. 계 15:4), ㉤ "오직 주만 거룩하시니이다"(하나님의 윤리적 속성. 계 15:4), ㉥ "주의 의로우신 일이 나타났으매"(예수님 믿는 자에게 구원, 불신자에게 하나님의 의로우신 심판. 계 15:4), ㉦ "만국이 와서 주께 경배하리이다 하더라"(계 15:4; 시 22:27, 86:9. 마지막 진노인 7대접 재앙이 끝난 뒤, 천 년 그리스도 왕국 때 만국이 주님을 경배)는 것 등이다.

Q _04. '환난 중간 휴거설'(患難 中間 携擧說)을 주장하는 사람 중에, 계 15:2-4을 그 근거로 삼는 이유가 무엇인가? (계 15:2-4). (계 14장 Q_04)

A 환난 중간 휴거론자는 계 15:2-4을 자신들이 주장하는 성경 근거로 삼는데 그 이유는, 휴거가 환난 통과 중간(계 15:2-4)에 이루어진다고 주장한다. 그들은 계 15:2-4에서 노래하는 장면이 나오는데, 이것은 휴거된 그들이 감사 찬송하며 노래하는 것이라고 본 것이다. 필자는 본문 외에도 환난 중간 휴거론자들이 휴거의 근거로 삼는 성경의 여러 곳을 언급한 바 있다(계 14장 Q_04).

계 15:2-4을 환난 중간 휴거로 주장하는 이들은 "짐승과 그의 우상과 그의 이름의 수를 이기고 벗어난 자들이 유리 바다 가에 서서 하나님의 거문고를 가지고 하나님의 종 모세의 노래, 어린양의 노래를 불러"(계 15:2-3)를 근거로 이 장면이 휴거되어 올라간 성도들이 감사 감격하여 하나님께 찬송하는 것이라고 주장한다.

그러나 현재 노래(찬송)하는 자들이 서 있는 곳이 천상의 천국인가? 아니라고 했다. 그렇다고 그들이 휴거되어 하나님 보좌 앞에 있는 것인가? 그것도 절대 아니다. 그들이 서 있는 곳은 "불이 섞인 유리 바다 같은" 곳이며, 그들이 노래하는 장소도 "유리 바다 가"인 것이다(계 15장 Q_03). 한마디로 휴거되지 못한 자들이 머물러 있는 "땅에 사는 자들"(계 8:13)이 있는 당시의 지상일 뿐이다.

또 노래하는 이들은 휴거된 자들이 아니라, 이 땅에서 "짐승과 그의 우상과 그의 이름의 수를 이기고 벗어난 자들"이다. 당시에 "땅에 사는 자들"(계 8:13)일 뿐이다.

다만 그들이 짐승(적그리스도)과 그의 하수인들의 핍박과 통제에서 벗어나, 예비처에서 다가올 7대접의 재앙에서 벗어난 것에 대한 감사 감격의 노래를 부른다.

요한계시록에는 크게 6회에 걸쳐 찬송(노래)하는 장면이 등장하는데(계 14장 Q_05), 그 장면마다 100% 공통적인 것은 ① 찬송의 모든 동기는 구원과 관계가 있으며, ② 어린양이 찬송의 주제라는 것이며, ③ 자신들을 구원해 주신 하나님의 은혜에 감사 감격하며 찬송하고 있다.

그들 모두가 구원받은 것에 대한 감사 감격의 찬송을 한다. 그러면 그때마다 휴거를 주장해야 하는가? 환난 중간 휴거설을 주장하는 사람들의 공통점은 감사 찬송(노래)하는 장면이 나올 때마다 그들은 환난 중간 휴거설을 주장한다. 그러나 휴거는 단 1회뿐이다.

그렇다면 우리는 그 많은 찬송의 장면에서 가장 합당한 정황을 확인하여, 그 해당 장면을 근거로 휴거를 주장해야 합리적이라 할 수 있을 것이다. 그렇게 하여 얻어진 합당한 찬송의 장면이 계 7:9-10이다. 그래서 계 7장을 휴거장이라 주장하는 것이다. 정황을 잘못 판단하면 '환난 중간 휴거설자'가 되는 것이다. 그러므로 계 15:2-4은 환난 중간 휴거론의 근거가 될 수 없다.

Q_05. "하나님의 진노를 가득히 담은 금 대접 일곱"을 받은 일곱 천사의 7대접 재앙 인수인계식이란 무엇인가? (계 15:5-8)

A 7대접은 "하나님의 진노"(계 16장 Q_02)의 재앙이며, 심판이다. 그 진노의 재앙 심판을 하나님께서 천사들에게 맡기시는 내용이다.

계 15:5-8 말씀은 사도 요한이 본 환상인데, 그 환상은 네 가지의 장면으로 나눠 볼 수 있다. ① "하늘에 증거 장막의 성전이 열리며"(계 15:5), ② "일곱 재앙 가진 일곱 천사가 성전으로부터 나와 맑고 빛난 세마포 옷을 입고 가슴에 금 띠를 띠고"(계 15:6), ③ "네 생물 중의 하나가 하나님의 진노를 가득히 담은 금 대접 일곱을 그 일곱 천사들에게 주니"(계 15:7), ④ "하나님의 영광과 능력으로 말미암아 성전에 연기가 가득 차매 일곱 천사의 일곱 재앙이 마치기까지는 성전에 능히 들어갈 자가 없더라"(계 15:8)는 것이다.

계 15:5은 "또 이 일 후에"라는 말로 시작하고 있다. '또'는 등위접속사 카이(Kai)로 되어 있다. 앞에 내용과 동등하게 이어서 전개할 때 사용되는 접속 용어다. 요한계시록에서 "이 일 후"라는 용어는 대단히 큰 의미가 있다. 요한계시록에서 "이 일 후"라는 용어가 6회(계 4:1, 7:1, 9, 15:5, 18:1, 19:1) 등장하는데, 계 15:5에서의 "이 일 후"라는 용어는 그중에 네 번째 등장하는 용어다. 이것은 요한계시록의 "장차 될 일"(계 1:19)이 시간적 순서에 의해 전개되고 있다는 것을 증명하는 근거로 사용된다(총론 Q_10).

그러면 계 15:5에서의 "이 일 후"라는 것은 "이 광경 후"(쉬운성경)라는 말이다. 어떤 일, 어떤 광경 후의 일을 말하는 것인가? 지상에서의 '환난 통과 유대인 성도'들의 노래(찬송)하는 광경이 발생한 후(계 15:2-4)를 말한다.

지상에서의 '환난 통과 유대인 성도'들의 노래가 발생한 후, 네 가지의 장면이 연속되어 나타난다.

1. "하늘에 증거 장막의 성전"이 열렸다(계 15:5).

이 하늘은 하나님이 계시는 천상을 말한다. "증거 장막"이라고 할 때, "장막"(출 25:9)은 하나님께서 모세에게 보여주신 하늘의 성전(계 11:19, 15:5)을 모델로 지었다(출 25:9, 26:30; 행 7:44). 장막은 구약의 성막의 다른 이름이다. 문자적으로 '거처'(처소)로서 하나님이 함께하심을 뜻하며, 하나님과 함께할 성도들의 영원한 거처(계 21:3)를 상징적으로 표현한다. 하나님이 거주하는 곳 혹은 하나님의 임재를 의미할 때 사용한다.

"성막"(聖幕)은 '미쉬칸'(מִשְׁכָּן. 눕다, 쉬다, 거주하다. 출 26:1, 25:9)으로, 하나님께서 임재하시는 장소이며, 인간과 만나시는 장소를 의미한다. 그러나 요한계시록에서 '성막'은 단 1회도 등장하지 않으나, "장막"(帳幕)

용어로 4회(계 7:15, 13:6, 15:5, 21:3) 등장한다. 하늘에 있는 "증거 장막의 성전"(계 15:5. 계 7장 Q_11, 계 11장 Q_06. 히 9:23, 10:1)은 땅에 있는 "성막"(출 26:30), 혹은 "성전"(왕상 8:13)의 본체인 천상의 성전이다.

"성막"의 호칭은 상황에 따라 달리 불렀다. ① "증거 장막"의 성스러움을 강조할 때는 "성막"(출 26:30), ② 모인다는 의미를 강조할 때는 "회막"(출 29:42), ③ 하나님의 말씀을 증거한다고 할 때는 "증거막"(출 38:21), ④ 하나의 휘장으로 가려진 이동식 텐트(tent) 등으로는 "장막"이라고 불렀다.

환난 통과 유대인 중심의 지상 성도들의 찬송이 불린 후, "하늘에 증거 장막의 성전"이 열렸다는 것에는 두 가지 큰 의미가 있다. 그것은 ① 두 대상자로부터 찬송과 영광을 받으심을 확인하신 후 "마지막 재앙" 심판을 실행하신다는 것이다(계 15장 Q_02). 두 대상이란 하나는 휴거되어 "하늘에 사는 자들"(계 13:6, 천상의 성도들)이고, 다른 하나는 비록 "땅에 사는 자들"(계 8:13)과 함께 지상에 남아 있으나, '환난 통과 유대인 성도들'이다. 두 대상자로부터 찬송과 모든 영광을 다 받으심을 확인하신 하나님께서 "마지막 재앙"(계 15:1)을 쏟아붓겠다고 하신다는 데 큰 의미가 있다. 그리고 ② "하늘에 증거 장막의 성전"(계 15:5)이 열렸다는 것은 앞으로 이루어질 사건의 모든 것이 "성전"을 통하여 진행된다는 것을 암시하고 있다.

2. "일곱 재앙을 가진 일곱 천사가 성전으로부터 나와"(계 15:6)라고 했다.

"하늘에 증거 장막의 성전" 안에는 "하나님의 언약궤가 보이며"(계 11:19)라고 했다. 이것은 언약궤(법궤)가 있는 지성소를 가리키는 말이다. 하늘에 있는 하나님의 성전 그 자체를 일컫는다. 하나님의 언약궤라는 것은 심판의 근거를 상징적으로 보여주는 것이다. 모든 심판의 결재권자(승인)는 하나님이라는 것을 다시 확인시키면서, 심판의 주관자도 하나님이시라는 것을 암시하고 있다.

1) "일곱 재앙을 가진 일곱 천사가 성전으로부터" 나왔다는 것은, 7천사가 7대접 재앙 심판 결재권자(승인)인 하나님으로부터 실행권을 받아들고(결재) 나왔다는 것을 의미한다.

2) "일곱 재앙을 가진 일곱 천사"의 모습은 어떤가?

① "맑고 빛난 세마포 옷을 입고"라고 하였는데, "세마포"는 요한계시록에 총 5회 등장한다(계 15:6, 18:12, 16, 19:8, 14). 총 5회 중 2회(계 18:12, 16)는 값진 옷감을 언급할 때 사용되었고, 3회(계 15:6, 19:8, 14)는 성결(거룩)의 의미의 옷으로 사용되었다. 세마포(linen)는 비싼 옷감으로 부자들만이 세마포로 만든 옷을 입었다. 세마포 옷은 흰옷과 관련이 깊다(계 7장 Q_07). 이 흰옷은 천사가 입는 옷이 아니다. 흰옷은 오직 예수 그리스도의 보혈의 피로 죄 씻음 받은 성도들이 입는 옷이며, 예수님 공중강림하실 때 맞이하는 예복이기도 하다(계 7:9). 그러나 세마포에는 깊은 몇 가지의 의미가 담겨 있다. ㉠ "하늘에 있는 자(군대)들"("하늘에 사는 자들" 계 13:6)의 의복이다(계 19:8, 14). ㉡ 구약시대에는 제사장의 의복이기도 했다(레 6:10, 16:4). ㉢ 성도가 입는 세마포는 하나님께서 주신 것으로서(계 19:8), 예수 그리스도의 보혈의 피를 덧입은 사람들이 입는 옷이다(계 19:8. 계 19장 Q_05). ㉣ 그리고 보통 천사는 세마포 옷을 입지 않는다. 그러나 요한계시록에서 오직 단 1회 "일곱 재앙을 가진 일곱 천사"(계 15:6)가 "맑고 빛난 세마포 옷을 입고"라는 말씀과 함께 사용되었다. 이것은 대제사장의 의복인 "가슴에 금 띠를 띠고"(계 15:6)와 같이 아주 특별한 의미로 단 1회 사

용되었는데, 모두 '성결'의 의미를 강조하기 위해 사용되었을 뿐이다. ㉤ 세마포 옷은 성결을 상징하며, 하나님의 공의로운 심판을 상징한다. ㉥ 흰옷과 관련이 있다. 흰옷은 휴거 때에 입는 예복이다(계 3:5). '7재앙을 가진 7천사'는 성결의 자격을 갖고, 심판을 위한 공의로운 특별한 의식의 옷을 입었다.

② "가슴에 금띠를 띠고"라고 했다. 가슴의 금띠는 대제사장의 제복이다(계 1:13). 하나님의 공의와 성실함(사 11:5), 그리고 존귀함(계 1:13)을 상징한다. '7재앙을 가진 7천사'가 언급했던 하나님의 권위로 7대접 재앙 심판을 실행한다는 것을 의미한다.

3. "네 생물 중의 하나가 하나님의 진노를 가득히 담은 금 대접 일곱을 그 일곱 천사들에게 주니"(계 15:7)라고 했다.

갑자기 네 생물 중 하나가 등장한다. 이 네 생물은 무엇인가? "네 생물"은 요한계시록에 11회 등장한다(계 4:6, 8, 5:6, 8, 14, 6:1, 6, 7:11, 14:3, 15:7, 19:4. 계 4장 Q_09). 네 생물은 하나님 보좌 주위에 있으며, 하나님을 섬기며 호위하는 그룹(시 99:1; 사 37:16; 겔 10:20)이며, 앞뒤(안과 주위. 계 4:8)에 눈들이 가득하며, 각각 여섯 날개를 가졌으며, 그 모습은 ① 사자 같고, ② 송아지 같고, ③ 얼굴이 사람 같고, ④ 날아가는 독수리 같은 모습을 가진, 천상에서의 하나님께 수종 드는 실존(계 4:8)하는 영물이다.

하나님께 수종 드는 "네 생물 중의 하나가 영원토록 살아 계신 하나님의 진노를 가득히 담은(7대접 재앙의 성격) 금 대접 일곱을 그 일곱 천사들에게"(계 15:7) 주었다는 것은, 네 생물 중 하나가 하나님으로부터 전달받은 7대접 재앙 심판권을 7천사에게 전달하면서 그대로 실행하라는 인수인계 장면을 보여준다.

4. "하나님의 영광과 능력으로 말미암아 성전에 연기가 가득 차매 일곱 천사의 일곱 재앙이 마치기까지는 성전에 능히 들어갈 자가 없더라"(계 15:8)는 것이다.

1) "성전에 연기가 가득 차매"라는 것은 무엇을 의미하는 것인가? 연기는 하나님의 영광 혹은 임재를 상징한다(출 19:18; 왕상 8:10, 11; 사 6:4). "땅에 사는 자들"(계 8:13)에게 내려질 "마지막 재앙"(계 15:1)을 대하는 하나님 심판의 엄중함을 상징적으로 보여준다.

2) "일곱 천사의 일곱 재앙이 마치기까지는 성전에 능히 들어갈 자가 없더라" 했다. 계 15:8에서의 "성전"은 어떤 성전인가? 천상 성전을 의미한다. "하늘에 증거 장막의 성전"(계 15:5)도 천상 성전을 말하는 것이고, "성전에 연기가 가득 차매"(계 15:8)에서의 성전도 천상 성전이다. 그런데 "일곱 재앙이 마치기까지는 성전에 능히 들어갈 자가 없더라"에서의 "성전"이 땅에 있는 성전을 얘기하는 것이라고 한다면, 흐름상 전혀 맞지 않는 해석이다. 그런 의미에서 계 15:8의 "일곱 천사의 일곱 재앙이 마치기까지는 성전에 능히 들어갈 자가 없더라"의 성전은 천상 성전을 말하는 것이다.

3) 그러면 이 천상 성전에 들어갈 자가 없다는 것은 무엇을 의미하는 것인가? 현재의 시기적 위치는 셋째 화(후 3년 반, 7대접 재앙 시작 시점) 중에 있다.

예수님을 나의 주, 나의 하나님으로 믿고 영접한 택함 받은 자들은 이미 휴거되어, "하늘에 사는 자"(계 13:6)가 되어 천상의 성전에 있으나, 아브라함의 후손 중 변화되어 천상의 성전에 들어올 자들은 "일곱 재앙이 마치기까지" 아직 때가 안 되었다는 의미다. 그때까지는 오직 공의로운 "하나님의 진노"의 심판만 있을 뿐이다. 하나님의 공의란 구원받은 성도들에게는 상급(보상)이 있을 것이나, 불신자(악인)에게는 심판(보응)만 있을 뿐이다.

이것으로써 첫 번째 인수인계식은 계 8장에서 '7천사들이 7나팔을 받으며(계 8:2), 7나팔을 준비(계 8:6)하는 인수인계식'(계 8:1-6)이 있었다면, 두 번째 인수인계식은 계 15장에서 '7대접 재앙을 준비하는 인수인계식(계 15:1, 7)'(계 15:1-8)을 마지막으로 계 16장에서는 7대접 재앙 심판이 실행되게 된다.

요한계시록 16장

Q_01. 계 16장의 핵심 메시지는 무엇인가?

A 계 16장이 요한계시록에서 갖는 의미와 시기적으로 어느 정도의 위치에 있는지를 아는 것이 필요하다. 계 8:13에서 예고된 세(三) 화(禍) 중에서 첫째 화[계 9:1-12. "죽고 싶으나 죽음이 그들을 피"(계 9:6)하는 5달 황충의 재앙], 둘째 화[계 9:13-11:14. 전 3년 반. "사람 삼분의 일이 죽임"(계 9:18)을 당하는 전쟁], 그리고 셋째 화[계 11:15-19:21. 후 3년 반. 7대접 재앙 심판]의 기간이 계 9장부터 계 16장까지 연속되고 있다.

일곱째 나팔(계 11:15)은 7대접 재앙(禍)으로 연결되는데, 계 15장에서 7대접 재앙 심판에 대한 권한을 일곱 천사들에게 인수인계케 하신 하나님께서, 계 15장을 통하여 "마지막 재앙"(계 15:1)이며 "하나님의 진노가 이것으로 마치리로다"(계 15:1)라고 예고하신 대로, 계 16장에서부터는 마지막에 급하게 쏟아내는 7대접 재앙이 실행되는 것으로 전개된다.

첫째 대접과 둘째 대접 등, 대접과 대접 사이의 시간이나 혹은 한 대접 재앙의 시간이 얼마나 되는지에 대해서 성경은 침묵하고 있다. 재앙의 시간(기간)을 알려 준 것은 오직 첫째 화이며, 다섯째 나팔재앙만 5달이라고 하는 기간을 밝혀 주고 있을 뿐, 그 외(7인, 7나팔, 7대접)의 것에 대해서는 침묵하고 있다. 하나님께서 말씀하시지 않는 것은 하나님께 맡기고, 우리는 하나님께서 열어 주신 것 안에서 성령의 조명을 받아 깨달아 알아가는 것이 좋은 태도라 생각된다.

계 13장에서 본색을 드러내며 등장한 용과 짐승과 거짓 선지자가 더욱 최후 발악하다가, 계 16장에서부터는 구체적으로 최후의 심판(멸망)을 받게 되는 것을 보여준다(계 14장 Q_07).

계 16장부터 시작되는 7대접 재앙이 요한계시록에서 차지하는 의미는 무엇인가?

1. 바벨론을 비롯한 "땅에 사는 자들" 누구도 하나님의 심판(멸망)에서 피할 자가 없다는 것을 알려준다.

계 16:1부터 시작되는 7대접 재앙은 7나팔 사건과 비교가 안 될 정도로 그 강도가 훨씬 더 강력하고 전 우주적으로 내려지는 재앙이다. "땅에 사는 자들"(계 8:13) 그 누구도 피할 수 없고, 피할 방법조차 없이 그들에게 내리는 마지막 멸망 심판이다.

7대접 재앙은 "마지막 재앙"(계 15:1)답게 "아마겟돈"(계 16:16)이라는 독특한 용어가 등장한다. 여섯째 나팔(계 9:14) 때와 여섯째 대접(계 16:12) 때 공통으로 유브라데 강이 전쟁의 중심지로 등장하면서, 이 유브라데 강에서 아마겟돈 전쟁이 예비되고 있다(계 16:12). 그러나 실제 물리적인 전쟁은 계 19에서 벌어지게 된다.

2. 계 16장에서부터 본격적으로 바벨론에 대한 심판(멸망)을 실행한다.

요한계시록에서 "바벨론"이라는 용어는 총 8회 등장한다(계 14:8, 16:19, 17:5, 18:2, 10, 14, 15, 21. 계 14장 Q_07). "바벨론"은 셋째 화, 후 3년반 초기부터 등장하며, 바벨론의 멸망과 영원한 심판은 ① 계 14:8에서 예고하고 있으나(계 14장 Q_07), ② 계 15장에서 7대접 재앙을 통하여 바벨론 심판을 준비하시고(계 15:1-8), ③ 심판(전쟁)에 대한 내용은 계 16장(정치적 짐승. 바벨론. 계 16:19-20)과 계 17장(종교적 큰 음녀. 계 17:4-5, 14-18)과 18장(10왕. 계 18:10, 21)에서 심판(전쟁)이 실행되는 것으로 나온다. 그러나 ④ 바벨론에 대한 물리적인 실제 전쟁(심판)은 계 19장(계 19:11-16)에서, 그리고 전쟁(심판) 이후 ⑤ 짐승(적그리스도)과 거짓 선지자(음녀)에 대한 최종 심판은 계 19장(계 19:20)에서, 그들을 하수인으로 이용했던 용의 영원한 최종적인 영원한 심판은 계 20장(계 20:10, 14-15)에서 이루어지는 것으로 성경은 말씀하고 있다.

3. 계 14장(계 14장 Q_07)에서 최초로 언급되었던 바벨론을 계 16장 이후부터 계 18장에 걸쳐 언급하고 있다.

바벨론에 대한 대표적 정의는 짐승(적그리스도)이 짐승의 표인 666으로 통치하는 나라(계 14:9, 11)라고 할 수 있다. 그러나 상황에 따라 여러 이름으로 불리면서 다르게 표현되고 있으나, 큰 흐름에서는 다음과 같이 정리할 수 있다(계 14장 Q_07, 계 16장 Q_01, Q_09, 계 17장 Q_02, Q_03, 계 18장 Q_02, Q_04).

① 짐승(적그리스도)이 짐승의 표인 666으로 통치하는 나라(계 14:9, 11), ② 음녀는 큰 성이며, 여자로 표현된 큰 성은 바벨론(계 18:2, 15-16) 혹은 큰 바벨론(계 17:4-5), ③ 음녀(계 17:1, 5, 15, 16, 19:2)=큰 음녀(계 17:1, 19:2)=음녀들과 가증한 것들의 어미(계 17:5. 음녀는 단수)=바벨론, ④ 음녀들의 어미인 여자 음녀는 임금들["아직 나라를 얻지 못하였으나"(계 17:12), "임금처럼 한동안 권세"(계 17:12)를 받은 왕들]을 다스리는 큰 성(계 17:18), ⑤ 신흥종교 신천지를 비롯한 이단과 타락한 교회가 주동이 되는 나라, ⑥ 바벨론이 전 세계 통치자들을 우상숭배하게 하고, 음행하게 하였으며(계 18:3), ⑦ 짐승의 통치하에 하수인 거짓 선지자(계 13:11. 어린양같이 두 뿔-권세 있는 두 조직체계. 계 13장 Q_05)로 대변되는

세계 단일종교 수반이 보조자로 통치하는 타락한 나라 등이라고 정의할 수 있다. 바벨론은 "땅에 사는 자들"(계 8:13)인 전 세계를 음행하게 했다. 바벨론은 타락하게 미혹하는 음행의 대명사다. 바벨론은 최후 심판(멸망)받을 상징적 대명사다.

4. 용과 바벨론(짐승과 거짓 선지자)에 대한 하나님의 심판(멸망) 계획(로드맵)은 계 14장부터 계 19장에 걸쳐 진행된다(계 14장 Q_07). 이것을 또 다르게 설명하면 이렇다. ① 계 14:8에서 바벨론의 멸망과 영원한 심판 처음 예고, ② 계 15장에서 바벨론 심판 준비(대접 재앙을 준비), ③ 계 16장에서 바벨론의 멸망 설명 언급(계 16:19-20), ④ 계 17장에서 종교적 바벨론인 음녀에 대한 심판으로 설명 언급(계 17:4-5, 14-18), ⑤ 계 18장에서 음녀를 설명하면서 음녀인 바벨론이 무너졌다고 선언(계 18:2)한 뒤, 그 무너짐에 대한 심판이 실행(계 18:10, 21)된다고 언급한다 [계 18장에서는 아마겟돈 세 주인공은 ㉠ 짐승, ㉡ 큰 음녀, ㉢ 땅의 왕들인 10왕(10뿔. 상인들)을 가리킨다. 계 18장의 긴 설명은 그 바벨론이 어떻게 번영을 누리다가 완전히 심판(계 18:2. 파멸)을 받게 되었는지, 바벨론(짐승인 적그리스도)과 무역하며 "음행하고 사치하던 땅의 왕들"(계 18:9)이 어떻게 번영을 누리다가 완전히 파멸하게 되었는지, 그 배경과 이유와 장면 등을 설명하고 있다]. 그러나 ⑥ 실제 물리적 전쟁(심판)은 계 19장에서 그 후 ⑦ 짐승(적그리스도)과 거짓 선지자(음녀)에 대한 심판은 계 19장(계 19:20)에서, 그들을 하수인으로 이용했던 ⑧ 용의 영원한 최종적인 심판은 계 20장(계 20:10, 14-15)에서 이루어진다(계 16장 Q_01).

그러면 왜 바벨론 심판의 비슷한 내용이 계 16장에서 계 18장에 이르기까지 반복적으로 언급되고 있는가? "그들이 어린양과 더불어 싸우려니와"(계 17:14)라는 말씀이 나온다. '그들'이란 누구인가? 어린양을 대적하여 싸우려는 3실존 주인공을 말한다. ㉠ 짐승, ㉡ 큰 음녀, ㉢

10왕(10뿔)을 말한다. 그들이 연합군을 결성하여 어린양을 대적하며 싸운다.

계 16장에서 짐승의 대명사인 바벨론, 계 17장에서 큰 음녀, 계 18장에서 그들와 함께했던 "땅의 왕들"인 10왕에 대한 기사가 나온다.

이들 3실존을 각각 언급하다 보니, 비슷한 내용이 반복적으로 언급된 것처럼 보이는 것이다. 그러나 확인해 보면 똑같은 내용의 반복이 아니라, 하나님께서는 어린양을 대적하는 3실존에 대한 심판을 각 장마다 별도로 구별하여, 구체적으로 언급하시고 있음을 발견하게 된다.

⑥ 그러나 바벨론 심판에 대한 물리적인 실제 심판은 계 19장(계 19:11-16)에서 이루어지면서(예수님의 지상강림), ⑦ 짐승(적그리스도)과 거짓 선지자는 "산 채로 유황불 붙는 못"에 던져지면서(계 19:20) 사라지게 된다. ⑧ 이어서 용(사탄)은 1,000년간 결박당하면서, 지상에는 1,000년 그리스도의 왕국이 이루어진다.

반면에 후 3년 반 동안 짐승과 거짓 선지자를 하수인(앞잡이)으로 이용해 왔던 ⑨ 용(사탄, 마귀)은 1,000년 왕국이 끝나고 흰 보좌 심판(계 20:12) 전에 심판을 받아 종말을 고(지옥)하게 된다(계 20:10).

이렇게 짐승(적그리스도)과 거짓 선지자는 멸망당하고(계 19:20), 용(사탄, 마귀)도 최종적인 영원한 심판을 받고, 사망과 음부도 불못(둘째 사망)에 던져짐(계 20:10, 14-15)으로 모든 우주의 역사가 끝나고, 이후에 새 예루살렘인 영원한 천국(계 21:1-2, 10)이 이루어지도록 하나님은 계획하셨다. 그 계획하신 대로 지금의 역사도 그 방향을 향하여 흘러가고 있다(계 1:19).

계 16장은 셋째 화 중에 발생하는 사건들이며, 7년 심판 대환난 중 후 3년 반 기간에 일어나는 일이다. 이런 하나님의 계획을 이해하면서 본서를 읽는다면, 성경의 흐름을 이해하는 데 도움이 되리라 생각된다.

5. 계 16장은 7부분으로 나눌 수 있다(주제는 7대접 재앙과 아마겟돈 전쟁 준비). ① 첫째 대접(악하고 독한 종기 재앙. 계 16:1-2), ② 둘째 대접(바다의 모든 생물 죽음. 계 16:3), ③ 셋째 대접(강과 물 근원이 피가 됨. 계 16:4-7), ④ 넷째 대접(해가 불로 사람을 태우는 재앙. 계 16:8-9), ⑤ 다섯째 대접(혀를 깨물 정도의 아픈 고통과 종기의 재앙. 계 16:10-11), ⑥ 여섯째 대접(세 더러운 귀신의 영과 아마겟돈 전쟁준비. 계 16:12-16), ⑦ 일곱째 대접(만국의 성들이 무너지는 멸망. 계 16:17-21) 등이다.

Q_02. 첫째 천사(첫째 대접)가 그 대접을 땅에 쏟은 결과 어떻게 되었는가? (계 16:1-2)

A 먼저 부분적으로 관찰을 할 필요가 있다. 사도 요한이 들었다고 했다. ① "성전에서 큰 음성이 나서", ② "일곱 천사에게 말하되 너희는 가서", ③ "하나님의 진노의 일곱 대접을 땅에 쏟으라 하더라", ④ "첫째 천사가 가서 그 대접을 땅에 쏟으매", ⑤ "짐승의 표를 받은 사람들과 그 우상에게 경배하는 자들에게 악하고 독한 종기가 나더라"는 것이다.

1. 큰 음성의 주체자는 누구인가? 하나님이시다. 큰 음성이 어디에서 나오는 음성인가? 성전이다. 성전에서 큰 음성을 낼 대상은 오직 하나님밖에 없기 때문이다.

2. 7천사 하나하나에게 말씀하신 것이 아니라, 7천사에게 동시에 명령하신 것이다. 그랬을 때 7천사 하나하나가 하나님의 명령을 수행하는 형식으로 진행되고 있다. 이것이 왜 중요한가? 7천사에게 동시에 명령하신 것은 틀림이 없다. 그 명령이 동시에 내려졌다는 것을 전제로 할 때, 7천사가 동시에 명령을 수행할 수도 있기 때문이다. 그러나 계 16장의 흐름으로 볼 때, 7천사가 하나님의 명령을 같은 시간에 동시에 수행한 것으로는 보이지 않는다. 시간을 측정할 수는 없어도 논리적으로는 시간 차가 있는 것으로 보인다.

3. 7대접의 성격은 "하나님의 진노의 일곱 대접"(계 16:1)이라는 사실이다. 요한계시록에는 "하나님의 진노"라는 용어가 5회(계 14:10, 19, 15:1, 7, 16:1. 계 14장 Q_08) 등장하면서, 그 진노의 대상인 바벨론 심판에 대한 로드맵을 하나님께서 알려 주시고 있다(계 14장 Q_08). 일곱째 나팔을 가진 천사가 나팔을 불면서 7대접을 준비하는 기간으로 들어간다(계 11:15). 그 7대접을 준비하는 7나팔에는 계 14장도 포함된다.

문제는 그 7대접을 준비하는 계 14장에서만 "천사"라는 용어가 총 8회(계 14:6, 8, 9, 10, 15, 17, 18, 19) 등장하는데, 중복된 천사를 빼고 각각 서로 다른 목적을 갖고 등장하는 천사만 6회(계 14:6, 8, 9, 15, 17, 18) 등장한다.

서로 다른 목적을 갖고 등장하는 6회 천사 중에서, 셋째 천사가 "하나님의 진노"(계 14:10)의 포도주에 대해 언급한다. "하나님의 진노"는 바로 계 14:10에서 이렇게 처음 등장하면서 계 14장 이후에 전개될 재앙은 모두 "하나님의 진노"이며, 하나님께서 내리시는 재앙 심판(멸망)이며, "땅에 사는 자들"(계 8:13)에게는 돌이킬 수 없는 화(禍)라고 하는 사실을 분명하게 밝히고 있다(계 14장 Q_06).

셋째 화(禍) 재앙인 7대접 재앙은 이렇게 심판이라는 재앙의 성격을 분명히 밝히면서 계 16장에서 본격적으로 진행된다.

4. 첫째 천사가 대접을 땅에 쏟은 결과 어떤 문제가 발생했는가?

하나님께서 "일곱 천사에게 말하되 너희는 가서 하나님의 진노의 일곱 대접을 땅에 쏟으라"(계 16:1) 하신 명령은 "땅에 사는 자들"을 향해 지금까지 참아 오셨던 "마지막 재앙"(계 15:1)을 이 지구에 쏟아붓겠다는 하나님의 강력한 심판에 대한 의지의 표현이다(사 59:18). 7대접을 쏟은 전반적(全般的)인 대상은 "땅"이다.

5. 첫째 대접을 땅에 쏟으면서 피해를 입은 대상은 누구인가? "짐승의 표를 받은 사람들"(계 16:2)이었다.

첫째 대접을 쏟은 대상은 "땅"인데 왜 "짐승의 표를 받은 사람들"이라고 하는가? 둘 사이에는 어떤 관계가 있는가? 계 14장에서 다음과 같이 예고했었다. "누구든지 짐승과 그의 우상에게 경배하고 이마에나 손에 표를 받으면"(계 14:9), ① "하나님의 진노의 포도주를 마시리니"(계 14:10), ② "그의 이름 표를 받는 자는 누구든지 밤낮 쉼을 얻지 못하리라"(계 14:11)고 예언했었다. 예언된 말씀 그대로 "짐승의 표"(계 16:2, 19:20, 계 13장 Q_06)를 받고 "그 우상에게 경배하는 자들"에게 "악하고 독한 종기가 나더라"(계 16:2)는 것이다.

"악하고 독한 종기(헌데)"는 출애굽 당시 하나님께서 애굽에 내리셨던 10가지 재앙 중 여섯번째 독종과 같은 재앙이다(출 9:8-11). 종기는 고통의 상징이다[신 28:35; 욥 2:7. 한센병(나병, 문둥병), 피부암, 그 외 불치의 종기 등].

첫째 대접을 땅에 쏟았지만, 당시에 "땅에 사는 자들"(계 8:13)이란, 모두(계 13:8, 15)가 짐승(적그리스도)과 우상에게 경배(우상숭배)하는 자들이다. 그 모든 자가 "짐승의 표"(계 16:2, 19:20, 계 13장 Q_06)를 받고 "그 우상에게 경배하는 자들"이었다. 그 결과 땅에 사는 자들이었던 그들 모두에게 "악하고 독한 종기" 재앙이 내렸다. 그 재앙은 계 14장에서 예언된 말씀의 성취이기도 하다. 역시 하나님은 우상숭배를 절대 기뻐하지 아니하신다. "마지막 재앙"(계 15:1) 중에서도 첫 번째 타깃(target)이 우상숭배를 하는 자들이었다.

Q_03. 둘째 천사(둘째 대접)가 그 대접을 바다에 쏟은 결과 어떻게 되었는가? (계 16:3).

A 둘째 대접을 쏟은 대상은 바다였다. "그 대접을 바다에 쏟으매 바다가 곧 죽은 자의 피같이 되니"(계 16:3)라고 했다. "바다 가운데 모든 생물"이 죽는 재앙(계 16:3)이다.

바다는 지구상에서 육지를 둘러싼 짠물이 고여 있는 넓은 곳을 말한다. 지구 전체 넓이의 70.8%를 차지할 만큼 크고 넓다. 그 평균 깊이는 3,795m에 이른다. 바다 밑바닥 지형도 육지와 마찬가지로 높은 곳도 있고 낮은 곳도 있다. 산도 있고 골짜기도 있으며, 평야도 있다. 화산도 있으며, 깊은 바다 밑바닥에는 흙과 먼지가 쌓여 있다. 세계에서 가장 깊은 곳은 태평양에 있는 마리아나 해구의 비티아즈 해연으로, 깊이가 1만 1,034m나 된다(에베레스트 8,842m). 우리가 보는 바닷물은 보통 파랗다. 그런데 녹색을 띤 플랑크톤이 많으면 바다는 녹색이 되고, 이런 플랑크톤이 갑자기 번식하면 바닷물은 붉게 물든다. 이런 현상을 적조라고 하며 수산업에 피해를 준다.

적조현상만 나타나도 수산업자를 비롯하여 바다의 생물을 먹는 사람들은 모두 긴장한다. 그런데 바다가 죽은 자의 피같이 된 결과 "바다 가운데 모든 생물이 죽더라"(계 16:3)는 것이다.

하나님께서 애굽에 내리신 10가지 재앙 중 첫 번째 재앙은 피 재앙이었다(출 7:20-21). "나일 강을 치니 그 물이 다 피로 변하고"(출 7:20), "나일 강의 고기가 죽고 그 물에서는 악취가 나니 애굽 사람들이 나일 강 물을 마시지 못하며"(출 7:21)라고 했다.

둘째 대접 재앙으로 바다의 모든 생물이 멸종되는 재앙이다. 바다의 모든 생물이 멸종되면 그것으로 끝나는 것일까? 일대의 물이 피로 변하는 재앙이었다. 나일 강 일대의 고기 떼가 죽임을 당해 그 악취로 견딜 수 없었는데, 이 둘째 재앙으로 바다의 모든 생물이 멸종된다.

바다의 깊이에 따라 다양한 종류의 고기들이 입체적으로 분포되어 있는데, 수많은 종류의 바다의 모든 생물이 떼죽임을 당해, 바다 위로 떠오른다고 생각해 보라. 바다와 바닷가에는 이루 말할 수 없는 악취가 날 것이다. 이 문제가 지엽적인 현상이 아니라 모든 대륙에서 동일한 현상이 나타난다면, 그 결과로 온갖 전염병이 창궐하게 될 것이다. 바다의 생물을 못 먹는다 할지라도, 바다로부터 발생하는 온갖 질병으로 지상에 남아 있는 "땅에 사는 자들"은 큰 고통을 당하게 될 것이다.

이런 고통을 당하지 않는 방법이 있다. "땅에 사는 자들"(계 8:13)이 아니라, "하늘에 사는 자들"(계 13:6)이 되면 된다. "하늘에 사는 자들"이 되기 위해서는 '휴거'(살전 4:16-17)되는 것이 정답이다. 그러므로 늘 단장된 신부로 휴거의 소망을 가지며 살아야 한다.

Q _04. 셋째 천사(셋째 대접)가 그 대접을 강과 물 근원에 쏟은 결과 어떻게 되었나? (계 16:4-7)

A 셋째 대접을 쏟은 대상은 강과 물 근원이었다. "그 대접을 강과 물 근원에 쏟으매 피가 되더라"(계 16:4)고 했다. 바다에 이어 인간이 가장 가까이하게 되는 강과 물 근원에까지 피 재앙이 임했다.

바다 재앙 이후 시간의 차이는 알 수 없으나, 바다에 이어 강과 물 근원에까지 재앙이 임하는 것은 바다보다 더 크고 심각한 타격을 받게 된다. 당장 마시고 씻을 물이 없다. 죽어가는 사람이 급증할 것이다.

출애굽 당시 이스라엘 백성들은 홍해를 건넌 뒤 홍해를 건너게 해 주신 하나님께 감사 감격의 찬송을 드린다(출 15:1-21). 그러나 홍해를 건넌 뒤 수르 광야에서 사흘 길을 걸었으나 물을 얻지 못하자 그들은 쓴 물 때문에 모세를 원망하고 하나님을 원망했다(출 15:24).

인간은 좋은 관계를 유지하다가도 원하는 것이 충족되지 않으면, 당장에라도 속에 있는 것들을 내뿜은 존재들이다. 강과 물 근원이 피가 되는 이런 현상은 어느 한두 곳만의 지엽적인 문제가 아니다. 전체적이고 전 우주적으로 내려지는 재앙이다.

1. 이때 물을 차지한 천사가 등장하면서 하나님의 공의로운 심판에 대해 말을 한다.

"물을 차지한 천사"(계 16:5)라고 할 때, 심판에 관한 의미로 "불을 다스리는 다른 천사"(계 14:18)는 등장했는데, "물을 차지한 천사"는 처음 등장한다.

"물"은 '바다'와 같은 의미로 '세상'(계 17:15)을 의미하기도 하지만, 물을 차지했다는 의미는 세상을 다스린다는 의미가 맞는지 성령께서 아직 깨닫게 해주시지 않아 모르겠다. 그러나 아마도 바다와 강, 그리고 물 근원을 언급한 것과 관련 있는 천사로 보인다. 하지만 이 문제는 맥락 이해에 꼭 필요한 문제는 아닌 것 같아 넘어가고자 한다.

1) "전에도 계셨고 지금도 계신 거룩하신 이"(계 16:5)라면서 하나님의 성격과 존재를 밝히고 있다. 그 하나님은 역사의 주관자이시며 거룩하신 분이라는 말이다.

요한계시록에는 "이제도 계시고 전에도 계셨고 장차 오실 이"에 대한 기록이 계 1:4, 8, 4:8, 11:17, 16:5 등 5회 등장한다. 그런데 계 1:4, 1:8, 4:8에는 있으나, 단 두 곳(계 11:17, 16:5)에서만 "장차 오실 이"라는 용어가 없다.

예수님의 공중강림 이전과 이후의 용어가 다르다는 말이다. 계 4장까지 "장차 오실 이"라는 용어가 등장하는 것은 계 4장까지 예수님이 아직 안 오셨기 때문이며, 7년 대환난 후인 계 11:17과 계 16:5에는 예수님께서 이미 오셨기 때문에(살전 4:16-17), "장차 오실 이"라는 용어가 없는 것이다.

"땅에서 속량함"(계 14:3)을 받은 하나님의 자녀들이 지금과 같은 7년 심판 대환난을 겪지 않도록, 7년 심판 대환난 전에 신부인 택함 받은 자들을 영접하기 위해 휴거케 하시는 하나님의 놀라운 뜻과 섭리 속에 구속의 역사가 역사의 주관자이신 하나님의 뜻 가운데 진행되고 있기 때문이다(계 1장 Q_09).

2) "이렇게 심판하시니 의로우시도다"(계 16:5)라는 것은 강과 물 근원을 피가 되게 하시는 하나님의 마지막 진노의 재앙이 주의 공의대로 실현되고 있음을 선언하고 있다.

3) "그들이 성도들과 선지자들의 피를 흘렸으므로 그들에게 피를 마시게 하신 것이 합당하니이다 하더라"(계 16:6)는 것은 "땅에 사는 자들"(계 8:13)이 심판을 받는 이유에 대해 말씀하고 있다. 그들이 심판받는 이유는 성도들과 선지자들의 피를 흘렸기 때문이다(계 17:6, 18:24, 19:2).

피를 '흘렸으므로'는 엑세케안(ἐξέχεαν)은 엥케오(ἐκχέω. 흘리다. 뿌리다, 쏟다)의 부정과거 능동태 직설법 3인칭 복수로 사용되었다. 땅에 있는 자들이 현재(후 3년 반) 성도들과 선지자들의 피를 흘리게 한 것이 아니다. 부정과거(계 14장 Q_03)로 사용되었다. 7년 심판 대환난 전인 교회시대 당시인 과거에 흘리게 한 피(순교. 계 6:9-11)를 의미한다.

계 16:6에 나오는 "성도"는 어떤 의미로 사용되었는가? 요한계시록에는 "성도"라는 용어가 대상에 따라 크게 세 부류로 총 13회(계 5:8, 8:3, 4, 11:18, 13:7, 10, 14:12, 16:6, 17:6, 18:20, 24, 19:8, 20:9. 계 7장 Q_08) 사용되었다. ① '지상 성도', ② '천상 성도', ③ 휴거된 성도들이 '휴거 전 지상에 있을 때 올린 기도를 언급하며 성도'라 부를 때 등 세 부류로 사용되었는데, 계 16:6의 "성도"는 "하늘에 사는 자들"(계 13:6)인 천상의 성도들을 의미한다(계 7장 Q_08). 그 이유로 현재는 셋째 화(후 3년 반), 셋째 대접재앙이 쏟아지는 중에 있는데, 구원받은 성도들과 선지자들은 이미 휴거되었기 때문이다.

계 16:6의 말씀은 계 6:10에 대한 하나님의 응답이며, 기도가 성취되는 말씀이다. 교회시대 당시 성도들과 순교자들은 "큰 소리로 불러 이르되 거룩하고 참되신 대주재여 땅에 거하는 자들을 심판하여 우리 피를 갚아 주지 아니하시기를 어느 때까지 하시려 하나이까"(계 6:10)라며, 신원의 기도를 계속 드렸었다.

성도들과 순교자들은 "땅에 사는 자들"(불신 불택자인 악인들)을 심판해 달라고 호소하는 기도를 드렸었다. 7대접 재앙이 7년 대환난 후 3년 반)의 성격이 심판이라는 것을 깨닫게 해준다. 7년 심판 대환난은 휴거되지 못하여 "땅에 사는 자들"을 심판하는 성격을 갖는다. 순교자들은 7년 심판 대환난을 통해서라도 심판을 재촉하며 호소했다.

"땅에 사는 자들"에 대한 심판은 믿는 성도들에게는 격려가 되는 응답이다. 아벨의 피의 호소가 가인을 정죄한 것처럼, 성도들과 순교자들의 호소는 하나님의 궁극적 심판(7년 심판 대환난)을 재촉할 것이다.

"땅에 사는 자들"인 불신 불택자들은 계 16:6, 18:24에서와 같이, 순교자들의 신원의 호소가 이루어지는 7년 심판 대환난 중 후 3년 반에 이루어지는 7나팔과 7대접 특히 7대접 재앙으로 더 극심한 심판을 받게 될 것이다. 이런 심판은 고통과 피를 흘린 성도들에게 하나님의 위로가 되는 것이다(계 18:20).

그러므로 심판받아야 할 대상자들이("땅에 사는 자") 심판받는 이유는, 교회시대 당시에 "땅에 사는 자들"이 성도들과 순교자들에게 고통을 주었고 피를 흘리게 했기 때문이다. 그들이 피를 마시게 하시는 하나님의 보응의 심판은 공의로우며 합당하다는 것이다.

※ P.S.: 믿는 성도들이여! 그러므로 휴거되어야 한다. 휴거되지 못한 "땅에 사는 자들"의 비참함을 기억해야 한다. 그리고 불의한 고통을 당하고 있는가? 억울한 아픔이 있는가? "너희가 친히 원수를 갚지 말고"(롬 12:19), "원수 갚는 것이 내게 있으니"(롬 12:19; 히 10:30)라고 했다. 여러분의 손에 피를 흘리지 말고, 주의 손에 맡기라. 그리고 신원의 기도를 올려라. 그러면 반드시 하나님께서 갚아 주실 것이다(계 18:20). 악인이 심판받는 것이 공의다. 공의가 실현될 때, 우리는 하나님의 위로에 감사하며 기뻐하게 된다.

2. 물을 차지한 천사의 공의로운 심판 선언에 대하여 제단에서 화답하며 제단에서 소리가 들린다.

"제단이 말하기를"(계 16:7)이라고 했다. 제단이 어떻게 말을 하는가? 그것이 아니라고 한다면, 제단에 있는 누가 이런 말을 했을까? "제단"에서 말한 대상자는 천사로 추정된다.

그 이유는 "제단"과 관계된 용어가 7회(계 6:9, 8:3, 5, 9:13, 11:1, 14:18, 16:7) 등장한다. 그중 계 16:7의 "제단"과 관련된 세 곳에서 천사가 등장한다(계 8:3, 5, 14:18).

그러면 천상의 제단과 관련된 다른 대상은 또 없는가? 24장로나 4생물을 확인해 봤다. 24장로들(계 4:4, 10, 5:8, 11:16, 19:4)이나 4생물들(계 4:6, 8, 5:6, 8, 14, 6:1, 7:11, 14:3, 15:7, 19:4)은 반드시 하나님, 어린양 혹은 하나님 보좌와 관계될 때 등장한다는 공통점이 있다. 그런 의미에서 제단이 말했다는 것은 제단과 관련된 천사가 말을 했다고 이해해도 좋다고 생각된다.

또 제단에서 들려오는 소리가 있었다. ① "그러하다 주 하나님 곧 전능하신 이시여", ② "심판하시는 것이 참되시고 의로우시도다"(계 16:7)라는 것이다. 이것은 하나님의 심판이 공의로우며 정당하다는 것을 다시 한 번 확인해 주는 말이다.

Q _05. 넷째 천사(넷째 대접)가 그 대접을 해에 쏟은 결과 어떻게 되었는가? (계 16:8-9)

A 이것은 넷째 대접 재앙으로 넷째 천사가 그 대접을 해에 쏟으매, 해가 권세를 받아 불로 사람을 태우는 재앙이다.

1. 여기에서 주목해야 할 것이 있다.

1) 해가 권세를 받아 불로 사람을 태운다는 것이다.

"타이어와 신호등이 젤리처럼…50도 역대급 폭염에 녹아버린 도시"라는 타이틀 기사가 나왔다. 2021년 07월 23일 현재 미국 북서부 지역 최고 기온이 50도까지 치솟았다. 이것은 뜨거운 고기압이 대기 중에 자리 잡아 지표면의 열기를 가두는 '열돔 현상' 때문에 50도 전후의 폭염이 2주 넘게 지속되고 있다. 지면 온도가 크게 올라 타이어와 도로 표지판과 신호등도 젤리처럼 녹아내렸고, 자동차 차 유리까지 열을 견디지 못하고 깨졌다. 슬리퍼가 아스팔트에 닿자마자 녹아내렸다. 이 같은 폭염에 농작물 피해도 심각한 것으로 전해진다. 전문가들은 "기후 변화로 지구 온도가 올라가면서 잦아질 수 있다"고 경고한다. 전문가들은 인간이 초래한 기후변화가 아니라면 이번 폭염은 일어날 수 없었던 일이라는 데 의견을 같이하고 있다. 최근 발표된 내츄럴리소스캐나다 보고서에 의하면, 강우 패턴의 변화, 고온, 해수면 상승, 폭염 같은 기상이변은 계속될 것이며 앞으로 수십 년에 걸쳐 더욱 강화될 것이라고 한다(김채현 기자, "타이어와 신호등이 젤리처럼"…50도 역대급 폭염에 녹아버린 도시", 〈서울신문〉, 2021. 07. 23).

태양계의 행성 가운데 유일하게 지구에서만 생명체가 존재할 수 있었던 가장 큰 이유는 바로 '지구 자기장' 때문이라고 한다. 지구 자기장이 약화와 역전 등으로 지구 보호막이 약해지거나 사라진다든지, 태양풍이 지구에 몰아친다든지, 지구 오존층이 파괴되거나 지구의 대기권에 구멍이 뚫린다면, 지구는 생명체에 해로운 자외선으로 심각한 문제가 발생할 것이다. 또 기후 변화 등으로 지구에 고온 현상이 발생하여 사람과 동식물 등이 타서 죽거나 생태계 전체가 균형을 잃는 등의 일들이 발생할 수 있다는 것을 예상할 수 있다.

그러나 우리는 이런 현상 이면의 말씀을 읽어야 한다. "해가 권세를 받아"라고 성경은 밝히고 있다. 이것은 권세를 준 대상자가 있다는 말이다. 그 대상자가 누구인가? 하나님이시다.

하나님은 천지를 창조하신 분이다(창 1:1). "하나님이 궁창을 하늘"(창 1:8)이라 하시고, "하늘의 궁창에 광명체들"(창 1:14)을 만드신 하나님께서 창조물인 태양(해)을 심판의 도구로 사용하신다는 말씀에 포인트가 있다. 태양(해)은 인간에게 필요한 에너지원이다. 하나님이 창조하신 그런 태양(해)으로 "마지막 재앙"(계 15:1)을 쏟아낼 때, 사람을 태우게 할 정도의 "하나님의 진노"(계 15:1)로 심판하신다는 주권과 권능의 하나님이시라는 뜻을 읽어야 한다.

2) "땅에 사는 자들"(계 8:13)의 반응이 너무 독특하다. 성경은 분명하게 말씀하고 있다. "이 재앙들을 행하는 권세를 가지신 하나님"(계 16:9)이라고 밝히고 있다.

2. 그럼에도 이 7대접 재앙으로 심판받는 그들이 행하는 세 가지가 있다. ① "하나님의 이름을 비방하며", ② "회개하지 아니하고", ③ "주께 영광을 돌리지 아니하더라"는 것이다.

3. 반대로 구원받는 택자들은 이런 이변의 현상이 나타날 때 어떻게 하는가? ① "두려워하여"(계 11:13), ② "영광을 하늘의 하나님께 돌리더라"(계 11:13)는 특성이 있다.

4. 그러나 심판(멸망)받는 자들의 특징이 무엇인가? 그들은 마지막까지도 회개하지 않는다(계 9:20, 21, 16:9, 11). 회개도 성령님의 감화와 감동, 그리고 역사가 있어야 회개하는 것이다. 성령님을 의지하는 방법을 모르고 살아온 "땅에 사는 자들"(계 8:13)은 마지막까지 회개하지 않을 정도로 완악(강퍅)하다. 그래서 심판받고 지옥 가는 것이다(눅 13:5; 롬 2:5).

그러므로 "광야에서 시험하던 날에 거역하던 것같이 너희 마음을 완고하게 하지 말라"(히 3:8)고 했다. 늘 우리를 되돌아보며, 때때로 완고해지는 우리들의 마음을 다독이며 살아가자.

Q _06. 다섯째 천사(다섯째 대접)가 그 대접을 짐승의 왕좌에 쏟은 결과 어떻게 되었는가? (계 16:10-11)

A 계 13장에서 본색을 드러내며 등장한 용과 짐승과 거짓 선지자가 더욱 최후 발악하다가, 계 16장에서부터는 구체적으로 최후의 심판(멸망)을 받게 되는 것을 보여주는데, 바벨론이란 상황에 따라 조금씩 다르지만, 큰 흐름에서는 짐승(적그리스도)이 짐승의 표인 666으로 통치하는 나라(계 14:9, 11)라고 할 수 있다.

바벨론의 멸망과 영원한 심판은 계 14장 Q_07, 계 16장 Q_01에서 참고할 때, 계 16:10에 나오는 "짐승의 왕좌에 쏟으니"라는 말의 의미를 이해할 수 있게 될 것이다. '짐승의 왕좌'라 하는 것은 '짐승(적그리스도)의 통치권 아래 있는 모든 국가 왕좌(10왕의 권세)'라고 할 수 있다. 그런 대상인 10왕(10뿔)의 권좌에 쏟아지는 재앙이라는 말이다.

다섯째 대접 재앙의 결과와 특징은 무엇인가?

① "그 나라가 곧 어두워지며"(계 16:10). 애굽에 내린 아홉 번째 재앙과 마찬가지로 짐승이 통치하는 나라의 미래를 예언하고 있다. 어두워진다는 것이다.

② "사람들이 아파서 자기 혀를 깨물고"(계 16:10). **자기 혀를 깨물 정도 고통의 원인이 무엇이었나?** ㉠ "아파서"였다. 태양의 열기로 화상을 입어서 아팠을 뿐 아니라, ㉡ "종기"(계 16:2, 11)로 고통이 가중되었다. 그 고통은 혀를 깨물 정도로 아프고 고통스러웠다.

③ "아픈 것과 종기로 말미암아 하늘의 하나님을 비방하고"(계 16:11). 그 아픈 것과 종기가 기도의 제목이 되는 것이 아니라, 오히려 하나님을 비방하는 원인이 되었다.

④ "그들의 행위를 회개하지 아니하더라"(계 16:11). "땅에 사는 자들"(계 8:13)은 마지막까지 자신들의 악한 행위에 대해 회개하지 않을 정도로 완악(강퍅)하다는 특징이 있다. 그래서 심판받고 지옥 가는 것이다(눅 13:5; 롬 2:5).

Q_07. 여섯째 천사(여섯째 대접)가 그 대접을 큰 강 유브라데에 쏟은 결과 어떻게 되

었는가? (계 16:12-16). (이단 경계)

A 1. 요한계시록에서 "유브라데"는 단 2회 등장한다(계 9:14, 16:12).

계 9:14의 유브라데는 6나팔이 불릴 때, "큰 강 유브라데에 결박한 네 천사"가 놓임으로, 2억의 마병대가 동원된 전쟁(계 9:16-18)이 벌어지게 된다. 세 재앙인 "불과 연기와 유황"으로 "사람 삼분의 일이 죽임을" (계 9:18) 당하는 재앙이 내려진다.

2. 그러나 계 16:12의 유브라데는 계 9:14의 유브라데와 성격이나 내용 면에서 큰 차이가 있다. 계 16:12의 유브라데는 6대접(계 16:12) 때 일어날 일이며, 여섯째 대접을 유브라데에 쏟게 되는 재앙이다. "마지막 재앙"(계 15:1)의 성격이 있으며, "세 더러운 영"(계 16:13)인 "귀신의 영" (계 16:14)이라고 하는 "용의 입과 짐승의 입과 거짓 선지자의 입에서" (계 16:13) 나오는 말과 이적을 따라 짐승(적그리스도)을 추종하는 연합 왕이 어린양을 대적하여 싸우는 전쟁이다. 셋째 화, 후 3년 반 기간에 "이것으로 마치리로다"(계 15:1)라는 말씀 그대로 하나님의 지상심판이며, 계 9:14의 전쟁보다 더 확대된 인류 최후의 대규모 전쟁인 '아마겟돈' 전쟁이 유브라데에서 예비되고 있다는 것에 큰 의미가 있다.

"개구리 같은 세 더러운 영"(계 16:13)이라 할 때, '개구리'의 문자적 의미는 '습지에 뛰는 동물'(Marsh-leapers)이다. 출애굽 당시 하나님께서 애굽에 내리신 둘째 재앙이 개구리 재앙이다. 부정한 동물이며 부정한 재앙의 상징이요, 더러운 영을 상징한다(출 8:2-4). 부정한 개구리가 애굽 모든 백성과 그들의 모든 그릇에 가득했던 것처럼, "개구리 같은 세 더러운 영"이 용, 짐승, 거짓 선자자의 입에서 나온다는 말씀은, 그 세 주역들의 세 치 혀에서 나온 온갖 부정한 말들의 죄악이 "땅에 사는 자들"(계 8:13) 전반에 퍼지게 될 것에 대해 알려 주시는 말씀이다.

3. 여섯째 천사가 그 대접을 큰 강 유브라데에 쏟으매 강물이 말라서 동방에서 오는 왕들의 길이 예비되었다는 말의 의미는 무엇인가?

대규모 병력이 이동하기 위해서는 해상보다 육상이 훨씬 더 유리하다. 여섯째 대접 재앙이 쏟아질 때 유브라데 강이 말랐다. 시대가 흘러가면서 하나님 말씀들이 그대로 성취되어 가고 있다. 유브라데 강을 마르게 하는 것은 동방에서 오는 왕들의 대군들이 건널 수 있게 하기 위함이다.

유브라데 강 상류인 터키나 시리아에서 현재 여러 댐을 건설하고 있다. 언제든 댐의 수문을 막으면 강이 마르게 된다. 그 대표적인 댐이 아타투르크 댐이다. 터키의 아디야만은 넴루트다으 유적 등 거대한 무덤 유적을 보유한 지역이다. 1987년 이 일대가 유네스코 세계문화유산으로 지정돼 보존되고 있다. 그런데 2018년도에 발견된 구석기 시대 "동굴 벽화"가 수위가 낮아진 댐 안에서 발견되어 해외 토픽으로 보도된 적이 있었다(2018.10.16. 11:28. 나우뉴스).

이란 남서부 후제스탄 주(州)에서 50년 만에 기록적인 가뭄으로 주민들이 타이어를 태우며 상수도 단수에 항의하는 시위가 유혈 사태로 번지고 있다고 26일(현지시간) 영국 BBC는 보도하면서, "이란 보안군이 심각한 물 부족으로 시위하는 후제스탄 주민들을 향해 발포하고 있다"며 현장 상황을 담은 영상을 공개했다. 이 시위가 2주째 이어지던 중 23일까지 시위대와 시민 최소 8명(10대 소년 포함)이 진압으로 사망했다고 국제엠네스티가 밝혔다. 인근 국가들도 폭염과 가뭄, 에너지 고갈로 불안정한 상황이다. 기온 급상승과 함께 레

> 바논, 이라크, 시리아에서는 에너지 수급에 문제가 생겨 장기간 정전 중이다. 인디펜던트에 따르면 한 전문가는 시리아가 이란과 함께 '물 파산' 상태라고 평가했다. 유니세프는 앞으로 4~6주 사이 레바논에서도 전국적으로 물 공급이 중단될 것으로 추정된다고 발표했다. 미국의 중동연구소 소속 학자 제시카 오베이드는 워싱턴포스트(WP)와의 인터뷰에서 "(중동에서도) 기후 변화와 그에 따른 기온 상승으로 상황이 악화되고 있지만, 문제의 뿌리는 (기후 변화에 대한) 부실한 계획, 약한 정치적 환경, 전력 부문에 대한 적은 투자 때문"이라고 지적했다(2021.07.27. 중앙일보).

그러나 이렇게 아마겟돈 전쟁이 예비되고 있지만, 실제 물리적인 전쟁은 계 19에서 벌어진다. 계 17:14에 어린양을 대적하여 싸우는 주인공인 세 실존(㉠ 짐승, ㉡ 큰 음녀, ㉢ 10왕)이 나오는데, 이들이 어린양을 대적하며 어린양과 싸우는 아마겟돈 전쟁의 주인공들이다.

4. 아마겟돈의 세 주인공에 대해 성경에서는 분명하게 가르치고 있으나, 신천지는 말씀을 왜곡하고 있다. 신천지는 "계시록에서는 세 존재가 출현하여 싸웁니다. 하나는 하나님 소속이고, 또 하나는 마귀 소속입니다. 나머지 하나는 하나님을 배도하고 마귀를 따르는 배도자입니다. 이 세 존재가 누구인지, 성구와 함께 기록해 보세요"라고 가르친다(210818. 신천지 인쇄물, 인천 마태지파 발송 우편 도착물, 질문 5번 내용. 진용식, 위의 책, p. 331). (총론 Q_40. 아마겟돈의 3주인공)

신천지가 성경에 무식해서인가? 아니면 거짓 선지자 음녀 노릇을 하려고 작정하기 위해서인가? 신천지는 피해자 코스프레(Costume play. 흉내)까지 하면서 기독교에 심각한 피해를 주고 있다. 신천지는 신흥종교다. 성경을 인용하기 때문에 기독교인 것 같으나 신흥종교다. 신천지의 교리는 이만희를 신격화할 목적으로 ① 이긴 자 교리, ② 보혜사 교리, ③ 구원자 교리, ④ 재림주 교리 등등의 교리가 만들어졌다(진용식, 위의 책, pp. 21-26). 성경은 자신들의 주장을 세우기 위한 도구로 인용하고 있을 뿐이다. 하나님의 말씀이 이렇게 분명하게 언급되고 있는데도, 신천지는 자신들 체제 유지를 위해 전혀 다른 의미로 악이용하고 있다. 신천지의 모략을 정말 경계해야 한다.

5. 아마겟돈 전쟁의 큰 그림은 다음과 같다. ① 아마겟돈 전쟁 예고(계 16:14), ② 아마겟돈 전쟁의 주인공들(계 17:13-14), ③ 아마겟돈 전쟁(계 19:11-16) 등으로 진행된다.

성경에 나오는 "아마겟돈"은 액션 SF 장르의 영화 〈아포칼립스: 인류 최후의 날〉을 연상하며 좋은 상상의 나래를 펼 그런 감성을 허용하지 않는다. 성경에서의 "아마겟돈" 전쟁은 구원받지 못하고 땅에 남아 있는 자들을 향한 하나님의 마지막 물리적 지상심판이라는 것이 핵심 포인트다.

"아마겟돈"이라고 하는 용어는 요한계시록에서 오직 계 16:16에만 등장한다. "아마겟돈"은 이 세상의 마지막 결전이 벌어질 장소다(계 16:16). 지형적 위치에 대해서는 정확히 단정 지을 수 없다. 어떤 이는 북이스라엘 왕국의 어느 한 평야에 있는, 갈릴리 남방에 위치한 옛날부터 전쟁터로 유명한 '므깃도'라고 주장하는 이들도 있다.

애굽에서 다메섹으로 가는 큰 길목에 있는 나사렛 남방 기손 강변의 에스드렐론 평야에 위치한 고을 중 하나로서, 이 지역은 애굽에서 다메섹으로 가는 길목에 있었기 때문에 예부터 전략적 요충지로 알려졌다.

구약 당시 드보라와 바락이 시스라를 멸하였고(삿 5:19-21), 예후가 아하시야를 제거하고 혁명을 일으켰으며(왕하 9:27), 요시야 왕이 애굽 왕 바로 느고에 의해 전사했던 전쟁의 역사가 바로 유브라데의 므깃도에서 발생했다(왕하 23:29). 이런 역사적 사실들을 근거로 할 때 아마겟돈은 므깃도일 확률이 높다.

그러나 반면에 므깃도일 수 없다고 주장하는 이들도 있다. 그들은 아마겟돈이 므깃도 근처의 산간 지역이나 갈멜 산을 가리킬 수도 있지만, 므깃도는 약 21m 정도의 높이를 가진 언덕에 불과하기에 산이라 말할 수는 없다는 것이다.

6. 그러나 한 가지 분명한 것은 "아마겟돈" 전쟁은 ① "땅에 사는 자들"(계 8:13)을 향한 하나님의 "마지막 재앙"(계 15:1)의 성격이 있으며, ② 짐승(적그리스도)을 추종하는 연합 왕(10뿔인 10왕)이 어린양을 대적하여 싸우는 전쟁이며, ③ 셋째 화, 후 3년 반 기간에 "이것으로 마치리로다"(계 15:1)의 말씀 그대로 하나님의 마지막 지상심판(인류 문명의 종말)으로서의 인류 최후의 전쟁이다.

7. 세 더러운 영은 세 가지를 실행한다. ① "이적을 행하여"(계 16:14; 살후 2:9-10. 계 13장 Q_05), ② "온 천하 왕들에게 가서"(계 16:14), ③ "하나님 곧 전능하신 이의 큰 날에 있을 전쟁을 위하여 그들을 모으더라"(계 16:14; 왕상 22:6. 미가야와 400 거짓 선지자) 등이다.

Q_08. 요한계시록에 나오는 7복 중 제 3복은 무엇인가? (계 16:15)

A 여기에서의 옷은 예수님의 보혈의 공로로 구원받았음을 상징하는 옷이며, 칭의의 옷(계 7:9 흰옷. 계 7장 Q_10)을 의미한다. 이 옷을 입은 자만 구원을 받는다는 말이며, 이 옷을 잃어버리는 자 혹은 벌거벗은

자는 구원을 받지 못하는 수치와 부끄러움을 당하게 될 것이다. 그러므로 예수님의 보혈의 공로로 구원받은 자는 복이 있다는 말씀이다.

늘 다시 오실 예수님을 기다리며 살아가는 자의 세 가지 자세를 말씀하고 있다.

① 예수님이 "도둑같이 오리니"(벧후 3:10; 계 3:3), ② "누구든지 깨어 자기 옷을 지켜 벌거벗고 다니지" 아니하는 자(계 7:9 흰옷, 계 3:4, 18), ③ "자기의 부끄러움을 보이지 아니하는 자."

물론 요한계시록 셋째 복은 여섯째 대접 기간에 어떤 구원의 기회가 주어지기 때문에 이 시점에 말씀하신 것이 아니다. 마라나타의 신앙을 가진 자라고 한다면, 언제나 늘 다시 오실 예수님에 대한 기다리는 신앙의 자세를 가지고 살라는 의미에서 하신 말씀이다.

Q_09. 일곱째 천사(일곱째 대접)가 그 대접을 공중에 쏟은 결과 어떻게 되었는가? (계 16:17-21)

A 만국의 성들이 무너지고 멸망하는 재앙이다. 이 말의 의미는 바벨론이 어떻게 심판(멸망)받았는지에 대한 말씀이다. 바벨론이 받는 재앙은 하나님의 진노를 대접에 담아 쏟아내는 무섭고 혹독한 일곱째 대접 재앙을 의미한다(계 14장 Q_07, 음녀가 받을 심판은 계 17장 Q_02).

1. 일곱째 대접재앙 심판은 모두 다섯 가지로 요약할 수 있다. ① 큰 지진(계 16:18), ② 큰 성이 세 갈래로 갈라짐(인류 문명의 종말. 계 16:19), ③ 맹렬한 진노의 포도주(계 16:19), ④ 각 섬도 없어지고 산악도 간데없더라(계 16:20), ⑤ 무게가 각기 1달란트나 되는 우박이 하늘에서 떨어짐(35kg. 계 16:21) 등으로 심판을 받는다.

2. 일곱째 대접 재앙을 "공중에 쏟으매"라 할 때, "공중"이란 의미는 무엇인가? (계 16:17)

공중이라는 것은 우리가 숨 쉬고 있는 대기라 할 수 있다. 대기 중에 쏟을 수 있는 것이 무엇이 있을까? 이것은 공기의 오염이라 할 수 있다. 숨을 쉬는 모든 동식물에게 가장 강력한 타격을 줄 수 있는 재앙이다. 이 재앙은 지금까지 내린 재앙 가운데서도 가장 무섭고 심각한 재앙으로 모든 호흡하는 생명체의 진멸을 상징한다. 이 재앙으로 "땅에 사는 자들"(계 8:13)의 지상 생활은 완전히 파괴되고, 용과 짐승(적그리스도)을 비롯한 그의 추종자들의 존재 기반이 100% 상실될 것이다.

3. 일곱째 대접을 공중에 쏟는다는 의미와 그 결과 어떤 문제들이 발생했는가? (9가지 발생).

① "큰 음성이 성전에서 보좌로부터 나서 이르되 되었다 하시니"(계 16:17).

㉠ 큰 음성은 누구의 음성일까? 성전의 보좌로부터 나오는 소리이기에 '하나님의 음성'이라 할 수 있다. ㉡ 그 큰 음성은 "되었다"라고 하였다. 무슨 의미인가? '게고넨'[Γέγονεν. (재귀형) 되다, 되기 시작하다, ~할 작정이다]은 '기노마이'(γίνομαι)의 완료 능동태 직설법 3인칭 단수로 사용되었다. "마지막 재앙"(계 15:1)에 대한 하나님의 최종적이고 완전한 진노의 표현이다.

'기노마이'의 완료형인 '게고넨'으로 사용되었다는 것은, 과거에 이미 심판하기로 작정하신 하나님께서 이미 심판을 이루어(다 됐다, "되었다") 놓으셨다는 말씀으로 이해된다(계 14장 Q_03).

② "번개와 음성들과 우렛소리(계 4:5; 출 9:23-24; 시 18:13)가 있고"(계 16:18)는 심판의 한 방편으로 마지막 심판을 예고하는 말씀이다.

③ "큰 지진이 있어"(계 16:18)는 지진의 규모와 강도를 말하고 있다. "얼마나 큰지 사람이 땅에 있어 온 이래로 이같이 큰 지진이 없었더라"(계 16:18). 여섯째 인을 뗄 때도 "큰 지진"(계 6장 Q_07)이 있었지만, 7대접 재앙 때의 "큰 지진"은 그것과 비교할 수 없을 정도로의 심판(멸망)의 의미가 담긴 지진이다.

④ "큰 성이 세 갈래로 갈라지고"(계 16:19)라고 했다. 큰 성은 사도 요한 당시에는 박해자 로마 제국이었지만, 종말론(요한계시록)적으로는 바벨론 제국이며, 짐승(적그리스도)이 다스리는 세상을 의미한다.

"세 갈래"라는 숫자에 의미를 부여하기보다 이스라엘의 고라 자손들이 범죄 했을 때, 하나님께서는 땅이 갈라지게 함(지진)으로 그들을 심판하셨다. "세 갈래"의 의미도 하나님께서 지진 등을 통하여 큰 성 바벨론이 갈기갈기 찢기듯 갈라지게 하며 파멸(심판, 멸망)시키셨다는 의미다.

⑤ "만국의 성들도 무너지니"라는 것은 완전한 파괴를 상징한다. 이때의 "만국"은 적그리스도의 통치를 받는 "땅에 거하는 자들"(계 13:14)의 나라를 의미한다(계 12장 Q_06).

셋째 화(후 3년 반) 기간 중인 계 14장부터 "하나님의 진노"(계 14:10, 19. 계 14장 Q_01)라는 용어가 등장하는데, 그 의미는 ㉠ 후 3년 반 셋째 화 기간에 내려지는 재앙은 "하나님의 진노"이며, ㉡ "땅에 사는 자들"(계 8:13)에게 내려지는 하나님의 "마지막 재앙"(계 15:1)이며, ㉢ "하나님의 진노가 이것으로 마치리로다"(계 15:1)라는 의미와 같이 최종적인 심판(멸망)의 의미로서의 재앙(禍)이라는 말이다. 이런 재앙의 직접적인 대상자인 바벨론의 멸망과 영원한 심판에 대해서는 앞에서도 언급하였다(계 16장 Q_01).

⑥ "큰 성 바벨론이 하나님 앞에 기억하신 바 되어 그의 맹렬한 진노의 포도주 잔을 받으매"(계 16:19).

큰 성 바벨론의 그 죄악이 하나님 앞에 기억하신 바 되어(낱낱이 기억하시는 하나님) 그 맹렬한 "진노의 포도주 잔"(계 14:10)을 받는다. 요한계시록에 "하나님의 진노"(계 14장 Q_08, 계 16장 Q_02)라는 용어가 5회 등장한다(계 14:10, 19, 15:1, 7, 16:1). 맹렬한 진노의 포도주 잔을 받았다는 것은 그 누구도 막을 수 없는 하나님의 불같은 진노를 상징한다.

⑦ "각 섬도 없어지고 산악도 간데없더라"(계 16:20)는 심판(멸망)이다. 계 16:18의 크고 강력한 "큰 지진" 결과로 섬과 산악이 붕괴되어 다 사라져버린다(렘 4:24).

⑧ "또 무게가 한 달란트나 되는 큰 우박이 하늘로부터 사람들에게 내리매" 엎친 데 덮친 격으로 멸망 심판의 연속이다.

7대접 재앙은 천둥, 번개, 지진으로 이어지는 마지막 중의 마지막 심판 재앙이다. 무게가 한 달란트나 되는 큰 우박(계 8:7, 11:19, 16:21)이 하늘로부터 사람들에게 내렸다. 한 달란트는 35kg(60근)의 무게다. 우박 1개에 35kg이라고 하니, 놀랍고 두렵다(출 9:22-26; 수 10:11).

> 2021년 6월 현재 미국에서의 올해 6월이 그동안의 6월 중 가장 무더운 달로 기록됐다. 올해 6월까지 극심한 날씨 등으로 발생한 경제적 피해는 미국에서 약 300억 달러(약 34조 4,500억원)에 이르는 것으로 잠정 집계됐다. 자연재해 유형으로는 폭염과 가뭄, 한파, 거대한 우박 등 다양했다. 이보다 더 심각하고, 극심하고, 혹독할 순 없을 것이란 목소리까지 나오고 있다. 이상기후와 기후재앙으로 미국이 고통받고 있다. 미국이 신음하고 있다. 미국 텍사스 주에서는 거대한 우박이 쏟아지면서 큰 피해가 발생했다. 지난 2021년 4월 28일 텍사스 혼도(Hondo) 근처에서 천둥 번개를 동반한 거대한 우박이 내렸다. 미국 국립해양대기청(NOAA)은 이날 내린 우박이 지금까지 기록된 것 중 가장 큰 우박이었다고 분석했다. 텍사스 혼도 근처에 사는 한 시민이 지난 4월 28일 내린 우박을 들어 보이고 있다. 지름이 16cm에 이른다. [사진= 샌안토니오 국립기상청/NOAA]. 텍사스 혼도 지역에 사는 한 시민이 관련 기상청에 제공한 우박의 지름을 보면 크기는 약 16cm, 무게는 571g에 달했다. 관련 사진을 보면 손에 들고 있기에도 무거워 보이는 우박이었다(210711. 이이뉴스24).

2021년을 살아가는 현재까지 기록상으로 우박의 크기가 지금 약 16cm, 무게는 571g 정도가 가장 컸다고 하는데, 7대접 재앙 중 마지막 일곱째 재앙 때는 "무게가 한 달란트나 되는"(계 16:21) 35kg(60근)의 우박이 내 머리에 떨어진다고 생각해 보라. 끔찍하지 않겠는가?

⑨ "사람들이 그 우박의 재앙 때문에 하나님을 비방하니"(계 16:21). 하나님께서는 무게가 한 달란트(35kg)나 되는 정말 큰 우박을 내리게 함으로, 하나님 진노의 심판은 일곱 번째 대접 재앙에서 절정을 이룬다. 일곱 번째 대접 재앙을 겪으면서도 "땅에 사는 자들"(계 8:13)은

깨닫지도 못하고 회개하지도 아니한다. 오히려 하나님을 비방한다. 이럴 정도로 완악하며 양심에 화인을 맞은 "땅에 사는 자들"에 대한 대접 재앙의 당위성을 보여준다.

※ P.S.: 이스라엘 백성이 출애굽 할 당시 일곱 번째 재앙인 우박의 재앙을 보자. 하나님께서는 모세를 통하여 애굽 왕 바로에게 우박 재앙을 전하라 하시며, 하나님의 능력과 함께 피할 방법과 기회를 알려 주셨다(출 9:18-19).

이런 경고를 들었을 때, 크게 두 부류의 사람들로 나뉜다. "바로의 신하 중에 여호와의 말씀을 두려워하는 자들은 그 종들과 가축을 집으로 피하여 들였으나 여호와의 말씀을 마음에 두지 아니하는 사람은 그의 종들과 가축을 들에 그대로 두었더라"(출 9:20-21)고 했다.

경고의 결과 어떻게 되었는가? "우박이 내림과 불덩이가 우박에 섞여 내림이 심히 맹렬하니 나라가 생긴 그때로부터 애굽 온 땅에는 그와 같은 일이 없었더라 우박이 애굽 온 땅에서 사람과 짐승을 막론하고 밭에 있는 모든 것을 쳤으며 우박이 또 밭의 모든 채소를 치고 들의 모든 나무를 꺾었으되"(출 9:24-25).

그러나 하나님께서는 "이스라엘 자손들이 있는 그곳 고센 땅에는 우박이 없었더라"(출 9:26)고 했다. 7대접 재앙 속에서도 '환난 통과 유대인 성도'들을 예비처(계 12:6)에서 보호하시고 양육하시는 하나님의 뜻과 사랑이 있음을 기억하자.

하지만 "땅에 사는 자들"(계 8:13)과 같은 지구상에서 살고 있는, '환난 통과 유대인 성도'들에게는 물리적인 고통과 피해가 없을까? 지구상에 살고 있다면, 그런 고통과 피해는 당연히 있을 것이고 극심할 것이다. "땅에 사는 자들"에게 고통이 얼마나 컸으면, 반성과 회개할 마음은 없고, "그 우박의 재앙 때문에 하나님을 비방"(계 16:21)할 정도로 마음이 완악해졌을까?

그런 까닭에 이런 환난을 겪지 않을 정답은 오직 '휴거'되는 것이다. '휴거'만이 안전한 길이요, '휴거'만이 더 이상의 고통과 환난을 겪지 않는 길이요 방법임을 명심하자.

우리 예수님 언제 오실지('휴거') 알 수 없지만, 언젠가는 다시 오실 주님을 사모하며 기다리자. '다가올 미래'를 준비해야 한다.

4. 예수님께서는 마지막 시대에 살아가는 자들이 가져야 할 '종말의 자세'를 세 가지로 말씀하셨다. ① 깨달아라(마 24:39), ② 깨어 있으라(마 24:42), ③ 준비하라(마 24:44) 등이다. 이 세 가지를 기억하며 단장된 신부로 휴거 소망을 갖고 살아가자.

요한계시록 17장

Q _01. 계 17장의 핵심 메시지는 무엇인가?

A 계 17장은 여자(음녀)와 여자(음녀)가 탄 짐승(7머리 10뿔 가진 짐승인 적그리스도)에 대한 구체적인 심판을 설명하는 장이다. 짐승과 거짓 선지자 등 바벨론에 대한 하나님의 심판(멸망)은 계 14:8에서 영원한 심판을 예고한 뒤, 계 15장에서 대접 재앙을 준비케 하고, 실제 심판은 계 16장에서부터 계 18장에까지 이른다. 계 16장에서 바벨론이 멸망(계 16:19-20)한 것에 대해, 계 17장에서는 심판에 대한 내용을 구체적으로 설명하고 있다(계 17:4-5, 14-18).

바벨론 심판은 실제 아마겟돈 전쟁이라는 이름으로 예비되고 있지만, 실제 물리적인 전쟁(심판)은 계 19장(계 19:11-16)에서 이루어진다는 특징이 있다(계 14장 Q_07, 계 16장 Q_01).

아마겟돈 전쟁이란 어린양을 대상으로 짐승(적그리스도)과 짐승을 추종하던 왕들이 벌이는 전쟁이다. 바벨론 심판(멸망)이란 이 "아마겟돈"(계 16:16) 전쟁을 말하는 것이며, 아마겟돈 전쟁은 셋째 화 중에 발생한 사건이며, 후 3년 반 기간 중에서도 후반에 이루어지는 하나님의 마지막 지상 재앙 심판이다. "땅에 사는 자들"(계 8:13) 모두를 대상으로 그들의 죄악을 심판(멸망)하는 하나님의 "마지막 재앙"(계 15:1)이라는 성격을 갖고 있으며, 이 7대접 재앙 심판으로 "하나님의 진노"(계 15:1)가 "이것으로"(계 15:1) 마치게 되는 심판이다(계 15:1, 19:11-16).

계 17:14에서 "그들이 어린양과 더불어 싸우려니와"라는 말씀이 나온다. 어린양을 향하여 대적하며 싸우는 대상을 말하는데, 그 주인공이

누구인가? ① 짐승(적그리스도, 바벨론), ② 큰 음녀, ③ 10왕이다. 이들이 어린양을 대적하며 싸우는 "아마겟돈" 전쟁의 주역들이며, 모두 짐승의 추종세력들이다.

아마겟돈 전쟁의 큰 그림은 다음과 같다. ① 아마겟돈 전쟁 예고(계 16:14), ② 아마겟돈 전쟁의 주역들(계 17:13-14), ③ 아마겟돈 전쟁(계 19:11-16) 등으로 진행된다(계 14장 Q_07, 계 16장 Q_01).

계 17장은 어느 정도의 위치에 있는가? 계 17장 역시 셋째 화(7년 심판 대환난 중 후 3년 반) 기간 중에 발생한 사건들이다. 일곱째 대접을 쏟은 후에 계속 연결되면서 발생한 사건으로서, "일곱 대접을 가진 일곱 천사 중 하나가 와서 내게 말하여 이르되 이리로 오라 많은 물 위에 앉은 큰 음녀가 받을 심판을 네게 보이리라"(계 17:1)는 말씀으로 시작되고 있다.

용과 바벨론의 심판, 그리고 계 16장에서부터 계 18장에 이르기까지, 왜 비슷한 심판에 관한 내용이 계속 반복적으로 언급이 되고 있는지에 관한, 전반적인 것은 계 16장 Q_01에서 참고 바란다.

계 17장은 네 부분으로 나눌 수 있다(주제는 큰 음녀가 받을 심판과 아마겟돈 전쟁, 세 주인공의 분열과 심판). ① 많은 물 위에 앉은 큰 음녀가 받을 심판(계 17:1-6), ② 여자(음녀)와 여자가 탄 7머리와 10뿔 가진 짐승의 비밀(계 17:7-13), ③ 만주의 주시요 만왕의 왕이신 어린양의 승리(계 17:14), ④ 아마겟돈 전쟁의 세 주인공 사이의 분열과 심판(계 17:15-18) 등이다.

Q _02. 7대접을 가진 7천사 중 하나가 요한에게 말한 "큰 음녀가 받을 심판을 네게

보이리라"는 말의 의미는 무엇인가? (계 17:1-6)

A 7대접을 가진 7천사 중 하나가 요한에게 와서 "이리로 오라"고 한다. 그리고 "많은 물 위에 앉은 큰 음녀가 받을 심판을 네게 보이리라"고 한다. 요한계시록에서 "오라"는 표현은 총 9회 등장한다(계 4:1, 6:1, 3, 5, 7, 11:12, 17:1, 21:9, 22:7). 총 9회 중 "오라"고 초청하는 대상자도 조금씩 다르다(계 4장 Q_03). 계 17:1은 천사가 오라고 초청하고 있다. 사도 요한을 초청하여 부른 천사는 왜 큰 음녀가 심판을 받아야 하는지에 대한 당위성을 말씀하고 있다(계 14장 Q_07, 계 16장 Q_01, Q_09, 계 17장 Q_03).

1. 음녀 혹은 큰 음녀는 무엇이며, 어떤 의미가 있는가?

1) 계 17:1에 나오는 "음녀"는 요한계시록에서 5회(계 17:1, 5, 15, 16, 19:2) 등장한다(계 12장 Q_03, 계 14장 Q_07, 계 16장 Q_09). 계 17장에서 처음 등장하는데 단 1회(계 19:2)를 빼고는, 모두 계 17장에서 등장한다는 특징이 있다.

계 17장에서부터 "음녀"가 처음 등장하는 이유는 무엇인가? 바벨론에 대한 심판 예고는 계 14:8에서 하고 있으나, 실제 심판은 계 16장에서부터 계 18장에까지 언급되고 있다. 계 16장에서 바벨론의 멸망(계 16:19-20)에 대해, 계 17장에서는 바벨론에 대한 구체적 심판을 설명(계 17:4-5, 14-18)하고 있다. "음녀"는 바벨론의 또 다른 별명이기도 하다. 계 16장이 정치적 바벨론의 심판이라고 한다면, 계 17장은 종교적 바벨론인 음녀에 대한 심판을 언급하고 있으며, 계 18장은 음녀와 땅의 왕들에 대한 심판으로 이루어졌다.

그런 의미에서 계 16장에서 정치적 바벨론의 심판, 계 17장에서는 정치적 바벨론(짐승, 적그리스도)의 하수인으로서의 종교적 바벨론인 음녀의 심판을 언급하게 되면서, 계 17장에서 "음녀"가 처음 등장하게 된 것이다. 그리고 계 18장에서는 그 음녀와 땅의 왕들에 대한 심판 등이 언급되고 있는데, 이렇게 바벨론에 대한 심판이 일곱째 대접 재앙의 핵심이라고 할 수 있다.

2) "음녀"는 원형 포르네(πόρνη)의 여성명사 단수 소유격으로 사용된 포르네스(πόρνης)는 창녀, 매춘녀 등의 의미가 있다. 성경에서는 ① "음녀같이 주를 떠난 자"(시 73:27), ② "음녀의 입은 깊은 함정이라 여호와의 노를 당한 자는 거기 빠지리라"(잠 22:14), ③ "음녀의 입술은 꿀을 떨어뜨리며"(잠 5:3) 유혹하며, ④ "음녀로 말미암아 사람이 한 조각 떡만 남게 됨이며 음란한 여인은 귀한 생명(נֶפֶשׁ, 네페쉬. 영혼)을 사냥"(잠 6:26) 한다는 등 미혹하여 죄짓게 하고 영혼을 죽게 하는 등 부정적인 이미지로 사용되었다.

3) 요한계시록에서의 "음녀"는 타락하여 우상숭배를 일삼는 '거짓 선지자(단수)가 통치하는 왕국'의 개념을 갖고 있다. 그런 의미에서 "음녀"는 ① "땅의 왕들을 다스리는 큰 성"(계 17:18, 18:16), ② "큰 성 바벨론"(계 18:2), ③ "귀신의 처소와 각종 더러운 영이 모이는 곳과 각종 더럽고 가증한 새들이 모이는 곳"(계 18:2), ④ "땅의 음녀들과 가증한 것들의 어미(어미 음녀)"(계 17:5), ⑤ "땅의 왕들(전 세계 통치자)이 그와 더불어 음행(우상숭배)"(계 18:3), ⑥ "땅의 상인들도 그 사치의 세력으로 치부"(계 18:3)하게 하는 등의 특징이 있다.

짐승이 적그리스도로 '세계 단일정부 수반'이라고 한다면, 거짓 선지자요, 큰 음녀인 바벨론은 '세계 단일종교 수반'의 역할을 한다고 할 수 있다.

2. 큰 음녀가 왜 심판을 받아야 하는가?

바벨론은 짐승(적그리스도)이 다스리는 세상을 의미한다. 바벨론은 주로 정치적 의미로 사용된다. 그러나 "음녀"와 관련될 때의 바벨론은 종교적인 의미로 사용되며, 타락한 음녀의 개념으로 '거짓 선지자가 통치하는 왕국'이라고 할 수 있다.

1) 그런 의미에서 정치적 바벨론이 심판받아야 할 이유가 있는가 하면 (계 14장 Q_07), **종교적 의미에서의 바벨론인 큰 음녀가 심판받아야 할 이유가 별도로 구별되어 있다.**

큰 음녀는 근본적으로 심판을 받을 대상자다. 음녀는 타락한 거짓 선지자이며, 그런 자에 의해 조직된 거짓 종교집단이기 때문에 심판을 받게 된다. 성경적으로는 "많은 물 위에 앉은 자"(계 17:1)이기 때문이다. "물"은 '세상'을 의미하며, '영적인 것'의 반대 개념으로 사용된다. "많은 물 위에 앉은 자"라는 것은 표면적으로는 '세상의 권력과 향락' 위에 앉은 자라는 의미이며, 내면적으로는 큰 음녀의 '악한 영향력이 지배하는 범위'(계 17:15)로써, "땅에 사는 자들"(계 8:13. 전 세계)을 음행으로 타락시킬 존재라는 의미다.

2) 그런 음녀, 큰 음녀가 받아야 할 심판의 이유가 무엇인가?

① "땅의 임금들도 그와 더불어 음행"(계 17:2)하게 하였다. "음행"이라고 하는 것은 ㉠ 우상숭배(계 13:14-15)와 ㉡ 도덕 윤리적 타락(호 2:5), ㉢ 죄짓게 하는 일(계 17:2) 등을 말한다. 거짓 선지자이며 타락한 음녀인 세계 단일종교 집단(수반)이 세상의 임금들에게까지 나쁜 영향력으로 짐승에게 우상숭배하게 하고, 우상에게 경배하지 아니하는

자는 몇이든지 다 죽이게 하며(계 13:15), 윤리와 도덕적으로 타락하게 한다. 세상의 임금들도 적그리스도가 다스리는 세상에서 살아남기 위해 큰 음녀와 결탁할 수밖에 없는 세상이다.

② "땅에 사는 자들도 그 음행의 포도주에 취하였다"(계 17:2)는 것이다. "땅에 사는 자들"(계 8:13)이란 "하늘에 사는 자들"(계 13:6)에 대한 반대 개념이다. 휴거되지 못하고 이 땅에 남아 있는 불신불택자(不信不擇者)를 의미한다. 음녀는 그들로 하여금 짐승에게 우상숭배하게 한다. '포도주'는 음행의 상징적 표현이다. 음녀가 하라는 대로 할 수밖에 없는 불쌍한 존재들이다(계 14:8; 렘 51:7).

③ "성도들의 피와 예수의 증인들의 피에 취한지라"(계 17:6). 누가 누구의 피에 취했다는 것인가? 주체자는 "이 여자"(계 17:6)다. 이 여자는 7머리 10뿔(계 12장 Q_04, 계 13장 Q_01, Q_03) 짐승을 탄 음녀이기도 하다. 그 음녀가 성도들의 피와 예수의 증인들의 피에 취했다는 것이다. 피에 취했다는 것은 죽이고 박해하는 것을 즐거워했다는 말이다. 음녀가 언제 그렇게 했다는 것인가? 교회시대에 그렇게 했다는 말이다(마 24:9-10).

결국 큰 음녀는 땅의 임금들만이 아니라 땅에 사는 자들에게도 우상숭배와 도덕적 윤리적으로 타락하게 하는 죄를 지었다. 그런 죄짓는 것을 즐겼다. 교회시대 살아가고 있는 성도 중에도 그런 사람들이 있을 수 있다. 그러나 죄를 끊어야 한다. 죄는 반드시 드러나게 되어 있으며, 죄짓는 자는 심판(벌)을 받게 되어 있다.

3. 큰 음녀가 받을 심판의 내용은 무엇인가?

1) 큰 음녀는 큰 바벨론이라고 했다(계 17:5). 그러므로 큰 음녀는 바벨론

이 받을 심판과 거의 동일하다. 다만 큰 음녀는 바벨론이 받을 심판 이외에 추가로 받는 또 다른 심판 하나가 더 있다.

2) 바벨론이 받을 심판(재앙)의 내용은 무엇인가? 바벨론이 받을 심판(재앙)은 하나님의 진노를 대접에 담아 쏟아내는 무섭고 혹독하게 두려운 '일곱째 대접 재앙의 모든 것'을 받게 된다. 그리고 그 바벨론은 최종적으로 "불과 유황 못", "불못"에 던져지는 심판을 받게 된다(계 14:8, 19:20, 20:10, 14-15).

그러나 큰 음녀는 바벨론이 받을 이런 심판에 하나를 더 받게 된다. 그것은 큰 음녀가 하나님을 배신했듯, 마지막에는 자신이 배신을 당하는 심판을 받게 된다(계 17:16). 음녀는 ㉠ "붉은빛 짐승"을 타며(계 17:3) 짐승의 권력을 등에 업었던 자요, ㉡ "자줏빛과 붉은빛 옷을 입고 금과 보석과 진주로 꾸미고 손에 금 잔"(계 17:4)을 가질 정도로 세상 향락을 누렸던 자다.

그런 큰 음녀는 본래 거짓 선지자로 하나님을 배신하였고, 세상 권세를 의지하였으며, 세상 향락에 젖어 살았던 자다. 그러나 어찌 세상 권세와 향락을 천년만년 누릴 수 있단 말인가? 짐승(적그리스도)을 신적 존재로 받들면서 충성을 다했지만, 소용 가치가 떨어지자 짐승은 10왕들과 함께 음녀를 배신하면서 파멸시킨다.

※ P.S.: 큰 음녀가 받을 심판은 바벨론이 받을 심판을 그대로 다 받게 될 것이다. 그것으로 끝나는 것이 아니라, 자신이 하나님을 배신했듯이 결국 훗날에는 짐승과 10왕으로부터 배신을 당하게 되며, 그들은 큰 음녀를 파멸시키게 될 것이다. 세상 정치는 이렇듯 달면 삼키고 쓰면 내뱉는 것이다.

지금도 불나방처럼 어둡고 비생산적인 것에 속해 있다면, 밝은 곳으로 나와야 한다. 그리고 오직 순수한 마음으로 예수님만 바라보며 가치 있는 영혼 구원하는 일에 인생을 투자하자.

Q_03. 붉은빛 짐승을 탄 "여자", "땅의 (큰) 음녀"의 모습과 특징은 무엇인가? (계 17:3-6). (이단 경계)

A 여자(계 12장 Q_03), **음녀 혹은 바벨론에 대한 어원적 의미와 정의 등에 관하여는 이미 언급했다**(계 14장 Q_07, 계 16장 Q_01, Q_09, 계 17장 Q_02). **계 17:3-6에서는 붉은빛 짐승을 탄 여자 혹은 큰 음녀의 모습과 특징에 대해 정리하고자 한다.**

1. **"여자가 붉은빛 짐승을 탔는데"**(계 17:3)**라고 했다.**

"여자가 붉은빛 짐승을 탔는데"(계 17:3)의 짐승과 계 17:7에 나오는 "그(여자)가 탄 일곱 머리와 열 뿔 가진 짐승"은 같은 짐승이다(계 12장 Q_04, 계 13장 Q_01, Q_03).

계 12:3에서의 붉은색은 잔인함, 난폭성을 의미하지만, 계 17:3에서의 붉은빛은 사치를 의미한다. 여자가 붉은빛 짐승을 탔다는 것은 온갖 사치를 일삼는 짐승을 자기 편으로 만들었다는 의미이며, 여자(큰 음녀)가 짐승(적그리스도)과 결탁하여 짐승으로부터 보호와 권세를 보장받았다는 의미이기도 하다.

비록 하나님의 시간에서는 42개월이라는 정해진 시간 동안이지만, 당시로는 막강한 절대 권세를 갖고 있는 짐승으로부터 음녀가 그런 신임을 받을 수 있었던 원인이 무엇일까?

① 용은 "능력과 보좌와 큰 권세"(계 13:2)를 짐승에게 주면서, 짐승에게 하나님을 대적하며 "신성모독"(계 13:1)하게 한다. 그래서 ② 짐승은 자신의 몸 자체로 하나님을 모독한다. "하나님을 모독하는 이름들이 가득하고 일곱 머리(7왕. 계 17:9, 계 17장 Q_04)와 열 뿔(아직 등장하지 않은 10왕. 계 17:12)이 있으며"(계 17:3, 계 17장 Q_04), ③ 여자인 큰 음녀 역시 짐승이 했던 "하나님을 모독"(계 17:3. 신성모독)하는 일을 그대로 행했으며, ④ "음행의 더러운 것들"(계 17:4), ⑤ "가증한 것들"(계 17:5), ⑥ "성도들의 피와 예수의 증인들의 피에 취"(계 17:6)할 정도로 악행을 주도적으로 행함으로, 짐승에게 인정을 받았기 때문에 짐승으로부터 보호와 권세를 보장받았다는 의미이다.

2. "자줏빛과 붉은빛 옷을 입고 금과 보석과 진주로 꾸미고"(계 17:4)라는 것은, ① 큰 부, ② 권세, ③ 화려하고 사치와 부의 극치의 상징이다. 타락한 음녀(종교)와 세상의 임금들과 경제가 서로 결탁하여 이 세상을 타락시킨다는 상징적 표현이다.

3. "손에 금잔"(계 17:4)을 가졌다는 것은, 손에 가증한 물건과 그의 음행의 더러운 것들이 가득한 금잔을 의미한다(렘 51:7).

4. "그(여인, 큰 음녀)의 이마에 이름이 기록되었으니 비밀이라"(계 17:5).

큰 음녀의 이마에 비밀스런 이름이 기록되었다는 것이다. 비밀이란 감춰진 것 혹은 이해가 안 되는 것 등으로 이해할 수 있다. 요한계시록에서 "이마"라는 용어가 8회 등장하는데(계 7:3, 9:4, 13:16, 14:1, 9, 17:5, 20:4, 22:4. 계 14장 Q_02), 최초로 등장하는 "이마"에는 하나님께서 천사들을 통해 구원받을 택자들에게 "하나님의 인"(계 7:2)을 "이마"(계 7:3)에 치도록 하시면서부터 "이마"라는 용어가 등장한다.

그런데 "이마"라는 부분은 신체 중에서도 완전히 드러난 부분이 아닌가? 그런 신체의 부분에 이름이 기록되었으나 "비밀"이라고 하니, 떳떳하지 못하며 투명하지 못한 사람과 조직의 모습을 보여준다. 이런 대상들의 마지막은 멸망(심판)밖에 없다.

5. "큰 바벨론이라"(계 17:5).

포괄적 의미에서의 바벨론의 정의는 짐승(적그리스도, 실존의 단수)이 다스리는 정치 경제적 의미의 세상이라고 할 수 있다. 종교적 의미에서의 바벨론은 타락한 음녀이며, "거짓 선지자(실존의 단수)가 통치하는 왕국"이라 할 수 있다.

이 두 개의 조직 모두는 하나님을 대적하며 성도들을 박해하는 사탄의 세력들이다. 이 두 개의 큰 조직을 이름하여 "큰 바벨론"이라고 할 수 있다. 그래서 바벨론 하면 혼란스런 이유가 어떤 바벨론인지 개념이 서지 않기 때문이다(계 14장 Q_07).

6. "땅의 음녀들과 가증한 것들의 어미라 하였더라"(계 17:5).

① 예수님을 부인하는 자(예수님의 인성과 신성을 부인하며 삼위일체를 왜곡하는 자들), ② 믿는 자들을 미혹하는 자, ③ 오직 예수 신앙을 왜곡하거나 버리게 하는 자와 세상의 모든 조직은 "땅의 음녀들"이다. 가증한 것들이다.

※ P.S.: 지금은 후 3년 반의 시기는 아니지만, 우리가 살아가는 이 땅에도 가증한 음녀 짓을 하는 이들이 얼마나 많은가? 예수님이 앉아야 할 자리에 사람이 앉아 있는 집단들을 보라. 포교를 한다는 이름으로 거

짓 증거하는 자들을 보라. 자신의 신분을 절대 숨기는 **신천지의 모략 전도**를 보라(진용식, 위의 책, p. 20). 포교를 위해 쇼를 부리는 거짓 전도는 가증한 짓들이다. "땅의 음녀(조직)들"이나 행하는 짓이다. 진실하지도 정직하지도 못하다. 신천지는 모략 전도를 회개해야 한다. 목적이 선하면 방법도 선해야 한다. 하나님은 거짓말하는 입술을 미워하시며 가증히 여기시기 때문이다(잠 12:22; 출 20:16; 신 25:16). 하나님 말씀을 앞세우는 것 같으나, 모략을 꾸미는 집단이다. 그들은 거짓 선지자(음녀)의 길을 걷고 있다.

신천지는 자기 집단의 응집력을 위해 기성 정통교회를 "바벨론"이라 부르지만(총론 Q_38), 성경적으로 보라. 어디가 바벨론인가? 어디가 거짓된 집단인가? 신흥종교 ○○○은 "땅의 음녀"요, "바벨론"이며 "가증한 것들"이다. 이 아무개는 거짓 선지자 노릇을 하는 자요, 그런 이 아무개를 추종하는 모든 추종세력은 하나님의 심판받을 집단이다. 그들은 두려워해야 한다.

7. "이 여자가 성도들의 피와 예수의 증인들의 피에 취한지라"(계 17:6).

누가 누구의 피에 취했다는 것인가? 주체자는 "이 여자"(계 17:6)인 음녀다. 그 음녀가 성도들의 피와 예수의 증인들을 죽이고 박해하는 것을 즐거워했다는 말이다. 언제? 교회시대에 그렇게 했다(계 17장 Q_02). 음녀는 땅의 임금들만이 아니라 땅에 사는 자들에게도 우상숭배와 도덕적 윤리적으로 타락하게 하는 죄를 지었다. 그런 죄짓는 것을 즐겼다.

※ P.S.: "하나님의 나라는 먹는 것과 마시는 것이 아니요 오직 성령 안에 있는 의와 평강과 희락이라"(롬 14:17)고 했다. 우리가 즐거워하고 취해야 할 것이 장망성 같은 세상의 것들이 아니라, 한 영혼이 구원받는

것을 즐거워하며, 성령 안에 있는 의와 평강과 희락을 경험하는 것이라 믿는다.

사도 요한은 하나님께서 보여주신 이런 "여자"인 "음녀"를 보고 너무 놀랍게 여겼다

Q_04. "여자(음녀)와 그(여자)가 탄 일곱 머리와 열 뿔 가진 짐승의 비밀"이란 무엇인가? (계 17:7-13)

A 사도 요한은 천사가 보여준 "그 여자"(음녀)를 보고 크게 놀랍게 여기고 있을 때, 천사는 "내(영계의 선한 천사)가 여자와 그가 탄 일곱 머리와 열 뿔 가진 짐승의 비밀을 네게 이르리라(알려 주겠다)"(계 17:7)고 말한다. "여자"와 여자가 탄 "7머리와 10뿔 가진 짐승의 비밀"이란 무엇인가?

1. 요한계시록에서 "여자"라는 용어는 크게 네 부류로 사용되었다(계 12장 Q_03). 그러나 계 17장에서의 "여자"는 심판받을 "큰 음녀"(계 17:1), "바벨론" 혹은 "큰 성"(계 17:18)으로서의 "음녀"를 의미한다. "그 여자"(음녀)가 탄 것은 "붉은빛 짐승"이며(계 17:3), "그가 탄 일곱 머리와 열 뿔 가진 짐승"(계 17:7)이라고 했다. **"그 여자"(음녀)에 대해서는 앞의 "큰 음녀"의 모습과 특징에서 언급한 바가 있다(계 17장 Q_03).**

"7머리와 10뿔 가진 짐승의 비밀"에 대해 알기 위해서는, "7머리와 10뿔"에 대한 역사적인 이해와 성경적인 접목에 대한 이해가 필요하다. **"7머리 10뿔"의 포괄적 의미에 대해서는 계 13장에서 언급하였다(계 13장 Q_03).**

2. "7머리 10뿔"의 포괄적인 정체성은 42개월 동안 짐승(적그리스도)으로부터 권세를 받은 왕들을 의미한다. 그들은 짐승의 추종세력들이면서, 훗날 어린양을 대적하며 싸우는 아마겟돈 전쟁의 세 실존 중 한 무리인 10왕을 의미한다.

3. "7머리 10뿔" 가진 "짐승"(적그리스도)은 역사적으로는 어떻게 이해할 수 있는가?

1) "네가 본 짐승"(계 17:8)은 계 13:1-2에 등장하는 7머리 10뿔 짐승으로 42개월 동안 시한부 권세를 가진 짐승(적그리스도, 계 13:5)을 상징하며, "7머리 10뿔"을 수족처럼 거느리는 왕이다.

2) "전에 있었다가 지금은 없으나 장차 무저갱으로부터 올라와 멸망으로 들어갈 자"(계 17:8, 11).

"전에 있었다가 지금은 없으나"(계 17:8)와 "전에 있었다가 지금 없어진 짐승(적그리스도)은 여덟째 왕(42개월 권세 받은 왕)이니"(계 17:11)는 같은 의미다. 짐승(적그리스도)인 여덟째 왕을 말한다.

"전에"의 "전"은 언제를 의미하는가? 7왕의 마지막 왕인 로마제국을 의미하며, 로마 왕을 의미한다. "지금은 없으나"에서 "지금"이란 사도 요한이 계시를 받아 요한계시록을 기록할 당시를 말한다. 짐승(적그리스도)은 후 3년 반 때 나타날 실체이기에, 사도 요한이 계시를 받고 요한계시록을 기록할 당시인 "지금"은 존재하지 않는 왕이다.

3) 전에 있었다가 지금 없어진 짐승(계 17:11)으로, "전(로마제국, 로마 왕, 계 13:1-2)에 있었다가 지금 없어진 짐승은 여덟째 왕이니 일곱 중에

속한 자라 그가 멸망으로 들어가리라"(계 17:11)고 했다.

짐승인 적그리스도는 7머리 중에 속한 여덟 번째 왕이다. 전에 역사 속에 있었다는 것은 로마제국의 기초 위에 속한 왕이며, 후 3년 반 때 나타날 왕이 적그리스도라는 의미다.

4) "장차 무저갱으로부터 올라와 멸망으로 들어갈 자"(계 17:8)라고 했다.

① "장차 무저갱으로부터 올라와"라고 했을 때의 이 무저갱은 지옥이나 영계의 무저갱이 아니라 지상의 무저갱을 의미한다(계 9장 Q_02). 지상의 무저갱은 지상에서의 사건이나 인물과 관련이 있는 지상의 어느 한 공간을 의미하며, 요한계시록에서 단 3회 사용되었다(계 9:2, 11:7, 17:8).

7머리 10뿔 짐승이 장차 지상의 어느 곳(무저갱)에서 출현하여 자기의 수하들과 함께 아마겟돈 전쟁을 벌이지만 패망하게 되며, 결국에는 하나님의 심판을 받아 최종 운명은 불못으로 들어갈 자라고 예언되어 있다(계 19:20). "또 그들을 미혹하는 마귀(용, 사탄)가 불과 유황 못에 던져지니"(계 20:10)라고 예언되었다.

② "장차 무저갱으로부터 올라와"(계 17:8)에서 "올라와"로 사용된 아나바이네인(ἀναβαίνειν. 올라가다, 나타나다)은 원형 아나바이노(ἀναβαίνω)의 현재 능동태 3인칭 단수로 사용되었다. 이 말은 사도 요한 당시 올라오기(나타나기) 시작하여 후 3년 반 때, 실제로 나타날 여덟 번째 왕이라는 의미다.

이렇게 전에 있었다가 없어진 짐승(적그리스도)은 여덟 번째 왕인데,

이 짐승인 적그리스도는 7머리 중에 속한 여덟 번째 왕이다. 전에 역사 속에 있었으나 지금 요한의 때에는 보이지 않다가(없어졌다가), 용의 권세를 받고(계 13:1-2, 4) "장차 무저갱으로부터 올라와(나타나) 멸망으로 들어갈 자"(계 17:8)이며, "장차 나올(나타날) 짐승"(계 17:8)이다.

여기에서 생각할 문제가 있다. 사도 요한 당시 초대교회 때는 적그리스도가 없었을까? 있었다. 그런데 "장차 나올(나타날) 짐승"(계 17:8)에 대해서 언급하고 있는 것은, 초대교회에서 말하는 적그리스도와 요한계시록에서 종말론적으로 말하는 적그리스도는 다르다는 것을 전제로 하는 것이다(계 13장 Q_02).

그런 의미에서 우리는 "전에 있었다가 지금 없어진 짐승"(계 17:11)인 "일곱 중에 속한 자"(계 17:11)이며, "여덟째 왕"(계 17:11)인 적그리스도로서의 짐승과 초대교회 때도 존재했던 적그리스도의 차이점을 구별해 내야만 한다.

5) 역사적으로도 적그리스도는 존재해 왔었기에, 우리는 성경에서 특정하고 있는 후 3년 반 때 등장할 짐승인 적그리스도가 누구인가를 찾기 위해 역사적 배경을 살펴봐야 한다.

역사적 배경적 근거는 세 가지로 요약할 수 있지만, 그중에 단 9:27을 근거로 삼을 수 있으며, 짐승인 적그리스도를 티투스 황제로 보는 것이 타당하다고 생각된다.

① 단 7:21-28에서 예언된 넷째 나라(로마)에서 일어날 열한 번째 뿔(왕)이라는 주장(편찬위, 《헤세드종합자료시리즈》, 1987, p. 125).

단 7:21-28. "그 열 뿔은 이 나라에서 일어날 열 왕이요", 힛지그(Hitzig)는 "이 나라"를 넷째 왕국과 관련시켜 '적그리스도 왕국'까지 확장하여 해석하였다. 또한 헹스텐베르크(Hengstenberg)는 "이 나라"를 로마제국과 관련지어, 열 뿔은 로마제국에서 유래한 기독교적 게르만 제국들을 의미한다고 하였다. 이들에 의하면 열 뿔이 가리키는 나라는 수리아, 아시아, 애굽, 아프리카, 그리스, 이탈리아, 독일, 프랑스, 스페인, 영국이 된다. 그러나 이들의 시도는 무리한 결과를 초래한다. 한편 또 다른 '이 나라'를 마게도냐에 적용시키는 학자들은 '왕들'을 '왕국들'로 변형시키려 하였다(Bleek, Ewald, Delitzsch). 더욱이 이 왕국들 중에서도 안티오커스 에피파네스가 이끄는 로마의 한 왕국을 적그리스도 왕국으로 생각하였다.

그러나 단 7:8에서 뿔은 분명히 한 개인을 나타내므로 이 구절의 뿔들은 개인적인 왕들을 암시한다(Higenfeld). 또 다른 학자들은 열 왕 이후에 나타날 또 하나의 작은 뿔을 적그리스도로 보기 때문에 열 왕을 개인적인 왕들로 볼 뿐만 아니라 고대 근동에서 나타났던 왕국들과 연결지어 생각하지 않았다. 왜냐하면 그들은 작은 뿔이 적그리스도라고 할 때 열 왕들은 그리스도의 재림 이전에 세상에 나타날 왕들이기 때문이다(Keil, Kliefoth, Young, Leupold).

② 단 8장 두 뿔 숫양(메대 바사), 한 뿔 숫염소(헬라)의 환상(2,300주야 예언)에서 예언된 한 왕(단 8:13-14, 19-26)은 만왕의 왕을 대적할 만한 왕(단 8:25) 적그리스도라고 하는 주장이 있다(편찬위, 1987, op. cit, pp. 134-137).

이 왕은 네 뿔에서 나온 작은 뿔로서, 안티오커스 에피파네스다. 이 왕에 대적하여 나타난 인물이 마카비다(B.C. 165년 에피파네스에게 반역하고, 성전을 되찾아 정결케 했다. 단 8:13-14). 이것을 기념하는 날이 수

전절이다(요 10:22). 단 8:13-14. "이천삼백 주야까지니…정결하게 되리라." '기한'에 대하여 학자들 사이에 많은 논란이 계속되고 있으나 두 가지로 요약된다. 첫째는 '주야'를 아침과 저녁에 드리는 소재로 보아 실제의 날수를 2,300주야의 절반인 1,150일로 여겨 단 7:25의 "한 때와 두 때와 반 때"를 합친 '세 때 반'과 연관지으려는 견해(Lange, Auberlen)이다. 둘째는 이것이 실제로 2,300일을 의미하는 것으로 보아 안티오커스가 특별히 악행을 저질렀던 B.C. 171-165년까지의 약 6년간을 가리키는 것으로 보는 견해(Calvin, Keil, Thomas Robinson, Matthew Henry)이다.

단 8:19-26. "이 네 나라 마지막 때에…속임수에 능하며." 본 절은 알렉산더가 죽은 뒤 헬라가 네 왕에 의하여 분할 통치되고 그 나라의 마지막 때에 이르러 한 왕이 일어날 것에 관하여 기록하였다. 이 왕은 적그리스도의 모형으로 제시되고 있음을 간과해서는 안 된다(Thomas Robinson, Calvin, Jerome, Keil, Russel). 왜냐하면 성소를 모독하는 등의 적그리스도적 행위는 이 왕뿐 아니라 이후의 로마, 모슬렘 등에서도 나타나고 있기 때문이다.

③ 단 9장 70이레에서 예언된 한 왕인 "그가 장차 많은 사람들과 더불어"의 "그" (단 9:27) 혹은 "일곱 산"(계 17:9)이 적그리스도라고 하는 주장이 있다(편찬위, 1987, op. cit, pp. 146).

네로가 황제로 있던 A.D. 66년 유대인들이 반란을 일으켰고, 네로는 베스파시아누스 장군을 유대로 보내 반란을 진압했다. A.D. 69년 베스파시아누스가 황제로 등극한 이후, A.D. 70년 자신의 첫째 아들이자 후계자인 티투스가 유대의 수도인 예루살렘 정복하면서 예루살렘 성전을 완전히 파괴했고, 많은 전리품을 가지고 로마로 돌아왔다. 이

때 끌려온 10만이 넘는 유대인 포로들은 콜로세움을 세우는 데 동원됐다. 티투스가 예루살렘 정복을 마치자 부친 베스파시아누스 황제가 서거하게 되었고, 그 후 공식적으로 황제에 올랐지만 치세 2년 만에 열병에 걸려 죽는다. 그 후 형이 죽자 동생인 악명 높은 도미티아누스가 황제가 되어 그리스도인 대박해가 시작되었던 역사가 있었다.

단 9:26은 주후 70년 예루살렘이 로마의 대장 티투스(Titus F. Vespasianus. 39-81)에 의해 멸망되고, 성전이 파괴된다는 예언으로 본다. "장차 한 왕의 백성이 와서 그 성읍과 성소를 무너뜨리려니와"(단 9:26)에서의 '장차 한 왕의 백성'이나, "그가 장차 많은 사람들과 더불어 한 이레 동안의 언약을 굳게 맺고"(단 9:27)의 '그'는 동일 인물로 티투스이며, 그 티투스를 짐승인 적그리스도의 상징적 인물로 본다.

4. "일곱 머리는 일곱 산이요…또 일곱 왕"(계 17:9-10)이라는 비밀에 대하여.

1) "그 일곱 머리는 여자가 앉은 일곱 산"(계 17:9)이요, "또 일곱 왕"(계 17:10)이라고 했다.

지리적으로 로마는 "일곱 산"을 가지고 있다. 하지만 이 구절에서 일곱 산이라는 것은 로마의 지형을 가리키는 것이 아니라 그 지형을 비유한 "일곱 왕"을 가리킨다. 산은 권세(7왕 상징)를 상징한다. 훗날 세계를 멸망시킬 권세를 나타낸다(렘 51:25). 7산 위에 앉은 여자(음녀, 거짓 선지자)의 강력한 권세가 어느 정도인지를 보여준다.

이 일곱 왕들이 누구를 가리키는가에 대하여 의견이 분분하다(편찬위, 《레마종합자료시리즈》, 1990, p. 448). 대개 '시저'에서 '디도'까지, '네로'

다음의 세 왕을 제외한 7명의 왕으로 보는데, 이 경우 일곱 번째 왕은 디도(티투스)가 되며, 여덟 번째 왕은 '도미티안'이 되어 요한의 저작 시기와도 일치한다(Barclay).

그러나 이와는 전혀 달리 본 절에 언급된 일곱 왕을 다니엘서에 언급된 네 나라와 결부시키는 견해도 있다(Walvoord). 이 견해에 의하면, 지나간 다섯 왕은 애굽, 앗수르, 바벨론, 바사, 헬라 등이고 여섯째는 당시의 로마이며, 장차 올 일곱째는 미래의 어떤 나라를 가리킨다.

그런데 일곱 왕 중에 "다섯은 망하였고 하나는 있고 다른 하나는 아직 이르지 아니하였으나"(계 17:10)라고 했는데, 이것은 다니엘의 예언을 기초할 뿐 아니라, 요한이 알고 있던 당시의 역사적, 지리적 배경을 근거로 볼 때, 7왕 중에 "다섯은 망하였고"라고 했다. 이때 다섯은 애굽, 앗수르, 바벨론, 메대 바사, 헬라이며, "하나는 있고"는 당시의 '로마제국'이며, "다른 하나는 아직 이르지 아니하였으나"에서 마지막 일곱 번째 왕은 장차 미래에(마지막 때) 나타날 왕을 말한다(계 17:10).

2) "다른 하나"(계 17:10)인 일곱 번째 왕은 요한 당시에는 나타나지 않았다. 아직 나타나지 않은 것은 7년 대환난 기간 중에 일어날 일이기 때문이다. 후 3년 반이 아직 이르지 않았기 때문이다. 그러나 장차 미래에 반드시 나타나 잠깐 동안이라는 후 3년 반 기간에 자기 역할을 이루어 나갈 짐승인 적그리스도를 의미한다.

5. "그가 멸망으로 들어가리라"(계 17:11) 했다. 짐승인 적그리스도가 주어진 기간(계 13:5) 동안 어린양을 대적하기 위해 아마겟돈 전쟁의 핵심 주인공으로 활동을 다하지만, 그의 마지막 운명은 멸망으로 들어갈 왕으로, 멸망이 예정된 존재라고 성경은 예언하고 있다(계 19:20).

지금까지의 이런 것들이 비밀의 내용이다. 이것을 천사가 사도 요한에게 알게 한 것이다.

6. 10뿔의 정체와 비밀에 대하여(계 17:12-13) 기록하고 있다.

사도 요한이 보았던 7머리 10뿔에서 7머리는 위에서 언급하였다. 이것과 함께 단 2장의 신상(단 2:31-35)과 관련하여 10왕(단 2:41)의 시대가 등장할 것이 예언되어 있다.

1) "네가 보던 열 뿔은 열 왕이니"(계 17:12)라고 했다. 요한이 보았던 10뿔은 아직 나타나지 않은 10왕이다. "아직 나라를 얻지 못하였으나"(계 17:12)라는 것은, 아직 나라의 규모를 갖지 못하였지만 왕처럼 권세를 가졌다는 말이다. 그 권세는 적그리스도 짐승과 어떤 결탁 관계가 있었기 때문에 짐승으로부터 한동안 권세를 받을 수가 있었다. 그래서 "짐승과 더불어 임금처럼 한동안 권세를 받으리라"(계 17:12) 했다.

※ P.S.: 한때는 EU가 10개 국가가 될 것이며, 그 EU가 적그리스도가 될 것이라고 거짓 예언으로 주장했던 저명한 목사들이 있었다. 또 2015년 당시에는 End Time의 대표자면서, 제3 성전 자문위원 6인 중의 한 분이었던 어빈 백스터는 IS가 한창 기승을 부리던 당시를 상기시키면서, 계 7장과 계 14장의 네 천사가 유프라테스 강 유역의 네 나라인 이슬람 국가를 지칭한다고 주장한다. 그러면서 그들을 중심으로 세계 3차 대전이 일어나게 되는데, 2015년을 기준으로 4-5년 뒤(늦어도 2020년으로 예상)부터 7년 대환난이 시작된다고 예언했던 백스터의 동영상(2015년 동영상)이 있다.

그런 거짓 예언적인 주장들이 올바른 성경 해석인가? 맞으면 좋고 안

맞으면 그만이라는 사고방식으로 성경을 봐서는 안 된다. '오직 성경이 성경으로 답을 하게 하는 것', '성경이 침묵하는 것은 침묵할 줄 아는 것'이 튀지 않아도 가장 올바르고 정확한 자세라 생각된다.

2) 10뿔이 적그리스도 짐승에게 "한뜻을 가지고 자기의 능력과 권세를 짐승에게 주더라"(계 17:13).

이 10뿔이 적그리스도(666) 짐승으로부터 임금처럼 권세를 한동안(잠시) 받고(계 17:12), 10뿔인 10왕들은 자기들의 능력과 권세를 적그리스도 짐승에게 준다(계 17:13).

이 세상의 10왕들은 한마음으로 동맹을 맺고, 짐승에게 자신들의 권세를 양도하면서, 어린양을 대적하기 위하여 싸우기 위해 나아간다(계 17:14). 이렇게 하여 어린양을 대적하며 싸우는 주인공인 세 실존(㉠ 짐승, ㉡ 큰 음녀, ㉢ 10왕)이 자연스럽게 하나로 뭉치게 된다.

짐승(적그리스도)은 "한 이레 동안의 언약을 굳게 맺고(평화 계약)"(단 9:27) 지내다가, "그 이레의 절반"(단 9:27)에 본색을 드러내면서 "제사와 예물을 금지할 것이며 또 포악하여 가증한 것이 날개를 의지하여"(단 9:27) 서게 할 때가 올 것이다. 이렇게 본색을 드러내며 약속을 뒤집으며 환난 통과 성도들을 박해하고, 성전을 짓밟으며 인간 세상을 통치하게 될 때가 후 3년 반의 시작인 것이다.

그러나 악한 무리는 언젠가는 반드시 분열하게 되어 있다. 그리고 심판(멸망)받게 되어 있다. "이미 정한 종말까지 진노가 황폐하게 하는 자에게 쏟아지리라 하였느니라"(단 9:27)고 예언된 대로 이루어질 것이다.

결국 ㉠ 용의 권세를 일시적으로 받아 바다에서 올라와(계 13:1) 죽었다가 살아난 짐승(계 13:3)인 적그리스도(여덟 번째 왕. 계 17:11)와 ㉡ 새끼양 같은 땅에서 올라온 짐승(계 13:11)인 큰 음녀(계 17:1), 그리고 ㉢ 아직 나라조차 없음에도 임금처럼 왕으로 권세를 받은 10왕(계 17:12) 등 이 세 무리가, 한뜻을 이뤄 어린양을 대적하기 위해 "큰 날에 있을 전쟁"(계 16:14)을 위해 군대를 모으고(계 16:14), 인류 최후의 전쟁을 벌인 아마겟돈(계 16:16) 전쟁의 세 주인공들이다. 이런 이들의 시간이 아무리 길어도 후 3년 반인 42달 동안에 벌어질 일들에 불과하다.

짐승은 세상의 왕들과 함께 "음녀를 미워하여 망하게 하고 벌거벗게 하고"(계 17:16) 결국에는 음녀를 죽인다(계 17:16). 음녀가 토사구팽(兎死狗烹) 당하는 비극을 맞이한다. 악한 자들은 분열하게 되어 있다. 그리고 짐승과 음녀인 거짓 선지자 "이 둘이 산 채로 유황불 붙는 못"(계 19:20)에 던져지는 비참한 말로를 당하게 된다.

7. "땅에 사는 자들로서 창세 이후로 그 이름이 생명책에 기록되지 못한 자들"(계 17:8)이라고 했다.

"땅에 사는 자들"이나 "창세 이후로 그 이름이 생명책에 기록되지 못한 자들"은 같은 의미다. 그들은 "구름 속으로 끌어 올려 공중에서 주를 영접"(휴거. 살전 4:17)하지 못한 자들이며, 훗날 흰 보좌 앞에서 "자기 행위를 따라 책들에 기록된 대로 심판"(계 20:12)받을 자들이다.

"땅에 사는 자들"은 휴거되어 천상에 올라간 자들에 대한 상대적 표현으로, 요한계시록에서 비슷한 용어로 총 16회 사용되었다(계 8장 Q_06). "땅에 사는 자들"이나 "창세 이후로 그 이름이 생명책에 기록되지 못한 자들"이나 같은 개념의 말이다. "땅에 사는 자들"과 "하늘에 사는 자들"이란 개념의 구분이 어느 때부터 시작되고 있는가? 휴거된 이후인 계 8장에서부터 시작되고 있다. 휴거가 계 7장에서 이루어졌다는 증거 중에 하나라고 할 수 있다.

8. "생명책에 기록되지 못한 자들이…장차 나올 짐승을 보고 놀랍게 여기리라"(계 17:8)고 했다.

생명책에 기록된 자들은 이미 휴거되어 천상 천국에 있지만, 휴거되지 못하고 "땅에 사는 자들"(계 8:13, 17:8)이 된 사람들은 후 3년 반 동안 지상에 남아서 이런 역사를 바라보며(계 13:8), 놀라게 될 것이다(살후 2:9-12).

지금까지 언급된 내용이 천사가 사도 요한에게 "내가 여자와 그가 탄 일곱 머리와 열 뿔 가진 짐승의 비밀을 네게 이르리라"(계 17:7)고 했던 비밀의 내용이라 할 수 있다.

Q_05. 그들이 어린양과 싸우려니와 어린양은 만주의 주시요 만왕의 왕이라 하신 말씀의 의미는 무엇인가? (계 17:14)

A 이 말씀은 아마겟돈 전쟁의 결과에 대한 말씀이다.

1. 어린양을 대적하여 싸우려고 하는 "그들"(계 17:14)이란 누구인가?

앞에서도 언급했듯이 "그들"이란, 아마겟돈 전쟁의 세 주인공인 짐승과 음녀인 거짓 선지자와 10뿔인 10왕을 말한다(계 16장 Q_07, 계 17장

Q_04). 이 세 주인공이 어린양을 대적하는 아마겟돈 전쟁을 위하여 한마음 한뜻이 되어 전쟁을 준비한다.

후 3년 반의 핵심은 바벨론과 아마겟돈 전쟁이라 할 수 있다. 정치적이며 경제적인 짐승인 적그리스도로서의 바벨론이 42개월(계 13:5) 동안 얼마나 권세를 휘두르며 죄를 짓고 있는지, 짐승의 하수인인 음녀는 짐승에게 아부하며 세상을 미혹하고 선동하는 일을 하며, "아직 나라를 얻지"(계 17:12) 못하여 왕의 자격도 없는 10왕은 한뜻으로 "자기의 능력과 권세를 짐승에게"(계 17:13) 이양해 가면서 바벨론 짐승의 비위를 맞춘다. 그리고 그 세 주인공이 주관하는 연합군은 자신들의 능력을 과신하여 어린양을 대적하여 도전하며 싸우려 하는 내용과 그들의 최후가 어떻게 결말을 맞는지에 대한 내용으로 이루어져 있다.

전쟁의 세 주인공이 추진하는 인류 최후의 전쟁이 될 아마겟돈 전쟁의 목표는 오직 어린양을 대적하며 공격하는 것에 있다.

2. 요한계시록에서는 아마겟돈 전쟁을 비롯하여 후 3년 반에 진행되는 그 모든 관계된 일의 핵심은 "바벨론"이라는 용어로 이루어지고 있다(계 14:8, 16:19, 17:5, 18:2, 10, 14, 15, 21. 계 14장 Q_07).

'바벨론'은 셋째 화, 후 3년 반 초기부터 등장하며, ① 계 14:8에서 바벨론 심판(멸망) 예고, ② 계 15장에서 심판 준비, ③ 계 16-18장에서 심판 실행, 그러나 ④ 실제 물리적 심판은 계 19장에서, 그 후 인류의 문명이 종말을 고한 뒤, ⑤ 짐승(적그리스도)과 거짓 선지자(음녀)에 대한 심판은 계 19장(계 19:20)에서, 그들을 하수인으로 이용했던 용의 영원한 최종적인 심판은 계 20장(계 20:10, 14-15)에서 이루어진다(계

16장 Q_01).

3. "어린양은 만주의 주시요 만왕의 왕이시므로"(계 17:14)라는 것은 인류 최후의 전쟁인 아마겟돈 전쟁에서 승리하실 어린양을 찬양하는 말씀이다.

우리 주 되신 어린양은 만주의 주시며 만왕의 왕(계 19:16; 단 8:25; 딤전 6:15)이시므로 당연히 어린양이 이길 것이다. 우리 주 되신 어린양은 온 우주 만물을 지배하고 통치하시는 왕이다. 그러므로 당연히 이기고 또 이기는 분이시다(요일 5:4-5).

왜냐하면 어린양의 권세는 영원하지만, 세상 권력은 일시적이기 때문이다. 더욱이 어린양의 승리에는 "그와 함께 있는 자들 곧 부르심을 받고 택하심을 받은 진실한 자들"(계 17:14)이 함께하기 때문이다.

4. "그와 함께 있는 자들 곧 부르심을 받고 택하심을 받은 진실한 자들도 이기리로다"(계 17:14)라는 것은 누구를 지칭하는 말씀일까?

이것을 알기 위해서 몇 가지를 봐야 한다.

1) 먼저 이 아마겟돈 전쟁의 실제 장면이 언제 이루어질 일인가를 아는 것이 핵심이다.

어린양이 "만주의 주시요 만왕의 왕이시므로 그들을 이기실 터이요"라는 승리의 개가를 부르게 되는, 실제 물리적인 아마겟돈 전쟁은 언제 이루어지며 결과는 어떻게 되는가?

① 언제 이루어지는가? 어린양 되신 예수 그리스도의 재림 때(계

19:11-16) 이루어진다.

② 아마겟돈 전쟁의 기간은 얼마나 소요될까? 놀랍게도 "한 시간"이다. 한 시간(만)에 멸망한다(계 18:10, 17, 19. 계 18장 Q_03).

2) "그와 함께 있는 자들"(계 17:14)은 누구인가?

"그"는 어린양을 의미하며, "함께 있는 자들"이란 후 3년 반 기간 동시대에 존재했던 '환난 통과 유대인 성도들'일까? 아니다. 그들이란 아마겟돈 전쟁을 심판하기 위해 어린양 예수 그리스도께서 이 땅에 지상강림(재림)하실 때, "하늘에 있는 군대들이 희고 깨끗한 세마포 옷을 입고 백마를 타고 그를 따르더라"(계 19:14)고 했던 자들이다. 간단히 말해서 "하늘에 있는 군대들"(계 19장 Q_08)을 말하는 것이다. 그들이 계 17:14에 언급된 "그와 함께 있는 자들"이며, "곧 부르심을 받고 택하심을 받은 진실한 자들"이다.

어린양 되신 예수 그리스도와 하늘에 있는 군대들이 아마겟돈 전쟁의 세 주인공인 짐승, 음녀(거짓 선지자), 그리고 10왕을 심판하시는 것이 아마겟돈 전쟁의 결론이다. 이 전쟁은 단 한 시간(만)에 어린양의 승리로 끝나는 전쟁이다. 그들이 "이기실 터이요 또 그와 함께 있는 자들 곧 부르심을 받고 택하심을 받은 진실한 자들도 이기리로다"라는 말씀이 그대로 성취될 것이다.

Q_06. 아마겟돈 전쟁의 세 주인공들 사이의 분열과 토사구팽(兎死狗烹) 당하는 음녀에 대한 내용은 어떻게 이루어지는가? (계 17:15-16)

A 1. 천사가 사도 요한에게 "네가 본 바 음녀가 앉아 있는 물은 백성과 무리와 열국과 방언들"(계 17:15)이라고 했다.

음녀가 앉아 있는 곳은 물이라고 했다. "물"과 "바다"는 상징적으로는 '세상'이라는 의미가 있다. "음녀"가 앉아 있는 물이 "백성과 무리와 열국과 방언들"이라는 것은 음녀의 미혹에 넘어간 당시의 세상인 '전 세계'를 의미한다.

2. 10뿔과 짐승이 "음녀를 미워하여 망하게 하고 벌거벗게 하고 그의 살을 먹고 불로 아주 사르리라"(계 17:16) 했다.

악의 세계에서는 현재 아무리 친하고 평생 아군 같아도 언젠가는 그 안에서 배신이 생기고 분열하는 일이 생기게 되어 있다. 그것은 역사를 통해서나 주변 인간사를 통해서 얼마든지 인정되는 진리다.

셋째 화, 후 3년 반 기간에 본색을 드러낸 짐승(적그리스도)은 큰 음녀(거짓 선지자)를 이용한다. 큰 음녀인 거짓 선지자는 짐승의 앞잡이가 되어 충성을 다하며, "땅에 사는 자들"(계 8:13, 계 8장 Q_06)에게 온갖 죄짓는 일을 다 시켰다(계 13장 Q_05).

거짓 선지자인 큰 음녀는 "물 위에 앉았고"(계 17:1), "일곱 머리와 열 뿔 가진 짐승"(계 17:7) 위에 탔던 당사자다. 붉은빛 짐승을 타고(계 17:3) 있어, 짐승과 불가분의 관계인 것처럼 보였다. 그 음녀는 겉으로는 세상 모든 권세를 쥐고 있는 것처럼 보였다. 또 "자줏빛과 붉은빛 옷을 입고 금과 보석과 진주로 꾸미고 손에 금 잔"(계 17:4)을 가질 정도로 호화로웠다. 막강한 세상 권세를 등에 업고 세상을 호령하며 적그리스도 짐승에게 온갖 충성을 다했다. 짐승을 신적 존재로 떠받들었다. 그러나 마지막에는 짐승이 10뿔인 10왕들과 함께 필요 가치가 떨어진 음녀를 배신한다. 음녀를 내치며 파멸시킨다(계 17:16).

3. 음녀를 배신하며 내치며 파멸시키는 과정은 다음과 같다. 마치 단계별로 이루어지는 듯하다.

① "열 뿔(10왕)과 짐승(적그리스도인 여덟째 왕)은 음녀를 미워하여"라 했다. 자신에게 충성했던 자를 이렇게 미워한다. ② "망하게 하고"는 모든 공직과 권세를 빼앗는다. ③ "벌거벗게 하고"는 이전에 음녀가 화려하게 누렸던 "자줏빛과 붉은빛 옷을 입고 금과 보석과 진주로 꾸미고 손에 금 잔"을 가졌던 모든 영광을 다 빼앗는다. ④ "그의 살을 먹고"란 짐승과 10왕이 가진 분노의 극치의 표현이다. ⑤ "불로 아주 사르리라" 했다. 음녀가 참혹한 최후를 당하게 된다는 의미다. 물론 이것은 음녀가 짐승으로부터 당하는 정치 경제적 최후를 표현하고 있지만, 짐승과 거짓 선지자의 실제적인 최후는 계 19:20에서 말씀하고 있다.

4. 10뿔 10왕과 음녀는 어떤 관계였는가?

"그 여자"(계 17:18)인 음녀는 "땅의 왕들을 다스리는 큰 성"이라 했다. 땅의 왕들인 10왕을 다스리는 자가 큰 음녀인 그 여자였다. 음녀는 자기가 다스리는 대상자인 10뿔인 10왕으로부터도 배신을 당한다.

※ P.S.: 하나님을 배신하고 휴거되지도 못한 타락한 음녀 거짓 선지자의 종말이 세상에서는 이렇게 끝이 난다. 한마디로 토사구팽(兎死狗烹)의 신세가 되었다는 말이다. 현재 잘나가는 것 같아도 언제나 배신의 어두운 그늘이 우리의 뒤에 언제나 도사리고 있음을 알고, 일희일비(一喜一悲)할 것이 아니라, 악한 곳을 향한 마음을 버리고, 언제나 휴거 준비하며, 오직 영혼구원에 힘쓰며, 단장된 신부로서 살아가는 성도가 되어야 한다.

Q _07. 그들에게 "한뜻을 이루게 하시고" 심판하시는 하나님의 뜻과 의미는 무엇인가? (계 17:17)

A 본문의 말씀은 모든 역사가 하나님의 뜻과 섭리 속에서 이루어진다는 말씀이다. 모든 것을 계획하시고 그 계획을 이루어 가시는 과정에 악한 무리가 득세하고 승리하는 것처럼 보이는 것까지도, 하나님의 뜻과 계획 속에서 이루어진다는 것이다.

1. "이는 하나님이 자기 뜻대로 할 마음을 그들에게 주사"라고 했다(계 17:17). "이는"이란 좁게는 음녀가 배신당하며 파멸되는 모든 과정이요, 넓게는 지금까지 언급되었던 모든 과정들이라고 할 수 있다.

2. "하나님이 자기 뜻대로 할 마음을 그들에게 주사"에서 "자기 뜻대로 할 마음"의 주체는 누구인가? 악한 무리이며, 짐승과 10왕의 악한 배신의 행위라 할 수 있다. 그런 마음까지도 하나님께서 짐승과 10왕에게 주셨다는 말이다.

3. "한뜻을 이루게 하시고"의 "한뜻"이란 무엇일까? 어린양을 대적하기 위한 아마겟돈 전쟁과 그 전쟁을 이루기 위한 아마겟돈 전쟁의 세 주인공(짐승, 큰 음녀, 10왕)들의 악한 일에 일치된 한뜻인 연합작전을 말한다. .

4. "그들의 나라를 그 짐승에게 주게 하시되 하나님의 말씀이 응하기까지 하심이라"라고 했다. "그들의 나라"란 후 3년 반 기간 42개월 동안 한시적으로 부여한 짐승의 정치 경제적 통치력이 임하는 지역을 말하며(전 세계), 그런 권세를 짐승이 받는 것까지, 모든 것이 하나님의 계획, 섭리, 뜻, 그리고 목적 등이 응하기(성취)까지 하나님께서 허용하신 일(말씀) 안에서 이루어지는 것이라는 의미가 있다(계 17:17).

Q_08. 그 여자인 음녀의 정체성은 무엇인가? (계 17:18)

A 일곱 대접을 가진 일곱 천사 중 한 천사(계 17:1)가 사도 요한에게 "그 여자"에 대한 정체성을 명확하게 알려 주고 있다.

1. "그 여자"란 사도 요한이 본 "큰 음녀"(계 17:1)를 말한다.

아마겟돈 전쟁을 위해 긴밀하게 한뜻을 갖고 연합작전을 준비했던 세 주인공에 대해 계 16장부터 언급하면서, "큰 음녀가 받을 심판을 네게 보이리라"(계 17:1) 말한 대로 계 17장에서 "큰 음녀"에 대해 밝혀왔다.

2. "그 여자"인 "큰 음녀"의 정체는 무엇인가?

"그 여자"의 정체는 "땅의 왕들을 다스리는 큰 성"(계 17:18)이라고 했다. 후 3년 반 당시 "땅의 왕들"이란 10뿔인 10왕을 의미한다. 그 여자인 큰 음녀가 그들을 다스리기까지 했다고 했다. 그러나 큰 음녀는 짐승(적그리스도)에게서만이 아니라 "땅의 왕들"인 10왕으로부터도 배신을 당한다(계 17장 Q_07).

"큰 성"과 "큰 바벨론"은 같은 개념의 말이다(계 14장 Q_07, 계 17장 Q_03). 지금까지 언급한 바와 같이 바벨론 하면 짐승도 바벨론, 큰 음녀도 바벨론 하니 혼란스럽다. 그러나 짐승은 정치 경제적 의미의 바벨론, 큰 음녀는 종교적 의미의 바벨론이라 생각하면 이해에 도움이 된다.

※ P.S.: 지금까지 짐승은 자신에게 주어진 시간이 셋째 화, 후 3년 반(42달. 계 13:5)이라고 하는 한시적 시한부 권세인 줄 모르고, 대단한 권세를 휘둘렀다. 심지어 짐승을 중심으로 하는 아마겟돈 전쟁의 세 주

인공이 어린양을 대적(바벨론과 아마겟돈 전쟁)하기까지 한다는 기록이 계 16장부터 18장에까지 이루어지는 내용이다.

우리의 인생 "연수가 칠십이요 강건하면 팔십이라도 그 연수의 자랑은 수고와 슬픔뿐이요 신속히 가니 우리가 날아가나이다"(시 90:10)와 같다. 비록 좋은 환경으로 수명이 조금 더 길어졌다 할지라도, 중요한 것은, 주어진 시간 동안 얼마나 많은 영혼을 구원하며, 훗날 하나님 앞에 올라가서 받을 상급을 얼마나 쌓으며 살고 있느냐 하는 것임을 잊어서는 안 된다.

요한계시록 18장

Q_01. 계 18장의 핵심 메시지는 무엇인가?

A 언제나 그렇듯이 계 18장이 요한계시록에서 어떤 위치에 있는지를 아는 것이 중요하다. 계 18장은 셋째 화, 후 3년 반 중후반에 일어난 사건이다. 7년 심판 대환난 중에 발생하는 사건인데, 아마겟돈 전쟁을 일으키는 세 주인공들인 ㉠ 짐승, ㉡ 큰 음녀, ㉢ 10왕(10뿔. 상인들)에 대한 심판을 언급하고 있으며, 짐승을 중심으로 하는 이 세 무리의 바벨론에 대한 심판이 계 18장에 집중적으로 더 언급되고 있다(계 14장 Q_07, 계 16장 Q_01).

1. 그런 의미에서 "바벨론"이라는 용어가 요한계시록의 다른 곳보다 가장 많이 등장한다는 특징이 있다.

요한계시록에서 "바벨론"이라는 용어는 총 8회 등장하는데(계 14:8, 16:19, 17:5, 18:2, 10, 14, 15, 21. 계 14장 Q_07), 그 8회 중 5회가 계 18장에 집중되어 등장한다.

바벨론에는 큰 강이 있어서 이 세상 상인들의 배로 가득한 도시가 바벨론이며, 모든 죄악이 발생하는 중심지이기도 하다. 계 18장에서 바벨론 심판은 짐승인 적그리스도를 숭배한 정치, 경제, 종교에 대한 하나님의 최종적인 물리적 심판에 대해 기록하고 있다.

바벨론에 대한 대표적 정의는 짐승(적그리스도)이 짐승의 표인 666으로 통치하는 나라(계 14:9, 11)라고 할 수 있다. 그러나 상황에 따라 "바벨론"이라는 용어가 조금씩 다른 개념으로 표현되다 보니, 전체 맥락과 큰 흐름을 이해하지 못하면 대단히 혼란스럽고 이해하기 어려운 구조다. 이런 부분 때문에 요한계시록이 어렵게 느껴지는 것이기도 하다. 그러나 뼈대를 알고 맥락을 이해하게 된다면 아주 재밌고 단순하여 쉽게 이해되는 것이 요한계시록이다.

반복되는 "바벨론"에 대한 용어와 이해에 대한 문제는 계 16장 Q_01을 참고하길 바라며, 계 16장은 정치 경제적 의미의 짐승 바벨론에 대한 심판, 계 17장은 종교적 의미의 큰 음녀인 거짓 선지자 바벨론에 대한 심판, 계 18장은 큰 음녀와 땅의 왕들(상인들)에 대한 심판 등으로 되어 있다.

특히 계 18장은 큰 음녀 바벨론이 어떻게 번영을 누리다가 완전히 심판(계 18:2. 파멸)을 받게 되었는지, 바벨론(짐승인 적그리스도)과 무역하며 "음행하고 사치하던 땅의 왕들"(계 18:9)이 어떻게 번영을 누리다가 완전히 파멸하게 되었는지, 그 배경과 이유와 장면 등을 설명하고 있다.

2. 계 18장에는 세 부류의 화자(話者)가 등장하면서 그 등장인물들의 선언들로 이루어졌다는 특징이 있다.

① 첫 번째 화자인 "이 일 후에 다른 천사"가 하늘에서 내려오면서 "힘찬 음성으로 외치는 것"을 본다(계 18:1-3). ② 두 번째 화자인 "하늘로부터 다른 음성이 나서 이르되"(계 18:4-20), ③ 세 번째 화자인 "한 힘센 천사가 큰 맷돌 같은 돌을 들어 바다에 던져 이르되"(계 18:21-24) 등 등장인물들이 등장하면서 선언하는 내용으로 되어 있다.

3. 계 18장은 크게 세 부분으로 나눌 수 있다(주제는 큰 성 바벨론 음녀 파멸의 당위성과 천상 성도를 향한 위로). ① "이 일 후에 다른 천사"가 하늘

에서 내려오면서 "힘찬 음성으로 외치는 것"을 사도 요한이 보고 들으며(계 18:1-3), ㉠ "무너졌도다"라는 선언을 받음(계 18:2), ㉡ 큰 성 바벨론 음녀의 죄와 파멸의 당위성(계 18:1-3), ② "하늘로부터 다른 음성이 나서 이르되"(계 18:4-20), ㉠ 환난 통과 지상 유대인 성도에게 향한 권면(계 18:4), ㉡ 음녀 바벨론에 대한 하나님의 판단과 심판(보응)(계 18:5-8), ㉢ 함께 음행하고 사치한 왕들의 고통과 탄식(계 18:9-10), ㉣ 음녀와의 무역 거래 내용과 상인들의 애통과 탄식(계 18:11-19), ㉤ 천상 성도들에 대하여 위로(계 18:20)하며, ③ "한 힘센 천사가 큰 맷돌 같은 돌을 들어 바다에 던져 이르되"(만국의 파멸. 계 18:21-24) 등이다.

Q_02. 세 화자 중 첫 번째가 "힘찬 음성으로 무너졌도다 무너졌도다 큰 성 바벨론이여" 하고 외친 내용과 의미는 무엇인가? (계 18:1-3). (이단 경계)

A 계 18장에 등장하는 세 화자(話者) 중 첫 번째 화자에 대한 말씀이다. 계 17장에서 큰 음녀, 큰 성 바벨론의 죄에 대해 언급하면서, 계 18:1-3에서 사도 요한은 '힘찬 음성으로 외치는' 천사를 보며 음성을 듣는데, 그 내용은 ① 바벨론의 특징, ② 바벨론의 죄, ③ 바벨론이 왜 무너져야 했는지 등등 바벨론 파멸(심판)의 당위성에 대해 언급하고 있다.

1. "이 일 후"(계 18:1)라는 것은 무엇을 의미하는가?

요한계시록에서 "이 일 후"라는 용어가 6회(계 4:1, 7:1, 9, 15:5, 18:1, 19:1. 계 4장 Q_02) 등장한다. "이 일"이란 계 17장의 내용을 말한다. 많은 물 위에 앉은 큰 음녀가 받을 심판(계 17:1-6)을 비롯하여 아마겟돈 전쟁의 세 주인공 사이의 분열과 큰 음녀가 배신을 당하며 몰락하는 모든 과정(계 17:15-18)을 의미하며, 그런 사건이 발생한 후라는 말이다.

2. "다른 천사가 하늘에서 내려오는 것을 보니"(계 18:1)라고 했다.

계 18:1의 "다른 천사"라는 것은 시간 순서적으로 본다면, ① 일곱째 천사가 일곱째 대접을 공중에 쏟은 사건(계 16:17) 이후에, ② 일곱 대접을 가진 일곱 천사 중 하나가 사도 요한에게 큰 음녀가 받을 심판에 관한 내용(계 17:1-18) 등을 알려준 뒤, 그리고 ③ "다른 천사"(계 18:1)가 하늘에서 내려오는 것을 보았다는 의미다.

3. 계 18장에 등장하는 세 화자 중 첫 번째인 "다른 천사"의 두 가지 이미지 특징은 무엇인가? (계 18:1)

1) "큰 권세를 가졌는데"(계 18:1)라고 한 것은 하나님께서 부여하신 권세가 크다는 말이다.

2) "그의 영광으로 땅이 환하여지더라"(계 18:1)는 것은, 그 어떤 것으로 땅을 환하게 할 수 있겠는가? 이것은 큰 성 바벨론 심판이 과정은 하나님의 공의롭고 장엄한 가운데 이루어지고, 결과는 심판(파멸)답게 속 시원하게 결판날 것에 대한 말씀이다.

4. 세 화자 중 첫 번째인 "다른 천사"가 선언한 내용은 무엇인가? (계 18:2-3)

사도 요한은 그 "다른 천사"가 하늘에서 내려오면서 "힘찬 음성으로" 외치는 것을 보고 들었다고 했다(계 18:1-3).

1) 천사가 "힘찬 음성으로" 외친다. "힘찬 음성"이란 표현은 오직 계 18:2에만 등장한다. 큰 성 바벨론의 파멸이 그만큼 확실하게 결판난다고 공언하는 의미다. 마치 온 세상이 들을 수 있도록 큰소리로 외치고 있다.

2) "무너졌도다 무너졌도다 큰 성 바벨론이여"(계 18:2) 탄성을 외치고 있다. 이 탄성의 외침과 선언은 계 14장에서부터 언급된 바벨론에 대한 심판을 말한다(계 14장 Q_07, 계 16장 Q_01).

"큰 성" 총 10회 중 단 1회(계 11:8)만 예루살렘 성, 나머지 9회(계 14:8, 16:19, 17:18, 18:2, 10, 16, 18, 19, 21. 계 14장 Q_07)는 "바벨론"을 상징적으로 표현했다. "바벨론"은 총 8회 등장한다(계 14:8, 16:19, 17:5, 18:2, 10, 14, 15, 21. 계 14장 Q_07). "큰 성"과 "바벨론"을 동일 개념으로 표현하고 있다.

3) 바벨론의 특징을 네 가지로 언급하고 있다(계 18:2. 계 14장 Q_07, 계 16장 Q_01, 09, 계 17장 Q_02, 03).

① 귀신의 처소(마귀의 졸개들이 모이는 곳으로 짐승의 하수인들이 모이는 곳), ② 각종 더러운 영이 모이는 곳(악한 일을 도모하는 사탄의 음모와 조직을 의미하며, 타락한 혼합종교와 죄의 온상), ③ 각종 더럽고(악한 일을 도모하는 사탄의 영은 언제나 더럽고 추하다), ④ 가증한 새(마귀, 귀신. 마 13:19)들이 모이는 곳(마귀의 집)이 되었다[바벨론이 완전히 파멸되고 황폐하여, 들짐승과 새들이 모이는 귀신의 처소가 되었다(사 13:19; 렘 51:8, 37; 마 24:28)]는 네 가지 특징을 말하고 있다.

마지막 때(세상의 끝)는 세상 왕(임금) 노릇 하는 사탄이, 정치 경제적[경제(상업) 중심지]으로는 짐승(적그리스도)을 등장시키고, 종교적으로는 음녀(거짓 선지자)를 하수인으로 앞세워서 온 세상을 혼합주의와 우상숭배로 미혹하는 시대다. 그들에 의해 이루어진 큰 성 바벨론이 결국에는 정치 경제(상업 중심지)가 무너졌다는 말이며, 궁극적으로 물리적인 전쟁을 통하여 패망하게 되었다는 의미다.

4) **큰 성 바벨론이 무너진 원인, 파멸의 당위성은 무엇인가?** (계 18:3. 계 14장 Q_07, 계 16장 Q_01, 09, 계 17장 Q_02, 03).

① "그 음행의 진노의 포도주로 말미암아 만국이 무너졌으며"(계 18:3. 한글 킹제임스 "이는 모든 민족들이 그녀의 음행으로 인한 진노의 포도주로 취한 까닭"). 이때의 "만국"은 계 18:23과 함께 적그리스도의 통치를 받는 "땅에 거하는 자들"을 의미한다(계 12장 Q_06). 영적으로 음행은 배교, 우상숭배를 상징한다(호 4:10; 렘 3:2). 둘째 짐승이요 음녀인 거짓 선지자는 짐승(적그리스도)에게 아부하기 위해 10왕(10뿔)을 중심으로 한 모든 민족을 미혹한다. 그리고 짐승을 우상화(경배)했고, 짐승의 표(666)를 받지 않으면 몇이든 다 죽이게 했던(계 13:15) 장본인이다.

② "땅의 왕들이 그와 더불어 음행하였으며"(계 18:3. 한글 킹제임스 "땅의 왕들이 그녀와 더불어 음행하였고"). 10왕을 중심으로 그들 모두가 영적으로나 윤리적 음행을 저질렀다.

③ "땅의 상인들도 그 사치의 세력으로 치부하였도다"(계 18:3. 한글 킹제임스 "땅의 상인들은 그녀의 사치의 풍요함으로 부유하게 되었도다"). 세상의 왕(10왕. 통치자)들과 "땅의 상인들"이 음녀와 결탁하여 적그리스도를 섬기며 부와 사치와 육신적 음행에 빠지게 된다. "땅의 상인들"(계 18:3, 11, 15)이란 "땅의 왕족들"(계 18:23)이다. 땅의 왕족들이나 땅의 상인들은 같은 족속이요, 같은 의미라 할 수 있다. 돈 가진 자, 그리고 권력과 결탁한 음녀의 사치와 풍요함은 이루 말할 수 없다(계 17:4). 정치 경제의 중심인 세상 권력과 타락한 종교가 서로 유착하면 이렇게 된다는 것을 말한다. 그 결과로 큰 성 바벨론이 파멸하게 된 것이다(계 14장 Q_07, 렘 51:7; 벧후 2:3).

※ P.S.: 조심스러운 말이지만 사치와 풍요는 우리의 삶을 윤택하게 해준다. 그러나 이것이 지나치면 기도를 안 하게 된다. 기도를 안 하게 된다는 것은 타락으로 빠지게 되는 원인이 된다. 일부의 목회자들이나 성도들이 이런 것에 무너지기도 한다. 과거의 좋았던 이미지를 말년에 실추시키는 원인이 되기도 했다. 음녀를 비롯한 짐승과 10왕 등등의 큰 음녀 바벨론의 무너짐의 결론은 음행의 포도주가 하나님의 진노를 초래하게 만들었다는 것이다. 이단 교주들의 종말이 그 증거가 된다. 어느 정도의 가난과 곤고함은 우리를 기도의 자리로 나아가게 한다(잠 30:8-9; 시 119:71; 고후 12:10).

Q_03. 세 화자 중 두 번째인 "하늘로부터 다른 음성"이 선언한 내용이 무엇인가? (계 18:4-20). (이단 경계)

A 계 18장에 등장하는 세 화자(話者) 중 두 번째 화자에 대한 말씀이다. "하늘에서 다른 음성이 나서"라는 말씀과 같이 첫 번째 화자와는 또 다른 음성을 통해 들리는 말씀으로, ① "내 백성아 거기서 나와"(계 18:4)라는 권면, ② 음녀 바벨론의 죄(계 18:5), ③ 하나님 심판(보응)의 원리(계 18:5-8), ④ 그 음녀를 심판하시는 주 하나님은 강하신 자(계 18:8), ⑤ 바벨론의 심판을 보며 반응하는 두 부류(계 18:9-20) 등으로 언급되고 있다.

1. 환난 통과 지상교회 유대인 성도를 향한 권면(계 18:4)이다.

1) "내 백성아"(계 18:4). 백성이란 누구를 말하는 것인가? 계 18:4의 시대적 현재 위치를 알아야 한다. 택자들은 이미 휴거되고 이 땅에는 존재하지 않는다. 이 땅에 존재하는 대상은 오직 두 종류다. 하나는 '환난 통과 지상교회 유대인 성도들'이고, 다른 하나는 성경에서 말

하는 "땅에 사는 자들"(계 8:13)이다.

그러므로 "내 백성아"는 '환난 통과 지상교회 유대인 성도들'을 말하는 것이다. 이들은 후 3년 반 현재 하나님께서 "천이백육십 일 동안 그를 양육하기 위하여 하나님께서 예비하신 곳"(계 12:6)인 일명 '예비처'에서 하나님의 보호와 양육을 받고 있는 중이다.

2) "거기서 나와"(계 18:4)는 한글 킹제임스에는 "그녀에게서 나오라"로 되어 있다. 신천지에서는 "거기서"라는 지시대명사 "거기"를 '교회'라고 왜곡하며, 교회를 바벨론이라고 규정하여 특정 지어 자신들의 교리 선전에 적극 활용하고 있다. "거기서" 혹은 "그녀에게서"란 타락한 거짓 선지자 "음녀" 바벨론을 말한다.

신천지는 예수님께서 "밭은 세상이요"(마 13:38)라고 하셨음에도, 굳이 "그 밭은 기성 교회"라고 우기면서 성경을 왜곡시킨다. 마 13:38과 계 18:4은 양의 탈을 쓴 신천지의 결정적인 왜곡 해석 중 하나다.

"신천지 교주 이만희는 '요한계시록 실상'이라는 교리를 만들어 사람들을 미혹하고 있다. 이만희가 말하는 '실상'이란…1980년 9월부터 1984년 3월까지 마흔두 달의 기간 동안 과천에 있는 장막성전에서 이루어졌다는 것"(진용식, 위의 책, p. 4)이며, 1984년 3월 14일부터 현재를 천년왕국 시대라 칭하면서, "천년왕국은 영적 새 이스라엘 12지파가 이 땅에 창조된 날(1984년 3월 14일)로부터 시작되었다"고 가르친다(이만희, 앞의 책, p. 412).

그러면서 "바벨론(정통교회)에서 속히 빠져나오라"고 기성 교인들을 속이며 미혹한다. 신천지의 말대로 지금이 천년왕국 때라고 한다면,

군이 빠져나와서 신천지로 갈 이유가 무엇이 있겠는가? 신천지의 이런 교리에는 일관성이 전혀 없다. 통일성도 없다. 명확하지도 않다. 그저 막연하게 자기들의 교리에 유리한 대로 성도들을 미혹하기 위해 언제든 갖다 써먹고, 주장하다가 필요성이 없어지면 언제 그랬느냐는 듯이 게 눈 감추듯 감추거나 폐기해 버린다(진용식, 앞의 책, p. 23, 계 10장 Q_02). 교리가 짜임새 있는 것 같으나 대단히 허술하다. "이만희가 만든 이 실상이라는 교리는 사실이 아닌 조작에 의해 만든 거짓 교리다"(진용식, 위의 책, p. 5). 그래서 되겠는가?

그래서 신흥종교 ○○○은 타락한 거짓 선지자의 무리라고 하는 것이다. 신흥종교 ○○○ 사람들아! 타락한 교주가 거짓 선지자 노릇 하고 있는 신흥종교 ○○○로부터 속히 나와라. 이 아무개에게 속지 마라. 하루빨리 "거기서(타락한 신흥종교 ○○○) 나오라"는 성령의 음성을 들으라. 신흥종교 ○○○에서 속히 빠져나오기를 권면하며 기도한다.

3) "그의 죄에 참여하지 말고"(계 18:4. 한글 킹제임스 "그리하여 그녀의 죄들에 동참자가 되지 말고). 음녀에 대해서는 이미 언급했기에 참고를 바란다(계 14장 Q_07, 계 16장 Q_01, Q_09, 계 17장 Q_02, Q_03). 이것은 그 타락한 음녀들이 짓는 죄에 동참하여 동참의 죄를 짓지 말라는 권면의 말씀이다.

2. 큰 음녀 바벨론이 짓는 죄를 크게 나눈다면 두 가지다. ① 하나님을 배도[짐승에게 경배(계 13:12), 짐승 우상에게 경배(계 13:15). 우상숭배]하며, ② 짐승의 표(짐승과 그의 우상숭배의 결과로 받는 표. 계 14:9)를 받게 하는 죄다. 이것은 사치, 방탕, 도덕적 음행, 그리고 온갖 죄의 상징인 '바벨론 정치와 문화'와 관계된 죄와 복음의 변질(혼합주의), 신앙의 변질로부터 발생하는 세상 권력과 결탁하여 권세를 유지하려는 '타락

한 바벨론 종교' 등의 죄라고 할 수 있다.

"그가 받을 재앙들을 받지 말라"(계 18:4). "그(녀)"란 큰 음녀이며 바벨론을 말한다. 바벨론이 받는 재앙이란 하나님의 진노를 대접에 담아 쏟아내는 무섭고 혹독한 일곱째 대접재앙의 모든 것을 의미한다(계 14장 Q_07, 계 16장 Q_09, 계 17장 Q_02, Q_03). **일곱째 대접재앙 심판은 모두 다섯 가지로 요약할 수 있다(계 16장 Q_09).** 그리고 최종적으로는 "불과 유황 못", "불못"에 던져지는 심판이다(계 14:8, 19:20, 20:10, 14-15).

3. 음녀 바벨론의 죄는 어느 정도인가?(계 18:5)

1) "그의 죄는 하늘에 사무쳤으며"(계 18:5. 한글 킹제임스 "이는 그녀의 죄들이 하늘에까지 닿았고)라고 했다. 환난 통과 지상교회 유대인 성도들이 왜 음녀 바벨론에게서 나와야 하는지, 그리고 바벨론의 죄에 참여하지 말고 그들의 재앙을 받지 말라고 권고하게 된 이유 등등은 바벨론의 죄가 '하늘에까지' 닿았고 사무칠 정도로 심각했기 때문이다(렘 51:9; 스 9:6).

2) "하나님은 그의 불의한 일을 기억하신지라"(계 18:5. 한글 킹제임스 "하나님께서는 그녀의 불의를 기억하셨기 때문이니라") 했다. 심판에 하나님의 판단과 보응의 원칙을 말씀하고 있다.

천망회회 소이불실(天網恢恢 疎而不失)이라는 말이 있다. 한자대로 풀이하자면, '하늘의 그물은 크고 넓어 엉성해 보이지만 결코 그 그물을 빠져나가지는 못한다'는 말이다. 우리의 앉고 일어섬(시 139:2)과 일거수일투족(一擧手 一投足)까지 다 아시는 하나님께서 어찌 악과 불의를 외면하시겠는가? 회개하기를 기다리시거나 그들의 죄가 하늘에

닿아 사무치기까지 “때”(렘 46:21, 50:27)를 기다리실 뿐이다.

그래서 현대어성경에서는 계 18:5을 이렇게 번역했다. “그 여인의 죄는 이미 하늘에까지 사무쳐 하나님께서 그 죄를 심판하실 준비를 끝내셨다.”

하나님께서는 누구도 항변할 수 없는 심판(보응)의 이유(근거)를 모으시고 쌓아 두셨다가(기억) 정한 때(심판 준비를 끝내신 후)에 심판(보응)하신다(창 15:16).

4. 하나님 심판(보응)의 원리(계 18:5-8)

① “그가 준 그대로 그에게 주고”(계 18:6), ② “그의 행위대로 갑절을 갚아 주고”(계 18:6), ③ “그가 섞은 잔에도 갑절이나 섞어 그에게 주라”(계 18:6).

우리말성경에는 “너희는 그녀가 너희에게 준 만큼 돌려주고 그녀가 너희에게 행한 만큼 두 배로 갚아주며 그녀가 부은 잔에 두 배로 부어 그녀에게 주라”(계 18:6)고 되어 있다.

“그가”의 “그”는 “큰 음녀”인 “큰 성 바벨론”을 의미한다(계 17:5, 18). 큰 음녀가 행한 대로 갚아주라는 말이다. 그가 준 그대로 주고, 행위대로 갑절을 갚아주고, 그의 섞은 잔에 갑절이나 섞어서 그에게 되돌려 준다. 하나님은 큰 음녀의 죄악과 불의한 일을 기억하시고 공정히 판단하셔서, 심판 때 핑계할 수 없도록 공의롭게 심판(보응)하신다(렘 17:18, 51:24).

④ “그가 얼마나 자기를 영화롭게 하였으며 사치하였든지 그만큼 고통과 애통함으로 갚아주라”(계 18:7).

큰 음녀는 붉은빛 짐승을 탔고(계 17:3. 사치. 계 17장 Q_03), “그 여자는 자줏빛과 붉은빛 옷을 입고 금과 보석과 진주로 꾸미고 손에 금 잔을 가졌는데”(계 17:4. ㉠ 큰 부, ㉡ 권세, ㉢ 화려함과 사치와 부의 극치의 상징. 계 17장 Q_03)라고 했다. 하나님은 악인들이 영화를 누린 만큼, 사치한 만큼 고통과 애통함으로 갚으시는 하나님이시기에 그렇게 해주라 하신다.

⑤ “나는 여왕으로 앉은 자요 과부가 아니라 결단코 애통함을 당하지 아니하리라 하니”(계 18:7).

“나는 여왕으로 앉은 자요”라는 것은 짐승 적그리스도를 절대자로 숭배하는 자로서는 짐승의 반열에 올라앉은 자라는 의미로, 큰 음녀는 스스로 신격화한다. “과부(사 47:8)가 아니라” 하는 것은 자신은 홀로된 외로운 존재[“내가 영영히 (바벨론의) 여주인이 되리라”(사 47:7)]가 아니라 신격화된 존재라고 강조하고 있다. 그런 배경에서 결단코 애통을 당하지 아니하리라고 스스로 착각하고 있다.

⑥ “그러므로 하루 동안에 그 재앙들이 이르리니”(계 18:8), ⑦ “곧 사망과 애통함과 흉년이라”(계 18:8), ⑧ “그가 또한 불에 살라지리니”(계 18:8).

결단코 애통을 당하지 아니하리라 한 만큼 하루 동안(멀지 않다는 의미의 상징적 시간)에 그(지금까지 하나님께서 말씀하신 7년 심판 대환난의 심판) 재앙이 순식간에 닥친다는 말이다(잠 27:1). 바벨론(정치·경제·종교 등 모든 영역에서의 인류 문명) 심판은, 심판 선언 후 어느 날 순식간에 물리적 심판으로 "한 시간"(계 18:10, 17, 19)에 끝나버리게 된다. 그 과정에 온갖 재앙이 임할 것이고, 최종적으로는 불에 살라지는 불못 심판을 받게 될 것이다(계 19:20, 20:10).

5. 그 음녀를 심판하시는 주 하나님은 강하신 자이시다(계 18:8).

하나님은 어떤 분이신가? "상한 갈대를 꺾지 아니하며 꺼져가는 등불을 끄지"(사 42:3) 아니하시는 분이다. 그만큼 아픈 자, 연약한 자를 감싸시는 분이다. 그러나 하나님은 "진실로 정의를 시행"(사 42:3)하시는 분이다.

기회를 주었으나 깨닫지 아니하고 회개치 아니할 때, 하나님께서는 마지막에는 되돌이키지 아니하시고 분명하고도 혹독하게, 그리고 엄하게 심판하시는 강하신 분(계 18:8)이시다(민 23:19).

6. 바벨론의 심판을 보며 같은 음행에 동참한 "땅의 왕들"의 고통과 탄식의 애가(계 18:9–10)

1) 큰 성 바벨론의 심판을 보면서 크게는 두 부류의 반응이 등장한다. 하나는 바벨론의 심판(파멸)을 보면서 애통하며 애가를 부른 세 종류의 대상[계 18장에 등장하는 3애가(哀歌), 계 18:9-19]이 있는가 하면, 다른 하나는 전혀 대조적인 반응으로 바벨론의 심판을 보면서 "하늘과 성도들과 사도들과 선지자들아, 그로 말미암아 즐거워하라"(계 18:20)는 반응의 음성이 들린다. **바벨론의 심판(파멸)을 보면서 애통하며 애가를 부른 세 종류의 대상(계 18:9–19)**으로는 ① "땅의 왕들"(계 18:9-10), ② "땅의 상인들"(계 18:11-14), ③ "상품의 상인들"(계 18:15-19)이 "화 있도다 화 있도다"를 3회(계 18:10, 16, 19)에 걸쳐 탄식할 정도로 애

통해한다.

2) “땅의 왕들”의 고통과 탄식의 애가(첫 번째 애가)**는 다음과 같다**(계 18:9-10).

① 애가를 부르는 주체자는 “그와 함께 음행하고 사치하던 땅의 왕들”(계 18:9)이다.

② 애가를 부르는 이유는 무엇인가? “그가 불타는 연기를 보고”(계 18:9)라고 했다. 이것은 바벨론이 전쟁에서 패한 결과(파멸)를 말하고 있다. 바벨론의 파멸이란 그들이 아마겟돈 전쟁의 세 주인공(㉠ 짐승, ㉡ 큰 음녀, ㉢ 10왕)으로서, 그들이 전쟁에서 패배하여 파멸하는 것을 의미한다.

③ 어느 정도의 고통과 탄식의 애가인가? 왕들의 고통을 네 가지로 언급하고 있다. ㉠ “울고 가슴을 치며”(계 18:9), ㉡ “그의 고통을 무서워하여”(계 18:10), ㉢ “멀리 서서 이르되 화 있도다 화 있도다”(계 18:10), ㉣ “큰 성, 견고한 성 바벨론이여 한 시간에 네 심판이 이르렀다”(계 18:10)라고 할 정도로 되돌이킬 수 없는 혹독한 파멸을 고통과 탄식으로 외친다.

④ 그 심판(파멸)받는 시간은 얼마나 소요되는가? “한 시간”(계 18:10, 17, 19)이다. 상징적인 숫자일까? 아마도 세 번씩 말씀한 것으로 미루어 “한 시간”이란 실제 시간으로 이해해도 좋을 것 같다. 어린양이신 예수님이 지상강림하시면서(계 19:11-16), 아마겟돈 전쟁은 순식간에 끝난다. 하나님의 악인을 향한 심판은 많은 시간을 요구하지 않는다. 전능하신 하나님께서 하시기 때문에 그야말로 한 시간에 파멸시키신다.

어린양이신 우리 주 예수 그리스도께서 재림하실 때는 이렇게 심판의 주로 오신다. 한 시간에 악을 멸하신다(계 18:10, 17, 19). 큰 음녀 바벨론과 그 추종자인 왕들은 비참하게 죽는다(계 19:17-18). 그리고 짐승과 거짓 선지자의 최후는 불못에 던져진다(계 19:20, 20:10).

"그와 함께 음행하고 사치하던 땅의 왕(임금. 10왕, 10뿔)들"(계 18:9)은 "그(큰 음녀 바벨론)와 더불어 음행하였고"(계 17:2), "땅의 상인들도 그 사치의 세력으로 치부하였도다"(계 18:3, 17:4)라고 했다. 땅의 상인들과 땅의 왕은 같은 개념이다(계 18:23. 계 18장 Q_02). 큰 음녀와 땅의 왕들은 서로 같은 죄를 지어왔던 공범들이다(바벨론의 파멸의 당위성. 계 18장 Q_02).

큰 음녀와 공범인 땅의 왕들은 큰 성 바벨론이 불타는 모습을 보고 울며 가슴을 치며 고통과 겁에 질려 애가를 부른다. "화 있도다 화 있도다 큰 성, 견고한 성 바벨론이여 한 시간에 네 심판이 이르렀다 하리로다"(계 18:10). 음행과 사치를 일삼던 땅의 왕들은 바벨론의 심판을 보고, 슬픈 탄식과 고통과 두려움으로 애가를 부른다.

7. "땅의 상인들"의 애가(두 번째 애가)는 무엇이고, 음녀와 상호 무역 거래한 내용은 무엇인가?(계 18:11-14)

바벨론의 심판(파멸)을 보면서 애통하며 애가를 부른 두 번째 부류가 "땅의 상인들"이다.

상업(무역) 거래한 내역과 품목들을 보면서 큰 음녀 바벨론의 실상을 볼 수 있다. "땅의 상인들"(계 18:3, 11, 15)의 애가의 이유는 두 가지로 나눌 수 있다. 하나는 상품이 없어지는 것 때문에 애통하는 애가라고 한다면(계 18:11-14), 다른 하나는 무서움과 두려움 때문에 울며 애통하는 애가라 할 수 있다(계 16-19).

1) "땅의 상인들"(계 18:11)이 누구를 위해 울고 애통하며 애가를 부르고 있는가? "그를 위하여"(계 18:11). 큰 음녀 바벨론을 위해 울며 애통하며 애가를 부른다.

2) 애가를 부르는 이유(원인)는 무엇인가?

① "다시 그들의 상품을 사는 자가 없음이라"(계 18:11). 큰 음녀 바벨론과 땅의 상인(왕)들이 서로 죄를 지으며 사치를 일삼으며 부를 축적해 왔는데, ㉠ 전쟁으로 다 불에 타 버리고 말았다(계 18:9). 이제 더 이상 무역을 할 수 없다. ㉡ 그들의 상품을 살 자들이 없어져 버렸다(계 18:14). 그래서 울며 애통해한다.

② 바벨론의 멸망(파멸)을 보고 "그의 고통을 무서워하여 멀리 서서 울고 애통"해한다(계 18:15).

3) 무역 거래 상품 품목에는 어떤 것들이 있는가?

① 그들이 거래하는 품목이 29가지다(계 18:12-13).

② 거래 품목으로는 "그 상품은 금과 은과 보석과 진주와 세마포와 자주 옷감과 비단과 붉은 옷감이요 각종 향목과 각종 상아 그릇이요 값진 나무와 구리와 철과 대리석으로 만든 각종 그릇이요"(계 18:12). 세상의 금은보화와 사치스런 옷감들, 값진 향나무 재료로 만든 가구들은 사치와 향락의 상징이다(14가지). "계피와 향료와 향과

향유와 유향과 포도주와 감람유와 고운 밀가루와 밀이요 소와 양과 말과 수레와 종들과 사람의 영혼들이라"(계 18:13). 여러 가지 향품과 향수들은 방탕한 생활들을 상징한다(1다섯 가지).

큰 음녀와 땅의 왕들이라고 하는 상인들은 이런 물질들로 서로 사치와 향락을 누려온 공범들이다(겔 27:1-36). 심지어 "사람의 영혼"이라고 하는 것은 개나 소처럼 인신매매하듯, 인간의 존엄성과 가치까지 말살하며 영혼을 상품화하며, 그 모든 것을 돈벌이로 취급하는 죄를 짓기까지 한다(암 2:6-8).

4) 바벨론이 탐하던 모든 것들이 떠났으며 다시 보지 못한다(계 18:14).

① "네 영혼이 탐하던 과일이 네게서 떠났으며", ② "맛있는 것들과 빛난 것들이 다 없어졌으니", ③ "사람들이 결코 이것들을 다시 보지 못하리로다."

큰 음녀의 영혼까지 탐욕스럽게 욕심내었던 세상 물질과 사치와 부가 사라졌으며, 상징적인 상품인 최소한 29가지 종류의 상품을 사람들이 다시는 볼 수 없게 된다(약 5:5). 물론 이후의 세상은 인류 문명의 종말이라서 불신 불택자들은 존재하지 않기에, 본문의 표현들은 상징적인 것이다.

8. "상품의 상인들"이 바벨론의 멸망을 보고서 애통(세 번째 애가)해한다(계 18:15-11).

"상품의 상인들"(계 18:15)은 바벨론의 파멸을 보며 "화 있도다 화 있도다"를 2회(계 18:16, 19)에 걸쳐 외칠 정도로 큰 충격 속에 탄식하며 애통해한다.

1) "상품의 상인들"(계 18:15)이란 누구인가? "모든 선장과 각처를 다니는 선객들과 선원들과 바다에서 일하는 자들"(계 18:17)을 의미한다.

2) "상품의 상인들"과 바벨론의 관계는 어떤 관계인가? "바벨론으로 말미암아 치부한 이 상품의 상인들"(계 18:15)이다.

3) "상품의 상인들"이 애가를 부르는 이유(원인)는 무엇인가? ① "그의 고통을 무서워하여"(계 18:15)의 "그"는 큰 음녀 바벨론을 의미한다. "멀리 서서 울고 애통하여"는 바벨론으로 인하여 부자가 된 상인들이, 바벨론의 고통을 무서움과 두려운 공포감 속에 멀리 서서 울며 애통해하는 것이다(계 18:11). ② "화 있도다 화 있도다 큰 성"(계 18:16, 10, 19)의 "부가 한 시간에"(계 18:17) 망하게 되었기 때문이다. 6가지(세마포 옷과 자주 옷과 붉은 옷을 입고 금과 보석과 진주로 꾸민 것)의 사치로 치장한 음녀의 어미 바벨론이 여왕으로 치장한 모습(계 17:4)을 연상시킨다. ③ "불타는 연기를 보고"(계 18:18). 온갖 사치품들(계 18:16)이 물리적으로 불에 타는 모습을 확인하고 있다. ④ "이 큰 성과 같은 성이 어디 있느냐 하며"(계 18:18). 짐승과 거짓 선지자가 이뤄놓은 이런 큰 업적이 어디 있느냐 하며, 그 업적들을 자화자찬한다. 그리고 파멸되는 것을 보며 탄식한다. ⑤ "한 시간에 망하였도다"(계 18:19). 바벨론의 후광을 입고 세계 각처를 다니며 사치하고 호화스런 생활을 하였던 "상품의 상인들"이 탄식하며 놀라고 있다. "한 시간"(계 18:19)이라는 것은 앞에서 언급했듯이(계 18:10, 17, 19), 한 시간에 끝나게 될 아마겟돈 전쟁을 의미하며, 하나님의 악인을 향한 심판(파멸)은 결코 긴 시간을 요구하지 않는다.

4) "상품의 상인들"의 탄식과 애가의 정도(강도)는 어느 정도인가? ① "티끌을 자기 머리에 뿌리고 울며 애통하여"(계 18:19), ② "이 큰 성이여 바다에서 배 부리는 모든 자들이 너의 보배로운 상품으로 치부하였더니"(계 18:19), ③ "한 시간에 망하였도다"(계 18:19).

"상품의 상인들"도 자기 영광과 사치와 부, 그리고 권력을 과시하기 위해 보석으로 꾸민 큰 음녀 바벨론에게 화가 있다고 외친다. 바벨론이 이루어 놓은 업적이 크다 할지라도 그들의 마지막은 결국 장망성(將亡城)이며, 그 업적이 크고 대단한 업적을 이룬 것 같아도 하나님께서 쓰러뜨리려 하실 때 순식간에 사라지고 마는 존재들임을 깨닫게 된 것이다. "상품의 상인들"은 바벨론이 파멸되는 모습을 바라볼 수밖에 없는 무기력한 존재가 자신들임을 최종적으로 깨달으며 탄식하는 모습을 상징적으로 보여주는 애가다(렘 51:8; 겔 27:30).

9. 천상 성도를 향한 위로(계 18:20)

큰 성 바벨론의 심판을 보면서 크게 두 부류의 반응이 있었는데, 그 중 하나는 이미 언급한 내용이었고[계 18:9-19. ㉠ "땅의 왕들"(계 18:9), ㉡ "땅의 상인들"(계 18:11), ㉢ "상품의 상인들"(계 18:15) 등 3부류], 나머지 다른 하나는 "하늘과 성도들과 사도들과 선지자들아, 그로 말미암아 즐거워하라"(계 18:20)는 반응의 음성이다.

1) "즐거워하라"(계 18:20)고 했다. 즐거워해야 할 대상은 누구인가? "하늘과 성도들과 사도들과 선지자들"(계 18:20)이다. 그들은 어디에 있는 존재들인가? "성도들"이란 천상의 성도들을 의미한다. 그들만이겠는가? "하늘과 성도들과 사도들과 선지자들" 모두가 천상에 있는 성도들을 의미한다. 현재는 일곱째 대접 재앙이 쏟아지는 기간이다.

예수 믿고 죄 용서받은 자, 구원받기로 되어 있는 자는 그 누구도 지상에 남아 있을 수가 없다. 그런 이유에서 "하늘과 성도들과 사도들과 선지자들"이란 계 7장에서 휴거되어 천상으로 올라간 모든 성도를 의미하며, 다른 말로 한다면 "아무도 능히 셀 수 없는 큰 무리"(계 7장 Q_08)라고 할 수 있다.

2) "즐거워"해야 할 이유와 내용은 무엇인가? "그로 말미암아"에 이어지는 내용으로 바벨론의 심판(파멸)으로 말미암아 즐거워하라는 것이다. 바벨론의 심판의 원인(계 18:1-2)과 내용(계 18:3) 등의 구체적인 것(계 14장 Q_07, 계 16장 Q_01, 09, 계 17장 Q_02, Q_03)은 참고를 바라며, 지상과 해상에 있는 자들("땅에 있는 자들")은 울며 탄식하고 애통하지만, 천상에서는 과거 휴거되기 전 그들이 지상에 있을 때 올렸던 신원의 기도(계 6:9-11)에 대한 응답에 대해 감사와 기쁨으로 즐거워하라는 것이다.

3) 심판의 주체자와 기쁨의 제공자는 누구인가? "하나님"이시다.

4) 목적은 "하나님이 너희를 위하여 그에게 심판을 행하셨음이라"(계 18:20)다. 너희를 위하여 바벨론을 심판하셨다는 말씀이다. "너희"란 "하늘과 성도들과 사도들과 선지자들"이다. 하나님께서 하시는 7년 대환난의 심판에는 두 가지 의미가 있다. ① 바벨론 심판(계 18:20)이며, ② 순교자들의 신원의 기도(호소)에 대한 응답(계 6:10)이다. 앞에서 언급한 바와 같이 악한 무리로 인하여 받은 핍박과 아픔 등등이 있을지라도, 하나님께서 심판하심으로 "내 원수의 목전에서 내게 상을 차려 주시고"(시 23:5)의 큰 기쁨을 우리는 경험케 된다.

※ P.S.: 꿈은 이루어진다고 믿는 사람이 있다. 우리는 하나님 앞에 기도하면 응답 받으며 반드시 이루어진다고 믿으며 살아간다. 비전을 갖는 만큼 기도하고, 기도하는 만큼 응답 받게 된다. 하나님은 욕망에 응답하지 아니하시고, 필요에 응답하시는 하나님이신 줄 믿는다.

악을 심판하시는 하나님을 믿고 신원의 기도를 드렸던 순교자를 비롯한 많은 믿음의 선진들처럼, 우리는 지금도 모든 악을 심판해 달라고, 우리의 아픔을 해결해 달라고 기도한다. 이루어질 때까지 기도해야 한다. 그러면 언젠가는 반드시 하나님께서 우리의 눈물을 닦아 주실 때가 있으리라 믿는다.

Q_04. 세 화자 중 마지막 세 번째인 "한 힘센 천사가 큰 맷돌 같은 돌을 들어 바다에 던져 이르되"라는 내용의 의미는 무엇인가? (만국의 심판, 멸망, 파멸. 계 18:21-24). (이단 경계)

A 한 힘 센 천사가 큰 맷돌 같은 돌을 들어 바다에 던지는 모습은 큰 성 바벨론의 멸망에 대한 상징적인 모습을 표현한 것이다. 하나님의 진노의 심판으로 완전히 멸망당한 큰 성 바벨론은 다시는 회복되지 못할 것이라는 선언의 말씀이다.

1. 이에 한 힘센 천사가 큰 맷돌 같은 돌을 들어 바다에 던진다(계 18:21).

1) "이에"라고 하는 것은 '앞 절의 사건에 이어서'라는 의미이다.

2) "힘센 천사"는 요한계시록에 총 3회 등장한다. "힘 있는 천사"로 1회(계 5:2), "힘센 천사"로 2회(계 10:1, 18:21) 등장한다.

7인봉 된 두루마리를 "누가 그 두루마리를 펴며 그 인을 떼기에 합당하냐"(계 5:2) 할 때나, "힘센 다른 천사가 구름을 입고 하늘에서 내려오는데"(계 10:1)에서나, "이에 한 힘센 천사"(계 18:21)에서나 이들이 등장할 때마다 그들은 하나님의 특명을 받고 나타난다. 하나님의 특별한 일을 수행하는 하나님의 대리자인 천사다. 그 힘은 위력적이며 파괴적인 힘을 가졌다.

2) "이에 한 힘센 천사가 큰 맷돌 같은 돌을 들어 바다에 던져 이르되"에서, 이것은 무엇을 상징적으로 보여주는 것인가? 큰 성 바벨론의 멸망(심판, 파멸)이 완전하고 영원하게 이루어질 것이라는 의미다.

4) "큰 성 바벨론이 이같이 비참하게 던져져 결코 다시 보이지 아니하리로다"에서 "이같이"라는 것은 큰 맷돌 같은 돌이 가차 없이 바다에 던져지는 처참한 모습을 말한다. 작은 돌도 물에 가라앉는데, 큰 맷돌 같은 돌이라고 한다면, 그런 돌은 완전히 가라앉아 다시 올라올 수 없다는 것이다. 큰 성 바벨론이 완전하고 완벽하게 영원히 멸망(심판, 파멸)될 것이라는 상징적인 모습을 보여준다(슥 5:7-8; 잠 12:7).

2. 적막하고 황폐하고 완전히 붕괴된 큰 성 바벨론(계 18:22-24)

1) "거문고 타는 자와 풍류하는 자와 퉁소 부는 자와 나팔 부는 자들의 소리가 결코 다시 네 안에서 들리지 아니하고"(계 18:22). 바벨론이 파멸하는 날 악기를 타고 즐겁게 노래를 부르는 음악 소리가 끊어질 것이다.

2) "어떠한 세공업자든지 결코 다시 네 안에서 보이지 아니하고"(계 18:22)의 "세공업자"는 사업가를 비롯한 모든 상업의 업무를 의미한다.

3) “맷돌 소리가 결코 다시 네 안에서 들리지 아니하고”(계 18:22). 조리하며 음식 하는 소리가 들리지 아니하며 생활 전체가 올스톱되어버린 처참한 환경을 의미한다.

4) “등불 빛이 결코 다시 네 안에서 비치지 아니하고”(계 18:23). 폐허가 된 도시에는 등불이 없다. 인적이 사라지고 적막하다.

5) “신랑과 신부의 음성이 결코 다시 네 안에서 들리지 아니하리로다”(계 18:23). 세상 사람들의 음성 중에서 가장 행복한 음성은 신랑과 신부의 음성이라 할 수 있다. 그들의 음성에는 미래가 있기 때문이다. 그러나 그들의 음성이 끊어졌다는 것은 장래가 없어졌다는 의미이다. 신랑과 신부의 행복한 모습은 천상 세계가 펼쳐지는 계 21장과 계 22장에서 볼 수 있다(계 21:2, 9, 22:17).

이상과 같이 큰 성 바벨론의 완전한 파멸의 모습을 보여주고 있다.

3. 상인들의 정체(계 18:23)

“상인들은 땅의 왕족들이라”(계 18:23). 이제야 비로소 상인들의 정체가 소개되고 있다. 큰 음녀 바벨론과 상업(무역)을 하며 물물거래를 하였던 주인공은 평범했던 사람들이 아니라, “땅의 왕족”(계 18:23)이라 했다. “땅의 상인들도 그 사치의 세력으로 치부하였도다”(계 18:3)라고 했다. 세상의 왕(10왕. 통치자)들과 “땅의 상인들”이 음녀와 결탁하여, 적그리스도를 섬기며 부와 사치와 육신적 음행에 빠지게 된다. 그들 모두가 정치 경제의 중심인 세상 권력을 가진 자들이다. 그들이 한 시간에 파멸(심판)한다(계 18:10, 17, 19. 계 14장 Q_07).

4. 바벨론 멸망의 이유(계 18:23-24)

1) "네 복술로 말미암아 만국이 미혹되었도다"(계 18:23). 지금까지 큰 성 바벨론의 심판(파멸)의 이유(원인)에 대해 언급해 왔지만(계 14장 Q_07), 계 18:23에서 또 다른 이유를 언급하고 있다. "네 복술로 말미암아 만국이 미혹"되었다는 것이다. 큰 성 바벨론의 복술로 말미암아 만국이 미혹되어 파멸지경에 이르게 되었다는 것이다.

역사적으로 고대 바벨론의 멸망의 원인(사 47:9, 12)이나 니느웨의 멸망 원인(나 3:4)도 주문, 주술, 마술, 그리고 미혹의 종합이라 할 수 있는 "복술" 때문이었다. 그러므로 복술은 넓은 의미에서 온갖 미신과 우상숭배, 거짓 종교 행위 전부를 상징한다.

> 김덕연 목사(한국기독교이단상담소협회 청주소장)가 5월 31일 기자를 만난 자리에서 소개한 신천지 포교법이다. 위의 사례는 신천지에 빠진 딸이 엄마를 미혹하기 위해 꾸민 연극이다. 딸은 아픈 척한다. 이어서 또 다른 모략 전도다. 신천지 측 신도 한 명이 OO교회 권사라고 신유 은사를 받은 사람인 척 위장한다. 이런 포교법 한 번이면 세상에 어떤 성도들도 미혹당할 수 있다는 것이다. 한마디로 '원샷원킬'이다. 김 목사는 한 여성의 경험담도 말해줬다. 카페에서 한 여성이 차를 한잔하고 있었다. 옆에 중년의 남자가 지속적으로 쳐다봤다. 너무 오래 쳐다봐서 의아해서 "왜 쳐다보세요?"라고 물었다. 그러자 그 남자는 "당신 얼굴에 죽은 사람의 혼이 끼어있다"고 말했다. 사실 이 여성의 언니가 1년 전 별세했다. 그 아픔을 소수의 사람에게만 말하고 사별의 아픔을 삭이는 여성이었다. 놀라고 있는 그녀에게 중년의 남성은 "당신이 조만간 좋은 사람을 만날 것이다"며 "그 사람을 만나면 그가 하자는 대로 해야 좋은 일이 생긴다"고 말

해줬다. 그 후 이 여성은 성경공부 모임을 하자는 사람을 만나게 된다. 중년의 남성이 말한 대로 성경공부 모임에 참석했고, 결국 신천지 측 성경공부를 하게 된다. 사실 중년의 남성도 신천지, 나중에 만난 '좋은 사람' 역할을 한 사람도 신천지인이다. 여성의 정보를 받고 모두 위장해서 접근하는 작전을 수행한 것이다. 김덕연 목사는 "신천지 측이 직통계시·은사 사역은 물론 점쟁이 수법, 타로카드 이용 등 각종 무속적 방법을 통해 사람들을 미혹하는 '복술팀'이 있는 것으로 판단된다"며 "상담 사례가 지속적으로 접수되고 있다"고 주장했다. 이만희 씨라는 83세의 노인을 이 시대의 구원자로 믿게 하기 위해 동원할 수 있는 온갖 속임수를 다 활용한다는 것이다. 그중에 '복술'이 통하고 있다는 지적이다(정윤석 기자, "신천지측 복술팀 포교 주의하세요", 〈기독교포털뉴스〉, 2013. 07. 02).

2) "선지자들과 성도들과 및 땅 위에서 죽임을 당한 모든 자의 피가 그 성 중에서 발견되었느니라 하더라"(계 18:24). 순교자(성도)들의 피를 흘리게 했기 때문에 심판(파멸)받게 되었다는 말이다(계 16:6, 17:6, 19:2. 계 14장 Q_07).

① "선지자들과 성도들과 및 땅 위에서 죽임을 당한 모든 자의 피"는 언제 일어난 사건인가? 또한 "그 성중에서 발견되었느니라"는 언제 발견되었다는 것인가? 휴레떼(εὑρέθη. 발견되다, 인지하다)는 원형 휴리스코(εὑρίσκω. 분사완료)의 부정과거 수동태 3인칭 단수다.

② 부정과거는 과거 동작 상태가 그대로 진행하는 형태(역사적 사건)를 언급할 때 사용된다(계 14장 Q_03). 이 말은 "선지자들과 성도들과 및 땅 위에서 죽임을 당한 모든 자의 피"가 7년 대환난 기간 중인 후 3년 반을 의미하는 현재 일어난 사건이 아니라, 과거 어느 때에 일어

난 순교라는 것을 의미한다.

③ 과거 어느 날부터 "선지자들과 성도들과 및 땅 위에서 죽임을 당한 모든 자의 피"가 흘려졌던 순교의 피가 "그 성"인 "큰 성 바벨론"에서 벌어져 왔다는 말이다.

④ 그런 까닭에 "그 성중에서"(계 18:24)라고 하는 "큰 성 바벨론"에서, 마치 아벨의 피부터 휴거되기 전까지의 모든 순교자의 피가 흘려져 왔고(계 6:9-11), 발견되었기 때문에 바벨론은 피의 도성(도시)이 된 것이다.

앞에서와 같이 바벨론에 대한 종합적인 것은 계 14장 Q_07을 참고 바라며, 특히 우리는 계 14장부터 계 18장을 통하여 바벨론의 하는 일과 심판(파멸)받을 수밖에 없는 이유에 대해 살펴봤다.

바벨론에 대하여 최종적으로 큰 요점만 정리한다면, 요한계시록에서 말하는 바벨론은 크게 두 부류로 구분할 수 있다. 하나는 정치 경제적 의미에서 '세계 단일정부 수반'으로서의 바벨론, 일명 짐승이며 적그리스도라 할 수 있다. 역사적으로 ① 과거에는 황제를, ② 현재로는 현대 문명, ③ 종말론 요한계시록에서의 미래로는 적그리스도라 부를 수 있다. 또 다른 하나는 종교적 의미에서의 '세계 단일종교 수반'으로서의 바벨론, 일면 거짓 선지자를 중심으로 하는 "큰 음녀" 바벨론 등으로 구분할 수 있다.

바벨론(큰 성 바벨론=짐승=거짓 선지자)이 하는 일은 언제나 크게 세 가지다. ① 하나님을 대적하며[적그리스도에게 경배(우상숭배), 짐승의 표를 받게 한다], ② 하나님의 성전을 더럽히며(짓밟고 불로 태운다), ③ 언제나 하나님의 백성을 미혹(음행, 타락)하고 핍박하며 결국에는 피를 흘리게 하는 일을 한다. 이런 일을 짐승인 적그리스도가 후 3년 반에 적극적으로 등장하여 똑같이 하는 것이다. 그러나 그들의 마지막은 심판받아 멸망(파멸)이다(계 19:20).

※ P.S.: 우리는 나 자신도 모르게 각자의 바벨론을 지으며 살아간다. 그것이 하나님 앞에 어떻게 보이는지 큰 관심이 없이 살아간다. 그러다가 어느 날 어느 순간 성령님께서 깨닫게 하심으로 다시 하나님께로 방향을 바꾸기도 한다. 그렇게 하면서 성장하며 성결해지며 성화의 과정을 거쳐 간다. 그런 이유에서 우리는 늘 자신을 바라보며 부지중에 범죄한 것을 회개하며 "예수님 없이는 살 수 없습니다"라고 고백하는 것이다.

그러나 바벨론을 진정으로 닮아가는 이단을 비롯한 교주들과 정치적 야욕을 가진 무리는 지금도 멈출 줄 모르고 파멸의 바벨론을 만들어가며, 결국에는 영원한 불못 심판을 자초하며 살아간다.

우리는 되새겨 보면 좋겠다. "내가 네 행위를 아노니 네가 살았다 하는 이름은 가졌으나 죽은 자로다"(계 3:1)라고 했다. 살았다는 것이 활동이나 명성으로 대신할 수 있는 것이 아니다. 활동으로 생산을 대신할 수 없고, 생산으로 재생산을 대신할 수 없다. "주님 것을 내 것이라 고집하며 살아왔네"라는 가사를 언급하지 않아도, 한 번 주어진 인생을 살면서 온몸과 재능, 그리고 물질(돈)을 온전히 주를 위해 바치며 살아가고 있는가? 우리 그렇게 살아야 하지 않겠는가?(마 6:33)

외식을 버리고, '나와 우리 가족만을 위해'라는 인본주적 사고도 버리자. 언제일지 알 수 없지만, 다시 오겠다 하신 주님의 말씀을 믿고 기다리는 마라나타의 신앙을 갖고, 우리는 종말의 자세 세 가지[① 깨달아라(마 24:39), ② 깨어 있으라(마 24:42), ③ 준비하라(마 24:44)]를 잊지 말고, 늘 단장된 신부로 살아가야 한다.

요한계시록 19장

Q_01. 계 19장의 핵심 메시지는 무엇인가?

A 계 19장은 요한계시록에서 시기적으로 어느 위치에 있는가? 계 19장은 셋째 화, 후 3년 반 중에서도 맨 마지막 부분에 위치한다(계 11:15-19:21). 바벨론에 대한 물리적 심판(아마겟돈 전쟁)을 위해 예수님께서 재림하신다는 내용이 핵심이다(계 14장 Q_07, 계 16장 Q_01).

계 19장의 줄거리를 크게 요약한다면 세 가지로 요약할 수 있다. ① "할렐루야"를 부르며 하나님을 찬송하는 것으로부터 시작한다는 것이다. 계 18장의 분위기와는 전혀 다르게 시작된다. 계 18장은 세 부류가 등장하면서 바벨론의 심판(멸망, 파멸)을 안타까워하며 애가를 부르는 데 반하여, 계 19장에는 "할렐루야"를 부르며 하나님을 찬양하는 것으로부터 시작된다. ② 요한계시록에서 "혼인"이라는 단어가 2회(계 19:7, 9) 등장한다는 특징이 있다. 하나는 "혼인 기약"(계 19:7)으로, 다른 하나는 "혼인 잔치"(계 19:9)로 언급되었다. ③ 예수 그리스도의 지상강림(재림, 再臨)에 대한 내용 등으로 이루어져 있다.

계 19장은 요한계시록에서 차지하는 위치가 남다르게 중요하다. 계 19장의 특징과 핵심에 대한 중요한 개념이 몇 가지가 있다. ① "이 일 후에"라는 표현은 요한계시록에서 총 6회(계 4장 Q_02) 등장하는데, 그 6회 중 마지막 여섯 번째로 등장하는 것이 계 19장이다(계 19:1). ② 요한계시록에는 총 6회(계 5:9-12, 7:9-12, 12:10-12, 14:1-3, 15:2-4, 19:1-8. 계 14장 Q_05)에 걸쳐 찬송(노래)하는 장면이 등장하는데, 신약성경 그 어디에도 단 1회도 등장하지 않으나, 오직 요한계시록에만 "할렐루야"라는 용어가 그것도 계 19장에만 총 4회(계 19장 Q_03)에 걸쳐 등장한다. ③ 계 19장에 흐르는 가장 중요한 두 개의 개념이 있다면, 하나는 "할렐루야"라고 찬송하는 찬송의 주체가 누구인지를 아는 것이고, 다른 하나는 재림에 대한 것이다. ④ 요한계시록에는 두 개의 클라이맥스가 있다. 하나는 예수님의 공중강림[임재(臨在). 계 1:7, 행 1:11; 살전 4:16-18]으로, 휴거(택자 인침, 여섯째 인봉 사역, 계 7:9-10. 계 7장 Q_08) 사건이 기록된 계 7장이며, 다른 하나는 예수 그리스도의 지상강림[재림(再臨). 계 19:11-16; 살전 3:13]이 기록된 계 19장이다.

이렇게 계 19장은 한국의 교회들이 재림장(再臨章)으로 인정하는 공통된 관점을 가진 장(계 19:11-16)이다. 그러나 ㉠ '환난 부분 휴거설'(患難 部分 携擧說)을 주장하는 이들은 계 19장을 그 근거로 사용하기도 한다(계 19장 Q_04). 그들은 계 7장을 부분 휴거장이라 주장하며, 환난 통과 후 계 19:6-8에서 나머지가 휴거된다고 주장한다(계 14장 Q_04). ㉡ '환난 통과설'(患難 通過說)을 주장하는 이들이 계 19:6-8을 '환난 통과설'을 주장하는 성경 근거로 사용한다(계 14장 Q_04, 계 19장 Q_04). 계 19장은 '환난 부분 휴거설' 혹은 '환난 통과설' 아니면 '예수님 재림장(再臨章)'이라고 하는 매우 중요한 이슈가 기록되어 있다는 특징이 있다.

계 19장은 크게 여섯 부분으로 나눌 수 있다(주제는 하늘에 있는 군대와 함께 백마를 타고 지상 재림하시는 만왕의 왕). ① 허다한 무리가 큰 음녀의 심판(멸망)은 의로운 것이라며 하나님께 찬송함(첫째, 둘째 할렐루야. 계 19:1-3), ② 세 번째 할렐루야로 노래하는 24장로와 4생물의 경배와 찬송의 화답, 그리고 보좌에서 나온 음성의 권면 어린 화답(계 19:4-5), ③ 네 번째 할렐루야로 노래하는 허다한 무리의 찬송(계 19:6-8), ④ 천사의 넷째 복 선언과 천사에게 엎드려 경배하려는 사도 요한(계 19:9-10), ⑤ 하늘에 있는 군대와 함께 백마를 타고 지상에 강림하시는 만왕의 왕(계 19:11-16), ⑥ 인류 역사의 지상 최후 전쟁(심판, 멸망)과 사람들의 살로 배불리 먹는 새들의 인육 잔치(계 19:17-21) 등이다.

Q_02. "이 일 후에 내가 들으니"라고 했다. "이 일"이란 어느 때, 무엇을 의미하는가? (계 19:1)

A 1. "이 일 후에"라는 표현은 요한계시록이 시간 순서대로 기록된 책이라는 것을 증명한다.

"이 일 후에"라는 표현은 요한계시록에서 총 6회(계 4장 Q_02) 등장하며, "또"라고 하는 표현도 매우 반복적으로 등장한다(102회). 그 6회 중 가장 마지막으로 등장하는 것이 계 19:1에 기록되어 있다.

이런 용어가 반복적으로 사용되었다는 것은, 요한계시록이 상황에 따라 교차하며 복잡하게 기록된 책이 아니라, 사도 요한이 계시받은 내용대로 ① "장차 될 일"(계 1:19)을 ② 단순하게 ③ 시간 순서대로 진행되는 하나님의 말씀이라는 것을 증명한다. 요한계시록이 시간적 순서(총론 Q_10)라고 보는 결정적인 증거들이 많이 있는데 "이 일 후에"는 많은 증거 중의 하나다.

2. 그러면 "이 일"이란 무엇을 의미하는 것인가?

"이 일"이란 '앞에 있었던 사건에 이어서'라는 의미가 있다. 요한계시록에서 "이 일"이란 중요한 사건을 주목하게 할 때마다 사용하는 용어이며, 중요한 사건이 발생한 때마다 그 사건을 기억하라는 의미에서 "이 일 후에"라고 기록하고 있다.

그러면 계 19:1의 "이 일"이란 앞의 어느 부분까지 거슬러 올라가며 포함할 수 있을까? 넓게 확장해서 본다면, "무너졌도다 무너졌도다 큰 성 바벨론이여"를 외쳤던 계 14장(계 14:8)부터 계 18장까지 볼 수도 있겠지만, 사건을 더 명확하게 보기 위해 계 19장과 가장 가까이에 있는, "이 일 후에"를 볼 필요가 있다. 계 18:1에서도 "이 일 후에"가 사용된 것으로 보아, 계 19:1의 "이 일"의 범위는 계 18장의 내용이라고 보는 것이 합리적이라 생각된다.

그러므로 계 19:1에서의 "이 일"이란 계 18장의 사건 전체를 가리키는데, 계 18장은 큰 음녀가 심판(멸망, 파멸)받을 것과 그동안 큰 음녀와 함께 음행하고 사치한 자들이 한 시간에 심판(멸망, 파멸)받게 될 것에 대한 두려움, 고통, 그리고 탄식(계 18:9-10)이 담긴 세 부류의 애가를 가리킨다. "이 일 후에"라는 것은 그런 '계 18장의 사건 발생 후'라는 의미다.

Q _03. "하늘에 허다한 무리"(계 19:1)가 큰 음녀의 심판(멸망)은 의로운 것이라며 하나님께 찬송한다. 그 의미는 무엇인가? (계 19:1-8)

A 요한계시록에는 크게 총 6회(계 5:9-12, 7:9-12, 12:10-12, 14:1-3, 15:2-4, 19:1-8. 계 14장 Q_05) 걸쳐 찬송(노래)하는 장면이 등장하는데, 장면마다 100% 공통적인 것은 ① 찬송의 모든 동기(이유)는 언제나 구원과 관계가 있으며, ② 찬송의 주체자가 있으며, ③ 찬송의 내용(주제)은 구원, 어린양, 하나님이며, ④ 찬송 받으시는 대상은 하나님과 어린양 되신 그리스도이며, ⑤ 찬송하는 자들의 자세 등이 자세하게 구별되거나 압축되어 언급되어 있다. 계 19:1-8은 총 6회의 찬송 중에서 마지막 찬송을 언급하고 있다.

1. "이 일 후에 내가 들으니"(계 19:1)라고 했다. 계 18장에 언급된 사건 이후에 사도 요한이 들은 소리가 있었는데, 그 소리는 찬송 소리였다.

1) 계 19:1-8의 주제는 '천상에 있는 성도들이 부르는 경배 찬송(노래)'이라고 할 수 있다. '천상에 있는 성도들'이란 누구인가? 또 계 19:1-8에서는 4중 할렐루야를 부르며 찬송하는데, 그중에는 ① '천상의 성도들'(계 19:1-3), ② "이십사 장로와 네 생물"(계 19:4)의 화답과 "보좌(계 3장 Q_05)에서 음성"의 화답(계 19:5)의 찬송 독려 그리고 다시 ④ '천상 성도들'의 찬송(계 19:6-8)으로 이루어진다.

크게 두 부류의 찬송하는 자들과 보좌에서 나온 음성 등이 4중 할렐루야를 부르며 찬송한다. '할렐루야'는 '여호와를 찬양하라'는 뜻이다. '할렐루야'는 우리에게 매우 익숙해서 성경 여러 군데에서 등장할 것 같지만, 구약에서는 오직 시편에만 23회, 신약에서는 오직 요한계시록에만 등장한다. 오직 계 19장에만 무려 총 4회(계 19:1, 3, 4, 6)에 걸쳐 등장한다. '할렐루야'는 감탄사이기도 하며, 일반 명사로서 하나님을 향하여 감사와 기쁨을 나타낼 때 표현하는 용어다.

2) 찬송하는 순서가 특이하게 진행되고 있다. 천상에는 천사를 비롯한 기타 여러 대상자가 있음에도(천사, 이십사 장로, 네 생물 등등), 가장 먼저 천사들이 찬송하는 것이 아니다. ① "하늘에 허다한 무리의 큰 음성 같은 것"(계 19:1, 3)이 가장 먼저 "할렐루야" 하며 찬송한다. 이 의미는 구원받은 천상의 성도들이 감사와 기쁨으로 먼저 찬송하고 있다는 의미다("하늘에 허다한 무리의 큰 음성 같은 것"과 구원받은 천상의 성도들과의 관계는 아래에 언급된다). 그리고 난 뒤에 ② "이십사 장로와 네 생물"(계 19:4)이 하나님께 경배하며 "아멘 할렐루야"로 화답하며 찬송한다. 이어서 보좌에서 음성이 나면서 "하나님의 종들 곧 그를 경외하는 너희들아 작은 자나 큰 자나 다 우리 하나님께 찬송하라"(계 19:5) 독려 권면하는 소리가 들리면서, ③ "허다한 무리의 음성과도 같고 많은 물 소리와도 같고 큰 우렛소리와도 같은 소리"(계

19:6)가 "할렐루야 주 우리 하나님 곧 전능하신 이가 통치하시도다"(계 19:6)라고 찬송한다.

이렇게 크게 두 부류의 찬송 주체자들이 4중 할렐루야를 서로 화답하며 찬송하는 내용으로 되어 있다. 찬송(찬양, 노래)은 이 땅에서만이 아니라, 구원받아 천국에 가서도 하는 것이 찬송이다. 천국에서는 설교가 없다. 설교는 영혼 구원과 권면을 위해 하는 것인데, 이미 구원받은 성도들에게는 굳이 설교할 필요가 없기 때문이다.

그런데 "하늘에 허다한 무리"(계 19:1)는 도대체 누구인가? 이것을 알기 위해 계 19장에 흐르는 가장 중요한 개념 두 개를 아는 것이 중요하다. 그중에서 하나는 "할렐루야"를 외치는 찬송의 주체자가 누구인지를 아는 것이며, 다른 하나는 '지상강림'(재림)이라고 하는 개념을 아는 것이다. 그러나 "하늘에 허다한 무리"(계 19:1)가 누구인지에 대해 많은 이들이 간과하고 있다. **"하늘에 허다한 무리"(계 19:1)를 아는 것이 요한계시록을 푸는 핵심이기도 하고, 계 19장의 키워드(key word)이기에 매우 중요하다.**

2. 4중 할렐루야를 부르며 찬송하는 내용을 다음과 같이 몇 가지로 보고자 한다(계 19:1–8).

1) 첫 번째(두 번째 포함) 할렐루야(계 19:1-2)

① 찬송의 주체자는 "하늘에 허다한 무리의 큰 음성 같은 것"(계 19:1)이다. "하늘에 허다한 무리"(계 19:1)란 계 7장에서 휴거된 "아무도 능히 셀 수 없는 큰 무리"(계 7:9)를 가리킨다. 그들은 우리 주 예수님께서 공중강림하실 때(살전 4:16-17) 휴거(첫째 부활)된 성도들이며(계 7:9-

10), "하늘에 사는 자들"(계 13:6)이다.

이들은 "처음 익은 열매"(롬 8:23)들이며, "땅에서 속량함(구속)을 받은"(계 14:3) 자들이며, "첫째 부활(휴거)에 참여(한)하는 자들"(계 20:6)이며, '전 세계 모든 구원받은 자의 총수'(롬 11:25; 계 14:4)이며, 이들이 "십사만 사천"이다(계 14:3). 이 144,000이 "아무도 능히 셀 수 없는 큰 무리"(계 7:9)들이며, 그들은 6인봉 환난을 겪은 자들이며, 큰 환난에서 나온 자(계 7:14에서의 "큰 환난"이란 7년 대환난이 아니라 6인봉을 의미함)들이다. "하늘에 허다한 무리"를 우리는 이해하기 쉬운 말로 휴거되어 천상에 올라간 성도들(계 7:9-10), 혹은 구원받은 천상의 성도들이라 부른다(계 7장 Q_08).

실제 물리적 심판(멸망, 파멸)은 계 19장이지만, 계 14장에서부터 바벨론(큰 음녀)의 심판(멸망)을 예고하면서 계 18장에서 처참하게 심판(멸망, 파멸)되는 모습을 보여주실 때, 큰 음녀 바벨론과 함께 음행하고 사치했던, "땅에 사는 자들"(계 8:13)이 한 시간에 심판(멸망, 파멸)이 이루어지게 될 것을 보면서 두려움과 고통, 그리고 탄식(계 18:9-10)하며 불렀던 세 부류의 애가와는 전혀 대조적으로, 계 19장에서 할렐루야로 시작하는 찬송이 울려 퍼지게 된 것은, 어린양 예수 그리스도의 보혈의 공로를 믿는 믿음으로 구원받고 휴거되어 천상 천국에 와 있는 것에 감사하여, 천사나 그 어떤 대상보다 구원받는 천상의 성도들이 가장 먼저 할렐루야를 외치며 감격적으로 찬송한다(계 19:1, 3).

② 그들이 부르는 찬송의 자세(모습)는 "큰 음성"(계 19:1), "많은 물 소리와도 같고 큰 우렛소리"(계 19:6)에서 보듯이 큰 소리로 열심히 하나님을 찬송한다.

③ 그들이 부른 찬송의 내용은 무엇인가? ㉠ "할렐루야 구원과 영광과 능력이 우리 하나님께 있도다"(계 19:1). 예수 그리스도의 보혈을 믿음으로 얻어진 구원을 말하며, 하나님의 영광과 능력이 하나님에게 있다는 '하나님의 주재권(主在權)'을 찬송하며, ㉡ "그의 심판은 참되고 의로운지라"(계 19:2). 하나님께서 하신 심판의 정당함과 공의성을 찬송한다. ㉢ "음행으로 땅을 더럽게 한 큰 음녀를 심판하사"(계 19:2). 큰 음녀가 어떤 죄로 심판받았는지 심판의 근거를 밝히고 있다. 하나님의 심판이 참되고 의로운 이유는 음행으로 땅을 더럽게 한 큰 음녀를 심판하셨기 때문이다. 바벨론은 영원히 심판(멸망)받았다. 바벨론을 심판하신 하나님을 찬양한다(계 14:8, 17:2, 18:3). ㉣ "자기 종들의 피를 그 음녀의 손에 갚으셨도다"(계 19:2). 하나님의 심판의 정당성을 찬송한다. 짐승과 거짓 선지자가 주동이 된 아마겟돈 전쟁의 세 주역들을 심판에는 ⓐ 종들(순교자) 신원의 호소(계 19:2)에 대한 응답이며, ⓑ 원수에 대한 심판(계 6:10)이라 할 수 있다.

2) 두 번째 할렐루야(계 19:3)

① "두 번째로 할렐루야 하니 그 연기가 세세토록 올라가더라"(계 19:3) 했다.

② 첫 번째 두 번째 찬송한 결과는 무엇인가? "그 연기가 세세토록 올라가더라"(계 19:3)였다. ㉠ "연기"(카프노스. καπνὸς. 연기, 분노)는 구약 제사(성막)에서 사용되곤 하는데(창 15:17), 제사에서 "연기"(히. "아솬." עָשָׁן)가 올라갔다는 것은 하나님께서 흠향(歆饗)하셨다는 의미로 사용된다. 연기가 올라갔다는 것은 하나님께 경배하는 예배나 성도들의 기도가 하나님께 올라갔다는 의미이다. 연기가 땅으로 깔리지 않고 하늘로 올라간다는 것은 하나님께서 받으셨다는 상징적 표현

이다. ㉡ "세세토록"은 영원한 시간을 상징한다(사 34:10). 연기가 올라가는 것이 단순한 반복이 아니라, 영원히 올라간다는 의미로, 찬송과 기도가 영원히 올라간다는 극적인 효과를 강조하기 위해 표현되었다.

3) 세 번째 할렐루야(계 19:4)

① 찬송의 주체자는 "이십사 장로와 네 생물"(계 19:4)이다. 천상 성도들의 할렐루야 찬송이 끝나면서 24장로(계 4장 Q_05)와 4생물(계 4장 Q_09)이 "아멘 할렐루야"로 화답하며 찬송한다. 이들은 계 19장 이후로는 등장하지 않으며, 이 찬송이 그들의 마지막 찬송이다(계 19:4).

② 찬송의 모습(자세)은 "엎드려"(계 19:4)다. 온몸과 마음을 다하여, 겸손한 모습이다.

③ 찬송의 내용은 "보좌(계 3장 Q_05)에 앉으신 하나님께 경배하여 이르되 아멘 할렐루야"(계 19:4) 하였다. "아멘"(계 22장 Q_08)은 히브리 용어로서 확실함, 진실함, 충실함, 확고함, 그리고 신뢰함의 의미가 담겨 있다. '아멘'이라고 말하는 것은 어떤 말을 시인하고 수용하고 보증하는 표현이며 '진실로', '그렇게 되어라', 기도 중의 아멘은 '그 기도가 이루어지리라' 등의 의미로 사용된다. 할렐루야는 여호와를 찬송하라는 뜻이다. 둘을 종합한다면 "하늘에 허다한 무리"(계 19:1)가 여호와를 찬송했던 그 찬양들 그대로 되어 여호와를 찬송하라는 의미의 화답으로 이해할 수 있다(대상 16:36).

④ "이십사 장로와 네 생물"(계 19:4)의 할렐루야 찬송 이후에 "보좌에서 음성"이 들렸다(계 19:5).

㉠ "하나님의 종들 곧 그를 경외하는 너희들아"(계 19:5) 하며 외친다. ⓐ "하나님의 종들"은 누구를 말하는 것인가? 이때의 종(둘로스. δοῦλος. 종, 하인, 제자)이란, 목회자나 혹은 어떤 특정한 계층을 의미하는 것이 아니라, '구원받은 모든 성도들'을 총칭하는 단어다(계 7장 Q_04). ⓑ 그 하나님의 종들을 "그(하나님)를 경외하는" 자들(계 19:5)이라고 했다. 종합해서 본다면, "하나님의 종들"이란 하나님을 경외하는 구원받은 모든 성도들을 의미한다. ㉡ "작은 자나 큰 자나 다 우리 하나님께 찬송하라"(계 19:5)는 외침이 들렸다. ⓐ 찬송해야 할 자의 자격에 대해 말하고 있다. 찬송은 "작은 자나 큰 자"나 구별함 없이 모든 구원받은 성도들이 하는 것이다. ⓑ 찬송을 받는 분은 하나님이시다. 보좌에서 들려지는 음성은 구원받아 천상에 있는 성도들에게 공의로운 심판을 하신 하나님께 찬송하라 권면하고 있다.

4) 네 번째 할렐루야(계 19:6-8)

계 19:6-8은 환난 통과설 혹은 부분 휴거설을 주장하는 이들이 근거로 사용하는 구절이다. 이것과 관련된 내용은 계 19장 Q_04에서 다루기로 하고, 여기에서는 네 번째 할렐루야 찬송에 대한 부분만 다루기로 한다.

① 찬송의 주체자는 누구인가? "허다한 무리의 음성과도 같고 많은 물 소리와도 같고 큰 우렛소리"(계 19:6)다.

이 "허다한 무리"는 계 19:1에 나오는 "하늘에 허다한 무리"와 동일한 무리다. 이 "허다한 무리"는 계 19:5의 찬송하라는 보좌의 음성을 듣고, 천상 성도들이 찬양한다. 그들은 우리 주 예수님께서 공중강림하실 때(살전 4:16-17), 휴거(첫째 부활)된 성도들이며(계 7:9), "하늘에 사는 자들"(계 13:6)이다. 우리는 그들을 '구원받은 천상의 성도들'이라 부른다(계 7장 Q_08).

② 찬송의 이유는 무엇인가? 찬양의 이유가 과거(계 7:9-10)에 역사적으로 일어났던 휴거를 언급하고 있다. 그 휴거를 통하여 혼인 잔치가 확정되었고, 어린양의 아내가 준비된 사실에 대하여 찬송하고 있다. 계 19:6-8에서 휴거의 시기(계 19:7)를 언급하고 있는 것이 아니다.

휴거란 어린양의 혼인 잔치를 의미한다. 휴거(어린양의 혼인 잔치 혹은 첫째 부활) 때 부활(변화) 성도들이 공중에서 주님을 만나는 휴거 사건은, 성도들에게 있어서 일생일대 최대의 기쁜 일이며 감격의 사건이다. 지상에 있을 때 가장 소망했던 사건이다. 계 19:6-8은 구원받는 자들이 그동안 기다려왔던 인생 최대 감격에 대해 찬송하는 것이다. 휴거된 뒤 자신들의 준비된 모습을 보고 찬송하는 것이다. 좀 더 구체적인 내용은 아래에서 다루고자 한다(계 19장 Q_06).

③ 찬송의 모습(자세)을 네 가지로 말하고 있다(계 19:6). ㉠ 많은 무리가 함께 찬송하는 것 같고, ㉡ "많은 물소리"와 같고, ㉢ "큰 우렛소리와도 같은 소리", ㉣ "즐거워하고 크게 기뻐하며"(계 19:7) 열심히 찬송하였다.

④ 찬송의 내용은 무엇인가? ㉠ "할렐루야 주 우리 하나님 곧 전능하신 이가 통치하시도다"(계 19:6)이다. 찬송의 내용이 전능하신 하나님께서 통치하심을 찬송한다는 것이다. 죄악의 무리요, 죄악의 세력인 바벨론을 공의로 심판(멸망, 파멸)하시고, 하나님의 의로 통치하심을 찬송한다. 비록 지금까지 인간 지도자가 세상을 다스려왔다 할지라도, 언젠가는 하나님께서 만국을 의로 통치하실 때가 올 것이다(시 145:13, 146:10; 계 20:4, 21:1, 22:1-5).

㉡ "우리가 즐거워하고 크게 기뻐하며"(계 19:7)라는 것은 보좌에서 나는 음성을 듣고, 천상의 성도들이 구원받아 휴거된 것에 대해 즐거워하고 기뻐하며 영광을 돌린다(계 19:7). 그런데 그들이 즐거워하고 기뻐하는 두 가지 이유가 있다. ⓐ "어린양의 혼인 기약이 이르렀고"(계 19:7), ⓑ "그의 아내가 자신을 준비"(계 19:7)하였기 때문이다.

㉢ "그에게 영광을 돌리세"(계 19:7). 찬양을 받으시는 대상자는 하나님이시다. 모든 영광은 언제나 하나님께 영광이다.

㉣ "어린양의 혼인 기약이 이르렀고 그의 아내가 자신을 준비하였으므로"(계 19:7)라고 했다. 환난 통과 주장자들은 계 19:7을 근거로 말하지만, 혼인 기약(계 19장 Q_06)이 "이르렀고"라든지 "준비하였으므로" 그리고 "입도록"(계 19:8) 등은 모두 부정과거 3인칭 단수 동사로 되어 있다. 역사적으로 과거의 동작 상태가 '이미 확정되었다, 이미 준비된 것'이라는 의미다. 그래서 계 19:1-8의 주제가 '찬송'이다. 역사적 과거에 휴거 사건을 통해서 혼인 잔치가 이미 확정되었고, 어린양의 아내가 이미 준비된 사실에 대하여 찬송하는 것이다. 환난을 통과한 뒤 혹은 계 19:7에서 휴거가 일어난 뒤에 찬송하고 있는 장면이 결코 아니다. 그러므로 계 19:7은 환난 통과설의 근거가 될 수 없다(계 19장 Q_04).

㉤ "그에게 빛나고 깨끗한 세마포 옷을 입도록 허락하셨으니 이 세마포 옷은 성도들의 옳은 행실이로다 하더라"(계 19:8)는 것은, 어린양의 아내인 구원받은 성도들에게 깨끗한 세마포 옷을 입도록 허락하신 하나님을 찬양한다는 말씀이다. 앞에서 언급했던 것처럼, "그에게 빛나고 깨끗한 세마포 옷을 입도록 허락하셨으니"의 "입도록"에 사용된 페리발레타이(περιβάληται)는 페리발로(περιβάλλω. 입다, 두르다)의 부정과거 가정법 3인칭 단수 동사로 사용되었다. 이 "세마포 옷을 입

도록" 등과 관련된 내용은 계 19장 Q_05에서 다루고자 한다.

계 19:1-8은 총 6회의 찬송 중에서 맨 마지막에 등장하는 찬송이다. 그 의미는 무엇인가? ㉠ 계 19장으로 현재와 같은 인류의 역사가 종결되어 더 이상의 찬송이 없다는 것을 의미하며, ㉡ 바벨론과 관계된 모든 악과 악의 모양까지도 종결된다는 것을 의미한다. 계 21장부터는 구원에 대한 찬송이 아니라 미래에 이루어질 전혀 새로운 영원한 천국의 광경에 대한 놀라운 감격이 있을 뿐이다.

요한계시록에는 크게 총 6회(계 14장 Q_05)에 걸쳐 찬송(노래)하는 장면이 나오는데 장면마다 공통적인 것은 ① 찬송의 동기(이유)가 언제나 구원과 관계가 있으며, ② 찬송의 주체자가 반드시 있으며, ③ 찬송의 내용(주제)은 구원, 어린양, 하나님이시며, ④ 찬송 받으시는 대상은 하나님과 어린양 되신 그리스도이시고, ⑤ 찬송하는 자들의 모습(자세) 등이 언급되어 있다.

Q_04. 계 19:6-8을 환난 부분 휴거설(患難 部分 携擧說)이나 환난 통과설(患難 通過說)을 주장하는 근거로 사용할 수 없는 이유는 무엇인가? (계 19:6-8)

A 계 19:6-8을 환난 통과설(혹은 환난 부분 휴거설)의 주장 근거로 삼으나, 크게 세 가지 근거에 의해 옳지 않다고 판단한다[① 시제 문제, ② 환난 통과설로 설명이 안 되는 문제들, ③ 7년 대환난은 지상에서의 심판(파멸)의 개념이다].

1. 시제(시상)의 문제를 알면 쉽게 이해된다.

두 단어("이르렀고"와 "준비하였으므로") 모두 현재가 아니라 부정과거로 사용되었다(계 19:8의 "입도록"도 부정과거 3인칭 단수 동사로 사용).

요한계시록에 대한 이해가 있는 많은 이들은 계 19:7 "우리가 즐거워하고 크게 기뻐하며 그에게 영광을 돌리세"라고 하는 내용이 구원받은 것에 대한 감사 찬송이라고 하는 것에는 동의한다.

환난 통과론자들이 근거로 삼는 성경은 계 19:7이다. 그들은 "어린양의 혼인 기약이 이르렀고"와 "그의 아내가 자신을 준비하였으므로"라고 하는 문구를 근거로, 이것은 지금 시점(계 19:7)에 휴거되어 하나님께 감사 찬송하는 것이라고 주장한다.

그런 이유에서 "이르렀고"와 "준비하였으므로"라는 하는 문구가 현재 이루어진 사건인가, 아닌가를 확인해 보면, 옳고 그름을 쉽게 판단할 수 있을 것이다.

"이르렀고"인 엘텐(ἦλθεν)은 원형은 엘코마이(ἔρχομαι. 오다, 나타내다)의 부정과거 3인칭 단수 동사이며, "준비하였으므로"인 헤토이마센(ἑτοίμασεν)은 원형인 헤토이마조(ἑτοίμαζω. 준비하다. 예비하다)의 부정과거 3인칭 단수 동사로 되어 있다(계 14장 Q_03).

두 단어 모두 과거 시상 접두 모음(h)이 사용되었다. 계 14:3을 참고로 본다면 계 14:3에서는 '속량'이라는 단어인 아고라조(ἀγοράζω)가 에고라스메노이(ἠγορασμένοι)로 변형되었는데, 계 14:3과 같이 계 19:7에서도 두 단어 모두 과거 시상 접두 모음(η)이 사용되었다.

다른 점이 있다면, 계 14:3에서는 현재완료로 사용되었고(계 14장 Q_03), 계 19:7에서는 부정과거로 사용되었다. 부정과거는 과거의 역사적 사건이나 동작이 확정된 상태를 의미할 때 사용된다.

그러므로 "이르렀고"나 "준비하였으므로" 등은 한글로는 현재의 의미로 보이지만, 현재가 아니라 현재완료다. 그래서 그 사건은 과거(계 7:9-10) 어느 날 휴거(첫째 부활)의 사건이 있었고, 그 휴거(구원) 사건은 이미 어린양의 아내인 구원받는 백성으로 과거에 이미 일어난(준비가 끝난) 사건이라는 것이다.

그러므로 환난을 통과 후, 현재 구원받은 것이고 그래서 현재 찬송하는 것이라고 하는 환난 통과설은 합리적이지 못한 주장이다.

2. 계 19:6-8에서 휴거가 이루어졌다는 주장에는 몇 가지 해결되지 않는 문제가 있다.

1) 계 19장의 위치는 셋째 화, 후 3년 반, 7대접 심판 기간 중에서도 일곱째 대접 기간(계 16:17-19장) 중에서도 마지막 부분에 있다. 아직 환난 기간이 남아 있다는 면에서 합리적이지 않다.

계 19:6-8 현시점에서 휴거 사건이 발생했다는 의미는, 그 휴거로 휴거되는 자들의 이 땅에서의 모든 삶이 종결된다는 것을 의미한다. 그러나 계 19장을 보라. 성경은 환난 통과자들이 휴거되어, 그들의 삶이 계 19:6-8에서 끝난 것으로 기록하고 있는가? 아니다. 그들은 환난의 시간을 더 보내게 된다(계 19:11-21).

2) 예수님 지상강림 사건과 계 19:6-8의 휴거 사건을 비교할 때 전혀 합리적이지 않다.

환난 통과설(혹은 환난 부분 휴거설)을 주장하는 이들의 말대로 계 19:6-8에서 휴거 사건이 일어났다고 생각해 보자. 그리고 잠시 후 계

19:11-14에서 어린양 예수 그리스도의 지상강림 사건이 발생한다. 계 19:6-8의 휴거 사건과 계 19:11-14의 예수님의 지상강림 사건과의 시간 간격은 그리 오랜 시간이 걸리지 않는 것으로 보인다. 왜냐하면 계 19:6-8의 사건이나 계 19:11-14의 사건 모두 7년 심판 대환난 중 최종적인 사건에 발생하는 일이기 때문이다. 그렇다고 한다면 휴거되자마자 지상에 강림한다는 것은 성경적인 큰 맥락에서 볼 때 합리적이지 않다.

3) 예수님 지상강림(재림) 시, 이미 구원(휴거)받아 천상의 성도가 된, "하늘에 사는 자들"(계 13:6)이 예수님 지상강림하실 때 예수님과 함께 이 땅에 강림하게 된다(계 19:14)는 면에서 합리적이지 않다. 휴거되어 천상에 올라가자마자 지상으로 내려온다는 것이 전혀 자연스럽지 못하다.

3. 환난 통과설(혹은 환난 부분 휴거설)이 설득력 없는 가장 큰 이유는, 7년 대환난은 지상에서의 심판(파멸)의 개념이라는 것을 유의해야 한다.

7년 심판 대환난 기간에는 구원이 없는 이유로 세 가지가 있다. ① 회개가 없으며(계 9:20, 21, 16:9, 11), ② 땅의 모든 사람이 우상을 숭배한다. 그렇지 않으면 몇이든 다 죽이기 때문이며(계 13:8, 15), ③ 짐승과 우상에게 경배하는 조건으로 짐승의 표를 받게 되어 있다(계 14:9, 13:16). 우상숭배자는 구원을 받을 수 없기 때문이다.

7년 심판 대환난은 말로만의 7년이 아니다. 온갖 재앙과 전쟁으로 사람 1/3이 죽임을 당한(계 9:18) 그런 환경에서 우리의 인격, 인권, 형제의 사랑을 찾아볼 수 있을까? 6·25 전쟁 중에 그런 인권을 주장할 수 있을까? 코로나로 방역당국에서 국가 간 왕래를 단절하며, 내 인권, 신앙을 무시당하고, 주변의 시선들로 인해 주일성수조차 어려웠던 것을 생각해 보자. 7년 심판 대환난은 그 어떤 상황과도 비교할 수 없는 극한 상황임을 기억해야 한다. 그래서 7년 심판 대환난 전에 휴거되어야 한다.

4. 그러면 어떻게 해서 구원받은 자들의 찬송 장면이 계 19:6-8에 나오는 것인가?

계 14장부터 계 18장까지만 해도 바벨론 심판(아마겟돈 전쟁)에 대해 언급되었고, 실제 아마겟돈 전쟁에 대한 물리적인 전쟁(심판)은 계 19장(계 19:11-16)에서 실행된다.

바벨론 심판(멸망)받을 세 주인공은 ㉠ 짐승, ㉡ 큰 음녀, ㉢ 10왕(10뿔)이다. 그들은 방탕, 사치, 도덕적 음행, 그리고 온갖 죄의 상징인 '바벨론 정치와 문화'와 관계된 죄와 복음의 변질(혼합주의), 신앙의 변질로부터 발생하는 세상 권력과 결탁하여 권세를 유지하려는 '타락한 바벨론 종교' 등의 죄를 지은 죄인들이다.

바벨론을 중심으로 한 대환난 심판은 두 가지 의미가 있다. ㉠ 바벨론 심판(계 18:20), ㉡ 순교자들의 신원의 호소에 대한 응답(계 6:10)이다.

계 19장을 통하여 이 모든 바벨론에 대한 심판(멸망)이 종결되는 것을 "하늘에 사는 자들"(계 13:6)이 바라볼 때, 감격의 찬송이 나오지 않을 수 없었다. 그래서 그 감사 감격 속에 부르는 찬송이 계 19:1-8의 내용이다.

그런 의미에서 계 19:6-8에서의 "허다한 무리"가 부른 즐거움과 기쁨의 찬송(노래)은, 계 19:6-8에서 구원(휴거, 첫째 부활)이 발생했기 때문에 부른 찬송이 아니다. 구원(휴거) 사건은 이미 과거(계 7:9-10)에 일어난 사건이며, 7년 심판 대환난이라는 시간적 공백을 이룬 가운데 지금까지 왔고, 이제 그 모든 심판이 다 끝나는 지금의 시점에서, 그들이 구원받은 것에 즐거움과 기쁨에 겨워 하나님께 찬송을 드리는 것이다. 그런 이유에서 계 19:6-8은 환난 통과설(혹은 환난 부분 휴거설)을 주장하는 근거가 될 수 없으며, 전혀 성경적이지 않다.

※ P.S.: 필자는 성경적인 구원론 혹은 휴거론을 갖는 것이 너무 중요하다고 믿는다. 이단이 판치는 현시대에 우리 정통 교단과 건전한 교회는 각성해야 한다. 이단이 설 자리를 마련하거나 그런 틈을 주어서는 절대 안 된다. 재림론에 있어서 이단의 100%가 잘못된 재림론의 학설 속에 기생하고 있다. 신흥종교 신천지를 비롯하여 모든 이단은 그 빈자리, 그 빈틈을 이용하여 자신들의 왜곡된 주장과 교리를 주장한다.

요한계시록을 보는 견해로 크게 전천년, 후천년, 그리고 무천년으로 나눈다. 학문으로서 그런 학설을 주장할 수는 있으나, 내가 가진 학문이 설교로 증거될 때는 신중해야 한다. 귀납법적으로 진지하게 분석을 해보라. 그리고 요한계시록을 다독해 보자. 1,000독 이상을 해보라. 1,000독 했을 때와 2,000독 했을 때가 또 다르다. 많이 읽으면 읽을수록 안 보이던 것들이 보이게 된다. 마치 축지법을 사용하면 거리가 가깝게 보이듯, 많이 읽을수록 요한계시록이 한 손에 잡히듯 보인다. 그리고 다독만이 아니라 현미경으로 살피듯 성경을 자세히 살펴보자. "이것이 그러한가 하여 날마다 성경을 상고"(행 17:11)해 보자. 그리고 깊이 진지하게 분석을 해보라.

그러면 하나님께서 요한계시록을 통하여 우리에게 알려 주고자 하시는 것이 혼란스럽게 느껴지는 것이 아니라, 성령님께서 요한계시록을 아주 명확하게 알려 주시고 깨닫게 되는 것을 알게 될 것이다. 필자는 폐암 말기 투병 중에도 성령의 기름 부으심을 입으며 그런 것들을 깊이 체험하고 있다. 그 은혜와 체험을 기반으로 《요한계시록 100문 100답》을 집필할 수 있었고, 그 결과를 이렇게 나눌 수 있게 되었다.

Q_05. "그에게 빛나고 깨끗한 세마포 옷을 입도록 허락하셨으니 이 세마포 옷은 성도들의 옳은 행실이로다 하더라"는 말씀의 의미는 무엇인가? (계 19:8). (이단 경계)

A "그에게 빛나고 깨끗한 세마포 옷을 입도록 허락하셨으니 이 세마포 옷은 성도들의 옳은 행실이로다 하더라"(계 19:8)는 것은, 어린양의 아내인 구원받은 성도들에게 깨끗한 세마포 옷을 입도록 허락하신 하나님을 찬양한다는 말씀이다.

1. 빛나고 깨끗한 세마포 옷이란 무엇인가?

1) 세마포 옷이란 무엇이고, 어떤 의미가 있는가?

"세마포"는 구약시대에는 제사장의 의복이기도 했다(레 6:10, 16:4). 요한계시록에 총 5회(계 15:6, 18:12, 16, 19:8, 14. 계 15장 Q_05) 등장한다. 특별한 경우를 제외하고 세마포는 예수 그리스도의 보배로운 피를 덧입은 사람들이 입는 옷이다(계 19:8). 성결, 공의, 성실 등의 의미가 있으며, 요한계시록에서는 "하늘에 사는 자들"(계 13:6) 혹은 "하늘에 있는 자(군대)들"의 의복이다(계 19:8, 14). 세마포 옷은 흰옷과 관련이 깊다. 이 흰옷은 천사가 입는 옷이 아니다. 흰옷은 오직 예수 그리스도의 보혈로 죄 씻음 받은 성도들이 입는 옷이다(계 7장 Q_07).

그러므로 세마포 옷(흰옷)은 예수 그리스도를 나의 주 나의 하나님으로 고백함으로 죄를 용서받은 하나님의 거룩한 백성이 입는 옷으로 예수 그리스도의 구속사와 관계가 있으며(칭의), 점점 성화되어 가는 것에 의미가 있다. "아무도 능히 셀 수 없는 큰 무리" 혹은 "흰옷"(계 7:13-14) 입은 무리라고 하는 "하늘에 사는 자들"(계 13:6)이 휴거될 당시 신랑을 맞이할 때 입었던 예복이다(계 15장 Q_05).

2) 빛나고 깨끗한 옷을 입는 대상은 누구이며, 누가 입혀 준 옷인가?

① "그에게"(계 19:8)라고 했다. 빛나고 깨끗한 옷을 입을 수 있는 대상은 "그"다. "그"란 혼인 잔치에 초대된 신부인 구원받는 모든 백성이다. "아무도 능히 셀 수 없는 큰 무리"(계 7:9. 계 7장 Q_08)를 말한다. 그들은 지상에 있을 때 주 되신 예수 그리스도께서 공중강림하실 때 만나 뵙기를 학수고대(鶴首苦待)하며 단장(丹粧)된 신부(新婦)로 살아가던 이 땅의 성결(거룩)한 자들이다.

② "빛나고 깨끗한 세마포 옷을 입도록 허락하셨으니"(계 19:8). "빛나고 깨끗한" 옷은 어떤 의미가 있는가?

"빛나고 깨끗한 세마포 옷"은 "큰 음녀"가 입는 옷과는 전혀 대조적인 옷이다(계 17:4, 18:16). "빛나고"의 의미는 윤이 나서 그 광채가 난다는 의미다. '깨끗한' 혹은 '하얀'이라는 람프론(λαμπρὸν)은 람프로스(λαμπρός)의 중성 단수 목적격 의미가 있는 형용사로, '순결한'이라는 의미다. 세마포 옷 자체가 흰색이다. 직분 자체가 우리를 순결하게 해주는 것이 아니다. 주 예수 그리스도의 보혈로 깨끗해지며, 하나님의 말씀대로 살아갈 때 빛이 나고 깨끗해진다. 큰 음녀에게는 순결의 의미가 없다.

"빛나고 깨끗한 세마포 옷"은 성화될수록 순결해지고 빛나고 깨끗해진다는 말이다. 그런 의미에서 상급의 의미가 있다. 이 세마포 옷은 천상에서 입게 될 옷이다(흰옷). 좀 더 구체적인 문제는 아래에서 다루고자 한다.

이것을 종합해 본다면, 천상의 성도들이 입는 세마포 옷(흰옷)은 광채(성화될수록)가 날 정도로 순결하고 깨끗한 옷이라는 의미이며, 천상에서 상급의 의미로 빛나고 깨끗한 세마포 옷을 입고 지내게 될 것이다.

③ 그런데 이 옷은 "입도록 허락하셨으니"(계 19:8)라고 되었다.

㉠ "입도록"의 '입다'의 페리발레타이(περιβάληται)는 원형 페리발로(περιβαλλω)의 부정과거 가정법 3인칭 단수 동사다. 부정과거는 과거의 동작 상태(역사적 사건, 발화 시점)가 확정된 가운데 유지될 때 사용한다(계 7장 Q_07, 계 14장 Q_03). 휴거될 때(계 7:9-10) 이미 흰옷(세마포)을 입었다는 것을 의미한다(계 15장 Q_05). 7년 심판 대환난 중간이나 환난 통과 후에 입도록 하신 것이 아니라, 계 7:9-10(휴거 때)에서 이미 입었다는 것을 의미한다.

㉡ "입도록 허락하셨으니"에서 옷을 입는 대상은 "그"다. "그에게~ 입도록 허락"에서 '그에게 허락'이란 에도테(ἐδόθη. 주다, 허락하다, 선물하다)는 원형은 디도미(δίδωμι)의 부정과거 수동태 직설법 3인칭 단수 동사다. 아우테(αὐτῇ. 그에게)는 원형 아우토스(αὐτός)다. 직역한다면, '그에게(신부) 허락하다'이다.

그러므로 "빛나고 깨끗한 세마포 옷"은 내가 스스로 입을 수 있는 것이 아니라, 주권자 되신 하나님에 의해 입도록 허락된 자만 입는 옷이다(사 61:10). 유대에서는 혼인 잔치 손님들에게 잔치에 입을 특별한 옷을 주는 것이 관례였다. 옷 입는 것을 거부하는 것은 잔치 참여를 거부하는 것으로 여겨졌던 것처럼, 세마포 옷은 하나님의 허락하에 신랑이 입혀 주는 옷(계 14:3)으로 이해된다(계 15장 Q_05). 구원이란 "그 은혜에 의하여 믿음으로 말미암아 구원을 받았으니 이것은 너희에게서 난 것이 아니요 하나님의 선물"(엡 2:8)이다.

④ 이 옷을 입도록 허락하시는 조건은 무엇일까? "이 세마포 옷은 성도들의 옳은 행실이로다 하더라"(계 19:8). 이 옷을 입도록 허락하신 조건은 "옳은 행실"이라는 말이다.

"옳은 행실"이란 무엇일까? "옳은 행실"로 구원의 옷을 입을 수 있을까? 이것을 행위의 구원으로 이해해도 될까? 옷을 입혀 준다는 이 의미를 이단 교주들은 자신들의 권위 상징처럼 자신들이 입혀 주는 그런 옷으로 이해하기도 한다. 정통 기독교 일각에서도 선행으로 구원 얻을 수 있다고 주장(마 25:31-46)하는 이들도 있다. 그러면 계 19:8의 말씀이 선행으로 구원을 외치는 자들의 그런 주장들에 근거가 될 수 있을까? 아니다. 우리는 구원은 오직 믿음으로 받는다고 믿는다(롬 1:17, 10:17). 그런 의미에서 "빛나고 깨끗한 세마포 옷"은 하나님의 선물이며, "옳은 행실" 역시 하나님의 선물로 이해를 해야 한다.

2, 그러면 "옳은 행실"이란 구체적으로 어떤 의미가 있을까? 두 가지 견해가 있을 수 있다.

1) "옳은 행실"을 성화(聖化. Sanctification)와 관련된 의미로 보는 견해(마 5:16; 벧전 1:15).

감각적으로 "옳은 행실"을 "선한 일(행위)"(엡 2:10)이라고 보는 견해다. 하나님께서 옳다고 말씀하시는 옳은 일 혹은 선한 일을 행함으로 "빛나고 깨끗한 세마포 옷을 입도록 허락"받았다는 견해다.

2) "옳은 행실"을 칭의(稱義. Justification)와 관련된 의미로 보는 견해(롬 3:24, 28).

① "빛나고 깨끗한 세마포"에서 카타론(καθαρόν. 깨끗한, 옳은)은 카타로스(καθαρός)의 중성 단수 목적격 형용사이며, 디카이오마타(δικαίωματσ)는 중성명사 디카이오마(δικαίωμα)의 복수 주격으로 사용되었는데, 디카이오마는 "의"(롬 5:18), "의롭다 하심"(롬 5:16), "정하심"(롬 1:32), "규례"(롬 2:26) 등의 뜻으로, 나의 잘남 혹은 나의 의로운 "행실"(선행, 행함)이라는 뜻보다 하나님께서 그 "행실"을 '의로움'으로 인정해 주셨다는 칭의적인 의미로 해석해서 '성도들의 의로움'이라고 해야 원어에 가까운 해석이라 할 수 있다.

② "그에게 빛나고 깨끗한 세마포 옷을 입도록 허락하셨으니", 이어서 "이 세마포 옷은…"이라고 했다. 두 문장 사이에는 '왜냐하면'이라고 하는 종속접속사인 가르(γὰρ)가 사용되었기에, 그 이유는 "성도들의 옳은 행실" 때문이다. 성도들의 의로움 때문이라는 의미다. 직역하면 "그가 그녀에게(성도) 깨끗하고 빛나는 옷을 입히기 위하여 허락되었고, (왜냐하면) 그 세마포 옷은 성도들의 의로움 때문이다"라는 말이다.

③ 옳은 행위(의로움)로 옷 입은 성도들을 신랑 되신 예수님께서 자신의 신부로 인정하셨다는 의미다. 주 예수 그리스도를 나의 주, 나의 하나님으로 영접하는 그 믿음을 하나님께서는 '의롭다' 인정해 주

심으로 우리가 구원받는다(롬 3:24, 28). 이것을 칭의(稱義)라 부른다. 예수 그리스도를 영접한 그 믿음(선택)을 '의로운 선택'이라 하시며, 하나님께서는 그 믿음(선택)을 '의롭다' 인정해 주시는데, 그것을 계 19:8에서는 "옳은 행실"이라고 하였으며, 또 그런 믿음(선택)까지도 그것이 나의 의로움 때문이 아니라, 하나님께서 주시는 하나님의 놀라운 선물이라는 말이다(엡 2:8).

④ 그러므로 이 모든 것을 종합해 보면, "옳은 행실"이란 선행을 강조하는 성화의 의미보다 의롭다고 인정받았다는 칭의의 의미로 보는 것이 더 성경적이라 할 수 있다. 믿음으로 의롭다 인정을 받은 자는 지속해서 성장하며 성화(성결)되어 가게 되어 있기에, "옳은 행실" 의미 안에는 '선한 일'(선행)이라는 성화의 개념도 포함되어 있다. "옳은 행실"에 내포된 칭의와 성화, 이 두 가지의 개념을 논리적 순서로 언급한다면, 칭의가 먼저이고 성화의 개념은 논리적으로는 칭의와 함께 혹은 그 이후에 이루어지는 것으로 보는 것이 성경 전체의 의미로 볼 때 자연스럽고 합리적이다.

⑤ 우리는 예수 그리스도를 통하여 "빛나고 깨끗한 세마포 옷"을 입었다. 이 옷은 교주가 입혀 주는 옷이 결코 아니다. 성령님의 임재 속에 예수님을 나의 주, 나의 하나님으로 영접할 때, "하나님의 자녀가 되는 권세"(요 1:12)를 받게 되며, 그 순간 "빛나고 깨끗한 세마포 옷"을 입게 되었고, 그 순간부터 하나님의 말씀으로 성화(성결)되어 간다. 특히 대환난 중간이나 환난 통과 후인 계 19:1-8에 입은 것이 아님을 기억해야 한다. 휴거되는 순간에 신부에 합당한 "빛나고 깨끗한 세마포 옷"을 이미 입은 완료의 상태로 천상의 하나님 앞에 올라가 서서, "아무도 능히 셀 수 없는 큰 무리"(계 7:9)라고도 하며, "땅에서 속량함을 받은 십사만 사천"의 무리가 "흰옷"(계 7:9) 혹은 "빛나

고 깨끗한 세마포 옷"(계 14:8)을 입고, 하나님과 어린양 앞에 서서 찬송하는 것이다(계 14장 Q_05).

※ P.S.: "빛나고 깨끗한 세마포 옷"을 한 올 한 올 짜듯 깨끗하게 한다(성결)는 것에는 상급(계 11:18, 22:12)의 의미가 들어 있다. 내가 믿음의 결단 속에 성결한 삶을 사는 만큼 그 상급으로 옷이 깨끗해지기 때문이다. 과거에 교회(성도)는 당연히 거룩한 곳(사람)으로 인식되었었는데, 1990년대를 넘어오면서부터 '성과 속'에 대한 이슈가 제기되기 시작했다. 급기야 '교회만 거룩한 곳인가? 세상은, 세상의 직업은, 세상의 그 무엇은 거룩하지 못하단 말인가?'라는 자아 비판식 담론들이 제기되었다. 교회는 그러면서부터 '성도는 세상으로부터 불러냄을 받은 거룩한 공동체'라는 주장들이 힘을 잃어가더니, 결국 자기 정체성을 잃어버린 그런 의식이 기독교 부흥의 맥을 끊는 원인 중 하나가 되었다고 필자는 인식한다.

믿는 자들은 당연히 세상과 구별되어야 한다. 우리의 정체성을 회복해야 한다는 의미에서 우리는 구별(區別) 혹은 성별(聖別)되어야 한다. 기독교인들이 세상과 짝하다 보니, 거룩과 성결을 잃어버리며 살아간다. 내가 예수를 영접했다는 사실에만 머물러서는 안 된다. 각 개인이 하나님 나라 확장과 기독교 윤리성 회복으로까지 나아가지 않으면 진정한 성화라고 말할 수가 없다. 나와 우리 주변, 그리고 사회를 향해서도 한 올 한 올 세마포를 짜고(weave) 깨끗하게 씻어내듯(wash off) 정성과 성의를 가진 삶이 필요한 시대다.

이 모든 것을 회복하도록 돕는 것이 재림신앙(再臨信仰)이다. 재림신앙에 대한 거부감은 시한부 종말론을 주장하는 사람들로 인한 부정적인 결과다. 그러나 언제나 마지막을 준비하는 사람들의 삶은 경건

한 것처럼, 재림신앙은 언제나 마지막을 준비하는 건전한 신앙의 자세가 기본이다. 재림신앙이란 본질적으로 휴거 신앙을 의미한다(계 7장 Q_08). 기독인으로 자기 정체성을 회복하며, 기독교 윤리성을 회복하는 것이 건전한 재림신앙의 길이다. 그래서 필자는 오늘도 ① 우리 주 예수 그리스도는 반드시 다시 오신다. ② 건전한 재림신앙 회복을 위해 단장된 신부의 삶(계 21:2)을 살자고 외친다.

Q_06. 어린양의 "혼인 잔치"(계 19:9)란 무엇이며, 언제 이루어지는 것인가? (계 19:9)

A 어린양의 혼인 잔치라고 하면 이단적 색채가 있어 보이는 것으로 오해할 수도 있다. 그러나 이것을 "어린양"과 "혼인 잔치"라고 하는 용어로 구분해서 보면 또 다르게 보인다. "혼인 잔치"는 엄연히 성경에 많이 나오는 용어이며, 예수님께서 많이 활용하신 용어이기도 하다.

1. 어린양의 혼인 잔치와 휴거의 관계와 정의

어린양의 혼인 잔치란 신랑 되신 어린양께서 신부를 맞이하는 것을 의미한다. 혼인 잔치라는 용어보다 휴거라는 용어로 정의를 찾고자 한다. 휴거(携擧. 살전 4:17. Catch Up)란 어린양의 혼인 잔치를 의미하며, 둘째 사망(계 20:6, 14)과 비교하여 첫째 부활(계 20:6)이라고도 한다.

"혼인 잔치"라는 의미는 부활하신 예수님께서 "거처를 예비하면 내가 다시 와서 너희를 내게로 영접하여 나 있는 곳에 너희도 있게 하리라"(요 14:3) 예언하신 대로, 신랑 되신 주 예수 그리스도께서 공중 강림하실 때, 신부 된 교회인 성도들이 공중으로 끌어올려(휴거. 신랑과 신부가 만나는 것. 살전 4:16-17)지게 되는데, "구름 속으로 끌어 올려 공중에서 주를 영접"(살전 4:17)하는 것을 어린양의 "혼인 잔치"(婚姻 잔치. 계 19:9)라고 말한다(계 7장 Q_8).

2. 혼인 잔치의 의미

"혼인 잔치"라는 용어는 신구약에서 총 9회(개역개정. 마 22:2, 3, 4, 8, 9, 10, 25:10; 눅 14:8; 계 19:9) 등장하며, 그중 요한계시록에서는 단 1회(계 19:9) 등장한다. 예수님께서는 혼인 잔치 비유를 통하여 초대를 받은 자와 받지 못한 자, 예복을 입은 자와 입지 못한 자, 심판, 그리고 예수 그리스도와 교회의 영접 등으로 이해될 수 있는 비유를 말씀하셨다. 그중에서도 특별히 예복을 입지 않은 자는 들어갈 수 없고 들어갔다가도 예복 입지 않은 사람은 "그 손발을 묶어 바깥 어두운 데에 내던지라"(마 22:13) 할 정도로 예복의 중요성을 강조하셨다.

예수님께서 이렇게 혼인 잔치 비유로 말씀하신 이유는 혼인 잔치에 대한 의미와 특별한 목적을 전달하기 위함이다(마 22, 25장). 그 의미와 특별한 목적은 살전 4:16-17과 연결될 수 있다.

1) 혼인 잔치라는 의미는, 신랑 되신 어린양이 신부 된 교회(성도)를 "구름 속으로 끌어 올려 공중에서 주를 영접"(살전 4:17)하게 하시는 것에 의미가 있다.

2) 비유로 말씀하신 특별한 목적(비유의 초점)은, 어린양 혼인 잔치인 휴거에 참여하는 자는 반드시 혼인 잔치에 맞는 예복을 입어야 함을 강조하고자 비유로 말씀하셨다고 보인다. 그래서 이 예복이 중요한데, 이 예복이란 "흰옷"(계 7:9)이며, "빛나고 깨끗한 세마포 옷"(계 19:8)이다. 그러나 이 예복은 나의 의로움에 의한 것이 아니라 전적인 하나님의 선물(엡 2:8)이다.

3) 어린양의 혼인 잔치에 참여한 자만이 "그리하여 우리가 항상 주와 함께 있으리라"(살전 4:17)라는 말씀이 성취될 것이다.

3. 어린양의 혼인 잔치의 때는 언제일까?

많은 이들이 휴거가 어린양의 혼인 잔치의 때라고 하는 것에는 공감하고 있다. 그래서 천상에 올라가 찬송하는 장면만 보이면 휴거의 때로 판단하여 환난 중간 휴거설, 환난 통과 휴거설 등등을 주장하는 이들이 있다.

그중에서도 환난 통과설을 주장하는 이들은 계 19장을 어린양의 혼인 잔치장(계 19:1-8)이라 강하게 주장하기까지 한다. 그 이유로 계 19:1-8에서 찬송하는 장면을 혼인 잔치의 근거로 말하고 있으며, 계 19:7에서 어린양의 혼인 잔치가 예고("혼인 기약이 이르렀고")되었고, 아내인 신부가 준비(계 19:7)되었고, 계 19:8에서 그 아내 된 신부가 옳은 행실로 상징된 세마포로 장식했고, 계 19:9에서 청함을 받았다고 언급하고 있기 때문이다. 한글의 문맥으로 보면 매우 자연스럽게 보이는 것 같다.

그러나 계 19:1–9 말씀이 어린양의 혼인 잔치라는 주장에 대해서는 앞에서 언급(계 19장 Q_05)한 것 외에도, 아래와 같은 이유에 의해서도 성경적으로 타당하지도 합리적이지도 않다.

1) 시기적으로 볼 때, 후 3년 반 환난의 기간이 아직 남아 있다.

지금은 셋째 화, 7대접 재앙 심판 중 일곱째 대접재앙 중이며, 7년 심판 대환난 중 마지막 기간이다. 후 3년 반의 환난 기간이 아직 남아 있는 상황에 있다(계 19:11-21). 이런 시기에 과연 어린양의 혼인 잔치가 이루어질 수 있겠는가?

2) 환경적으로 볼 때, 혼인 잔치의 환경과 대접재앙은 전혀 어울리지 않는다.

혼인 잔치란 기대와 신비로운 만남을 만끽하는 시간이다. 그런데 계 14장에서부터 예고되어 온, 바벨론의 주축 세력으로 아마겟돈 세 주인공인 짐승, 음녀인 거짓 선지자, 10뿔(10왕) 등(계 17:14. 계 17장 Q_05)에 대한 물리적 심판(멸망)인 아마겟돈 전쟁(계 19:13-16, 21)이 실제로 벌어질 상황이다. 곧 피비린내 나는 전쟁을 바로 목전에 둔 시기에, 기대감 넘치는 혼인 잔치를 베풀 상황이 될 수 있겠는가?

3) 어떤 이들은 7년 심판 대환난 중에, 하늘에서는 '7년 내내 공중 혼인 잔치'가 벌어진다고 주장한다. 그러나 현재의 시기가 전쟁 심판 중인데, 신랑과 신부가 혼인 잔치 기간 중 전쟁(아마겟돈 전쟁)을 할 수 있단 말인가?

지금까지의 이런 것을 종합해 볼 때, 그러면 어느 때 어린양의 혼인 잔치인 휴거 사건이 발생한다고 주장할 수 있는가?

휴거는 어린양의 혼인 잔치를 의미하는 것이며, 이 휴거 사건은 7년 대환난 전에 일어난 사건이라고 정리할 수 있다. 그런 의미에서 어린양의 혼인 잔치인 휴거는 계 9장 대환난 전인 계 7장(계 7:9-10)에서 발생한다고 보는 것이 성경적으로 자연스러우며 타당하고 합리적이라 믿는다(계 7장 Q_08).

Q _07. 천사의 넷째 복 선언과 천사에게 엎드려 경배하려는 사도 요한(계 19:9-10)에 대한 천사의 반응은 무엇인가? (계 19:9-10). (이단 경계)

A 천사가 선언한 넷째 복의 말씀과 사도 요한과의 관계에 나타난 천사의 반응에 대해 보고자 한다.

"어린양의 혼인 잔치에 청함을 받은 자들은 복이 있도다"(계 19:9)라는 말씀은 계 19:1-8과 자연스럽게 연결되기 때문에, 환난 통과설을 주장하는 자들이 매우 강력한 근거로 사용한다.

1. "어린양의 혼인 잔치에 청함을 받은 자들"(계 19:9)은 언제 청함을 받았다는 것인가?

㉠ 환난 전에 청함을 받은 것인지? ㉡ 환난을 통과한 현재 청함을 받은 것인지? ㉢ 환난 전에 청함을 받고 지금 이 시점에 휴거가 된 것인지? 등등 확인해 보고자 한다.

"청함을 받은 자들"이라는 의미의 케클레메노이(κεκλημένοι. 부르다. 초청하다)는 원형 칼레오(καλέω)의 완료수동태 복수 동사로 사용되었다. 시기적으로 대환난 말기인 현재 청함을 받게 될 것이라는 미래적 의미로 쓰인 것이 아니다. 완료로 되었다는 것은 과거에 완료(계 7:9)되어 현재에까지 진행된 상태를 의미한다. 그 과거란 계 7:9-10의 사건을 말한다. 그러므로 계 19:9은 환난 통과 휴거설을 주장하는 자들이 그 근거로 사용하고 있으나, 환난 통과설의 근거가 전혀 될 수 없을 뿐 아니라, "어린양의 혼인 잔치에 청함을 받은"(계 19:9) 것은, 휴거가 발생한 시점(계 7:9-10)인 과거에 청함을 받았고, 청함을 받은 그 순간에 휴거가 이루어져서 휴거가 완료되어 현재까지 진행된 상태에 있다고 보는 것이 성경적이고 합리적이라 생각된다(계 7:9-10. 계 7장 Q_08).

2. 그러면 왜 "어린양의 혼인 잔치에 청함을 받은 자들"(계 19:9)은 복이 있다고 할 수 있는가?

1) "하나님의 참되신 말씀"(계 19:9)이라는 말로 하나님께서 보증하셨기 때문에 복이 있다. 하나님의 참되신 말씀이라 할 정도로 "어린양의 혼인 잔치"에 초청(청함)받았다는 것은 하나님께서 보증하셨다는 의미다. 초청받은 나를 보증해 주셨다는 말이다. 얼마나 기쁘고 즐거운 일인가? 만왕의 왕이신 하나님께서 아무나 초청하시겠는가? 그래서 복이 있는 것이다.

2) "어린양의 혼인 잔치"라는 것은 휴거를 의미하는데, 휴거는 믿는 자의 지상 최대의 소망이다. 휴거된 자만이 천상의 하나님께 갈 수 있기에 휴거는 믿는 자의 최대 소망이며 복이 되는 것이다. 반면에 휴거되지 못한 이방인은 "땅에 사는 자들"(계 8:13)이 되는 것이며, 땅에 사는 자들은 불못(계 20:15)에 떨어지게 된다. 그러나 휴거된 자들은 그런 저주를 받지 않기 때문에 행복한 자이기에 복이 있는 자이다.

3. 사도 요한이 천사의 발 앞에 엎드려 경배하려 할 때 보여준 천사의 반응

"어린양의 혼인 잔치에 청함을 받은 자들은 복"이 있다는 하나님 보증의 선언을 하는 천사의 말을 들었을 때, 그 복을 선언하는 천사에게 경배할 만큼, 사도 요한은 기쁨과 감격을 주체할 수 없을 정도였다. 그 순간 사도 요한은 잠시 경배의 대상을 잃어버리고 천사에게 경배하려고 했다. 이때 천사는 다음과 같이 세 가지를 선언한다. 이 세 가지 선언(반응)은 모든 리더가 가져야 할 자세라 할 수 있다.

① "나는 너와 및 예수의 증언을 받은 네 형제들과 같이 된 종"(계

19:10). "같이 된 종"이라고 하는 쉰둘로스(σύνδουλος)는 '같은 주인을 섬기는 자', '함께 종이 된 자'라는 의미가 있다. 천사와 사도 요한은 같은 주인이신 하나님을 섬기는 자라는 말이다. 천사는 그런 자신이 사도 요한으로부터 절을 받으며 경배를 받을 지위(입장)에 있지 않다는 분명한 태도를 보인다. 그러면서 ② "삼가 그리하지 말고 오직 하나님께 경배하라"(계 19:10)고 하면서 경배의 대상을 명확하게 알려 주고 있다. 더 나아가 ③ "예수의 증언은 예언의 영"(계 19:10)이라 선언하고 있다.

"예수의 증언은 예언의 영"(계 19:10)이라는 선언이 왜 중요한가?

㉠ 이 선언에는 자기 정체성이 명확하게 들어 있다. 자신은 하나님의 말씀을 예언(대언)하는 자라는 고백이다. ㉡ 예수님을 증언하는 영만이 예언의 영, 혹은 대언의 영이라는 말이다. 개역성경에서는 "예수의 증거(證據)는 대언(代言)의 영(靈)"이라고 했었다. ㉢ 무엇을 예언하며, 누구를 대언하는 것인가?

참된 예언은 예수 그리스도가 주(主) 되심을 증언하는 것이다. 예언의 표준과 내용은 성경이다. 누구를 대언하는 것인가? 예수님을 대언하며, 예수님의 말씀을 대언하는 것이어야 한다.

※ P.S.: 천사는 자신의 신분을 명확히 알고 있었다. 자신은 하나님의 말씀을 '예언(대언)하는 자'라는 사실을 잊지 않고 고백한다. 예언(대언)하는 참된 예언(성경)은 예언자(설교자)가 성령의 감동(진리의 성령)으로 예수 그리스도를 증언하는 데 목적(요 15:26)이 있어야 한다. 성경은 예수님에 대하여 증언한다(요 5:39). 성경에서 벗어나는 예언은 예언(대언)의 영으로 합당치 않다.

그러나 잘못된 지도자나 이단, 특히 신흥종교 신천지 교주 이만희는 자신을 신격화할 목적으로 교리를 만들었으면서(진용식, 위의 책, P. 21) 재판을 받을 때는 긍휼을 얻고 벌을 안 받기 위해 휠체어에 앉아 그렇게 약한 모습을 보였지만, 신천지 교인들 앞에서는 왕 노릇 하는 모습이 너무 이율배반적(二律背反的)이다.

신천지 이만희, 보석허가 호소…"아량 베풀어 달라." 행방이 묘연했던 이만희 신천지예수교 증거장막성전(신천지) 총회장이 2일 오후 경기도 가평군에 위치한 연수원 평화의 궁전에서 기자회견을 열고 공식 입장을 발표했다. 이만희 총회장은 이날 기자회견에서 코로나19 확산 사태에 대해 두 차례 무릎을 꿇고 큰절을 하며 사과했다. 회견을 마친 뒤 이어진 질의응답에서 '영생불사한다고 생각하느냐'는 질문을 받았으나 답변하지 않았고, 총 3개의 질문만 받고 퇴장해 취재진의 원성을 샀다. 한편, 이만희 총회장의 손목에 박근혜 전 대통령 청와대 시절에 제작된 시계가 포착돼 화제가 됐다. 정부의 '코로나19(COVID-19)' 방역활동을 방해한 혐의로 구속기소된 신천지 예수교 증거장막성전(신천지) 이만희 총회장이 재차 보석허가를 요청했다. 4일 뉴스1에 따르면 이날 수원지법 제11형사부(부장판사 김미경) 심리로 열린 공판에서 이 씨는 "재판이 끝나기 전, 수명이 마칠 거 같다"며, **"살아 있는 것보다 죽어 있는 게 낫겠다. 재판장이 아량을 베풀어 달라"며 고통을 호소**했다. 이날 변호인 측은 이 씨의 보석을 요청하는 탄원서를 재판부에 제출했다. 해당 탄원서는 신천지 소속 교인 75명이 제출한 것이다. 이 씨는 앞서 2차 공판 준비기일에서도 "치료받으며 재판에 임할 수 있게 해달라"고 보석허가를 요청한 바 있다. 이후 열린 두 차례 정식 공판에서는 병원치료로 인해 이 씨가 불출석한 상태에서 심리가 진행되기도 했다(주명호 기자. 신천지 이만희, 보석허가 호소…"아량 베풀어 달라", 〈머니투데이〉, 2020.11.04).

그 누구도 예수님보다 자기 자신을 더 드러내어서는 안 된다. "우리는 우리를 전파하는 것이 아니라 오직 그리스도 예수의 주 되신 것과 또 예수를 위하여 우리가 너희의 종 된 것을 전파함이라"(고후 4:5).

Q_08. "하늘이 열린 것을 보니 보라 백마와 그것을 탄 자"란 누구이며, 의미는 무엇인가? (계 19:11-16). (이단 경계)

A 요한계시록에는 두 개의 클라이맥스가 있는데, 하나는 예수님의 공중강림[휴거, 임재(臨在). 계 7:9-10, 1:7; 살전 4:16-18; 행 1:11. 계 7장 Q_08]이 기록된 계 7장이며, 다른 하나는 예수 그리스도의 지상강림[재림(再臨). 계 19:14; 살전 3:13]이 언급된 계 19장이다. 계 19장에서도 본문인 계 19:11-16이 그 핵심이다. 그런 의미에서 재림에 관한 내용으로 계 19:11-16은 요한계시록에서 차지하는 비중이 매우 크다.

계 19:11-16은 대부분 한국교회가 공통적으로 공감하고 있는 재림장(再臨章)이다. 재림장이라고 하는 근거에 대해서 언급하고자 한다.

1. "하늘이 열린 것을 보니"(계 19:11)라고 했다.

사도 요한은 지금까지 "하늘에 열린 문"(계 4:1)을 보았고(계 4장 Q_02), "하늘에 있는 하나님의 성전이 열리"(계 11:19, 15:5)는 모습도 보았는데(계 4장 Q_02), 이제는 하늘 그 자체가 열리는 모습을 보게 되었다. 하늘이 열리면서 "백마와 그것을 탄 자"(계 19:11)를 보게 되었다.

2. "백마와 그것을 탄 자"(계 19:11)는 누구인가?

1) 성경에 "백마"라는 용어는 3회(슥 1:8; 계 19:11, 14), "흰 말"로 3회(슥 6:3, 6; 계 6:2), 총 6회 등장한다. 백색은 승리나 즐거움을 상징하며(전 9:8; 계 6:2, 19:11), 말은 전쟁을 상징한다. 백마를 탔다는 것은 '의로운 전쟁'임을 나타낸다.

2) 말 탄 자의 이름은 "충신과 진실"(계 19:11)이다. '충신'은 피스토스(πιστὸς. 신실한, 진실한, 믿을 만한)이고, '진실'은 알레디노스(ἀληθινός. 진실한, 참된)다. 여기서 충신과 진실이란, 우리 예수님은 여러 의미가 담긴 약속(재림과 재림의 목적)을 지키는 신실하고 믿을 만한 참된 분이라는 것을 의미한다.

그러면 백마를 탄 자가 누구인가? 구약에는 예수 그리스도가 재림한다는 말씀은 있어도(슥 14:4-5), '백마'를 타고 강림한다는 예언은 없다. 그러나 우리는 자연스럽게 그리고 당연하게 재림 예수님은 백마를 타고 오신다(계 19:11, 14)는 것을 상식으로 받아들이고 있다. 백마를 탄 자는 어린양 되신 우리 주 예수 그리스도다.

재림 예수님께서 오실 때는 백마(흰 말. 계 19:11, 14)를 타고 오신다고 했더니, 이단 교주마다 너도나도 모두가 흰 말 탄 사진을 크게 찍어 홍보한다. 심지어 북한 지도자들도 백마를 타는 사진을 찍어 홍보한다. 이 아무개도 전혀 어울리지 않게 백마 탄 사진을 찍어 홍보한다.

예수님은 "피 뿌린 옷을 입었는데"(계 19:13) 이단 교주들은 사진 찍기 위해 흉내를 내며 멋을 부린다. 이 아무개를 비롯한 교주들이 우리를 웃긴다. 유치하다.

3. 지상강림(재림, 再臨)이란 무엇이며, 오시는 목적, 장소, 모습, 정체성,

동행 무리는 어떻게 되는가?

예수님의 재림은 스가랴 선지자(슥 14:4-5)가 예언하였다. 성경에는 예수님의 공중강림(임재)과 지상강림(재림)이 있다고 구분하여 말씀하고 있다(계 7장 Q_08). 공중강림(휴거)과 지상강림(재림)은 구약과 신약에서 예언된 말씀으로나, 오시는 목적, 장소, 모습(방법), 정체성, 동행 무리 등등이 전혀 다르다. 공중강림에 대한 말씀은 계 7장 Q_08에서 참고 바라며, 본문에서는 지상강림(재림)에 대하여 언급하고자 하며, 공중강림을 휴거로 설명하였듯이, 본문에서는 지상강림을 재림으로 표현하고자 한다.

1) 지상강림(재림)이란 무엇인가? 휴거(携擧)와 재림(再臨)에 대한 개념에는 분명한 차이가 있다. 휴거[携擧. 공중강림(임재). 하르파조. ἁρπάζω. 살전 4:17. Catch Up]란 "끌어 올려"(살전 4:17)를 한자어로 '휴거'(携擧)라고 표현한 것이고, 재림(再臨)은 단어 그대로 '다시 오심'이다. 지상강림(재림)을 명확하게 나타난 곳은 살전 3:13으로 파루시아(παρουσία. 지상강림)라고 언급되어 있다(계 7장 Q_08). 그러나 한국교회가 정황상 예수 그리스도의 재림을 계 19:14에서 그 근거를 찾고 있다(계 19:11-16).

구약에서부터 장소(슥 14:4)와 심판의 목적(대상 16:33) 등이 예언되었다. 예수님의 재림은 그 예언의 성취다(계 19:11-16; 단 2:44-45; 사 63:3; 살후 2:8).

2) 재림은 언제 발생할까? 시기적으로는 셋째 화, 일곱째 나팔재앙이 끝나는 때, 그리고 7년 심판 대환난이 끝나는 때다. 그때가 언제인가? 몇 년도일까? 그것은 아무도 모른다. '언제 주님이 공중강림하시느냐? 휴거가 언제 이루어지느냐?'에서도 그랬듯이, 예수님의 지상강

림 역시 "그날과 그때는 아무도 모르나니 하늘의 천사들도, 아들도 모르고 오직 아버지만 아시느니라"(마 24:36)고 하신 것처럼, 그 시간과 때는 하나님께 맡기고, 우리는 각자 자신의 역할과 사명을 현재 있는 곳에서(마 24:40-41), 오직 하나님의 영광(고전 10:31)을 위해 충성스럽게 감당하면 된다. 그러나 분명한 사실은 7년 심판 대환난이 끝나는 시점에 재림의 주, 심판의 주, 만왕의 왕이요 만주의 주 되신 예수 그리스도께서 오신다(계 19:11-16).

3) 재림의 목적이 무엇인가?

심판 전쟁(아마겟돈 전쟁)을 하기 위해 오신다. 공중강림 때는 성도들을 데리러 오시지만(요 14:1-3; 행 1:11), 지상강림하실 때는 바벨론(아마겟돈 세 주인공)을 비롯한 "땅에 사는 자들"(계 8:13)을 심판(계 16장 Q_01)하기 위해 오신다(살후 2:8). 목적을 몇 가지로 열거하면 다음과 같다.

① 가장 대표적인 목적은 심판에 있다(계 19:11, 19, 20).

마지막 때(세상의 끝)는 세상 왕(임금) 노릇 하는 사탄이, 정치 경제적[경제(상업) 중심지]으로는 짐승(적그리스도)을 등장시키고, 종교적으로는 음녀(거짓 선지자)를 하수인으로 앞세워서 온 세상을 혼합주의와 우상숭배로 미혹해 왔다. 이제 그들에 의해 이루어진 큰 성 바벨론이 물리적인 심판(멸망, 파멸)을 받는다.

㉠ "공의로 심판하며 싸우더라"(계 19:11) 했다. 재림의 목적이 심판에 있음을 분명히 하고 있다. 그것을 "싸우더라"(계 19:11), "피 뿌린 옷"(계 19:13)을 입었다는 용어로 표현하고 있다.

ⓛ 누구와 싸우는가? 바벨론 심판(멸망, 파멸) 혹은 아마겟돈 세 주인공[ⓐ 짐승, ⓑ 큰 음녀, ⓒ 10왕(10뿔. 상인들)]들과의 전쟁이다(계 19:19). 일명 인류 최후의 심판 전쟁이다. 그들에 대한 심판(멸망, 파멸)이며, "땅에 사는 자들"(계 8:13)에 대한 심판이다. 이 심판은 몇 달, 몇 년이 걸리는 전쟁이 아니다. 단 한 시간에 끝나는 전쟁이다(계 18:10, 17, 19).

ⓒ 심판의 이유는? ⓐ 바벨론의 죄에 대한 심판(계 14:8. 계 16장 Q_01), ⓑ 예수 불신 심판(계 8:13. 계 8장 Q_06), ⓒ 순교자들의 기도 응답으로서의 심판(계 6:9-11. 계 6장 Q_06)이다.

ⓡ 심판의 기준은 "공의"(계 19:11)다. "공의"는 디카이오쉬네(δικαιοσύνη. 공의, 칭의)다. "공의"로 번역되었지만 디카이오쉬네(칭의)가 사용되었다는 것은 계 19:8의 "성도들의 옳은 행실"에서와 같이 심판의 기준이 칭의(의롭다 인정해 줌)에 있다는 말이다.

ⓜ "공의로 심판하며 싸우더라"(계 19:11)의 "심판"으로 사용된 '크리네인'(κρίνειν)은 크리노(κρίνω)의 직설법 현재 3인칭 단수로 사용되었다. 이때 사용된 기본형 '크리노'는 사법적이고 형벌적인 심판을 의미한다. "불못"(계 20:15)을 의미한다. 한마디로 '지옥' 간다고 할 때 사용되는 용어다. 구원받지 못한 불신자들에 대한 심판을 말할 때 '크리노'(κρίνω)가 사용된다.

바벨론을 비롯한 "땅에 사는 자들"(계 8:13)이 주 예수 그리스도를 나의 주, 나의 하나님으로 영접했느냐, 안 했느냐가 심판의 기준이라는 의미다. 영접했다고 한다면 그것을 "의롭다" 인정해 주심으로 구원받는 것이다(롬 3:24, 28). 이것을 칭의(稱義)라 부른다. 예수 그리스도를 영접한 그 믿음을 하나님께서는 "의롭다" 인정해 주시는데, 그것을

"옳은 행실"(계 19:8)이라고 하였다.

바벨론으로 대변되는 "땅에 사는 자들"(계 8:13)은 휴거 사건 이전부터 예수 그리스도를 믿지 않았고 부인하였기 때문에 휴거되지 못했으며, 그 결과 7년 심판 대환난을 겪고 있다. 이렇게 7년 심판 대환난을 몸으로 겪는 사람들은 모두 예수님의 심판의 대상이다.

이런 자들이 지상에서의 심판의 대상인데, 이런 상황에서 구원이 있다고? 구원을 소망한다고? 그 소망을 가질 바에야 지금부터 예수님을 열심히 믿고 단장된 신부의 삶을 살아야 한다.

② 휴거되어 천상의 성도가 된 "하늘에 사는 자들"(계 13:6)이 예수님 지상강림(재림) 때, "그의 모든 성도와 함께 강림"(살전 3:13)하신다는 예언의 성취를 이루기 위함이다(계 19:14).

③ 1,000년 그리스도 왕국을 통치하시기 위해서 재림하신다(계 20:6; 겔 37:12-14. 계 20장 Q_08).

④ 제사장 노릇을 위한 약속(예언)의 성취를 위해 재림하신다(계 5:10; 20:6; 마 19:28; 눅 22:29-30. 계 20장 Q_08).

⑤ 아브라함의 후손인 유대인 구원을 위해 재림하신다(계 12:6, 20:8-9; 롬 11:14).

⑥ 1,000년 그리스도 왕국 이후에 이루어질 흰 보좌 심판을 위해 재림하신다(계 20:11). 대상자는 "생명책에 기록되지 못한 자"(계 20:15)가 대상이며, 그들은 살아있을 때 행한 "자기 행위대로 심판을 받는다"

(계 20:12-13).

이것을 종합적으로 크게 세 가지로 재림의 목적을 요약한다면, 하나는 아마겟돈 세 주인공과 그 추종자들에 대한 물리적 심판이며, 두 번째는 1,000년 그리스도 왕국 건설과 통치이며, 마지막 세 번째로는 불신(불택)자를 향한 흰 보좌 심판을 위해 예수님께서 재림하신다(계 20장 Q_10).

4) 재림의 장소는 어디인가? 예루살렘 동쪽 구릉인 감람산(행 1:11)에 강림하신다. 영어로는 올리브산(슥 14:4, "the Mount of Olives")이다. 행 1:11의 말씀은 재림의 장소로 언급되기도 하지만, 예수님께서 승천하시면서(행 1:9-11) "하늘로 가심을 본 그대로 오시리라"(행 1:11)는 말씀처럼, '공중강림'이라는 말씀의 근거로 사용되기도 한다. 감람산으로 재림하신 예수 그리스도는 예루살렘을 1,000년 왕국의 수도(미 4:7)로 삼으셔서 통치하신다(계 20장 Q_08).

한국에 존재하는 이단은 2006년 현재 통계상 133개다(최근의 통계를 찾을 수 없음). 여기에는 'ㄱ'의 '가계 저주론'(이윤호)부터 시작해서 '기독교 무료신학원'(이만희)을 비롯하여 'ㅎ'의 '호생 기도원'(김종규)에 이른다. 이 모든 이단은 비유 혹은 영해로 주장하기를 예수님이 한국의 계룡산 혹은 청계산 등으로 오신다고 미혹한다. 그러나 재림의 장소는 성경에 분명하게 언급하고 있음을 부인해서는 안 된다(행 1:11; 슥 14:4).

5) 어떤 모습(방법)으로 오시는가? 예수님의 공중강림은 신부를 맞이하는 신랑의 모습(자격)으로 오시지만, 지상강림(재림) 때는 공중강림과 전혀 다른 모습으로 오신다.

① "충신과 진실"(계 19:11)이라는 이름으로 오신다. 앞에서 언급한 것을 참고 바라며, 재림해 오시는 예수님은 신실하고 믿을 만한 참된 분의 모습으로 오신다.

② "그 눈은 불꽃 같고"(계 19:12). 우리의 "앉고 일어섬을 아시고 멀리서도 나의 생각을 밝히 아시"(시 139:2)는 전지성(계 1:14, 2:18)을 가지신 예수님의 모습으로 오신다.

③ "그 머리에는 많은 관들이 있고"(계 19:12). 관(면류관, 왕관)은 최후 승리자가 쓰는 왕관이다. 백마 타신 자가 쓰셨다는 것은 왕 중의 왕으로서의 절대 권세자로 오셨다는 것을 의미한다. 요한계시록에는 "면류관" 혹은 "왕관"이라는 용어가 총 11회 나온다. "면류관" 3곳(계 3:11, 6:2, 14:14), "(왕)관"으로 8곳(계 2:10, 4:4, 10, 9:7, 12:1, 3, 13:1, 19:12)이 등장한다. 그중에서 상급의 개념으로 사용된 면류관은 주로 '스테파노스'(στεφάνους)로 기록하였고, 왕 혹은 왕 같은 권세를 가진 대상으로 등장할 때는, 11곳의 면류관 중에서도 단 3곳만 '디아데마타'(διαδήματα. 계 12:3, 13:1, 19:12)로 기록되었다.

후 3년 반이 시작되는 계 12장과 계 13장 등에서 2회 디아데마타가 사용된 것은, 후 3년 반 초기부터 적그리스도가 디아데마타(왕관)를 쓰고 자신이 만왕의 왕이신 예수 그리스도인 것처럼 가장하기 위한 것이며(계 6장 Q_02, 계 13장 Q_03), 계 19:12에 나오는 디아데마타는 우리의 주가 되시며 만왕의 왕이신 예수 그리스도가 심판의 주 재림의 주로 오시는 모습을 보여주는 장면이다. 예수님께서 디아데마타 왕관을 쓰시고 하늘에 있는 군대들과 함께 지상강림하신다(계 19:14; 살전 3:13).

④ "이름 쓴 것 하나가 있으니 자기밖에 아는 자가 없고"(계 19:12)라고

했다. “자기”란 백마 타신 자로서 예수 그리스도를 의미한다. 그 머리에 많은 관들 중에 이름 쓴 하나가 있는데 무엇이라 썼을까? “자기밖에 아는 자가 없고”(계 19:12)라고 했다. 주님께서 비밀에 붙여 두셨으니 우리가 알려고 할 필요가 없다.

⑤ “그가 피 뿌린 옷을 입었”(계 19:13)다고 했다. ‘그가 피로 물든 옷을 입었다’는 의미다. “피 뿌린 옷”이라 할 때, “뿌린”은 베밤메논(βεβαμμένον)은 바프토(βάπτω. 물들이다. 살짝 담그다)의 완료 수동태 분사 중성 단수로 되었다. 완료 분사는 과거 동작이 완료 상태로 계속 진행될 때 사용한다. 사실상 이미 심판의 피로 물들어 있다는 의미로, 의미상에서는 심판이 이미 완료되었다는 말이다.

‘심판’이란 에크리세산(ἐκρίθησαν)으로서 ἐ는 과거시상 접두 모음으로, 크리노(κρίνω)의 과거 완료시 사용된다. 과거에 이미 심판을 받았다는 의미로 사용되었다. 언제 심판을 받았는가? 생존 시 예수를 영접(믿지 아니함. 요 16:9)하지 아니한 것 자체가 심판받았다는 의미이며(계 20:12-13. 계 20장 Q_11), 휴거를 통하여 최종 구속사의 결론이 나는 것이다.

계 19:13은 “내가 홀로 포도즙틀을 밟았”(사 63:3)기 때문에 “그들의 선혈이 내 옷에 튀어 내 의복을 다 더럽혔”(사 63:3)다는 예언의 성취다. 피 뿌린 옷이란 누구의 피를 말할까? 심판 중에 흘린 원수들(아마겟돈 세 주역)의 피를 상징하며(사 63:3), 전쟁의 최후 승리를 의미한다. 그 원수들이란 바벨론을 비롯한 “땅에 사는 자들”(계 8:13)을 말한다.

⑥ “그 이름은 하나님의 말씀이라 칭하더라”(계 19:13). 그의 이름은 “말씀”(로고스, 요 1:1)이다. 그 말씀은 ‘예수님’(요 1:14)이시며, ‘하나님’(요

1:1-3, 18, 20:28)이시다. 백마를 탄 자를 소개할 때도, 그가 피 뿌린 옷을 입었다고 소개할 때도 "그 이름"이라는 용어를 사용한 것으로 보아 예수 그리스도의 이름이 "하나님의 말씀"이라는 것을 강조하기 위함으로 보인다.

6) 어떤 정체성을 갖고 지상강림(재림)하시는가? 예수님은 만왕의 왕(계 19:16), 심판의 주(계 6:10, 14:7, 20:12-13. 계 20장 Q_10, Q_11)로 재림하신다.

7) 동행하는 무리는 누구인가? 예수님께서 지상강림(재림)하실 때 "하늘에 있는 군대들"(계 19:14)을 거느리고 재림하신다. 같은 의미로 "그의 모든 성도와 함께"(살전 3:13)라고도 언급하고 있다.

"하늘에 있는 군대"는 무엇이며, "그의 모든 성도"는 누구인가? 이들은 모두 휴거 사건 때 들림을 받아, "하늘에 사는 자들"로 하늘에 거하다가 예수님의 지상강림 때, 예수님과 함께 지상에 강림하는 구원받은 성도(택자, 擇者)들이다(계 13:6).

"하늘에 있는 군대"는 천사일까? 아니다. 아마겟돈 전쟁이기 때문에 "군대"라고 표현하고 있다. 그들은 "희고 깨끗한 세마포 옷을 입고"(계 19:14)라고 했다. 기본적으로 세마포 옷은 예수 그리스도의 보혈의 피를 덧입은 성도들이 입는 옷이다(계 15장 Q_05). 천사가 입는 옷이 아니다. 그러면 이들이 언제 천상에 올라간 것일까? 계 7:9-10에서 휴거된 성도들이다.

그들을 "하늘에 있는 군대" 혹은 "그의 모든 성도"라고 표현하고 있다. 그 동행하는 무리 역시 "백마를 타고 그를 따르더라"(계 19:14) 했던 것처럼 예수 그리스도의 왕권을 갖고 이 땅에 임하게 될 것이다.

8) 심판의 주께서 심판하시는 방법은 무엇인가?

① "그의 입에서 예리한 검이 나오니 그것으로 만국을 치겠고"(계 19:15). 예리한 검이란 말씀의 검이다. 예수 그리스도는 말씀으로 우주 만물을 창조하시고, 말씀으로 섭리하시고, 기록된 말씀대로 장차 세상을 심판하신다(계 1:16; 히 4:12. 흰 보좌 심판은 계 20장 Q_10, Q_11). 이때 "만국"이란 적그리스도의 통치를 받는 "땅에 거하는 자들"(계 13:14)을 의미한다(계 12장 Q_06).

② "친히 그들을 철장으로 다스리며"(계 19:15). 온 세상(세계 역사)을 다스리시는 통치자인 예수 그리스도의 권세를 나타낸다(시 2:9; 사 11:4)

③ "또 친히 하나님 곧 전능하신 이의 맹렬한 진노의 포도주 틀을 밟겠고"(계 19:15). 포도주는 원수들이 흘린 피를 상징하며, 포도주 틀은 하나님의 진노의 상징이다(계 14:19-20).

④ "그 옷과 그 다리에 이름을 쓴 것이 있으니 만왕의 왕이요 만주의 주라 하였더라"(계 19:16). "그 옷과 그 다리에 이름을 쓴 것"이라는 말은 고대 로마 당시에는 개선장군의 갑옷과 넓적다리를 가리는 옷에 이름을 썼는데, "만왕의 왕이요 만주의 주"(계 19:16)라 썼다는 것이다. 최고 통치자로서의 만왕의 왕이요, 만주의 주를 말한다.

'강림'이라는 용어와 이해에 대해서는 계 1장 Q_13에서 참고 바란다. 지금까지 대부분 한국교회가 공통적으로 공감하고 있는 재림장(再臨章)인 계 19장, 그중에서도 재림에 대한 핵심인 계 19:11-16에 대한 말씀을 나눠 보았다.

※ P.S.: 1. 우리는 재림과 휴거를 하나의 사건으로 보아서는 안 된다(계 7장 Q_08). 성경은 분명하게 휴거와 재림을 구별하고 있다. 각각의 장면, 목적, 의미, 장소, 모습, 정체성, 동행 무리 등등은 두 사건이 전혀 별개의 사건임을 성경은 증언하고 있다.

2. 휴거와 재림 두 사건 중에서 우리에게 가장 직접적으로 연관된 사건은 당연히 휴거다. 휴거된 성도는 7년 심판 대환난을 걱정할 필요가 없으며, 예수님 재림 때 예수님과 동행하는 축복을 얻을 뿐 아니라, 성경에서 약속하고 있는 모든 약속을 다 받을 수 있다.

3. 어떤 이들은 7년 심판 대환난을 통과하면서 중간에 휴거한다는 '환난 중간 휴거설'(患難 中間 携擧說)이나 휴거 사건 이후 휴거되지 못한 나머지가 휴거한다는 '환난 부분 휴거설'(患難 部分 携擧說), 때로는 환난을 다 통과한 후에 휴거한다는 '환난 통과설'(患難 通過說)을 주장하는 이들도 있으나, 성경을 어떤 학설이라는 선입견을 갖지 않고 봐야 한다. 성경 자체만을 읽고 또 읽고, 분석하고 또 분석해야 한다. 그리고 하나님의 인도를 받아 보라. 성경이 나고 학설이 나왔지, 학설이 나온 뒤에 성경이 나왔는가? 학설은 참고할 대상으로 인정하지만, 성경 자체를 보자. 결코 '환난 중간 휴거'나 '부분 휴거'나 '환난 통과'를 주장할 수 있는 성경적 여건이 되는가? 그런 주장은 하나의 주장으로 참고해 줄 수는 있어도, 하나님께서는 구원받을 성도들을 그런 방법으로 구원(휴거)하지 않을 것이라고, 본서를 통해 충분히 필자의 주장에 깊이 공감할 것이라 믿는다.

4. 신천지 이만희는 자신을 신격화할 목적으로 교리를 만들지도 말고 운용하지도 말라(진용식, 위의 책, p. 21) 이단의 교주들은 교만의 영과 욕심에 빠져서 예수님을 흉내 내지 말며, 예수님의 자리에 앉지 마라. 예수님을 최대로 높여 드리고 그분의 말씀을 인정하라. 그리고 100% 순종하라. 그것이 우리의 삶이고, 그것이 우리가 구원(휴거)받는 진정한 자세다.

Q_09. 인류 역사 지상 최후 전쟁(심판, 멸망)과 인육을 먹는 새들의 잔치란 무엇인가? (계 19:17-21). (이단 경계)

A 요한계시록에서 "하나님의 진노"라는 용어가 총 5회(계 14:10, 19, 15:1, 7, 16:1) 등장하는데, 계 14장에서부터 처음 등장한다. 그것은 하나님께서 그 진노의 대상인 바벨론을 향한 심판(멸망)의 로드맵을 계 14장에서 알려 주시고 있다는 증거다(계 14장 Q_01).

계 14:8-11에서는 앞으로 전개될 심판(멸망)에 대한 예고의 말씀들이 기록되어 있다. 바벨론(아마겟돈 전쟁의 세 주인공)을 비롯한 "땅에 사는 자들"(계 8:13)에 대한 멸망과 영원한 심판은 ① 계 14:8에서 처음 예고, ② 계 15장에서 바벨론 심판 준비, ③ 계 16-18장에서 심판(전쟁) 실행, 그러나 ④ 실제 물리적 전쟁(심판)은 계 19장에서, 그 후 ⑤ 짐승(적그리스도)과 거짓 선지자(음녀)에 대한 심판은 계 19장(계 19:20)에서, 그들을 하수인으로 이용했던 ⑥ 용(사탄, 마귀)의 영원한 최종적인 심판은 계 20장(계 20:10, 14-15)에서 이루어진다(계 16장 Q_01)고 언급했다.

본문(계 19:17-21)은 지금까지 그 물리적으로 이루어진다고 했던 아마겟돈 전쟁을 통한 심판(멸망, 파멸)에 대한 말씀이 실행되는 말씀이다.

1. 한 천사가 모든 새를 향하여 하나님의 잔치에 모이라 한다(계 19:17-18). 전쟁이 시작되기도 전에 천사가 전쟁의 승리를 알리고 있다.

1) "또 내가 보니"(계 19:17). "또"라는 것은 앞의 사건에 대한 연속이라는 의미로, 사도 요한이 계속된 환상을 보고 있다는 말이다(계 4장 Q_02).

2) "한 천사가 태양 안에 서서 공중에 나는 모든 새를 향하여"(계 19:17). 이 말은 '해(태양) 가운데 서 있는 한 천사'라는 의미다. 이것은

묵시문학적 표현으로 볼 수밖에 없다. 그 의미는 공중에 당당하게 높이 서 있는 모습을 나타내고 있다. 하늘 높이 나는 새들까지도 다 볼 수 있도록 하기 위해서라는 의미다.

3) "큰 음성으로 외쳐 이르되 와서 하나님의 큰 잔치에 모여"(계 19:17). "하나님의 큰 잔치"라는 것을 직역하면 '하나님의 만찬회'다. 최후 종말의 때에 이루어질 사건을 암시적으로 표현하고 있다. 당당하게 서 있는 천사가 공중에 나는 모든 새를 향하여 외쳤다는 말이다.

4) "왕들의 살과 장군들의 살과 장사들의 살과 말들과 그것을 탄 자들의 살과 자유인들이나 종들이나 작은 자나 큰 자나 모든 자의 살을 먹으라 하더라"(계 19:18).

당당하게 외친 천사가 전한 메시지는 하늘을 나는 모든 새가 '왕, 장군, 장사, 말, 자유인, 종들, 작은 자, 그리고 큰 자' 등의 살을 먹으라는 것이다(겔 39:17-20; 신 28:26; 렘 7:33, 16:4; 겔 29:5). 이들은 심판받을 대상인 아마겟돈 세 주인공을 비롯한 바벨론과 관련된 자들이며, "땅에 사는 자들"(계 8:13)을 의미한다. 그들 모두가 심판(멸망, 파멸)받을 대상이라는 의미에서 최후 심판의 비참함과 완전성을 분명하게 보여주고 있다(마 24:28).

2. 인류 역사 지상 최후의 전쟁(아마겟돈 전쟁, 계 16:14, 16)

1) 전쟁을 일으킨 대상자는 누구인가?

① "그 짐승과 땅의 임금들과 그들의 군대들이 모여"(계 19:19). "그 짐승"이란 바다에서 올라온 짐승인 적그리스도를 의미하며(계 13:1. 계

13장 Q_02), 음녀가 탔던 짐승인 적그리스도(계 17:3, 7)를 의미한다. "땅의 임금들"은 10뿔 혹은 10왕을 의미하며(계 17장 Q_04), "그들의 군대들"이란 "땅의 임금들"에 소속된 그 휘하 군대들을 의미한다("상인들은 땅의 왕족들." 계 18:23). 모두 아마겟돈 전쟁의 주역들이며, 바벨론이며, 구원받지 못한 "땅에 사는 자들"(계 8:13)이다.

② "그 말 탄 자와 그의 군대와 더불어 전쟁을 일으키다가"(계 19:19). "그 말 탄 자"는 '백마를 타신 예수님'(계 19:11)이며, "그의 군대"는 휴거됐다가 지상에 재림하시는 예수 그리스도를 따라 "하늘에 있는 군대"(계 19:14)가 되어, 예수님을 따라 "백마를 타고 그를"(계 19:14) 따르는 휴거된 성도들이다. 이들과 아마겟돈 세 주인공들은 전쟁을 하게 된다.

2) 전쟁의 과정은 어떻게 진행되었는가?

"짐승이 잡히고 그 앞에서 표적을 행하던 거짓 선지자도 함께 잡혔으니"(계 19:20). 휴거되었던 성도들은 신령한 부활체로서 부활하신 예수님의 몸과 같은 상태다(눅 20:36; 요 20:19). 동행한 성도들도 예수님과 함께 전쟁이 참여한다는 것은 예수님께서 가지신 심판의 권세를 받았다는 의미다.

"땅에 사는 자들"(계 8:13)은 현재 우리와 같은 몸을 가진 존재들이지만, 예수님과 휴거되었던 성도들의 몸은 부활체이기에, 다시 죽지 않기 때문에 당연히 "땅에 사는 자들"이 심판받아 패할 수밖에 없다.

3) 전쟁의 결과는 어떻게 되었는가?

① "짐승이 잡히고 그 앞에서 표적을 행하던 거짓 선지자도 함께 잡

혔으니"(계 19:20). 지금까지 물리적인 전쟁에는 등장하지 않았던 "거짓 선지자"가 등장한다. "짐승"이 잡힐 때 함께 잡혔다는 것이다. 이 거짓 선지자는 "그 앞에서 표적을 행하던"(계 19:20) 자였으며, "짐승의 표를 받고 그의 우상에게 경배하던 자들을 표적으로 미혹하던 자"(계 19:20)였다(계 13장 Q_02).

② "이 둘이 산 채로 유황불 붙는 못에 던져지고"(계 19:20). 적그리스도인 짐승은 용으로부터 마흔두 달 동안 일할 권세를 받으며(계 13:5), 휴거되지 못하여 "땅에 사는 자들"(계 8:13)을 대상으로 악을 행하던 대상이었다. 거짓 선지자는 그 짐승에게 아부하며 짐승의 하수인이 되어 생명을 부지하기 위해 살았던 정의롭지 못하였던 타락한 선지자였다.

신앙적(영적)으로는 진리를 왜곡하며 부패시키고, 첫째 짐승(적그리스도)의 손과 발 역할을 하며, 첫째 짐승을 위하여 우상을 만들고(계 13:14), 그 짐승의 우상에게 경배(우상숭배. 계 13:14-15)하게 하고, 짐승의 표를 받게 하는(계 13:16-18) 등, 우상숭배를 강요했던 타락한 음녀다.

그러나 일시적으로 아무리 대단한 것 같아도, 첫째와 둘째 짐승은 "마흔두 달 동안 일할 권세를 받으니라"(계 13:5)고 했던 것처럼, 후 3년 반의 기간이라는 정해진 운명뿐이었다. 7년 심판 대환난 끝나는 시점에 전쟁의 주동자가 되어 전쟁을 일으켰던 첫째와 둘째 짐승은 산 채로 유황불 붙는 못(지옥 불)에 던져지는 최후를 맞이하게 된다(계 19:20). 유황불은 지옥이다. 둘째 사망을 의미한다(계 20:14).

③ "그 나머지는 말 탄 자의 입으로부터 나오는 검에 죽으매 모든 새가 그들의 살로 배불리더라"(계 19:21).

㉠ "그 나머지는 말 탄 자의 입으로부터 나오는 검에 죽으매"(계 19:21). 말씀의 검(히 4:12). 이렇게 해서 아마겟돈 전쟁은 요란하고 거창한 것 같았고, 오랜 시간 소요될 것 같았지만, 단지 1시간에 끝나는 전쟁이었다(계 18:10, 17, 19). 바벨론의 주동 세력들은 예수님에게 전혀 상대가 못 되는 대상들이었다. 자신들의 신분과 처지를 알지 못하고 아마겟돈 전쟁을 일으킨 것이다(계 19:19).

㉡ "모든 새가 그들의 살로 배불리더라"(계 19:21). 짐승과 거짓 선지자는 산 채로 유황 불못에 던져지고(계 19:20), 그 나머지 군대들은 백마 탄 자의 입에서 나오는 검에 죽어 새의 먹이가 된다. 죄인들의 최후, 패배자들의 비참함을 상징적으로 보여준다. 이것으로 아마겟돈 전쟁과 관련된 바벨론, 특히 "땅에 사는 자들"(계 8:13)을 통한 인류 문명이 종말을 고하게 된다.

3. 인류 역사 지상 최후의 전쟁(아마겟돈 전쟁, 계 16:14, 16) 직후부터 천년왕국 직전 사이에 어떤 일이 발생하는가? 이것은 요한계시록에는 없으나 다니엘의 예언을 통해 참고사항으로 다음과 같은 것을 참고해 보고자 한다. 두 가지의 사건이 발생한다. 하나는 지역 환경 대청소이며, 다른 하나는 대회개운동이다.

1) 첫 번째 단계는 30일간의 지역 환경 대청소를 하게 된다.

다니엘은 예언하였다. "매일 드리는 제사를 폐하며 멸망하게 할 가증한 것을 세울 때부터 천이백구십 일을 지낼 것이요"(단 12:11)라고 했다(단 12:7).

예수 그리스도의 지상강림 후부터 30일간의 기간 동안 대청소가 이루어진다. 이것을 다니엘이 예언한 성경에 근거해서 계산해 본다면, 후 3년 반의 기간은 42달이요, 1,260일이다. 이때가 끝나면서 예수님께서 재림하시면서 아마겟돈 전쟁도 끝나는 것이다(한 시간에 끝나는 심판. 계 18:10, 17, 19). 전쟁이 끝나는 때가 예수 그리스도 재림의 때를 말한다. 전쟁 끝나는 시점이 1,260일이다. 이 1,260일부터 대청소가 30일 동안 이루어지는 때를 말하며, 전쟁으로 더러워진 지역을 대청소하게 된다. 그렇게 해서 1,290일이 된다.

후 3년 반 후반이 끝날 때, 아마겟돈 전쟁(바벨론 심판)을 통해 심판하게 된다. 전쟁 후 유대에는 75일(30일 동안 예수님 재림 후 지상 정리. 청소, 심판의 기간 + 45일간 대회개가 일어난다. 전반적으로 이 기간에 대회개가 일어난다. 단 12:12-13; 슥 12:10).

2) 두 번째 단계는 45일간의 대회개운동의 단계다.

다니엘은 또 예언하였다. "기다려서 천삼백삼십오 일까지 이르는 그 사람은 복이 있으리라"(단 12:12). 스가랴와 요엘 선지자는 예수님의 십자가 사건과 회개, 그리고 이어지는 성령 강림의 사건을 예언했었는데(슥 12:10-14; 욜 2:28-30), '환난 통과 유대인 성도들' 역시 예수 그리스도의 재림을 보면서 다시 대회개운동이 일어날 것을 다니엘은 예언하고 있다.

그래서 "기다려서 천삼백삼십오 일"을 언급한 것은 예수 그리스도의 지상강림 후부터 30일간의 기간 동안 대청소가 이루어짐으로 몸과 마음을 예수 그리스도에게로 향한 신앙의 마음으로 중심을 모으게 되리라 예상한다. 그렇게 하여 애통해하며 아파했고 울부짖었던 과거의 대회개운동이 '환난 통과 유대인 성도들'을 통하여 45일간 이루어지게 된다. 예수 그리스도께서 재림하시면서 전쟁이 끝나고, 전쟁 끝나는 시점이 1,260일이다. 이 1,260일부터 대청소가 30일 동안 이루어지며, 그때로부터 45일이다. 그렇게 해서 1,335일이 된다.

이렇게 후 3년 반이 끝나는 시점(예수님 재림)부터 1,000년 왕국의 시작이기도 하다. 그러므로 천년왕국은 막연하게 진행되는 왕국이 아니다(계 20장 Q_08).

※ P.S.: 인간이 극복할 수 없는 문제들이 있다. "한 번 죽는 것은 사람에게 정해진 것이요 그 후에는 심판이 있으리니"(히 9:27)라는 것이다. 적그리스도와 거짓 선지자들에게 주어진 시간도 정해진 마흔두 달 1,260일 기간 동안 활동할 수 있을 뿐이었다. 그런 자신들의 마지막을 모르고 대단한 권세라도 가진 것처럼 자랑하며 만왕의 왕이신 예수 그리스도를 향하여 대적했으니, 참으로 어리석기 그지없다.

지금도 신천지와 모든 이단의 교주들은 자신들의 마지막을 기억해야 한다. 자신들을 대단한 위치에 올려놓고 예수님의 권세와 같은 권위를 거짓으로 부리다가 적그리스도와 거짓 선지자와 같은 심판의 운명을 맞이할 수 있다. 불신자를 비롯한 신천지와 이단 교주들, 그대들의 마지막 운명을 기록한 곳이 계 19장이며(계 19:20), 계 20장이다(계 20:11-15). 늦었다 할 때가 시작할 때다. 본서를 읽고 지금까지의 죄를 회개하고, 겸손히 주 예수 그리스도를 나의 주, 나의 하나님으로 영접하라(요 1:12). 그리고 지금까지 행해 왔던 방향을 돌이키라. 그리고 전적으로 주를 위해 정직하게 헌신하라. 그리하면 "이와 같이 나중 된 자로서 먼저 되고 먼저 된 자로서 나중 되리라"(마 20:16) 하신 축복이 있으리라 믿는다.

천망회회 소이불실(天網恢恢 疏而不失)이라 했다. 어떤 죄든 언젠가는 걸러지게 되어 있다. 죄지은 것에 대한 문제는 모두 심판(멸망, 파멸)받게 되어 있다. 믿는 우리도 이 땅에서 지은 죄가 있다면 즉각 즉각 회개하여 늘 성령 충만을 회복해야 한다. 하나님의 나라 확장을 위해 한 영혼이라도 전도하며, 신천지나 이단에 빠지지 않도록, 그리고 지옥 가지 않도록 맡겨진 전도의 사명을 다해야 한다.

이렇게 해서 예수 그리스도의 재림과 심판으로 바벨론 세력의 모든 죄가 심판(멸망, 파멸)받았다. 이제 이 땅에서는 세계적인 대청소와 대 회개가 있게 될 것이며, 천년왕국의 시대가 열리게 될 것이다. 반면에 구원받은 성도들은 예수님과 함께 지상 재림하여, 지상에서 예수님과 함께 천년 그리스도 왕국에서 각자의 상급대로 왕 노릇 하게 될 것이다.

요한계시록 20장

Q_01. 계 20장의 핵심 메시지는 무엇인가?

A **1. 요한계시록에서 계 20장은 시기적으로 어느 위치에 있는가를 아는 것이 중요하다.** 계 20장은 셋째 화(일곱째 나팔, 후 3년 반. 계 11:15-19:21. 1,260일, 42달, 한 때 두 때 반 때)가 다 끝난 직후의 일이다. 이 말은 아마겟돈 전쟁이 끝났다는 의미이며, 또한 7년 심판 대환난이 종식되었다는 것을 의미한다.

요한계시록에서 큰 파도와 같은 두 개의 클라이맥스인 휴거 사건(공중강림)과 재림 사건(지상강림)이 말씀대로 성취되면서, 예수님의 재림의 목적과 내용 등이 계 20장에 언급되어 있다는 것이 특징이며, 이것이 계 20장의 핵심 메시지라 할 수 있다.

2. 예수님 재림의 목적(내용)은 무엇인가?(계 19장 Q-08) ① 바벨론(아마겟돈 전쟁) 심판(멸망, 파멸)을 위함이며(계 19:11-16), ② 아마겟돈 전쟁을 일으킨 주동자들에 대한 실제적인 심판을 위함이며(계 19:20), ③ 예수님을 불신하여 휴거되지 못한 자요, 아마겟돈 전쟁의 주역들을 추종하던 "땅에 사는 자들"(계 8:13)을 "그 나머지는 말 탄 자의 입으로부터 나오는 검"(계 19:21)으로 죽이기 위함이며, ④ 지상에서의 모든 심판 이후에 이 땅 지상에서의 1,000년 그리스도 왕국을 건설하기 위함이며(계 5:10, 20:6), ⑤ 성도들에 대한 지상에서의 보상(상급)(마 19:28; 눅 19:17-19; 고전 15:40-41) 등을 위함이며, 최종적으로는 ⑥ 1,000년 그리스도 왕국 이후에 이루어질 불신(불택)자에 대한 흰 보좌 심판을 위해 예수님께서 재림하신다(계 20장 Q-10).

3. 위의 내용에 이어진 사건들로, 1,000년 그리스도 왕국 이후에 이루어질 로드맵이 어떻게 되는가? 이 순서를 아는 것이 매우 중요하다. 왜냐하면 이 순서가 정확하지 않기 때문에 대부분 헷갈린다.

① "천 년이 차매 사탄이 그 옥에서 놓여"(계 20:7).

② "나와서 땅의 사방 백성 곧 곡과 마곡을 미혹하고 모아 싸움을 붙이리니 그 수가 바다의 모래 같으리라 그들이 지면에 널리 퍼져 성도들의 진과 사랑하시는 성을 두르매 하늘에서 불이 내려와 그들을 태워버리고"(계 20:8-9). 이것을 일명 '곡과 마곡의 전쟁'이라 부른다.

③ "또 그들을 미혹하는 마귀가 불과 유황 못에 던져지니 거기는 그 짐승과 거짓 선지자도 있어 세세토록 밤낮 괴로움을 받으리라"(계 20:10).

두 짐승을 하수인으로 부렸던 용(사탄 마귀)에 대한 영원한 최후 심판 후에, 흰 보좌 심판이 언급된다.

④ "또 내가 크고 흰 보좌와 그 위에 앉으신 이를 보니 땅과 하늘이 그 앞에서 피하여 간데없더라"(계 20:11). ㉠ "죽은 자들이 큰 자나 작은 자나 그 보좌 앞에 서 있는데 책들이 펴 있고 또 다른 책이 펴졌으니 곧 생명책이라 죽은 자들이 자기 행위를 따라 책들에 기록된 대로 심판을 받으니 바다가 그 가운데에서 죽은 자들을 내주고 또 사망과 음부도 그 가운데에서 죽은 자들을 내주매 각 사람이 자기의 행위대로 심판을 받고"(계 20:12-13).

㉡ "사망과 음부도 불못에 던져지니 이것은 둘째 사망 곧 불못이라

누구든지 생명책에 기록되지 못한 자는 불못에 던져지더라"(계 20:14-15).

그런 의미에서 마귀가 아무리 "우는 사자와 같이 두루 다니며 삼킬 자"(벧전 5:8)를 찾으며 우리를 유혹하고 넘어뜨리려 할지라도, 예수님 안에만 있으면 언제나 궁극적으로 반드시 승리한다는 진리를 계 20장에서 확신하게 된다. 그래서 용기가 난다. 힘이 생긴다.

4. 계 20장은 크게 두 파트로 나눌 수 있으며, 작게는 7부분으로 나눌 수 있다(주제는 1,000년 그리스도 왕국, 지상 역사의 종결, 그리고 흰 보좌 심판). 큰 두 파트로는 ① 구조적으로 볼 때, "보매" 혹은 "보니"가 총 5회 등장한다(계 20:1, 4, 4, 11, 12). ② 의미적으로 볼 때, 마귀의 결박과 지상에서의 1,000년 그리스도 왕국과 지상의 모든 역사 등 악의 무리에 대한 최종적인 심판과 종말에 관한 내용이 언급되고 있다는 것이다.

그리고 7부분으로는 ① 첫 번째 본 장면으로, 용(옛 뱀, 마귀, 사탄)을 잡아 무저갱에 1,000년 동안 결박하며(계 20:1-3), ② 두 번째 본 장면으로, 첫째 부활 성도들이 그리스도와 더불어 심판 권세 받으며(계 20:4), ③ 세 번째 본 장면으로, 그들의 이마와 손에 그의 표를 받지 아니한 자들이 그리스도와 더불어 천 년 동안 왕 노릇 하며(계 20:4-6; 슥 14:4-8), ④ 사탄의 일시적 석방으로 곡과 마곡의 전쟁을 일으킨 자들이 하늘에서 불이 내려옴으로 멸망하며(계 20:7-10), ⑤ 네 번째 본 장면으로 또 내가 크고 흰 보좌와 그 위에 앉으신 이를 보니 땅과 하늘이 그 앞에서 피하여 간데없으며(계 20:11), ⑥ 다섯 번째 본 장면으로 죽은 자들이 흰 보좌 앞에서 자기 행위를 따라 책들에 기록된 대로 심판을 받으며(계 20:12-15), ⑦ 생명책에 기록되지 못한 모든 자는 영원한 불못(지옥)에 던져지며, 지상 역사와 사망과 음부를 비롯한 모든 것에 대한 최종 종말(계 20:13-15) 등으로 나눌 수 있다.

Q_02. 첫 번째 본 장면으로 "또 내가 보매 천사가 무저갱의 열쇠와 큰 쇠사슬을 그의 손에 가지고 하늘로부터 내려와서 용을 잡았다"는 말의 의미는 무엇인가? (계 20:1-3). (이단 경계)

A 사도 요한은 계 19장에서 구원받은 이들의 찬송을 보고 들었다. 예수님의 지상강림(재림)으로 아마겟돈 전쟁의 물리적 심판과 지상 문명의 종말에 대한 모든 장면이 끝난 뒤, "또 내가 보매"라고 하면서 계 19장에 대한 연속성을 의미하는 용어가 사용되었다.

요한계시록에서 '봤다'라는 종류의 의미로는 총 41회 등장한다(계 4장 Q_02). 특히 예수님 재림하면서 계 19-21장 등 3장에 걸쳐서 "보니"는 6회 등장하며(계 19:11, 17, 20:4, 11, 12, 21:1), "보매"는 3회 등장하여(계 19:19, 20:1, 21:2) 본다는 말이 총 9회 등장한다. 이것은 총 등장 횟수의 1/4 정도가 계 19장 예수님 재림 이후에 집중되어 있다는 특징이 있다.

계 20장에서 사도 요한이 보았다는 5장면이 등장하는데(계 20:1, 4, 4, 11, 12), 그중 첫 번째 장면(계 20:1-3)을 세 가지 모습으로 구별해서 볼 수 있다. ① "또 내가 보매 천사가 무저갱의 열쇠와 큰 쇠사슬을 그의 손에 가지고 하늘로부터 내려와서"(계 20:1), ② 용을 잡아서 천 년 동안 결박하여(계 20:2), ③ "무저갱에 던져 넣어 잠그고 그 위에 인봉"(계 20:3)했다는 것이다.

1. "또 내가 보매 천사가 무저갱의 열쇠와 큰 쇠사슬을 그의 손에 가지고 하늘로부터 내려와서"(계 20:1).

사도 요한이 본 천사는 어떤 특정된 천사라고 성경은 언급하고 있지 않다. 다만 "일곱 대접을 가진 일곱 천사 중 하나"(계 17:1)가 아닌 것은 분명하다. 그 이유는 7대접을 가진 7천사의 사명은 후 3년 반(7년 심판 대환난)이 끝나는 계 19장으로 마쳤기 때문이다. 다만 어린양의 아내를 보이기 위해 이후에 1회(계 21:9) 등장할 뿐이다.

1) 계 20:1에 나오는 무정갱은 어떤 무저갱인가?

무저갱은 크게 두 종류로 구분할 수 있다(계 9장 Q_02). 하나는 영계의 무저갱이며(계 9:1, 11, 20:1, 3; 마 8:31; 눅 8:30-31; 롬 10:7, 20:7, 10. 악령인 사탄 즉 마귀와 악령 귀신들과 관계가 있다), 다른 하나는 지상의 무저갱이다(계 9:2, 11:7, 17:8, 지상에서의 '사건이나 인물'과 관련이 있다). 계 20:1, 3은 영적인 무저갱이다. 이 두 종류의 무저갱은 각각 개념이 전혀 다르다.

2) "천사가 무저갱의 열쇠와 큰 쇠사슬을 그의 손에 가지고 하늘로부터 내려와서"(계 20:1).

천사가 무저갱의 열쇠와 큰 쇠사슬을 가지고 내려왔다는 것은, 천사가 사탄을 지배하는 권세를 하나님으로부터 받았다는 것을 의미한다.

2. "용을 잡으니 곧 옛 뱀이요 마귀요 사탄이라 잡아서 천 년 동안 결박하여"(계 20:2).

1) 용(옛 뱀, 마귀, 사탄)의 정체는 무엇인가? (계 12장 Q_04, Q_08).

용은 옛 뱀, 마귀, 사탄이라고 하는 영적 실존이다. 악의 우두머리(총수)다. 사탄은 구약에서부터 등장하지만, 마귀라는 용어는 구약에서는 전혀 등장하지 않고 신약에서 마 4:1에 처음 등장한다. 사탄 혹은 마귀는 고유명사가 아니다. '사탄'이 본래 이름이 아니라, 사역(직임) 명칭이 이름으로 굳어져 불린 것이다. 구약에서는 '사탄'(사타나스. Σατανᾶς. 훼방자, 대적자. 구약에서부터 등장하여 구약과 신약에 복합적으로 등장)이라는 이름으로, 신약에서는 '마귀'(디아블로. διάβολος. 미혹자, 중상자, 비방자. 구약에는 전혀 나오지 않고, 오직 신약에서만 32회 등장)로 불리는데, 훼방을 강조할 때는 사탄으로, 미혹을 강조할 때는 마귀로 사용된다. 그러나 사탄이나 마귀는 모두 같은 이름이다. 귀신은 사탄의 졸개들이다.

2) "잡아서 천 년 동안 결박하여"(계 20:2).

용을 잡아서 1,000년 동안 결박했다는 것은 용(사탄)의 활동을 완전히 제압했다는 의미다. 이 땅에 왜 죄와 사망이 있고, 이 세상의 풍조를 따르게 되는가? '공중 권세의 통치자'(엡 2:2)가 있기 때문이다. 그런데 그 공중 권세 잡은 자가 결박당하게 되므로 세상이 변하게 된 것이다.

계 20:2-3의 1,000년을 한국의 많은 교회가 지상에서의 문자대로 실제 1,000년으로 본다. 그러나 ㉠ 상징으로 해석하거나 ㉡ 무한대 혹은 ㉢ 영원으로 해석할 경우, 무천년설의 근거를 제공하게 되어 이단들이 기생하게 되는 원인이 된다(계 20장 Q_08).

교주 문선명 통일교에서의 "종말은 세상 끝이 아니라 심판이 없이 세상에서의 지상천국이 완성됨을 의미"(기독교대한성결교회 출판부, "이단 사이비를 경계하라!", 2008, pp. 233-234)하며, 종말이란 "지상 지옥이 지상천국으로 바꾸어지는 것"(이대복, "통일교 원리비판과 실상 허구", 1991, p. 61)이라고 하면서, "문선명 원리강론 교리에서 예수 그리스도가 오신 목적은 천국을 지상에 건설하시기 위하여"(이대복, 위의 책, p. 71), "천국을 이 땅 위에 건설하시는 것이 재림의 목적"(위의 책, p. 73)인데, 예수의 재림과 천국이 한국에서 이루어진다고 주장(김종일, "통일교는 기독교인가", 1990, p. 52)한다.

제칠일안식일예수재림교회(안식일)에서는 천년왕국을 "사탄이 추방될 것과 땅이 황폐하고 혼돈한 상태로 바뀌게 되고 그와 같은 상태가 일천 년 동안 존속될 것"(엘렌 G. 화잇, 박재만 편집, "진리를 밝힌 빛", 2017, p. 238)이라고 주장한다. 지구는 천 년 동안 황무한 상태로 버려진 무저갱의 상태가 된다는 것이다. "일천 년이 지나고 그리스도께서는 다시 지상으로 돌아오신다. 그분은 구속받은 무리와 수행하는 천사들과 함께 오신다. (중략) 내려오실 때 그분께서는 죽은 악인들에게 형벌을 받기 위하여 일어나라고 명령하신다"(위의 책, p. 246)고 한다. 안식일교회도 천년왕국에 대한 이해가 정통교회와 다른 점을 발견할 수 있다.

신천지에서는 천년왕국 시대를 "'천년성'(千年城)이라 부른다. 선천(先天)인 영적 이스라엘이 끝날 때, 거기서 추수한 자들로 창조된 후천(後天) 세계 곧 영적 새 이스라엘 시대"(이만희, 천지 창조, p. 495)가 열리는데, 신천지에서는 1984년 3월 14일부터 현재에 이르기까지 1,000년 시대가 진행되고 있으며, 그 천국을 "신천지"라고 부르고 있다(진용식, 앞의 책, pp. 15-16. 경기도 과천에 '신천지'를 창조했다고 함). 1,000년 때에는 "용을 잡으니 곧 옛 뱀이요 마귀요 사탄이라 잡아서 천 년 동안 결박하여"(계 20:2)라고 성경은 말씀하고 있다. 마귀가 결박당하고 있는 시기가 천년 그리스도의 왕국의 특징이다. 이것은 이 시기에 사탄이 무기로 삼는 죄, 사망, 질병 등등이 없거나 최소화되는 시기라 할 수 있다. 그러나 신천지 이만희의 눈에는 아직도 죄악이 판치는 지금의 시대가 1,000년 왕국이요, 신천지로 보이는 모양이다.

신천지는 계 20장의 1,000년 왕국(계 20:6)과 계 21장의 새 하늘과 새 땅(계 21:1-3)의 개념이 명확하지 않다. 천년성이 이 땅에서 1,000년 동안 이루어졌던 것처럼, 거룩한 성 예루살렘도 이 땅에서 이루어지는 것으로 주장하고 있다(이만희, 앞의 책, p. 424).

신천지에서는 "영계 하나님의 장막이 사람들에게 내려온다는 본문의 말씀(계 21:2)과 달리, 많은 목자들은 천국이 이 땅에 (내려) 오는 것을 모르고 그저 죽어서 가는 곳으로 착각하고 있다"(이만희, 위의 책, p. 428)고 한다.

신천지의 문제점 중의 하나는 계 21:2의 '내려온다'는 용어의 원어를 모르기 때문에 엉터리 해석을 하고 있다. 감정 이입이 너무 심하여 "자신이 요한계시록을 받아먹은 새 요한(이만희)은 이제 걸어 다니는 성경이 되고, 움직이는 하나님의 인(印)이 된다"(이만희, 위의 책, p. 190)고 주장하는 이만희는 자신이 새 요한으로서 자신이 말씀(요한계시록)을 받아먹었다고 자랑은 하는데, 신천지의 이만희가 뭘 먹었다는 것인지 잘못 먹은 것 같다. 모르면 배워야 하는데, 억지 주장을 하고 있다. 계 21:2과 21:10의 "내려오니"의 카타바이누잔(καταβαίνουσαν)은 카타바이노(καταβαίνω)의 용법을 알아야 한다. 이것은 살전 4:16의 예수님 공중강림과 같은 용어로 사용되었다. 예수님의 공중강림이나 거룩한 성 예루살렘이 땅에까지 내려오는 것이 아니라 공중까지 내려온다는 의미다. 그런 의미에서 성경에서는 휴거 사건이 발생하는 공중강림의 카타바이노(καταβαίνω)와 재림의 의미가 있는 지상강림의 파루시아(παρουσία. 살전 3:13)는 분명히 시간적으로 서로 다른 사건으로 존재한다(계 21장 Q-02).

"이만희는 박태선 집단에서 10년(1957-1967), 유재열 장막성전에서 4년(1967-1971), 그리고 (자칭 하나님이라고 했던) 백만봉 재창조교회에서도 있었다. 그는 이렇게 사이비 종교를 전전하면서 이들의 교리를 짜깁기하여 거짓 교리를 만들어 신천지 집단을 개업한 것"(진용식, 앞의 책, p. 207)이라고 하는 것을 보면, 신천지 이만희 등 이단들은 오랜 세월 동안 전해 내려오는 누적된 그들만의 왜곡된 견고한 주장들이 있다는 것을 우리는 유념해야 한다.

3) 1,000년은 상징수인가? 실제 수(문자적)인가? 실(제)수이며, 실제적인 1,000년으로 본다. 그 근거(이유)는 다음과 같다.

① 아마겟돈 전쟁 후에 일어난 실제 사건을 언급하고 있으며(계 19:11-16), ② 사탄을 1,000년 동안 결박한다는 실제적이고 한정된 시간을 언급하고 있으며(계 20:2), ③ 1,000년이 차고 그 후에 잠깐 풀어 놓는다는 제한된 기간을 밝히고 있으며(계 20:3, 7), ④ 제한된 1,000년이 지난 후에 불과 유황 못에 던져지게 되는데, 그 짐승과 거짓 선지자도 있는 그곳에서 세세토록(영원히) 밤낮 형벌을 받게 된다(계 20:10)고 명시하고 있기 때문이다.

그러므로 1,000년은 상징이 아니다. 무한대 혹은 지상에서의 영원으로 해석해서도 안 된다. 1,000년은 지상에서 예수 그리스도께서 실제로 통치하실 실제 수이며 제한된 시간(실수)으로 해석하는 것이 옳다.

3. "무저갱에 던져 넣어 잠그고 그 위에 인봉하여 천 년이 차도록 다시는 만국을 미혹하지 못하게 하였는데 그 후에는 반드시 잠깐 놓이리라"(계 20:3).

1) 용을 "무저갱에 던져 넣어 잠그고 그 위에 인봉"(계 20:3)하는 이유(목적)는 무엇인가?

① "천 년이 차도록"(계 20:3)이라는 말은 1,000년을 채우기 위해 인봉하는 것이며(계 20:3), ② "다시는 만국을 미혹하지 못하게"(계 20:3) 하기 위함이다. 여기에서의 "만국"은 적그리스도의 통치로부터 구원받아 1,000년 그리스도 왕국에 입성한 '환난 통과 유대인 성도들'이며(계 12장 Q_06), ③ "그 후에는 반드시 잠깐"(계 20:3) 풀어 놓기 위해 인봉하는 것이다.

2) 용을 잡아 "무저갱에 던져 넣어 잠그고 그 위에 인봉"(계 20:3)함으로 달라지는 것은 무엇인가?

① 용(옛 뱀, 마귀, 사탄)이 결박되었으니(계 20:2) 마귀가 활동을 전혀 못한다는 것이며, ② 1,000년 동안 재림 예수 그리스도께서 직접 통치하시는 나라가 되는 것이다. 이 땅에 평화와 희망의 나라 1,000년 그리스도 왕국의 시대가 열리는 것을 의미한다.

미혹하는 악한 마귀(사탄)가 잡혀 1,000년 동안 활동을 못하게 되면, 악이 사라지고 죄의 결과인 인간의 죽음과 모든 불행이 사라지게 될 것이며, 지상에는 평화의 천년왕국이 실현되는 것이다(사 11:6-9). 이것은 1,000년 그리스도 왕국의 성격을 말해 주고 있다(계 20장 Q_04).

3) 왜 마귀를 잠깐 풀어놓는 것일까? 이 의미를 안다는 것은 요한계시록의 큰 핵심이요, 주제를 아는 것과 같다.

① 예수님께서 말씀하신 약속에 대한 성취를 위함이며(계 5:10, 20:6;

눅 22:29-30), ② 아브라함 후손이요 '환난 통과 유대인 성도' 자녀 중 영원한 하나님 나라에 들어갈 성도들의 온전한 구원을 위한 테스트의 계기를 마련하기 위함이다. 구체적인 것은 계 20장 Q_09를 참고 바란다. "잠깐"이란 짧은 시간을 의미하며, 곡과 마곡의 전쟁과 관련이 있는 시간이다(계 20:7-10. 계 20장 Q_09).

Q_03. 두 번째 본 장면으로 "또 내가 보좌들을 보니 거기에 앉은 자들이 있어 심판하는 권세를 받았더라"의 의미는 무엇인가? (계 20:4)

A 사도 요한이 계 20장에서 보았다는 5장면(계 20:1, 4, 4, 11, 12) 중 두 번째 장면의 내용이다(계 20:4). ① "또 내가 보좌들을 보니"(계 20:4. 계 4장 Q_02), ② "거기에 앉은 자들이 있어"(계 20:4), ③ "심판하는 권세를 받았더라"(계 20:4)는 것이다.

1. "또 내가 보좌들을 보니"(계 20:4). 이 장면 역시 앞 사건과 계속 연관된 장면이다.

"보좌"는 천상의 보좌일까, 지상의 보좌일까? 또 "거기"라고 하는 곳은 천상일까, 지상일까? 계 20장의 위치를 알면 이 모든 것이 쉽게 풀어진다.

계 19장에서 아마겟돈 전쟁을 위해 재림 예수님과 함께 강림한 무리가 있었는데(계 19:11-16; 살전 3:13), 계 19장에서의 무리가 계 20장에 연속된 장면이라고 한다면, 현재의 장소는 천상의 천국이 아니라 지상에서 일어나고 있는 장면이라는 것이다. 그러므로 사도 요한이 본 보좌들이란 지상의 보좌라는 것을 의미한다.

요한계시록에서 "보좌"라는 용어가 6가지의 개념으로 총 35회 등장하는데(계 3장 Q_05), 계 20:4의 보좌들은 휴거된 성도들이 앉는 심판 보좌를 말한다.

어떤 이들은 반문할 것이다. 구원받은 사람이 "아무도 능히 셀 수 없는 큰 무리"(계 7:9)라고 하는데, 그렇게 많은 사람의 보좌를 어떻게 준비할 수 있겠느냐는 것이다. 그러나 우리의 한정된 지식으로 하나님의 계획과 섭리를 우리가 어떻게 다 알겠는가? 다만 우리는 성경에 기록된 대로 믿고 알 뿐이다.

2. "또 내가 보좌들을 보니 거기에 앉은 자들이 있어"(계 20:4)라고 했다.

"있어"의 에카티산(ἐκάθισαν. 앉히다, 앉다, 정착하다)은 카티조(καθίζω)의 부정과거 능동태 3인칭 복수 동사로서, 이미 과거부터 심판의 보좌에 앉는 권리를 갖고 있었다는 의미다.

3. "거기에 앉은 자들"(계 20:4)이란 누구를 말하는가?

"보좌"도 단수가 아니라 복수인 "보좌들"이고, "앉은 자"도 단수가 아니라 복수인 "앉은 자들"로 되어 있다. 예수님 혼자 앉으신 것이 아니라는 의미다.

그들은 예수님 지상강림(재림)하실 때 함께한 자들을 "하늘에 있는 군대들"(계 19:14)이며, "우리 주 예수께서 그의 모든 성도와 함께 강림하실 때"(살전 3:13)라고 했던 것처럼, 그들은 첫째 부활에 참여한 성도(휴거된 성도)들을 말하며, 그들은 그 보좌들에 앉은 자들이다(계 20:4). 우리는 그 보좌에 앉은 이를 "아무도 능히 셀 수 없는 큰 무리"(계 7:9)라고 말한다(계 7:9-14).

4. 그들이 앉은 자리는 어떤 자리인가?

① "심판하는 권세를 받았더라"(계 20:4) 했던 것처럼 그 자리는 예수님의 권위와 지배권을 행사하는 자리다. "심판"의 크리마(κρίμα. 심판, 형벌, 결정)는 사법적이고 형벌적인 심판을 의미할 때 사용되는 용어로 지옥(불못. 계 20:14) 가는 심판받는다고 할 때 사용되며, '받았더라'의 에도데(ἐδόθη. 주다, 넘겨주다, 허락하다)는 디도미(δίδωμι)의 부정과거 수동태로 사용되었다. 환난 통과 이전에 포괄적인 자격을 이미 받았다는 의미다. 부정과거는 '과거 어느 때 일어난 때로부터 지금까지'라는 의미다. 심판하는 권세를 지금 받은 것이 아니라, 과거 어느 때 받았다는 의미다. 그 권세는 1,000년 그리스도 왕국 때 보좌에 앉아 유대인을 다스리는 권세를 받았다는 의미다(마 19:28; 눅 19:17-19).

② "그들이 하나님과 그리스도의 제사장이"(계 20:6) 된 자리이며, ③ "그리스도와 더불어 천 년 동안 왕 노릇"(계 20:4, 6) 하는 자리다. 첫째 부활 성도들이 그리스도와 더불어 심판 권세 받으며 왕 노릇 하는 권세 있는 자리다(계 20:4-6; 슥 14:4-8).

Q _04. 세 번째 본 장면으로 "또 내가 보니 예수를 증언함과 하나님의 말씀 때문에 목 베임을 당한 자들의 영혼들과 또 짐승과 그의 우상에게 경배하지 아니하고 그들의 이마와 손에 그의 표를 받지 아니한 자들"이란 어떤 의미인가? (계 20:4)

A 사도 요한이 계 20장에서 보았다는 5장면(계 20:1, 4, 4, 11, 12) 중 세 번째 장면의 내용이다(계 20:4).

1. 사도 요한이 본 세 번째 장면은 그 보좌에 앉은 자들에 대해 세 가지로 설명하고 있다(계 20:4).

1) 그들은 "예수를 증언함과 하나님의 말씀 때문에 목 베임을 당한 자들의 영혼들"(계 20:4)이다.

공동번역에서는 "예수께서 계시하신 진리와 하느님의 말씀을 전파했다고 해서 목을 잘린 사람들의 영혼을 보았습니다"(계 20:4)라고 되어 있다. 목 베임을 받은 자는 도끼나 칼로 목이 잘린 자를 의미한다. 로마 시대에 사형 집행 방법 중에 목을 베는 잔인한 방법도 사용했었다. 우리는 그들을 순교자(殉教者)라고 부른다. 순교자들이 그 보좌에 앉았다는 말이다.

2) "또 짐승과 그의 우상에게 경배하지 아니하고"(계 20:4)라고 언급했다. 그 보좌에 앉은 자에 대한 설명인데, 이 구절 번역에 아쉬움이 심히 많다. 이 부분의 개역개정은 내용을 전혀 다르게 해석할 수 있도록 번역했다. 오해의 소지가 많게 번역했다. 그러면 참고로 다른 번역은 어떻게 되었는가?

다른 성경 번역들과 비교해 본다.

① **개역개정**: (계 20:4) 또 내가 보좌들을 보니 거기에 앉은 자들이 있어 심판하는 권세를 받았더라 또 내가 보니 예수를 증언함과 하나님의 말씀 때문에 목 베임을 당한 자들의 영혼들과 또 짐승과 그의 우상에게 경배하지 아니하고 그들의 이마와 손에 그의 표를 받지 아니한 자들이 살아서 그리스도와 더불어 천 년 동안 왕 노릇 하니

② **공동번역**: (계 20:4) 나는 또 많은 높은 좌석과 그 위에 앉아 있는 사람들을 보았습니다. 그들은 심판할 권한을 받은 사람들이었습니다. 또 예수께서 계시하신 진리와 하느님의 말씀을 전파했다고 해

서 목을 잘린 사람들의 영혼을 보았습니다. 그들은 그 짐승이나 그의 우상에게 절을 하지 않고 이마와 손에 낙인을 받지 않은 사람들입니다. 그들은 살아나서 그리스도와 함께 천 년 동안 왕 노릇을 하였습니다.

③ **한글 킹제임스**: (계 20:4) 또 내가 보좌들을 보니, 그들이 그 위에 앉았는데 심판이 그들에게 주어졌더라. 또 예수에 대한 증거와 하나님의 말씀으로 인하여 목베임을 당한 사람들의 혼들도 보았는데, 그들은 그 짐승에게나 그 형상에게 경배하지 아니하였을 뿐만 아니라 그의 표를 그들의 이마 위에나 손에도 받지 아니하였더라. 그러므로 그들은 살아서 그리스도와 함께 천 년을 통치하더라.

④ **쉬운성경**: (계 20:4) 또 나는 몇 개의 보좌에 앉은 사람들을 보았습니다. 그들은 심판하는 권세를 받은 자들이었습니다. 그들 앞에는 예수님을 증언하고, 하나님의 말씀을 전하다가 죽은 영혼들이 서 있었습니다. 이 영혼들은 짐승과 우상에게 절하지 아니하고, 이마나 손에 짐승의 표를 받지 않은 자들이었습니다. 이들은 다시 살아나서 그리스도와 함께 천 년 동안, 다스릴 것입니다.

정리해서 본다면 ① 개역개정을 볼 때 "목 베임을 당한 자들의 영혼들과 또 짐승과 그의 우상에게 경배하지 아니하고"(계 20:4)에서 "영혼들과", "짐승과 그의 우상에게 경배하지 아니하고" 사이에 개역개정에서는 "또"라고 하는 접속사가 사용됨으로 그 보좌에 앉은 자 중에는 7년 심판 대환난 통과를 전제로 하면서 "짐승과 그의 우상에게 경배하지" 아니한 자들도 앉아 있다는 것으로 해석할 수 있는 오해의 소지가 있도록 번역되었다. 그러나 7년 대환난 중에는 '회개'가 없다는 의미의 표현이 4회(계 9:20, 21, 16:9, 11)나 등장한다. 회개가 없는

데 순교자가 나올 수 있겠는가? 없다(계 9장 Q_05).

그런 의미에서 그 보좌에 앉은 자들은 우상숭배하지 않은 자들이라는 신앙의 순결성을 강조하는 내용이라고 할 수 있다.

② 개역개정의 "또"라는 접속사 대신에 다른 성경에서는 "그들은"(공동번역), "그들은"(한글 킹제임스), "이 영혼들은"(쉬운성경) 등으로 사용되었다. "또"라는 접속사를 "그리고 혹은 그들은"을 의미하는 것으로, 그 이유를 부연 설명하는 지시 혹은 인칭 대명사로 이해를 해야 한다.

그러므로 "또 짐승과 그의 우상에게" 등으로 이어지는 말씀은, 전반부에 나온 보좌에 앉은 자들에 대해 부연 설명으로 보는 것이 올바른 해석이라 할 수 있다.

③ 또 계 20:5-6에서도 "이들은 첫째 부활에 참여한 자들"이라는 의미로 설명하고 있기에, "또"라는 의미는 역시 전반부에 나온 보좌에 앉은 자들에 대한 부연 설명으로 보는 것이 타당하다.

3) "그들의 이마와 손에 그의 표를 받지 아니한 자들"(계 20:4)이라고 했다.

이 부분도 그 보좌에 앉은 자들에 대한 부연 설명이다. 7년 심판 대환난 통과를 전제로 하면서, 그들은 "그들의 이마와 손에 그의 표를 받지 아니한 자들"이라는 의미로 해석해서는 안 된다. 보좌에 앉은 자들은 7년 심판 대환난과 전혀 무관한 자들이다. 말씀이 기록될 사도 요한 당시의 우상숭배와 그 행위를 한 사람에게 인증 도장(카라그마. χάραγμα. 계 13장 Q_06) 표시를 통해 충성심을 인정해 주던 시대부터 휴거 직전까지, 그들은 신앙의 순수성을 지키며 단장된 신부의 삶을 살았던 사람들이라는 것을 강조한 내용으로 보는 것이 타당하다.

2. 보좌에 앉은 자에게 주어지는 축복은 무엇인가?

① 그들이 "살아서"(계 20:4)라고 했다. 보좌에 앉은 자들의 몸의 형태를 말하고 있다. 그 보좌에 앉은 자들의 형태는 어떤 모습일까? 그들은 휴거될 때 부활체(변화체, 신령체)로 올라갔고, 부활체로 예수님과 함께 지상으로 내려왔다. 그리고 그들은 부활체로 살아서 1,000년 동안 그리스도와 동행하는 축복을 받는다.

② "그리스도와 더불어 천 년 동안 왕 노릇 하니"(계 20:4). 왕이신 예수 그리스도가 만왕의 왕이시고, 그 보좌에 앉은 자들은 왕은 아니지만 예수 그리스도와 더불어 왕으로부터 심판 권세를 위임받아 왕 행세를 하며 왕 노릇 하는 자로서의 축복이 있다는 의미다.

③ "둘째 사망이 그들을 다스리는 권세가 없고"(계 20:6)라는 것은 둘째 사망의 해를 받지 않는 축복이 있다는 말이다.

3. 둘째 사망이란 무엇인가?

① 둘째 사망을 받는 대상은 누구인가? 휴거되지 못한 모든 사람은 둘째 사망을 받게 된다(계 7장 Q_08).

② 둘째 사망이란 무엇인가? 불못을 말한다(계 20:14. 계 20장 Q_11).

Q_05. "그 나머지 죽은 자들은 그 천 년이 차기까지 살지 못하더라"의 의미는 무엇

인가? (계 20:5)

A 그 보좌에 앉은 자들에게는 "살아서"(계 20:4)라고 했으나, 계 20:5에서는 "그 천 년이 차기까지 살지 못하더라"고 하면서 서로 대조적으로 대비하고 있다. 휴거되지 못한 자나 7년 심판 대환난 중에 죽은 자들은 예수님 재림을 기점으로 흰 보좌 심판 직전까지인 1,000년 동안 살지 못하고 음부에 거하게 된다는 것을 의미한다.

1. 계 20:5에서 "그 나머지 죽은 자들은"에서 "그 나머지"란 무엇을 말하는가?

"그 나머지"란 범위를 넓혀 포괄적으로는 본다면 둘째 사망(계 20:14)에 들어갈 자를 말하며, 범위를 좀 좁게 말한다면 7년 심판 대환난 때 죽은 사람들을 말한다. 그러나 "그"라고 하는 용어가 지시대명사로 강조의 의미로 사용되었다고 본다면, 이전에 죽었던 자들 외에 "그 나머지"의 의미로서, 7년 심판 대환난 기간에 죽은 자들이라는 특정된 의미로 볼 수 있다. 그들 역시 모두 1,000년이 차서 흰 보좌 심판 직전까지 살지 못하고 음부에서 지내게 된다. 그 이후 1,000년이 찼을 때 그들은 심판의 부활로 살아나 흰 보좌 심판을 받게 될 것이다(계 20:11-12).

2. "살아서 그리스도와 더불어"(계 20:4)의 "살아서"의 에제산(ἔζησαν. 살다, 생명을 갖다)은 육체적인 부활을 의미할 때 사용되는 용어다.

동사 자오(ζάω)의 부정과거 능동태 직설법 3인칭 복수로 사용되었으며, "왕 노릇 하니"의 에바실류산(ἐβασίλευσαν. 왕이 되다, 지배하다, 왕 노릇하다)도 바실류오(βασιλεύω)의 부정과거 능동태 직설법 3인칭 복수로 사용되었다. 모두 부정과거로 되었다. 그 의미는 문법적으로는 과거의 어느 때 시간을 정한 것은 아니지만 과거에 일어난 일을 말할 때 쓴다(내용상으로는 휴거될 때라고 말할 수 있다). 과거에 그리스도와 더불어 왕 노릇 할 것이 이미 정해졌다는 의미로 이해할 수 있다.

그런 의미에서 휴거된 자들은 예수님께서 지상강림하실 때 살아서(부활체) 예수님과 동행하며, 살아서(부활체) 지상에서 천 년 동안 그리스도 왕국에서 왕 노릇 한다는 말씀이다.

Q_06. "이는 첫째 부활이라"고 했다. 첫째 부활이란 무엇인가? (계 20:5)

A 첫째 부활이란 무엇인가?

1. 부활이란 개념과 의미부터 정리하고자 한다.

1) 부활이란 첫째 부활을 의미하며, 첫째 부활은 이방인의 부활을 의미한다.

보통 부활이라 할 때 그 의미 속에는 구약시대에 구원받은 성도는 포함하지 않고 말한다. 그 이유는 구약시대 구원받은 성도는 예수님께서 십자가에 달려 돌아가실 때, "성소 휘장이 위로부터 아래까지 찢어져 둘이 되고 땅이 진동하며 바위가 터지고 무덤들이 열리며 자던 성도의 몸이 많이 일어"(마 27:51-52) 날 때 구약의 성도들이 부활했다고 믿기 때문이다.

그래서 부활이라고 할 때는 예수님의 부활 사건 이후 미래 언젠가에 일어날 부활(휴거)을 '이방인의 부활'이라 말하며, '이방인의 부활'을 축약해서 '첫째 부활' 혹은 '부활'이라고 말한다. 물론 '이방인의 부활'이라고 할 때 주류가 이방인(롬 1:16)이라는 의미일 뿐, 그 속에 유대인

이 포함될 가능성은 얼마든지 있다는 것을 전제로 한다.

2) 첫째 부활은 단 1회 발생할 역사적 사건이다. 예수님 부활 이후 처음 발생하는 이방인의 부활이라고도 말하는 성도의 부활은 처음이자 마지막으로 일어날 사건이다. 이방인 성도가 처음 부활했다는 의미에서 첫째 부활이다. 여러 번 중의 순서로 첫째가 아니라는 말이다. 부활은 오직 단 1회 일어날 일이다. 그러나 악인에 대한 심판의 부활과 비교해서 본다면, 의인의 부활이 첫 번째이고, 악인에 대한 심판의 부활은 두 번째이다. 이 '첫째'를 순서로 이해하여 성도의 부활을 두세 번 있는 것으로 생각하는 복수로 해석해서는 안 된다. 이것은 성경에서 변치 않는 진리이며, 원칙이다. 이 원칙을 모르고 부활의 개념을 필요에 따라 수시로 적용해서는 안 된다.

3) 첫째 부활은 예수님의 공중강림과 관계가 있다(살전 4:16-17. 계 7장 Q_08).

4) 예수님의 공중강림이란 휴거를 의미한다(살전 4:16-17. 계 7장 Q_08). 그러므로 부활=첫째 부활=공중강림=휴거라고 할 수 있다.

5) 첫째 부활을 의인의 부활(택자들의 부활. 요 5:29; 행 24:15)이라고 부른다. 둘째 부활이라는 용어는 존재하지 않고 악인의 부활(불신불택자들의 부활)을 둘째 사망이라고 부른다(계 20:6). 악인의 부활은 흰 보좌 심판 때 심판받기 위해 부활하게 되며(계 20:13), 악인은 심판(심판의 부활)받은 후에 영원한 불못에 던져지게 되는데, 이것을 둘째 사망(계 20:6, 13-14; 요 5:29; 행 24:15)이라고 부른다.

2. 예수님이 공중강림하실 때 두 가지 사건이 동시에 발생하게 된다.

두 가지 사건이란, 하나는 첫째 부활 사건이며 또 다른 하나는 부활체로 변화되는 사건을 말한다.

1) 첫째 부활 사건이다.

의인(택자, 성도)의 부활(택자들의 부활. 요 5:29; 행 24:15)을 첫째 부활이라고 부르는 이유는 무엇일까? 첫째 부활이란 예수님의 부활 사건 이후부터 예수님의 공중강림 직전까지, 예수님을 믿고 소천한 모든 성도가 단수로 부활하는 사건을 의미한다(변화체, 부활체, 신령체). 이렇게 첫째 부활 이후에는 믿는 자의 또 다른 부활이란 존재하지 않는다. 부활은 단 한 번 발생한다(또 일어난다는 기록이 전혀 없다). 때로는 144,000이 부활한 뒤에 때가 되면 또 부활하게 될 때가 있다고 주장하며, 부활이 단 1회가 아니라 필요에 따라 수시로 발생한다고 주장하는 것은 대단히 잘못된, 극히 비성경적 주장이다.

2) 부활체로 변화되는 사건이 발생한다(계 7장 Q_08).

예수님께서 공중강림하실 때 살아남은 자들은 홀연히 예수님처럼 부활체(변화체, 신령체. 고전 15:44)로 변화되어 부활 성도와 함께 공중에서 예수님을 맞이하게 된다(살전 4:16-17; 고전 15:51-52). 그러므로 첫째 부활은 예수님의 공중강림(임재)과 관계된 개념이다. 또 첫째 부활은 이방인 성도의 "생명의 부활"(요 5:29)을 의미한다.

3. 첫째 부활의 시기

첫째 부활이라고 하는 용어는 요한계시록에서 단지 2회(계 20:5, 6) 등장한다. 그러다 보니 어떤 이는 (첫째) 부활의 시기를 계 20:5-6이라고 주장하는 이들도 있다. 또 어떤 이는 그런 주장에 힘입어 계 20:5-6을 '환난 통과설'을 주장하는 성경 근거로 삼는 이도 있다.

그렇다고 한다면 계 20:5-6은 첫째 부활의 근거이며, 이 구절이 환난 통과설의 근거가 될 수 있을까? 아니다. 계 20:5-6은 첫째 부활의 근거가 될 수 없으며, '환난 통과설'의 근거가 될 수 없다. 그 이유는 다음과 같다.

1) 첫째 부활은 예수님의 공중강림(임재)과 관계되어 있다(살전 4:16-17). 그러나 계 20:5-6의 내용은 예수님의 공중강림 이후의 일이며, 더 나아가 예수님의 지상강림(계 19:11-16)하신 이후의 일이기 때문에 근거가 될 수 없다.

2) 보좌들에 앉은 심판 권세를 받은 자들은 앞에서 언급했듯이, "살아서"의 에쩨잔(ἔζησαν)은 육체적인 부활을 의미할 때 사용되는 용어다. 짜오(ζάω)의 부정과거로 사용되었다. 계 20:5-6의 동사는 모두 부정과거로 되었다. 부정과거란 과거의 어느 때 시간을 정한 것은 아니지만 과거에 일어난 일을 말할 때 사용되는데, 과거 휴거된 자들이 휴거될 때부터 부활체로 천상에 살아 있어 왔고(계 7:9-10, 14:1-3), 예수님 지상강림하실 때 또한 살아 있는 채로(부활체) 예수님과 동행하여 지상으로 강림하였고, 보좌에 앉아 심판 권세를 받았다는 의미다(계 20:4). 지금 부활하여 그 보좌에 앉아 심판 권세를 받은 것이 아니라는 의미다. "살아서"의 에쩨잔(ἔζησαν)이나 "왕 노릇 하니"의 에바실류산(ἐβασίλευσαν) 모두 부정과거로 사용된 것으로 보아 이미 이전에 부활된 자들이라는 것을 증명한다(계 20:4).

3) 계 20:4의 "영혼(들)"은 영이 아니며, 마 10:28의 영혼으로 변화된

신령(부활)체다.

4) 7년 심판 대환난 기간 동안 중에도 천상 성도들은 계속 언급되어 왔다. 예를 들면 계 7:9, 14:1-3, 4, 18:20, 19:1-2, 6-8 등에 천상 성도들이 나타나는데 모두 7년 심판 대환난 기간이다. 그들이 천상 성도들이라는 말은 첫째 부활(휴거) 사건이 이미 있었다는 것을 의미한다. 첫째 부활에 참여하는 자들은 교회시대 동안 구원받아 주님의 공중 강림 때, 부활(변화)된 몸으로 휴거되어 올라간 이방인 성도들이 그 대상이다.

그러면 첫째 부활이 언제 일어나는가? 계 7:9-17의 첫째 부활 사건은 여섯째 인봉을 떼는 때(계 6:12-17)와 일곱째 인을 떼는 때(계 8:1)의 사이에 일어난다. 그런 의미에서 휴거(첫째 부활)는 계 9장 대환난 전 계 7장이라 믿는다.

Q _07. 요한계시록 7복 중 제5복의 말씀은 무엇이며, 어떤 의미가 있는가? (계 20:6)

A 첫째 부활에 참여한 이방인 성도들의 복에 대한 말씀인데, 지옥 심판(형벌)을 면제받는 복이다.

계 20:6을 분석하면서 이해를 돕기 위해 직역한다면, '첫째 부활 가운데 몫을 가진 자는 거룩하고 복이 있다. 둘째 사망이 이것을 지배하는 권세가 없다'라고 할 수 있다. 그러면 이 두 문장은 별개의 것인가? 아니다. 그러면 두 문장은 어떤 관련성이 있는가? 이해를 돕기 위해 첫 문장과 둘째 문장 사이에 원인이나 이유를 제시하는 종속접속사 호티(ὅτι) '왜냐하면'을 삽입해 보면, 둘째 문장이 그 이유를 제시하고 있다는 것을 알게 된다. 복이 있는 이유는 둘째 사망이 이것을 지배하는 권세가 없다는 것이 된다.

"이 첫째 부활에 참여하는 자들"이라고 했다. 첫째 부활은 여섯째 인봉을 떼는 때(계 6:12-17)와 일곱째 인을 떼는 때(계 8:1)의 사이에 발생한다(계 7:9-17). 첫째 부활인 휴거는 단 1회이며, 이 첫째 부활에 참여하는 자들이 복이 있다는 말씀이다.

첫째 부활에 참여하는 자에게 어떤 복이 있을까? 그 근거를 아래와 같이 언급하고 있다.

① 첫째 부활에 참여하는 그 자체가 복이 있는 자(계 20:6)라는 것이다.

② "거룩하도다"(계 20:6). 첫째 부활에 참여하는 자는 모든 죄가 예수 그리스도 보혈로 깨끗게 씻음 받은 성도들만이 첫째 부활(휴거)에 참여한다. 그들은 죄의 문제를 해결 받았기 때문에 "빛나고 깨끗한 세마포 옷을 입도록 허락"(계 19:8)받은 사람들이다(계 15장 Q_05). 그들은 성결(성화)한 자요, 거룩한 자들이다. 그러므로 복이 있는 자들이다.

③ "둘째 사망이 그들을 다스리는 권세가 없고"(계 20:6). '둘째 사망이 이것을 지배하는 권세가 없다'는 말이다. "둘째 사망"이라는 용어는 요한계시록에서 총 4회(계 2:11, 20:6, 14, 21:8) 등장한다. 이 "둘째 사망 곧 불못이라"(계 20:14)고 했다. 지옥이라는 말이다. 첫째 부활에 참여한 이방인 성도들은 지옥 심판(형벌)을 면제받기에 복이 있는 자들이다.

④ "도리어 그들이 하나님과 그리스도의 제사장이 되어 천 년 동안 그리스도와 더불어 왕 노릇 하리라"(계 20:6). 더 나아가 "하나님과 그리스도의 제사장이 되어 천 년 동안 그리스도와 더불어 왕 노릇"(계 20:6)하는 복이 있으니, 이 어찌 복이 아니겠는가?

Q_08. 천년왕국의 성격(정의)과 그 의미는 무엇인가? (계 20:6). (이단 경계)

A 천년왕국에 대한 견해와 이견이 많다. 천년왕국에 대해 어떤 견해를 갖고 있느냐에 따라 요한계시록의 흐름이 전혀 다르게 전개될 수 있기에 결코 가볍게 봐서는 안 될 주제라 생각된다.

1. 천년왕국이란 무엇인가?

지상에서 천 년간 예수 그리스도가 다스리는 나라(with Christ a thousand years)는, 지상에 강림하신 예수님께서 이 땅에 그리스도의 나라를 세우시고 왕이 되어 천 년 동안 통치하시는 그리스도의 왕국을 의미한다(천년 그리스도 왕국. 王國). 보통 '천년왕국'이라 부른다. 필자도 예수 그리스도가 천 년 동안 다스리시는 나라라는 의미에서 '천 년 그리스도 나라'라고 부르고 싶지만, 왕국(Kingdom)이라는 개념이 오랜 세월 동안 굳어져 있기에, '천년왕국'이라 호칭하며, 간혹 예수 그리스도가 통치한다는 성경적 용어를 강조하는 의미로 '천년 그리스도 왕국'이라 표현하고자 한다.

1) 천년 그리스도 왕국에는 몇 가지 특징과 의미가 있다.

① 왕국(Kingdom)이라는 국가의 3요소는 기본적으로 주권, 영토, 국민 등 세 가지에 의해 성립된다.

㉠ 주권은 예수 그리스도에게 있다. 또 1,000년 그리스도 왕국에 왕권을 가지고 들어가는 자(보좌에 앉는 자. 계 20:4)인 첫째 부활에 참여한 이방인 성도들에게도 있다(살전 4:16-17). 그들은 1,000년 그리스도 왕국에서 예수 그리스도를 대신하여 왕 노릇 할 자다. ㉡ 영토로는 1,000년 그리스도 왕국의 수도는 예루살렘(미 4:7. 계 19장 Q_08)을 중

심으로 한 현재의 이 땅이 될 것이며, ㉢ 국민(백성)은 아래에 언급하였다.

② 왕 노릇 하는 자들은 예수 그리스도의 왕권과 제사장권을 갖고 다스린다.

㉠ 왕좌에 앉은 성도들은 왕권(계 5:10, 20:6, 22:5; 딤후 2:12)과 ㉡ 제사장권을 갖고 통치한다(계 5:10; 롬 15:16; 벧전 2:5, 9).

이렇게 왕권과 제사장권을 갖고 통치하던 구원받은 성도들은 "만국이 그 빛 가운데로 다니고 땅의 왕들이 자기 영광을 가지고 그리로 들어가리라"(계 21:24)는 말씀대로 이루어질 것이다. 이것은 1,000년 그리스도 왕국이 상징이 아니라 실제로 이루어진다는 것을 확인시켜 주는 말씀이다. 1,000년 그리스도 왕국의 만국 백성들에 대한 것으로서, 모든 이들이 "만국의 영광과 존귀를 가지고 그리로(천상의 천국, 새 예루살렘 성) 들어가겠고"(계 21:26)라고 했다.

이렇게 1,000년 그리스도 왕국에서 왕권과 제사장권을 가진 자들은 가진 그대로, 백성으로 있었던 자들은 백성의 영광으로 각자 자기에게 합당한 영광을 가지고 영원한 천국에 들어간다는 것을 의미한다(고전 15:40-41; 계 21:24, 26. 계 21장 Q_03).

※ P.S.: "육체가 없는 순교한 영들은 육체가 있는 이긴 자들을 덧입고, 이긴 자들은 순교한 영들을 덧입어, 신랑과 신부처럼 하나가 되어 산다. 이것이 바로 영과 육이 한 몸을 이루는 결혼이요 첫째 부활이다. 이들은 하나님과 그리스도의 제사장 곧 목자가 되어 천 년 동안 주와 함께 말씀을 가르치며 성도를 다스리는 왕 노릇 한다. 십사만 사천 명의

제사장이 완성된 이후에 셀 수 없이 몰려오는 흰옷 입은 무리들은(계 7:9-14) 백성으로서, 첫째 부활에 참여하여 천년성에서 함께 살게 된다. 그리고 이들 첫째 부활자들은 둘째 사망의 해를 받지 아니한다"(이만희, 앞의 책, p. 410). 한마디로 영원히 육체 영생을 누린다고 미혹하는 것이다. 요담의 비유(삿 9:1-21)는 신천지 이만희와 우리에게 큰 교훈을 준다.

이런 잘못된 교리의 중독으로 그들은 하루빨리 144,000명을 채워서 영생 불사체를 이루기 위해 전력투구하며, 한국교회를 어지럽히는 심각한 문제를 발생시키더니, 그 미혹의 방법으로 144,000이 달성한 뒤로는, "흰 무리" 교리로 교세를 더 확장시키고 있다. 그 과정에서 목표 달성을 위해 수단은 얼마든지 정당화시켜도 된다는 일명 "모략 전도"(진용식, 앞의 책, p. 20)라고 하는 방법으로 진실(진리)을 가장한 거짓된 가르침으로 그들은 자신들의 죄를 정당화시킴으로 도덕적 윤리적 문제를 일으키고 있다.

신천지의 망상에 미혹된 사람들은 세상을 포기하며 살아간다. 아내가 이혼을 불사하고, 엄마가 자식들을 버리고 집을 나가고, 자녀는 부모를 버리고 가출하는 등의 심각한 사회 문제가 발생하고 있다.

"이단사이비 집단 신천지의 폐해가 갈수록 심해지는 가운데, 지난해 12월 이들을 상대로 국내 첫 소송이 제기돼 관심을 모았다. 전국신천지피해자연대가 진행하는 '청춘반환소송'이 그것이다. 이에 본지는 한국사회와 교회가 이단의 실태를 바로 알고 대처할 수 있도록 돕자는 취지 아래, 신천지를 상대로 한 청춘반환소송에 대해 집중 보도한다. 구체적으로, ▲이번 소송의 모티브가 된 것으로 알려진 일본의 통일교 승소 사례를 시작으로 ▲소송의 구체적인 근거가 되는 신천지 포교의 문제점, ▲신천지 피해자 및 탈퇴자들의 현황과 소송의 향후 전망을 차례로 짚어보고자 한다. 〈편집자 주〉 앞서 살펴봤듯이 신천지의 모략 전도는 불법성이 상당하고 수많은 사람들이 그로 인한 피해를 겪었다. 각종 헌금과 시간적 낭비도 심각한 문제지만 무엇보다 정신적인 충격이 상당하다는 것이 드러났다. 청춘반환소송에 대한 신천지 탈퇴자들의 생각은 어떤지, 전문가들은 소송의 향후 전망에 대해 어떻게 전망하는지 살펴봤다"(윤인경 기자, 「"청춘반환소송, 신천지 포교에 '제동' 걸기회"」, 《데일리굿 뉴스》, 2019. 03. 22).

문제는 각 교단의 이해관계와 견해 차이, 그리고 군소 교단의 난립으로 효과적이고 민첩하게 이단에 대처하지 못하고 있다. 오히려 이단들은 온라인과 오프라인, 특히 유튜브 등등을 통해 성경을 왜곡하며 성도들을 미혹하며, 심지어 대담하고 거침없는 행동에 개 교회조차 손을 놓고 있는 형편에 있다. 과거의 신천지는 숨어서 포교했으나, 코로나 이후부터는 대담하게 드러내 놓고 포교하고 있다.

이단들은 목회자들이 요한계시록에 가장 허약하다는 것을 알고 있다. 그래서 그들은 요한계시록으로 성도와 교회의 허점과 빈틈을 노리고 농락하며 들어왔다. 앞으로도 집요하게 파고들어 올 것이다. 어떻게 하면 좋겠는가? 방법은 역시 요한계시록으로 무장하는 것이다.

계 20:6의 말씀은 신천지의 주장대로 영계의 순교자 영이 신천지인들에게 임한다고 증언하고 있는 것이 절대 아니다. 계 20:6은 1,000년 그리스도는 왕국에서 왕 노릇 하는 자들이 누구인가에 대한 답으로, 그들은 첫째 부활에 참여했던 자요, 휴거되었던 성도들이라고 답하고 있다.

2) 천년왕국의 정의를 내린다면, 천년왕국은 "너희가 동방에서 여호와를 영화롭게 하며 바다 모든 섬에서 이스라엘의 하나님 여호와의 이름을 영화롭게 할 것이라"(사 24:15)라고 이사야를 통해 예언하신 것처럼, 여호와께서 시온 산과 예루살렘에서 왕이 되어 다스리시는 그리스도의 왕국(미 4:7)이라는 것을 의미한다.

3) 천년왕국은 구약에서 하나님이 세우시리라 예언하신 나라(왕국)의 성취다(단 2:44; 슥 14:8-9; 암 9:11-15; 겔 34:25-31).

4) 천년왕국의 삶의 모습을 이사야와 스바냐 선지자가 예언을 하였다(사 11:6-9, 65:20-23, 25; 습 3:14-20).

① 그리스도께서 직접 통치하시는 나라이며, 마귀요 사탄이 "천 년 동안 결박"(계 20:2) 당한 세상이기에, 이 땅에는 죄와 질병이 지금보다 최소로 줄어든 환경 속에 살아가게 될 것이다.
② 저주와 죽음(창 3:17)이 회복된 세상이라는 의미로 볼 때, "해 됨도 없고 상함도"(사 11:9) 없으며, 약육강식의 생존 원리가 사라지며, 서로 조화를 이루어가는 세상이 될 것이다(롬 8:18-21).
③ "백 세에 죽는 자를 젊은이라 하겠고 백 세가 못 되어 죽는 자는 저주받은 자"(사 65:20)라고 할 정도로, 거의 죽음이 없이 인간의 수명이 장구할 것이다.

5) 천년왕국의 국민(백성)은 어떤 사람들(누구)일까?

어떤 이는 말한다. 1,000년 왕국의 백성은 휴거되었다가 예수님과 함께 재림한 사람이라고 한다. 그러나 휴거된 성도들이 휴거된 다른 성도들을 다스리며 또 그들이 다스림을 받는다는 것은 성경 전체의 맥락에 전혀 어울리지 않는다. 왕권을 갖고 다스리는 자들은 휴거되었던 "하늘에 사는 자들"(계 13:6)이며, 그들은 예수님과 함께 지상에 강림(재림)한 자들이다.

천년왕국의 백성은 다름 아닌 '환난 통과 유대인 성도'(계 12:6)들이다. 하나님께서는 그들을 천년왕국의 백성들로 예비해 두셨다. 하나님께서는 두 증인을 통하여, ① 굵은 베옷(죄인, 회개)을 입고(계 11:3), ② 예루살렘 성에서 1,260일 동안 유대인들을 대상으로 사명을 갖고 복음을 전하게 하신 결과(계 11:3), ③ 많은 사람이 변화되어 하나님께 영광 돌리게 되었고(계 11:13), ④ 그들을 예비하신 예비처(계 12:6)에서 하나님의 보호와 양육을 받으며 후 3년 반의 환난을 통과하게 하심으로, 1,000년 그리스도 왕국의 백성으로 예비하셨다(계 11:13, 12:6, 14; 롬 11:25-26; 단 7:18, 22). 결국엔 1,000년 왕국은 이스라엘의 남은 자들과 관계된 나라라고 할 수 있다(겔 37:12-14).

2. 천년왕국설에 대한 다양한 견해

예수 그리스도가 언제 재림하시느냐에 따라 천년왕국을 기준으로 주장하는 학설이 크게 세 가지로 나눈다. 요한계시록 해석에 천년왕국이 있느냐 없느냐에 따라 해석이 전혀 다른 방향으로 전개될 수 있다. 천년기설(千年期說)에 문제점을 지적하는 이도 있으나, 성경을 분석해 보면 어떻게 보더라도 그 천년기설의 구조 안에서 볼 수밖에 없다. 다만 우리는 신학적 관점의 틀 안에 갇혀서 판단하려고 하기보다, 어떤 견해가 더 성경적이냐 하는 것을 찾는 것이 더 중요하고 필요하다고 본다.

천년기설은 보통 세 가지로 구분한다. ① 전천년설, ② 후천년설, ③

무천년설로 나눈다.

1) 전천년설(前千年說)

천년왕국 이전에 예수님이 재림하신다고 주장하는 설이다. 이 전천년설은 성경에 계시된 모든 종말적인 사건과 일치되는 학설로 주장하는, 복음주의 교단 중 많은 교단이 이 전천년설을 종말론의 신학적 견해로 주장하고 있다.

그러나 이 전천년설 안에서도 몇 가지 견해로 나눠지만, 대표적으로는 두 가지로 나눌 수 있는데, 하나는 '세대주의 전천년설'(世代主義 前千年說)이며, 다른 하나는 역사적 전천년설(歷史的 前千年說)이 있다.

세대주의 전천년설과 역사적 전천년설의 공통점은 1,000년 그리스도 왕국 이전에 예수님이 재림하신다고 주장한다. 그러나 이 두 학설의 큰 차이점은 휴거의 위치가 전혀 다르다. 세대주의 전천년설에서는 환난 전 휴거와 7년 대환난 후 재림을 주장하지만, 역사적 전천년설에서는 환난 후 휴거를 주장하는데 사실상 휴거란 없고 휴거와 재림을 동일시한다는 특징이 있다. 그러고 보면 오직 세대주의 전천년설에서만 휴거를 정확하게 주장한다는 특징이 있다.

후천년설과 무천년설에서는 휴거가 전혀 없다고 주장하기 때문에, 후천년설과 무천년설은 휴거가 아닌 재림을 기준으로 비교해야 차이점을 알 수 있다. 후천년설은 그리스도의 재림이 천년왕국 이후에 있다고 주장한다. 무천년설에서는 문자적 천년왕국과 문자적 7년 대환난을 부인하며, 재림은 영적인 의미인 1,000년 왕국 이후로써 교회시대의 끝에 일어난다고 주장한다.

① 세대주의 전천년설은 '세대주의적 전천년설'(世代主義的 前千年說)이라고도 부른다. 이 부분은 아래에서 설명하기로 한다.

② 두 번째로 역사(주의)적 전천년설[歷史(主義)的 前千年說]에서는 ㉠ 성도들도 유대인이나 불신자와 함께 7년 심판 대환난을 통과한다고 믿는다. ㉡ 예수 그리스도가 재림할 때 죽은 성도들이 부활하며, 그 때까지 살아남은 신자들은 휴거되어 공중에서 휴거된다(환난 통과 후 휴거 주장. 그러나 휴거와 재림을 같은 개념으로 사용). ㉢ 그 후 예수 그리스도와 더불어 지상으로 내려온 신자들은 적그리스도의 심판(최후)을 보게 되며, ㉣ 이때 많은 유대인이 회개하고 예수님을 믿어 구원을 받는다. ㉤ 이후 지상에서는 천 년 그리스도 왕국이 이뤄지고 성도들은 모두 왕 노릇을 하게 된다. ㉥ 천년왕국 시기에도 죄와 죽음은 존재하지만, 악은 미미하며 의가 온 세계를 지배한다. ㉦ 천년왕국이 끝날 때 결박되었던 사탄이 풀려나와 사람들을 다시 한번 미혹하게 되며, ㉧ 사탄은 곡과 마곡의 전쟁을 위해 반역하는 나라들을 모아 그들을 통하여 성도들의 진을 공격한다. ㉨ 그러나 사탄에게 미혹되었던 자들은 하늘로부터 내려오는 불로 심판을 받아 태워지게 되고, 사탄은 지옥에 던져진다. ㉩ 그 후에는 죽었던 신자들의 부활이 있게 되며, 최후의 심판이 있게 된다. 생명책에 기록된 자들은 천국에 들어가고, 그렇지 못한 자들은 영원한 지옥으로 들어가게 된다고 주장한다.

천년왕국 전에 그리스도의 재림이 지상재림 한 번만 있고, 공중강림과 지상강(재)림 두 번으로 나눠 보지 않으며, '천 년'을 꼭 문자적으로 보지 않는다는 특징이 있다.

역사적 전천년의 문제점은 우리가 지금까지 보았지만, ㉠ 7년 심판 대환난 중에는 사람들이 완악(강퍅)하여 "회개"(계 9:20, 21, 16:9, 11)가 없기에 구원받는 이가 없다는 사실을 간과하고 있다. 그래서 구원받을 택자들은 7년 대환난 전에 휴거된다는 전천년설의 주장과 대치(對峙)된다. ㉡ 휴거와 재림 구별이 전혀 안 된다. ㉢ 재림 시 휴거라고 할 때 많은 오류가 있으며, 의인의 부활이 없고, 성도의 변화도 없다는 문제점이 있다. ㉣ 7년 대환난은 말 그대로 물리적인 심판임에도, 막연한 해석으로 7년 대환난을 단순한 고난 정도로 이해하여 그런 고난 고통 정도는 극복할 수 있다는 정도로 잘못된 믿음을 심어주는 단점이 있다.

2) 후천년설(後千年說)

천년왕국 후에 예수님이 재림하신다고 주장하는 설이다. 후천년설은 상징적인 부분이 농후(濃厚)하게 들어 있다. 그 이유는 ① 예수님 재림 이전에 천년왕국이 세워지는데, ② 온 세상이 복음화되어 천 년간 하나님의 의와 평화가 이루어진다고 믿는다. 그런 것이 가능할까? 현재의 우리에게 그런 모습이 보이는가? 그런 의미에서 후천년설의 주장은 많은 부분을 상징적으로 해석하게 되는 단점이 있다. ③ 그 뒤에 교회가 사탄의 공격을 받을 때 악의 세력을 심판(파멸)하기 위해 예수님이 재림하신다고 주장한다. 그렇게 주장할 수는 있으나 성경적으로 볼 때 인정하기 곤란하다.

3) 무천년설(無千年說)

무천년설(無千年說)은 문자 그대로 천년왕국이 없다고 주장하는 설이다. 최근에 일부분의 신학자들이 이 견해를 따르기도 한다.

이 주장도 ① 많은 것을 상징적으로 해석하는, 후천년설의 문제에서와 같은 문제점이 있다. ② 많은 부분을 상징적 해석 방법을 취하기 때문에 이단들이 기생하며 서식하기에 좋은 환경을 만들어 주는 단점이 있다. ③ 천 년이라는 기간을 상징적 교회시대로 혹은 지상에서의 영원 등 상징적으로 해석하는 것들은 대단히 큰 문제점이다. ④ 사탄을 결박하여 천 년간 무저갱에 던져 넣는 사건을 교회시대에 사탄의 활동을 제한하는 것이라고 해석하는 등 영적으로 해석하려 한다. ⑤ 첫째 부활을 성도들의 거듭나는 중생이라고 해석하는 것 등은 옳다고 볼 수 없다.

그러면 필자는 어느 입장인지 묻는다면, 필자는 전천년설을 믿는다. 전천년설 중에서도 큰 줄기는 세대주의에 속해 있다고 할 수 있다. 그러나 세대주의 전천년설은 계 6장 대환난 전 계 4장에서 휴거를 주장한다. 그들이 주장하는 계 4장 휴거설은 성경적 근거가 전혀 없다. 전혀 성경적이지 못하다. 필자는 그들과 분명한 차이점이 있다. 필자는 지금까지 성경으로 풀면서 증명해 왔듯이 계 9장 대환난 전 계 7장 휴거를 믿는다. 계 7장 휴거설의 이유는 계 7장 Q_08에서 확인 바란다.

우리가 성경을 해석할 때 신학의 어떤 사설에 얽매이다 보면, 그 신학의 틀 안 갇혀서 해석해야 하는 어리석음에 빠질 수 있다. 반면에 그렇다고 해서 신학의 틀을 거부하는 성경 해석이라는 것도 있을 수 없을 것이다.

그러나 학설에 얽매이지 않고 성경을 보는 정말 좋은 방법이 있다. 그것은 성경을 많이 읽고(1,000독 이상을 하니 하나님께서 계 1장과 계 22장을 교차적으로 기억나게 하시고, 교차 해석하게 하시며 풀어 주신다), 성경 자체를 정확하게 그리고 구체적으로 분석 연구를 하는 것이다. 그런 작업 후에 결론을 얻는 방법이다. 이것이 귀납적 성경연구(방법)의 장점이다. 필자는 요한계시록 다독, 정독, 그리고 분석 연구하자는 운동을 벌이고 있다. 동참을 촉구한다.

필자의 《요한계시록 100문 100답》은 이런 귀납적 연구 방법을 통해 이루어진 산물이다. 신학적 선입견을 배제(排除)한 이런 방법이 지극히 성경적이라 믿는다. 그리고 난 뒤에 신학적인 점검을 받는 것이다. 필자는 1983년부터 개인적으로 하던 귀납적 성경연구를 1991년 2월 창세기 1장부터 매주 한 장씩 귀납적 연구한 내용을 A4 용지에 프린트해서 교인들에게 배부하면서 설교해 왔다. 2022년 2월 현재 요한계시록 2,000독을 했다.

폐암 말기 중에서도 하나님만을 의지하며 성령의 임재를 사모했고 경험하면서 성령께서 풀어주시는 대로 한 걸음 한 걸음 조심스럽게 요한계시록을 풀어가고 있다. 분명하게 말할 수 있는 것은, 어떤 신학의 선입견적인 입장에서 성경을 풀어간 것이 아니라, 오직 귀납적으로 연구했고 최종적으로 풀어보니, 전천년설이 가장 성경적이라는 것을 확신하게 되었다. 필자는 이것을 전 세계 그리스도인들에게 전달하고 싶고, 확인받고 싶다. 그리고 보급하고 싶다.

3. 1,000년 왕국의 목적은 무엇인가?

예수님의 재림의 목적 중 하나가 이 땅에서의 1,000년 그리스도 왕국을 건설하기 위함이다(계 5:10, 20:6. 계 20장 Q_01). **그러면 재림 이후 1,000년 그리스도 왕국을 세우시고 통치하시려는 목적이 무엇인가? 크게 두 가지가 있을 수 있다.**

하나는 성도들에 대한 지상에서의 보상(상, 상급. 마 19:28; 눅 19:17-19, 22:29-30; 고전 15:40-41)을 하기 위함이며, 다른 하나는 '환난 통과 유대인 성도들'에 대한 삶의 변화와 훈련의 시간을 갖도록 하기 위함이다.

1) 예수님은 지상에 말씀을 전하실 때마다(마 19:28; 눅 19:17-19, 22:29-30) 비유로 상(급)에 대해 말씀하곤 하셨다. 이때의 상급이란 천 년 그리스도 왕국 시대에 성도의 왕권과 제사장권을 의미하며, 상급에 따라 열 고을, 다섯 고을 다스리는 권세 등등 상급에 대한 약속이다.

그리스도가 다스리시는 곳에도 계급 차이와 같은 상급 차이가 있을까? 의아하게 생각할 수도 있으나, 상급은 어디에나 있다. 우리가 구원을 받았어도 상급에 대한 소망이 없다면, 우리의 섬김은 제한적일 수밖에 없다. 상급의 유무에 따라 차이가 클 수밖에 없다. 그런 의미에서 상(급)은 반드시 있다(계 11:18, 22:12). 그러나 그때의 상급은 계급의 차이가 아니라 상급의 차이라는 것으로 개념을 정리하면 좋을 듯하다(고전 15:40-41).

2) 유대인들에 대한 삶의 변화와 훈련 그리고 테스트의 기간이다.

하나는 성도들에 대한 지상에서의 보상(상, 상급. 마 19:28; 눅 19:17-19, 22:29-30; 고전 15:40-41)을 하기 위함이며, 다른 하나는 '환난 통과 유대인 성도들'에 대한 삶의 변화와 훈련의 시간을 갖도록 하기 위함이다.

모세가 출애굽 과정에서 금송아지 사건(출 32:10)과 12정탐꾼 사건 때, 원망 불평(민 14:22-24)했던 출애굽 1세대는 광야에서 장사지내고 출애굽 2세대를 통하여 가나안 정복 사업을 완수하셨듯이, 하나님께서는 '환난 통과 유대인 성도들'이 영원한 천상의 천국에 들어가기 전에, '환난 통과 유대인 성도들'의 온전한 구원을 위해 삶의 변화와 지속적인 성결(성화, 거룩)을 위해 테스트하는 기간(사탄에게 미혹된 곡과 마곡의 전쟁)으로 보인다(슥 13:8-9).

※ P.S.: 그러나 '환난 통과 유대인 성도들'에게는 상급이 없다. 한마디로 이런 경우를 부끄러운 구원이라 한다. 왜냐하면 상급은 휴거 이전에 땅에 있을 때 하나님을 위한 공적(고전 3:14-15) 등, 선한 열매의 결과로 받는 상이다. 하지만 환난 통과 유대인들은 이런 기회를 놓쳤다. 다만 전 3년 반 기간 두 증인의 눈물과 사랑의 복음 전파로 변화되어 늦게라도 예수님을 영접하여 구원받게 된다. 그러므로 믿는 성도들이여! 이 땅에 살아 있는 동안에 하나님께 드릴 공적을 많이 쌓기 바란다. 훗날 천상의 상급잔치 때(계 11:18) 상 받을 그날을 꿈꾸자.

Q_09. "천 년이 차매 사탄이 그 옥에서 놓여"(계 20:7), "나와서"(계 20:8) 행한 일이 무엇인가? (계 20:7-10)

A 계 20:7-10에서 사탄은 석방되면서 언제나 그랬듯 사람들을 미혹하면서 지상에서 최후의 반란을 일으키지만, 곧이어 하늘에서 불이 내려와 사탄에게 미혹되었던 자들을 불로 태워버리고, 미혹하던 마귀는 불과 유황 못에 던져진다는 내용이다.

용을 "옛 뱀 곧 마귀라고도 하고 사탄"이라고도 한다. "마귀"라는 용어는 구약에는 없고, 마 4:1에서 처음 등장한다(계 12장 Q_04, Q_08). 사탄의 하는 일 자체가 훼방하며 미혹하는 역할을 하는 존재인데 1,000년간 옥에 갇혔다가 놓였으니 얼마나 신났겠는가? 사탄은 옥에서 나오자 "땅의 사방 백성"(계 20:8)을 "미혹하고 모아 싸움"(계 20:8)을 붙이는 일을 했다.

1. 사탄이 왜 옥에서 "잠깐"(계 20:3, 계 20장 Q_02) 놓이게 되나(사탄의 하는 일)? (계 20:7)

이 부분은 하나님의 영역이다. 그러나 성경에 언급된 대로 볼 때, 사탄의 하는 일은 두 가지였다.

① "땅의 사방 백성 곧 곡과 마곡을 미혹"(계 20:8)하는 일이며, ② "모아 싸움을 붙이리니"(계 20:8)였다. 싸움을 붙였다는 사건 속에는 '이간질'이 있었기 때문에 가능하다. 사탄은 이간질에 있어서 선수이기도 하다. 한 마디로 땅의 사방 백성을 미혹해서 서로 죄짓게 하는 일을 하였다. 그 일이 사탄의 일이었다.

2. 사탄은 왜 미혹하는 일을 하는 것인가?

욥의 경우를 통해 힌트를 얻을 수 있다. 하나님께서 욥을 두둔하시면서 "그와 같이 온전하고 정직하여 하나님을 경외하며 악에서 떠난 자가 세상에 없느니라 네가 나를 충동하여 까닭 없이 그를 치게 하였어도 그가 여전히 자기의 온전함을 굳게 지켰느니라"(욥 2:3) 하셨을 때, 사탄은 "이제 주의 손을 펴서 그의 뼈와 살을 치소서 그리하시면 틀림없이 주를 향하여 욕하지 않겠나이까"(욥 2:5)라고 반문한다.

사탄이 "욥을 쳐서 그의 발바닥에서 정수리까지 종기가 나게"(욥 2:7) 했을 때, "욥이 재 가운데 앉아서 질그릇 조각을 가져다가 몸을 긁고"(욥 2:8) 있을 수밖에 없을 때, 욥의 아내가 "당신이 그래도 자기의 온전함을 굳게 지키느냐 하나님을 욕하고 죽으라"(욥 2:9) 충동질했음에도, "이 모든 일에 욥이 입술로 범죄하지 아니하니라"(욥 2:10)고 성경은 증언하고 있다.

1,000년 그리스도 왕국이 끝날 때, 하나님께서 사탄을 통하여 '환난 통과 유대인 성도들'과 그들의 후손들의 믿음(계 19:8)을 키질하시는 과정이었다. 정리한다면 사탄이 왜 옥에서 놓이게 되었는가? 키질(테스트, test)의 도구로 사용되었다고 할 수 있다.

3. 땅의 사방의 백성을 "곡과 마곡"(계 20:8)이라고 했다. 곡과 마곡은 무엇이며, 어떤 의미가 있는가?

마곡은 노아의 손자요 야벳의 아들이며(창 10:2), 곡은 "마곡 땅에 있는 로스와 메섹과 두발 왕 곧 곡"(겔 38:2)이라고 되어 있다. 곡과 마곡은 이스라엘의 동북에 자리 잡은 강대국으로, 이스라엘 백성들에게 환난을 가져오는 민족이었다. 주로 마곡은 이스라엘 침략 연합군이요, 곡은 연합군의 우두머리 정도로 이해해도 무리가 없다. 곡과 마곡의 전쟁은 전쟁이라고 할 수 없을 정도의 전쟁으로 최후 마지막 전쟁이다.

1) 전쟁에 참여하는 대적자의 규모는 얼마나 되는가?

① "그 수가 바다의 모래 같으리라"(계 20:8) 했고, ② "그들이 지면에 널리 퍼져"(계 20:9)라고 했다. 서로 같은 대상자들이며 같은 의미다. 사탄에게 미혹된 환난 통과 유대인 불신 불택자들이 전 세계에 널리 퍼져 있었는데, 바다의 모래 같을 정도로 많다는 것이다.

2) 그러면 어떻게 해서 갑자기 이렇게 많은 수가 생성될 수 있을까?

1,000년 그리스도 왕국 때는 질병이나 죽음이 거의 없는 상태로 발전해 왔다. 그래서 인구가 순식간이 번식되는 환경이라고 할 수 있

다. 이 말씀을 통해 1,000년 그리스도 왕국의 사람들이 얼마나 많이 존재하고 있는지를 짐작할 수 있다.

3) '환난 통과 유대인 성도들'로 시작된 1,000년 그리스도 왕국인데, 어떻게 이렇게 많은 대적의 무리가 생성될 수 있을까?

곡과 마곡의 전쟁이 발발(勃發)할 때는 ① 1,000년 그리스도 왕국 시대가 끝난 뒤의 일이며, ② 또한 사탄이 옥에서 놓인 상태였고, ③ 사탄이 왕성하게 활동하며 사람들을 이간하며 미혹한 결과가 이렇게 순식간에 유대인 성도들을 대적하는 많은 무리(사탄에 미혹된 유대인 불신 불택자)를 규합하는 상황으로 바꿔 놓을 수 있다는 것을 보며, 우리는 사탄의 심각성을 주의해야 한다.

4) 사탄에게 미혹 당한 자들이 취한 행동은 무엇이었는가?

"성도들의 진과 사랑하시는 성을 두르매"(계 20:9)였다. 그 성은 1,000년 그리스도 왕국의 수도인 예루살렘을 의미한다(미 4:7. 계 19장 Q_08). 사탄에 미혹된 유대인 불신 불택자들이 예루살렘과 성도의 진을 포위했다. 사탄에 미혹된 유대인 불신 불택자들은 온전한 구원 받을 대상자로 구별된 '환난 통과 유대인 성도들'을 대적하기 위해 모인 사람들이다.

4. 사탄에게 미혹된 자들의 반란 전쟁(곡과 마곡의 전쟁)의 진행과 결과는 어떻게 되었나?

1) 전쟁의 진행 과정은 "하늘에서 불이 내려와 그들을 태워버리고"(계 20:9)였다. "그들"이란 사탄에 미혹된 유대인 불신 불택자들을 말

한다. 곡과 마곡의 전쟁이란 이렇게 싱겁게 순식간에 끝나버린 전쟁, 전쟁이라고 말할 수 없는 전쟁이 곡과 마곡 전쟁의 실체다.

아마겟돈 전쟁에서는 백마 타신 우리 예수님의 입에서 나오는 검으로 멸하였으나, 곡과 마곡의 전쟁에서는 "하늘에서 불이 내려와 그들을 태워"(계 20:9) 버리는 바람에, 반역을 일으켰던 대적자들은 싸워보지도 못하고 소멸한다. 하늘에서 불이 내려왔다는 것은 하나님께서 직접 심판하셨다는 의미다(왕하 1:10, 12).

때로 어떤 이는 곡과 마곡의 전쟁으로 "이 온 땅에서 삼분의 이는 멸망하고 삼분의 일은 거기 남으리니"(슥 13:8)라는 말씀을 근거로 1,000년 왕국 유대인 중 2/3가 죽고, 1/3이 최종적으로 남게 되는데, 이 숫자가 '유대인의 구원받는 총수'라고 주장하기도 한다. 그러나 슥 13:7-9의 말씀은 예수 그리스도의 십자가 형벌과 관계된 내용이라 판단하여 근거가 약하다 생각하며, '구원받은 이방인의 총수'(계 7장 Q_08, 계 14 Q_02, Q_03)와 맞추기 위해 근거가 미약한 말씀을 근거로 억지로 '유대인의 구원받은 총수'를 숫자로 언급할 필요는 없다고 본다.

2) 전쟁이라 말할 수도 없을 정도의 곡과 마곡 전쟁의 최종적인 결과는 어떻게 되었는가?

① "그들을 미혹하는 마귀가 불과 유황 못에 던져지니"(계 20:10). 불과 유황 못은 원래 "마귀와 그 사자들을 위하여 예비된 영원한 불"(마 25:41)이었다. 불과 유황 못은 "저주를 받은"(마 25:41) 악한 자, "생명책에 기록되지 못한 자"(계 20:15)들의 영원한 거처(처소)다. 악한 마귀만이 아니라 모든 악이란 결국 패망하게 되어 있다.

② "거기는 그 짐승과 거짓 선지자도 있어 세세토록 밤낮 괴로움을 받으리라"(계 20:10). ㉠ "거기"는 어디를 말하는 것일까? 당연히 "마귀와 그 사자들을 위하여 예비된 영원한 불"(마 25:41)이요, "생명책에 기록되지 못한 자"(계 20:15)들의 영원한 거처(처소)를 말한다.

㉡ 거기에 "그 짐승과 거짓 선지자도 있어"라고 했다. 짐승과 거짓 선지자는 누구이며, 그들은 언제 거기에 들어간 것인가? ⓐ 짐승은 용이요 사탄이요 마귀의 하수인(계 13:5-6, 14-15)이며 사탄의 지상 일꾼에 불과한 자로서, "짐승이 과장되고 신성 모독을 말하는 입을 받고 또 마흔두 달 동안 일할 권세"(계 13:5)를 받은 자이며, "하나님을 향하여 비방하되 그의 이름과 그의 장막 곧 하늘에 사는 자들을 비방"(계 13:6)한 자다.

ⓑ 거짓 선지자는 그런 짐승의 하수인으로 타락한 음녀로서, 타락한 교회이며 타락한 교회 지도자로서 예수님의 이름을 빙자한 이단의 교주들이며, 종교 사기꾼들도 여기에 속한다. 거짓 선지자(계 13:14-15, 17-18, 17:3-4, 16)는 "짐승 앞에서 받은 바 이적을 행함으로 땅에 거하는 자들을 미혹하며 땅에 거하는 자들에게 이르기를 칼에 상하였다가 살아난 짐승을 위하여 우상을 만들라"(계 13:14)고 한 자이며, "그가 권세를 받아 그 짐승의 우상에게 생기를 주어 그 짐승의 우상으로 말하게 하고 또 짐승의 우상에게 경배하지 아니하는 자는 몇이든지 다 죽이게"(계 13:15) 한 자이며, "여자가 붉은빛 짐승을 탔는데 그 짐승의 몸에 하나님을 모독하는 이름들이 가득하고 일곱 머리와 열 뿔이 있으며"(계 17:3), "그 여자는 자줏빛과 붉은빛 옷을 입고 금과 보석과 진주로 꾸미고 손에 금 잔을 가졌는데 가증한 물건과 그의 음행의 더러운 것들이 가득"(계 17:4)했다. 그러나 짐승의 하수인으로 하나님의 이름으로 지옥에 떨어질 짐승을 위해 충성 봉사했으나, 결국

그런 거짓 선지자의 짐승에 대한 종말은 "이 열 뿔과 짐승은 음녀를 미워하여 망하게 하고 벌거벗게 하고 그의 살을 먹고 불로 아주 사르리라"(계 17:16)는 배반을 당한 결말을 보게 되었다.

악의 무리끼리의 합일은 불가능한 일이다. 악이라는 존재는 언젠가는 악을 악으로 이용하게 되어 있다. 그래서 그런 악의 무리는 언젠가는 서로 배반하게 되어 있다.

ⓒ 언제 거기에 들어간 것인가? "짐승이 잡히고 그 앞에서 표적을 행하던 거짓 선지자도 함께 잡혔으니 이는 짐승의 표를 받고 그의 우상에게 경배하던 자들을 표적으로 미혹하던 자라 이 둘이 산 채로 유황불 붙는 못에 던져지고"(계 19:20) 했던 것처럼, 예수님 재림하실 때에 들어갔다.

이렇게 짐승과 거짓 선지자가 먼저 가 있었던 곳(계 19:19-20)에, 창조 때부터 창조된 용이며, 옛 뱀이요, 사탄이며, 마귀라 불린 악의 운명은 영원한 지옥 불(계 20:10에서는 "불과 유황 못", 계 20:15에서는 불못)에 떨어져 끝나게 된다(마 25:41; 계 20:10, 15). 이것이 창세기에서부터 간교하여(창 3:1) 간계(고후 11:3)로 미혹하던 옛 뱀을 비롯한 그의 하수인들인 짐승과 거짓 선지자의 종말이다. 그들은 둘째 사망(계 20:14)인 불못(계 20:15)에 던져지게 된다.

Q _10. "또 내가 크고 흰 보좌와 그 위에 앉으신 이를 보니 땅과 하늘이 그 앞에서 피하여 간데없더라"는 것은 무슨 의미인가? (계 20:11)

A 사도 요한이 계 20장에서 보았다는 다섯 장면(계 20:1, 4, 4, 11, 12, 계 4장 Q_02) 중 네 번째 장면의 내용이다(계 20:11).

계 20:11-13에서는 최후의 흰 보좌 심판에 관한 내용이 등장한다. 우리가 볼 것은 ① 심판의 시기(때)는 언제이며(계 20:11), ② 심판받는 대상이 누구이며, 어떤 사람인지? ③ 심판의 기준과 방법, 그리고 과정이 어떻게 되는지? ④ 심판의 결과는 무엇인지에 관하여 알아보고자 한다. 계 20:11에서 심판의 때와 관련된 내용을 먼저 보자.

1. 최후 심판의 시기(때)는 언제인가?

① 천년왕국 이후이며(계 20:7), ② 짐승과 거짓 선지자는 이미 "산 채로 유황불 붙는 못에 던져지고"(계 19:20), ③ "마귀가 불과 유황 못에 던져"(계 20:10)진 후이며, ④ 세상의 모든 것이 소멸 후로, "땅과 하늘이 그 앞에서 피하여 간데"(계 20:11)없어진 후의 일이다. 흰 보좌 심판 받을 때는 이미 세상 모든 것이 다 소멸 후라는 것이 전제되어 있다.

그러므로 계 20:11과 이전의 다른 구절(상황)의 관계와 순서를 알고 있을 때 잘못된 해석을 막을 수 있다. 이런 사건이 지난 뒤에 "크고 흰 보좌와 그 위에 앉으신 이를 보니"라는 것이다.

2. "크고 흰 보좌"(계 20:11)는 무엇인가?

계 20:11-12은 최후 심판과 관련된 모습을 언급하고 있다. 최후의 심판은 "흰 보좌"에서 이루어진다고 해서 보통 백보좌(白寶座)라고 하며, 백보좌에서 이루어진다고 해서 백보좌 심판(審判)이라고도 부른다. 그러나 필자는 성경 용어 그대로 "흰 보좌"라고 부르고자 한다. 흰 보좌라는 의미는 심판이 절대적이며, 공의로우며, 순결하여 조금도 치우치거나 편파적이지 않고, 바르고 정직하며 공정한 심판이라는 것을 상징한다.

요한계시록에서 “보좌”라는 용어가 여섯 가지의 개념으로 총 35회 등장한다(계 3장 Q_05). 이 보좌는 천상의 영계의 보좌(계 4:2)도 아니며, 성도들이 앉는 보좌(계 20:4)도 아니다. 그러면 계 20:11-12의 “보좌”는 누구의 보좌일까? 성경에서는 누구의 보좌라는 언급이 없다. 그러나 이 보좌에 대한 견해로 두 가지가 있을 수 있다.

① 하나는 예수님의 보좌라고 할 수 있다. 인자가 “모든 천사와 함께 올 때에 자기 영광의 보좌에 앉으리니”(마 25:31)라고 했고, “아버지께서 아무도 심판하지 아니하시고 심판을 다 아들에게 맡기셨으니”(요 5:22)라고 했기 때문이다.

② 다른 하나는 하나님의 보좌라고 할 수 있다. 그 이유는 요한계시록에서의 보좌에는 총 35회 중 하나님의 보좌가 27회 언급된다. ‘보좌’ 하면 거의 하나님의 보좌로 이해되기 때문이다. 다니엘 선지자도 하나님 보좌의 환상을 보았다(단 7:9-10).

그러면 이 둘 중의 어느 하나를 선택해야만 하는가? 예수님께서 “나와 아버지는 하나”(요 10:30)라고 하신 말씀을 근거로 우리는 한 분이신 성부 하나님과 성자 예수님이 함께 앉으시는 보좌라고 보는 것이 가장 타당하고 성경적이라 믿는다.

3. “그 위에 앉으신 이”(계 20:11)는 누구인가?

그러나 “그 위에 앉으신 이”가 누구인가? 단적으로 묻는다면 우리는 보통 하나님이라고 해야 옳다고 본다(계 4:2).

예수님께서는 인자가 “모든 천사와 함께 올 때에 자기 영광의 보좌에 앉으리니"(마 25:31)라고 했고, "아버지께서 아무도 심판하지 아니하시고 심판을 다 아들에게 맡기셨으니"(요 5:22)라고 했으며, 신약에서는 주로 심판의 주로 묘사하고 있다.

그러나 예수님께서 "나와 아버지는 하나"(요 10:30)라고 하신 말씀을 근거로 우리는 천 년 그리스도 왕국에서는 성자 예수님께서 심판주로 오셔서 심판하시며 통치하셨으나, 최후 심판에서는 성부 하나님으로 언급하는 것이 타당하다 믿는다.

그 이유는 ① 최후의 심판이라는 상황 자체가 극적인 표현과 효과를 기대하며 나타내기 때문이며, ② 심판의 대상이 '환난 통과 유대인 성도'라는 계층에게 하나님이란 그들에게 두려움과 경외의 대상이었기 때문이며, ③ 구약의 창세기에서부터 신약의 마지막 성경인 요한계시록에 이르기까지 최후의 심판자는 하나님이시라는 정신이 성경 전체에 흐르는 변치 않는 진리이기 때문이다.

4. "땅과 하늘이 그 앞에서 피하여 간데없더라"(계 20:11)는 어떤 의미인가?

계 20:11의 헬라어를 직역하면, '땅과 하늘이 그의 면전에서 피하였고 그들에게 발견된 곳이 없다'이다. 모든 하늘과 땅이 하나님(예수님)의 얼굴을 피하여 숨을 곳을 찾지 못했다. '도망쳐 사라졌다'는 의미다.

최후의 심판 때는 "하늘이 큰 소리로 떠나가고 물질(혹은 체질, 體質)이 뜨거운 불에 풀어지고 땅과 그중에 있는 모든 일이 드러나리로다"(벧후 3:10)라고 했다. 이런 현상은 새 하늘과 새 땅을 위하여 낡은 것은 도망쳐 사라져 버린다는 것을 의미하며, 모든 물질은 다시 회복

될 수 없이 소멸한다.

최후의 심판대 앞에서 시간과 공간은 하나님 앞에서 더 이상 의미가 없어지고 소멸케 된다. 흰 보좌 심판 전에 1,000년 그리스도 왕국조차 순식간에 사라졌다. 이것은 부분적 변화가 아니다. 새 하늘과 새 땅이 이루어지는 때, 낡은 것이 완전히 소멸한다는 의미에서 우주가 완전히 소멸한 것이라는 의미다.

Q _11. 최후의 흰 보좌 앞에서 심판받는 대상, 기준, 결과는 무엇인가? (계 20:12-15)

A 사도 요한이 계 20장에서 보았다는 다섯 장면(계 20:1, 4, 4, 11, 12. 계 4장 Q_02) 중 다섯 번째 장면의 내용이다(계 20:12-15).

계 20:11-15에는 최후의 심판(흰 보좌 심판)에 관한 내용이 등장한다. 계 20:12-15에서 볼 것은 ① 심판받는 대상이 누구이며, 어떤 사람인지? ② 심판의 기준과 방법, 그리고 과정이 어떻게 되는지? ③ 심판의 결과는 무엇인지에 관하여 알아보고자 한다.

1. 심판받는 대상은 누구, 어떤 사람들인가?

예수님을 믿고 구원받은 사람은 심판(흰 보좌)을 받느냐고 물을 때 구원받은 사람은 심판을 받지 않는다는 것을 성경은 명확하게 증언하고 있다. 이 문제는 아래에 언급하였다.

심판(흰 보좌)받는 대상은 크게 두 종류로 구분할 수 있다. 하나는 "죽은 자들"(계 20:12)이다. 이들이 "큰 자나 작은 자나 그 보좌 앞에 서 있는"(계 20:12) 자들이다. 이들은 ① "천 년이 차기까지 살지 못"(계 20:5)한 자들이며, ② 첫째 부활(휴거. 계 20:5-6)에 참여하지 못한 자들이며(계 7장 Q_08), ③ 생명책(계 20:15)에 기록되지 못한 불신 불택자들이다(계 13:8). 두 번째는 용(옛 뱀, 사탄, 마귀)과 그 졸개들(귀신들)이다(계 20:10; 벧후 2:4; 유1:6).

"큰 자나 작은 자나 그 보좌 앞에"(계 20:12)라고 했다. 개역성경에서는 "무론대소(無論大小)하고 그 보좌 앞에 섰는데"라고 했다. 심판받기 위해 "큰 자나 작은 자나", '무론대소'(無論大小)하고 서게 된다는 말이다.

이 땅에 살아가고 있는 사람들이 새겨들어야 할 말씀이다. 우리가 살아가고 있는 이 땅에서나 크고 작은 자가 있을 뿐이지, 하나님 앞에서나 천국, 그리고 심지어 심판받는 현장에서는 크고 작은 개념이 없을 뿐 아니라 필요도 없다. 그러니 세상 욕심을 그만 부리자. 지나치게 많고 큰 활동이라는 것이 오히려 죄의 원인이 될 수도 있다.

그러면 믿는 자들도 심판을 받는가 하는 문제를 생각해 볼 수 있다. 이 문제는 '심판의 기준과 방법'에서 언급하고자 한다.

2. 심판의 기준과 방법, 그리고 과정은 어떻게 진행되는가?

흰 보좌 앞에 선 자들에 대한 심판의 기준 역시 하나님의 말씀이다. 그것을 보통 심판책 혹은 행위책이라고 부른다. 그러므로 심판의 기준은 두 가지다. 하나는 예수님을 믿었느냐의 문제다. 성경에 "죄에 대하여라 함은 그들이 나를 믿지 아니함이요"(요 16:9)라고 했다. 이것이 심판의 절대적인 기준이며, 또 다른 하나는 하나님 앞에 있는 책인 심판책 혹은 행위책에 의해 심판을 받는다.

심판의 기준 중 하나인 예수를 믿고 죄 용서를 받았느냐의 문제에 있어서, 예수님을 믿고 첫째 부활(휴거)에 참여하였다고 한다면, 이들은 흰 보좌(심판) 앞에 서지 않는다(요 5:24). 성도들은 흰 보좌 심판의 대상이 아니다. 다만 잘못했을 때는 징계만 받을 뿐이다(히 12:7-11). 그러나 불신자들은 무론대소(無論大小)하고 흰 보좌 심판을 받게 된다(히 9:27. 계 7장 Q_08). 심판 기준의 첫 단계는 예수님을 믿었느냐, 안 믿었느냐이며, 두 번째 단계는 하나님 앞에 있는 책들에 의해 심판(판결)을 받는다(계 20:12).

1) 하나님 앞에는 몇 종류의 어떤 책들이 있는가? 세 종류의 책이 하나님 앞에 있다고 증언한다.

① 생명책(生命冊)이 있다. ㉠ "생명책"이라는 용어는 성경 전체로 총 9회 등장한다. "생명책"으로 8회(시 69:28; 빌 4:3; 계 3:5, 13:8, 17:8, 20:12, 15, 21:27), 생명책과 같은 개념으로 1회(단 12:1) 등으로 사용되었다. ㉡ 생명책은 영적인 호적으로서 창세 이후 구원받은 성도들의 이름을 기록한 책이다. ㉢ 이 책에 기록된 성도들은 지옥(불못)에 가지 않는다(단 12:1; 빌 4:3; 계 3:5, 13:8, 20:15). ㉣ 어떤 자의 이름이 생명책에 기록될까? 예수 그리스도를 나의 주, 나의 하나님으로 믿은 자다(요 3:18, 5:24). 요 3:18과 5:24에 사용된 심판에 대한 용어 모두 크리노(κρίνω)로 사용되었다(아래에 구체적으로 설명하였다).

② 심판책(審判冊) 혹은 행위책(行爲冊)이 있다. ㉠ '심판책' 혹은 '행위책'이라는 용어는 성경에 전혀 언급되지 않는다. ㉡ 다만 "자기 행위를 따라 책들에 기록된 대로 심판을 받으니"(계 20:12)와 "각 사람이 자기의 행위대로 심판을 받고"(계 20:13)의 내용을 근거로 심판책이라 부르는 것이다. '심판책'과 같은 의미로 등장하는 경우로 요한계시록에서 5회 등장한다[계 13:8, 17:8, 20:12("자기 행위를 따라 책들에 기록된 대

로 심판을 받으니"), 13, 15]. ㉢ 불신 불택자들의 행위를 기록하여 그 기록된 대로 심판하는 책들이다.

문제는 이 심판책은 한 권의 책으로 되어 있기보다 심판받는 불신 불택자들의 모든 죄목이 기록되어 있다고 생각해 보라. 그런 의미에서 책들이라 언급하고 있으며(계 20:12), 이 심판책 외에도 다른 책이 있다는 의미에서 "책들이 펴 있고"라고 했다. 기념책을 의미하는 것이다(말 3:16). 그리고 난 뒤에 "또 다른 책이 펴졌으니 곧 생명책이라"(계 20:12)고 한 것을 유의해야 한다.

③ 기념책(記念冊)이 있다. ㉠ "기념책"이라는 용어는 1회(말 3:16), 기념하게 하라는 의미로 1회(출 17:14)가 등장한다. ㉡ 기념책에 이름과 내용이 기록되는 대상은 누구일까? 구원받은 자들이다. 믿는 자들이 감사하며 천국의 소망을 갖고 희생, 헌신, 충성, 봉사 등을 해야 할 이유가 여기에 있다. 기념책에 우리의 희생과 헌신이 기록된다는 사실이다. 그런데 기념책에 기록되는 조건은 '생명책'에 기록된 자들이다. 이것은 마치 학교에서 학교 다니는 학생 중에서 상을 주는 것이지, 학생이 아닌 자에게는 상을 주지 않는 것과 같은 이치다. ㉢ 구원받아 생명책에 기록된 성도 중에서 기념비적인 헌신이나 희생 그리고 봉사한 사람들에 관하여 기록하여 기념하는 책이다. ㉣ 성도들은 이 기념비에 기록된 대로 상급을 받는다(계 11:18, 22:12; 고전 15:40-41). 언제 어디에서 받는가? 계 11장 Q_06, 계 22장 Q_05을 참고 바란다. ㉤ 그러나 기념책에 기록된 내용이라도 성도들이 범죄 하면 의로운 행실들이 기억되지 않고 지워지게 된다(겔 18:24). 구원은 받았는데 받을 상이 없다면 이것도 비참한 것이다. 그래서 이런 구원을 부끄러운 구원이라고 말한다. 그러므로 주님 오시기 직전까지 살아 있는 동안에 우리는 상급을 관리하는 지혜와 열심을 갖고 살아야 한다.

2) “자기 행위를 따라 책들에 기록된 대로 심판을 받으니”(계 20:12).

우리가 살아 있는 동안에 예수를 믿어야 할 분명한 이유 중 하나가 여기에 있다. 이 심판(벌)은 구원받지 못한 자, 휴거되지 못한 자가 받는 벌이다.

① “자기 행위를 따라 책들에 기록된 대로 심판” 받는다? 생각해 보라. 내가 지은 과거의 죄 중에는 나의 기억에서 사라져 기억이 나지 않는 죄들이 없을까? 있다. 무수히 많을 수 있다. 우리는 망각의 은혜를 받아서 어느 정도 시간이 지나면 머리 속에서 저절로 지워지기도 한다(포맷). 만약에 기억나지 않는 것까지 머리 속에 저장하며 산다면 우리 머리가 어떻게 되겠는가? 이런 축복을 우리는 잊고 산다.

② 문제는 내 기억에도 없는 과거의 죄가 행위의 책인 심판책에 낱낱이 기록이 되어 있다 생각해 보라. 두렵지 않겠는가? 그래서 살아 있을 때 예수님 영접하여 죄의 문제를 해결 받고, 천국을 약속받으며 살아야 한다. 이것이 우리가 이 땅에 사는, 일생일대 가장 중요한 문제다.

③ 더 나아가 나의 행위의 죄가 누적 적용을 받아 심판을 받는다면 어떻게 될까?

> **조주빈, 징역 42년 확정…‘범죄단체’ 인정 ‘박사방’ 일당 중형.** 미성년자 성 착취물을 제작·유포한 혐의로 재판에 넘겨진 n번방 사건의 주범 ‘박사’ 조주빈에게 징역 42년이 확정됐다. 조주빈과 함께 ‘박사방’을 운영한 이들은 범죄집단 조직 혐의가 인정돼 중형에 처해졌다. 대법원 2부(주심 이동원 대법관)는 14일 아동·청소년 성보호법 위

반, 범죄단체조직 등의 혐의로 재판에 넘겨진 조주빈의 상고심에서 징역 42년을 선고한 원심을 확정했다. 조주빈과 함께 재판에 넘겨진 '도널드푸틴' 강 모 씨와 '랄로' 천 모 씨는 각각 징역 13년과 징역 8년, '블루99' 임 모 씨는 징역 8년, '오뎅' 장모씨는 징역 7년이 확정됐다. 조주빈은 2019년 8월부터 지난해 2월까지 아동·청소년 등 피해자를 협박해 성 착취 영상을 촬영하게 하고 이를 텔레그램을 통해 유포한 혐의 등으로 재판에 넘겨졌다. 범죄수익을 가상화폐로 지급받아 환전하는 방식으로 1억여 원을 은닉한 혐의도 받는다. 검찰은 '박사방'을 운영하는 데 가담한 이들을 범죄집단으로 규정하고 범죄단체조직 혐의도 적용했다. 1심 재판부는 조주빈이 피해자와 합의해 공소 기각된 부분을 제외하고 성범죄 관련 혐의를 모두 유죄로 판단해 징역 40년을 선고했다. 특히 범죄단체조직죄와 관련해서는 조주빈을 중심으로 한 통솔 체계하에 성 착취물 동영상 제공이나 고액방에 들어가기 위한 공동의 목적을 가졌다며 범죄집단에 해당한다고 판단했다. 별도로 진행된 범죄수익은닉혐의 재판이 병합돼 진행된 2심에선 징역 42년과 추징금 약 1억 800여만 원이 선고됐다. 30년 동안 전자발찌 부착과 10년 동안 아동청소년 관련 기관 및 장애복지시설 취업제한 및 신상공개를 명령했다. 재판부는 "조주빈을 필두로 구성원이 추가로 결합됐고, 이들은 조주빈을 도와 개인정보를 조회하거나 성착취 영상 제작 명령을 이행하고 배포하는 등 방법으로 각종 적극적인 행위를 했다"고 했다. 대법원은 원심의 판단을 유지했다. 대법원은 "원심에 자유심증주의 한계를 벗어나거나 법리를 오해한 잘못이 없고, 양형이 심히 부당하다고 할 수 없다"고 밝혔다(허경구 기자, **"조주빈, 징역 42년 확정…'범죄단체' 인정 '박사방' 일당 중형"**, 〈국민일보〉, 2021. 10. 14).

재판을 받을 때는 한 가지 항목만 해당하는 경우보다 죄로 걸리면

여러 가지 죄목들이 첨가된다. 그래서 형량이 더 늘어나는 것처럼, 우리가 심판책(행위책)에 우리의 죄가 적혀 있다면, 그것은 이루 말할 수 없을 정도의 죄에 대한 형벌을 받게 된다. 그것을 영원히 감당한다고 생각해 보라. 그래서 살아 있을 때 예수님을 나의 주, 나의 하나님으로 영접해야 한다.

① 심판이란 무엇인가를 알기 위해 "심판"이라는 용어를 정리하고자 한다.

가) 요한계시록에서 "심판"이라는 용어가 14회(계 6:10, 11:18, 14:7, 16:5, 7, 17:1, 18:8, 10, 20, 19:2, 11, 20:4, 12, 13) 등장한다. 다른 곳에서도 같은 원리지만 계 20:12-13에서의 "심판"이란 에크리테잔(ἐκρίθησαν)으로서 ἐ는 과거시상 접두 모음이다. 크리노(κρίνω)의 과거 완료시 사용된다. 과거에 이미 심판을 받았다는 의미다.

② 언제 심판을 받았는가? 지상에서 살아 있을 때 예수를 영접(요 16:9. 예수님을 믿지 아니함)하지 아니한 것 자체로 심판받았다는 것이다. 예수님을 나의 주, 나의 하나님으로 영접하지 않은 사람이 예수님을 불신한 상태로 죽게 된다면, 휴거되어야 할 때 휴거되지 못하게 되므로, 결국 불신자들이 받는 흰 보좌 심판대 앞에 서게 된다는 의미다.

그러면 어떤 이는 이렇게 질문할 것이다. 고후 5:10에는 "이는 우리가 다 반드시 그리스도의 심판대 앞에 나타나게 되어 각각 선악간에 그 몸으로 행한 것을 따라 받으려 함이라"는 말씀이 있는데, 그때의 "심판대"는 무엇이냐고 질문할 수 있다. 그래서 '심판'이라는 뜻의 헬라어 단어를 잠깐 언급하고자 한다.

③ '심판'이라는 용어가 네 가지 의미로 사용되었다.

㉠ 심판 용어로는 ⓐ 크리노(κρίνω), ⓑ 크리마(κρίμα), ⓒ 크리시스(κρίσις), ⓓ 베마(βῆμα) 등이 있으며, 그중에서 세 가지(크리노, 크리마, 크리시스)는 사법적, 형벌적 심판을 의미한다. 사법적이고 형벌적인 심판이란 우리가 보통 이해하고 있는 '지옥'(계 20:15의 불못) 가는 것을 의미한다. 구원받지 못한 불신자들이 심판을 받는다고 할 때는 이같이 세 가지의 용어가 사용되었다(잠 19:29, 20:8; 요 5:29, 3:18; 살후 2:12; 계 20:13).

그 예로는 다음과 같다. ⓐ 크리노(κρίνω)의 의미(사법적, 형벌적 심판. 계 20:13. 에크리테잔, ἐκρίθησαν)로 사용되었고(계 20:12, 18:8; 요 3:17-18; 계 19:11. 2, 16:5, 11:18, 6:10), ⓑ 크리마(κρίμα)로 사용되었고(계 20:4, 18:20, 17:1; 벧전 4:17), ⓒ 크리시스(κρίσις)로 사용되었다(계 18:10, 16:7, 14:7; 히 9:27).

한글 번역으로 '심판'이라고 하면 대부분 사법적이고 형벌적인 심판의 개념으로 이해해도 좋다고 본다.

㉡ 그 결과 심판에 대한 심각한 개념의 혼란을 겪게 되었다. 그래서 심판에 대한 네 가지 중, 나머지 하나인 베마에 대한 이해가 필요하다. 고후 5:10에서 사용된 베마토스(βήματος)는 베마(βῆμα)의 중성 단수 속격으로 '심판대'를 의미한다. 이 베마(βῆμα)는 사법적이고 형벌적인 심판의 개념이 아니다. 고후 5:10에서 사용된 심판대인 베마(βῆμα)는 흰 보좌 심판대가 아니라, 우리의 삶 속에서 늘 이루어지는 행위에 대한 보편적인 심판을 의미하는 것이다.

그러므로 구원받는 자도 행위의 심판을 받는가? 혹은 흰 보좌 심판을

받느냐고 묻는다면, "아니다"라고 하는 것이 정답이다.

계 20:12에서 확인할 것이 있다. 계 20:12은 하나님 앞에서 심판받는 광경이 묘사되고 있다. "또 내가 보니 죽은 자들이 큰 자나 작은 자나 그 보좌 앞에 서 있는데 책들이 펴 있고 또 다른 책이 펴졌으니 곧 생명책이라 죽은 자들이 자기 행위를 따라 책들에 기록된 대로 심판을 받으니"(계 20:12)라 했다. "곧 생명책이라" 하면서 "죽은 자들이 자기 행위를 따라 책들에 기록된 대로 심판을 받으니"가 같이 연결된 것처럼 보이지만, "곧 생명책이라"와 "죽은 자들이" 사이에 원문(헬라어)에는 접속사(카이. καὶ)가 들어 있다.

이것을 풀어보면, 생명책이 있고, 그리고 "죽은 자들이 자기 행위를 따라 책들에 기록된 대로 심판을 받으니라"는 의미다. 생명책과 그 생명책에 근거하여 그 행위대로 심판받는다는 의미가 전혀 아니다.

지금도 많은 목회자가 설교 중에 구원받는 자도 흰 보좌 심판대 앞에 서서 행위의 심판을 받는다고 말씀을 전하고 있다. 이것은 전적으로 성경에 대한 잘못된 이해에서 비롯된 것이다. 이런 것은 판사가 재판할 때 잘못된 법조문을 근거로 재판하는 것과 무엇이 다른가? 말씀을 증거하는 자는 성경의 정확한 근거에 의해 전해야 한다. 그런 이유에서 잘못된 설교를 했으며 잘못 가르쳤다면 회개해야 하고, 앞으로는 성경에 근거해서 바르게 전해야 한다.

ⓒ "믿는 자도 '행위의 심판'을 받는가?" 이 말은 믿는 자도 흰 보좌 심판을 받느냐는 것으로, 받지 않는다고 했다. 그 이유를 크게 세 가지로 언급하고자 한다.

ⓐ 심판이라는 용어 중 고후 5:10의 '베마'에 대한 잘못된 이해 때문인데, 이 문제는 앞에서 언급하였기에 생략한다. ⓑ 성경의 큰 흐름은 "나 보내신 이를 믿는 자(영접)는 영생을 얻었고 심판에 이르지 아니하나니"(요 5:24)라는 사실이다. 요 5:24의 심판은 크리진(κρίσιν)으로 되어 있다. 이 의미는 믿는 자는 흰 보좌 심판대(크리진)에 이르지 않는다는 의미다. 예수님을 믿어서 구원받은 자는 절대 행위의 심판인 흰 보좌에 서지 않는다. ⓒ 예수님을 믿어서 구원받은 사람이 예수님의 공중강림(임재) 때 휴거되었다가, 천상에서 예수님과 같은 처소(거처)에서 지내다가 함께 지상으로 강림(재림)한 후, 1,000년 왕국 동안 예수님과 함께 왕 노릇 하던 사람이 갑자기 하나님의 흰 보좌 앞에서 심판책에 근거하여 심판을 받는다고 한다면, 이것이 성경적으로 자연스러우며 타당할까? 그렇지 않다.

※ P.S.: 그런 의미에서 믿는 자에겐 흰 보좌 심판받는 일이 없으며, 흰 보좌 심판은 오직 불신 불택자들에게만 있다고 믿는다. 예수님을 믿기만 하면 흰 보좌 심판을 받지도 않으며, 나의 행위에 대한 벌도 예수님을 영접하는 순간에 면제받았다. 이렇게 약속된 좋은 말씀을 우리가 왜 놓쳐야 하는가? 그러므로 크리노(κρίνω) 심판을 받지 않기 위해 우리는 공중강림 때 반드시 휴거되어야 하며, 휴거된 성도들은 흰 보좌 심판대(사법적, 형벌적) 앞에 서지 않는다. 이 사실을 믿지 않는 사람들에게, 그리고 심판에 대해 잘못 알고 있는 사람들에게 성경의 진실과 진리를 어서 전하자.

3. 심판의 결과는 무엇이, 어떻게 되었는가?

계 20:13-15의 내용은 ① 흰 보좌 심판 때 불신 불택자 각 사람들은 자기의 행위를 따라 심판을 받게 되며, ② 심판 후에 그들은 영원한 지옥형벌을 받게 되며, ③ 그 후 영원한 지옥형벌과 지상 역사의 완전한 종말(소멸)에 관한 내용이다.

계 20:13의 말씀은 "선한 일을 행한 자는 생명의 부활로, 악한 일을 행한 자는 심판의 부활로 나오리라"(요 5:29)는 말씀에 대한 묘사다.

1) "바다가 그 가운데에서 죽은 자들을 내주고"(계 20:13)라고 했다. 바다는 세상을 상징한다(계 13:1). 과거 짐승이 다스리던 세상이며, 휴거된 뒤의 세상을 말한다(계 7장 Q_08). 죽은 후 음부에 가 있던 그들의 영이 심판의 부활로 나타난다는 것을 의미한다(요 5:29).

2) "또 사망과 음부도 그 가운데에서 죽은 자들을 내주매"(계 20:13).

"음부"는 하데스 혹은 스올 등과 비슷한 개념으로 죽은 자들이 있는 곳으로 이해된다. "바다"와 비교해서 "음부"는 땅에서 죽은 사람들이 가는 곳으로 이해된다. 사망과 음부를 의인화해서 표현한 것은 심판의 완전성과 공의를 상징한 것이다. 사탄과 그 졸개 귀신들을 비롯해 휴거되지 못하고 죽었던 모든 자가 심판을 받기 위해 심판의 부활로 나타난다는 것을 의미한다(요 5:29).

사망과 음부는 창세 이후 모든 피조물을 삼킨 대상이기에 심판을 받아 지옥 불에 던져지게 된다(계 20:14). 이 의미는 심판이란 휴거되지 못한 사탄을 비롯한 가시적이든 불가시적이든 모든 피조물에 대한 심판임을 나타낸다. 인류의 죄 값으로 사망하는 죽음과 불신 불택자로 죽은 영혼들을 가두었던 음부가 더 이상 필요 없다. 그 후에 모든 우주는 소멸한다.

3) "각 사람이 자기의 행위대로 심판을 받고"(계 20:13).

"한번 죽는 것은 사람에게 정해진 것이요 그 후에는 심판이 있으리니"(히 9:27)라고 말씀한 것처럼, 누구나 심판을 받는데, 자기의 행위대로 심판을 받는다는 원칙을 다시 한 번 언급하고 있다.

4) "사망과 음부도 불못에 던져지니 이것은 둘째 사망 곧 불못이라"(계 20:14).

"둘째 사망"(계 20장 Q_07)은 영원한 지옥형벌이다. 이렇게 흰 보좌 심판 때, 심판의 부활로 나온 사람들이 영원한 지옥형벌에 처해지게 된다. 예수님 믿고 구원받은 사람들이 이 자리에 설 이유가 없다. 그래서 살아 있을 때 예수님을 믿는 것이 정말 중요하다.

5) "누구든지 생명책에 기록되지 못한 자는 불못에 던져지더라"(계 20:15).

성경에는 '둘째 부활'이라는 용어는 없다. 많은 이들이 이것을 오해한다. 그러나 "심판의 부활"(요 5:29)은 언급하고 있다. 이 "심판의 부활"이 둘째 부활을 의미한다. 불못에 던져질 자들은 흰 보좌 심판을 받기 위하여 원치 않아도 "심판의 부활"을 하게 된다. 그리고 지옥형벌과 행위에 대한 종목별 형벌을 받기 위한 심판을 받게 된다.

예수님을 믿지 않은 죄로 생명책에 기록되지 못한 자가 당하는 "심판의 부활"(요 5:29) 후, 흰 보좌 심판을 받은 후 영원한 형벌에 던져짐으로 최후 종말을 맞는 벌이다. 이것을 둘째 사망이라 말한다.

※ P.S.: 흰 보좌 심판 때 구원받는 자가 같이 서게 되는 것 아닌가 하고 생각하는 분들이 있다. 지금까지 언급한 바와 같이 구원받는 자는 결코 흰 보좌 심판에 서지 않는다는 것을 분명하게 기억해야 한다. 그러면 왜 그런 의구심을 떨치지 못하는 것일까? "선한 일을 행한 자는 생명의 부활로, 악한 일을 행한 자는 심판의 부활로 나오리라"(요 5:29)는 말씀 때문이라 생각된다.

그러나 요 5:29의 생명의 부활이라는 의미가 과연 흰 보좌 심판대에 서는 것을 의미할까? 아니다. 절대 아니다. 그 생명의 부활이라는 것은 첫째 부활을 의미한다. 첫째 부활은 휴거(携擧)를 의미하는 용어다. 휴거 자체가 생명의 부활을 의미하는 것이다. 생명의 부활을 하는 자들과 심판의 부활로 나오는 자들과 같은 시간의 개념으로 이해하는 것에서 비롯된 오해를 제거하면 잘못된 의구심을 떨칠 수 있으리라 생각한다.

그러므로 믿는 자에게는 가장 중요한 것 두 가지가 있다. 첫재는 첫째 부활(휴거)에 참여하는 것이며, 두 번째는 주님을 위한 희생과 헌신, 충성과 봉사, 그리고 사랑을 많이 이루어 하나님 앞에서 상급(기념책)을 받는 것이다. 이런 삶을 살기를 기원한다(이런 소망이 영혼의 닻이다. 히 6:19).

요한계시록 21장

Q _01. 계 21장의 핵심 메시지는 무엇인가?

A 요한계시록 21장과 22장은 천국장(天國章)으로 불린다. 요한계시록에서의 21장은 어느 위치에 있는 것인가? 첫째 화(계 9:1-12), 둘째 화(계 9:13-11:14, 전 3년 반), 셋째 화(계 11:15-19:21, 후 3년 반)가 계 19장에서 끝났다. 계 19장에서 예수님께서 재림하시면서 바벨론이 심판을 받아 멸망(파멸) 당하고, 계 20장에서 천년왕국(계 20:6)이 시작되었고 끝난 이후, 흰 보좌 심판이 종결되면서 "사망과 음부도 불못에 던져"(계 20:14)지게 된다. 처음 하늘과 처음 땅 그리고 바다도 사라지면서 현재의 우주가 완전히 소멸한다(계 21:1). 이어서 전혀 다른 차원의 세계인 "거룩한 성 새 예루살렘이 하나님께로부터 하늘에서 내려"(계 21:2)오는데, 이것을 우리는 영원한 천국(새 예루살렘 성)이라고 부른다. 그러므로 계 21장은 우리가 가야만 하는 진정한 천국인 천상의 영원한 천국에 관한 말씀이며, '새 예루살렘 성'이라고 하는 천국에 관한 내용으로 이루어져 있다.

계 21장에서 눈여겨봐야 할 것은, 믿는 성도들이 미래에 이루어질 천상의 천국이 정말 있는 것인지? 그 천국이란 이념이나 관념 혹은 막연한 환상에 관한 천국과 같은 종류의 것은 아닌지? 등등에 관한 것이다. 히 4:11에서는 "그러므로 우리가 저 안식에 들어가기를 힘쓸지니"라고 증언하고 있다. 이것은 천국이 막연한 환상이나 관념 혹은 이념에 속한 천국이 아니라는 것을 증언하고 있다.

성경에서 말하고 있는 천국이란 실제적이며, 구체적으로 실존하는 하나님 나라인 천상의 천국이 있음을 증언하고 있다. 그런 배경에서 계 21장을 통하여 새 하늘과 새 땅이라고 하는 새 예루살렘의 광경을 보자. 그 모습이 얼마나 장대하고 멋이 있는지, 그리고 진정 우리가 꿈꾸며 현재의 이 세상에서 벗어나 진정으로 우리가 대가를 지불하면서까지 가야만 할 정도로, 가치가 있는 그런 천국인지를 느끼면서 확인해 보자.

계 21장은 크게 두 부분으로 나눌 수 있다(주제는 새 하늘과 새 땅 영원한 천국). ① 새 하늘과 새 땅의 광경(계 21:1-8), ② 새 예루살렘의 멋진 모습들과 성도가 누릴 행복(계 21:9-27) 등이다.

Q _02. 사도 요한이 보고 들은 것이 무엇인가? (계 21:1-8). (이단 경계)

A 1. 사도 요한이 본 것은 무엇이었나?

사도 요한이 요한계시록에서 '봤다'는 의미로 사용된 것은 총 41회 중(계 4장 Q_02), 계 21장에서는 "보니"로 1회(계 21:1), "보매"로 1회(계 21:2) 등장하며, "보라"는 총 13회(계 4장 Q_02) 중 2회(계 21:3, 5) 등장한다. 반면에 '들었다' 종류의 의미로는 총 21회 등장하는데(계 4장 Q_02), 계 21장에서는 "들으니"로 1회(계 21:3) 등장한다.

1) "새 하늘과 새 땅을 보니"(계 21:1)라고 했다. '보니'에 대한 말씀은 다음과 같다. "처음 하늘과 처음 땅이 없어졌고 바다도 다시 있지 않더라"(계 21:1).

① "처음 하늘과 처음 땅이 없어졌고"(계 21:1; 벧후 3:10)라는 것은, 범죄의 결과로 죄와 사망이 지배하던 지금까지의 지구와 우주는 물질이 뜨거운 불에 풀어지듯 없어졌고, 본질상 전혀 새로운 하늘과 새로운 땅을 말한다(사 65:17; 벧후 3:13).

② "바다도 다시 있지 않더라"(계 21:1) 했다. 1,000년 그리스도 왕국에서는 바다도 존재했었다(그러나 단 2회만 언급. 계 20:8, 13). 그러나 새로운 세계에서는 바다가 완전히 제거된다. 영적으로 바다는 짐승이 거하는 세상이며 마귀가 다스리는 곳이었다. 그러나 새 하늘과 새 땅이 이루어짐으로 그 모든 과거가 사라진 것이다.

이렇게 하여 천년왕국 후 흰 보좌 심판 이후에는 우리가 살던 현재의 지구를 비롯한 우주는 완전히 소멸하게 된다. 이때의 소멸이란 일부분 변화되거나 개조된 우주를 말하는 것이 아니다. 말 그대로 현재의 우주는 완전히 소멸했고, 새 하늘과 새 땅을 보았다.

이때 사도 요한이 본 것은 잠시 보이다 마는 어떤 환상의 그 무엇이 아니라 천상에 건설된 실존하는 하나님의 나라인 천국을 보았다는 말이다. 그 나라는 현재 보이는 그런 형상이 아니었다. 그 나라는 부분적으로 변화된 세계가 아니라 하나님에 의해 전혀 새롭게 창조된 세계를 본 것이다.

③ 새 하늘과 새 땅(영원한 천국)은 어떤 곳이며, 어떤 의미가 있는 곳인가?

이사야가 예언한 천국은 주로 1,000년 왕국을 가리킨다. 그러나 "보라 내가 새 하늘과 새 땅을 창조하나니"(사 65:17)에서 사용된 "창조"인 보레(בּוֹרֵא. 창조하다, 만들다)는 바라(בָּרָא. 창조하다, 만들다)라는 어근에서 파생한 단어로 같은 의미로 사용된다. 그러므로 이사야의 사 65:17의 말씀이나 계 21:1의 말씀은 이전의 우주는 완전히 소멸하고 완전히 전혀 다른 "새 하늘과 새 땅"인 천국을 창조했다는 의미다.

㉠ 현재의 천지는 없어질 것(마 24:35), ㉡ 이 땅과 하늘은 불에 사르기로 예언(벧후 3:7, 10, 13), ㉢ "처음 하늘과 처음 땅"이 없어짐으로 창조된 곳(계 21:1), ㉣ 처음 바다도 없어짐(계 21:1), ㉤ "새 하늘과 새 땅"(계 21:1)은 새롭게 창조될 것(계 21:5), ㉥ "해나 달의 비침이 쓸 데 없는"(빛이 없어도 됨) 천국(계 21:23), ㉦ 밤이 없는 곳(계 21:25, 22:5), ㉧ "모든 눈물을 그 눈에서 닦아" 주시는 곳(계 21:4, 7:17), ㉨ "다시는 주리지도 아니하며 목마르지도 아니하고 해나 아무 뜨거운 기운에 상하지도 아니"(계 7:16, 21:6)하는 곳, ㉩ "다시는 사망이 없고 애통하는 것이나 곡하는 것이나 아픈 것이 다시 있지 아니"한 곳(계 21:4), ㉪ "다시 저주가 없으며"(계 22:3), ㉫ "하나님과 그 어린양의 보좌가 그 가운데에 있으리니 그의 종들이 그를"(계 22:3) 영원히 섬기는 천상의 영원한 곳이 천국이다.

④ 어떤 사람들이 거처하는 곳인가?

㉠ 예수님께서 신부인 성도들에게 약속하신 예비된 집이며(요 14:2-3), ㉡ 이 세상에 속하지 아니한 천국(새 하늘과 새 땅, 하늘 나라)이며(요 18:36), ㉢ 구원받아 첫째 부활에 참여한 성도들이 구름 속으로 끌어올려 주와 함께 있다가(살전 4:17) 부활체로 예수님과 함께 재림 후, 지상 1,000년 그리스도 왕국을 이루고 난 뒤, 천상의 천국에 올라가 하나님과 함께 영원히 거하는 곳(계 21:3)이다.

2) "또 내가 보매"라고 했다. 두 번째 장면의 말씀으로 "보매"에 대한 내용은 다음과 같다. "거룩한 성 새 예루살렘이 하나님께로부터 하늘에서 내려오니"(계 21:2)라고 했다.

사도 요한이 본 두 번째 장면은 모든 통치와 심판을 다 마치신 성자 예수님을 위하여 성도들과 함께 거할 영원한 천상의 천국 새 예루살렘이었다.

① 명칭의 변화를 볼 수 있다. 계 21:1에서는 "새 하늘과 새 땅"(계 21:1)="거룩한 성 새 예루살렘"(계 21:2)="거룩한 성"(계 21:2)="새 예루살렘"(계 21:2)이라고 할 수 있다.

② "거룩한 성 새 예루살렘"의 위치(환경)의 변화를 보라. "하나님께로부터 하늘에서 내려오니"(계 21:2)라고 했다.

㉠ 계 21:2과 21:10의 "내려오니"의 카타바이누산(καταβαίνουσαν. 내려오다, 내려가다)은 동사 카타바이노(καταβαίνω)의 현재 능동태 분사 여성 단수 목적격으로 서술적 용법으로 사용되었다. 이것은 살전 4:16의 예수님 공중강림과 같은 용어다. 예수님의 공중강림이나 거룩한 성 예루살렘이 땅에까지 내려오는 것이 아니라 공중까지 내려온다는 의미다. 그런 의미에서 공중강림의 카타바이노(καταβαίνω)와 재림이라고 하는 지상강림의 파루시아(παρουσία. 살전 3:13)는 차이가 있다. 구별해야 한다.

㉡ "그 준비한 것이 신부가 남편을 위하여 단장한 것 같더라"(계 21:2) 했다. 남편(신랑)이 신부를 위해 그 무엇을 했다는 것이 아니라, 그 준비(단장)한 것이 신부가 남편을 위해 단장했다는 말이다. 단장했다는 것에 강조점이 있다.

요한계시록에 "단장"(丹粧)이라는 용어는 단 1회(계 21:2) 등장한다. 사전적 뜻은 '예쁘게 치장함'이라고 하지만, 주로 "단정하게 옷을 입으며 소박함과 정절로써 자기를 단장"(딤전 2:9)하라는 의미로 사용되곤 한다.

※ P.S.: 과거에도 그랬지만, 현대 아니 미래를 살아가며 예수 그리스도의 공중강림(휴거)을 기다리는 신부 된 성도들이 가져야 할 삶의 자세가 어떠해야 하는가 할 때, 당연히 한 단어로 "단장"된 신부라고 해야 할 것이다. 홍수의 시대에 정갈한 생수가 더욱 그리워지듯이, 갈수록 정절이 무시될 수 있다. 그럴수록 "그 준비한 것이 신부가 남편을 위하여 단장한 것 같더라"(계 21:2)는 말씀처럼, 구원받은 성도는 '단장(丹粧)된 신부'로 휴거를 기다리는 마라나타의 신앙인이 되어야 한다고 믿는다.

이렇게 새 예루살렘을 의인화하고 있다(계 21:2, 9). 더 나아가 계 21:9-25에서는 새 예루살렘을 건물의 의미보다는 하나님과 구원받은 신부인 성도들이 함께 영원히 거할 곳으로, 새 예루살렘을 관계적인 영역의 개념으로 표현하고 있다.

2. 장면이 바뀐다. 사도 요한이 '들은' 장면이 나온다(계 21:3).

"보좌에서 큰 음성"(계 21:3)이 나면서, 계 21장에서 2회(계 21:3, 5)에 걸쳐 "보라"고 하셨다. 보라고 하신 하나님께서 무엇을 보여주셨는가?

1) "보좌에서 큰 음성이 나서 이르되 보라"(계 21:3)고 하시면서 보여주신 영원한 천국의 한 장면(광경)

① "하나님의 장막이 사람들과 함께 있으매"(계 21:3).

"장막"(帳幕) 스케네(σκηνή. 거처, 처소)는 성막(聖幕)의 또 다른 이름(계 15장 Q_05)으로, 하나님께서 거하시는 장소이며 성도와 만나는 장소로 불렸던 장막에서 하나님께서 구원받은 성도들이요 신부인 새 예루살렘과 항상 함께 계신다는 의미다.

② "하나님이 그들과 함께 계시리니"(계 21:3).
③ "그들은 하나님의 백성이 되고 하나님은 친히 그들과 함께 계셔서"(계 21:3).

특이한 것은 계 21:3에서만 "함께"라는 용어가 3회나 등장할 정도로 새 예루살렘이란 구원받은 백성인 성도들이 있는 곳에 하나님께서 새 장막(성막)에 별도로 계시는 것이 아니라, 구원받은 성도들인 새 예루살렘을 장막으로 삼아 그들과 함께 계시겠다는 말씀이다(계 21:10, 22).

※ P.S.: 여기에서 지적하지 않을 수가 없는 것이 있다. 신천지에서는 계 21:3의 "장막"이 현재 자신들이 부르는 "신천지예수교 증거장막성전"(新天地예수(耶蘇)教 證據帳幕聖殿)이 같은 것이라고 왜곡하고 있다.

"신흥종교 신천지에서는 1980년 9월부터 1984년 3월까지 7나팔 7대접을 다 쏟고, 1984년 3월 14일부터 교주 이만희가 경기도 과천에 천국을 창조하였는데, 이 땅에 창조한 '천국'을 '신천지'라 부르며, 그때부터 천년왕국 시작되었다 주장한다"(진용식, "이만희 실상 교리의 허구", 2019, pp. 15-16). "'새 하늘과 새 땅' 즉 '신천지'는 '영적 새 이스라엘 열두 지파'(계 7장)요, '시온산의 알곡 성도'(계 14장)이며, '증거장막성전(계 15:5)과 그 성도'이다. (중략) 계 15장의 증거장막은 새 하늘, 다시 택한 증거장막 성도는 새 땅이라 한다"(이만희, "천국 비밀 요한계시록 실상", 2017, p. 424).

자신들의 집단을 좀 더 다르게 보이기 위해 무리한 주장을 하고 있다. 미래에 이루어질 영원한 천국과 어찌 죄악 많은 우리가 사는 현재

(1984년 3월 14일부터 1,000년 동안)를 천년왕국(천년성)이라 주장하는 신천지 집단이 같을 수 있단 말인가? 어리석은 사람들이다. 앞에서도 언급했지만 성경에서는 "새 하늘과 새 땅"(계 21:1)으로 이루어진 새 창조물이 하늘에서 내려오되 지상에서 이루어지지 않는 천국이다. 그 "새 예루살렘"을 "거룩한 성"이라고 부른다.

신천지를 "거룩한 곳"이라고 할 수 있을까? 또 하늘에서 "내려오니"의 카타바이누잔(καταβαίνουσαν)은 지상에까지 내려오는 성전이 아니라는 것을 안다면, 지상에서의 영원한 "신천지"를 주장할 수 없을 것이다. 말씀(요한계시록)을 받아먹었다고 자랑하는 이만희일지라도 성경의 원어를 모르니 성경 이해에 한계를 노출할 수밖에 없다. 이런 신천지 집단의 미혹에 속아 넘어가면 후회만 남을 뿐이다.

④ "모든 눈물을 그 눈에서 닦아 주시니"(계 21:4).
⑤ "다시는 사망이 없고 애통하는 것이나 곡하는 것이나 아픈 것이 다시 있지 아니하리니"(계 21:4).
⑥ "처음 것들이 다 지나갔음이러라"(계 21:4).

④와 ⑤를 보면 영원한 천국이 어떤 곳인지를 감성적으로도 세심하게 알려 주고 있다(계 7장 Q_11). 이런 것들이 지상 생활에서는 일상이었으나, 처음 것들이 다 지나갔기 때문에 영원천국에서는 없어지게 된다. 영원한 천국에서는 위로와 안식이 있을 뿐이다. 천국은 눈물과 사망과 애통과 아픈 것의 원인이 제거되고, 하나님의 위로와 희락으로 충만한 천상의 세계다. 할렐루야~!

천국에서는 몸을 지닌 인간으로서의 아픔은 없다. 왜냐하면 휴거될 때 부활체로 변화되었기 때문이며(고전 15:51; 빌 3:21; 고전 15:44), 예수 그리스도로 말미암아 하나님께서 구원받은 우리와 함께 계시기 때문이다(계 21:3). 그곳에는 부정적인 것은 사라지고, 오직 기쁨과 찬송(찬양), 그리고 긍정의 에너지 등등이 있을 뿐이다.

2) "보좌에 앉으신 이가 이르시되 보라"(계 21:5) 하시면서 보여주신 두 번째 장면(광경)

보좌에 앉으신 하나님께서 새롭게 창조하실 것이라는 하나님의 의지적인 선언을 사도 요한이 직접 들으며 그 광경을 보았다.

① "내가 만물을 새롭게 하노라"(계 21:5). 이전의 만물들은 다 사라지고 친히 하나님이 주관하시는 새로운 만물이 펼쳐진다. 옛 질서가 사라지고 새로운 세계가 열린 것이다(고후 5:17; 사 65:17).

② "또 이르시되 이 말은 신실하고 참되니 기록하라 하시고"(계 21:5). 선언하시는 하나님의 말씀은 신실하고 참되심을 보증한다는 말씀이다(민 23:19).

③ "또 내게 말씀하시되 이루었도다"(계 21:6). "이루었도다"의 기노마이(γίνομαι. 끝내다, 만들어지다, 존재하다, 되다)는 요 1:3의 '기노마이'와 같은 창조의 의미로 '되다'라는 같은 용어다.

의미는 약간 다르지만 예수님께서 십자가에 "다 이루었다"(요 19:30) 하셨던 테텔레스타이(Τετέλεσται. 끝마치다, 성취하다)와 같은 의미라고 할 수 있을까? 테텔레스타이는 인류의 모든 죄의 문제를 완전히 속량했다는 의미다.

하나님께서는 성도들의 영원한 거처인 새 하늘과 새 땅을 "이루었도다" 하시면서, 완성되었다고 선포하셨다.

④ "나는 알파와 오메가요 처음과 마지막이라"(계 21:6). "나는 알파와 오메가"라는 표현은 요한계시록에 총 3회(계 1:8, 21:6, 22:13) 등장한다. 하나님은 옛 만물(우주)의 창조주로서 시작인 알파이며, 심판의 주로서 마지막인 오메가로서, 과거의 세계는 이미 끝났고 이제 새로운 세계 새 질서를 창조하심으로 알파로서 처음이 시작되었고, 영원한 마지막 오메가가 되신다는 의미이다.

⑤ "내가 생명수 샘물을 목마른 자에게 값없이 주리니"(계 21:6). 영원한 천국은 "다시는 주리지도 아니하며 목마르지도 아니하고"(계 7:16), "생명수 샘으로 인도"(계 7:17)를 받아 영적 육체(부활)적 갈증이 없으며, 어떤 대가도 요구치 않으며 값없이 나눌 수 있는 곳(계 22:17; 사 55:1)이다.

⑥ "이기는 자는 이것들을 상속으로 받으리라"(계 21:7). ㉠ "이기는 자"(계 21:7, 15:2)는 어떤 자인가? 요한계시록에는 '이기는 자 혹은 이긴 자'라는 명사의 개념 등으로 총 14회 등장한다(계 15장 Q_03).

성경에서 근본적으로 "이긴 자"인 니카오(νικάω. 정복하다, 승리하다)는 다섯 가지를 해결한 자에게 주어지는 용어다. ⓐ 죄(롬 3:10), ⓑ 사망(죽음. 히 9:27), ⓒ 세상(풍조, 정욕, 욕심. 엡 2:2; 요일 2:16), ⓓ 마귀(사탄. 벧전 5:8; 요일 3:8), ⓔ 음부(지옥)의 권세(계 20:15) 등이다.

근본적으로 이 다섯 가지를 인간이 어떻게 이기며 해결할 수 있단 말인가? 이긴 자는 오직 예수 그리스도밖에 없다(계 15장 Q_03). 그런 의미에서 인간이 이기는 자가 되기 위해서는 예수 그리스도를 덧입어야만 한다(속죄). 그러면 우리도 최종적으로 이기는 자가 되는 것이다. 그런 의미에서 이기는 자는 예수님을 나의 주 나의 하나님으로 믿어, 죄를 용서받아 구원받은 모든 성도가 이기는 자이다(요일 5:4-5).

ⓛ "이것들을 상속으로 받으리라"(계 21:7). 이것들이란 무엇을 말하는가? 새 예루살렘 성인 새 하늘과 새 땅을 말한다. 이것은 영원한 천국을 의미하며, 계 21:1-6에 언급된 천국을 상속으로 받게 된다는 것은(롬 8:17; 엡 3:6; 딛 3:7), 그 영원한 천국에서 삼위 하나님과 함께 거하는 것을 의미한다.

⑦ "나는 그의 하나님이 되고 그는 내 아들이 되리라"(계 21:7). 계 21:3에서는 보좌에서 나는 비슷한 내용의 큰 음성이 있었으나, 계 21:7의 말씀은 보좌에 앉으신 하나님께서 직접 이르시는 말씀이라는 차이가 있다. 영원한 천국을 상속으로 받은 자들은 하나님의 아들이 되리라는 말씀이다. 이 신비는 영원한 천국에 갔을 때 명확히 알게 되리라(고전 13:12).

⑧ "둘째 사망"(계 21:8)인 지옥에 갈 8종 악인에 대해 언급하고 있다. "둘째 사망"(계 20장 Q_07)이란, "둘째 사망 곧 불못이라"(계 20:14)고 했다. 지옥이라는 말이다. 8종류의 악인들은 지옥 간다는 말이다. ㉠ 두려워하는 자들과 ㉡ 믿지 아니하는 자들과 ㉢ 흉악한 자들과 ㉣ 살인자들과 ㉤ 음행하는 자들과 ㉥ 점술가들과 ㉦ 우상숭배자들과 ㉧ 거짓말하는 모든 자들은 불과 유황으로 타는 못에 던져지리니 이것이 둘째 사망이라고 했다.

이들이 누구인가? 물론 불신자들이다. 또 예수 그리스도를 믿으면서도 이런 짓을 하는 자들이 있다면, 그들은 명목상 그리스도인들이다(계 21:8, 27, 22:15). 그들은 결코 거룩한 성 예루살렘으로 들어가지 못한다(사 52:1).

※ P.S.: 예수님을 한 번 영접한 사람은 타락하지 않는다고 말할 수 있는가? 우리가 구약의 이스라엘 백성들을 보나 신약의 교회들이나 성도들, 그리고 우리 주변에서 벌어지고 있는 사람들의 행태를 볼 때, 타락하지 않는다고 말할 수 없다. 타락할 수 있다. 그런 의미에서 예수님을 영접한 자가 계 21:8, 27, 22:15의 죄를 짓는다면, 그는 명목상 그리스도인이기 때문이다.

그래서 예수님 공중강림하시면서 휴거될 때까지 "항상 복종하여 두렵고 떨림으로 너희 구원을 이루라"(빌 2:12)고 했다. 어떤 이는 말할 것이다. 한 번 구원은 영원한 구원이라고. 그러나 만약 진정으로 구원받기로 생명책에 기록된 성도가 이런 죄에 빠지게 된다면, 하나님께서는 분명히 그를 징계하시고 회개시킨 후 천국에 들어가게 하실 것이다(고전 5:5).

Q_03. 거룩한 성 새 예루살렘의 멋진 모습과 성도가 누릴 행복은 어떤 것인가? (계 21:9-27)

A 천상의 영원한 천국의 멋진 모습과 성도가 누릴 천국에서의 행복에 대해 언급한다(계 21:9-27).

1. "마지막 일곱 재앙을 담은 일곱 천사 중 하나가 나아와서"(계 21:9) 사도 요한에게 말하며 보여준 광경

1) 그 천사가 사도 요한에게 어떤 말을 했는가? “이리 오라”(계 21:9)

사도 요한에게 “이리 오라” 부른 대상자는 하나님의 진노의 7대접 재앙을 땅에 쏟았던 7천사 중 하나였다(계 16:1, 15:1. 계 20장 Q_02). 같은 천사가 진노가 담긴 재앙을 쏟기도 하며(계 16:1), 반대로 거룩하고 기쁨의 소식을 전하기도 한다(계 21:9-10). 그들은 하나님의 일을 하는 하나의 도구였기에 가능한 일이며, 이 의미는 소멸한 옛 창조물과 새롭게 창조된 거룩한 성 새 예루살렘 사이에 서로 오고 갈 수 없는 완전한 단절이 있음을 강조하는 듯하다(눅 16:26). 그 천사가 오라고 하면서 보여준 것이 있다.

2) “이리 오라”고 한 목적은? “내가 신부 곧 어린양의 아내를 네게 보이리라”(계 21:9).

“어린양의 아내”(계 21:9)이며, 천상의 천국이요, “거룩한 성 새 예루살렘”(계 21:2)을 구체적으로 보이기 위해 오라고 하였다.

3) “이리 오라”고 했던 천사가 사도 요한을 인도했던 방법은? “성령으로 나를 데리고 크고 높은 산으로 올라가”(계 21:10).

7대접 재앙이 내려진 계 16장부터 계 19장까지만 하여도 사도 요한은 바벨론의 황폐함과 심판(멸망, 파멸)을 보았는데, 이제는 성령에 이끌려 영화로운 “거룩한 성 새 예루살렘”(계 21:2)을 “크고 높은 산으로 올라가”(계 21:10) 보게 된다.

“큰 성 바벨론”(계 16:19)은 멸망의 장소이지만, 산은 영계의 높은 산이며, 믿음의 장소이고, 하나님을 뵙는 예배의 장소다. 이것은 계

21:9에서 7대접 재앙을 땅에 쏟았던 7천사 중 하나가 "이리 오라"고 하면서 보여주었던 장면과 같이 계 21:10에서의 "크고 높은 산"은 앞의 설명과 같이 바벨론이 쉽게 파멸되었다고 한다면, "크고 높은 산"은 영원하리라는 대비적인 의미가 있다고 할 수 있다.

4) 사도 요한이 보았던 것은 무엇이었는가? "하나님께로부터 하늘에서 내려오는 거룩한 성 예루살렘을 보이니"(계 21:10).

"내려오는"의 카타바이노(καταβαίνω)는 예수님 공중강림(살전 4:16)과 같은 단어로, 땅에까지 내려오는 것이 아니라 공중까지 내려오는 것이다(계 21장 Q_02, 계 7장 Q_08). 미래에 이루어질 천상의 천국인 "거룩한 성 예루살렘"(계 21:10)은 이 땅 위에 세워지는 것이 아니라, 천상의 어디에 실존하게 될 천국이라는 의미다(계 21:3).

이렇게 실존하게 될 영원한 천국을 신천지나 이단에서는 자기네 집단이 있는 곳으로 내려왔다고 왜곡 선전하고 있으니, 미혹당해서는 안 된다.

2. 어린양의 아내인 거룩한 성 예루살렘의 모습(천상의 천국. 계 21:11–27)

천상의 영원한 천국 모습을 구체적으로 설명하고 있는데(계 21:11-27, 22:3-5. 계 22장 Q_03), 계 21:11에서 포괄적인 설명을 하고 있다. 거룩한 성 예루살렘인 신부에게서 하나님 영광의 광채가 난다고 했다. 얼마나 귀한지, 가치 있는 보석에 비유하고 있다. 벽옥은 금강석 종류로서 광채의 상징으로 영광, 거룩, 사랑, 불변성, 순수성을 상징한다. 수정은 순결하고 맑음을 상징하며, 흠과 티가 없다는 의미로 거룩한 성 예루살렘인 신부를 비유하였다. 이 영광의 빛 거룩한 성 예루살렘에 참여하는 것은, 오직 예수님을 나의 주 나의 하나님으로 영접한 사람들만 누릴 수 있는 축복이다.

1) 거룩한 성 예루살렘의 경이로운 구체적 모습

그 성의 성곽의 열두 문에는 이스라엘의 열두 지파의 이름이, 성곽 열두 기초석에는 어린양의 열두 사도의 열두 이름이 있었다.

① "크고 높은 성곽이 있고"(계 21:12, 17-27). 성곽은 보호와 경계의 개념이다. 삼위 하나님과 신부 된 거룩한 성 예루살렘이 성곽과 같은 모습 속에 함께 거하게 될 것이다.

② "열두 문이 있는데 문에 열두 천사가 있고"(계 21:12). 열두 문은 이스라엘 열두 지파의 이름을 쓴 문이다. 이 문에는 열두 천사가 섬기며 봉사하는 일을 위해 배치되었다(히 1:14).

③ "그 문들 위에 이름을 썼으니 이스라엘 자손 열두 지파의 이름들이라"(계 21:12). 이것은 천국에 들어가게 될 구원받은 이스라엘 자손들을 상징한다(계 7장 Q_08).

④ "동쪽에 세 문, 북쪽에 세 문, 남쪽에 세 문, 서쪽에 세 문이니"(계 21:13). 거룩한 성 새 예루살렘에 동서남북으로 12개의 문이 있다. 출애굽 당시에는 열두 지파가 한 방향에 세 지파씩 네 진영으로 나뉘었었다. 동(유다, 잇사갈, 스불론), 서(에브라임, 므낫세, 베냐민), 남(르우벤, 시므온, 갓), 북(단, 아셀, 납달리) 등 열두 개의 문이 있다. 12는 완전수를 상징한다.

그러나 에스겔이 보았던 환상 중의 열두 문(겔 48:30-35)에서는 조금 다르다. 동(요셉, 베냐민, 단), 서(갓, 아셀, 납달리), 남(시므온, 잇사갈, 스불론), 북(르우벤, 유다, 레위) 등이다. 방향에 따른 배치된 지파의 이름은 하나님만이 아실 것이다.

⑤ "그 성의 성곽에는 열두 기초석이 있고"(계 21:14). 성곽의 가장 중심이 되는 기초석, 성벽을 지지할 수 있을 정도의 안전과 중심을 이룬다는 의미다.

⑥ "그 위에는 어린양의 열두 사도의 열두 이름이 있더라"(계 21:14). 요한계시록에서 열두 사도가 언급된 것은 계 21:14이 유일무이하다. 열두 사도는 개인적인 자격의 의미보다, 사도적 교회의 조직체로 이해할 수 있다.

성문과 성곽을 종합적으로 볼 때, 성문에 구약의 열두 지파, 성곽의 열두 기초석에 열두 사도의 이름들이 언급된 것은 구약과 신약의 조화를 이루고 있다는 것이며, 이것은 영원한 천상의 천국(교회)은 신구약을 비롯하여 모든 시대 모든 성도가 포함된 새롭게 창조된 천상의 천국(교회)이라는 것을 상징한다(엡 2:20-22).

2) 내게 말하는 자가 그 성과 그 문들과 성곽을 측량하다.

(1) 문들을 측량하다.

① "내게 말하는 자가 그 성과 그 문들과 성곽을 측량하려고 금 갈대 자를 가졌더라"(계 21:15). 갈대(reed. 표준이 되는 '재는 자')는 이스라엘 사람들이 자로 사용하는 도구 중 하나다. 금은 순수성을 상징

한다. 거룩한 도성을 측량하는데, 금 갈대 자로 측량하게 되었다(겔 40:3).

계 11:1에도 "지팡이 같은 갈대를 주며 말하기를 일어나서 하나님의 성전과 제단과 그 안에서 경배하는 자들을 측량하되"라는 말씀이 있다. 이것은 지상의 성전을 의미한다(계 11장 Q_02). 그러나 계 21:15은 천상의 교회(거룩한 성 예루살렘)를 의미하며, 천상의 교회의 웅장한 규모와 아름다운 광경을 상징적으로 보여주고 있다.

② "그 성은 네모가 반듯하여 길이와 너비가 같은지라"(계 21:16). 네모가 반듯하다는 것은 정방형(正方形)이라는 것이다. 네 변의 길이가 같고 네 각이 모두 직각인 사각형이라는 말이다. 성곽이기에 길이, 너비, 높이가 같은 입방체로서 정육면체의 모양을 가졌다고 할 수 있다. 이것은 균형, 완전, 성결, 정의 등을 상징하며, 천상의 천국의 형태를 가늠하게 한다. 이 모든 것은 하나님의 속성으로서, 하나님의 완전한 통치, 죄의 문제를 해결받은 완전한 사랑 등을 상징한다.

③ "그 갈대 자로 그 성을 측량하니 만 이천 스다디온이요 길이와 너비와 높이가 같더라"(계 21:16).

㉠ 12(완전한 수, 선민의 수. 창 35:22-26; 계 21:12-14) × 1,000(만수인 10을 3번 곱한 것으로 무한, 충만. 출 20:6; 대하 1:6), ㉡ 12,000(충만 수인 1,000에 선택된 자의 수를 가리키는 12를 곱한 것, 하나님 은혜의 통치가 임하는 전 영역. 계 7:5-8, 21:16)의 방식 모두 상징적이며, 완전한 크기를 뜻하는 것이다.

정육면체의 모양을 가진 성의 길이, 너비, 높이를 측량했더니, 12,000 스타디온이었다. 스타디온은 요한계시록에 2회(계 14장 Q_11) 등장한다. 1스타디온=185m이다. 12,000×185=2,220km. 한 변의 길이가 약 2,000km정도 된다. 백두산에서 한라산까지 직선거리가 968km(2,362리) 정도 되니, 거룩한 성 예루살렘은 정방향 2,000km정도나 되는 웅대한 모습을 가졌다. 물론 이것은 상징으로 본다.

(2) 성곽을 측량하다.

① "그 성곽을 측량하매 백사십사 규빗이니 사람의 측량 곧 천사의 측량이라"(계 21:17).

성(城)이란 보통 성벽(城壁)을 말하는 것이다. 성곽(城郭)은 성벽만으로 이루어지는 것이 아니다. 부수되는 여러 가지 시설을 포함하는 용어다. 사람의 측량단위로 천사가 측량했다. 1규빗은 50cm다. 144규빗이다. 50×144=7,200cm. 72m다. 이 144는 선민의 수(계 7:4)이며, 완전수이기 때문에 성곽의 144규빗(72m)이 높이인지 둘레인지 알 수 없지만, 크기가 완벽하다는 상징적 의미로 이해할 수 있다.

② "그 성곽은 벽옥으로 쌓였고"(계 21:18). 성곽은 축성 재료에 따라 목책, 토성, 토석 혼축성, 석성, 전축성으로 나뉜다고 한다. 그러나 거룩한 성 예루살렘 성곽의 재료(재질)는 보석으로 이루어져 있다. 벽옥이란 하나님 영광의 광채를 나타내며, 금강석 종류로서 영광, 거룩, 불변성, 순수성을 상징한다.

③ "그 성은 정금인데 맑은 유리 같더라"(계 21:18). 정금(正金. 계 21:21)이란 다른 물질이 전혀 섞이지 않은 순수한 금이라는 의미다. 고귀함과 순결함을 상징하며, 흠과 티가 없는 거룩한 성 예루살렘 신부의 모습을 상징한다. 깨끗하고 투명한 유리와 같다고 했다. 이 모든 것

이 예수 그리스도 보혈로 변화되어 천상의 천국에 있는 성도들의 모습을 보석으로 상징화한 것이다.

④ "그 성의 성곽의 기초석은 각색 보석으로 꾸몄는데"(계 21:19). 성과 성곽의 내용이 각 절에 혼재되어 있다.

성곽의 기초석은 각색 보석으로 꾸며져 있다. 계 21:19-20에 나오는 12보석은 대제사장 흉패의 12보석의 이름과 같다(안 맞는 것도 있다). 대제사장이 열두 지파를 품고 있듯, 하나 된 공동체와 통일성을 상징적으로 보여준다. 때로는 열두 사도의 믿음을 상징하는 것으로 보기도 한다. 흉패는 가로 3줄, 세로 4줄로 되어 있다. 가로 첫 줄은 유다(홍보석), 잇사갈(황옥), 스불론(녹주옥), 둘째 줄은 르우벤(석류석), 시므온(남보석), 갓(홍마노), 셋째 줄은 에브라임(호박), 므낫세(백마노), 베냐민(자수정), 넷째 줄은 단(녹보석), 아셀(호마노), 납달리(벽옥) 등으로 되어 있다. 중요한 것은 12보석은 세상에서 가장 존귀한 보석들로, 이 보석들이 상징하는 종합적인 의미는 하늘에 있는 성도들은 다른 무엇과도 비할 수 없는 존귀한 존재라는 의미다.

⑤ "첫째 기초석은 벽옥(금강석 종류. 영광, 거룩, 사랑, 불변성, 순결성. 출 28:20)이요 둘째는 남보석[맑고 푸른 빛깔(출 24:10)의 유리 보석. 출 28:18]이요 셋째는 옥수(에메랄드류 녹색 보석. 욥 28:16)요 넷째는 녹보석(녹색의 결정, 은혜와 자비. 출 28:20)이요"(계 21:19).

⑥ "다섯째는 홍마노(손톱의 연분홍빛과 유사, 장신구에 사용, 값진 얼룩마노, 공명정대. 출 28:18)요 여섯째는 홍보석(홍옥수, 공의. 출 28:17)이요 일곱째는 황옥(절대성과 거룩성. 출 28:17)이요 여덟째는 녹옥(녹보석의 변종, 소망. 겔 27:16)이요 아홉째는 담황옥(황옥의 변종)이요 열째는 비취

옥(황녹부추라는 불림, 현대의 녹옥과 남옥에 속함, 공의로운 심판. 겔 27:16=남보석=비취옥)이요 열한째는 청옥(사파이어, 승리. 출 24:10)이요 열두째는 자수정(자줏빛 나는 보석. 출 28:19)이라"(계 21:20).

⑦ "그 열두 문은 열두 진주니 각 문마다 한 개의 진주로 되어 있고"(계 21:21). 거룩한 성 예루살렘의 아름답고 장엄한 모습을 언급하고 있다. 각 문마다 한 개의 진주로 되어 있다는 것은 천상 천국의 고귀함을 상징한다. 이런 보석은 천국의 진리와 믿음의 가치와 중요성을 상징한다(마 13:45-46; 딤전 2:9).

천상의 천국이 어떤 곳인지, 계 21장 Q_02에서의 천국은 감성적인 면을 언급했다고 한다면, 계 21:15-21에서의 천국은 재질과 규모에서의 천국을 상징적으로 언급하였다. 이런 표현으로 어찌 진정한 천상의 천국을 다 표현할 수 있겠는가? 말로 다 표현할 수 없다.

⑧ "성의 길은 맑은 유리 같은 정금이더라"(계 21:21). 거룩한 성안의 길은 다른 물질이 전혀 섞이지 않은 순수한 금이라는 의미의 정금(계 21:18)으로 되어 있다고 했다. 정금의 맑기가 유리같이 화려하면서도 투명하다는 것이다. 그 길을 하나님과 구원받은 거룩한 성도들이 걷는다고 생각해 보라. 천상의 천국은 우리 옛말에 꽃길만 걷는다는 그 이상의 표현으로도 부족하다.

⑨ "성 안에서 내가 성전을 보지 못하였으니 이는 주 하나님 곧 전능하신 이와 및 어린양이 그 성전이심이라"(계 21:22). 성전을 볼 수 없는 이유가 있다. ㉠ 구약적으로 성막과 성전은 죄의 문제를 해결(속죄)하기 위해 하나님을 만나는 장소다. 그러나 이제는 속죄의 문제는 완전히 해결되었기에 성막이나 성전이 전혀 필요하지 않기 때문이며, ㉡

신약적으로도 예배드리는 교회가 필요가 없기 때문이다. 오직 성삼위 하나님을 찬송(양)할 뿐이다. ㉢ 거룩한 성 자체가 성전이요 교회이며, 성삼위 하나님이 늘 그곳에 함께 거하시기 때문이다.

⑩ "그 성은 해나 달의 비침이 쓸데없으니 이는 하나님의 영광이 비치고 어린양이 그 등불이 되심이라"(계 21:23). 해와 달의 빛이 왜 쓸데없을까? ㉠ 하나님의 영광이 비치고, ㉡ 어린양이 그 등이 되시기 때문이다. 다른 어떤 피조물이 존재하지도 않겠지만, 그런 빛조차도 이제는 필요가 없다(계 22:5).

⑪ "만국이 그 빛 가운데로 다니고"(계 21:24). "만국"이라는 용어가 요한계시록에 12회 등장한다(계 12장 Q_06). 그러나 계 2:26, 21:24, 26, 22:2의 "만국"은 구원받은 성도라는 의미로 같은 "만국"이라고 해도 다르게 사용되었다. 이 말씀은 사 60:3의 예언에 대한 성취로서, 구원받은 만국의 성도들이 하나님 영광의 빛 가운데로 다닌다는 의미다.

⑫ "땅의 왕들이 자기 영광을 가지고 그리로 들어가리라"(계 21:24). "땅의 왕들"이란 누구를 말하는 것인가? 1,000년 그리스도 왕국 시대에 땅에서 왕권을 받고 왕 노릇 하던 성도들을 말한다(계 20:6). 그들이 왕 노릇 하던 자신들의 영광스런 그 신분을 갖고 그대로 들어간다는 의미다.

⑬ "낮에 성문들을 도무지 닫지 아니하리니 거기에는 밤이 없음이라"(계 21:25). 인간이 사는 성문은 일정한 시간이 되면 밤에 닫는다. 악한 자가 있기 때문이다(요 10:10). 그러나 악한 자가 없고, 밤이 없는 천상의 천국에서는 성문을 닫을 필요가 없다. 보통 밤이란 영적으로는 무지(잠 15:21), 불신앙(롬 13:12), 역경(욥 15:24), 환난(사 21:12), 죽음(요

9:4), 사탄이 지배하는 때(요 13:30)를 의미한다. 그러므로 영적이든, 물리적 혹은 심리적이든 이런 것들이 없는 곳이 천국이며(계 21장 Q_02), 천국에는 밤이 없다.

⑭ "사람들이 만국의 영광과 존귀를 가지고 그리로 들어가겠고"(계 21:26). "사람들이"란 천상의 성도들을 의미한다. "만국"이란 앞에서 언급했듯이 구원받은 백성으로서의 만국 백성이다. 1,000년 그리스도 왕국 당시 만국에서 가졌던 영광과 존귀의 지위를 그대로 갖고 천상의 천국으로 들어간다는 말이다. 이 말씀에 근거하여 천상의 천국은 왕은 왕대로, 백성은 백성대로 자기에게 합당한 영광을 가지고 들어가는 곳이 천상의 천국이다. 이것은 신분의 차이라기보다 상급의 차이로 이해해야 한다(고전 15:40-41).

※ P.S.: 어떤 이들은 오해하거나 불평할 수도 있다. 아니, 천국에서도 많이 가진 자와 적게 가진 자가 따로 있느냐고 할 것이다. 그러나 이 육체를 갖고 있을 때에는 그런 차이에 유불리가 있겠고 자랑거리가 되겠지만, 부활체를 가진 천상의 천국에서 그런 세상적인 자랑이 어찌 자랑일 수 있겠는가? 다만 이것을 신분의 차이라는 개념보다 상급의 차이로 이해해야 한다(눅 19:17-19). 이 의미는 그래서 우리는 살아 있을 때, 상급 받을 일들을 많이 해서 하늘에 쌓아 두라는 것이다. 그런 의미에서 우리는 이 땅에서의 최우선 순위로, 휴거와 상급 받는 것을 목표로 삼아야 한다. 휴거와 상급을 분명한 목표로 삼는다면 하나님 나라는 확장될 것이며, 늘 성령 충만을 경험하리라 믿는다.

⑮ "무엇이든지 속된 것이나 가증한 일 또는 거짓말하는 자는 결코 그리로 들어가지 못하되"(계 21:27). ㉠ "무엇이든지 속된 것"(계 21:27),

ㄴ "가증한 일"(계 21:27), ㄷ "거짓말하는 자"(계 21:27)는 결코 그리로 들어가지 못한다고 했다(계 21:8. 계 21장 Q_02).

⑯ "오직 어린양의 생명책에 기록된 자들만 들어가리라"(계 21:27). 오직 어린양의 생명책(계 20장 Q_11)에 기록된 자들이며, 다른 의미로는 "영생을 주시기로 작정된 자"(행 13:48)만 그 거룩한 성 예루살렘에 들어간다.

※ P.S.: 1960-70년대까지만 하여도 교회마다 새벽이나 금요 철야 시간에는 부르짖는 기도가 차고 넘쳤다. 가난, 어려움, 질병, 그리고 그 외의 문제들을 해결 받고 벗어나기 위해 하나님께 매달리며 눈물 흘리며 간절히 기도했었다. 동시에 그런 기도를 하면서 천국의 소망을 키워갔다. 그런 기도의 결과로 많은 복을 받았다. 하지만 그런 성도마다 현재의 삶의 모습과 방향이 어떤가? 만족스러울까?

목회자들은 복 받기 위해 성도들이 기도하도록 방법은 가르쳤으나, 그 받은 복을 어떻게 사용할지에 대해서 가르치지 못한 결과, 받은 복을 세상적 향락과 개인적 만족을 위해 사용하고 있는 결과를 우리는 보고 있다. 받은 복에 만족하지 못하여 일용할 양식이 아닌, 끝을 모르고 돈독이 오른 사람들처럼, 믿는 자들도 천국이 아닌 세상의 만족을 위해 변해간다. 오늘의 현실이 그 결과다.

옛날 한 친구 목회자가 2000년 상반기 어느 날, 하와이를 다녀온 뒤 했던 말이 있다. "하와이를 다녀왔더니 천국에 대한 소망이 사라지는 것 같다"라는 의미 있는 소리를 하였다. 우리가 사는 세상이 너무 풍요롭고 안락해서 그 어떤 천국도 부럽지 않게 되었다. 옛날처럼 아등바등 매달리지 않아도 될 정도로 편안하다. 그래서 천상의 천국에 목

맬 이유를 못 느낀다. 천국에 대한 소망을 잃어버리고 살아간다. 그래서 명목상 그리스도인으로 우리는 변질된다.

이제 어떻게 해야 하는가? "그러므로 우리가 저 안식에 들어가기를 힘쓸지니"(히 4:11)라고 했다. 혹시 명목상 그리스도인으로 변질되고 있는 것은 아닐까? 세상이 아무리 좋다고 해도 천상의 천국만 하겠는가? 이 세상에 결코 만족해서는 안 된다. 우리는 나그네임을 잊어서는 안 된다. 이곳은 장망성(將亡城, the City of Destruction)임을 잊지 말자. 이제 세상과 짝했던 것을 끊고, 의지적인 죄를 멀리하자. 그리고 단장된 신부로 순결한 마음으로 예수님과 천국을 바라보며 살아가자. 그것만이 구원받는 길이다.

요한계시록 22장

Q_01. 계 22장의 핵심 메시지는 무엇인가?

A 계 22장은 요한계시록의 마지막 장이며, 계 21장으로부터 이어지는 천국장(天國章)이다. 영원한 천국인 "거룩한 성 새 예루살렘이 하나님께로부터 하늘에서 내려"(계 21:2)오는데, 그 예루살렘은 "신부가 남편을 위하여 단장한 것"(계 21:2) 같았으며, "성 안에서 내가 성전"(계 21:22)을 볼 수 없는 이유는 거룩한 성 자체가 성전이요 교회이며, 성삼위 하나님이 늘 그곳에 함께 거하시기 때문이다(계 21:22).

사도 요한에게 "네가 본 것(계 1장)과 지금 있는 일(계 2-3장)과 장차 될 일(계 4장-22:5)을 기록하라"(계 1:19)는 "장차 될 일"에 대한 말씀은 계 22:5에서 모두 끝난다. 요한계시록의 말씀은 성부 → 성자 → 천사 → 요한 → 종들(당시 초대교회 목회자, 성도들, 교회)에게 주신 것이며, 최종 수신자(받는)는 그 종들(구원받은 모든 성도)이다.

계 21장에서는 새 하늘과 새 땅이라고 하는 새 예루살렘 자체의 광경을 보여주었다. 외형적으로는 장대하고 멋진 모습과 함께 천국이 왜 천국인지 감성적인 모든 부분에 이르기까지 설명해 주었다(계 21:4. 계 21장 Q_02, 계 7장 Q_11).

계 22장에서는 거룩한 성 예루살렘 밖의 주변 광경과 천국의 의미와 역할에 대한 말씀이 주류를 이루고 있다. 특히 계 22:6-21까지는 요한계시록에 대한 전체의 결론에 대한 말씀으로 여러 가지 권면과 격려의 말씀으로 이루어졌다.

계 22장은 크게 두 부분으로 나눌 수 있다(주제는 영원한 천국 거룩한 성 새 예루살렘에 있는 생명수 강의 광경, 그리고 에필로그). ① 거룩한 성 새 예루살렘에 있는 생명수 강의 광경(계 21:1-5), ② 등장인물(천사, 예수님, 성령님과 신부, 사도 요한)의 말씀과 증언, 그리고 요한계시록을 증언하신 예수님의 선언과 사도 요한의 마지막 고백(계 21:6-21) 등으로 나눌 수 있다. 특히 에필로그에 해당하는 계 21:6-21은 5부분으로 나눌 수 있다. ㉠ 천사의 말과 사도 요한의 반응(계 22:6-11), ㉡ 예수님의 말씀(계 22:12-16), ㉢ 성령님과 신부의 초청(계 22:17), ㉣ 사도 요한의 증언과 경고(계 22:18-19), ㉤ 마라나타 그리고 마지막 축복(계 22:20-21) 등이다.

Q _02. 거룩한 성 새 예루살렘에 있는 "생명수의 강"이란 무엇인가? (계 22:1-2)

A 계 22:1-2은 계 22장의 첫 번째 단락 중 첫 번째 내용에 대한 것으로, 영원한 천국(거룩한 성 새 예루살렘)의 전체 모습과 생명수의 강을 보여주는 말씀에 관한 것이다.

1. 생명수의 강을 보여주셨다.

1) 누가 보여준 것인가?

"또 그가"(계 22:1). "또"라는 것은 '앞에 있었던 내용에 이어서'라는 의미로, 계 21장의 연속이라는 의미이다. "그가"는 누구인가? "이리 오라 내가 신부 곧 어린양의 아내를 네게 보이리라"(계 21:9) 했던 "일곱 대접을 가지고 마지막 일곱 재앙을 담은 일곱 천사 중 하나가"(계 21:9), "생명수의 강"을 보여준다.

"수정같이 맑은 생명수의 강을 내게 보이니"(계 22:1). 수정은 순결하고 맑음을 상징하는데(계 21:11), 생명수의 강이라는 것은 생명나무(계

22:2)가 "열매를 맺고…그 나무 잎사귀들은 만국을 치료하기 위하여 있더라"(계 22:2)는 목적을 이루기 위해 존재한다.

2) 이 생명수의 강은 거룩한 성 새 예루살렘에 실존하는 것일까, 아니면 상징일까? 실존으로 보는 것이 타당하다 믿는다.

그 이유는 지금까지 보여준 모든 것 속에서 ① 새 예루살렘 길 가운데로 흐르는 "생명수의 강"만 상징이라고 할 이유가 없으며(계 22:1), ② "하나님과 및 어린양의 보좌로부터"(계 22:1) 나오는 강이며, ③ "강 좌우에 생명나무가 있어 열두 가지 열매를 맺되 달마다 그 열매를 맺고 그 나무 잎사귀들은 만국을 치료하기 위하여 있더라"(계 22:2)는 생명수 강의 배경과 의미에 대해서 분명하게 언급하고 있기 때문이다.

3) 생명수 강의 발원지는 어디인가? "하나님과 및 어린양의 보좌로부터 나와서"(계 22:1).

4) 어디로 흐르는 강인가? 거룩한 성 예루살렘 "길 가운데로 흐르더라"(계 22:2).

2. 강 좌우에 있는 생명나무의 의미와 역할은 무엇인가? (계 22:2)

1) "강(생명수의 강) 좌우에 생명나무가 있어 열두 가지 열매를 맺되 달마다 그 열매를 맺고"(계 22:2)라는 것은 천국의 아름다움을 말하고 있으며, "여호와 하나님이 동방의 에덴에 동산을 창설하시고"(창 2:8), "동산 가운데에는 생명나무"(창 2:9)가 있게 하신 하나님께서, 아담과 하와가 범죄 한 이후 에덴동산에서 "생명나무 열매도 따 먹고 영생할까 하노라"(창 3:22) 염려하셨으나, 이제는 변하여 하나님께서 계획

하신 에덴동산의 완전하고도 영원한 회복과 그 영생의 회복을 상징한다(창 3:22).

2) 그 나무 잎사귀의 의미와 역할은 무엇인가?

"그 나무 잎사귀들은 만국을 치료하기 위하여"(계 22:2)라는 것은 영원한 천국에도 질병이 있다는 것을 전제로 언급한 것이 아니다. 영원한 천국에서는 부활체를 가진 몸이라서 그곳에서는 어떤 아픔도 질병도 있을 수가 없다.

다만 지상에서 받았던 만국(계 21:24. 계 21장 Q_03)에서의 모든 상처가 "생명수의 강"으로부터 생명수를 공급받은 강가에 있는 나무 잎사귀로 치유될 것이라는 나무 잎사귀들의 역할과 의미를 상징한 것이다. "생명수의 강"이 흐르는 곳마다 치유의 역사가 있을 것이며, 기쁘고 즐거운 소망이 늘 생성될 것이라고 상징한다(계 2:7).

Q_03. 거룩한 성 새 예루살렘이라고 하는 영원한 천상의 천국 모습은 어떤가? (계 22:3-5)

A 계 22:3-5은 계 22장의 첫 번째 단락 중 두 번째 내용에 대한 것으로, 천상의 영원한 천국에 관한 것이다.

천상의 영원한 천국은 어떤 곳일까? 열두 가지로 언급했다(계 21:11-27. 계 21장 Q_02, 03). 계 22:3-5에서는 천국에 대해 중복 혹은 다른 면에서의 천국에 대한 최고의 축복을 언급하고 있다.

1) "다시 저주가 없으며"(계 22:3). 요한계시록에서 "저주"라는 용어는 단 1회(계 22:3) 등장한다. 아담과 하와의 범죄로 하나님께서는 뱀에게

(창 3:14), 인간에게(창 3:17), 자연을 향하여(창 3:18) 저주와 죄에 대한 보응을 내리셨다. 그러나 계 22:3에서 비로소 그 저주가 풀리며 회복됨으로 온갖 죄, 질병, 저주의 결과인 죽음도 사라진다. 이 말씀은 스가랴를 통한 약속의 성취다(슥 14:11). 다시는 어떤 저주도 없을 것이다.

2) "하나님과 그 어린양의 보좌가 그 가운데에 있으리니"(계 22:3). 하나님과 그 어린양의 보좌가 거룩한 성 예루살렘 신부 가운데 있다는 말씀이다.

① "그의 종들이 그를 섬기며"(계 22:3). 하나님의 종들이 하나님을 섬긴다는 말씀이다(계 7:15). 계 22:3에 나오는 "종"은 예수를 나의 주 나의 하나님으로 믿고 고백하여 '구원받은 모든 자(택자)'를 말한다(계 1장 Q_03, 계 7장 Q_04).

② "그의 얼굴을 볼 터이요"(계 22:4). 구약시대에는 하나님의 얼굴을 본 사람이 없었다. "나를 보고 살 자가 없음이니라"(출 33:20) 하셨으나, 천상의 영원한 천국에서는 비로소 하나님의 얼굴을 보게 될 것이다. 비록 "지금은 거울로 보는 것같이 희미하나 그때에는 얼굴과 얼굴을 대하여 (하나님을) 볼 것"(고전 13:12)이라는 것은, 구원받은 성도들이 누리는 최고의 복이요 큰 기쁨이 될 것이다. "그때에는 주께서 나를 아신 것같이 내가 (하나님을) 온전히 알리라"(고전 13:12)는 이 놀라운 감격은 구원받은 성도들만 누리게 될 것이다. 기대하시라, 개봉 박두~!

③ "그의 이름도 그들의 이마에 있으리라"(계 22:4). 예수님의 이름이 무엇인가? "그가 자기 백성을 그들의 죄에서 구원할 자"(마 1:21)다. 그 이름이 성도들의 이마에 있으리라 했다. "이마"는 요한계시록에 총

8회 등장한다(계 14장 Q_02). 하나님께서 "하나님의 인"을 "이마"(계 13장 Q_06, 계 7장 Q_04)에 쳤던 것을 흉내 내어, 거짓 선지자(짐승인 적그리스도의 승인하에)는 그 "이마"(계 9:4, 13:16, 14:9, 17:5, 20:4)나 "그 오른손"(계 13:16), 혹은 "손"(계 14:9, 20:4)에 "짐승의 표"(666)를 받게 하지만, 천상의 천국에서는 성도들의 이마에 예수님의 이름이 저절로 있게 될 것이다(계 3:12). 놀라운 은혜다.

3) "이는 주 하나님이 그들에게 비치심이라"(계 22:5). 주 하나님이 거룩한 성 새 예루살렘인 성도들에게 비침으로 어떤 결과가 되었는가? 세 가지의 변화가 있게 된다.

① "다시 밤이 없겠고"(계 22:5). 이 표현은 "다시 저주가 없으며"(계 22:3)라고 했던 말씀과 같은 하나님의 강한 의지의 표현이다. 저주의 결과인 범죄, 질병, 죽음 등도 사라지듯이, 죄악의 시간인 밤도 사라질 것이다(계 21:25).

② "등불과 햇빛이 쓸데없으니"(계 22:5). 자체 발광하는 하나님의 빛이 비침으로 어두운 밤이 사라졌으니, 등불과 햇빛이 불필요하게 되었다(계 21:23). 해가 없으니 하루 이틀의 개념이 사라진다. 그래서 천국은 영원한 오늘이다.

영적으로 밤은 악, 죄, 무지의 상징이다. 그러나 천상의 영원한 천국에서는 이런 부정적인 것 자체가 존재하지 않는다. 오직 성부 하나님과 신부 된 성도들의 행복한 시간으로 영원할 것이다. 이 모든 이유는 "주 하나님이 그들에게 비치심"(계 22:5) 때문이다.

③ "그들이 세세토록 왕 노릇 하리로다"(계 22:5). 1,000년 그리스도 왕

국에서는 통치적 의미에서의 예수님 대리로서의 왕 노릇 하였지만, 천상의 천국에서는 왕의 영광에 초점을 가진 영원한 왕으로서 왕 노릇 하게 될 것이다.

Q_04. 천사의 말과 사도 요한의 반응은 무엇이었나? (계 22:6-11)

A 계 22:6-11은 계 22장의 두 번째 단락 중 첫 번째 내용에 대한 것으로, 천사의 말과 사도 요한의 반응에 대한 것이다.

1. 누가 말(선언)한 것인가? (계 22:6)

"또 그가 내게 말하기를 이 말은 신실하고 참된지라"(계 22:6). 여기에서도 "또 그가"라고 했다. 계 22:1에 언급됐던 그 일곱 대접재앙을 담은 일곱 천사 중 하나(계 21:9)를 말한다.

2. 천사가 선언한 네 가지 내용은 무엇인가? (계 22:6)

① "이 말은 신실하고 참된지라"(계 22:6). "이 말"이란 요한계시록(계 1-22장)을 말한다. 요한계시록의 말씀은 "신실하고 참되다"라는 것은 요한계시록 말씀이 종말론적 예언으로 신실하고 진실하다는 것을 증언해 주고 있다.

② "주 곧 선지자들의 영의 하나님이 그의 종들에게 반드시 속히 되어질 일을 보이시려고 그의 천사를 보내셨도다"(계 22:6). 요한계시록이 하나님께로부터 나온 것임을 확인해 주는 말씀이다.

㉠ 보낸 자는 '하나님'이시고, ㉡ 받는 자는 '그의 종들'이며, ㉢ 전달자는 '그의 천사'이며, ㉣ 전달 내용은 '반드시 속히 되어질 일'을 보이

기 위해서였다.

본문의 헬라어 원문을 직역하면 '그가 그의 종으로 말미암아 곧(신속하게) 선언될 일들을 나타내려고 그의 천사를 보냈다'이다. 본문의 전치사로 쓰인 엔 타케이(ἐν τάχει. 신속, 짧게)는 예수께서 신속히 오셔서 지금까지 예언한 말씀을 실현하실 것이라는 사실을 강조하고 있다.

※ P.S.: 우리는 여기에서 신천지를 비롯한 이단들의 허구를 발견할 수 있다. 성경에서는 사도 요한을 거쳐 분명히 "그의 종들에게"라고 했다. 이때의 '종'은 목회하는 목사님들이 아니다. 그렇다고 목사도 아닌 신천지의 이 아무개는 더더욱 아니다. 이때의 "종"은 '구원받은 모든 성도'(계 1장 Q_03, 계 7장 Q_04)들이다. "그의 종"이 자신이라고 우기며 예수님을 빙자한 신천지 이 아무개가 구원받을까? 그것은 마치 에베소에서 바울의 능력을 흉내 냈던 유대인 마술사들이 악귀 들린 자를 예수의 이름으로 쫓아내려다 오히려 악귀로부터 피해당한 사건(행 19:13-20)에서 볼 수 있듯이, 예수님 흉내를 내다가 당연히 지옥에 떨어지게 될 것이다(계 19:20). 미혹된 영에 이끌리는 그 추종자들도 마찬가지다(살후 2:11-12).

어리석은 자가 자기만 대단하게 보이기 위해 우쭐한 마음으로, "내 사자"(계 22:16)란 이 아무개 자신이요, 자신이 "광명한 새벽 별"(계 22:16)이라 주장하고 있으니, 이렇게 성경을 왜곡하는 것은 실제 성경에 대해 무식해서 그렇다. 행위의 심판 때 벌을 받아도 크게 받게 될 것이다(마 16:27; 계 20:12).

③ "보라 내가 속히 오리니"(계 22:7). "내가 속히 오리니"라는 용어

가 요한계시록에서 3회(계 3:11, 22:7, 12) 등장한다. "내가"는 예수 그리스도를 의미한다. 곧 오시겠다는 의미에서의 "속히"는 요한계시록에서 총 7회(계 2:16, 3:11, 11:14, 22:6, 7, 12, 20) 등장한다. 특히 7회 중 계 22장에서 4회 등장하고 있는데, "속히"로 사용된 타퀴(ταχύ)의 기본어인 타퀴스(ταχύς)는 '빠른 신속한'이라는 의미다. 속히 오시겠다, 신속히 이루어진다는 다급성을 강조하는 것이다. "오리니"의 엘코마이(ἔρχομαι)는 미래형이나 현재 의미로 사용되었다. 예수님이 직접 다시 오시겠다 말씀하셨는데(마 24:44), 지금 오시고 있는 중이라는 의미이며, 가까이 오셨다는 말씀이다.

④ "이 두루마리의 예언의 말씀을 지키는 자는 복이 있으리라 하더라"(계 22:7). 요한계시록의 7복 중 여섯 번째 복에 대한 말씀이다(총론 Q_13). "이 두루마리의 예언의 말씀"(계 22:7)이란 요한계시록을 의미한다. 요한계시록을 그대로 지키는 자에게 복이 있다는 말씀이다. 여기에서 지킨다는 것은 보존한다(계 1:3)는 의미가 있다[테레오(τηρέω). 지키다, 보존하다]. 그래서 요한계시록을 그대로(문자) 지켜야 할 이유가 계 22:18-19에 기록되어 있다. 난해할지라도 일정한 통일성과 객관적 원칙에 의해, 성령의 조명하심에 따라 푼다면 풀리지 않는 것이 별로 없다. 그러나 요한계시록을 영해한다는 명분으로 자의적(恣意的. 일정한 원칙이나 법칙에 따르지 않고 제멋대로)으로 해석하는 것은 극히 조심해야 한다.

3. 사도 요한의 반응은 무엇인가? (계 22:8)

1) 요한계시록의 저자가 사도 요한 자신임을 밝히고 있다(계 22:8).

"이것들을 보고 들은 자는 나 요한이니"(계 22:8). 요한계시록은 "네가 본 것"(계 1장. 계 1:19), "지금 있는 일"(계 2-3장. 계 1:19), "장차 될 일"[계 4-계 22:5. "반드시 속히 일어날 일들"(계 1:1), "반드시 속히 되어질 일"(계 22:6). 계 1:19]에 관한 계시의 말씀이 성부 → 성자 → 천사 → 요한을 통하여 교회와 모든 성도에게 전해진 하나님의 말씀이다(계 1장 Q_02, Q_03).

2) "내가 듣고 볼 때에 이 일을 내게 보이던 천사의 발 앞에 경배하려고 엎드렸더니"(계 22:8).

지금까지의 이런 모든 광경을 보고 들으며 접했을 때, 사도 요한이 느낌과 감정이 어땠을까? 호렙 산에서 불붙은 떨기나무가 사라지지 않는 큰 광경을 보았던 모세(출 3:1-5)와 같이, 웃시야 왕이 죽던 해에 성전의 스랍들을 보았을 때의 이사야의 심정(사 6:1-7)과 같이 사도 요한은 감격과 경외감을 느꼈을 것이다. 그러자 천사의 발 앞에 엎드리며 경배하려 했다.

4. 천사의 완곡한 사양과 권면(계 22:9-11)

1) 오직 하나님께만 경배하라고 권면한다(계 22:9).

① "그가 내게 말하기를"(계 22:9). "일곱 대접을 가지고 마지막 일곱 재앙을 담은 일곱 천사 중 하나"(계 21:9)였던 그 천사가 말한다.

② "나는 너와 네 형제 선지자들과 또 이 두루마리의 말을 지키는 자들과 함께 된 종이니"(계 22:9). "모든 천사들은 섬기는 영"(히 1:14)이라고 했음을 천사는 잊지 않고 있었다. 그리고 자신도 '종'으로서 요한계시록 전달과 시행의 사명을 실천하고 있는 자임을 겸손하게 밝힌다.

③ "그리하지 말고 하나님께 경배하라 하더라"(계 22:9). 창조주 하나님만이 우리의 유일한 경배의 대상이 되시기 때문이다(출 34:13; 골 2:18).

2) 천사의 계속된 권면(계 22:10-11).

① "이 두루마리의 예언의 말씀을 인봉하지 말라"(계 22:10). "인봉하지 말라"(≠단 12:4)는 것은 메 스프라기제스(μὴ σφραγίσῃς)다. 메(μὴ)는 부정부사로서 절대 부정사다. 스프라기제스(σφραγίσῃς)의 '날인하다, 닫다, 봉인하다'의 동사 스프라기조(σφραγίζω)의 부정과거 능동태 가정법 2인칭 단수로서 여기서는 명령법으로 사용되었다.

※ P.S.: "절대 인봉(봉인)하지 말라"는 것이 주님의 말씀이고 명령이다. 그런데 우리의 현실은 어떤가? 요한계시록은 몰라도 되는 책, 부담스러워 멀리하고 싶은 책, 조심스럽고 위험하니 적당히 회피하고 싶은 책으로 닫아두고 있다. 이런 것은 하나님의 명령에 불순종하는 태도다.

"절대 봉인하지 말라"는 것이 하나님의 절대명령이다. 요한계시록이 어려워서 모른다고 한다면, 배우고 알아야 하며, 알고 배워 다시 오실 주님을 기다리는 단장된 신부가 되어야 하는 것이 마땅한 것이다.

지금까지 우리는 이단에, 신천지에 요한계시록을 선점당하며 살아왔다. 충성된 성도들까지 빼앗겼어도 방치했다. 더 손해 보면 안 된다는 생각으로 성벽을 더 높이 강하게 둘러왔을 뿐이다. 그러나 이제는 성도들에게 요한계시록을 가르치며 예방 백신을 접종시켜야 한다. 면역력을 갖게 하고, 오히려 요한계시록으로 교회가 하나 되는 운동을 해야 한다.

② "때가 가까우니라"(계 22:10). 하나님이 계시하신 장차 될 일이 실현될 때가 가까웠기 때문이라는 권면이며 경고의 말씀이다. 그러나 계 22:10을 좀 더 자연스럽게 번역한다면, '때가 가까이 왔기 때문에 이 책의 말씀을 닫지 말라'고 하면 좋으리라 생각된다(벧전 4:7; 계 1:3).

5. 늦었다 할 때가 시행할 때

① "불의를 행하는 자는 그대로 불의를 행하고 더러운 자는 그대로 더럽고"(계 22:11). 때가 너무 임박하여 큰 변화의 여지가 없지만, 그래도 아직 시간이 있을 동안에 변화하라는 의미다(시 81:12; 딤후 3:13).

② "의로운 자는 그대로 의를 행하고 거룩한 자는 그대로 거룩하게 하라"(계 22:11). 의로운 자와 거룩한 자는 마지막 때라고 해서 크게 바뀌지 않기 때문에 그대로 두라는 의미다(단 12:10).

Q_05. 예수님 말씀의 내용은 무엇인가? (계 22:12-16)

A 계 22:12-16은 계 22장의 두 번째 단락 중 두 번째 내용에 대한 것으로, 예수님의 말씀에 대한 것이다.

예수님께서 하신 말씀을 구분해서 본다면 다음과 같다.

1. "보라 내가 속히 오리니"(계 22:12).

"내가 속히 오리니"(계 22:7. 계 22장 Q_04). '빠르고 신속한'이라는 의미로, 속히 오시겠다, 신속히 이루어진다는 다급성을 강조하는 것이다. "오리니"의 엘코마이(ἔρχομαι)는 미래형이나 현재 의미로 사용되었다. 예수님께서 지금 오시고 있는 중이라는 의미이며, 가까이 오셨다는 의미다(계 1:7; 행 1:11).

2. 예수님이 속히 오시는 목적(이유)은 무엇인가? (계 22:12)

① 상 주기 위해 오신다. "내가 줄 상이 내게 있어"(계 22:12).

② 보통 예수님의 공중강림(휴거, 재림)의 목적(이유)으로 크게 네 가지가 있다. ㉠ 장래의 노하심에서 건지시기 위해(살전 1:10), ㉡ 상 주시기 위해(상급 잔치 참여. 계 11:18, 22:12), ㉢ 신부 영접(요 14:2-3), ㉣ 지상강림 때 동행하는 영광(살전 3:13; 계 19:14) 등이다.

③ 상(급)의 기준은 무엇인가? "각 사람에게 그가 행한 대로 갚아 주리라"는 것은 기념책에 기록된 대로 주신다는 말씀이다(계 20장 Q_11).

④ 이 상(급)을 어디에서 줄까? 성경 어디에도 이것에 대해 구체적으로 언급한 곳은 없으나, 계 11장 Q_06에 언급했듯이 성경의 정황상, 전 3년 반 끝나고 후 3년 반 시작하는 시점에, 천상에서 휴거된 성도들이 지상에서 살아 있는 동안 "그가 행한 대로 갚아 주리라"(계 22:12) 하신 뜻대로(상 받을 일 행한 대로. 고전 3:8) 상급잔치가 있을 것으로 판단할 수 있다.

이것을 아는 것이 왜 중요한가? 우리는 구원받은 우리가 상을 받는다는 것을 알고는 있으나, 어디에서 어떤 정황 속에서 받게 되는지 전혀 알 수가 없다. 그러나 성경의 정황상 근거로 언급한다면 더욱 가까이 느껴질 것이다.

성경에서는 분명히 상급과 보응에 대해 언급하고 있다(사 40:10, 62:11;

계 11:18, 22:12; 마 25:29-30). 예수님을 믿어 구원받은 사람에게는 상급(보상)이 주어질 것이나, 불신자에게는 심판(보응)이 임할 것이다.

3. "나는 알파와 오메가요 처음과 마지막이요 시작과 마침이라"(계 22:13)

"나는 알파와 오메가요 처음과 마지막이요"(계 22:13, 21:6), "시작과 마침이라"(계 22:13). 만물을 창조하신 창조주이며 최후의 심판자이신 하나님의 속성을 언급하고 있다(계 21장 Q_02).

4. 요한계시록 7복 중 일곱째 복(계 22:14)

요한계시록 7복 중 마지막인 일곱째 복에 해당하는 복을 말한다(총론 Q_12).

1) 복은 받는 대상자(복의 내용)는 누구인가?

"자기 두루마기를 빠는 자들은 복이 있으니"(계 22:14). 요한계시록에는 '두루마기'가 2회 등장(계 6:11, 22:14. 계 6장 Q_06)한다. 두루마기는 오직 구원받은 성도들에게만 주시는 옷이다. 우리 주 예수 그리스도의 보혈로 죄 씻음을 받았다는 것을 의미하며, 더없이 깨끗하다는 의미로 (흰) 두루마기를 주신 것이다. 두루마기를 빤다는 것은 우리 주 예수 그리스도의 보혈로 죄 씻음을 받음을 의미한다.

예수님의 보혈로 죄 씻음을 받는다는 것은 성화(聖化. 계 14:4-5. 계 14장 Q_02)를 의미하며, 제사 시대에는 제사 때마다 짐승의 피로 정결케 했던 것처럼(레 17:11), 오늘날에는 예배를 통하여 그리고 죄의 자백을 통하여(히 13:12; 요일 1:9) 정결케 된다.

2) 두루마기를 빠는 자가 받는 복(혹은 이유)은 무엇인가?(계 22:14)

① "이는 그들이 생명나무에 나아가며." 생명수의 강 좌우에 있는 생명나무 영생의 열매와 잎사귀를 먹을 수 있기 때문이다(계 22:1-2). 이것은 권리이면서도 축복이다.

② "문들을 통하여 성에 들어갈 권세를 받으려 함이로다." 새 예루살렘 성에는 열두 문이 있다(계 21:12). 그 문은 아무나 들어갈 수 있는 문이 아니다. 문을 통하여 성에 들어가는 권세를 받은 이는 "오직 어린양의 생명책에 기록된 자들만 들어가리라"(계 21:27) 했다.

5. 구원받지 못하고 성 밖에 있을 여섯 종류 인간(계 22:15)

계 22:14에서는 성에 들어가는 자에 대해서 언급하였고, 계 22:15에서는 성안에 못 들어가고 성 밖에 있을 여섯 종류의 인간에 대해 언급하였다(계 14장 Q_02).

① "개들." 냄새 맡기를 좋아하고 사납게 짖는 동물이다. 헬라인을 향해서는 욕으로 사용하기도 했다. 불결, 비속, 욕심, 비양심의 상징어로 사용되었다(마 7:6, 15:27; 계 22:15). 유대교의 전통과 의식을 그대로 지켜야 구원을 얻을 수 있다고 주장하는 율법주의자들의 개들을 조심하라 했다(빌 3:2-3).

② "점술가들." 점술가(술객)는 마술이나 미신 등으로 사람들을 현혹시키는 자를 말한다.

③ "음행하는 자들." 음란을 추구하는 무리를 말한다.

④ “살인자들.” 살인자는 예수 그리스도를 믿지 않을 뿐만 아니라 도리어 성도들을 핍박하여 죽인 자를 의미한다.

⑤ “우상숭배자들.” 십계명 중에서 제2계명은 우상숭배를 금하라는 계명이다(출 20:4; 신 7:25). 하나님보다 더 우선하는 것을 우상이라 한다면, 수많은 우상숭배자들이 있다고 할 수 있다(요일 5:21).

⑥ “거짓말을 좋아하며 지어내는 자는 다 성 밖에 있으리라.” 거짓말하는 것을 즐기는 자, 그리고 거짓말을 지어내는 자란 진리를 거부하고 불의에 동조하거나 악을 묵인하는 자 등을 의미한다.

예수 믿으면서도 이런 삶을 사는 사람을 ‘명목상 그리스도인’이라고 한다. 명목상 그리스도인은 “둘째 사망”(계 21:8)에 던져지는, 지옥 가는 여덟 종류의 인간과 “성 밖”(계 22:15)에 있을 지옥 가는 여섯 종류의 인간들이라고 할 수 있다.

6. “교회들을 위하여 내 사자를 보내어 이것들을 너희에게 증언”(계 22:16)하게 한다는 예수님의 말씀 (이단 경계)

1) 파송의 주체자는 누구인가? “나 예수.” 성자 하나님이시며, 구원의 주시며, 신부 된 성도의 신랑이시다.

2) 누구를 보낸다는 것인가? “내 사자.” “사자”는 앙겔론(ἄγγελόν)으로 ‘보내진 자, 전달자’ 혹은 ‘천사’를 가리키는 남성명사 앙겔로스(ἄγγελος)의 단수 목적격이다. ‘앙겔로스’(ἄγγελος)를 영계의 사자인 “천사”(계 1:1 등의 모든 “천사”)로, 혹은 육계의 사자인 목회자 개념의 “사자”로 번역하였다(계 1:20, 2:1, 8, 22:16 등등). 계 22:16의 “내 사자”(앙

겔로스)의 직접적인 대상자는 사도 요한이며, 이것은 사명 받은 하나님의 종(목회자들)들을 의미한다(계 7장 Q_04). 모든 목회자를 "내 사자"라고 밝히고 있다.

※ P.S.: 계 22:16의 "내 사자"의 1차 대상자는 사도 요한이다. 그러나 신천지 이만희는 감정 이입이 너무 심하여 "자신이 요한계시록을 받아먹은 새 요한(이만희)은 이제 걸어 다니는 성경이 되고, 움직이는 하나님의 인(印)이 된다"(이만희, 앞의 책, p. 190)고 자랑하며 주장하는데, 그 신천지 집단 안에서는 그렇게 말할 수 있어도 객관적 성경 팩트(사실)로 볼 때, 전혀 틀린 말을 하고 있다.

한국에서 태어난 이만희가 어찌 새 요한이 되었다는 말인가? 이름을 바꿀 수는 있으나 성경을 왜곡하면서까지 주장해서는 안 된다. 감정 이입이 너무 심하다.

신천지 이만희는 자신만이 대언자(代言者)라고 주장한다. 그러나 "이만희는 예수께서 보내 주시겠다고 약속하신 보혜사 예언이 이만희 자신이 계시를 받음으로 이루어졌다고 한다. 이만희가 예수님이 떠나신 후 2천 년 만에 온 보혜사"(진용식, 앞의 책, p. 208)이며, "'대언의 영이 함께 하는 대언의 육체'가 다른 보혜사라는 것은 이만희가 '다른 보혜사'라는 말이다. 이만희의 이러한 주장은 거짓말이며 허구"(진용식, 위의 책, pp. 208-209)이다. 신천지 이만희 등 이단들은 오랜 세월 동안 전해 내려오는 누적된 그들만의 왜곡된 견고한 주장들이 있다는 것을 우리는 깊이 참고해야 한다(계 20장 Q_02).

"이만희는 박태선 집단에서 10년, 유재열 장막성전에서 4년, 그리고 (자칭 하나님이라고 했던) 백만봉 재창조교회에서도 있었다. 그는 이렇게 사이비 종교를 전전하면서 이들의 교리를 짜깁기하여 거짓 교리를 만들어 신천치 집단을 개업한 것”(진용식, “이만희 실상 교리의 허구”, 2019, p. 207)이다.

이만희가 이러한 이단 장막성전의 오랜 계보를 통해 배웠다는 것을 세상이 다 알고 있음에도 자신만 모르고 눈 가리고 아웅한다. 정직하지 못하게 이런 자신의 과거는 감추고 갑자기 자신이 혜성처럼 등장하여 특별 계시를 받은 것처럼 자신을 과대 포장한다. 부끄러운 줄 모르고 평생 “총회장” 직함을 달고 산다. 교주들은 혹세무민(惑世誣民)해서는 안 된다. “총회장” 직함이 좋은 모양이다.

“내 사자”가 이 아무개 자신이라고 주장하는 신천지의 이런 주장은 요한계시록의 전체 흐름을 전혀 모르는 무지의 결과이며, 스스로 높아지려는 악한 교만의 영(사 14:14)과 욕심(약 1:15)이 씌워져서 그런 죄를 짓고 있는 것이다. 그런 무식과 교만에 미혹당해서는 절대 안 된다. 패가망신한다. 말 그대로 지옥 간다(계 19:21, 20:12) 성경을 왜곡하며 변개(變改)하는 자는 타락한 자요, 거짓 선지자다. 바로 그들이 타락의 상징인 바벨론이다(계 19:20).

3) 내 사자를 보내는 목적과 내용은 무엇인가? “이것들을 너희에게 증언하게 하였노라”(계 22:16). “이것들을 너희에게 증언하게” 하기 위해서였다. “이것들”이란? 예언의 말씀(계 1:3)인 요한계시록을 말한다. “너희에게 증언하게” 하기 위해서라는 것은 전하기 위해서라는 말이다. 대언(代言)이라는 말이다. 대언자는 당시의 사도 요한이며, 그다음은 당시의 일곱 교회 “사자”들이며, 그 이후는 육계의 사자인 목회자들이다.

4) 누구를 위하여 보내는 것인가? "교회들을 위하여"라고 하였다. 교회는 예수님의 몸이다(골 1:24). 하나님께서는 교회를 통하여 하나님 나라를 확장하신다. 이 교회란 당시의 대표적인 일곱 개 교회를 말하지만, 일곱 개 교회는 전 세계의 모든 교회를 대표하고 있다. 이 원리와 같이 파송의 주체자인 "나 예수"께서 "사자"인 앙겔로스(ἄγγελος)에게 전해 주셨다. 일곱 개 교회 사자에게만 주신 것이 아니라 전 세계 모든 교회를 위하여(에게) 주신 말씀이 요한계시록이다. 그러므로 목회자들은 요한계시록을 알자. 힘써 요한계시록을 알자(호 6:3).

5) 예수님의 정체성은 무엇인가? "나는 다윗의 뿌리요 자손이니 곧 광명한 새벽 별이라." 과거 초림 예수님은 다윗의 후손으로 오셨다(마 2:7-10). 그러나 미래 언젠가는 재림의 주로 오실 때는 광명한 새벽 별(계 2:28, 5:5)로 오실 것이다. '새벽 별'에는 승리와 영광의 의미가 있다. 광명한 새벽 별로 오시는 주님은 최후의 승리자로 영광 가운데 오실 것이다.

Q_06. 성령님과 신부의 초청의 내용은 무엇인가? (계 22:17)

A_계 22:17은 계 22장의 두 번째 단락 중 세 번째 내용에 대한 것으로, 성령님과 신부의 초청에 대한 것이다.

1. 초청자는 누구인가?(계 22:17)

"성령과 신부"다. 갑자기 웬 성령과 신부가 초청한단 말인가? 교회를 세우신 성령님(행 1:4-5, 8)께서 주의 종들을 통하여 말씀을 증언하게 하셨다. 신부는 신랑이신 예수님의 아내로서 새 예루살렘 성을 의미한다. 성령과 신부가 함께 예수님의 재림을 소망하고 있다는 것은 그만큼 재림 예수님을 갈망하는 우리의 마음을 대변하는 듯하다.

2. 초청의 대상자는 누구인가?(계 22:17)

모든 자다. 요한계시록을 "듣는 자", "목마른 자", "원하는 자" 등 모두를 의미한다. 초청에 응한 자가 받는 특권과 축복이 언급되고 있다.

① 이 예언의 요한계시록 말씀을 들으라 했다(계 2:7, 11, 17, 29). 듣는 자가 재림신앙으로 준비하는 복을 받을 것이다(계 1:3).

② 마지막 시대에 "양식이 없어 주림이 아니며 물이 없어 갈함이 아니요 여호와의 말씀을 듣지 못한 기갈이라"(암 8:11) 했던 것처럼 진리의 시원한 생명수를 마시지 못하여 '목마른 자'에게 소망과 확신의 말씀이 될 것이다.

③ "그가 사모하는 영혼에게 만족을 주시며 주린 영혼에게 좋은 것으로 채워주심이로다"(시 107:9) 했듯이 원하는 자, 사모하는 자, 목말라 하는 그 어떤 자도 말씀을 먹고 마실 수 있다.

3. 초청하는 이유는 무엇인가?(계 22:17)

"값없이 생명수를 받으라." 값없이 무료로 생명수를 받으라 하신다. 초청이면서도 명령의 말씀이기도 하다. 생명의 물을 먹지 않으면 영생할 수 없기에, 누구든지 받아먹으라는 것이다(사 55:1; 요 4:14).

본문의 헬라어 원문을 직역하면 '들은 자가 너는 오라고 말하라 목마른 자도 오라 원하는 자는 값없이 생명의 물을 취하여 가지라'이다. '생명수를 원하는 사람은 가지라'는 말씀이다. 그러므로 예수님은 복음의 중심이시다. 예수님을 제대로 믿으면 인간의 모든 문제와 갈증이 해소된다는 말씀이다.

Q_07. 사도 요한의 증언과 경고는 무엇인가? (계 22:18-19). (이단 경계)

A 계 22:18-19은 계 22장의 두 번째 단락 중, 네 번째 내용에 대한 것으로, 사도 요한의 증언과 경고에 대한 것이다.

1. 증언과 경고의 대상은 누구인가?(계 22:18)

"내가 이 두루마리의 예언의 말씀을 듣는 모든 사람에게"라고 했다. "내가"는 파송의 주체사이신 "나 예수"(계 22:16)시다. "이 두루마리"는 요한계시록이다(계 5장 Q_02). 요한계시록을 듣는 모든 사람이 경고를 들어야 한다.

2. 증언과 경고의 내용은 무엇인가?(계 22:18)

① "만일 누구든지 이것들 외에 더하면"(계 22:18), ② "만일 누구든지 이 두루마리의 예언의 말씀에서 제하여 버리면"(계 22:19)이라고 했다.

분명하고도 단호하게 요한계시록을 가감하지 말라는 것이다(신 12:32; 잠 30:6; 고전 4:6). 이것은 요한계시록만이 아니라, 성경 전체를 향한 말씀이기도 하다. 이 말에는 성경을 해석할 때 해석 흐름에 어울리지 않게, 영해한다는 명목으로 견강부회(牽强附會)적으로 해석한다든지, 하나님 말씀이 스스로 증언하게 하지 않고 자신의 주장을 위해 성경을 이용하지 말라는 명령이다. 주로 이단의 교주들이 깨닫고 회개하고 돌아와야 할 말씀이다. 거짓 증거해서도 안 된다(출 20:16). 방법까지도 진실해야 한다.

때로는 문자적으로 받아야 할 말씀들을 비유나 상징으로 해석하는 것도 가감하는 위험한 방법이라 할 수 있다. 난해하거나 풀리지 않으면 성령님의 기름 부으심이 있을 때까지 기다려야 한다. 문자에 기록된 대로 받아들이는 것이 말씀을 보는 자들의 기본적인 자세라 할 수 있다. 그런 의미에서 귀납법적 성경연구는 성경을 보는 매우 좋은 방법이라 할 수 있다.

3. 증언과 경고를 무시하면 어떻게 되는가?(계 22:19)

① "하나님이 이 두루마리에 기록된 재앙들을 그에게 더하실 것이요"(계 22:18), ② "하나님이 이 두루마리에 기록된 생명나무와 및 거룩한 성에 참여함을 제하여 버리시리라"(계 22:19) 했다.

요한계시록에 나오는 재앙들을 더하여 벌을 받게 할 것이고, 거룩한 성 새 예루살렘에 들어오지 못하게 하겠다고 했다. "불못"(계 20:14)에 던져진다는 말씀이다. 이 경고를 두려워해야 한다.

혹시라도 우리가 지나치게 교만하여 하나님 말씀을 자기 중심으로 해석하거나 덧붙이고 있다면, 거기까지 해야 한다. 앞으로 더 나아가면 구원을 받지 못한다.

※ P.S.: 이단의 교주들은 들으라! 잠깐의 교만과 착각은 있을 수 있다. 그러나 지속적이고 반복적이며 의도와 의지를 가진 죄는 반드시 중한 벌을 받게 된다. 미혹하던 그 죄를 통회하고 자복하며 회개하고 겸손히 예수님에게 돌아오라. "그리하면 그가 긍휼히 여기시리라…그가 너그럽게 용서하시리라"(사 55:7).

Q_08. 마라나타 그리고 마지막 축복의 내용은 무엇인가? (계 22:20-21)

A 계 22:20-21은 계 22장의 두 번째 단락 중 다섯 번째 내용에 대한 것으로, 마라나타 그리고 마지막 축복에 대한 것이다. ① 속히 다시 오겠다고 분명하게 확인해 주시는 예수님의 선언, ② 사도 요한의 화답, 그리고 ③ 축복의 선언 등으로 되어 있다.

1. 예수님의 약속의 말씀(계 22:20)

① "이것들을 증언하신 이가 이르시되." "이것들"이란 요한계시록을 말하며, "증언하신 이"라는 것은 요한계시록을 계시로 알려 주신 예수 그리스도를 의미한다.

② "내가 진실로 속히 오리라 하시거늘."

"보라 내가 속히 오리니"(계 22:7, 12), "내가 진실로 속히 오리라"(계 22:20) 등, 예수님께서 속히 오시겠다는 말씀이 계 22장에만 세 번에 걸쳐 반복적으로 언급된 것은, 그만큼 예수님께서 긴급하고도 중요하게 속히 오겠다는 약속을 강조하시는 의미다.

"오리라"의 엘코마이(ἔρχομαι)는 현재형으로 벌써 그 동작이 시작되었다는 것을 의미한다. 예수님께서 먼 미래에 오겠다고 말씀하신 것이 아니라, 지금 오고 계신다는 말이다. 벌써 문 앞에까지 와 계신다(마 24:33).

주님의 공중강림(휴거)은 미래에 성취될 사건이지만, 그 동작은 벌써 시작되었고 진행 가운데 있다. 사도 요한을 통하여 계시해 주신 요한계시록 말씀을 증언하신 예수님의 말씀에 귀를 기울여야 한다.

2. 사도 요한의 화답(계 22:20)

"아멘 주 예수여 오시옵소서."

"아멘"('Aμήν)은 요한계시록에 총 8회(계 1:6, 7, 3:14, 5:14, 7:12, 19:4, 22:20, 21) 등장한다. 시인하고 수용하고 보증하는 표현이다. '진실로, 동의, 그렇게 되어라'의 뜻이다. 문맥상 '그렇게 되기를'이라는 의미다. "주 예수여 오시옵소서." 아람어로 "마라나타"다(고전 16:22). 예수님께서 재림을 약속하신 것에 대해 모든 성도의 대표로서 사도 요한이 화답한 것이다. 마라나타 신앙은 초대교회 신앙의 가장 중심되는 정신이었고, 예배의식이었으며, 요한계시록에 흐르는 핵심 사상이요, 신앙이다.

초대교회 성도들은 늘 예수님께서 곧 재림하실 것을 인식하며 살아왔다. 그들은 온갖 박해, 멸시, 세상적 유혹, 그리고 죽음의 두려움 앞에서도 재림신앙으로 당당하게 살아왔다. 이렇게 초대교회 당시에는 모든 교회가 예수 그리스도의 재림에 대한 열망으로 가득 차 있었다. '마라나타'와 같은 신앙고백이 그러한 정신을 반영하고 있다.

3. 요한계시록의 축도와 아멘(계 22:21)

"주 예수의 은혜가 모든 자들에게 있을지어다 아멘."

① 축도의 주체자는 사도 요한이다. 이 요한계시록을 읽는 자 듣는 자에게 향한 축복 기도를 하고 있다. ② 축도 받는 대상자는 다시 오실 예수님을 소망하는 모든 시대, 모든 성도다. ③ "아멘" 하나님의 말씀에 아멘으로 결말을 맺는다(롬 16:20; 고전 16:23-24). 사도적 권면에

근거한 축도로 요한계시록을 마무리하고 있다.

※ P.S.: 하나님께서 창조하신 천지 창조의 역사가 창세기에서 시작하여 요한계시록에서 마무리가 된다. 죄로 인하여 파괴된 에덴동산이 새 예루살렘 성을 통하여 재창조된다. 이것이 천상의 영원한 천국이다. 예수님은 우리에게 죄, 부도덕, 불합리, 불공정한 세상에서도 믿음을 지키며 믿음으로 살라고 말씀하신다. 때때로 죄와 짝하며 마음대로 살고 싶어 하는 유혹에서도 자제하라, 인내하라 말씀하신다. 재림이 있고, 심판이 있기 때문이다. 잠깐의 죄의 유혹 때문에 인생과 영원한 천국의 소망을 망가뜨려서는 안 되기 때문이다.

요한계시록은 구원을 위한 하나님의 사랑의 책이며, 삶의 소망과 천국의 꿈을 제공하는 책이다. 필자는 본서를 읽는 자마다 성령 충만하기를 기도한다. 읽는 자마다 마라나타 신앙이 회복되길 기도한다. 읽는 자마다 한 영혼이라도 구원하고자 하는 현장 전도가 회복되길 기도한다. 요한계시록을 통하여 단장된 신부로 휴거의 소망을 가지며, 하늘의 상급을 바라보며, 삶에 진정한 활력과 비전이 넘치기를 간절히 소망한다. 더 나아가 불공평과 불공정이 득세하는 이 악을 하루속히 심판해 주시길 소원한다.

부록

도표 - 구조로 보는 요한계시록

I. 7.7.7.로 본 요한계시록 전체 구조

(전 3년 반 : 계 9:13-11:14(11:3, 2), 후 3년 반 : 계 11:15(계 12:6, 13:5)-19:21)

단계	구조		내용	성경	3화	1이레 (7년)	
1	요한계시록에서의 프롤로그		예수 그리스도의 계시라	계 1:1–8			
2	서론부		7교회의 사자에게 전하는 편지	계 1:9–3:22			
3	본론부		장차 될 일에 대한 예언	계 4:1–19:21			
	7인	1	흰말–승리한 영적 복음 전쟁(마 24:13–14)	계 6:1–2			어린양이 직접 인을 떼심
		2	붉은말–화평 사라지고 서로 살인 전쟁	계 6:3–4			
		3	검은말–극심한 기근과 흉년(마 24:7)	계 6:5–6			
		4	청황색말–사망(4원인), 전쟁(슥 6:3,6)	계 6:7–8			
		5	순교자들(순교자의 영)의 호소(신원 기도)	계 6:9–11			
		6	천제 이변과 통곡(계 7장 휴거, 천상 성도)	계 6:12–17			
		7	일곱 째 천사 나팔 재앙 준비	계 8:1			형벌수단 인수인계 (천사에게 이양)
	7나팔	1	지상 1/3의 화재와 생태계 파괴	계 8:7			
		2	해상 1/3 재난(피, 피조물 죽음, 배 파산)	계 8:8–9			
		3	강, 샘의 오염(강 1/3 쓴 물)	계 8:10–11			
		4	낮과 밤의 1/3 흑암(3화 예고)	계 8:12–13			
		⑤	죽지 못하는 5달 환난, 재앙(전갈 재앙)	계 9:1–12	첫째화		
		⑥	1/3 살인 전쟁(두 증인, 환난 통과성도)	계 9:13–11:14	둘째화	전3 년반	
		⑦	24장로의 천상 예배, 적그리스도 등장	계 11:15–15:8	셋째화	후3 년반	
	7대접	1	종기 재앙	계 16:1–2			
		2	바다가 피 재앙(바다 모든 생물 죽음)	계 16:3			
		3	강과 물 근원이 피 재앙	계 16:4–7			
		4	태양이 불로 사람을 태우는 재앙	계 16:8–9			
		5	혀 깨물 정도 고통과 종기 재앙	계 16:10–11			
		6	세 더러운 귀신과 아마겟돈 전쟁 준비	계 16:12–18			
		7	만국의 멸망과 계 19장 재림	계 16:19–19:21			
4	결론부		천상에서 이루어질 새 하늘과 새 땅	계 20:1–22:5			
5	요한계시록에서의 에필로그		아멘 주 예수여 오시옵소서	계 22:6–22:21			

II. 요한계시록 3단계 구조(계 1:19)

(전 3년 반 : 계 9:13-11:14(11:3, 2), 후 3년 반 : 계 11:15(계 12:6, 13:5)-19:21)

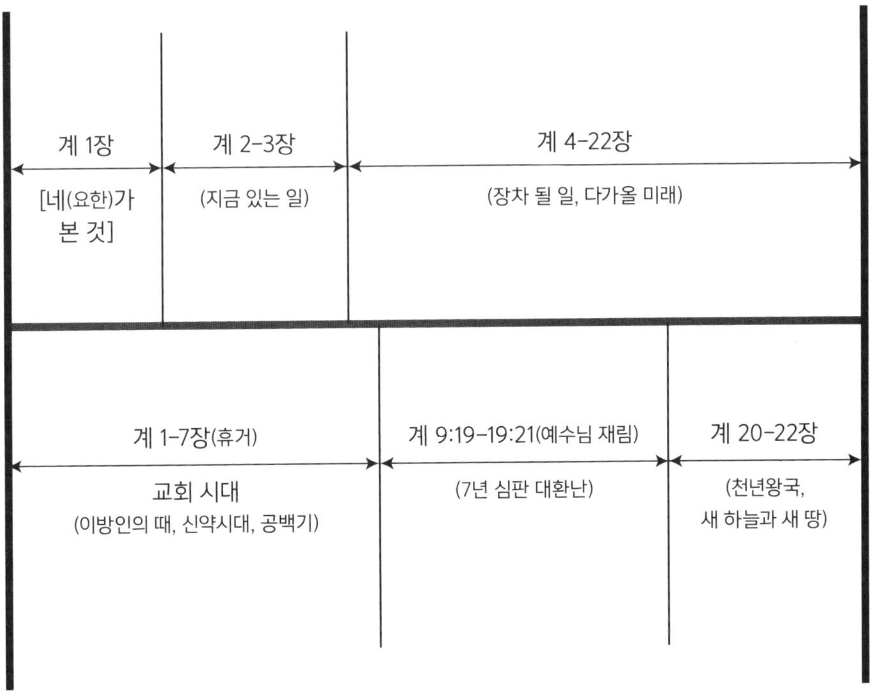

III. 다니엘의 70이레와 유대인의 구속(1,000년 왕국)

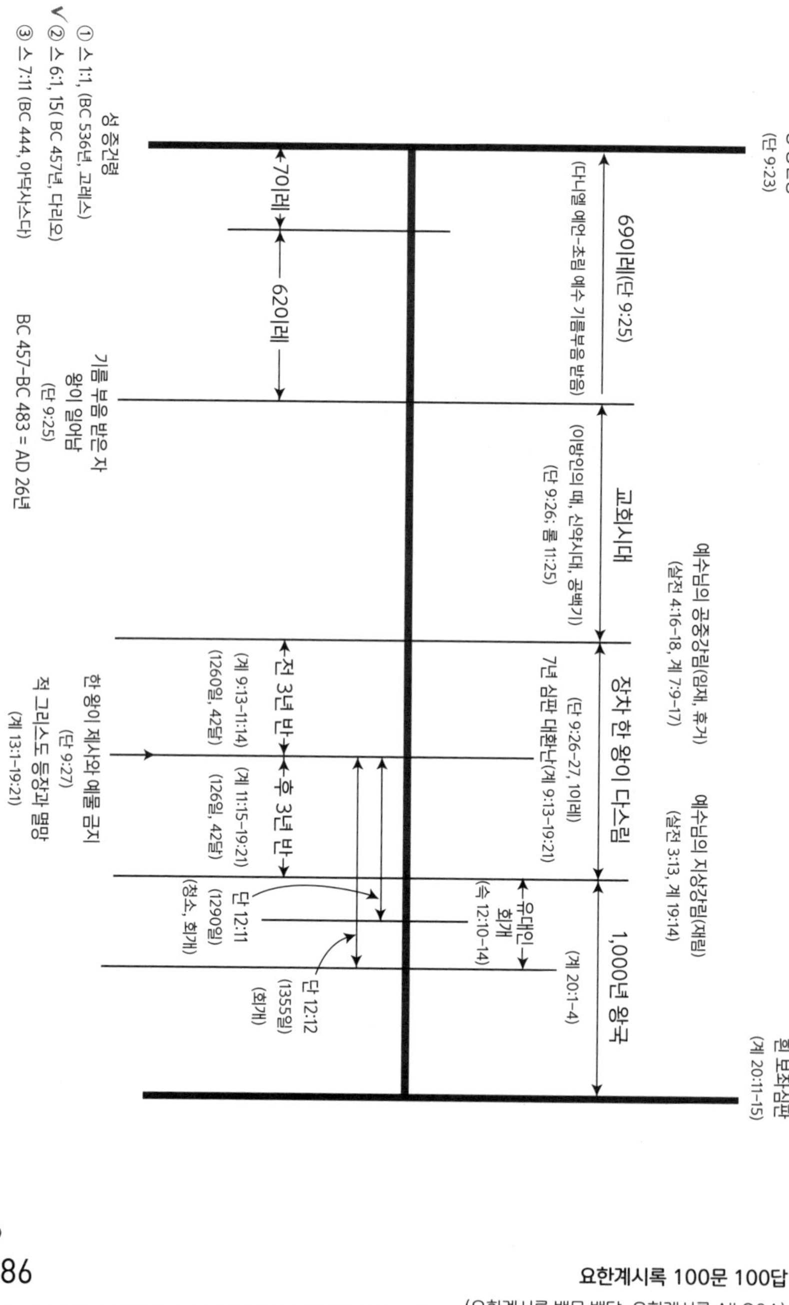

Ⅳ. 구속사로 본 4단계 말세(종말)

(전 3년 반 : 계 9:13-11:14(11:3, 2), 후 3년 반 : 계 11:15(계 12:6, 13:5)-19:21)

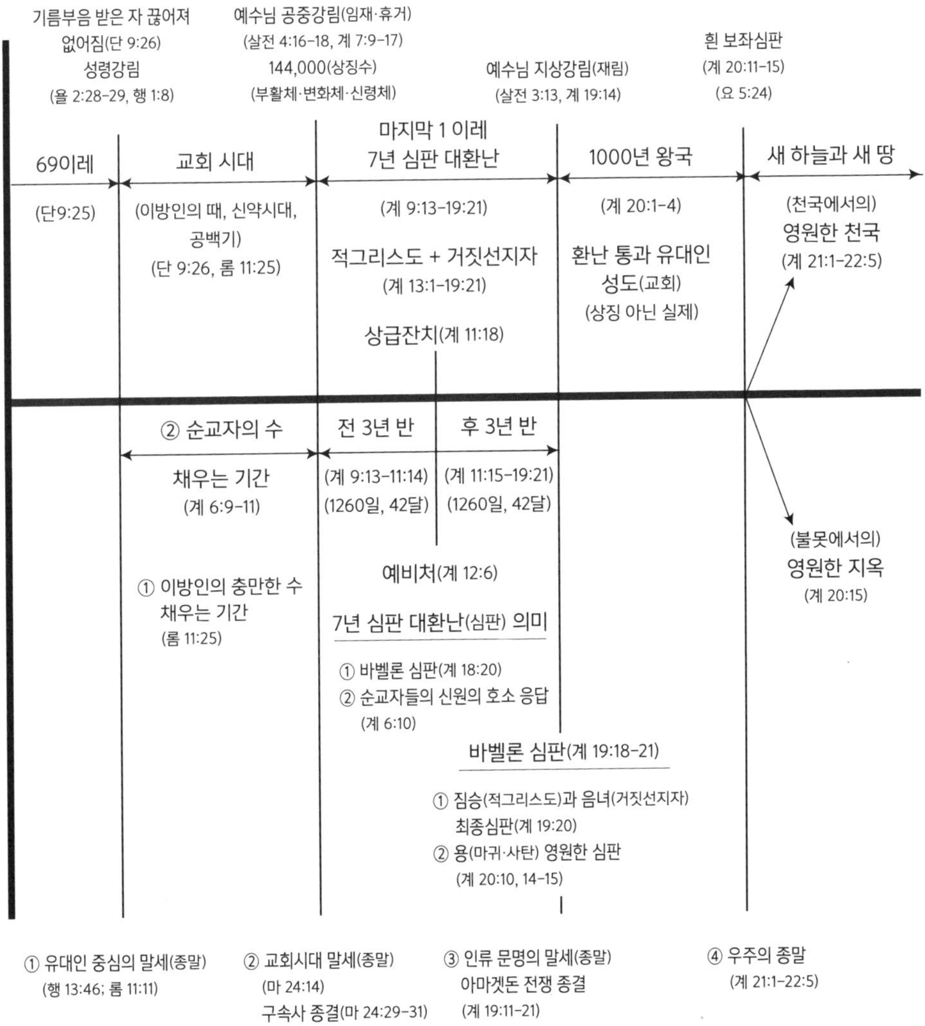

V. 예수님의 공중강림(임재, 휴거)과 지상강림(재림) 비교

(전 3년 반 : 계 9:13-11:14(11:3, 2), 후 3년 반 : 계 11:15(계 12:6, 13:5)-19:21)

번호	분 류	공중 강림(임재, 휴거) 카타바이노(καταβαίνω) (살전 4:16-18; 행 1:11; 계 1:7)	지상 강림(재림) 파루시아(παρουσία) (살전 3:13; 계 19:14)
1	예언	단 7:13	슥 14:4-5(미 4:7)
2	목적	신부 영접(요 14:3)	심판 전쟁(계 19:11)
3	장소	공중(단수, 살전 4:17)	감람산(행 1:11, 슥 14:4, 올리브산)
4	모습(방법)	구름(마 24:30; 26:64; 막 13:26; 눅 21:27; 계 1:7)	백마(계 19:11)
5	정체성	혼인잔치 신랑(마 25:10)	만왕의 왕(계 19:16)
6	동행무리	천사(택자 소집, 마 24:31)	하늘에 있는 군대(계 19:14), 그의 모든 성도(살전 3:13)

도날드 거쓰리, 《요한계시록의 신학》, 정충하 역, 서울: 새순출판사. 1991.

브루스 B. 바톤·닐 윌슨·데이브 비어만·린다 K. 테일러, 《요한계시록》, 전광규 역, 서울: 한국성서유니온선교회, 2012.

어니스트 앵그리. 《천국으로 가는 마지막. 휴거》, 유재덕 역. 서울: 도서출판 브니엘, 2011.

엘렌 G. 화잇, 《어둠을 밝힌 빛》, 박재만 편집, 서울 동대문: 시조사. 2017.

______, 《진리를 밝힌 빛》, 박재만 편집, 서울 동대문: 시조사. 2017.

김종일, 《통일교는 기독교인가》, 인천: ㈜임마누엘. 1990.

민병소, 《김기동 성낙교회》, 서울 용산: 전광산업사. 1986.

森山 諭(모리야마 사토시), 《통일협회의 오류》, 서울 송파: 도서출판 대망사. 1990.

신동욱, 《요한계시록 주석》, 서울: kmc. 2010.

신성종, 《요한계시록 강해》, 서울: 도서출판 엠마오. 1991.

우석철, 《요한계시록 주해설교》, 서울: 하야Book. 2012.

원세호, 《요한계시록 주석》, 서울: 국제신학연구소. 1990.

원세호, 《현대 종말론의 성경적 비판》, 서울: 국제신학연구소. 1991.

유기성, 《예수 소망》, 서울: 두란노서원. 2019.

이광복, 《휴거 논쟁》, 서울: 도서출판 흰돌. 1995.

이단사이비대책위원회 편저, 《이단사이비를 경계하라!》, 서울: 기독교대한성결교회 출판부. 2008.

이대복, 《통일교 원리비판과 실상 허구》, 서울 동작구: 풀빛목회. 1991.

이만희, 《천국 비밀 요한계시록의 실상》, 경기 과천: 도서출판 신천지. 2017.
______, 《천지 창조》, 경기 과천: 도서출판 신천지. 2007.
이만희·진용식, 《무료성경신학원 이단논쟁》, 경기: 도서출판 성산. 2018.
이필찬, 《요한계시록 어떻게 읽을 것인가》, 서울: 성서 유니온. 2019.
이필찬, 《신천지 요한계시록 해석 무엇이 문제인가》, 서울: 새물결플러스. 2015.
정일웅, 《천년왕국과 종말》, 서울: 솔로몬. 1993.
진용식, 《이만희 실상 교리의 허구》, 경기 수원: 기독교포털뉴스. 2019.
진용식, 《무료신학원 이만희의 실체는?》, 서울: 백승프린팅. 2016.
진용식 편저, 《어둠에서 빛으로》, 경기 수원: 기독교포털뉴스. 2019.
최갑종·이광복, 《천년왕국. 사실인가 상징인가》, 서울: 신망애출판사. 1998.
편찬위, 《헤세드 종합자료씨리즈》, 경기 광명: 임마누엘출판사. 1987.
편찬위, 《레마 종합자료씨리즈》, 경기 광명: 임마누엘출판사. 1990.

요한계시록 100문 100답

(요한계시록 백문 백답, All Q&A)

1판 1쇄 인쇄 _ 2022년 4월 20일
1판 1쇄 발행 _ 2022년 4월 25일

지은이 _ 염현경
펴낸이 _ 이형규
펴낸곳 _ 쿰란출판사

주소 _ 서울특별시 종로구 이화장길 6
편집부 _ 745-1007, 745-1301~2, 747-1212, 743-1300
영업부 _ 747-1004, FAX 745-8490
본사평생전화번호 _ 0502-756-1004
홈페이지 _ http://www.qumran.co.kr
E-mail _ qrbooks@daum.net / qrbooks@gmail.com
한글인터넷주소 _ 쿰란, 쿰란출판사
페이스북 _ www.facebook.com/qumranpeople
인스타그램 _ www.instagram.com/qrbooks
등록 _ 제1-670호(1988.2.27)
책임교열 _ 김영미·박은아

 ISBN 979-11-6143-704-0 93230

책값은 뒤표지에 있습니다.

파본(破本)은 구입처에서 교환해 드립니다.